JÜRGEN LEINEMANN

Sepp Herberger

Ein Leben, eine Legende

Mit einem Vorwort von Rudi Michel

W0027870

WILHELM HEYNE VERLAG
MÜNCHEN

HEYNE SACHBUCH
19/922

Umwelthinweis:
Dieses Buch wurde auf chlor- und säurefreiem Papier gedruckt.

Taschenbuchausgabe 07/2004
© 1997 by Rowohlt Berlin Verlag GmbH, Berlin
© 2004 des neuen Vorwortes by Wilhelm Heyne Verlag, München,
in der Verlagsgruppe Random House GmbH
http://www.heyne.de
Printed in Germany 2004
Umschlagkonzept und -gestaltung:
Hauptmann und Kampa Werbeagentur, München-Zürich
Umschlagillustration: dpa
Druck und Verarbeitung: GGP Media, Pößneck

ISBN 3-453-87986-4

Inhalt

Vorwort zur aktualisierten Ausgabe

Sepp Herberger, der populärste Reichs- und Bundestrainer des DFB, hat alles, was ihn beschäftigte und was er plante, penibel aufgeschrieben und pedantisch gesammelt: Briefwechsel mit Nationalspielern, Mannschaftsaufstellungen, Trainingsvorschläge und -vorschriften, interne, vertrauliche Kritiken an Akteuren und Funktionären, Rand- und Handnotizen zum internationalen Fußball, Vermerke über diverse Konflikte und nicht zuletzt über sein Verhältnis und seinen Abstand zur Politik – Konvolute in 361 Leitz-Ordnern, linear aneinandergereiht machen sie eine Länge von 28,88 Metern aus. Fast eine halbe Spielfeldbreite. Daraus als Fazit eine Autobiographie zu verfassen und zu veröffentlichen gehörte zu den wenigen unerledigten Zielen dieses disziplinierten Mannes. Er hat sich gequält mit seinen Vorsätzen, aber all die vielen Erinnerungen, Erkenntnisse, Anekdoten und Fußballweisheiten seines langen Lebens in eine geordnete Abfolge zu bringen – das war Herbergers Sache nicht, entsprach nicht seinem Wesen und Wirken.

Jürgen Leinemann, seit Jahrzehnten kritischer *Spiegel*-Autor, hat die Auswertung und Bearbeitung aller Aufzeichnungen nach Sichtung und Ordnung übernommen und daraus eine Biographie von zeitgeschichtlicher Bedeutung erstellt. Mit der Perfektion des stilsicheren Interpreten und kritischen Kommentators gelang es dem Publizisten, ein lesenswertes Buch von beachtlichem Niveau als Zeitdokument zu gestalten. Leinemann wertet ausführlich – ohne Polemik und geschichtlich korrekt – Trubel und Taumel in der Gesellschaft nach dem Gewinn der Weltmeisterschaft 1954. Er deutet des Bundestrainers Psyche treffend, wenn er analysiert: «Nie hat Josef Herberger daran gezweifelt, daß das ‹Wunder› von Bern der jungen Bonner Politik, deren demokratische Gehversuche dringend Unterstützung durch Erfolge brauchten, eine enorme Hilfe war. Aber krampfhaft vermied er es, diesen Schub ‹politisch› zu nennen.»

Daß dem Ereignis später und dann über Jahrzehnte eine gesellschaftspolitische Bedeutung zugemessen würde, hat er distanziert betrachtet. Den Film *Das Wunder von Bern* von Sönke Wortmann, in dem Leinemann einen Reporter spielen darf, der zwei Fragen stellt, hätte «der Alte» gewiß gemocht, mehr jedenfalls als die Kennzeichnung des WM-Sieges als «Wunder». Für ihn war der Triumph das logische Ergebnis harter Arbeit. Jürgen Leinemann erweist sich auch in dieser Biographie wie in all seinen Veröffentlichungen als versierter Formulierer und kompetenter Autor, weil er dem Faszinosum Fußball seit seinen Jugendjahren verbunden ist. Er gibt zwischen den Zeilen und offen zu, von Herberger fasziniert zu sein, wenn er auch nicht mit allem einverstanden ist, was da »zu gewissen Zeiten vor und nach dem Spiel in Bern drumherum« abgelaufen ist. Er verfolgt den geraden Lebensweg des zeitlos populären Mannes nicht unkritisch, stellt aber dessen erstaunliche Lebensleistung durchaus positiv dar. Für ihn war Fußball mehr ein sportlicher Wettkampf. Leinemann sieht das Spiel als Metapher des Lebens und Spiegelbild der Zeit. Die vier Epochen, in denen Sepp Herberger gelebt, gespielt und Mannschaften als Reichs- und Bundestrainer geführt hat, leben mit in der Geschichte des deutschen Fußballs: Kaiserzeit, Weimarer Republik, Nazi- und Kriegszeit, Nachkriegszeit der Bundesrepublik Deutschland.

Einen der Schwerpunkte des Buches bildet die Zustandsbeschreibung dieser Nachkriegsgesellschaft mit ihren Problemen im täglichen Leben, ihren Unsicherheiten und der explosionsartigen Euphorie nach dem Weltmeisterschaftsgewinn in der Schweiz. Die Betrachtungen und Bezüge zum Zeitgeschehen machen den besonderen Wert des Buches aus: Fußball, mehr als ein 1:0 …

Sepp Herberger, den Autodidakten ohne Abitur, hat so gut wie nichts und niemand von seinen Ideen und Intentionen abgebracht, vielleicht weil er ein Besessener war, getragen von Zähigkeit als

Basis der Zielstrebigkeit. Nur einmal hat ihm die Politik ein Bein gestellt, als er nach dem «Anschluß» Österreichs für die WM 1938 in Frankreich eine «großdeutsche» Mannschaft zusammenstellen sollte, oder besser, aufstellen mußte. Im Rückblick vermerkte der damalige Reichstrainer: «Es gab zu dieser Zeit keine Sportler mehr, nur noch Politiker.» In einem Anfall von Selbstmitleid notierte Herberger: «Ich: so einsam und verlassen auf einem Felsenrand.»

Der amtierende DFB-Präsident hatte ihm vor dem Turnier mitgeteilt, daß er auf «höhere Weisung» für die WM eine Mischung von 6:5 oder 5:6 Spielern aus dem «Altreich» und dem neuen Gau Ostmark zu nominieren habe. Weiter im Text: «Auch in unserem Fall muß nach außen hin der Zusammengehörigkeit mit den ins Reich heimgekehrten Österreichern sichtbarer Ausdruck gegeben werden.» Herberger hatte, auch nach der Darstellung von Jürgen Leinemann, keine Chance, fachlich dagegen zu argumentieren. Die Resultate von 1938 bleiben unvergessen: 1:1 und 2:4 gegen die Schweiz. Aus! Am wenigsten verlor sie «der Chef» selbst aus dem Gedächtnis. Leinemann beschreibt, wie letztlich die WM 1954 für Herberger die ultimative Revanche für 1938 bedeutete. Der Reichstrainer wollte sich 1940 bei den geplanten Olympischen Spielen in Helsinki für die Schmach seines Vorgängers Otto Nerz 1936 in Berlin rächen, wo die hochfavorisierten Deutschen gegen Norwegen ausschieden. Und 1942 bei der nächsten Weltmeisterschaft ebenso für das 38er-Debakel in Frankreich. Beides vereitelte der Krieg. Aber sein Star Fritz Walter, dessen Name seit 1939 in Herbergers legendärem Notizbuch stand, führte – ohne daß davon je die Rede war – den Auftrag 1954 schließlich aus.

Sepp Herberger – stets auch eine Figur der Zeitgeschichte? Der Biograph Leinemann wird dieser Einschätzung und Einordnung in allen Abschnitten kritisch gerecht. Er erzählt, daß sich der Reichstrainer, wie Millionen Deutsche, ab 1933 mit den Machthabern «arrangiert» hat, bestaunt dessen Mut zur Gegenrede «im Interesse des Fußballs» und gibt mit Genugtuung Kenntnis von Herbergers Schläue, List und Schlitzohrigkeit, wenn es während des Krieges darum ging, seine Nationalspieler vom Frontdienst in Heimatgarnisonen zurückzuziehen. Der Autor gesteht Herberger zu, daß er zu allen Zeiten Patriot war, der sich jederzeit auf den Hinweis an seine Mannschaften mit der Lieblingsanrede beschränkte: „Männer, denkt daran, daß wir unser Vaterland innerhalb und außerhalb des Spielfeldes würdig zu vertreten haben.»

Leinemann durchleuchtet den intelligenten, oft schrulligen, eigenwilligen Mann, der sich in der Öffentlichkeit absolut selbstsicher und charakterfest gab, bis in dessen Innenleben hinein. Wer war Sepp Herberger wirklich: ein sanfter Tyrann, Feldherr und/oder Feldwebel, in puncto Menschenführung ein viel gerühmter Psychologe von hohen Graden, ein gewiefter Taktiker und gewitzter Taktierer, schließlich ein blendender Rhetoriker mit Suggestivkraft? Die Biographie beantwortet sämtliche Fragen. Sie zeichnet eine Persönlichkeit in ihrer Größe und in ihrer Demut. Der Buchautor im Fazit: «Dieser Mann war einzigartig und unvergeßlich. Seine Sätze waren so rund, daß sie immer stimmten – wie im Fußball.»

Jürgen Leinemann schreibt so informativ wie nötig, aber auch so unterhaltsam wie möglich. Wer von Biographien führender Persönlichkeiten aus Politik, Wirtschaft, Kunst und Kultur fasziniert ist, wird mit gleichem Interesse auch den Lebensbericht über Sepp Herberger lesen, ganz gleich, ob er Fußballkenner ist oder nicht und welcher Generation er sich selbst zurechnen muß.

Baden-Baden, im März 2004

Rudi Michel

Väter

Ein Vorwort

Klar weiß ich noch, wo ich war, als Helmut Rahn das dritte Tor schoß. Alle, die den Tag miterlebten, als «wir» Weltmeister wurden, erinnern sich an diesen 4. Juli 1954.

Zum Glück ging ein leichter Wind, der mußte mir wohl Tränen in die Augen getrieben haben, als ich – eingekeilt zwischen vielen hundert Menschen mit Zipfelmützen und groben Windjacken – auf der Kurpromenade von Borkum die Arme hochriß. «Aus!» schepperte es übers Meer. «Aus! Aus! Aus! Aus! Das Spiel ist aus!» Der Aufschrei des rasenden Reporters Herbert Zimmermann, den Sepp Herberger übrigens nie besonders mochte, weil er, was den Fußball anging, nicht «unsere Sprache» redete – dröhnte aus den Lautsprechern, aus denen sonst das Kurkonzert klang.

Ich brüllte auch, 3 : 2 in Bern gegen die Ungarn. Wildfremde Männer umarmten mich, hauten mir hart auf die Schultern. Mensch, glaubste das? Das glaubste nicht. Wir sind Weltmeister im Fußball.

Dann standen alle wie gelähmt, als die Nationalhymne ertönte. «Deutschland, Deutschland über alles ...», sangen sie, ganz selbstverständlich nur die erste Strophe. Mich überfiel eine schreckliche Unruhe, fast ein Schock, als ich bemerkte, daß mir kalte Schauer den Rücken herabliefen. Gänsehaut und Tränen. Keiner schien es zu sehen, jeder war mit sich beschäftigt, sang nach innen oder schwieg ergriffen.

«Von der Maas bis an die Memel...», das durfte doch alles nicht wahr sein. 17 Jahre war ich jetzt alt, lebte nun schon länger ohne und gegen Hitler als zuvor in Vorfreude auf das Jungvolk. Und nun sollte ich hier vor allen Leuten zu heulen anfangen, nur weil eine Fußballmannschaft, «unsere» Nationalmannschaft, gewonnen hatte?

Einst hatte ich gelernt: «Ein deutscher Junge weint nicht.» Das war mir in der Schule und in den Propagandaheften eingetrimmt worden, vom Elternhaus durchaus gebilligt. Dann erfuhr ich, daß beim Deutschlandlied nur Nazis heulen, Revanchisten und ewig Gestrige. Das gehörte zum Überzeugungsgut der demokratischen und antinazistischen Umerziehungsfreunde, denen ich mich längst zurechnete.

Nun das. Ich stahl mich davon, stolz und beschämt zugleich. Lange konnte ich über diese Situation nicht reden, die gleichwohl im Gedächtnis intensiv weiterlebte. War es wirklich «Glück», was mich übermannt hatte? Der kleine alte Mann mit dem Knittergesicht, der «die Unseren» zum Sieg geführt hatte, Josef Herberger, nannte den emotionalen Überschwang einen «Widerhall gemeinsamen Glücksempfindens».

Es war aber auch viel Verwirrung im Spiel, Argwohn. Doch wen hätte ich fragen sollen? Fragen waren nicht beliebt in jenen Jahren. Wer fragte, war illoyal, rührte an Tabus.

Natürlich war ich stolz, der Erfolg hob auch mein Selbstgefühl. Aber das Mißtrauen blieb. Einmal war Herberger, als Fußballtrainer, für mich suspekt, weil er mit seiner «Affenliebe» an Fritz Walter und dessen FC Kaiserslautern hing und überhaupt nur süddeutsche Spieler aufstellte, allenfalls noch mal einen aus dem Westen, wie Helmut Rahn, aber der mußte dann auch katholisch sein. Zum anderen ließ ich überhaupt kein wirkliches Bild von diesem Mann zu, dessen Idiom mich als Norddeutschen nervte, von seiner Art und Haltung ganz zu schweigen. Vier Jahre erst war Sepp Herberger Bundestrainer, als ihm der Coup in der Schweiz gelang. Für uns Jüngere, die wir uns noch den Staub des Zusammenbruchs aus den Augen und Hirnen blasen mußten, war er irgendwie unvermittelt auf der Bildfläche erschienen. Einer jener älteren Herrschaften, die jetzt plötzlich überall von sich reden machten – neue Männer aus der guten alten Zeit, die immer von den 20er Jahren schwadronierten, von der Vorkriegszeit oder gar von der Welt vor 1914, wenn sie Zukunftsperspektiven entwarfen.

Wie ich das alles kannte. Wie ich daran litt, weil sich eine enttäuschte Sehnsucht nach Schutz und Sicherheit, Güte und Stärke hinter Mißtrauen, Aggressionen und Rückzug verbarg. Ich wußte, daß viele meiner Freunde «das Väterliche» an Herbergers Art anzog. Mich nicht. Denn so einen Vater hatte ich selber, einen, der – bis in Einzelheiten seines Lebensweges hinein – dem Bundestrainer nur allzu ähnlich schien.

Daß Josef Herberger, geboren am 28. März 1897, nur zwei Jahre älter war als mein Vater; daß er schon als Junge Fußball spielte; daß damals alles viel besser, idealistischer und herzhafter war – das hatte ich bis zum Überdruß gehört. Auch daß sich beide in jungen Jahren einen Ruf als Stürmer erwarben, zu Auswahlspielern aufstiegen für Süd- und Norddeutschland. Manches, was an Informationen später dazukam, überraschte mich nicht: daß beide Fußball als Aufstiegsvehikel aus ärmlichsten Verhältnissen benutzten, daß sie Helden sein wollten auf der bescheidenen Lebensbühne zwischen den vier Eckfahnen; daß sie Freunde fanden beim Spiel und Abenteuer.

Manches imponierte mir, was ich aber nicht zugab. Denn nach der Nazizeit hatte mein Vater für mich als Vorbild grundsätzlich verspielt. Was konnte ich von einem Mann erwarten, der noch an Hitlers Wunderwaffen geglaubt hatte, als die Amerikaner 1945 schon die Weser überschritten hatten?

Zwar blieb der Fußball zwischen uns Gesprächsstoff, nahezu der einzige. Aber wenn wir darüber sprachen, stritten wir. Er sagte hipp, hipp, hurra, ich verstand «Heil Hitler». Er sagte Kameradschaft, ich verstand «Die Reihen fest geschlossen». Manchmal sang er noch. «Da ist ja keiner, der uns halten kann, wir stürmen vor, wir greifen an.» Das hatten wir in den Kriegsjahren sonntags morgens im Bett geschmettert, Vater und Sohn, damals war ich fünf oder sechs Jahre alt gewesen. Zusammen waren wir ins Kino gegangen. «Das Große Spiel» hieß der Film, aus dem dieses Lied stammte. Daß er mit Sepp Herbergers Hilfe gedreht worden war, das wußten wir beide natürlich nicht. Wir sangen auch: «Hört ihr die Motoren singen: ‹Ran an den Feind›? Hört ihr's in den Ohren klingen: ‹Ran an den Feind›? – Bomben, Bomben; Bomben auf Engelland.» Damals gehörte das alles zusammen. Jetzt konnte ich es immer noch nicht trennen.

Konnten die Väter das? Ich traute ihnen nicht, nicht meinem eigenen, nicht dem meiner Freunde und auch nicht Sepp Herberger.

Manchmal, immer seltener, erzählte Vater noch von seinen früheren Glanztaten. Von seiner Berufung in die norddeutsche Auswahl, wo ihn «die Großen» von Arminia Hannover und Hannover 96 am Flügel «verhungern ließen». Weil er vom Lande kam. Da wallte auch in mir die Empörung auf. Aber dann ging ich schnell wieder auf Abstand: Veteranengeschwätz. Stammtischgedröhn. Ich hielt mich lieber an das Mannschaftsfoto, das in unserer Wohnung auf dem Flur hing. Victoria Burgdorf 1925. Da sah Vater schon so beamtisch ordentlich aus, wie ich ihn später ein Leben lang auf der Sparkasse erlebte. Kurze Haare, schnurgerader Scheitel, jeder Knopf der Vereinsstrickjacke zugeknöpft, Stiefel blitzblank, die Knieschützer blütenweiß. Ein stabiler gerader Flügelmann einer Truppe mit gereckten Häuptern, denen der Fotograf gerade «Rührt euch» befohlen haben mußte.

Und die Urkunde erst, die daneben hing, girlandenbekränzt und frakturbeschrieben wurde Vater darauf «langjährige treue Tätigkeit als Fußballspieler der ersten Herrenmannschaft des Sportvereins Victoria von 1907 e. V. Burgdorf in Hannover» bestätigt. Das schien mir doch eher behördlicher Frührentnerbescheinigung zu gleichen als einer sportlichen Auszeichnung. Mein Fußball sollte so nicht sein.

Hätte ich ahnen sollen, daß dieses Dokumente seiner Freiheit waren? Ich war mißtrauisch, er beantwortete meine distanzierte, indirekte Vorwurfs- und Anklagehaltung mit Rückzug. Es dauerte Jahrzehnte, bis ich die Not und die gescheiterten Träume, die Ängste und die Schuldgefühle hinter seinem kargen Schweigen erkannte und ernst zu nehmen begann.

Je älter ich selbst wurde, desto mehr begann ich hinter den Falten-Gittern in den Gesichtern der Älteren, deren Reden mir oft noch immer schrecklich waren, nach Zeichen individuellen Schicksals und kollektiven Alltags zu suchen. Sepp Herberger, der immer seine

Lebensgeschichte zu schreiben versprochen hatte, bot sich solcher Nachfrage an. Und er entzog sich auch immer.

Der «Altbundestrainer» Herberger lebte schon lange nicht mehr, als mein Vater starb. Ebenso klischeegerecht wie lebenslogisch war Herberger 1977, als er im Fernsehen die deutsche Fußballnationalmannschaft gegen Nordirland spielen sah, mit einem Herzinfarkt zusammengebrochen, einen Monat nach seinem achtzigsten Geburtstag, an dem er noch einmal rauschend gefeiert worden war. Aber der kleine Mannheimer, der mir immer aufregender erschienen war, je älter er wurde, überlebte ja auch sein physisches Ende. Die Legende vom Hexenmeister des Fußballs, vom Magier und dem alten Fuchs, fasziniert bis heute – nur verstellt sie weiter klare Blicke auf den Mann. Gewiß, Herbergers Bild wurde mit zunehmendem Alter weicher und freundlicher, deutlicher wurde es kaum.

Das wußte er selbst zu verhindern. Seine Nationalspieler können sich nicht erinnern, daß der «Chef» je ausführlich über seine Kindheit und seine Jugend in Mannheim geredet hätte, und nur selten – und immer nur verteidigend und auf Nachfrage – hat er über seine Zeit als «Reichstrainer» gesprochen. Der ehemalige Stürmer Sepp Herberger war ein verläßlicher Verteidiger seiner eigenen Person. Immer blieb ein klug abgeschirmtes Stück des Alten von neugierigen Fragen unberührt. Und stets wußte er sich dem letzten Zugriff von Journalisten wie Fans zu entziehen.

Letztlich – das legt der Einblick in seine gesammelten Lebenszeichen nahe – ließ er ja nicht einmal sich selbst an sich heran. Kaum ein Zeitgenosse hat so sorgfältig die Details des eigenen Lebens zusammengetragen, hat Notizen, Briefe, Berichte und Andenken in geradezu beängstigender Perfektion gesammelt. Doch als Sepp Herberger dann darangehen wollte, seine eigene Geschichte aufzuschreiben, wie er oft angekündigt hatte, da scheiterte er.

Vielleicht machte ihn aber gerade diese Unfähigkeit, trotz größter und jahrelanger Anstrengung sein Leben auf einen Nenner zu bringen, zur Symbolfigur der 50er Jahre. «Ach, wissen Sie, da gibt es Abbau- und Verdrängungsmechanismen, die überlagern vieles», entzog er sich kurz vor seinem Tode dem Journalisten Horst Vetten, der ihn mit der Frage bedrängte, wie man es lerne, in einem so langen Leben Wichtiges von Unwichtigem zu unterscheiden. Fußball kann solch ein Verdrängungsmechanismus sein – und mit der Weltmeisterschaft 1954 hat Sepp Herberger ihn allen Deutschen zum Geschenk gemacht. Sie nahmen es nur allzu gerne an.

«Wir sind wieder wer»

Das Wunder von Bern

Zotzenbach, ein Dorf im Odenwald. Geschmückte Fenster, geputzte Fachwerkhäuser. Vor dem Festsaal standen Jungen in roten Trainingsanzügen Spalier. Einige waren zu klein, als daß sie schon einmal in einer richtigen Fußballmannschaft gespielten haben könnten, dem «lieben, hochverehrten Gast» war das nicht entgangen. Es rührte ihn: «Der Stolz und die Begeisterung leuchteten aus allen Augen.»

Es muß ein großer Tag gewesen sein für das mehr als tausendjährige Zotzenbach. Das dreifach kräftige Hipphipphurra jedenfalls, das zum Empfang ausgestoßen werden sollte, gelang nur zweimal. Beim dritten Mal versagte dem Wortführer vor Ergriffenheit und Aufregung die Stimme.

Bürgermeister Adam Steinmann, mit dem sich der Ehrengast eine Weile angeregt unterhalten hatte, marschierte mit festen Schritten und gereckten Hauptes zum Rednerpult auf die Bühne im «Goldenen Adler». Feierlich ergriff er das Wort: «Mit großer Freude begrüßen wir unseren lieben Ehrengast des heutigen Abends, Herrn...»

Und da stockte auch er. Flehend blickte er sich um. «Es war klar, ihm fiel mein Name nicht ein», mopste sich der liebe Ehrengast. Als alles kicherte, faßte sich der Dorfvorsteher ein Herz: «Ach», sagte er und hatte plötzlich die Lacher auf seiner Seite, «ich sage so, wie alle sagen und wie wir in allen Besprechungen und Verhandlungen immer gesagt haben: Ich begrüße unseren Seppl.»

Es wurde ein schöner und gelungener Abend, fand der so freundlich Geehrte. Er klang auch würdig aus. Mit Worten des Dankes und der Hoffnung, daß er doch recht bald wieder einmal ihr Dorf besuchen möge, übernahm der Vereinsvorsitzende Herbert Engler lange nach Mitternacht die Verabschiedung. Sie galt «dem allseits verehrten Altbundeskanzler Seppl Herberger».

Altbundeskanzler. Seppl. Der Chef. Josef Herberger, Trainer der Fußballnationalmannschaft der Bundesrepublik Deutschland, die am 4. Juli 1954 in Bern Weltmeister geworden war und damit «die Heimat» in einen fast ekstatischen Gefühlsrausch versetzt hatte, zeichnete die Anekdote liebevoll auf und heftete sie in einen jener 361 dickbäuchigen Leitzordner ab, in denen er sein Leben ordnete. Für seine Memoiren. Solche Geschichten amüsierten ihn nicht nur, sie behagten ihm auch. Daß er schon 1965, unmittelbar nach seinem Rücktritt, Legende war, wußte Josef Herberger sehr wohl. Es war ihm auch recht. Schließlich häkelte er selbst unermüdlich an seinem Nachruhm.

Ob sich aber der alte Herr wohl auch einmal fragte, woher denn eigentlich die Unsicherheiten der guten Leute von Zotzenbach rühren mochten, seinen Namen und seine Funktion betreffend? Gewiß, es waren einfache Leute. Dazu die Aufregung. Und im Fernsehen pflegte der Bundestrainer damals natürlich viel seltener aufzutreten als später Franz Beckenbauer. Trainer blieben mehr im Hintergrund. Zwar hatten seine Männer ihren «Chef» im Wankdorf-Stadion nach dem Sieg auch auf die Schultern gehoben, nicht nur Fritz Walter, den Kapitän, der den Pokal schwenkte. Aber trotzdem war der hagere Sepp Herberger, damals schon 57 Jahre alt, den knöchellangen durchnäßten Trenchcoat über dem braunen Trainingsanzug zusammengerafft, für die Öffentlichkeit lange nur «der zwölfte Mann».

Dabei war 1954 *sein* Jahr. Es war auch *sein* Sieg, jahrzehntelang vorbereitet. Aber wer, außer ein paar Weggefährten, wußte das schon? Wer wollte es denn auch wissen? Es ging schließlich um mehr als um diesen zerfurchten kleinen Mann, der immer ein Auge zukniff. Es ging um Deutschland. Denn darüber gab es seit dem Schlußpfiff des britischen Schiedsrichters Ling landauf, landab keinen Zweifel, daß Gewaltiges, ja Historisches geschehen war an diesem 4. Juli 1954 mit dem Fußballsieg über die seit 32 Länderspielen ungeschlagenen Ungarn um den Major Ferenc Puskas, die unbestritten als die weltweit besten Kicker galten. Die Deutschen – in ihrem Selbstverständnis keineswegs schon auferstanden aus den Ruinen des von ihnen angezettelten Zweiten Weltkrieges – waren plötzlich wieder wer, wie die meistbenutzte Formel hieß. Wer auch immer und was auch immer – auf jeden Fall mehr, als nur Fußballweltmeister.

In den 40 Jahren danach, vor allem aber in jüngster Zeit, wird in einer Reihe von historischen Untersuchungen und Aufsätzen, in Filmen, Romanen und Gedichten der WM-Erfolg von Bern zu einer Art emotionalen Selbstanerkennung der Republik hochstilisiert. In immer neuen und anderen Wendungen gerät das «Wunder von Bern» zu einer nationalen Katharsis – wird dramatischer «Einsticg in eine neue Wirklichkeit», fußballerische Selbstbefreiung aus der Umklammerung von zwölf deutschen Jahren des Unheils, Wiedereintritt in eine nationale Identität. Obwohl in der Bundesrepublik später der 17. Juni, der Tag des Volksaufstandes in der DDR, als Feiertag begangen wird, bleibt der 4. Juli in den Augen vieler Autoren der berühmteste Tag der deutschen Nachkriegsgeschichte. Neun Jahre nach dem Tag der Kapitulation, dem 8. Mai 1945, den die überwiegende Mehrheit eher als Zusammenbruch denn als Befreiung erlebte, wagten die Deutschen wieder einen kollektiven Blick in die Runde. Und sie fanden, daß sie sich neben den anderen Nationen sehen lassen könnten.

Schief lächelnd, mit skeptisch verzogenem Mund, so, als wolle er sich nichts vorgaukeln lassen, saß Herberger zwei Tage später in München, einen Blumenstrauß geschultert, auf der Rückenlehne eines offenen Personenwagens und fuhr durch ein «ununterbrochenes Spalier glücklicher, fröhlicher und begeisterter Menschen». Erst Jahre später schlug sich in seinen Sätzen etwas von jener Bewegung nieder, die er damals verbarg. «Eine wogende Menschenmenge, wie ein Kornfeld, Fahnen, Tücher, Jubel – es war einfach nicht wiederzugeben.» Die «Münchener Illustrierte» jubilierte: «Nie wurde ein König, ein Held, ein Diktator stürmischer gefeiert als die Mannschaft, die über sich hinausgewachsen war.»

Die Mannschaft und ihr Trainer. Daß es zwölf Weltmeister waren, wenigstens die Österreicher erkannten es. «Der zwölfte Deutsche war der beste. Er saß auf der Reservebank und freute sich, daß seine Burschen seinen Plan mit hundertprozentiger Konsequenz durchführten»: Sepp Herberger. Vielleicht viel er so wenig auf, weil er seine Gefühle nicht zeigen konnte. Es muß ein ziemliches Durcheinander gewesen sein in diesem Mann, dem die Weltmeisterschaft persönlich mehr und anderes bedeutete als allen, die ihn nach dem Sieg feierten. Triumph? Dankbarkeit? Fassungsloses Staunen über den eigenen Lebensweg? Sicher ist nur – Bescheidenheit war es nicht, was Sepp Herberger so zurückgenommen wirken ließ. Er kannte seinen Wert, und er zögerte nicht, den öffentlich zu vertreten, selbstbewußt, nicht auftrumpfend: «Ich bin davon überzeugt, daß niemand in Deutschland so viel von Fußball versteht wie ich.»

Keine Frage, der «Empfang in der Heimat» hatte Herberger überwältigt. 45 Jahre später, nach dem Fall der Mauer, würde der Psychiater Hans Joachim Maaz davon sprechen, daß damit ein «Gefühlsstau» gebrochen sei. So empfanden die Deutschen den Sieg damals auch. Sie waren aus dem Häuschen. Auch alle Spieler strahlten das aus, leuchteten von innen vor Freude und Stolz. Selbst Josef Herberger lachte, wenn er den Menschen zuwinkte oder aus dem offenen Wagen in München auf sie herabblickte. Aber er war nicht nur älter als seine Spieler und schon deswegen «Vater des Erfolgs». Josef Herberger wirkte auch um entscheidende Qualitätsgrade ernster, härter und einsamer als seine Männer. Als wüßte er mehr. Gab es ein Geheimnis hinter dem Trubel? Er freute sich so, als kenne er den Preis des Glücks.

Erst einmal erfuhr er, wo und wie seine Landsleute die entscheidenden Augenblicke von Bern erlebt hatten. Auf der heimischen Kegelbahn zappelte in der ersten Reihe vor dem kleinen grauen Fernsehbild ein aufgeregter Berti Vogts herum, damals acht Jahre alt, heute Nachfolger Sepp Herbergers – ein lebenslanger Bewunderer. In der Woche nach dem 3:2 meldete er sich beim VfR Büttgen an.

Es scheint das Kennzeichen einer historischen Stunde zu sein, daß noch Jahrzehnte später jeder genau erzählen kann, was er in diesem Augenblick getan hat, wo er war und mit wem zusammen. Ob beim Fall der Mauer oder bei der Ermordung John F. Kennedys – nahezu jeder erinnert sich an den Augenblick, als er davon erfuhr. Und so ein Moment war auch der Sonntag nachmittag zwischen 17.00 und 19.00 Uhr am 4. Juli 1954, als der Spielbericht aus dem Wankdorf-Stadion von Bern Millionen Deutsche im Fußballfieber vereinte.

Überall das gleiche Bild in den westdeutschen Städten, die Straßen und Plätze verödet, nur vor den Radio- und Fernsehgeschäften drängten sich Menschen zu Hunderten, um ein Bild aus Bern zu erhaschen, oder wenigstens den Ton. Die Fangemeinde der Herberger-Mannschaft hatte sich auf die Gesamtbevölkerung im Alter zwischen 5 und 100 Jahren erweitert. Nur sein Vater – gerade aus Ungarn eingewandert – habe geweint, erinnert sich Joschka Fischer.

Nach Schätzungen haben etwa 60 Millionen Deutsche vor den Radios gesessen und der Reportage Herbert Zimmermanns zugehört. Auch das Fernsehzeitalter begann in Deutschland mit diesem Spiel, am Tag der Entscheidung waren aber noch nicht hunderttausend Fernsehgeräte registriert, die meisten bei Gastwirten. In deren Sälen und Clubzimmern drängten sich Männergesellschaften, die Eintritt bezahlten, um dann aus großem Abstand durch dichte Rauchschwaden einen Blick auf das zittrige Bild aus Bern zu erhaschen, wo es in Strömen regnete.

Es war vor allem die Atmosphäre, die ganz ungewöhnlich war. Bizarre Situationen bleiben im Gedächtnis. Der Schriftsteller Friedrich Christian Delius hat in einer Erzählung den Sonntag beschrieben, an dem er Weltmeister wurde, ein kleiner Junge, den die Stimme des aufgeregten Reporters Herbert Zimmermann aus Bern in den Bann zwang. Das Radio trug «...ferne Zuschauerrufe, Lautsprecherdurchsagen, Aufregungen» in das Wohn- und Eßzimmer eines dörflichen Pastorenhauses in Hessen. Der Junge im Pfarrhaus hatte Mühe auszuharren, er ertrug die Spannung nicht mehr, das Ergebnis war ihm fast egal, die Strapazen des Spieles wurden ihm zuviel. Doch weiter ging die Reportage: «Schäfer, nach innen geflankt, Kopfball, abgewehrt, aus dem Hintergrund müßte Rahn schießen, Rahn schießt! Tor! Tor! Tor! Tor! Tor für Deutschland!»

Delius: «Während die schreiende, elektrisierte Stimme fast das Radio auseinanderriß, das versteckte Metall in dem Kasten von den Torschreien vibrierte und der Stoffbezug vor dem Lautsprecher zitterte, während das Gerät in allen Fugen knisterte und der Reporter schwieg wie erschossen, drangen aus dem Hintergrund Schreie, von Händeklatschen und Jubel unterstrichen, aus dem Berner Stadion an mein Ohr, und ich riß, obwohl ich noch nichts begriff, eher hilflos als triumphierend die Arme hoch und rief leiser, als ich wollte: ‹Tor!›, leise, weil ich meine Freude noch nicht spürte, sondern nur den Reflex auf die Schreie aus dem vibrierenden Kasten, ehe der Reporter wieder zur Sprache fand: ‹...3:2 führt Deutschland, fünf Minuten vor Spielende! Halten Sie mich für verrückt, halten Sie mich für übergeschnappt!›»

Was sie angerichtet hatten mit ihrem Sieg, das erlebten die Spieler ungläubig auf der Rückfahrt. Der Heimweg wurde zu einem «Finale Grande», das der Historiker Alfred Georg Frei liebevoll dokumentiert hat. Als um 17.35 Uhr am 5. Juli der girlandengeschmückte rote Diesel-Triebwagen VT 08, der – wie mit Riesenlettern an den Waggons stand – den «Fußball-Weltmeister 1954» heimtransportierte, im Bahnhof von Singen einlief, dem ersten deutschen Halt auf der Rückreise von Bern, da war das Gelände von Menschen überflutet. Der Jubel nahm ekstatische Formen an. Nach dem Verkauf von 6000 Bahnsteigkarten hatten die Verantwortlichen die Kontrolle aufgegeben. Jetzt drängten sich um die dreißigtausend Menschen an den Zug, mehr als in der Stadt wohnten.

Jugendliche sprangen von den Bahnsteigdächern auf den stehenden Zug. Die Polizei hatte die Sturmriemen unter dem Kinn, erinnert sich der Sportjournalist Harald Landefeld. Fetzen flogen. Männer standen plötzlich ohne Jacken, Frauen ohne Kinder da. Landefeld: «Ein Run beginnt, gegen den das Stürmen der Kohlenzüge in der Not vor der Währungsreform ein harmloses Kaffeekränzchen war.»

Während der Journalist vergeblich versuchte, sich in den Zug hineinzukämpfen, beobachtete er eine Szene von signifikanter Bedeutung. Unter den ekstatischen Menschen, die sich an die Abteilfenster herandrängten, versuchte auch ein hochgewachsener Mann die Aufmerksamkeit Fritz Walters zu wecken. «He, Fritz», brüllte er immer wieder, bis der ihn endlich bemerkte und ihn freudig heranwinkte. Keine Chance, sich zu umarmen, auch der Dialog war mühsam. Fritz mußte in Deckung gehen, ganze Blumenfelder flogen in sein Abteilfenster. Der Mann auf dem Bahnsteig schrie: «Fritz, wann kommst du? Wir laden euch alle ein!» Der winkte ab: «Was meinst du, wer uns nicht alle eingeladen hat? Wir müßten schon ein ganzes Jahr freihaben!»

Deutlicher hätten die Zeichen der Zeit nicht ausfallen können: Den schnuckelig mit blütenweißen Arbeitskleidern aufgeputzten Mädchen der Maggiwerke gelang es in Singen, zu den Spielern vorzudringen, um ihre Suppenwürfel und Tüteneintöpfe anzupreisen. Der Jagdflieger Hermann Graf aber, im Kriege hoch dekoriert mit allen Ritterkreuzen und Eichenblättern des Regimes und vor nicht einmal zehn Jahren noch als Kommandeur der Luftwaffenfußballmannschaft «Die Roten Jäger» Vorgesetzter und Lebensretter des damaligen Unteroffiziers und jetzigen Nationalmannschaftskapitäns Fritz Walter, reckte sich vergeblich vor dem Abteilfenster. Rollentausch? Auch. Jetzt seien die Fußballspieler «die Heroen der Deutschen», jetzt wurden sie ähnlich gefeiert wie zehn und fünfzehn Jahre zuvor die Jagdfliegerasse und die erfolgreichen U-Boot-Kommandanten, befand der Historiker Hans-Peter Schwarz in seinem Buch «Die Ära Adenauer».

So war es, doch wurde es nicht ausgesprochen. Daß die älteren unter den Spielern, Fritz Walter, Max Morlock, Toni Turek, schon während der Nazizeit zu den Sportheroen gehört hatten; daß auch schon Ottmar Walter und Kohlmeyer vor Kriegsende im berühmten Notizbuch Josef Herbergers auftauchten; daß der Reichstrainer Herberger für die Nationalmannschaft schon seit 1937 verantwortlich war – die Deutschen wußten es nicht, wollten es nicht wissen, und wenn doch, dann fanden sie es in Ordnung. «Was die Brüder

Walter oder Max Morlock für die Fußballfreunde waren, bedeuteten Furtwängler, Karajan und Elli Ney dem theater- und musikbegeisterten Bürgertum, und viele der Deutschen, die im Dritten Reich mitgemacht oder sich jedenfalls arrangiert hatten, wollten nichts Anstößiges daran erkennen, daß etliche bedeutende Künstler der 50er Jahre auch zu Hitlers Zeiten große Leute gewesen waren», schreibt Hans-Peter Schwarz.

Das Schönste an dieser Mannschaft war aber, daß sich die Spieler gerade nicht als große Leute fühlten, sondern als «Volk aus dem Volke», wie eine Zeitung schrieb. Herbergers «Männer» waren die Jungs von nebenan. «Fleisch von unserem Fleisch», wie der heutige Arbeitsminister Norbert Blüm einmal sagte, schon immer Fußballfan. Ihre auf dem Fußballfeld gezeigten Tugenden und Wertvorstellungen stammten unmittelbar von den Arbeitsplätzen und aus den Betrieben. Überall, wo die Menschen am Wiederaufstieg werkelten, wurden die Fertigkeiten verlangt, für die jeder einzelne der Weltmeister sich als mustergültiger Repräsentant vorgestellt hatte: Anständigkeit und Bescheidenheit, Fleiß und Disziplin.

Natürlich fehlte es nicht an Warnungen, die Deutschen höben zu einem neuen nationalen Höhenflug ab. Hatten sie nicht im Siegesglück von Bern ihr «Deutschland, Deutschland über alles» angestimmt? Hatte nicht ihr lärmender Fußballpräsident Peco Bauwens seinen «wackeren Knaben» nachgerühmt, sie seien – wie einst er im Ersten Weltkrieg – «mit der deutschen Fahne im Herzen auf den Gegner losgestürmt»? «Dieses Lumpenpack von Ausländern gönnt uns Deutschen diesen Sieg nicht», empörte sich in einem Brief an den Bundestrainer ein Fußballfreund aus Würzburg.

Gewiß, solche Entgleisungen gab es. Aber sie nehmen sich heute reißerischer aus als im Kontext der damaligen Zeit, und die Regel waren sie nicht. Fotos, die den DFB-Präsidenten zeigten, wie er mit dem zum faschistischen Gruß erhobenen rechten Arm in Italien strammstand, erschienen zwar in der internationalen Presse, führten aber irre. Denn Bauwens bezog die taktlose Unbefangenheit für seine kernigen Sprüche nicht zuletzt aus der Tatsache, daß er sich – wegen seiner jüdischen Frau – von den Nazis immer bedroht gefühlt hatte. Als er bei der Siegesfeier im Münchener Löwenbräukeller auch noch vom «Führerprinzip» zu dröhnen anfing, brach der Bayerische Rundfunk die Live-Übertragung einfach ab.

Nein, für einen «kollektiven Rauschzustand» nationalistischer Art gab es – findet der Historiker Arthur Heinrich – denn doch zu viele Zwischentöne, zuviel Nachdenklichkeit und besonnene Zurücknahme: Allenthalben sei die Haltung anzutreffen gewesen, daß man «ein Geschenk von unvorstellbaren Ausmaßen» erhalten hätte und sich dafür dankbar zeigte.

Es hatte ja auch niemand die Hunderttausende, die sich neben der Bahnlinie, in München und später in den Heimatorten der Spieler einfanden, um ihren neuen Idolen zuzuwinken, dorthin befohlen. Nach zwölf Jahren organisierter Aufmärsche und Massenkundgebungen, nach Antreten auf Befehl und Appellen im Kriegsgefangenenlager bildeten diese ersten spontanen Massenerlebnisse in der neuen Republik ein ermutigendes Gegenbild zum Nazireich.

Tatsächlich liefen die turbulenten Empfänge für die Kicker von Singen über Konstanz, Landsberg, Fürstenfeldbruck bis München überall gleich ab. Das Protokoll bereitete ein würdiges Zeremoniell vor, wie es schon ein halbes Jahrhundert früher dem Kaiser gerichtet worden wäre, mit Nationalhymne, Ehrenjungfrauen, Begrüßungsreden örtlicher Honoratioren im Cut. Die Bevölkerung indes gebärdete sich, als fiebere sie den Beatles entgegen. Die Honoratioren traten an zum Heldenempfang. Die Fans wollten ihre Stars feiern. So hatten sich in Singen, der «Maggi-Stadt» an der Schweizer Grenze, 25000 Einwohner, die Gemeinderäte in Bratröcke gezwängt, Bürgermeister Theopont Diez (CDU) hatte eine Rede vorbereitet, in der die vibrierende Lebendigkeit seiner Gemeinde den Weltmeistern recht eindringlich vor Augen geführt werden sollte. Es ging aber alles unter im Trubel. Die Rede hörten nur die Nächststehenden. Die Stadtmusiker konnten im Gedränge ihre Arme kaum bewegen, geschweige denn Noten lesen. Die Hymne fiel aus.

Hier zeichnete sich ab, was als eine Art Kampf der Lebensformen die späteren fünfziger Jahre prägen sollte: die harte Konfrontation zweier Mentalitäten, das Nebeneinander von Modernisierung und

Restauration. Hier Musikboxen, Blue Jeans, Bikinis, Kofferradios, Nescafé, Hawaiihemden. Dort Zopfkränze und messerscharfe Scheitel, kahlrasierte Kommißnacken, Volksmusik. Hier Amerikanisierung und Konsum, dort die karge alte Ordnung der Kleppermäntelfraktion.

Die Frontlinie verlief quer durch die Familien und Vereine. Und selbst in der homogenen Herberger-Truppe war – zwischen dem erfahrenen Landser Fritz Walter, 34, und dem um neun Jahre jüngeren unbeschwerten Helmut Rahn, der den Krieg nur noch als Kinderlandverschickung erlebt hatte – der Kulturbruch offenkundig. Doch mag es wohl sein, daß zum symbolischen Gewicht und zum identifikatorischen Sog der Siegermannschaft beitrug, daß sie die Schwierigkeit der Zeit auch da verkörperte, wo sie es selbst nicht merkte.

Noch funktionierte die wechselseitige Identifikation zwischen den Spielern und den Zuschauern. Aber schon signalisierten die nach oben ins Leere gereckten Hände der Leute auf den Bahnsteigen und die aus halbgeschlossenen Fenstern im Scheinwerferlicht und ersten Blitzlichtgewittern herablächelnden Weltmeister eine neue Beziehung – die zwischen Stars und Fans. Als Kämpfer und quasi soldatische Helden erwartet, wurden die Spieler über Nacht und ohne ihr Zutun zu Vorläufern von Popidolen. Die meisten waren, wie sich zeigen sollte, diesem abrupten Wechsel nicht gewachsen.

Nur für einen galt das nicht, für Sepp Herberger. Der Chef, der sich mit seinen 57 Lebensjahren zum Zeitpunkt der Weltmeisterschaft schon zielstrebig und ohne erkennbare persönliche Schwierigkeiten im vierten Deutschland eingerichtet hatte – nach der Kaiserzeit, der Weimarer Republik, dem Nazireich nun in der jungen Demokratie des westlichen Teil-Vaterlandes –, zeigte sich auch den Erfordernissen der strapaziösen Heimkehr gewachsen. Während «der Boß» Helmut Rahn, der gefeierte Schütze des Siegestores, die Jubelfahrt durch Süddeutschland wie «eine einzige Show» genoß und der Ex-Unteroffizier Fritz Walter übermütig den am Zugfenster vorbeigleitenden Getreidestiegen «Stillgestanden! Augen rechts!» kommandierte, hielt sich Herberger auffällig unauffällig im Hintergrund. Stand er, bei Empfängen oder am Zugfenster, doch einmal im Lichte der Öffentlichkeit, dann entleerte er sein Gesicht und bewegte sich so beiläufig, daß man ihn leicht übersah. «Wo ischt denn der Herberger? Wo ischt denn der Herberger?» rief verzweifelt der junge Rundfunkreporter Rudi Michel in Konstanz. Schon in Singen hatte er vergeblich versucht, an den Bundestrainer heranzukommen. In Lindau, der ersten Übernachtungsstation auf deutschem Boden, stieg der freundliche kleine Mann dann als letzter aus und nahm geduldig einen weiteren Zinnkrug entgegen. In München seufzte er schon mal: «O Gott, wenn wir jetzt gegen die Ungarn antreten müßten», als seine Männer im Löwenbräukeller die Bierkrüge ansetzten.

Nach dem Spiel ist vor dem Spiel. Herberger sah alles und schwieg. Daß der Torwart Toni Turek, der frischernannte «Fußballgott» der Deutschen – den er als Bruder Leichtfuß ohnehin auf dem Kieker hatte –, für Herbergers Begriffe schamlos mit der Kellnerin im Zug flirtete – der Chef notierte es mit drei Ausrufungszeichen in seinem berühmten Büchlein: «Was kann ich für Sie tun?» Toni: «Alles»!!! Auch, daß Helmut Rahn die goldene Uhr, die er in der Schweiz als offizielles Weltmeisterpräsent erhalten hatte, seiner Tochter zur Konfirmation weiterschenkte, fand er nicht in Ordnung. Aber er kommentierte es nur für sich.

Oh, der Mann, den seine Freunde auch mal «Muckel» nannten, war kein Spielverderber in diesen Tagen. Er verstand sich darauf, seine Sprüche zu machen, den Duzbruder der Nation zu mimen. Die Masken des Plauderers und Charmeurs hatte er erprobt – sie paßten ihm. Gern gab er den Volkstümlichen. Doch hielten seine schlauen Witzeleien immer die Leute auf Abstand.

Er liebte die Begeisterung der Fußballfans, aber er verachtete ihren Sachverstand. Hatten sie ihn nicht gerade noch ausgepfiffen? Hatten sie nicht seinen Rücktritt verlangt vor der Weltmeisterschaft und noch nach dem ersten Ungarn-Spiel?

Es würde wieder passieren. In seinen Notizen war kein Mangel an Eintragungen wie: «Gestern noch auf hohen Rossen...» Und:

«Nichts ist schwerer zu ertragen als eine Reihe von guten Tagen...» Speziell aus dem Fußball waren diese Erfahrungen nicht abgeleitet, eher allgemein aus dem Leben. Aber Herberger war nicht der Mann, der dazwischen große Unterschiede sah.

Er hatte Gründe, dem Glück nicht zu trauen. Also war er bereit, es mit Schwierigkeiten aufzunehmen. Immer. Veränderungen schreckten ihn nicht. Sie reizten seine planerische Phantasie.

Für Sepp Herberger war Fußball nie Spaß. Wenn er am Spielfeldrand saß, dann konzentrierte er sich, bis er grau wurde vor Erschöpfung. Er hatte die Verantwortung, und das war nicht nur eine Redensart. «Bleibe hart», mahnte eine Kachel neben der Wohnzimmertür seines Hauses in Hohensachsen, wo er stundenlang über Aufstellungen zu brüten pflegte, das Zimmer übersät mit Blättern, auf denen immer dieselben Namen in immer denselben Konstellationen auftauchten, nur intern ein wenig hin und her geschoben. Herberger blieb hart.

Was den Bundestrainer von vielen seiner Mitmenschen unterschied, war seine gewitzte und absolut pragmatische Fähigkeit, sich den modernen Gegebenheiten anzupassen, auch wenn sie ihm nicht behagten. Konsumgesellschaft? Medienwelt? Profifußball? Starkult? Der kühle Rechner Sepp Herberger wußte schneller und geschickter mit neuen Gegebenheiten umzugehen als viele seiner jüngeren und besser ausgebildeten Kollegen. Er übertraf sie an Erfahrung, und das ließ er sie spüren. Er kannte Menschen, er wußte, wie Macht funktioniert, und er hatte keine Bedenken, seine Kenntnisse robust zu nutzen, wenn es um den Fußball ging und um seinen Job. «Ich habe immer dafür gesorgt, daß ich mit allen gut zurechtkam», gestand er einmal. «Aber ich habe auch darauf geachtet, daß nicht jeder mit mir gut zurechtkam.»

Herberger war mobil, modern, flexibel. Und zugleich war er ein zutiefst altmodischer Mensch, ein Fossil an Prinzipientreue und Disziplin, ein Ausbund aller preußischen Tugenden, die später Sekundärtugenden heißen würden. Was immer sich in diesen Jahren an Diskrepanzen zwischen schwer zu vereinbarenden Lebensformen öffentlich bemerkbar machte – Sepp Herberger trug sie in sich.

Nach außen machten sie sich weniger als Widersprüche bemerkbar denn als irritierende Überlagerungen, die sich aneinander rieben wie Eisschollen bei Tauwetter.

Herberger sah, wie der Sonderzug der Weltmeister zum Warenlager wurde. Es gefiel ihm. Dies war nun schon die zweite Nachkriegszeit, die er miterlebte. Er war arm gewesen und wußte, wie schwer Dinge zu organisieren waren, die man zum Überleben brauchte. Wenn sie einem jetzt nachgetragen wurden, um so besser. Seine Frau Ev würde sich freuen.

Dem Maggi-Brühwürfel von Singen folgten Schießer-Unterhosen in Radolfzell, Käse im Allgäu, dann Porzellanfiguren, Bücher, Ölgemälde, Wein- und Cognacflaschen. Nach der Heimkehr ging der Konsumsegen erst richtig los: Kühlschränke, Nähmaschinen, Fahrräder, Rundfunkgeräte, Regenmäntel, Geschirr.

Nie hat Josef Herberger später daran gezweifelt, daß das «Wunder» von Bern der jungen Bonner Republik, deren demokratische Gehversuche dringend Unterstützung durch Erfolge brauchten, eine enorme Hilfe war. Aber krampfhaft vermied er es, diesen Schub «politisch» zu nennen.

Politik – das war im ausblendenden Denken dieser Jahre noch immer die Nazizeit. Und die wurde – mit Rückgriff auf eine pathetische Vorkriegssprache – einfach weggeredet, so als wären die 50er Jahre die bruchlose Verlängerung der frühen 30er. Was glorreich klang an der großdeutschen Zeit, die klirrenden Blitzsiege der deutschen Militärmacht etwa, kam zu Beginn der 50er Jahre öffentlich immer noch gut weg. Der Dämon der unheilvollen zwölf Jahre hieß Adolf Hitler, was die Frage nach der Verantwortung aller anderen erübrigte.

«Auschwitz war noch nicht *die* Metapher für *das* Trauma unseres Jahrhunderts», schreibt der Historiker Peter Reichel. Die pflichttreuen deutschen Soldaten wurden in Filmen und Büchern als gutgläubige Opfer einer verantwortungslosen Führung entlastet. Der Rehabilitierung der Wehrmacht, deren Generale nun von den westlichen Siegern als Verbündete gegen Moskau wieder gebraucht wurden, stand sowenig etwas im Wege wie der Wiedereingliederung der ehemaligen NS-Beamtenschaft in den staatlichen Apparat der Bonner Republik.

Wer fragte da schon nach der Vergangenheit eines Fußballtrainers, der seit 1936 als Angestellter des Reichssportführers von Tschammer und Osten den Nazis diente? Weder die unterlegenen Ungarn noch die Genossen Fußballer aus der DDR erinnerten die Welt 1954 an diesen Aspekt des Meisters aus Deutschland.

Unwidersprochen, ja nicht einmal wahrgenommen, konnte sich Sepp Herberger wie nahezu alle alten Kameraden der «Kriegsgeneration» – deren Antikommunismus so ungebrochen war wie ihr autoritäres Denken – als einen Idealisten betrachten, dessen Glaube an die gute Sache übel mißbraucht worden war. Es ist dieses Ausblenden der Nazizeit, diese beinahe ungebrochene Übernahme der Alltagsrituale und die unkritische Weiterverwendung deutscher Sprech- und Denk- und Verhaltensgewohnheiten seit Kaisers Zeiten, die Adenauers Ära allen, die sie nicht nostalgisch verklären, in alptraumhaft unwirklicher Erinnerung bleiben läßt. Auch dafür stehen Herbergers Weltmeister.

Erstaunlich war es dennoch, und nach heutigen Gegebenheiten gar nicht mehr vorstellbar, daß zum Berner Finale kein einziger deutscher Bundesminister anreiste. Die greisen Herren Adenauer und Heuss – aufgewachsen in einer Zeit, da das Spiel noch unter «Fußlümmelei» fiel – hätten wohl schon einen solchen Vorschlag als Zumutung empfunden. Zwar schickten Bundeskanzler und Bundespräsident nach dem Sieg wenigstens Glückwunschtelegramme, aber die konventionellen Texte stellten lediglich die protokollarisch korrekte Form des fortbestehenden Desinteresses am Fußball dar.

Lag es nur an der Volksferne der Politiker? Oder wirkte noch die hemmungslose propagandistische Ausbeutung sportlicher Großereignisse durch die Nazis nach? So, als gäbe es im demokratischen Deutschland ein Gesetz zur Trennung von Sport und Staat, meinte Theodor Heuss, diese Botschaft dem Fußball-Kampfredner Peco Bauwens extra noch einmal öffentlich hinreiben zu müssen. Nicht etwa die nationalistischen Töne des DFB-Chefs rügte der Bundespräsident. Vor 80000 Berlinern – die, vor allem «die lieben anderen Gäste aus Deutschland», ob des gemütlichen Schwäbisch des Präsidenten in Heiterkeit ausbrachen – sagte er vielmehr schulmeisternd: «Der gute Bauwens, der meint offenbar, gutes Kicken ist schon gute Politik.»

Der Bonner Bundespräsident war, einen Tag nach seiner Wiederwahl, ins Berliner Olympiastadion gekommen, um Sepp Herberger und seine Fußballweltmeister zu ehren. Und in sonderbarer Verkennung der eigenen Rolle versprach er der Menge: «Sie erwarten und kriegen heute keine politische Versammlung. Wir sind wegen des Sportes da. Ich glaube, wir sollten ihn außerhalb der Politik halten.»

Ob Josef Herberger seinem Bundespräsidenten überhaupt zuhörte an jenem Sonntag im Juli, genau zwei Wochen nach dem Sieg über die Ungarn? Nirgends hat er notiert und niemandem hat er offenbar verraten, welche Gedanken ihm bei dieser Feier in Berlin durch den Kopf gegangen sind. Neun Jahre lang hatte Herberger das Hakenkreuz auf dem Trainingsanzug getragen, war Angestellter jener Partei gewesen, vor deren Einflüssen er seinen geliebten Sport zu bewahren trachtete. Kein Wunder, daß er sich jetzt jeder Parteinahme entzog. Er sorgte dafür, daß neben dem Bild des von ihm verehrten Sozialdemokraten Herbert Wehner in seinem Haus in Hohensachsen auch das Foto des CDU-Kanzlers Ludwig Erhard hing. Er bewahrte die Glückwunschtelegramme des Liberalen Thomas Dehler so sorgsam auf wie die Post des CSU-Ministers Richard Stücklen. Lange bevor das Wort seine öffentlich-rechtliche Bedeutung kriegte, war Josef Herberger schon ein gewiefter Taktiker der Ausgewogenheit.

An einer Priorität aber ließ er nie rütteln: erst kam immer der Fußball. Daran änderten weder Berlin noch Bonn noch Bern etwas. Auch ein Weltmeister mußte wissen, daß das nächste Spiel das schwerste sein würde. Josef Herberger fing wieder einmal erst richtig an.

Sehr viel später, am Ende seiner Zeit, würde er sagen: «Ich habe versucht, in den Grenzen geltender Moral zu leben. Aber zurückblickend würde ich lügen, wenn ich behauptete, mein Leben sei völlig ohne kleinere Grenzverletzungen verlaufen.»

Wie denn auch? Es währte 80 Jahre und überstand zwei Weltkriege, Deutschland in vier Regierungsformen, eine Ausbombung, eine lebenslängliche Sperre als Fußballspieler, die acht Monate dauerte, fünf Fußballweltmeisterschaftsturniere und 162 Länderspiele, von denen immerhin 44 verlorengingen. Und ist es nicht doch köstlich gewesen?

«Ich bin Mannemer»

Kindheit in der Spiegel-Siedlung

Als Josef Herberger schon so berühmt war, daß er sich ernsthaft daranzumachen begann, seine Erinnerungen aufzuschreiben, da probte er Anfangssätze, als formuliere er seine eigene Geburtsanzeige. «Ich bin Mannemer», «Der Bub ist da!», «Der erwünschte Nachzügler». «Längst erwartet im Drei-Mäderl-Haus Anna, Ida, Berta».

Jeder dieser Entwürfe klingt gartenlaubenfeierlich und adrett, wie die Sprüche für die Poesiealben der Jahrhundertwende. Josef Herberger überwand diese Neigung zu altfränkischen Formen nie. In dieser Hinsicht blieb er bis zu seinem Tode 1977 der kleine Mann des 19. Jahrhunderts.

Nicht, daß der spätere «Seppl» – wie Ev, seine Frau, und seine Freunde ihn nannten – seine Herkunft verleugnen wollte. «Arbeiterfamilie, außer mir noch fünf Geschwister», notierte er in seinen biographischen Skizzen. Aber so korrekt diese Mitteilung war, so süßlich klang der Zusatz: «Verwöhnt und verhätschelt. Jeder Wunsch von den Augen abgelesen. Vom ersten Tag meines Erdendaseins.» Er spürte den falschen Ton wohl selbst. «Scheinbar», fügte er, in Klammern, an. Doch dann folgte sogleich die triumphierende Aussage, die Sepp Herberger zeit seines Lebens wiederholte, wenn er über seine Kindheit redete: «Mein Schulzeugnis weist mich als besten Schüler aller Klassen aus.»

Der Junge Josef war ein Sonntagskind. Von sechs Kindern in der Familie, darunter vier Schwestern, war er das jüngste. Laut Standesamtsurkunde Numero 89 vom 29. März 1897 bekundete in steiler Sütterlinschrift der Beamte: Erschienen sei «der Fabrikarbeiter Josef Herberger, wohnhaft zu Mannheim-Waldhof, katholischer Religion, und zeigte an, daß von der Lina geb. Kretzler, seiner Ehefrau, katholischer Religion, wohnhaft bei ihm zu Mannheim-Waldhof, in seiner Wohnung am 28. März des Jahres 1897 vormittags um dreiviertelzehn Uhr ein Kind männlichen Geschlechts geboren worden sei, welches den Vornamen Josef erhalten habe. Vorgelesen, genehmigt und unterschrieben Josef Herberger. Der Standesbeamte».

Die Sonne hatte an diesem Sonntag, dem 28. März, in Mannheim kaum eine Chance, durch die zumeist geschlossene Wolkendecke hindurchzudringen. Trotzdem wurde es ein Frühlingstag. Dank milder Südwestwinde, die im Tagesverlauf böig auffrischten, stieg die Temperatur bis zum Nachmittag auf 19 Grad an. Der Tag hatte mit Regen begonnen und endete, für die Jahreszeit unüblich, mit Blitz und Donner.

Josef Herberger wurde in eine politisch und gesellschaftlich optimistische Zeit hineingeboren, in der künftiges Unheil erst milde wetterleuchtete. Daß Admiral Tirpitz mit dem Ausbau der Reichskriegsflotte begann, erschien noch niemandem allzu bedrohlich. Zwar vermerkte der «General-Anzeiger» der Stadt Mannheim und Umgebung an diesem Sonntag auf seiner Titelseite «englische Hetzereien» gegen eine angebliche deutsche Einmischung in Londons südafrikanische Angelegenheiten. Aber prominenter wurde berichtet, daß Seine Majestät der Kaiser seiner «geliebten Tante», der Großherzogin von Baden, das Großkreuz mit Stern des Luisen-Ordens verliehen hatte. Es war an einem schwarzweiß geränderten Band zu tragen.

Im Casino-Saal von Mannheim hielt ein Dr. Horneffer einen Vortrag über Nietzsche, in dem er «Kampf, jubelnden Kampf» als Geburtshelfer «großer Geister» feierte: «Wer nicht kämpfen kann, soll untergehen.» Im Anzeigenteil des «General-Anzeigers» von Mannheim wurde eine eiserne Kinderbettstelle annonciert, mit Geflecht, fein lackiert, 60 Zentimeter breit, 120 Zentimeter lang, zum Preis von 15,50 Mark. Das dürfte etwa einem Wochenlohn von Vater Herberger entsprochen haben.

Johannes Brahms starb, Ludwig Erhard wurde geboren. Den Deutschen Fußball-Bund gab es noch nicht. Aber ein Jahr zuvor,

1896, war die erste Mannheimer Fußballgesellschaft gegründet worden. Für die Herbergers wäre das – hätten sie davon gehört – eine Nachricht ohne Bedeutung gewesen.

Daß Josef Herberger «aus einfachen Verhältnissen» kam, wie er später zu sagen pflegte, war eine eher schmeichelhafte Formulierung. Denn Vater Josef war 40 Jahre alt und ungelernter Arbeiter, als der Jüngste geboren wurden. Er war als Tagelöhner bei der Spiegelmanufaktur im Mannheimer Industriestadtteil Waldhof beschäftigt. Mehr als 15 bis 18 Mark die Woche brachte er nicht nach Hause, und das war selbst für die damalige Zeit und die kargen Ansprüche seines Milieus nicht üppig.

Zum Glück für die Familie war wenigstens die Werkswohnung in der «Rue de France 171» mietfrei – zwei Zimmer, Garten und Ställe für Kleinvieh. Doch wenn deshalb auch die Lebensverhältnisse in der Siedlung an der Spiegelfabrik als vergleichsweise attraktiv galten, waren die Wohnverhältnisse doch höchst ärmlich.

Von den Herbergers gibt es keine konkreten Schilderungen, aber sehr viel anders als bei Frau Margarete J., die in einer Mannheimer Lokalgeschichte rückschauend die Wohnung ihrer Kindheit beschrieb, dürfte es bei ihnen auch nicht ausgesehen haben: «Das ist so gewesen: In der ‹Spiegel› war eine große Küch', (...) dann war da ein Raum, da war ein Vorhang davor (...). Das war wie eine Nische, und da war ein zweischläfriges Bett drin, und da haben meine Eltern drin geschlafen.» Für die Kinder mußte dann das zweite Zimmer geteilt werden: «Die Buben durften nicht bei den Mädle schlafen, das war Brauch. Da haben meine Brüder einen Raum gehabt. Und wir Mädle, wir haben alle zusammen in einem Bett schlafen müssen, wir waren ja zu fünft. Aber das waren alles die zweischläfrigen Betten, wissen Sie, wie man sie früher gehabt hat. Kinder hat man drei reinlegen können, das war so, daß die Kleinen am Fuß geschlafen haben und die andere Hälfte oben, wo wir doch so viele waren.»

Auch die Herbergers waren viele. Denn zu den drei Mädchen – Berta (9), Ida (11), Anna (13) – und dem kleinen Josef aus der Ehe mit Frau Lina kamen noch die 16jährige Maria und der 15jährige

Johann, die aus einer früheren Ehe des Vaters stammten. Kurz nach Johanns Geburt war Herbergers erste Frau Theresia gestorben. Allein gelassen mit einer Tochter von 14 Monaten und einem 13 Tage alten Sohn, hatte der 26jährige Witwer Josef Herberger nach einem Jahr wieder geheiratet. So hat es der Mannheimer Lokalhistoriker Karl-Heinz Schwarz-Pich erkundet, der sich als Vorsitzender eines Vereins zur Erinnerung an den Bundestrainer Herberger, «den größten Sohn der Stadt Mannheim», intensiv um die Familiengeschichte bemüht.

Sepp Herbergers Vater und beide Ehefrauen stammten aus der Nähe von Bruchsal. Von einem Dorf Wiesenthal zog es die Eltern, wohl um 1887, in das aufblühende Industriegebiet am Rhein, wo ab 1870 Farbwerke und andere chemische Industrien, Kesselschmieden, Maschinenfabriken, Metallmanufakturen, Holz-, Zement- und Glasunternehmen entstanden und die arbeitslose Landbevölkerung, die im 19. Jahrhundert noch in hellen Scharen nach Amerika ausgewandert war, Lohn und Brot fand. Mannheim wuchs in diesen Jahren schnell zur Großstadt heran, die Bevölkerung schwoll von 40 871 im Jahre 1871 auf über 220 000 Einwohner bis zum Ersten Weltkrieg an.

Sozialhistorikern gilt die Spiegelfabrik heute als eine der fortschrittlichsten Arbeitersiedlungen Deutschlands im 19. Jahrhundert. Die Manufaktur war eine französische Einrichtung, eine Zweigniederlassung der berühmten Manufacture de Glaces von St. Gobain. Als im Oktober 1854 auf dem Mannheimer Luzenberg die Fabrikation von polierten, geschliffenen, belegten und facettierten Spiegelgläsern begann, lebten nur Franzosen in der Siedlung. Josef Herberger wuchs aber schon überwiegend mit Deutschen auf, etwa 630 Arbeitnehmer lebten und arbeiteten «in der Spiegel», wie die Einheimischen Fabrik und Siedlung zusammenzogen.

Und doch blieb das Arbeiterdorf etwas Besonderes. Die 19 Häuser, ihre 345 Wohnungen mit durchlaufenden Balustraden verbunden, die Straßen- und Familiennamen – alles wirkte, als sei ein Dorf versehentlich auf die falsche Rheinseite geraten. Zum Werk gehörten eine Kirche, eine Schule, ein Backhaus und ein Gasthaus. Aus der alten Kantine ist jetzt die Gaststätte «Spiegelschlößchen» geworden.

Josef Herberger wuchs in einer verhältnismäßig übersichtlichen, fast noch dörflichen Umgebung auf, einer Industrieidylle mit eigenem Polizisten und Werksladen, der Außenstände gleich vom Lohn abzog. Jeder kannte jeden, das soziale Netz war eng geknüpft. Es gab wenig Wechsel. Die zumeist katholische und ländliche Belegschaft war keine vielversprechende Zielgruppe für sozialdemokratische Agitatoren. Die Stadt Mannheim mit ihrem bürgerlichen Schick und ihren kulturellen Verlockungen lag weit weg.

Es muß um die Jahrhundertwende gewesen sein, daß der kleine Josef nach allem zu treten begann, was ihm vor die Füße kam. Schöner als Herberger kann man den aggressiven Antrieb kaum beschreiben, der dem Fußballspiel seine Dynamik gibt und der ihn selbst nicht nur in Richtung gegnerisches Tor, sondern auch nach oben bringen sollte. «Es war, als ob mich störte, was da herum- und mir im Wege lag; wenn es irgendwie zum Befördern geeignet erschien, erhielt es einen Tritt.»

Seine populärste Weisheit aber, die ins Philosophische vertiefte Erfahrung, daß der Ball rund sei, kann Josef Herberger erst in späteren Jahren gewonnen haben. Denn bis «dieses fliegende, hüpfende, springende Etwas» – wie er sich ausdrückte – wirklich in sein Leben tanzen konnte, behalf sich der Junge mit einem Lumpenball, «aus alten Stoffresten bestehend und selbst gefertigt». Der war leichtgewichtig und flog, wenn man ihn traf. Aber rund war er nicht.

So fing er also an, der Josef Herberger «auf dem Wege zum Nationalspieler», wie er sich selbst in den skizzenhaften Notizen über seine ersten Fußballerfahrungen sah. Daß jenseits des Neckars in Mannem der Fußball schon in Vereinen gespielt wurde, wußte er nicht. Er kannte auch die Fotos nicht von den Spielern, smarten Jünglingen, die sich mit kessen Bärten und kühnen Turnvereinsposen den Fotografen hinlagerten. Gerhard Zeilinger hat es in seinem Standardwerk über den lokalen Fußball überliefert: Die Herren kamen von der Mannheimer Fußball-Gesellschaft 1896 mit den Vereinsfarben Schwarz-Rot, dem Mannheimer Fußballclub Victoria 1897, der in Gelb-Rot spielte, der Mannheimer Fußballgesellschaft Union 1897, die sich für die Vereinsfarben Schwarz-Blau entschieden hatte, und der Mannheimer Fußballgesellschaft Germania 1897, die als Vereinsfarben Schwarz-Gelb trug. Der gemeinsame Sportplatz aller vier Vereine war der Exerzierplatz, der jeden Sonntag zur Verfügung stand.

Es sollte aber noch mehr als zehn Jahre dauern, bis auch Sepp Herberger sonntags den Leiterwagen mit den Torstangen und Eckfahnen auf den Platz schieben durfte. Vorerst lag der Übungsplatz des künftigen Nationalspielers, der noch so klein war, daß ihn nicht einmal die Jungens in der Spiegelsiedlung mitspielen ließen, zwischen zwei langgestreckten Häuserblocks der Spiegelfabrik mit glatten fensterlosen Wänden. «Wir brauchten nur mit Kreide unsere Tore darauf zu zeichnen, um unser Spielfeld zu haben», erinnerte sich der alte Herberger. Hier tobte er sich zusammen mit einem Spielkameraden aus: «Beide immer am Ball. Um seinen Besitz ging der Kampf. Und um den Torgewinn. War das eine herrliche Zeit ...» Josef Herberger verriet nicht, wer der andere war, mit dem er in der Gasse bolzte. Auf den kam es nicht an. Nachträglich pries er die pädagogische Zweckmäßigkeit dieser Übungen für Spiel und Leben in höchsten Tönen. «Das war doch etwas ganz anderes als bei und mit den ‹Größeren›, denen man meist nur im Wege stand und die einen ohnehin nicht mitspielen ließen. Unser Spielfeld war für unsere Kräfte und unser Können, das es noch gar nicht war, wie geschaffen.»

Wie sehr es ihn in Wirklichkeit wurmte, daß «die Alten» ihn noch nicht mitspielen ließen, konnte er trotzdem nicht verbergen. Nicht einmal im Abstand eines halben Jahrhunderts gelang es ihm, sich und seine potentiellen Leser darüber hinwegzutäuschen, daß seine gepriesenen «Ein-Mann-Mannschaften» in Wahrheit nur Notlösungen waren, nützlich, aber unzureichend. Der Knabe Sepp Herberger war besessen vom Spiel. Er wollte in einer Mannschaft mitzählen. Er wollte sich im größeren Kreis und im Kreise der Größeren beweisen. Er brannte «lichterloh». Der Trainer Herberger, der diese Leidenschaft später seinen Spielern abverlangte, wußte genau, wovon er sprach.

Aber erst einmal wurde der Junge weiter gedeckelt. Er kam zur

Schule, auf die er sich lernbegierig gefreut hatte. Aber zu lachen gab es für Kinder wenig in den Volksschulen des Kaiserreiches, nicht einmal im vergleichsweise liberalen Baden. «Die Schüler haben pünktlich zur bestimmten Zeit, an Körper und Kleidung reinlich und anständig und mit den erforderlichen Schulsachen versehen, in dem Schulzimmer zu erscheinen, sich sofort an ihre Plätze zu setzen, dieselben nicht mehr zu verlassen und alles zum Unterricht Nötige in Bereitschaft zu halten», hieß es in der Schulordnung für die erweiterte Volksschule der Hauptstadt Mannheim um 1900. «Während des Unterrichts sollen die Schüler still, ruhig, in gerader und anständiger Haltung auf ihren Plätzen sitzen, die Hände auf den Tisch legen und die Füße ruhig auf dem Boden halten. Alles, was den Unterricht hemmt oder stört, wie Essen, Spielen, Scharren oder Stampfen mit den Füßen, Schwatzen, Lachen und eigenmächtiges Verlassen des Platzes, ist untersagt.»

Das zügellose Gegenprogramm zu allen Paragraphen der Mannheimer Schulordnung fand jeden Nachmittag im «Wäldchen» statt, direkt vor Sepp Herbergers Haustür: Fußball. Langsam wuchs er in den Rang eines ernsthaften Mitspielers bei den Älteren. «Unser Ansehen stieg. Der Grad der Einschätzung zeigte sich bei der Wahl der Spieler zwecks Aufstellungen der Mannschaften. Die Besten waren die ersten.» Und der kleine Josef, ein robustes Energiebündel, rückte immer weiter nach vorn.

Endlich durfte er jetzt auch mit einem Ball spielen, der sprang und hüpfte, ein Gummiball, der rund war, wenn es auch nur ein abgewetzter Tennisball war. Die Jungen sammelten Altmaterial und holten sich für dieses Geld vom Platzwart des Mannheimer Tennisclubs für 20 Pfennige das Stück «unsere springenden und hüpfenden Kameraden».

Auch das Spielfeld hatte gewechselt. Herberger: «Es war eine Straße, die einen Wald in zwei Hälften teilte. Am Ende der Straße stand eine Kapelle. Oft trieb uns der Ball von der Straße zwischen die Bäume, wir lernten, auch diese in unsere Spielabsichten mit einzubeziehen. Es gab Spiel mit Bande, zu dessen erfolgreichem Gelingen schon eine recht gute Technik vonnöten war.» Auch die ihm später nachgerühmte Spielübersicht, die Fähigkeit, intuitive Einfälle in ein taktisches Konzept einordnen zu können, schrieb der spätere Nationalspieler den Erfahrungen im Wäldchen zugute. Er habe eben, wenn er – den Tennisball am Fuß – die Bäume umdribbelte, immer ein Auge auf die Umgebung haben müssen, wo jederzeit ein polternder Vater, Lehrer oder Pastor auftauchen konnte. Josef Herberger hat später manchmal von diesem Wäldchen geredet, aber er ist nie wieder in die Spiegelsiedlung gefahren, um die Bilder seiner Erinnerung aufzufrischen. Er wollte seine Kindheit, wie er einem Journalisten erzählte, so in Erinnerung behalten, wie sie in seinen Vorstellungen war.

Herbergers legendäres «Wäldchen» gibt es noch heute. Es lag genau gegenüber der Herbergerschen Wohnung in der Rue de France 171, die später in «Spiegelfabrikstraße» umbenannt wurde, und bestand aus einer Gruppe von Akazien. Die Kapelle, 1907 im neuromanischen Stil vollendet, wurde 1943 von Brandbomben zerstört. Heute umstellen die Bäume das Freigelände eines städtischen Kindergartens. Zwischen den Stämmen lernte nicht nur Josef Herberger das Dribbeln, eine Anzahl späterer Waldhof-Spieler erwarb sich hier die vielgerühmten Fertigkeiten am Ball.

Je ernster es dem quirligen Jungen mit dem Fußball wurde, desto ärgerlicher erschien ihm der Sportunterricht in der Schule. «Turnen war Trumpf. Die Lehrer hielten sich streng an die gegebenen Vorschriften. Lediglich die eingedrillten Übungen wurden abgespult. Das Programm war auf Drill eingestellt, alles getreu nach Schablone.» Mit noch nach Jahrzehnten spürbarem Zorn beschrieb Herberger in seinen Notizen einen Lehrer namens Büchner, der, die Uhrkette über dem prallen Bauch gespannt, durch die Turnhalle stolzierte. Der hatte den Krieg von 1870/71 gewonnen, so Herberger, die jüngeren Sportlehrer wollten den nächsten Krieg gewinnen. «Turnunteroffiziere» nannte er sie.

Sie verabscheuten das anarchische Getümmel um den Ball. Mochte auch der Fußball nach der Jahrhundertwende an Realschulen und Universitäten im Reich an Boden gewinnen, den frisch-fromm-fröhlich-freien Turnlehrern an deutschen Volksschulen und

Gymnasien blieb der Sport «undeutsche Fußlümmelei». Gestützt auf eine Expertise eines Prof. Dr. Rudolf Lehmann in seinem Werk «Erziehung und Unterricht», galt das Fußballspiel als einseitige körperliche Ausbildung, überdies lenke der wetteifernde Ehrgeiz von geistigen Zielen ab. Vor allem aber: «Leider hat damit auch das englische Vorbild des Sports bei uns Platz gegriffen.»

Wenn etwas britisch war, geriet es jetzt schnell in Verdacht. Das Deutsche Reich und Kaiser Wilhelm hatten begonnen, mit den Briten um die Herrschaft auf den Meeren zu konkurrieren. Obwohl der Reichstag 1898 das erste Flottengesetz angenommen hatte, das den Ausbau der Kriegsflotte vorantrieb, spielten die Deutschen als Kolonialmacht noch immer eine nachgeordnete Rolle. 1899 erwarb das Deutsche Reich von Spanien die Karolinen und einige der Marianen-Inseln, aber was war das schon im Vergleich zum britischen Empire? 1900 verabschiedete dann der Reichstag das zweite Flottengesetz, die Aufrüstung zur See ging weiter. Deutschland beanspruchte seinen «Platz an der Sonne».

Auch in der Spiegelsiedlung eckten die fußballspielenden Jungs überall an. Ihr Geschrei beim Kampf um den Ball störte die Arbeiter, die sich von der Nachtschicht ausruhten, auch Josef Herberger senior. Zehneinhalb Stunden mußten die Schmelzer und Gießer täglich in der Fabrik schuften, manche im Nachtbetrieb. Eine Weile konnten sich die Jungen dem Unmut der Eltern widersetzen, dann aber, so Herberger, «schritt das Unheil wieder einmal sehr schnell. Unser Torhunger war wild und heiß, gezielte und abgezirkelte Torschüsse zählten noch nicht zu unserem Repertoire. Und so kam es, daß einer der Torschüsse in eines der Kirchenfenster sich verirrte.» Groß war der Schaden nicht, aber die zerschlagene Scheibe in der Kapelle von «Mariä Himmelfahrt» kostete einige Mark. Doch niemand brachte aus den Jungen heraus, wer der Unglücksschütze gewesen war. Herberger: «Ohne viel Worte war es für jeden unseres Vereins eine selbstverständliche Ehrensache, daß wir alle zusammen für den Schaden aufkommen würden.» Für den einen oder anderen habe es zwar zu Hause Hiebe gesetzt, aber die Solidaritätsfront hielt.

«Mein Vater hat zwar über unser Treiben auch geschimpft, über dieses ‹verrückte, gesundheitsschädigende, gefährliche Fußballspiel›, aber daß wir so zusammenhielten, hat ihm gefallen, wenn er es auch nicht sagte», redete sich Herberger junior ein. In Wahrheit gehörte sein Vater zu den Männern, die jetzt endgültig das Spielen im «Wäldchen» untersagten. Erschrocken erlebte der Junge, daß eine Einheitsfront von Eltern, Kirche und Schule «sich in aller Offenheit gegen uns und unser Treiben stellte». Vorbei die Zeit, da wenigstens die Mütter noch stillschweigend das Spiel der Kinder geduldet hatten.

Herberger reagierte in einer Weise, wie er zeitlebens mit Obrigkeiten umgehen sollte: kein Protest, kein Aufmucken, geschweige denn ein prinzipieller Widerstand. Statt dessen eine geschmeidige Taktik von Unterlaufen und Anpassen. Es hatte ihn immer schon empört, wenn sein Halbbruder Johann sich «mit Amtsmiene» aufspielte und ihn nach Hause holte oder wenn gar der Vater selbst drohend auftauchte, obwohl die Herberger-Mannschaft doch gerade am Gewinnen war. «Hast du das Rufen nicht gehört?» – Wie sollte er denn, wenn er doch ein Tor vorbereiten mußte? Solche Rüffel steckte er weg. Aber das Spiel ganz zu verbieten, das war etwas anderes: «Daß wir einfach zu parieren hatten, das hat unseren Trotz geweckt und genährt. Wir waren dem Ball mit Herz und Seele verfallen.»

Also suchten die Jungen einen Platz, wo sie weiter kicken und sich austoben konnten, ohne daß die Eltern das mitkriegten. Sie fanden eine abgelegene Kiesgrube, aus der einmal Sand für die Spiegelfabrik gewonnen worden war, und machten die zu ihrem Spielplatz. Das hatte seine Probleme: «Auf dem kiesigen Grund war es natürlich mit der Sprungkraft auch eines guten Gummiballes nicht weit her.» Aber es hatte auch seinen Nutzen: «Heute weiß ich», schrieb Herberger im nachhinein, «wie wir gerade durch diese erhöhten Schwierigkeiten die Konzentration auf den Ball und Gegner, unsere technische und taktische Spielkunst aufs beste entwickelt haben.» Im weichen Sand der Grube konnten die Jungen barfuß spielen. Damit hörte auch das Schimpfen der Eltern über den Schuhverschleiß auf. Herberger: «Das Geld war knapp, die Schuhbesohlung teuer.»

Bis dahin war dem Knaben Sepp das Leben zugestoßen. Nun begann er langsam, sich selbst darin umzutun. Wann und wie genau er von der Idee erfaßt wurde, daß er unbedingt Lehrer werden müßte; warum er anfing, mit lebensgefährlichen Schwimm- und Sprungkunststückchen um Beifall und Aufmerksamkeit zu kämpfen, bleibt undeutlich. Doch waren Ehrgeiz und Risikofreude des zehnjährigen Herberger schon unübersehbar.

«Ich war ein richtiger Guck-in-die-Welt», sagte er später. Zu den Schönheiten des Landes gehörte er nicht, klein wie er war, mit Segelohren und O-Beinen. Aber das empfand er wohl eher als zusätzlichen Antrieb, sich und der Welt zu zeigen, was in ihm steckte. Die Lehrer und Pastoren, die ihn unterrichteten, schienen es schon begriffen zu haben. «Aus der Schule brachte ich Jahr für Jahr das beste Zeugnis meiner Klasse nach Hause. Dies und die Fürsprache meiner Lehrer waren der Anlaß, daß ich mit dem 10. Lebensjahr auf die höhere Schule in Mannheim durfte.» So schrieb er vierzig Jahre später in seinem offiziellen Lebenslauf. Tatsächlich dürfte er aber über Vorbereitungskurse für das Gymnasium nicht hinausgekommen sein. Die Schulunterlagen sind im Krieg verlorengegangen. Er selbst hat sich unklar und mehrdeutig ausgedrückt.

Dennoch sollte das Jahr 1907 zum ersten einer Reihe von Schlüsseljahren werden, in denen sich das Leben Josef Herbergers schicksalhaft verdichtete. Neben der Hoffnung auf die höhere Schule stand die erste Berührung mit dem großen Fußball. Der Knabe Sepp war dabei, als sich in Mannheim im Endspiel um die deutsche Meisterschaft der FC Freiburg mit 3:1 gegen Victoria Berlin durchsetzte. Das ging nur nach einer sozialen Grenzüberschreitung. Mannheim war eine vermögende Gemeinde. Fast die Hälfte der Höchstbesteuerten in Baden wohnten schon 1898 in der größten Stadt des Großherzogtums, und seither hatte die Industrialisierung das Bürgertum noch reicher gemacht. Auch für die Aufnahme in den neugegründeten VfR Mannheim habe man damals, so spotten die älteren Clubmitglieder noch heute, einen dunklen Anzug gebraucht – Fußball war überhaupt eher eine bürgerliche Veranstaltung in jenen Jahren, wie der Soziologe Rolf Lindner in seiner Sozialgeschichte des Spiels herausstellte.

Für den Arbeiterjungen Sepp Herberger war diese Umwelt natürlich zu teuer. Also mußte er sich auf ein Abenteuer einlassen, wenn er das Endspiel um die deutsche Meisterschaft sehen wollte. «Der Eingang zum Platz führte über die Umzäunung» – später pflegte Herberger diese Geschichte mit Vergnügen zu erzählen, daß auf den Zaunspitzen noch Hindernisse waren, daß es den Platzwart zu überlisten galt, der gegen Zaungäste erbarmungslos einschritt. Je nach Stimmung der Zuhörer dosierte er das Ausmaß des Risikos. Immer aber sagte er: «Außerdem waren wir im Sonntagsgewand. Von zu Hause hatten wir uns wegstehlen müssen. Oh, vierfaches Weh, wenn der Weg mißglückte und Spuren hinterließ.»

Abgeschreckt haben ihn diese Risiken nicht, im Gegenteil. Das war der Einblick in eine völlig neue Welt. Denn vom großen Fußball wußte der kleine Josef 1907 so gut wie nichts. «Wie und wo sollten wir auch davon erfahren? In den Tageszeitungen wurde vermutlich keine Notiz davon genommen, für Fachzeitschriften – wenn es in jener Zeit schon welche gegeben haben sollte – fehlte uns das Geld, und in unseren Vereinen gab es zu jener Zeit noch keine Jugendabteilungen. Das hätte uns auch gar nicht genützt, denn im Elternhaus durften wir über Fußball mit keinem Wort piepsen, und auch gegenüber der Schule und der Kirche mußte unsere närrische Liebe ein streng gehütetes Geheimnis bleiben.»

Allzuviel hatte er aber auch noch nicht verpaßt. Es war gerade mal sieben Jahre her, daß der Deutsche Fußball-Bund in der Leipziger Gaststätte «Mariengarten» gegründet worden war. Dort hatten sich am 28. Januar 1900 Delegierte von 86 Vereinen aus dem Kaiserreich getroffen, um einen einheitlichen Dachverband zu gründen. Aufrührer waren es nicht, die hier – von reaktionären Turnern und Militärs argwöhnisch beobachtet – Organisationspläne berieten. Artig schloß der Vorsitzende des Verbandes Leipziger Ballspielvereine, Kirmse, seine Begrüßungsrede mit einer Verbeugung vor dem Kaiser: «Wir wollen aber unseren Dank zollen, dem wir den mächtigen Aufschwung unseres deutschen Sportes in erster Linie zu verdanken haben: Seine Majestät lebe hoch!» Am Ende der Veranstaltung gründeten 60 Vereine den Deutschen Fußball-Bund (DFB), der Prager Hygieneprofessor Ferdinand Hueppe wurde zum ersten Vorsitzenden gewählt.

Die Zukunft begann damit, daß der DFB noch im selben Jahr ein Regelbuch veröffentlichte, in dem das Wesen des Fußballspiels auf eine handliche Formel gebracht wurde: «Jede Partei hat die Aufgabe, den Ball durch das feindliche Thor zu schaffen und das eigene Thor gegen die Angriffe der Gegenpartei zu schützen.» Das hatte Josef Herberger längst aus der Praxis begriffen. Auch die meisten anderen Informationen waren ihm geläufig. Daß nämlich diese Tore «aus 2 starken hölzernen Pfosten mit langen eisernen Spitzen» bestehen und einer «dünneren eisernen Querstange (Gasrohr) oder hölzernen Querlatte». Und weiterhin: «Der Ball ist ein großer, runder (nicht eiförmiger) Hohlball von 21 bis 23 cm Durchmesser.»

Schwer zu glauben dagegen, daß der zehnjährige Josef Herberger schon wußte, was «Abseits» ist. Noch schwerer, daß er es aus dem DFB-Regelbuch lernte: «Wenn ein Spieler den Ball stößt oder von der Seitengrenze in das Spielfeld hineinwirft, so ist jeder von derselben Partei, der im Augenblick des Stoßens oder Werfens der feindlichen Mallinie näher ist als jener, abseits, falls nicht mindestens drei seiner Gegner ihrer Mallinie näher sind als er.»

Ganz besonders befremdlich dürften dem jungen Rauhbein Herberger aber die zartfühlenden DFB-Anweisungen zur Gesundheitsfürsorge erschienen sein. «Als Stürmer oder Mittelspieler darf nur derjenige mitspielen, der ohne Bedenken für seine Gesundheit anhaltend laufen kann. – Bei scharfem Ostwinde oder heißem Wetter soll überhaupt nicht Fußball gespielt werden. – Kein Spieler darf sich zum Ausruhen auf den Boden legen. Nach dem Spiele muß sich jeder, zumal bei kühler Witterung, warm einhüllen und möglichst schnell nach Hause gehen, um sein Hemd zu wechseln. Eine kräftige Abreibung dabei ist sehr zu empfehlen.»

Die ersten Aufstiegshoffnungen des ehrgeizigen Möchtegerngymnasiasten und Fußball-Fans Sepp Herberger währten nur ein gutes Jahr. Am 21. August 1909 starb sein Vater. «Sein Tod setzte meinen Hoffnungen und Plänen ein jähes Ende», schrieb der Fußballtrainer 1946 in seinem Lebenslauf. «Im Jahr darauf war ich dann wieder auf der Volksschule in Waldhof, aus der ich 1911 entlassen wurde. Die Bemühungen meines Klassenlehrers, mir ein Stipendium zum Studium an einem Lehrerseminar zu verschaffen, hatten keinen Erfolg. Als Maurer-Gehilfe verdiente ich mir mein erstes Geld. Meine Schulzeugnisse halfen mir, auf das Büro zu kommen. Als Autodidakt bildete ich mich weiter.»

Noch aus diesen knappen Sätzen, niedergeschrieben nach einem neuen «Zusammenbruch», dem Ende des Nazireichs, glaubt man die verzweifelte Enttäuschung herauszuhören, die den Jungen damals beutelte, aber auch die unbeirrbare, halsstarrige Entschlossenheit, nicht aufzugeben. «Ich wollte eben unbedingt Lehrer werden», erzählte Herberger 1964 dem ZDF-Reporter Harry Valérien in die Kamera: «Aber das konnte ich nicht. Ich war allein mit meiner Mutter. War der Ernährer. Und da mußte ich mich halt vertrösten. Aber das Ziel habe ich nie aus den Augen verloren.»

Josef Herberger war 14 Jahre alt, als er 1911 begann, sich als Hilfsarbeiter und mit Gelegenheitsjobs durchzuschlagen. Sein Neffe Stefan Herberger erinnert sich, daß die Familie mehrfach umziehen mußte, da ihr nun kein freies Wohnen mehr zustand in der Spiegel-Werkssiedlung. Zu allem Unglück starb 1912 auch noch Leo Halter, der Mann seiner Schwester Berta, bei der die Mutter mit dem Jungen zunächst untergekommen war. Josef Herberger mußte nun für zwei Witwen mitsorgen.

Sein unverwüstlicher Glaube an sich und seine Chance trug den jungen Herberger auch über diese schwere Zeit. Doch konnte es nicht ohne Folgen bleiben für seine Lebenseinstellung, daß das Vertrauen in die elterliche Geborgenheit in so jungen Jahren gleich zweimal brutal durch Todesfälle zerstört wurde. Das plötzliche Ende des Vaters, das für seine Träume so verheerende Folgen hatte, dürfte in der Familie Herberger auch alle verdrängten Erinnerungen an den Schock wachgerufen haben, daß die Mutter des Halbbruders Johann, der auch im Hause lebte, bei dessen Geburt gestorben war. Die Ahnung, daß hoffnungsvollen Anfängen immer eine tödliche Bedrohung innewohne, verdichtet sich in diesem Alter relativer Hilflosigkeit schnell zur Lebensfurcht.

Und sie mobilisiert Überlebenskräfte. Nichts ist Josef Herberger fortan wichtiger gewesen als Kontinuität. An Personen, die für ihn und seine Karriere Bedeutung hatten, hielt er mit zäher Beharrlichkeit fest. Mochte die Welt sich auch überschlagen, Josef Herberger blieb auf seinem Kurs – weder seine Ziele noch sein Lebensstil, noch sein Umgang mit Menschen, Worten und Werten wandelte sich. Gegen die früh erfahrenen Unwägbarkeiten des Lebens setzte er ein Höchstmaß an Planung. Er wurde ein Taktiker und Stratege, ein Menschenbeobachter und -manipulator von hohen Graden.

Auf dem Fußballplatz konnte er ausprobieren und überprüfen, was er im Leben gelernt zu haben glaubte – und umgekehrt. Hier fand er jene Lebenshilfe, die der ehrgeizige Arbeiterjunge vom Waldhof brauchte. Für einen Jungen wie Sepp Herberger hätte das Fußballspiel erfunden werden müssen, wäre er ihm nicht schon längst verfallen gewesen. Aggressionen und Ängste, Verzweiflung und Hoffnungen, gute Vorsätze und vertane Gelegenheiten, alles kommt, oft im blitzschnellen Wechsel, im Fußballspiel vor. «Fußball», wird der Schriftsteller Manfred Hausmann dem Deutschen Fußball-Bund ein halbes Jahrhundert später zum 60. Geburtstag sagen, «ist eine ins Spielhafte übertragene erhöhte und verdichtete Lebenswirklichkeit, eine Lebenswirklichkeit im Brennspiegel.»

Sepp Herberger mußte tatsächlich nicht lange suchen, um einen Ersatz für den Vater zu finden, eine noch stärkere, noch mächtigere Instanz, mit deren Autorität er sich identifizieren konnte, damit er sich machtvoll in der Welt behaupte. «Die Kameraden» vom Sportverein boten sich an. Was der Psychologe Gerhard Vinnai in seiner Arbeit «Fußballsport als Ideologie» allgemein herausgearbeitet hat, liest sich, als hätte er speziell Sepp Herberger im Sinn gehabt. «Das Kind lernt, daß nicht der schwache Vater, sondern zum Beispiel der Fußballstar und die Fußballmannschaft Autoritäten für ein angemessenes geistiges und körperliches Verhalten sind.»

Natürlich blieben Defizite. Die Anleitungen und Muster der Altersgenossen zum männlichen und erwachsenen Verhalten konnten nur unvollständig sein. Herberger fehlte vor allem ein Trainer, wie er später einer war. Er verstärkte seinen Selbstschutz: Unsicherheiten begegnete er mit Rückzug. Die lebenslange Einsamkeit des Mannes Herberger, die selbst seine Fähigkeiten zum Plauschen und «Sprüchemachen» dunkel grundierte, dürfte besiegelt gewesen sein mit dem Tod des Vaters, «dem ich ja im Grunde ‹sein Alles› war ...!»

Im Oktober 1913 schloß sich Herberger dem SV Waldhof an, nachdem er zuvor von jenem Kurat Landolin Kiefer in seinen Fußballplänen unterstützt worden war, der die Jungen früher wegen der zerdepperten Scheibe in seiner Kapelle verfolgt hatte. Ausgerechnet der überzeugte nun Mutter Herberger, dem Sohn das Kicken zu erlauben. Widerwillig schwante dem Jungen: Der hätte sogar den Vater rumgekriegt.

Nun war er also Waldhöfer. Fremd dürfte er sich in der neuen Umgebung nicht gefühlt haben. Mehrere «Spieler» hatten zu den jungen Leuten gehört, die sich am 11. April 1907 in der Gaststätte «Zum Tannenbaum» trafen, um den Fußballverein SV Waldhof Mannheim zu gründen. Die meisten Vereinsstifter waren Jugendliche, zum Teil waren sie gerade frisch von der Schulbank gekommen, sie mußten ihrem Fußball noch heimlich nachrennen. «Und wenn der Vater einmal dahinterkam, wurden sie mit mancherlei Unannehmlichkeiten konfrontiert, manchmal setzte es zu Hause auch derbe Hiebe», beschrieb später eine Waldhofchronik. Das war ihm nur allzu vertraut. Die Kicker aus der Spiegel-Siedlung brachten dann sogar noch ein Stück Herberger-Heimat in den neuen Verein ein: jene Sandgrube am Rande der Waldhöfer Spiegelfabrik, in der der kleine Sepp barfuß das Kicken geübt hatte.

Inzwischen hatte er große Vorbilder. Der Stürmer Gottfried Fuchs vom Karlsruher Fußballverein wurde eines seiner ersten Idole. Gut 60 Jahre später, am 30. Juli 1968, schrieb er dem inzwischen in Kanada lebenden «Godfrey E. Fuchs» einen Brief, in dem es hieß: «Nie werde ich jenes Spiel vergessen, das 1909 oder 1911 in Mannheim stattfand, das den KFV (Karlsruhe) gegen den Mannheimer Phönix brachte, wobei Ihr Verein anfangs 0:2 zurücklag und durch zwei Prachttore von Ihnen dann noch auf zwei zu zwei kam. Ich sehe noch in frischer Erinnerung, wie Sie diese beiden Tore erzielten, gegen einen Torhüter, der damals zu den besten in Süddeutschland zählte, Emil Schöning.» Mit verblüffender Detailgenauigkeit vermochte Herberger die Bilder der Vergangenheit zurückzuholen. Bei der Kommentierung dieser Bilder neigte er dann aber mit zunehmendem Alter mehr zu großformatigen Darstellungs- und Ausdrucksweisen. So bescheinigte er sich beim SV Waldhof einen «glänzenden Aufstieg». Das kann indes nach einer 1:17-Niederlage zum Auftakt, mit der dritten Mannschaft seines Clubs gegen den Erzrivalen VfR Mannheim, eigentlich nur ironisch gemeint gewesen sein. Offenbar war der Torwart verletzt, Ersatz nicht vorhanden. Herberger: «Einige der 17 Tore gehen auch auf mein Konto.»

Über die zweite Mannschaft, in der er von November bis Mitte Dezember 1913 spielte, rückte Herberger dann am Neujahrstag 1914 mit nur 16 Jahren als Mittelstürmer in «die Erste». Nur in Stichworten hielt er die Erinnerung an diesen für ihn offenbar immens wichtigen Tag fest – nicht über das Spiel, da verschwieg er sogar Ergebnis und Gegner, dafür um so drastischer über die Umstände. Die müssen verheerend gewesen sein für den jungen Idealisten, der «die Alten» in der Mannschaft respektvoll mit «Sie» anredete. «Gut gemeint, aber schlecht beraten», fand er hinterher. Die «Uniformierten» ließen sich von ihm die Koffer tragen.

Und sie dankten es ihm nicht einmal. «Neujahr», notierte Sepp Herberger lapidar. Sarkastische Sätze folgten: «Standen noch alle unter dem Eindruck der versoffenen Silvesternacht. Ja, taten sich wichtig. Das Urteil über Tüchtigkeit und Männlichkeit ... Bier aus dem Eimer. Im Bummelzug am Neujahrsmorgen 4. Klasse nach Darmstadt ...»

Fürs Leben lernte Sepp Herberger: Fußball ist toll, Fußballer können grauenvoll sein.

«Balltechnik perfekt»

Spieler in Mannheim

Der Rekrut Josef Herberger, der am 9. März 1916 zum Landsturm eingezogen wurde, war 1,65 Meter groß und wog 68 Kilo. Seine Stiefellänge betrug 29,5 Zentimeter, die Stiefelweite 6 Zentimeter. Gestalt: untersetzt. Haar: braun. Bart: keiner. Als besonderes Kennzeichen vermerkte der Personalbogen: «Am Rücken ein kleines Muttermal.»

Als Stand oder Gewerbe war «Büroarbeiter» verzeichnet, seinen Aufenthalt vor Dienstantritt gab der Soldat Herberger mit «Mannheim-Waldhof» an. Er war ledig. Der Rekrut wurde ordnungsgemäß mit dem Gewehr 98 ausgebildet. Und er bekam am 11. März von einem Feldwebel Woitzel die Kriegsartikel vorgelesen. «Anerkannt: Herberger, Josef».

Die Begeisterung und Opferwilligkeit, mit der Hunderttausende junger Deutscher nach Kriegsausbruch 1914 in den Krieg gezogen waren, blieb dem kleinen krummbeinigen Landser Herberger fremd. «Ich hatte es nicht eilig, mich als Kriegsfreiwilliger zu melden. 1916 wurde ich eingezogen, kam zur Infanterie und ließ mich dann zu den Funkern versetzen. Die Funkerei lag mir.» Als der «General-Anzeiger» am Freitag, dem 31. Juli 1914, seinen Lesern den Ausbruch des Krieges mitteilte und sich im Lande ein gewaltiger Begeisterungstrubel erhob, bedeutete das das Ende für die rasante Aufwärtsentwicklung des Fußballs. In Mannheim wurde der Exerzierplatz, auf dem die heimischen Mannschaften angetreten waren und der für viele Mannheimer Vereine immer noch das Zuhause war, von den Militärbehörden für Zivilisten gesperrt. Und als dann, sechs Wochen später, zugunsten der Kriegshilfe doch wieder Fußball gespielt wurde, widmeten sich die Kommentare mehr der vaterländischen Gesinnung als dem Spiel. So schrieb – nach dem 7:0-Sieg des VfR Mannheim gegen den SV Waldhof, der ohne Sepp Herberger spielte – der «General-Anzeiger»: «Das Wichtigste bei diesem Treffen war eben die Tatsache, daß unsere Jugend ihren Körper stählt, daß sie nicht vergißt, sich auf den Tag vorzubereiten, an dem der Ruf des Kaisers an sie ergeht.»

Über Nacht schien sich der Fußball von undeutscher Lümmelei zur patriotischen Leibesertüchtigung gewandelt zu haben. Jetzt zeigte sich, daß die Fußballfunktionäre und Vereinsmeier des DFB den gleichen vaterländischen Nachholbedarf verspürten wie andere unsichere Kantonisten in Kaiser Wilhelms auftrumpfendem Deutschem Reich, Sozialdemokraten etwa oder politisch im «Zentrum» organisierte Katholiken, denen Bismarck als «Ultramontanen» mißtraut hatte.

In Anzeigen und Aufrufen meldeten sich teutonische Schlachtentrommler, um den Krieg wie ein riesiges Länderspiel anzupreisen. In der Illustrierten Sportzeitung «Fußball und Leichtathletik» erschien am 6. August 1914 ein Aufruf des Westdeutschen Spielerverbandes, in dem es hieß: «Mitten in unsere Kultur- und Friedensarbeit hat Rußland die Kriegsfackel geworfen, mit ihm verbündet ist Frankreich unter Bruch des Völkerrechts über uns hergefallen, und andere Feinde werden vielleicht diesem Vorgehen folgen. Der Kaiser hat alle Wehrfähigen zum Schutze des Vaterlandes unter die Waffen gerufen, in die erste Reihe gehören unsere Verbandsmitglieder, die in jahrelanger Übung ihre Körper geschmeidig erhalten, ihre Sinne für den Ernstfall geschärft haben. Wenn es heißt: ‹Freiwillige vor!›, dann müssen sie in die Bresche springen, um zu erhärten, daß all ihr friedliches Streben im Dienste und zum Nutzen des Vaterlandes erfolgt ist. Keiner darf zurückstehen, der zu den Berufenen gehört, und berufen ist jeder, der über einen gesunden Körper und wache Sinne verfügt und dem im Herzen die heiße Vaterlandsliebe brennt.» Noch wilder trompetete der Aufruf des Norddeutschen Fußballverbandes: «Ran an den Feind! Zeigt in diesem heißen Ringen, daß Ihr echte Sportsleute seid, daß Mut, Tapferkeit und Gehorsam und glühende Vaterlandsliebe Euch beseelen. Durch den Sport wurdet Ihr für den Krieg erzogen, darum ran an den Feind, auf ihn und nicht gezittert!»

Ganz von ungefähr kamen diese Ergüsse aber doch nicht. Jetzt zahlte sich aus, daß die Hohenzollern den Fußball hoffähig gemacht hatten. Allen voran der Kronprinz, der schon am 29. April 1905 in Berlin Tempelhof ein Spiel besuchte, das Germania Berlin mit 3:2 gegen eine englische Amateurmannschaft gewann. Bei Germania notierte man: «War bis dahin der Sport allgemein vom Militär noch stiefmütterlich behandelt worden, so schenkten nach dieser offensichtlichen Interessennahme des Kronprinzen, der den Germanen den schönen Pokal persönlich überreicht hatte, die höchsten Militärkreise dem Sport Beachtung.» Es kam sogar so weit, «daß Offiziere der Militäranstalt unter Leitung von Oberleutnant Neumann-Neurode einen Fußball-Kursus auf dem Germania-Sportplatz abhielten».

Der Kronprinz blieb am Ball, wie der Fußballhistoriker Wolfgang Baroth dokumentiert hat. 1907 stiftete er einen Pokal für «Spiele repräsentativer Mannschaften der deutschen Landesverbände gegeneinander», den sogenannten Kronprinzen-Pokal. Der Deutsche Fußball-Bund begrüße dies als «Band der Zusammengehörigkeit aller deutschen Fußballspieler». 1908 spielte bereits die Kaiserliche Marine ihre Fußballmeisterschaft aus. 1911 folgten das Garde-Corps Berlin und andere Einheiten.

Schon ein Jahr vor Kriegsausbruch erschien die Verbindung so eng, als seien Fußballspiele Wehrersatzübungen. Walter Jens, Festredner des Deutschen Fußball-Bundes beim 75. Geburtstag des Verbandes, führte das den Verantwortlichen vor Augen, indem er ihnen das Deutsche Fußballjahrbuch 1913 aufblätterte. Dort sieht man «... auf der ersten Bildseite Seine Königliche Hoheit, den Prinzen Friedrich Karl von Preußen, im gestreiften Dreß – den gleichen Prinzen, der das Jahrbuch mit einem Vorwort einleitete. Und dem Prinz folgt der Marschall, und dem Marschall folgt der Kriegsminister, erst von der Goltz und dann von Falkenhayn: So militärisch, so hierarchisch war 1913 das Geleit eines Fußballjahrbuchs – und das nicht allein im Hinblick auf den Rang der Autoren, sondern auch in der Wortwahl: ‹Als besonderen Vorzug bei Ihrem Sport›, ließ der Kriegsminister verlauten, ‹schätze ich die Unterwerfung unter die Anordnungen des Parteiführers, des Schiedsrichters und in größeren Verhältnissen des Bundesvorstands. Das sind disziplinfördernde Eigenschaften, deren eifrige Weiterpflege von Ihrer Seite dem Heeresersatz zum Vorteil gereichen werden.›»

Die Vokabeln «Autorität», «Unterwerfung», «Disziplin», die von Jens als besonders anfällig für militärischen und autokratischen Mißbrauch aufgespießt wurden, gehörten später auch zum offiziellen Sprachschatz des Reichs- und Bundestrainers Josef Herberger, wenngleich ihn in Wahrheit Kriegsrituale und chauvinistische Aufheizungen kaltließen. Er leistete seiner Einberufung Folge, mehr nicht. «Kein Feldsoldat, kein Ehrgeiz, aber Pflicht.»

Der Fußball blieb dem Jungen wichtiger. Überhaupt wird fortan niemals mehr etwas wichtiger sein für ihn als der Fußball, später speziell die Fußballnationalmannschaft. Viermal hatte Herberger, nach eigenen Erzählungen, 1914 in der ersten Ligamannschaft des SV Waldhof gespielt. Punktspiele gab es aber nicht. Die große Anzahl der Kriegsopfer und Hunger und Not im Alltagsleben der Bevölkerung hatten den Fußballbetrieb fast völlig gelähmt.

Schon mit Kriegsbeginn mußten überall in Deutschland die DFB-Geschäftsstellen und viele Verbands- und Vereinsleitungen wegen der Einberufungen zum Militärdienst ihre Tätigkeit einstellen. Pokal- und Meisterschaftskämpfe sowie sämtliche internationalen Spiele wurden abgesagt, Vereine brachen zusammen oder bildeten «Kriegsgemeinschaften».

Auf den Fußballplätzen wurden Gemüse und Kartoffeln angebaut. «Aus Prestige-Gründen» – so Martin Zöllner in einer in der DDR erschienenen Fußballgeschichte – wurde 1918, im letzten Kriegsjahr, noch einmal der Kronprinzen-Pokal ausgespielt, der ab 1919 als sogenannter Bundespokal und ab 1933 als Reichsbund-Pokal fortgeführt wurde.

1914 hatten, vom DFB gezählt, noch 189294 Männer in 2233 Vereinen Fußball gespielt. Jetzt schrumpften viele Vereine wegen Spielermangels. Dafür, heißt es in einer offiziösen Chronik des Deutschen Fußball-Bundes, sei aber «im Felde» gespielt worden. Der DFB sah darin ein bedeutendes Werbemittel für den Fußball auf dem Wege zum Volkssport.

Tatsächlich kickte auch Herberger bei solchen quasi militärischen Veranstaltungen mit. Oft spielte er in Kompanie- und Regimentsmannschaften zusammen mit Waldhöfer Klubkameraden zusammen. Für ihn persönlich erwies sich die Kriegssituation als Vorteil. Er kam von zu Hause weg, lernte neue Menschen und andere Vereine kennen und wurde nie an die Front geschickt. Da er den größten Teil seiner Militärzeit in einer Kfz-Kompanie in der Nähe Mannheims abdiente, konnte er gelegentlich sogar für seinen eigenen Verein spielen. «Heut spielt der Herberger! Er hat Urlaub vom Militär», diese Nachricht, so schrieb der alte Waldhof-Fan Hermann Wentz dem Bundestrainer 1969, habe ihn in jener Zeit immer beflügelt. Der quirlige Halb- oder Mittelstürmer Herberger, der vor Ehrgeiz brannte, hart hinlangte und dazu noch durch technische Fertigkeiten verblüffte, gewann nach und nach sein persönliches Fanpublikum.

Zum ersten Mal war er am 20. Juni 1915 beim Mannheimer Lokalderby dabei, und zum ersten Mal besiegte der SV Waldhof den Erzrivalen VfR mit 2 : 1 Toren. In Gerhard Zeilingers Standardwerk über das Fußballspielen in Mannheim tauchen aus diesen Jahren vor allen Dingen Fotos auf. Sepp Herberger als Kraftfahrer zusammen mit vier Vereinskameraden in Lederkluft. Sepp Herberger in Uniform, fast erschrocken in die Kamera blickend, und Sepp Herberger im Kreise der sogenannten Waldhof-Familie, die mit der Mannschaft 1918 nach Weinheim fuhr, wo er später einmal leben sollte. Immer stand der junge Herberger ein bißchen isoliert da, immer aber blickte er herausfordernd in die Kamera – ein Mann, dem der Hunger nach Erfolg im Gesicht stand.

Als der Krieg dann zu Ende zu gehen begann, 1917 die ersten Protestdemonstrationen Mannheim beunruhigten und am 9. November 1918 der Kaiser zurücktrat, da blieb Josef Herberger vom Aufruhr so unberührt wie zuvor vom patriotischen Taumel. Die Umwälzungen in Deutschland interessierten ihn ganz offenkundig weniger als Aufstieg seines Vereins SV Waldhof, der jetzt – nicht zuletzt mit seiner Hilfe – begann.

Herberger war 21 Jahre alt. Als Spieler fand er sich toll. Der spätere Bundestrainer Herberger schätzte den früheren Halblinken Herberger von Waldhof-Mannheim etwa so ein: «Von der Art und Begabung her war ich ein reiner Spielertyp. Balltechnik perfekt, quirlig am Ort und hurtig und spurtschnell, den kommenden Dingen im Spiel stets voraus, den Spielverlauf vorausschauend und oft auch maßgebend bestimmend. Ständig auf dem ‹Quivive›, war ich laufend unterwegs, hatte Mordsspaß im Wegstehlen und war immer darauf aus, mich am Ball vom Gegner nicht erwischen zu lassen.»

Ähnlich begeistert hat «der Chef» später nur noch einen gepriesen – Fritz Walter. Tatsächlich war Herberger bis ins hohe Alter geschmeichelt, wenn irgend jemand seine Spielweise mit der seines Lieblingsschülers verglich: Ja, so kann man das sehen, auch er war «Spielmacher und Torschütze» zugleich, was überhaupt erst den großen Spieler ausmacht.

Der Mann, auf dessen Lob er am meisten Wert legte, damals schon und noch Jahrzehnte danach, hieß Otto Nerz. Er war fünf Jahre älter als Herberger, ein vierschrötiger, bulliger Typ, mit scharfem Verstand und eisernem Willen. Im Herbst 1919 oder im Frühjahr 1920 trafen die beiden im Mannheimer Lokalderby zwischen dem SV Waldhof und dem VfR zum ersten Mal aufeinander – als Spieler. An diesem Tag begann ein aggressiver Zweikampf zwischen ihnen, der anfänglich von gegenseitiger Bewunderung, später dann von erbitterter Rivalität bestimmt war. Lange hatte Nerz die Nase vorn, doch am Ende gewann Herberger. Das war fast zwei Jahrzehnte später.

Dabei sah sich Herberger schon bei der ersten Begegnung als klarer Sieger. Auf dem Spielfeld war der trickreiche, antrittsschnelle Mann von Waldhof wohl tatsächlich besser, dem technisch ungelenken Rivalen auch in der Taktik des Zweikampfes und an Spielübersicht voraus. Herberger: «Das war ein ganz anderer Typ als ich. Seine Leistung kam von der Kraft her. Er war der Typ des auf Zerstören und Verhindern eingestellten Athleten. Mit schweren Füßen, etwas behäbig.» Zur Not sei er auch immer bereit gewesen, drüberzuhalten, wenn es kein anderes Mittel gab, um mit dem Gegenspieler fertig zu werden. Wenn Herberger ihm das später erzählte, dann habe Nerz sich diebisch gefreut: «Selten so gelacht.»

So, schrieb Herberger viele Jahre später, habe seine Bekanntschaft mit Otto Nerz begonnen. Fortan blieben die beiden Männer unzertrennlich, in verbissener Zuneigung erbarmungslos miteinander ringend. Es entwickelte sich eine Männerfreundschaft von so spannungsgeladener Vielschichtigkeit, daß kaum eine Äußerung des einen über den anderen zum Nennwert zu nehmen ist. Fast immer waren verdeckte Botschaften im Spiel. Am Ende ist erst der eine, dann der andere Trainer der deutschen Fußballnationalmannschaft. Und ob es nun mehr Herberger war, der sich an Nerz hängte – was er immer bestritt –, oder Nerz, der sich Herberger heranzog – worüber er nie sprach –, wahr ist, daß beide einander brauchten und ergänzten. Wahr ist auch, daß ihr Zusammenspiel den deutschen Fußball zur Weltspitze geführt hat, später ergänzt durch Helmut Schön, den sie gemeinsam förderten und der beide beerbte.

Als Trainer war Otto Nerz für Josef Herberger von Anfang an Autorität. Der war einer wie er, nur älter und weiter. Dem war gelungen, was das Schicksal ihm, Josef Herberger, zerschlagen hatte. Er war Lehrer. Auch Nerz stammte aus einer Arbeiterfamilie mit vielen Kindern, aber er hatte studiert, unterrichtete in der Volksschule. Seit er England besucht hatte, war Nerz vernarrt in das britische Fußballsystem. Herberger bewunderte ihn und ahmte ihn nach. Insgeheim aber sah er sich zugleich als Rivale, in manchem bereits überlegen. In seinen nachträglichen Urteilen war es Herberger immer darum zu tun, ihr Verhältnis von Anfang an als eines zwischen Gleichen darzustellen – was es lange nicht war.

Wenige Monate nach der ersten Begegnung lernte er Nerz besser kennen. Darüber schrieb er nachträglich: «Nerz war – wie ich auch – ein Suchender. Er war – wie ich bald von ihm selbst erfuhr – zwar auch noch ein Neuling als Fußballehrer, brachte aber für diesen Beruf die Erfahrung als studierter Pädagoge mit. Viele Stunden haben wir in jener Zeit zusammengesessen und uns mit den Fragen des

Spiels, des Trainings und seiner Methoden beschäftigt.» Und so unterschiedlich die beiden Männer als Spieler waren, so weit gingen bald auch ihre theoretischen Auffassungen über den Fußball und über das Training auseinander. «Für mich», so Herberger, «wurde das Spieltempo mit Köpfchen entschieden und nicht aus den Beinen. Für ihn waren die Kondition, die Organkraft und durch diese das Tempo bestimmend und ausschlaggebend. Die Kondition war für Nerz der Vater aller Dinge.»

Der SV Waldhof hatte sich in den Jahren nach dem Weltkrieg mit seinem erfolgreichen Angriffswirbel einen Namen gemacht. Der sogenannte H-Sturm des Innentrios Herberger, Höger, Hutter war in Deutschland damals ein Markenzeichen. Herberger selbst zögerte nicht, die spielerische Klasse seines alten Vereins an dem berühmten Club zu messen: «Wir brauchten unser Licht vor der Nürnberger Spielkunst nicht unter den Scheffel zu stellen.»

Was nun aber die Trainingsmethoden auf dem Waldhof anging, die diese Spielkultur hervorbrachten, da mußte Herberger den neugierigen Nerz enttäuschen: «Wir hatten gar kein Programm. Das hat sich aus dem Spiel und unserer Spiellust entwickelt. (...) Unsere Freude am Spiel hat uns unbewußt das Rechte treffen lassen. Unausgesprochen war der Gedanke in uns, daß richtig sei, was unserem Können, dem gegenseitigen Verständnis und Zusammenspiel Vorteil und Nutzen bringen könne. Es bedurfte keiner Erklärungen über den Spielzweck unseres Tuns.» So dürfte es gewesen sein, und in jener schönen Bescheidenheit, die oft am Rande der Prahlerei entlang balancierte, notierte sich Herberger: «Ich glaube, daß ich es war, der darauf verwies, daß gut sei, was der Wettkampf lehrt.» Er glaubte ferner, «daß ich maßgeblich und entscheidend auf dem Waldhof auf regelmäßiges Training und dessen Gestaltung eingewirkt habe. Ich war immer auf der Suche nach Inhalten und Methoden.» Allerdings glaubte er das erst vier Jahrzehnte später.

Teddy Lohrmann indes, der 1,90 Meter große ehemalige Torwart und dreifache Nationalspieler des SV Waldhof, glaubte – ebenso im Rückblick –, daß Josef Herberger zu seiner Waldhöfer Glanzzeit eher ein guter Leichtathlet gewesen sei als ein Trainer. «Nichts hat man dem angesehen, daß er einmal ein so Großer werden könnte.» Und Trainingsratschläge? «Der Sepp hat nie Anstalten gemacht, in der Mannschaft zu kommandieren», verwunderte sich Lohrmann.

Er war ja auch gerade erst volljährig geworden bei Kriegsende und besessen davon, als Spieler zu glänzen und zu siegen. Die Welt um sich herum schien er auszublenden. Der Kaiser im Exil, der Krieg verloren, das Großherzogtum Baden verschwunden. Eine Zeit versank, eine neue zog mit Streiks, Unruhen, Wahlen und Putschversuchen herauf. Aber Josef Herberger wollte Odenwald-Kreismeister werden, in einer «Vorfriedens-Runde» den «Mannheimer Silberschild» gewinnen. Und sonst gar nichts.

Der Spielbetrieb normalisierte sich erst langsam wieder. Am 19. und 20. April 1919 versuchten sich die Delegierten des Deutschen Fußballverbandes nach Eisenach durchzuschlagen, um im Bundesausschuß die Situation ihres Sports in der neuen Zeit zu erörtern. Eisenbahnerstreiks, Verkehrssperren und Mangel an Kohlen für die D-Züge behinderten die Anreise. Die Vertreter Nord- und Süddeutschlands kamen nicht durch bis Thüringen. Dabei gab es Entscheidungsbedarf genug: der Kronprinzen-Pokal brauchte einen neuen Namen, vor allem drängten Anträge auf Zulassung des Profifußballs auf Entscheidung. «Geldverdienen war die Losung», schrieb dazu Carl Koppehehl abschätzig in der DFB-Chronik.

Der Verband mochte seinen gesellschaftlichen Platz suchen im neuen demokratischen Deutschland. In ihrer vaterländisch-nationalistischen Gesinnung blieben seine Wortführer beim alten. Am 11. Juni 1920 trafen sich die Delegierten zum nächsten Bundestag in dem von den Franzosen besetzten Rheinland, in Düsseldorf. Der westdeutsche Verbandsvorsteher Fritz Klein, der sich später als nationalsozialistischer Vorkämpfer hervortat, wurde für seine Rede gegen das Versailler «Friedensdiktat» mit 14 Tagen Haft von der Besatzungsbehörde bestraft und mußte 2000 Mark Geldstrafe bezahlen. Drei andere Funktionäre erhielten je acht Tage Haft und 1000 Mark Geldstrafe wegen «Duldens politischer Reden». Der Kommandeur der Besatzungstruppen hatte die Tagung des Fußballbundes nur mit der Androhung genehmigt, «daß 20000 Mark

Strafe für jeden Fall zu zahlen seien, in dem Redner nach irgendeiner Richtung hin Anstoß erregen würden».

Der Popularität des Fußballs tat das alles keinen Abbruch. Zwanzig Jahre nach Gründung des Verbandes zählte der DFB am 1. Januar 1920 genau 467962 Mitglieder. Die Vereine meldeten über 20000 Mannschaften. Im selben Jahr wuchs der Verband um weitere 300000 Mitglieder und 1300 Vereine. In Düsseldorf erklärten DFB-Sprecher, daß der deutsche Fußball auf dem Wege über die Millionengrenze sei.

Im internationalen Sportverkehr aber blieben die Deutschen nach dem Krieg isoliert. Nur die Schweizer erklärten sich, am 27. Juni 1920, zu einem Länderspiel bereit. Die Deutschen – die, ungeachtet aller patriotischen Töne, auch damals schon nicht müde wurden, das unpolitische Wesen des Fußballsportes zu behaupten – behandelten das Spiel in Zürich wie eine delikate diplomatische Angelegenheit. Nur solche Spieler seien erwünscht, die über «entsprechende gesellschaftliche Formen verfügen», um der «deutschen Sache» nicht zu schaden, ließ die Gesandtschaft des Deutschen Reiches in Bern wissen. Die Spieler kriegten eingebimst, «nur keinen Anlaß zu Klagen zu geben», wie sich Mittelläufer Hans Kalb später erinnerte: «Wir verzichteten oft im entscheidenden Moment lieber auf den Ball, nur um einem möglichen Zusammenprall aus dem Wege zu gehen.» Der ungarische Schiedsrichter Ballint staunte nicht schlecht. Eine Mannschaft, die so vornehm spielte wie die Deutschen, hatte er noch nie gesehen. Die Schweiz gewann 4:1.

Solche Situationen wiederholten sich in der deutschen Länderspielgeschichte: 1931 in Paris gegen Frankreich, 1935 gegen England in London, 1938 beim «Verbrüderungsspiel» nach dem «Anschluß» Österreichs an das Großdeutsche Reich Adolf Hitlers in Wien und 1955, wenige Wochen vor der ersten Reise Konrad Adenauers zu den Kreml-Herren, in Moskau gegen die Sowjetunion. Immer bemühten sich die Fußballer, es ganz unpolitisch ihrer jeweiligen Regierung recht zu machen.

So unsicher und tastend der Deutsche Fußball-Bund sich als gesellschaftliche Größe bewegte in den Anfängen der Weimarer Republik, so sicher hatte Josef Herberger seinen Platz gefunden – beim SV Waldhof. Der Klub garantierte dem jungen Mann vertraute Lebenszusammenhänge und die Bühne für ehrgeizige Auftritte zugleich. Über die Atmosphäre von Verein und Stadtteil, die in der sozialen Zusammensetzung und in der Mentalität an den späteren Kohlenpott mit Schalke 04 erinnerte, schrieb die Neue Mannheimer Zeitung 1936: «Ein sportbegeisterter Menschenschlag wohnt in dem Vorort Mannheims, wo die vielen Schlote sich aneinanderreihen, ein Schlag wie für Fußball vorbestimmt. Über Jahre blieb der ‹Waldhof-Stil› vorbildlich, ähnlich wie später der Schalker Kreisel. Waldhofs Angriff gehörte zu den besten Deutschlands, vielleicht nicht ganz so berühmt, weil man nicht viel Wesens aus den Erfolgen machte. Die waren groß. Immer fand dort auf dem sandigen Boden der 1. FC Nürnberg seinen stärksten Widersacher.»

In der Saison 1919/20 waren die Nürnberger in 18 Spielen mit 36 : 0 Punkten und 115 : 6 Toren souverän Meister geworden. Sie galten als unschlagbar. Doch nach dem 11. Mai 1920 erschien die Fachzeitschrift «Fußball» mit der Schlagzeile: «15 000 Zuschauer. Nürnbergs erste Niederlage. Glänzendes Spiel des Waldhof-Sturms.» Tatsächlich schafften die Waldhöfer einen kaum für möglich gehaltenen 2 : 1-Sieg. Zwar fehlten bei den Gästen der Torwartriese Heiner Stuhlfauth und der Mittelläufer Hans Kalb, die an einem gleichzeitig stattfindenden Repräsentativspiel teilnahmen, dennoch bedeutete der Erfolg der Badener eine absolute Überraschung. Zu verdanken war er in erster Linie dem eigenen Torwart, Teddy Lohrmann, und dem guten Zusammenspiel des Angriffs, von dem der «Fußball» meldete: «Das glänzende Spiel der Flügelstürmer Skutlarek und Willmann sowie das harmonische Zusammenarbeiten des Trios Höger-Hutter-Herberger verdienen höchste Anerkennung.» Höger hatte das erste Tor geschossen, Herberger erzielte das Siegtor.

Außer über seine Leistungen auf dem Fußballplatz hat Josef Herberger später aus diesen Jahren, wie auch über die Kriegszeit und seine Kindheit auf dem Waldhof, nie viel erzählt. Auch Herbergers Aufzeichnungen blieben karg. Der reich dokumentierte Teil seiner Existenz begann erst später. Seine Nationalspieler berichten, daß ihr Chef über sich eigentlich immer so erzählt habe, als hätte sein Leben erst 1930 in Berlin angefangen.

Eine Ausnahme indes gibt es. Sepp Herberger hat sorgfältig viele positive Kritiken über seine Spielerzeit aufgehoben und immer unterstrichen, wenn er wegen «harmonischer Zusammenarbeit» und «harter Torschüsse» gelobt wurde. Besonders gefallen hatte ihm offenbar ein Bericht der Süddeutschen Sportzeitung aus Karlsruhe, die nach dem 2:1-Sieg über Nürnberg schrieb: «Herberger, der glänzende und technisch gut geschulte Halblinke, verdient es, in einer repräsentativen Mannschaft berücksichtigt zu werden.»

Lange mußte er nun nicht mehr warten auf die ehrenvollste Berufung, die Sepp Herberger sich zeit seines Lebens für einen Fußballspieler vorstellen konnte – auf die Einladung zur deutschen Nationalmannschaft. Er wurde 1921 gegen Finnland aufgeboten, zusammen mit noch drei Mannheimern, Höger, Hutter und Au. «An das Auf und Ab der frohen Erwartungen und enttäuschten Hoffnungen während der Wartezeit» erinnerte sich Herberger noch Jahrzehnte später. Allen Länderspielneulingen pflegte er davon zu erzählen, nie ohne seinen «brennenden Ehrgeiz» zu erwähnen.

1921 war ein Jahr, das Sepp Herberger wegen der «Aufs und Abs» ohnehin in Erinnerung behalten würde, eines seiner Schlüsseljahre. Es wurden viele Weichen gestellt für sein Leben, eine hätte ihn fast für immer sportlich und beruflich ins Abseits befördert.

Es begann aber sehr glücklich, wenn auch mit bezeichnenden Schwierigkeiten. Am 30. April 1921 heiratete Josef Herberger Eva Müller aus Weinheim. Das erwies sich nicht nur als schwierig, weil die Braut auf evangelische Trauung bestand, was ihr die lebenslange Abneigung der katholischen Herberger-Verwandtschaft eintrug, es wurde auch deshalb kompliziert, weil der Hochzeitstermin wegen wichtiger Fußballspiele des SV Waldhof verschoben werden mußte. Als dann aber in Weinheim, bei den Schwiegereltern, gefeiert wurde, war natürlich auch die Mannschaft zu Gast. Es habe Pferdefleisch gegeben, berichtet der Privatforscher Schwarz-Pich, und seinen Hochzeitsanzug habe sich der Bräutigam geliehen. Das Foto zeigt den strahlenden Josef so, als habe er sich zur Ausschmückung seines Kommunionsbildes eine Frau hinzugeliehen. Ob Sepp Herberger nun seine spätere Frau Eva, die er von Anfang an Ev zu nennen pflegte, zunächst beim Lebensmittelhändler Wolf in Waldhof gesehen hat, wenn er seinen nebenan wohnenden Bruder Johann besuchte, oder ob sie ihm tatsächlich – wie er behauptete – 1920 auf dem Waldhof-Sportplatz begegnet ist, bleibt letztlich belanglos. Wichtiger ist, daß die beiden sich von Anbeginn auf eine Rollenverteilung geeinigt hatten, mit der sie jahrzehntelang zufrieden lebten. «Wenn es stimmt, daß bei einer glücklichen Ehe der Mann draußen und die Frau im Hause zu sagen hat, führen wir seit 40 Jahren eine Musterehe», pflegte Herberger später zu spotten. Ihr war es immer recht gewesen so.

Schon ein halbes Jahr nach diesem großen Ereignis folgte das nächste. Am 18. September 1921 betrat Josef Herberger, bejubelt von etwa 6000 Zuschauern, den Rasen von Helsinki zu seinem ersten Länderspiel. Deutschland und Finnland trennten sich 3:3 unentschieden. Daß Herberger zwei Tore schoß und für das dritte den Nürnberger Hans Kalb «nach planvoller Arbeit», wie die Presse schrieb, die Vorlage gab; daß der erfolgsfiebrige junge Mann sich also selbst bescheinigen konnte: «Ich hatte einen großen und durchschlagenden Einstand» – das war das eine, wunderbar genug. Das eigentliche Abenteuer aber war die Reise selbst, «ein unvergeßliches Erlebnis». Die SS Ariadne, 3000 Tonnen groß, schlank und hoch und prächtig, «ein wunderbarer Dampfer», erschien ihm «wie ein Märchenschiff». Der arme Badener Josef Herberger, der nichts kannte von der Welt als ein bißchen Mannheimer Bürgerflitter, kam sich wie «ein Glückspilz» vor, daß er darauf mit der Nationalelf reisen durfte. Bis zum Schluß seiner Amtszeit als Bundestrainer wird Herberger den – inzwischen weitaus weltläufigeren – jungen Spielern vorschwärmen, daß solche Reisen für Deutschland sie für alle Trainingsstrapazen entschädigten.

Und dann erst das Essen an Bord, «Herz, was begehrst du mehr?» Als die Spieler kurz nach der Abfahrt zum Lunch antreten durften, waren sie von den lukullischen Genüssen geradezu überwältigt. «Nichts fehlte, die schönsten und besten Delikatessen gab es. Sardinen, Sardellen, Schweizer und holländischer Käse, Schinken, Wurst, Braten, viererlei Brot – kurzum alles, was auch der größte Feinschmecker sich nur ausdenken kann», schwärmte der Ersatzspieler Phöbus Schümmelfeder. Herberger war fassungslos: «Mein Gott, bei uns war doch vieles noch gar nicht wieder zu haben, alles war doch noch knapp. Und Karl Höger war sogar arbeitslos.» Höger, Herbergers Vereinskamerad und Freund vom SV Waldhof, den er im Ersten Weltkrieg kennengelernt und zum SV Waldhof gelockt hatte, wurde auf dieser Reise zum Frühaufsteher. Herberger beobachtete halb bewundernd, halb mißbilligend dessen spezielles Trainingsprogramm: «Ausgedehntes erstes und zweites Frühstück». Auf der Rückreise, so Herberger, hätte sich dann eine scharfe Konkurrenz am kalten Büfett zwischen Karl Höger und dem Berliner Linksaußen Wolter entwickelt. Beide nahmen in acht Tagen sieben Pfund zu.

Was das Schiff versprach, wurde von dem Hotel Munksnaes, der Unterkunft in Helsinki, noch übertroffen. Sportskamerad Schümmelfeder geriet bei der Ankunft im Hotel, etwa 20 Minuten außerhalb des Zentrums der Stadt, ins Schwärmen: «In jeder Beziehung ein erstklassiges Pensionat, modernster Komfort. Aufgebaut 1919 in technischer Hinsicht nach den neuesten Methoden. Schöne Lage. Küche erstklassig. Bedienung höflich und aufmerksam. Das Pensionat enthält 75 Zimmer, modern eingerichtet. Zu jedem Zimmer gehört: ein kleines Vorzimmer, Doppeltür, ein Badezimmer, ein Lavoir, heißes Wasser, Zentralheizung. Es gibt außerdem große Säle, Gesellschaftszimmer, große und schöne Korridore, wovon man eine herrliche Aussicht über das Meer hat. Bibliothek und Lesesaal mit einheimischen und ausländischen Zeitschriften und Zeitungen. Herrliche Promenadenwege. Spielplatz für Kinder. Gelegenheit, sowohl im Sommer als im Winter Sport zu treiben. Badestrand, Seebad. Mäßige Preise.»

Und wieder gab es reichlich und wunderbar zu Essen. In großen gläsernen Karaffen wurde fette wohlschmeckende Milch serviert. Auch hier tat sich, nach der Beschreibung Herbergers, Karl Höger mit meisterlichen Leistungen beim Verzehr hervor. «Er hielt die

Bedienung in Atem.» Allerdings zeigten die großen Mengen, die Höger schluckte, bald Wirkung. Durchfall. «Höger waren wir für zwei Tage los, es gab darüber einen Mordsspaß, auch bei den Begleitern, dort hatte es auch einige getroffen.»

Herberger, der später ein brillanter Anekdotenerzähler war und mit spitzem Witz eine Situation oder einen Mitmenschen zu charakterisieren verstand, erwies sich schon auf dieser ersten Reise seines Lebens als gefühlvoller und intelligenter Beobachter. «Ich fuhr mit hellwachen Augen, immer darauf aus, zu lernen, wo es etwas zu lernen gibt. Nicht nur das, was man tun soll, sondern ebenso auch das, was man zu unterlassen hat.» Und an den Rand schrieb er später dann noch mit der Hand: «Man kann immer und überall lernen. Wenn man bloß will und mit offenen Augen durch die Welt geht.»

Der spätere Trainer lernte auch. Fachlich hatte Herberger vieles auszusetzen an dieser touristisch so wunderbaren Reise: nicht genügend Ersatzspieler, vor allem kein zweiter Torwart, keine sachkundige Betreuung, keine vernünftige Vorbereitung. «Jeder blieb sich selbst überlassen. Einen Trainer gab es nicht. Die ältesten Spieler wie Kalb gaben den Ton an und bestimmten die Taktik.»

Schümmelfeder berichtete zwar von einem Training mit Seilspringen auf dem Sonnendeck des Schiffes, doch klang das eher nach Kindergeburtstag als nach Länderspielvorbereitung. «Der Kapitän hatte uns in liebenswürdiger Weise zwei Seile zurechtmachen lassen, und unser lieber Papa Hintze der [DFB-Vorsitzende und Delegationsleiter] machte den Anfang. Wir haben uns gekugelt vor Lachen.»

Auch die Unterbringung an Bord erschien Herberger – so herrlich er die Ariadne fand – aus sportlichen Gründen denkbar ungünstig: «Wir lagen mit acht Mann in der untersten Etage im Hinterdeck, direkt über der Schiffsschraube, die uns bei Tag und Nacht knapp unter unseren Betten herummahlte. Die Begleitung war dafür bestens untergebracht, mittschiffs und erstklassig. Dieser Unterschied wurde zum heftigen Gesprächsstoff, besonders dann, als einige unserer Landratten ein Opfer der rauhen See wurden.»

Nur einer aus der Gruppe der DFB-Offiziellen, mit 39 Jahren einer der Jüngeren, löste sich hin und wieder aus den stundenlangen Skatrunden und kümmerte sich um die Spieler – Felix Linnemann, Kriminalbeamter und stellvertretender DFB-Vorsitzender, der ab 1925 für zwei Jahrzehnte als Chef den Deutschen Fußballverband leiten sollte. Er wurde einer der bestimmenden Männer im Leben Sepp Herbergers, «ein guter Mensch», wie der fand, «dem ich viel zu verdanken hatte».

Linnemann hatte immer ein Faible für den Nachwuchs. Später würde sich Herberger über seinen «Verjüngungsfimmel» ärgern, jetzt profitierte er davon. Es war auf der Rückfahrt von Finnland. «Am Abend war ich noch an Deck gegangen», erinnerte sich Herberger. «Ich stand an der Reling, sah und träumte in das gurgelnde und heckwärts fließende Bugwasser. Plötzlich war Linnemann an meiner Seite, hakte mich ein und zog mich mit. Wir machten einen Spaziergang über das Deck.» Daß er mit seinem Spiel und seiner Leistung bei den Herren der Mannschaftsführung, «großen Eindruck» gemacht hatte, war Sepp Herberger schon vorher nicht entgangen. Jetzt bestätigte ihm Linnemann das noch einmal ausdrücklich, weckte Aussichten auf weitere Nominierungen. Ausführlich ließ er sich dann die Zukunftspläne des jungen Mannes erzählen. «Als er hörte, daß ich gerne Lehrer, Sportlehrer, werden wollte, erfuhr ich von ihm von der vollzogenen Gründung der Deutschen Hochschule für Leibesübung in Berlin und von seinen Plänen hinsichtlich der Schulung, Ausbildung und Schaffung von Fußball-Übungsleitern.» Sein Lebensraum. Herberger war elektrisiert: «Hier bot sich meine Chance. Linnemann versprach, mir dabei zu helfen. Für mich ging eine Sonne der Hoffnung auf.»

Nur hatte Josef Herberger die schon vorher verdunkelt. Beim weiteren Verlauf der Rückreise, nachdem die Delegation in Stettin auseinandergegangen war, haderte der junge Mann heftig mit sich. Denn: «Das eine, für die Verwirklichung meiner Pläne sehr Wichtige, hatte ich Linnemann verschwiegen, aus angstvoller Scham.» Er hätte besser gestanden, daß er vor der Finnlandreise in Mannheim nicht nur seinen Verein gewechselt, sondern daß er für den

Wechsel auch noch Geld angenommen hatte. «Wie habe ich das später bereut.»

Tatsächlich hatte sich der junge Mann, der einen Augenblick glauben durfte, Stammspieler der deutschen Fußballnationalmannschaft werden zu können, selbst disqualifiziert. Hatten ihm Linnemann und die anderen nicht versprochen, er werde auch beim nächsten Länderspiel dabeisein, gegen die Schweiz in Frankfurt? Herberger: «Ich war zwar dabei, aber nicht als Spieler. Ich saß auf der Tribüne.» Als Fußballspieler war Josef Herberger gesperrt für den Rest seines Lebens.

Was war geschehen? Für die Zeitgenossen, vor allem die Fans in Mannheim, stellte sich der Vorgang zunächst außerordentlich verwirrend dar. Das Rätselraten begann schon, als einen Tag vor dem Fußballänderspiel gegen Finnland im Mannheimer «General-Anzeiger» die Mannschaftsaufstellung der Deutschen bekanntgegeben wurde. Da hieß es zur Vereinszugehörigkeit des Spielers Josef Herberger, der bis dahin für den SV Waldhof spielte, plötzlich: Mannheimer Fußballclub «Phönix». Als dann aber am 16. Oktober, vier Wochen nach dem Länderspiel, der Fußballclub Phönix gegen den VfR Mannheim antrat, lief zur allgemeinen Überraschung des Publikums Sepp Herberger im Trikot des VfR auf. Das Gemunkel nahm zu. Sicher war nur, Herberger hatte sich von Waldhof getrennt.

Es dauerte weitere zwei Monate, bis der «General Anzeiger» im Dezember 1921 «das Geheimnis bezüglich der Spieler Herberger und Höger» lüftete, die zusammen den Verein SV Waldhof verlassen hatten. Der Fall hieß jetzt: «Die Mannheimer Berufsspieler-Affäre». Unter dieser Überschrift berichtete das Blatt, daß der Verbandsvorstand des Süddeutschen Fußballverbandes dem Spieler Josef Herberger, früher Turn- und Sportverein Mannheim Waldhof, jetzt VfR Mannheim, infolge seiner zahlreichen Vergehen gegen die Amateurparagraphen des Deutschen Fußball-Bundes das Recht als Amateur abgesprochen und ihn zum Berufsspieler erklärt habe. Die an der Affäre mitbeteiligten Vereine, Phönix Mannheim und der SV Waldhof, wurden zu Geldstrafen verurteilt, Phönix Mannheim zu 5000 Mark und Waldhof zu 1000 Mark. Drei Phönix-Funktionäre, die Herren Vogel, Janek und Spießbauch, sowie der frühere Vorsitzende des Turn- und Sportvereines Mannheim Waldhof, Rech, wurden vom Süddeutschen Fußballverband ausgeschlossen. Im Falle Höger hatte der regionale Verband die Weiterverfolgung des Verfahrens abgelehnt, weil Höger inzwischen in Bonn spielte. Damit war der Westdeutsche Fußballverband für ihn zuständig.

Die Fachzeitung «Fußball» kommentierte wenig später: «Wir bedauern, daß zwei verdiente Spieler sich zu Übertretungen verleiten ließen, aber die Hauptschuld trifft nicht die Hauptopfer, sondern die Verführer – die gewissenlosen Vereinsfunktionäre.» Beim VfR, Herbergers Verein zum Zeitpunkt der Sperre, unkte düster die Vereinschronik: «Rauhe Kriegsgewöhnung, zersetzende Ernährungsnot hatten die sittliche Kraft unseres Volkes gelockert und den Sinn für äußere Ordnung und Selbstzucht allenthalben untergraben.»

Daß der später berühmte Mann die Affäre als «ein wenig erfreuliches Thema» am liebsten nicht behandelte, kann niemanden verwundern. Es fragte ihn auch keiner, bis Harry Valérien das Thema nach Herbergers Rücktritt anschnitt. Der sagte: «Ich war ein kleiner Angestellter, hatte kaum eine Chance für einen Aufstieg. Daneben wollte ich Sportlehrer werden. Mein alter Verein Waldhof konnte mir nicht weiterhelfen. Ich war ein guter Schüler, ich war umworben, und ich hatte Angebote. Und so kam auch eines schönen Tages so ein Angebot, und man hatte mir zugesagt, mir zu helfen hinsichtlich meines beruflichen Weiterkommens, auch im Hinblick auf meine Pläne, die ich mit dem Sportlehrer hatte. Und man hat mir auch Geld gegeben, 10000 Mark, 1921.» Das Geld kam aber nicht vom reichen Verein VfR Mannheim, sondern von der Konkurrenz, von Phönix. «Das Angebot schmeichelt und narkotisiert», steht in den kargen Aufzeichnungen zu diesem Thema, die Herberger seinen Akten einverleibte. Weiter schrieb er: «10000, nach acht Tagen wieder klar. Geld zurück. Der gute Geist hieß Ev.»

Aus der Rückschau erscheint verständlich, daß der 24 jährige Herberger mit seiner Eheschließung begann, sich ernsthaftere Gedanken über seine Zukunft zu machen. Daß seine Fähigkeit honoriert wurde, war allgemein bekannt, wenn auch nicht erlaubt, so doch üblich. Beim SV Waldhof aber, wo sie schon mal mit gefälschten 50-Mark-Scheinen geblufft haben, aber mehr so aus Jux, war nicht viel zu holen. Die Funktionäre von Waldhof hatten Herberger ein Zigarrengeschäft angeboten, daran hatte er kein Interesse. Er wollte Sportlehrer werden, das war ihm ernst. Sepp Herberger, der etwas gehobene Hilfsbürobote, der nichts gelernt hatte, aber voller Ehrgeiz war, sah allein im Fußball seine Chance voranzukommen. Keine Frage, daß ihm die Werbung auch von anderen Vereinen, darunter Mainz 05, gut gefallen hatte.

Herberger erzählte, daß die Verantwortlichen von Phönix, die später vom Verband ausgeschlossen wurden, dem Waldhof-Star auch Hoffnungen gemacht hatten, ihn beruflich zu fördern. Er habe aber – sagte er später – schnell erkannt, daß das leere Versprechungen waren. Deshalb habe er das Geld zurückgegeben – das könne er nachweisen – und sich auf Verhandlungen mit dem VfR Mannheim eingelassen. Dieser reiche Verein bot ihm handfestere Zukunftsaussichten. «Es ging mir nicht um das Geld. Ich war nicht närrisch aufs Geld. Ich war darauf aus, etwas zu werden im Leben.» Und der ehemalige VfR-Vorsitzende, Professor August Streiblich, soll ihm sogar in Aussicht gestellt haben, daß er das Abitur nachmachen könne. Herberger: «Also kurz und gut, ich trat da über.» Auch der lustige Karl Höger, der mit ihm zusammen von Waldhof zu Phönix gegangen war, verließ diesen Verein wieder, um am Ende in Richtung Bonn zu verschwinden.

Einen Augenblick müssen Herberger und Höger wohl geglaubt haben, daß mit ihrer Entscheidung, sich von Phönix wieder loszusagen, die Angelegenheit erledigt gewesen sei. Wie zur Bekräftigung schoß Herberger im ersten Spiel, das er im Oktober für den VfR Mannheim gegen Phönix machte, voller Wut ein Tor. Aber Waldhof verzieh nicht. Herberger: «Als wir beide gegangen waren, hat Waldhof Höger angezeigt, und ich kam mit dazu.» Herberger wurde gesperrt. «Und die Bitternis dieser Sperre lag darin, daß meine Laufbahn als Nationalspieler fürs erste gestoppt war.» In einer weiteren Verhandlung wurde Herberger dann nachträglich begnadigt und durfte ab 1. Oktober 1922 wieder spielen, als Nationalspieler wurde er aber erst 1924 wieder berufen. Karl Höger, der vom westdeutschen Verband nicht angeklagt wurde, wechselte 1924 zurück nach Mannheim, wo er dann wieder neben Herberger beim VfR spielte. Den Schock dieser Affäre hat Josef Herberger zeitlebens nicht vergessen.

In Mannheim war Herberger damit als Verräter abgestempelt. Es kam zu «Publikumsausschreitungen» und «großen Schlägereien», als er im Oktober 1922 zum ersten Mal im blau-weiß-roten Dreß des noblen Vereins für Rasenspiele (VfR) gegen seinen alten Proletenclub, den SV Waldhof, auflief. Und doch schoß der «Verräter» zehn Minuten vor Schluß des Spiels auch noch das Siegestor für sein neues Team.

Heimisch wurde Sepp Herberger aber in seinem neuen Verein nicht, in Wahrheit war er das – außer später bei seiner Nationalmannschaft und an seinem Lebensabend in Hohensachsen – wohl nirgends. Auch gesellschaftlich nicht. Mit dem Auszug vom Waldhof – endgültig besiegelt durch den Vereinswechsel – war Herberger aus seiner Klasse ausgestiegen. Er hatte die Wurzeln seiner sozialen Herkunft gekappt. Doch war das Verrat? Ein klassenbewußter Proletarier ist er nie gewesen. Ein Bourgeois ist er nie geworden. Für ihn gab es nur eins: den Fußball. Und der rollte anderswo schneller und spektakulärer. Herberger war, dem Ball nachlaufend, noch nicht in die große, wohl aber in die weitere Welt gelangt. VfR Mannheim, das war schon mal was – Geschäftsleute, Bankiers und Akademiker in der Vereinsführung, materielle Zuwendungen, ein hauptamtlicher Trainer. Und vor allem: Zukunftsperspektiven.

1923, zur Zeit, als sich Sepp Herberger beim VfR Mannheim einzugewöhnen begann, schwamm das deutsche Volk im Geld und drohte darin zu ersaufen – Inflation. Die Kassierer mußten einen Extratransport organisieren, um am 21. Oktober 1923, bei einem Derby zwischen dem VfR Mannheim und dem SV Waldhof, die Billioneneinnahme zu sichern, die rund 10 000 Zuschauer gezahlt hatten. Der Eintrittspreis betrug 500 Millionen Mark pro Person. Bis auf 850 Millionen Mark sollten die Preise für Stehplätze in Mannheim noch ansteigen. Herberger profitierte von der Geldschwemme. Er war, wie der Zufall in der Grauzone zwischen den Amateurparagraphen so spielte, im Verlauf des Vereinswechsels irgendwie an einen Job bei der Dresdner Bank geraten. «Zur Bewältigung der Papierflut beschäftigte die Bank in der Inflationszeit eine Vielzahl von Geldzählern. Darunter befand sich auch Sepp Herberger, der spätere Bundestrainer des Deutschen Fußball-Bundes», vermeldete eine Gedenkschrift des Geldinstitutes 1986.

In späteren Briefen Sepp Herbergers und in seinen Aufzeichnungen tauchte jetzt ein neuer Name auf: Max Rath, Textilgroßhändler. Dieser Förderer des VfR Mannheim, der auch heute noch von den Einheimischen hinter der Hand als «Judenverein» gekennzeichnet wird, kümmerte sich sehr um das Wohlbefinden der Spieler. Schwarz-Pich hat sich von den Söhnen Raths erzählen lassen, daß ihr Vater den Spielern nach jedem Sieg persönlich 10 Mark geschenkt habe, das entsprach damals in etwa dem Tageslohn eines Facharbeiters. Eva Herberger hat noch nach dem Tod ihres Mannes nur verschämt und errötend eingestanden, daß es an verbotenen Zuwendungen für den Amateur Herberger natürlich auch nach seiner Sperre nicht gefehlt habe. Das junge Paar wohnte ab 1923 in einem Haus der Raths, mietfrei, wie Schwarz-Pich berichtet. Max Rath, der in Auschwitz ermordet wurde, unterstützte auch den damaligen Trainer Otto Nerz, der es ihm später schlecht dankte.

Jetzt sorgte Nerz dafür, daß der Wechsel zum VfR Mannheim fußballerisch für Sepp Herberger gewaltige Umstellungsschwierigkeiten brachte. Was er bei ersten beiläufigen Kontakten von Nerz als Theorie gehört hatte, erlebte er jetzt als schweißtreibende Praxis. Den Ball kriegte er nur noch am Sonntag beim Spiel zu sehen. «Im übrigen hieß die Parole: auf die Laufbahn.» So hatte es Nerz beim Training von Arsenal London gelernt und für gut befunden. Fortan gewann der VfR seine Spiele, erinnerte sich Herberger, weil er die bessere Kondition gegenüber den anderen mitbrachte. «Allerdings auch, das zeigte sich aber erst später, solange er eine gut besetzte Mannschaft hatte.»

Auch die zentimetergenauen Mann-zu-Mann-Kombinationen,

mit denen der Drei-H-Sturm der Waldhöfer brilliert hatte, paßte nicht ins Konzept des Trainers Nerz. Herberger mußte sich auch hier umstellen, denn der große Reformer verkündete plötzlich, daß es falsch sei, haargenau auf den Mann zu spielen. Vielmehr gehöre der Ball dahin, wo niemand sei, in den sogenannten freien Raum. Wie der Journalist Ernst Hornickel 1957 in der «Sportillustrierten» schrieb, nannte Nerz das brillante Drei-Innen-Spiel, mit dem auch die Nürnberger, die Wiener und später die Schalker die Fußballerherzen entzückten, eine impotente Spielerei. Er zog das Angriffsspiel über die Flügel auf. Damit stürzte er die Dribbler und Galeriespieler vom Thron und kreierte das Laufen ohne Ball beim Fußballspiel. Für den ballverliebten Individualisten Herberger kann es nicht leicht gewesen sein, sich auf dieses neue Spiel umzustellen. Hornickel schrieb: «Der heutige Bundestrainer war damals als Aktiver auf der Höhe seines Ruhmes. Er führte den Sturm des VfR Mannheim nach dieser neuartigen Nerzschen Taktik, die von ihm viel Selbstverleugnung verlangte: denn es war jahrelang sein größtes Vergnügen gewesen, mit dem Ball vor oder zwischen seinen leichten O-Beinen die Gegner zu narren und zu umspielen. Richtig besehen, hatte er dieser virtuosen Solistik überhaupt seinen Aufstieg bis in die erste Mannschaft und manche heimliche und unheimliche Zuwendung wohlhabender Mäzene zu verdanken. Und nun hatte er plötzlich umschalten müssen, um (...) jenes neuartige, aufregende Angriffsspiel zu inszenieren, das die berühmten Backs der besten süddeutschen Klasse vor schier unlösbare Aufgaben stellt.»

Die Erkenntnis, daß Otto Nerz als Trainer noch eine Art Anfänger gewesen sei, «ein Suchender» wie Herberger selbst, kann dem erst sehr viel später gekommen sein. Denn in der Zeit beim VfR leistete er Nerz – wie er selber versicherte – treue Gefolgschaft. «Ich wollte lernen. Ich war ein wißbegieriger, gelehriger Schüler.» Es hatte ja auch, was Nerz vortrug, in den Augen Herbergers eine Menge für sich, meist waren seine Argumente stich- und hiebfest. Daß sie zu einseitig waren, erkannte Herberger erst nach und nach. Am Ende spiegelte sich für ihn die ganze Nerzsche Fußballtheorie in dem kargen Satz: «1:0 ist auch gewonnen!» Englischer Zweckfußball? Nerz habe sich nur an das in Mannheim viel zitierte Wort gehalten: «Hinnä nix rein, vorne hilft der liebe Gott!» So ähnlich wird «moderner Fußball» noch immer gelehrt, wie die Europameisterschaft 1996 zeigte.

Im Falle Nerz entsprach dieser Stil, fand Herberger, aber auch dem Naturell des Trainers selber. Der sei auch in seinem Spiel eigentlich schon der personifizierte Zweckfußballer gewesen. Die Lehre «entsprach ganz seiner Einstellung und seinem Leistungsbild: Kraftfußball, bärenstark, stets in guter Kondition, die er sich aber nicht am und mit dem Ball zugelegt hatte, sondern durch leichtathletische Arbeiten». Aufgelehnt hat sich Herberger gegen diese Konzeption seines Trainers keineswegs. Zwar kam ihm die positive Seite des Spiels zu kurz, er sah jedoch auch die Vorteile: «Mir konnte es im Interesse unserer Elf, des VfR, nur recht sein, wenn er für eine stabile Abwehr sorgte. Ich hatte die Sturmführung im VfR.» Der liebe Gott des Mannheimer Fußballs, der vorne half, hieß Josef Herberger.

Bei den Spielen um die süddeutsche Meisterschaft im Jahre 1925 zeigte sich, daß die hohe Einschätzung, die Herberger von sich selber hatte, offenbar nur unwesentlich übertrieben war. Der knochenharte Mannheimer Zauberer begeisterte Fans und Kritiker. Ein erster Höhepunkt war ein Sieg über den alten Angstgegner, die Traummannschaft des FC Nürnberg. Die Nürnberger Elf mit der Starbesetzung Stuhlfauth, Kugler, Popp, Schmidt, Kalb und Köpplinger in der Hintermannschaft und dem Sturm Sutor, Träg, Riegel, Hochgesang und Strobel verlor in Mannheim mit 1:0. Der Torschütze in dieser vor 12000 Zuschauern sehr hart geführten Partie, die für Mannheim letztendlich einen etwas glücklichen Ausgang nahm, hieß natürlich Sepp Herberger.

Ein mit ihm befreundeter Journalist beschrieb in der «Neuen Mannheimer Zeitung», wie planmäßig Herberger damals schon ein Spiel anging: «Zusammen fuhren wir von der Bergstraße her zum Spiel. Wir bemühten uns, sowenig wie möglich von dem schweren Kampf gegen Nürnberg zu sprechen. Da fiel der Name Stuhlfauth. ‹Den Heiner kann man nur mit kurzen, überraschenden Schüssen schlagen›, meinte Herberger. Er hat es getan mit einem Tor, das die Grundlage der Meisterschaft war. 90 Minuten lang lag der Sturmführer auf der Lauer. Nürnberg kämpfte hervorragend, wie eben in seiner Glanzzeit. Die Mannheimer konnten wenig von ihrem System zeigen. Sie mußten decken und decken und taten es im ungleichen Kampfe. Da kam der Ball zu Herberger, ein Blick, Höger wurde auf die Reise geschickt, dieser flankte zurück. Stuhlfauth machte einen Schritt, und während er das eine Mal zögerte, fiel aus kurzer Entfernung der entscheidende Schuß. Dieser Schuß war kein Zufall. Die Überlegung hatte ihn vorberechnet und gegen unseren besten Torhüter von damals, gegen den so viele andere die Überlegung verloren hatten, dann vollzogen.»

So fangen Legenden an.

Im Spiel gegen den SFV Frankfurt sicherten sich die Mannheimer dann den Titel des Süddeutschen Meisters 1925. Der «Kicker»: «Der beste Mann im Mannheimer Sturm war selbstverständlich Herberger. Seine Sturmführung war über alles Lob erhaben. Die Art, wie er von hinten kommende Bälle aus der Luft erfaßte und mit großer Sicherheit weiterleitete, war großartig.»

Seine großartige Form qualifizierte ihn schließlich auch wieder für die deutsche Nationalmannschaft. Im November 1924 spielte er in Duisburg unglücklich in einer deutschen Elf, die Italien 0 : 1 unterlag. Schon in der ersten Halbzeit hatte er sich nach einem Zweikampf den Arm gebrochen, er stand das Spiel nicht durch. «Mit mir konnten die einfach nicht gewinnen», spottete er später. Tatsächlich ging auch sein drittes Länderspiel, am 29. März 1925 gegen Holland in Amsterdam, mit 1 : 2 verloren, trotz einer ordentlichen Leistung.

Am Ende reicht es 1925 für die Herberger-Truppe aus Mannheim auch zur deutschen Meisterschaft nicht. Sie mußte in Köln gegen Turu Düsseldorf spielen, und ihre Spione hatten etwas leichtfertig Vorausjubel angestimmt. Gegen diesen Düsseldorfer Gegner, hieß es in Mannheim, würde die Reservemannschaft des VfR wohl genügen. Die Folge: Der VfR Mannheim ging mit 1 : 4 kläglich unter.

Auch Herberger spielte weit unter seiner Form. Er war mit den Gedanken längst nicht mehr dabei. Schon in der Vorwoche, während seine Kameraden in Mannheim den Titel des Süddeutschen Meisters feierten, drehte er in Berlin auf der Laufbahn der Hochschule für Leibesübungen als Trainer seine Runden mit den Teilnehmern eines DFB-Kurses. Zum Spiel in Köln war er noch einmal zurückgekehrt. Seinen berühmten Slogan «Der nächste Gegner ist der schwerste» hatte er aber wohl in der Aufregung vergessen. Denn Sepp Herberger war wieder einmal auf dem Sprung zu einem neuen Abschnitt seines Lebens.

«Das war meine Sternstunde»

Aufstieg in Berlin

Wieder sah es nach einer Stunde der Enttäuschung aus. Vor dem Schreibtisch des Polizeikommissars Felix Linnemann, der im Ehrenamt Präsident des Deutschen Fußball-Bundes war, saß in Berlin ein niedergeschlagener Sepp Herberger und mußte hören, wie seine Zukunftsträume sich einmal mehr zu verflüchtigen drohten. Trainerlehrgang? Unmöglich könne er den abhalten, erklärte neben ihm sein Mannheimer Vorbild und Förderer Otto Nerz, jetzt Lehrer an der Deutschen Hochschule für Leibesübungen, dem spitzbärtigen DFB-Chef Linnemann. Zwar fing Nerz gerade an, sich von einer schweren Bauchfellentzündung wieder zu erholen. Für einen vierwöchigen Kurs aber, zu dem sich mit Herberger an die 40 Teilnehmer angemeldet hatten, reiche die Kraft auf keinen Fall. «Der muß dann eben ausfallen.»

Sepp Herberger empfand das als einen Schock. Der Kurs war ihm zur fixen Idee geworden, als hinge seine Zukunft davon ab. Seit Felix Linnemann ihm vor vier Jahren von den Plänen zu solchen DFB-Wanderlehrer-Kursen erzählt hatte, wollte er dabeisein. Seine kindlichen Lehrerträume hatten plötzlich eine realistische Perspektive gekriegt, an die klammerte er sich.

Während seiner Sperre als aktiver Spieler war er jeden Morgen im Mannheimer Herschelbad gewesen, bevor es geöffnet wurde. Er war in die Kabine des Bademeisters geschlichen. «Der hatte eine Menge Bücher über Gymnastik, und ich las sie alle.» Wenn die Nachricht aus Berlin käme, wollte er gerüstet sein. Aber es dauerte dann noch zwei lange Jahre, bis der erste Kurs angekündigt wurde. Sofort schickte er seine Anmeldung ab. Und wartete wieder, lange und vergeblich.

Als Herberger dann, am 21. Februar 1925, mit der süddeutschen Auswahl in Hamburg spielte (und 1:2 verlor), beschloß er kurzerhand, selbst nach Berlin zu fahren, um nachzudenken, wie es denn nun um den Lehrgang stünde. Im Prinzip gut, teilte man ihm auf der Geschäftsstelle des DFB mit, die Einladungen seien raus, 40 Stück, auch an ihn. Aber leider werde es nun wohl doch nichts, wegen Nerz.

Da saßen sie nun, «hübsch nebeneinander» (Herberger), der eine, Nerz, nicht gesund, der andere, Herberger, fast krank vor Enttäuschung. Linnemann blickte von Nerz auf Herberger, von Herberger auf Nerz. Er wirkte abwesend. Ihm behagte die Vorstellung überhaupt nicht, daß sein Lieblingsprojekt, die Trainerschulung, nach so langer Zeit der Vorbereitung nun auf einmal scheitern sollte. Und plötzlich schoß sein Zeigefinger über den Schreibtisch und deutete auf Herberger: «Den Lehrgang machen Sie!»

Der schreckte hoch. «Das war meine Sternstunde», pflegte er später zu sagen, wann immer er diese existentielle Szene schilderte. Und das geschah oft. «Das war ein entscheidender Augenblick in meinem Fußballerleben, wie in meinem Leben überhaupt.»

Im wachsenden Abstand der Jahre erzählte Sepp Herberger mit immer größerem Behagen, daß er also den ersten DFB-Lehrgang, an dem er teilnahm, gleich leitete. Bei seinen Vorträgen und der praktischen Arbeit wurde er nicht nur von Felix Linnemann, sondern auch von Professor Dr. Carl Diem, dem Prorektor der Berliner Hochschule für Leibesübungen, aufmerksam beobachtet. Das Ergebnis übertraf die kühnsten Hoffnungen des Autodidakten aus Mannheim: Diem bot Herberger an, aufgrund einer Ausnahmeregelung für besonders Begabte auf der Hochschule zu studieren. Herberger: «Auch ohne Abitur. Das ließ ich mir nicht zweimal sagen. Ich war der erste, der von dieser Neuregelung profitierte.»

Am 15. August 1926 spielte Sepp Herberger zum letzten Mal für seinen Verein VfR Mannheim. Dann siedelte er nach Berlin um. Sein neuer Club hieß Tennis Borussia. Dafür hatte Otto Nerz gesorgt, der Herberger – dessen Fähigkeiten als Spieler er gut kannte und hoch einschätzte – in Berlin nicht beim Lokalmatador Hertha

BSC sehen wollte, wohin es den ursprünglich zog. Denn bei Tennis Borussia, wieder ein Verein der piekfeinen Leute, war Nerz Trainer. Doch so eng – und freundschaftlich – die beiden Männer in der Folgezeit auch zusammenarbeiten sollten, eines blieb Herberger immer wichtig, wurde sogar im nachhinein noch wichtiger: «Mit einer Übersiedlung nach Berlin und meinem Studium an der Deutschen Hochschule für Leibesübungen hatte Nerz nichts zu tun.»

Leicht machte es Berlin in jenen turbulenten Jahren, die später die goldenen Zwanziger heißen sollten, niemandem. Für die Herbergers muß es eine besonders harte Zeit gewesen sein, wenn auch der Erfolg sie am Ende verklärte. Eigentlich haben sie später nur in vielsagenden Andeutungen darüber geredet, fällt Freunden heute auf. «Nicht wahr, Ev, aber wir haben uns durchgebissen», pflegte der Seppl zu sagen. Und sie antwortete dann: «Ja, Seppl, es war schon gut, daß ich vom ‹alten Schlag› bin», was hieß: sie war sparsam, um nicht zu sagen geizig, und fleißig. Und sie ließ sich nicht unterkriegen.

Zunächst hatte Eva Herberger gar nicht mitkommen wollen. «Berlin? Ich bin die Ev vom Lande, aus Weinheim, was soll ich da?» Von Weinheim nach Mannheim, dreißig Kilometer, immer bergab, das war schon ein verwegenes Stück gewesen. Und jetzt gar in dieses Sündenbabel? Die Körbe mit dem Salat und den Mohrrüben aus dem Garten der Eltern würden ja tagelang unterwegs sein, bis sie die ihrem Seppl auftischen konnte.

Aber dann hielt sie ihm doch tapfer den Rücken frei. Gut, daß sie zwei Jahre Weißnäherin gelernt hatte, da konnte sie jetzt flicken und selber nähen, und wenn doch mal ein Hemd wegzuschmeißen war, dann rettete sie aus dem Rücken bestimmt noch den Stoff für ein Taschentuch. Sie wohnten in Steglitz, in der Lothar-Bucher-Straße. Mit Straßen- oder S-Bahn fuhr Sepp Herberger zum Training oder zur Hochschule. «Wir mußten damals mit 200 Mark im Monat auskommen. Aber die Ev wußte schon, wo das Salz um einen Pfennig billiger war», erzählte Herberger später. Zum Leben hätten sie 19 Mark die Woche gehabt, ergänzte seine Frau.

Damals hörte Sepp Herberger auch auf zu rauchen. Einfach so, erinnern sich Zeitgenossen, um zu beweisen, daß es geht. Aber bald überhöhte der Trainer seine Abstinenz zur moralischen Leistung. «Sie spielen gut», pflegte er Jugendlichen zu sagen, «aber Sie rauchen ja; damit betrügen Sie Ihre Kameraden, denn Sie könnten noch besser spielen.»

In Berlin lebten 1926 fast vier Millionen Menschen, schon damals waren viele arbeitslos. Gewiß, Herberger spielte Fußball, und ganz ohne Zuwendungen ist er dabei sicher nicht geblieben. Aber sein nobler Verein war dafür bekannt, daß er sich besonders genau an die Amateurbestimmungen hielt. In einer Vereinsschrift hieß es später: Es habe bei Tennis Borussia ernste Vorstandssitzungen mit den verschiedensten Meinungen gegeben, bis endlich – Anfang der 20er Jahre – «beschlossen wurde, den Spielern der 1. Mannschaft zwei Eier im Glas und ein Butterbrot nach den Spielen zu bewilligen».

Der Verein war 1902 als «Berliner Tennis- und Ping-Pong-Gesellschaft Borussia» gegründet worden, vor allem von Studenten. Ein Jahr später hörte das Pingpongspielen auf, aber der Zulauf aus den feinen Kreisen hielt an, jetzt kamen vor allem Schüler des Gymnasiums «Zum grauen Kloster». Auch der spätere DFB-Vorsitzende Peco Bauwens spielte während seiner Studienzeit bei den «Veilchen», wie die Borussen wegen ihrer violetten Kluft hießen.

Als Sepp Herberger 1926 dazustieß, hatten sich die Gymnasiasten und Studenten, die vor dem Ersten Weltkrieg für Tennis Borussia gespielt hatten, zu Doktoren, Anwälten und erfolgreichen Geschäftsleuten gemausert. Den Stil des Hauses bestimmten sie aber noch immer. Den Jugendspielern wurden nicht nur Spannstöße beigebracht, sondern auch Tischmanieren. Fußballspielen mußte man sich leisten können. Herberger trainierte, um über die Runden zu kommen, neben seinem Studium und dem Fußballspielen, noch zwei bis drei Berliner Vereine in Lichtenberg und Neu-Babelsberg: «So haben wir uns einigermaßen über Wasser halten können.»

Aus den Zeitungen – und aus den Erfahrungen seiner Kontrahenten auf den Fußballfeldern – war dem Mannheimer der Ruf eines eigenwilligen, keineswegs sonderlich liebenswürdigen Zeitgenossen vorausgelaufen, als er in Berlin ankam. Er ging jetzt auf die 30 zu, galt als ein Mann, der – im Zweikampf gestählt – als Fußballer «ein harter Knochen» war. Er war einer, der «hinhält wie ein Waffenschmied», im Zweifelsfall auch «niederträchtig bolzen» konnte, wie einmal in einer Kritik stand. Damit verschaffte sich Herberger Respekt. Den Spielern von Hertha BSC, den in diesen Jahren immer erfolgreicheren Konkurrenten der Tennis Borussia, diente die Ankunft des Mannheimers beim Rivalen als Ansporn. Hanne Sobek, Berlins Fußballidol der 20er und 30er Jahre, berichtete, daß ihr Trainer Ernst Piechotta sagte: «Jungs, reißt euch zusammen, jetzt haben die Borussen sich auch noch Herberger geholt. Wenn wir wieder Meister werden wollen, dann müssen wir aber noch 'n gewaltigen Zahn zulegen.»

Daß Sepp Herberger technisch gewandt, körperlich widerstandsfähig und zäh war, dazu «pfeilschnell», «wildschnell», «blitzschnell» – die Kritiker überschlugen sich fast vor Begeisterung über die Antrittsstärke des Mannheimers –, war unübersehbar. Aber noch schneller war er im Kopf. Sepp Herberger, der Spieler und der Mensch, gehörte zu jenen Personen, die eine Situation, gleich welcher Art, zunächst immer erst einmal aus der Intuition heraus als Ganzes aufnehmen, die eher die Atmosphäre und Qualität der Lage wittern als Einzelheiten erkennen und logisch einordnen. Herberger war ein Instinktmensch, der seine Umwelt sowohl durch Anpassungsgewandtheit als auch durch die Fähigkeit, sich in Mitspieler und Gegner hineinzudenken, verblüffen konnte. Seine mentale und körperliche Grundausstattung wurde durch die erzieherischen Eingriffe der Trainer Nerz und Jo Bache um eine knochenharte Erfolgsethik ergänzt. Herberger, der notorische Einzelkämpfer, lernte zweckdienliche Solidarität. Er paßte sich uneigennütziger ins Spiel der Mannschaft ein, als ihm lieb war, weil er die Nützlichkeit einsah. Immer ist es ihm aber schwergefallen, sich vom Ball zu trennen. Am Ball sein ist Macht. Die teilte Herberger höchst ungern. Daß sein Zuspiel für die anderen oft, wie die klagten, zu hart oder zu spät kam, war kein Zeichen technischer Unzulänglichkeit.

Der krasse Wandel der Milieus, vom Industriedorf auf dem

Waldhof über die Geldwelt beim VfR Mannheim in die brüllende Metropole Berlin, dürfte ihn nur am Rande berührt haben. Seine eigentliche Welt blieb der Fußballplatz. Und das Leben, das sich dort zwischen den vier Eckfahnen und nach festen Regeln abspielte, das kannte er, wo immer es auch stattfand und wer es auch betreiben mochte. Und dieses Leben war – Spiel hin, Spiel her – immer real. Blut, Schweiß und Tränen, die dort flossen, waren echt. Die Gemeinheiten und die Heldentaten, die Glücksmomente und die Augenblicke lähmender Verzweiflung, das alles war Wirklichkeit, nicht vorgetäuschtes Drama. Auf dem sprichwörtlichen grünen Rasen behielt der Aufsteiger Sepp Herberger jene Bodennähe, die ihn später auch nach den größten Triumphen nicht abheben ließ.

An Versuchungen fehlte es in Berlin nicht. Was Herbergers rheinischer Landsmann Carl Zuckmayer, der nur ein Jahr älter war und etwas früher an die Spree kam, über die Stadt und die Künstler in jenen Jahren schrieb, das galt auch für Sportler. «Diese Stadt fraß Talente und menschliche Energien mit beispiellosem Heißhunger, um sie ebenso rasch zu verdauen, kleinzumahlen und wieder auszuspucken. Was immer in Deutschland nach oben strebte, saugte sie mit Tornado-Kräften in sich hinein, die Echten wie die Falschen, die Nullen wie die Treffer, und zeigte ihnen erst mal die kalte Schulter.»

Die Tennis Borussen behandelten ihre Neuerwerbung mit wenig Respekt. Er habe in den unteren Mannschaften Probe- und Trainingsspiele mitmachen müssen, hieß es in Presseberichten, die Herberger am Rand wütend korrigierte: «Frei nur für untere Mannschaft.» Nationalspieler? Süddeutscher Meister? In Berlin, wo sich jeder für den Nabel der Welt hielt, blieb Provinz erst mal Provinz. Überdies hatte der Mannheimer bei seinem ersten Einsatz, dem 8. Punktspiel der Saison 1926/27, das Tennis gegen Vorwärts Berlin 1:3 verlor, nicht sonderlich überzeugt. Ernst Werner, als Chefredakteur der «Fußballwoche» damals die oberste kritische Instanz, brach – wie er später schrieb – «keineswegs in Triumphgesänge über den neuen Mann aus».

Aber schon in den beiden nächsten Spielen, die 6:2 und 9:2 für

Tennis Borussia ausgingen, sah es anders aus. Ein Berliner Kritiker schrieb nach seinem dritten Auftreten: «Herberger wirkt durch sein großes Können echt befruchtend auf den Tennis-Sturm. Heute war er ein kleiner Vulkan an schöpferischer Aktivität, und sein glänzendes Verständnis mit Wiese und Hoffmann eröffnete für die Prosperität des neuen Tennis-Stürmers die besten Perspektiven.» Tatsächlich half Herberger in den nächsten Jahren mit, den Stil des Fußballs von Tennis Borussia völlig umzukrempeln. Der spiegelte in seiner Mischung aus Selbstgefälligkeit und zweckfreien Kunststückchen noch immer den sozialen Werdegang des schnieken Clubs wider. Aber bald staunten die Zuschauer nicht schlecht, als sich 1927 im Spiel gegen die Young-Boys Bern ein völlig neuer Geist zeigte: «Tennis Borussia ist eine harte Kampfmannschaft geworden.» Die Fußballwoche jubelte nun: «Ohne Zweifel gebührt das Hauptverdienst für diese Umstellung von Schönheit, weicher Eleganz auf harte nützliche Zweckmäßigkeit in erster Linie einem Spieler, das ist Herberger.»

Ein Sepp Herberger in dieser Glanzform war natürlich auch eine Bereicherung für die Berliner Stadtauswahl. 16mal spielte der Mannheimer Tennis Borusse zwischen 1926 und 1930 repräsentativ für Berlin, wobei er sich hervorragend mit Hanne Sobek ergänzte, der bei Hertha BSC eine ähnliche Rolle hatte wie Herberger bei Tennis Borussia. Ihre Zusammenarbeit gipfelte am 20. Oktober 1928 in einem Tor in London, über das die «Fußballwoche» schwärmte. «Der Stil, in dem Sobek und Herberger dieses Tor herausarbeiteten, war so herrlich, daß minutenlanger Beifall für sie einsetzte.» Mit 4:1 gewannen die Berliner vor 10000 fachkundigen Engländern in Wimbledon, qualitativ das Höchste an Publikum, was die Fußballwelt damals zu bieten hatte. Herberger wurde mit hohem Lob bedacht: Durch seine augenblicklich glänzende Kondition habe er sich als Mittelstürmer empfohlen. Die «Fußballwoche»: «Er kann die Bedingungen, die an den Mittelstürmer von heute gestellt werden, wie wenige erfüllen, weil er den Stellungsspielverstand nicht nur hat, sondern weil er auch ein Vollbluttechniker und körperlich so großartig fit ist, daß er den Ball im vollsten Lauf annehmen und mit ihm die gegnerischen Verteidiger im pfeilschnellen Antritt übersprinten kann. Er hat in London einige wundervolle Proben davon gegeben.»

Die Harmonie, die aus diesen Berichten tönte, wollte sich in der Realität indes nicht recht einstellen. Sepp Herberger, der sich in einer völlig neuen Umgebung zurechtfinden mußte und nebenher noch die Belastung seines Studiums und des Geldverdienens hatte, tat sich schwer mit den Berlinern. Und die sich mit ihm. Der Zugereiste irrtierte seine Mitspieler offenbar ebenso durch seine schroffe Zurückhaltung wie durch seine anmaßend klingenden Belehrungen. Mit sichtlichem Vergnügen hat etwa Herbert Pahlke, ein Mitspieler, dem Herberger in seinem Wesen immer fremd geblieben ist, dem Sportjournalisten Reinhard Brings für seine Diplomarbeit über Sepp Herberger erzählt, wie der Mannheimer seine Berliner Kameraden auf dem Wege nach London auf die künftige Seefahrt vorbereitete: «Wir sind damals von Berlin nach Holland gefahren, um von Vlissingen aus mit dem Schiff nach England überzusetzen. Auf der Bahnfahrt nach Vlissingen belehrte uns dann der Sportstudent Herberger, was wir angesichts der bevorstehenden Seefahrt zu unterlassen hätten: ‹Männer› – das war ja sein Ausdruck –, ‹eßt nicht so viel, das schlägt auf den Magen. Und wenn ihr seekrank werdet, dann müßt ihr so viel rausbringen.›»

Herberger redete aus der Erfahrung seiner Finnlandfahrt und der Unannehmlichkeiten, die sich für Karl Höger aus seiner Schlemmerei ergeben hatten. Aber Pahlke wollte davon nichts wissen: «Wir haben uns daran nicht gestört. Die Schiffahrt nach England wurde dann in der Tat stürmisch. Gegen 0:00 Uhr saßen wir mit versammelter Mannschaft an der Reling. Der Gutsche vom Berliner SV hat den Seppl nachgeäfft und sprach: ‹Männer, ihr müßt euch vorstellen, die Seekrankheit ist das gleiche, als wenn ein Fahrstuhl immer rauf- und runterfährt, und so geht's mit dem Magen auch immer rauf und runter.› – Ja, und der erste, der daraufhin verschwunden war, war der Seppl. Der Seppl war hinterher jedenfalls sterbenskrank und hat beinah die Galle ausgespuckt, weil er nichts gegessen hatte. Bis kurz vor dem Spiel in London hat er im Bett gelegen und dann mit Ach und Krach sein Spiel gemacht.»

Mit Ach und Krach? Hanne Sobek blieb die Geschichte anders in Erinnerung: «Wir hatten eine grausame Überfahrt. Ein orkanartiger Sturm, die ganze Mannschaft seekrank. Die Londoner Zeitungen berichteten spaltenlang darüber. Das Spiel war in Frage gestellt. Aber es ging dann doch über die Bühne. Und wie großartig haben wir gespielt: 4:1 für Berlin, das war schon 'ne tolle Sache.»

Aber auch Hanne Sobek ließ – verhalten zwar und liebevoll – spöttischen Abstand zu dem «Provinzler» Herberger anklingen, als er später einmal auf einem Fest mit dem Bundestrainer ebenfalls eine London-Anekdote beisteuerte. Der Abschluß damals sei ein Bankett gewesen. «Soll ich's erzählen, Seppl?» fragte Sobek. Er erzählte dann: «Unsere Gastgeber servierten uns eine Überraschung; eine Girl-Truppe, lauter schnucklige Mädchen, die sich ausschließlich um uns kümmern sollten. Und das auch taten. Dann aber kam die kalte Dusche. Die Stimmung hatte längst noch nicht ihren Höhepunkt erreicht, als die Girls wie auf Kommando aufsprangen, im Chor ein ‹Good evening, good evening› säuselten, und weg waren sie. Und wir hatten uns das doch ganz anders vorgestellt ...»

Der Herberger Josef aus der Provinz und das süße Leben der Metropolen. Solche Abende wie der in London, an denen es ja auch in Berlin nicht mangelte, waren – das erschien den Weltstädtern ausgemacht – gewiß nichts für den keuschen Josef aus der Spiegelsiedlung. Daß die Berliner Fußballfreunde mit Feingefühl reagiert hätten auf Sepp Herbergers Schwierigkeiten mit ihrer lärmenden Art des Frohsinns, das behaupten nicht einmal sie selbst. «Er galt eben als Streber», sagte Pahlke noch 1996. Es sei im Verein unangenehm aufgefallen, daß Herberger sich oft absonderte, wenn es zum fröhlichen Teil des Abends überging. Daß es ihm an Geld gemangelt habe, ließen sie nicht gelten. Noch heute wissen alte Tennis Borussen zu erzählen, wie das war, wenn in Anwesenheit des späteren Bundestrainers eine Runde Bier bestellt wurde. Der Besteller guckte sich im Kreis rum und zählte: eins, zwei, drei, Herberger trinkt keinen, fünf, sechs, sieben ...

Doch war das nur die eine Seite Josef Herbergers. Die andere, das war der ehrgeizige, gefallsüchtige junge Mann, der sich im Beifall der Leute sonnen wollte, dem Applaus und Lob nicht dick genug kommen konnten und der die Schmeicheleien von Fans und aus der Presse in sich aufsaugte, als wären es Drogen. Für diesen Mann, der auch im Leben seine Auftritte zu inszenieren verstand und der noch im hohen Alter ganz unruhig wurde, wenn einmal niemand ein Autogramm von ihm wollte, war Berlin gerade richtig. Tatsächlich hatte Sepp Herberger keine Schwierigkeit, Anschluß zu finden an die Show-Elite des Sports und der Kultur.

1926 schon, da war er gerade Tennis Borusse geworden, wurde auf dem Vereinsplatz im Lunapark der Kampf um die deutsche Halbschwergewichtsmeisterschaft im Boxen ausgetragen. Titelverteidiger war ein Boxer namens Max Dieckmann, der Herausforderer ein Kölner, von dem man nicht viel wußte – ein gewisser Max Schmeling. Die Spieler von Tennis Borussia, die es sich auf der Terrasse ihres Vereinslokals bequem machen wollten, hatten sich auf einen Kampf über 15 Runden oder anderthalb Stunden eingerichtet. «Als wir vom Lokal auf die Terrasse heraustraten», erinnerte sich Herberger, «stieg unten gerade Paul Samson-Körner als Ringrichter in den Ring, wo schon die Fotografen Aufstellung genommen hatten. Dann kam der Junge aus Köln. Kurz nach ihm stieg der Meister Dieckmann in den Ring. Nach den üblichen Präliminarien war es soweit. Der Gong ertönte, es ging los. Es sah ganz harmlos aus, eben ein Abtasten. Dann zwei kurze Proben des Meisters – ich glaube, das hätte er nicht tun sollen. Denn blitzschnell kam eine wuchtige Gerade. Der erste Konter des Neuen saß auf dem Punkt. Drunten begann das Auszählen, Samson Körner waltete seines Amtes. Wir saßen noch nicht alle, da war der Kampf schon aus.»

Eine große Laufbahn hatte begonnen. Später sah Herberger Max Schmeling dann im Sportpalast gegen den italienischen Europameister Michele Bonaglia kämpfen, und auch hier gab es ein schnelles Ende und den Gewinn der Europameisterschaft. Und bald stand er selbst neben dem nun schon berühmten Max auf dem Fußballplatz: «Im Post-Stadion machte er den Anstoß, als frischgebackener Weltmeister. Ich sah, daß er nicht zum ersten Mal einen Ball getreten hatte.»

Zwischen den beiden Männern entwickelte sich eine Freundschaft, die zeitlebens halten sollte. Das nächste Mal trafen sie sich dann während der Olympischen Spiele 36 im olympischen Dorf, als Max Schmeling in Begleitung des «Reichssportführers» kam, und endlich wurde der Boxweltmeister auch Ehrenmitglied der deutschen Fußballnationalmannschaft. Herberger: «Wir spürten gleich, daß Max einer der Unseren war.» Mit einem traditionellen Aufnahmeritual, bei dem der Neue hoch über die Köpfe der Spieler gehoben und plötzlich abgekippt wurde, um dann wieder aufgefangen zu werden, vereinnahmten die deutschen Fußballnationalspieler Max Schmeling.

Ähnlich, nur persönlich noch enger, entwickelte sich die Freundschaft mit dem Schauspieler Bernhard Minetti. Der war Herbergers Fan, als er ihn – wie sich Minetti heute erinnert – so um 1930 in einem D-Zug-Abteil in Berlin ansprach, weil er ihn auf dem Platz bewundert hatte, «mit seinen krummen Beinen». Herberger sei ihm als listiger Spieler aufgefallen, «viel quirliger und beweglicher als später Fritz Walter». Zwischen ihnen sei, erzählt Minetti, sofort ein «sehr inniger Kontakt» entstanden, «sehr sinnlich», denn Seppl Herberger sei ein Mann gewesen «von enormer körperlicher und geistiger Ausstrahlung. Entscheidend war sein Vorhandensein.» Minetti hat einmal seine Vorliebe für das große Spiel des Fußballs so erklärt: eine Fußballvorstellung sei für seinen Beruf faszinierend, weil auch diese Bühne mit taktischer Intelligenz erobert werden müsse. «Und das jedesmal wieder neu.»

Bis heute ist Fußball für Bernhard Minetti «elementar». Die Realität des Kampfgeschehens ist das eine. Tatsächlich läuft aber auf dem Platz – in einem Spannungsfeld zwischen taktischer Ordnung und spielerischem Freiraum und nach einfachen und für jedermann verständlichen Regeln – auch eine dramatische Inszenierung ab. «Wie auf dem Theater geht es auch auf dem Rasen darum, zwischen dem einzelnen und dem Ensemble ein Verhältnis herzustellen», sagt der Schauspieler. Das aufregendste dabei ist, daß die Rollen unablässig wechseln. Keiner weiß vorher, wer die Hauptrolle spielt. Und vor allem weiß keiner – das war

Herbergers Erklärung für die Faszination des Spiels –, wie es ausgeht.

Zeitlebens genoß es Sepp Herberger, mit Schauspielern zu fachsimpeln. Doch erlebte er, in einem Film mit Gustav Fröhlich und Adele Sandrock etwa, schon sehr früh, daß er offenbar mehr von deren Gewerbe verstand als die von seinem. In einem Spielfilm, der «3:2» hieß und dessen Regisseur und Herstellerfirma Herberger bald vergessen hatte, durften er und einige andere Spieler von Tennis Borussia um Gustav Fröhlich die Teamgefährten mimen.

Das aber, so Herberger, hatte seine Tücken. Nicht für die Spieler, wohl aber für Gustav Fröhlich, den Hauptdarsteller, den Helden allen Geschehens: «Seine hohe Schauspielkunst stand im umgekehrten Verhältnis zu seinem Vermögen am und mit dem Ball, und ihm fehlte jedes Gespür für zweckdienliches Verhalten und Anpassen im Spielgeschehen.»

Sie dribbelten, flankten, tengelten, Gustav Fröhlich ging heftig und echt «parterre», aber der Regisseur fluchte nur. «Der erste Drehtag hatte uns alle körperlich und seelisch stark strapaziert, viele Filmmeter waren verdreht, der Gewinn gleich Null.» Fröhlich sollte einen Elfmeter ausführen – nur glaubte niemand nach diesem ersten Tag so recht daran, daß er dabei auch das Tor treffen würde. Zum Glück war den Kameraleuten eine Lösung eingefallen, erzählte Herberger. «Das entscheidende Tor wurde zweiteilig, sozusagen auf halbe-halbe produziert. Gustav Fröhlich erschien nur mit Kopf und Oberkörper im Bild, schnell und behend, mit sichtbar letzter Kraft laufend und mit Schwung mächtig ausholend zu einem mächtigen Torschuß. Dann kam die Beinpartie dieser überwältigenden Szene. Sie gehörte einem der Großen im deutschen Fußball, Hermann Lux, Mittelläufer der Tennis Borussen und der Fußballnationalmannschaft. Er lieferte die untere Hälfte und den so erfolgreichen Schuß. Die Szene war gerettet.»

Das wirkliche Leben war nicht ganz so spaßig in diesen Jahren. Im Oktober 1929 war in New York die Börse zusammengekracht, der Schwarze Freitag verschärfte auch in Deutschland die politischen und wirtschaftlichen Krisen wieder. Reichskanzler Brüning versuchte mit «Notverordnungen» die Lage in den Griff zu kriegen, die Zahl der Arbeitslosen stieg auf über drei Millionen Ende 1930.

Bei Herbergers ging es weiter karg zu. Auch das Studium war für den verbissen paukenden Fußballer, der ja zu Beginn seines ersten Semesters schon 30 Jahre alt gewesen war, alles andere als ein Zukkerschlecken. «Ich war der älteste Student an der Hochschule», sagte Herberger. Daß er kein Latein konnte, bereitete ihm besondere Schwierigkeiten in den medizinischen Fächern, in Anatomie und Physiologie. Andererseits zahlte sich jetzt aus, daß er sich bereits vor seiner Studienzeit als Autodidakt einen Wissensvorsprung in allen praktischen Bereichen verschafft hatte.

Er brauchte dann nur sechs Semester, um am Ende in allen Fächern mit Auszeichnung, also mit 1 oder 2, zu bestehen. «Nur in einem nicht», konnte er später sich nicht genug lustig machen: «Ausgerechnet in dem Fach, in dem man mich für besonders begabt hielt und auch hält, der Psychologie.» Das lag daran, daß Herberger ausgerechnet am Mittwoch und Freitag, wenn der Psychologe der Hochschule, Dr. Walter Sippel, seine Vorlesungen abhielt, als Trainer tätig war. Er war also nie in Sippels Hörsaal gewesen. Die alten Hasen unter den Studenten hatten ihm schon prophezeit, daß er bei der Prüfung durchfallen würde.

Und so geschah es. Herberger wußte später nicht mal mehr, was er gefragt worden war. Es habe ihm aber, erzählte er, gar nichts weiter ausgemacht, weil er schon im fünften Semester in die Prüfung gegangen war. Da hätte dann im sechsten Semester noch eine Nachholprüfung folgen können. Doch las Herberger zufällig an einem Freitagabend am Schwarzen Brett, daß er sofort zur Nachprüfung gehen könnte. Am nächsten Tag trat er an, zwei andere mit ihm. «Professor Sippel hat dann den ersten Mann neben mir gefragt: ‹Was haben Sie bei mir gehört?› Da sagte der: ‹Psychologie des Jugendalters› oder ‹Körper, Geist und Seele›. Ich weiß es heute nicht mehr. Der andere hatte auch einige Vorlesungen bei ihm gehört, und dann kam er zu mir. ‹Was haben Sie gehört?› Da habe ich gesagt, wie es war. Daß ich gerne in seine Vorlesungen gekommen wäre, daß ich aber verheiratet sei und Geld verdienen müsse und daß ich ausgerechnet an den Tagen seiner Vorlesungen eben beruflich anderweitig verpflichtet war.

Dann fing er an. Den ersten, den er gefragt hatte, der war schon im achten Semester. Dem hat er dann gesagt: ‹Sie haben im ersten Semester einmal bei mir gehört, und dabei haben Sie auch noch die ‚BZ am Mittag' gelesen.› Sie können sich vorstellen», so Herberger 1964 zu den Fernsehzuschauern, «wie es mir wohl wurde, wie ich froh war, die Wahrheit gesagt zu haben. Na, ich hab dann auch gut bestanden.» Nach dem Gewinn der Fußballweltmeisterschaft 1954 hatte sein damaliger Prüfer dann die Größe, seinem verhinderten Schüler zu schreiben, er habe mit Interesse verfolgt, was für ein guter Psychologe Herberger geworden sei. Vielleicht, spottete Professor Sippel, liege es ja daran, daß er nicht in seinen Vorlesungen gewesen sei.

Nach dem Examen war Herberger überglücklich. Und stolz: Er war Diplom-Turn- und Sportlehrer. Er hatte sein Ziel erreicht und wußte, daß ihm auch anderes gelingen könnte, was er sich vornahm. Er mußte nur durchhalten. Und es war noch nicht einmal das Ende der Erfolgskette. «Eigentlich, als schon alles beendet war, kam gegen Weihnachten noch die größte Überraschung, die mir das größte Glück bereitete: Ich bekam von der Direktion der Hochschule für Leibesübungen einen Brief von Geheimrat Professor Dr. August Bier, daß mir für das beste Examen im Sommersemester 1930 die August-Bier-Plakette verliehen worden sei.» Der Autodidakt Josef Herberger hatte alle seine jüngeren und ungleich besser ausgebildeten Kommilitonen überrundet.

Sein Selbstbewußtsein konnte solche Erfolgsspritzen gebrauchen. Denn im Fußball ging derweil seine Glanzzeit zu Ende. Die Kritiken wurden harsch, der Ton mußte den immer nach Bestätigung hungernden Mann tief verletzen. Schon im November 1928, nach einer 1:4-Niederlage der Berliner Stadtauswahl gegen Wien, kriegte Sepp Herberger, der noch ein paar Wochen zuvor in London bejubelt worden war, die größte Schuld an der Niederlage angekreidet: «Ihm geriet lange, lange überhaupt nichts. Seine Paßbälle rutschten ihm meist weg und kamen dem Gegner statt den eigenen Mitspielern vor die Füße», nörgelte die «Fußballwoche», deren Berichterstatter sonst zu seinen Bewunderern gehörten. Nach zwei weiteren Niederlagen in der Berliner Stadtauswahl gegen Mailand und Wien im Jahre 1929 forderten die Berliner Zeitungen ziemlich einhellig und drastisch, daß Herberger – seine Verdienste und Fertigkeiten in allen Ehren – nun langsam Platz machen solle für Jüngere.

Auch in den Vereinsspielen für Tennis Borussia war Herberger nicht mehr unumstritten: «Er hat fast nur für seinen Vorteil gespielt», schimpfte der Rechtsaußen Herbert Pahlke, der erst in Herbergers Endzeit mit ihm zusammenspielte: «Ich mußte fast nur umsonst rennen, denn bevor er abspielte, hat er erst noch mal seine Tricks gemacht. Er hatte so einen komischen Übersteiger drauf, für mich machte er einfach zu viele Schnörkel und hielt den Ball zu lange.»

Nach einer 1:4-Niederlage gegen die Spielvereinigung Fürth in den Gruppenspielen um die deutsche Meisterschaft 1930 wurde die Kritik an Sepp Herberger besonders herb. In der «Fußballwoche» schrieb Ernst Werner eine Art Nachruf: «Und noch eine Säule der Tennis-Mannschaft schwankte gehörig. Eine, die allerdings auch schon etwas ‹altersschwach› geworden ist, soweit es sich um das Bestreiten großer Fußballkämpfe handelt: Herberger. Der ‹Seppl› Herberger versteht nach wie vor erstklassig, mit dem Ball umzugehen. Er hat auch noch Luft, hält durch und hat Einfälle, aber die Elastizität der Jugend, dieses kostbarste aller Güter des Fußballspielers, ist nun einmal weg. Dagegen kann man nichts machen. Und Herberger soll ja wohl auch im nächsten Jahr nicht mehr in der ersten Mannschaft von Tennis spielen, sondern sie nur noch trainieren, worin Herberger große Tüchtigkeit nachgesagt wird. Herbergers alte Schwächen, das lange keinen Raumgewinn einbringende Treiben des Balles quer über den Platz, sein zu hart gewordenes Zuspiel traten in Nürnberg wieder einmal besonders augenfällig in Erscheinung. Herbergers Nebenleute hatten nichts von ihm.» Es war sein letztes offizielles Pflichtspiel für Tennis Borussia.

Anschließend arbeitete er in der Tat als Trainer weiter. Im Verhältnis zu den meisten Spielern, mit denen er jahrelang zusammen gespielt hatte, änderte sich nicht allzuviel. Daß er streng war, kriegten erst die Neuen zu spüren. Tatsächlich waren die Übergänge zwischen Spieler und Trainer bei ihm fließend. Als bei der Vorbereitung zur Saison 1931 Spieler fehlten, sprang Herberger – inzwischen 35 Jahre alt – für die Verletzten noch einmal ein. Körperlich war er topfit, und er überzeugte damals auch seine Kritiker wieder. Doch beließ er es bei wenigen Auftritten. Nur als Ende 1931 Real Madrid mit dem legendären Torwart Ricardo Zamorra zu einem Gastspiel in Berlin auftrat, stellte er sich selbst noch einmal auf. Doch gelang es Herberger vor 25000 Zuschauern weder, die 2:4-Niederlage zu verhindern, noch, selbst ein Tor zu schießen. Dafür war aber Pahlke erfolgreich: «Ich habe dem Camorra ein Ding reingetan.»

Als Trainer verschaffte sich Herberger bald den Ruf, wie ein kleiner König aufzutreten, der Widersprüche nicht duldete. Und es konnte nicht ausbleiben, daß er in Kürze mit jenem Mann verglichen wurde, dem er auch in Berlin noch immer nacheiferte: Otto Nerz.

«Und dann, meine Herre, laafe! Laafe müsset Sie! Und auf den freie Raum spiele, ins Loch nei spiele!» Die markige Stimme seines Quälgeistes und Vorbildes Otto Nerz, die Herberger aus Mannheim noch in den Träumen verfolgte, hatte ihn nach seiner Ankunft in Berlin gleich wieder empfangen. «Fußball is koi Schildwach, Fußball is ein Bewegungsspiel.» Als Lehrer an der Sporthochschule und – zunächst – als Trainer bei Tennis Borussia führte er Herberger wieder sein kühles Regiment vor, aber auch sein profundes theoretisches Wissen. Herberger lernte.

Nach und nach begann sich zwischen den beiden Männern in Berlin auch wirklich jene intensive und fruchtbare Zusammenarbeit zu entwickeln, die Herberger schon für Mannheim reklamierte. Jetzt profitierten tatsächlich beide, auch wenn die Gewichtungen noch immer völlig eindeutig waren – Nerz war der Chef, Herberger sein Schüler, Assistent, Zuarbeiter, Gehilfe. Mag sein, daß den Herberger Josef zuweilen sogar heimatliche Gefühle anwandelten, wenn über den nächtlichen Sportplatz an der Seidlitzstraße die Kommandos des Trainers gellten: nach links laufen, nach rechts abspielen – «schaffe – schaffe». Er mag, wie alle, den Schleifer Nerz manchmal auch verflucht haben, bewundert hat er ihn gewiß. Und kopiert auch.

Otto Nerz arbeitete beharrlich daran, der deutschen Fußballnationalmannschaft ein System aufzudrücken, und «dieser Herberger», beobachtete damals der «Kicker»-Herausgeber Walter Bensemann, sei ebenfalls dabei, die «Sprossen der Karriereleiter zu erklimmen». Otto Nerz half ihm dabei. Der brauchte einen Zuarbeiter, seit ihn Felix Linnemann 1926 – ehe die übrigen DFB-Vorstandsmitglieder richtig begriffen hatten, was sich da anbahnte – als Trainer für die deutsche Fußballnationalmannschaft installiert hatte. Hauptamtlich war Nerz weiter an der Hochschule beschäftigt, ehrenamtlich war er jetzt offizieller Trainer des Deutschen Fußball-Bundes. Das war Linnemanns Plan seit langem gewesen. Daß es höchste Zeit war, das deutsche Team regelmäßig und fachkundig zu betreuen, wollte man auf internationaler Bühne ernsthaft mitspielen, das hatten er und Herberger schon nach dessen erstem Länderspiel 1921 besprochen. In der Zwischenzeit änderte sich aber wenig.

Auch nach seiner Einsetzung hatte es Otto Nerz keineswegs leicht. Zwar trommelten die Sportzeitungen ein Jahr vor den Olympischen Spielen in Amsterdam 1928: «Deutschland Sieger! Die Fahne am Mast! Das sei unser Kampfeswille für Amsterdam!» Doch die Aufstellung der jeweiligen Nationalmannschaft lag laut Statuten des DFB weiter in den Händen der vom Bundestag gewählten Männer des sogenannten Spielausschusses. Formal blieb die Mitarbeit des Trainers Otto Nerz also auf ein Vorschlagsrecht beschränkt. Dennoch war der keineswegs unzufrieden, weil er als Trainer einfach den besseren Überblick hatte, welche Spieler in Frage kämen. Herberger: «Es konnte auch nur eine Frage der Zeit sein, die bestehenden Machtverhältnisse zugunsten des Trainers zu verändern. Langsam, aber sicher. Und Nerz hatte das Zeug, mit den gebotenen geschickten Taktiken die Gewichte zu verlagern.»

Otto Nerz war ein Perfektionist. Nichts überließ er dem Zufall. Für ihn war «alles Methodik, genaue Planung, exakte Berechnung», schreibt Reinhard Brings. «Als Modell für den deutschen Spitzenfußball schwebte ihm der harte englische Fußballprofi vor. Mehrmals im Jahr fuhr der begeisterte Anhänger des athletischen, schnellen und körperlich harten britannischen Spiels zu Studienzwecken auf die Insel. Bei Trainer Chapman von Arsenal London hatte er erstmals Bekanntschaft mit dem WM-System gemacht.» Das übertrug er jetzt auf die deutsche Nationalmannschaft.

Darin sah Brings die große Leistung des Trainers Otto Nerz. Er schuf den «Stopper», indem er – nach dem kategorischen Grundsatz der Briten, «safety first» – den als Mittelläufer zwischen Angriff und Abwehr pendelnden Spieler zurückzog und auf den gegnerischen Mittelstürmer ansetzte. Die beiden zurückgenommenen Halbstürmer bildeten mit den beiden Außenläufern ein «magisches Viereck». Die Stürmerreihe erschien so in der Form eines «W», die Abwehr in der Form eines «M» gestaffelt.

Aufmerksam nahm Herberger wahr, wie Nerz diese Vorstellungen vom WM-System zwar weiterverfolgte, aber vorerst in der Mappe ließ, weil die Zeit dafür reifen mußte. Doch ließ er keinen Zweifel an seiner festen Auffassung, daß er eine starke Mannschaft suchte, die sich vor allem auf das Abwehrspiel verstand. Herberger fand die Vorsicht des Trainers berechtigt: «Nerz wußte, daß jede Veränderung auf den mehr oder weniger offenen Widerstand jener Spieler stoßen würde, die schon seit langen Jahren zum festen Bestand der Nationalmannschaft gehörten.» Manche von denen – wie der Nürnberger Hans Kalb – waren nicht wegzudenken, aber gleichzeitig kamen sie in ein Alter, wo eine Umstellung auf ein neues System ihnen nicht mehr zuzumuten war.

An einem Mann wie Hans Kalb kam Nerz nicht vorbei. Kalb, Mittelläufer und später Mittelstürmer vom FC Nürnberg, mit dem Herberger in Finnland zusammengespielt hatte, war einer der Großen des Weltfußballs. Spieler wie er, die sich in ihrer früheren Spielweise nicht beirren lassen wollten, konnten sich immer auf die regionalen Interessen ihrer Verbandsfunktionäre stützen. Die Auswahl der Nationalmannschaft fand noch immer vorwiegend nach regionalen Maßstäben statt. Herberger: «So kam es, daß manche Mannschaft allzusehr den Stempel der Landesverbände des DFB trug.» Von einer zentralen straffen Führung wollten die Vereine wenig wissen. Sie waren also keineswegs begeistert über Veränderungen in der Nationalmannschaft und zur Mitarbeit und Unterstützung nicht bereit. Im Gegenteil.

Nerz übte sich in Geduld. Neue Spieler wuchsen heran, unterstützt von Herberger arbeitete er mit ihnen in Lehrgängen. Zunächst ging es nur um praktische Arbeiten, wie Ernst Hornickel berichtete: «Herberger schenkte die Bälle ein, die die Kursisten zu stoppen hatten, und demonstrierte in der Praxis, was der große Theoretiker mit der Brille und dem ewigen Trainingsanzug befahl. Die beiden wurden ein Gespann, ein nicht mehr zu trennendes Duo der Fußballpädagogik.»

Es habe Kreise gegeben, die dagegen waren, denen Josef Herberger mangels umfassender Allgemeinbildung nicht repräsentabel genug war, weiß Hornickel. Auch Nerz habe nach einem pädagogisch voll ausgebildeten Volksschullehrer gesucht, der die Feinheiten der Didaktik und Methodik theoretisch und praktisch beherrschte, ein wenig psychologische Kenntnisse mitbrachte und nebenher noch ein guter Fußballer war. Aber Nerz teilte solche Wünsche nur beiläufig diesem oder jenem seiner Freunde mit, wenn die Rede auf sein Medizinstudium und seine notwendige Vertretung kam. Er trug sie niemandem offiziell vor, und er wußte, warum. Er brauchte Herberger. Denn der unermüdliche Arbeiter Nerz, den nie jemand ohne Buch antraf, bereitete sich damals – neben all seinen Tätigkeiten – auch noch auf sein medizinisches Staatsexamen vor, das er 1934 bestand. Er wurde Dr. med. Daß er dem Jüngeren einen immer größeren Anteil der Ausbildungsarbeit überließ, war dem freilich recht. «Still und beharrlich, ohne laute Worte und selbstherrliche Gesten» arbeitete Herberger an seinen Schützlingen. «Er beherrschte die Nerzschen Trainingsmethoden in Theorie und Praxis bald so vollkommen, daß ein Meister sich keinen besseren Interpreten hätte wünschen können», resümierte Hornickel. Und selbst der kritische Herbert Pahlke – später auch Fußballehrer –, der die theoretischen Verdienste des Otto Nerz hoch einschätzte, räumte ein: «Was die Mannschaftsbetreuung anbelangte, so war der Seppl sicher fähiger.»

Aber ein anderer war der Aufsteiger aus Mannheim deshalb nicht geworden. In Kategorien gesellschaftlicher Zugehörigkeit zu denken blieb Herberger auch nach seinem akademischen Ritterschlag fremd. Seine Fixierung auf den Fußball als zentralen Teil seines Lebens verhinderte, daß Herberger, bei aller Anpassungsbereitschaft, mit neuen sozialen Milieus verschmolz. Gewiß, er war ausgestiegen aus seiner konkreten Arbeitervergangenheit. Aber er stieg – ein Leben lang – nirgends mehr wirklich ein.

Er bewunderte Bildungsbürger immer, und ein bißchen beneidete er sie auch. Er las und lernte, aber wirklich zugehörig fühlte er sich nie. Bewußt nicht zugehörig wollte er sich aber erst recht nicht fühlen – er war kein Intellektueller, ganz und gar nicht.

Als Wertekorsett hielten er und seine Frau sich an die kleinbürgerlichen, ehrpusseligen Formaltugenden des Wilhelminischen Kaiserreichs. Die nahmen sie mit, von Ort zu Ort und durch die Jahrzehnte. In dieser heilen Welt standen oben und unten, Verdienst und Leistung, Sparsamkeit, Fleiß und Tüchtigkeit auf der einen und bescheidenes Glück auf der anderen Seite immer in einem vernünftigen, gott- und obrigkeitsgewollten Verhältnis zueinander. Was in den Sonntagsbüchern geschrieben stand, das sollte auch im Leben gelten. Stolz auf Volk und Vaterland gehörte auch dazu. Und wenn Josef Herberger auch tausendmal wußte, daß die Realität selten diesen schönen Vorstellungen entsprach, die Herbergers lebten und redeten, als wäre es so, wie es sein sollte – ganz, wie die überwältigende Mehrheit der sogenannten kleinen Leute in Deutschland bis heute.

Es konnte freilich nicht ausbleiben, daß Herberger diese Werte – besonders in politisch so brisanten Zeiten – den gesellschaftlichen und politischen Ausdrucksformen seiner Mäzene und Förderer anpaßte, nicht einmal völlig bewußt. Spätestens seit dem Ersten Weltkrieg, der politischen Radikalisierung und der Not und Armut vieler Menschen verstand sich in Sportlerkreisen ein nationalistischer und autokratischer Zungenschlag von selbst, der Gemeinschaft beschwor, Ordnung postulierte, sich zum Deutschtum bekannte und nach einer starken Führung rief. Otto Nerz, nach Angaben seines Sohnes Robert zu dieser Zeit Sozialdemokrat, redete so, wie auch der deutschnationale Kriminalrat Linnemann und der humanistisch gebildete großbürgerliche Hochschulrektor Carl Diem. In ihrer Mentalität waren sie einander nahe.

Der Sport trug zusätzlich dazu bei. Daß Fußballer ihr Spiel in einem aggressiven und militärischen Jargon beschreiben – mehr noch als alle anderen Kampfsportarten –, ist keine deutsche Eigenart. In aller Welt reden Reporter, Spieler und Zuschauer über Fußball ziemlich ähnlich: Da wird der Gegner geschlagen, überrollt, ausgeschaltet, vom Platz gefegt, unschädlich gemacht oder kaltgestellt. Einen erfolgreichen Spieler bezeichnet man als «Sturmtank, Reißer, Rammbock oder Zerstörer». Man heftet ihm Attribute an wie «ausgekocht, explosiv, bissig, gefährlich, hart, kaltblütig, raffiniert oder kompromißlos». Die Verwandtschaft dieses Jargons mit der militärischen Terminologie ist unverkennbar und, wie der Psychologe Vinnai behauptet, nicht zufällig. Der moderne Fußballsport verbinde eben gewaltsame Instinkte mit einer besonderen Form der Diszipliniertheit. In Deutschland aber verschmolzen Worte und Geist noch zusätzlich zu einer unheilvollen Legierung mit vaterländischen Traditionen und kriegerischen Rachegelüsten.

Auch Sepp Herberger, der selbst ein ganz und gar unkriegerischer Mensch war, pflegte Besuchern stolz seinen Militärtheoretiker Clausewitz im Bücherschrank zu zeigen, dessen Hauptwerk «Vom Kriege» er – wie viele Unterstreichungen und Anmerkungen zeigten – sehr sorgfältig gelesen hatte. So dürfte es ihn, wenn er es überhaupt wahrnahm, wenig irritiert haben, daß sein väterlicher Mentor Felix Linnemann öffentlich die Fußballer als «freiwillige Kerntruppe» für eine später zu vergrößernde Reichswehr bezeichnete, «die durch keinen Friedensvertrag verboten ist». So redete man eben. Und daß Linnemann seine Einschätzung ausgerechnet dem damaligen Kriegsminister Geßler in einem Schreiben unterbreitete, in dem er um die sportliche Nutzung der Exerzierplätze bat, hätte Herberger wahrscheinlich auch nicht gewundert. Hatte Linnemann nicht recht, wenn er schrieb, daß er sich keine sinnvollere Verwendung dieser ehemaligen Drillgelände denken könne, als wenn sie «in Form von Turn- und Sportplätzen der Wehrfähigkeit des Volkes dienstbar gemacht werden (...)»? Wie schnell das Realität werden sollte, wollte damals niemand gesehen haben. Josef Herberger ganz gewiß nicht.

Der Wahlberliner Linnemann, «ein wunderbarer, warmherziger Mensch» (Herberger), der freilich bisweilen zu cholerischen Ausfällen neigte, war in diesem Stadium der Herberger-Karriere wohl der wichtigste unter den drei Männern, die ihn förderten. Er war 1925 Vorsitzender des DFB geworden, im Jahre des 25jährigen Bestehens des Deutschen Fußball-Bundes. Eine rauhe, ehrliche und gerade Führerfigur, wie in der Presse gerühmt wurde, ein Mann mit «strengem Lebensstil». Reichspräsident Hindenburg und Reichsaußenminister Stresemann hatten ihm gratuliert.

Inzwischen war der DFB noch weiter gewachsen, zählte 1932 über eine Million Mitglieder, die in knapp 35000 Mannschaften pro Jahr 700000 Spiele austrugen. Linnemann hatte die hauptamtliche Verwaltung und den Sitz des DFB in die Reichshauptstadt Berlin verlagert. Am 1. Mai 1928 war mit Georg Xandry auch ein hauptamtlicher Geschäftsführer des DFB eingestellt worden, ein Mann, der später einer der engsten Freunde Herbergers wurde.

Als in den folgenden Jahren die wirtschaftliche Not immer drükkender wurde, schränkte der DFB zwar die Lehrgangstätigkeit ein, führte seltener Tagungen durch und beschränkte überhaupt alles auf ein Mindestmaß. Die steigende Zahl der Erwerbslosen wirkte sich auch auf den Eingang der Mitgliedsbeiträge und die Zuschauerzahlen in den Vereinen aus. Und doch wuchs auch noch nach 1930 die Popularität des Fußballs weiter.

Als der DFB-Präsident Felix Linnemann am 20. November 1932 seinen 50. Geburtstag beging, da feierte ihn das «12 Uhr Blatt» in Berlin als einen Mann, der mit der «Millionenschar von deutschen Fußballanhängern» im Rücken großen Einfluß habe auf Ministerien und Behörden.

Eigentlich, so wunderte sich das Blatt, sei es doch höchst verwunderlich, daß jemand höherer Polizeibeamter sei und dann noch Chef einer der damals schon größten Sportverbände der Welt, des Deutschen Fußball-Bundes. «Die Zeiten sind noch gar nicht so lange vorüber, da in Deutschland die Polizei sehr hinter jenen Leuten her war, die Fußball spielten und dann wegen groben Unfugs bestraft wurden, weil sie Wesen oder Unwesen an Stellen trieben, die auch für noch nicht vom Fußballwahn ergriffene Menschen zugänglich waren.» Josef Herberger konnte Felix Linnemann viel davon erzählen.

«Die Alten gehen, die Neuen kommen»

Trainer beim Westdeutschen Fußballverband

Nanu, die beiden Herren kannte er doch? Es war im Frühjahr 1932, als Sepp Herberger in der Nähe des Bahnhofs Friedrichstraße in Berlin auf zwei Männer stieß, die in angeregter Unterhaltung vertieft schienen. Otto Nerz und Willi Knehe, der damalige Spielausschußvorsitzende des Westdeutschen Fußballverbandes, ohne den nichts lief, wirkten geradezu aufgekratzt, als sie Herberger erkannten. «Ah, Sie kommen wie gerufen!» empfing ihn Nerz: «Wir haben gerade von Ihnen gesprochen.» Ob er nicht Lust hätte, Verbandstrainer beim Westdeutschen Fußballverband in Duisburg zu werden?

Dieser Job war über Nacht freigeworden. Der bisherige Coach des WSV, Kurt Otto, ein Kommilitone und guter Freund von Herberger, hatte sich plötzlich entschieden, als Trainer bei Schalke 04 zu arbeiten. «Ich selbst stand in jenen Tagen zwar noch bei Tennis Borussia unter Vertrag», erinnerte sich Herberger, «hatte diesen aber zu Beginn der Spielzeit 31/32 ausdrücklich nur bis zu deren Ende verlängert. Das traf sich also gut!» Herberger bewarb sich und war in Kürze wohlbestallter Verbandstrainer des WSV.

Immer ist Herberger sich bewußt gewesen, was er diesen beiden Männern zu verdanken hatte, denn rund sechs Millionen Deutsche waren 1932 ohne Arbeit. Nach dem Schwarzen Freitag am 25. Oktober 1929 hatte sich in Deutschland die wirtschaftliche und soziale Situation rapide und dramatisch verschlechtert. Arbeitslosigkeit erfaßte nicht nur die Arbeiter, auch Bauern und Kleinbürger und Akademiker litten unter den Auswirkungen des Börsenkrachs. Aus der Wirtschaftskrise wurde die tödliche politische Krise der Weimarer Republik.

Die politische Situation verschärfte sich von Monat zu Monat. Hindenburg war zum Reichspräsidenten wiedergewählt worden, Reichskanzler Brüning, der versucht hatte, die Katastrophe mit «Notverordnungen» ohne Parlament zu verhindern, gescheitert und durch den Konservativen von Papen ersetzt worden, als Josef Herberger am 1. August 1932 seine Tätigkeit in Duisburg-Wedau antrat. In der Verbandsschule, wo bis 1952 alle deutschen National- und Spitzenspieler ausgebildet wurden, fand Herberger optimale Trainingsbedingungen vor. Der Sportpark erstreckte sich im Grüngürtel über ein weitläufiges Gebiet und verfügte über viele Übungsplätze. Für die Energie und den Tatendrang des neuen Mannes gerade richtig: «Ich war ein Anfänger», sagte er im nachhinein, «aber ich habe gewußt, was ich wollte, und war immer gewillt, was ich für gut und recht befunden habe, auch durchzuführen und zu vollenden.»

Allerdings hemmten ihn die wirtschaftlichen Umstände auch hier. Der Westdeutsche Sportverband war ein ungewöhnlich großer Bezirk, sehr viel größer als das Land Nordrhein-Westfalen heute. Das versprach eine Fülle von Talenten. Doch merkte Herberger schon beim ersten Kurs, einem Lehrgang für Spitzen- und Nachwuchsspieler, unmittelbar nach seinem Amtsantritt, daß die überwiegende Zahl der Lehrgangsteilnehmer nicht nach dem Leistungsprinzip ausgesucht sein konnte. «Die Erklärung hatte ich schnell bei der Hand. Bei der Auswahl und Abstellung hatten die damals obwaltenden Verhältnisse im hohen Maße mitgewirkt. Unserer Wirtschaft ging es nicht zum besten, unsere Gesellschaft hatte ein gewaltiges Heer an Arbeitslosen.» Der Auftrag zur Beschickung des Lehrganges war an die führenden Männer der einzelnen Bezirke gegangen, und die hatten offensichtlich auch nach sozialen Gesichtspunkten ausgewählt. Wer beim Verband in Duisburg trainierte, war wenigstens von der Straße und hatte zu essen. Auch den Vereinen ging es schlecht. Die Spieleinnahmen gingen zurück. Mitgliedsbeiträge flossen nur noch spärlich. Immer mehr Spieler waren arbeitslos. Dem Deutschen Fußball-Bund fehlten finanzielle und materielle Unterstützung durch Staat, Länder und Gemeinden.

Schon im Frühjahr des Jahres 1931 schätzte der DFB die Zahl seiner Mitglieder ohne Job auf 40 Prozent, ein Jahr später waren es sogar 60 Prozent. Im Westdeutschen Sportverband war sogar jeder zweite betroffen. In 19 Vereinen waren fast alle Mitglieder arbeitslos. Es gab ganze Mannschaften, in denen nur Erwerbslose kickten. Bei weiterhin steigender Mitgliederzahl hatten die meisten Vereine unter diesen Bedingungen große Schwierigkeiten.

Natürlich beeinträchtigte diese Situation auch das Leistungsbild des ersten Herberger-Kurses. Der neue Trainer monierte, daß der Lehrgang weit unter der Vorstellung geblieben sei, die er sich von den führenden Fußballern in diesem großen Verband gemacht hatte. Er entwickelte sofort einen Plan, um den sportlichen Ertrag seiner Arbeit zu steigern: Die Grundausbildung wurde in die einzelnen Kreise und Bezirke verlagert, auf Verbandsebene trafen sich nur Leistungsträger und Übungsleiter zur Schulung. Da er den Aufbau der dezentralisierten Fortbildung vor Ort überprüfte, kam Herberger viel im Lande herum und machte sehr schnell die persönliche Bekanntschaft aller wichtigen Spieler und Ausbilder in seinem Bereich.

Willi Knehe, der ihn angestellt hatte, war hellauf begeistert von seinem neuen Mann. Noch Jahre später sagte er zu der Verpflichtung Herbergers: «Das war damals der beste Griff, den der WSV tun konnte, Herberger erwies sich sehr bald als ein Mann, der fleißig arbeitete, der eigene Pläne entwickelte und sie verwirklichte, ein Trainer, der selbst anzupacken wußte, wo es nötig war.»

Die Ergebnisse wurden bald sichtbar. Schon in den ersten Monaten seiner Amtsführung mußte Herberger eine westdeutsche Auswahl zusammenstellen, die gegen Norddeutschland, gegen Südostdeutschland, gegen Ostholland und schließlich auch gegen Berlin spielte. Die ersten zwei Spiele gingen verloren, gegen Ostholland aber gewannen die Westdeutschen mit 4 : 1, und in Berlin siegten die Herberger-Schützlinge mit 4 : 2.

Das war für den Ex-Berliner aus Duisburg ganz offenkundig eine Genugtuung. In der «Fußballwoche» zog er anschließend ein Fazit: «Es tut mir bitter leid, nach längerer Zeit erkennen zu müssen, daß Berlin stehengeblieben ist. Immer noch großartige TB-Verteidiger, immer noch der ungeheuer talentierte Appel – sonst aber ein unkluges, unsystematisches Drauflosspielen. Meine Mannschaft war taktisch hoch überlegen, vor allem hatte der Innensturm streckenweise wundervoll gespielt. Warum Berlin nicht weiterkommt? Vielleicht ist es die sportliche Auffassung, das Leben in der Großstadt – bei uns ist wohl das Interesse und die Liebe zum Verein größer.»

Daß hier einer offene Rechnungen beglich, war nicht zu übersehen. Die Stadt sei ihm zu «verdorben» gewesen, glaubt Herbergers Freund Minetti. Das Verhältnis zu den Berlinern im allgemeinen und zu Tennis Borussia speziell, das nie besonders herzlich gewesen war, schien sich in den letzten Monaten seiner Zeit an der Spree noch weiter abgekühlt zu haben. Obwohl Herberger die Mannschaft zu ihrer ersten Berliner Meisterschaft geführt hatte, wurde er als dafür verantwortlicher Trainer in der Chronik von Tennis Borussia nicht einmal erwähnt. Dafür hielt sich bis zum Ende seines Lebens in Berlin hartnäckig die Auffassung, daß er mit Berlinern nichts im Sinn habe, daß er ihre Spieler schneide und sich dort unwohl fühle. Ganz falsch war diese Auffassung sicher nicht.

Im Westen lebte sich Herberger dagegen schnell ein. Das soziale Milieu und die Mentalität, die Träume, die Ängste und die Versuchungen, die den Aufstieg talentierter Spieler aus den Reviersiedlungen begleiteten, waren Herberger nur allzu vertraut. Die «Männer» hier sprachen eine Sprache, die Fans «auf Schalke» sahen die Fußballwelt mit seinen Augen. Anders als die moralisierenden Bürokraten in den reichen Vereinen hatte Herberger auch Verständnis für den Wunsch der Spieler nach materieller Vergütung ihrer sportlichen Leistungen.

Daß der Profifußball nach englischem oder österreichischem Beispiel auch in Deutschland Einzug halten werde, davon war er überzeugt. Als er nach Essen kam, war die Sperre von 14 Schalke-Spielern, die am 30. August 1930 zu Profis erklärt worden waren, gerade erst aufgehoben worden. Knapp zwei Jahre später, am 22. Januar 1933, drohten die westdeutschen Vertreter in Berlin auf einer Vorstandssitzung des DFB, den Fußballbund mit der Forderung nach «Einführung des offenen Berufsfußballs» zu sprengen.

Der hilflose Felix Linnemann versuchte die Lage einmal mehr durch Vertagung zu retten. Sein Lavieren kam einer Bankrotterklärung gleich. Einerseits «ist damit zu rechnen», so Linnemann, «daß die Idee des Berufssports sich auch bei uns weiter ausbreitet». Andererseits erschien ihm «die anerkannte Gemeinnützigkeit der Gesamtbewegung» gefährdet. Die Großverbände Süd und West standen sich feindlich und unversöhnlich gegenüber – sie einigten sich gerade noch darauf, daß ein außerordentlicher DFB-Bundestag am 25. Mai eine endgültige Entscheidung treffen sollte.

Das verhinderte dann jener politische Gewaltakt, den ihre Verursacher als «Vorsehung» zu verklären pflegten: die Machtübernahme der Nazis. Am 30. Januar 1933 berief Reichspräsident Paul von Hindenburg den Führer der Nationalsozialistischen Partei Deutschlands, Adolf Hitler, zum Reichskanzler. Was das für den Sport bedeuten würde, hämmerte Hitler schon wenige Tage später den Befehlshabern des Heeres und der Marine ein: Die Sportorganisationen sollten als «Pflanzstätten soldatischer Tugenden und Schulen staatlichen Geistes» helfen, das ganze Volk dem neuen Geist unterzuordnen und kriegsreif zu machen. Daß «straffste autoritäre Staatsführung, Beseitigung des Krebsschadens der Demokratie» dazugehörten, die «Ertüchtigung der Jugend und Stärkung des Wehrwillens mit allen Mitteln» zu verwirklichen, verstand sich am Rande.

Was der neue Führer von seinen Volksgenossen an der Sportfront erwartete, war also nicht zu mißdeuten. Gleichwohl begrüßten die DFB-Oberen die politische Wende und die damit verbundene Ausrichtung auf das «Führer-System» als nicht unwillkommenen Ausweg aus internen Schwierigkeiten. Noch zwanzig Jahre später hieß es in der Chronik des Deutschen Fußball-Bundes: «Viele Schranken und Hemmnisse für die Entwicklung des Fußballsportes fielen, weil das jetzt herrschende politische System sie hinwegräumte. Damit entfiel auch manches Problem, das in den letzten Monaten sich besonders zugespitzt hatte.»

Ein einstimmiger Beschluß des Bundestages vom 9. Juli 1933 ermächtigte den Bundesvorsitzenden Linnemann, alle personellen und sachlichen Maßnahmen zur Eingliederung des Fußballsportes in das Programm des Reichssportkommissariats und die Umgestaltung des Deutschen Fußball-Bundes vorzunehmen. Prompt und zackig meldete Polizeirat Linnemann Vollzug: «Wir sind heute stolz darauf, daß sich die Amtswalter des Deutschen Fußball-Bundes versammelten, um als erste sportliche Organisation ihre Auflösung zu beschließen und sich mit allem lebenden und toten Inventar in den eben gegründeten Reichsbund für Leibesübungen der NSDAP einzugliedern.»

Die Chronik des DFB ist voll des nachträglichen Lobes über die Anpassungsfähigkeit von Felix Linnemann und den Sportführern aus den Verbänden. «Es galt, den Fußballsport durch die sich auftuenden Klippen hindurchzusteuern, dabei aber auch jene Kräfte auszuschalten, die im Sport nach einer Führungsstelle strebten, um ihrem persönlichen Geltungsbedürfnis Genüge zu tun.» Immer hätten im Fußballsport alle «auf der Grundlage des gemeinsamen Wirkens für das Volksganze eng zusammengearbeitet».

In der offiziellen DFB-Wertung der damaligen fünfziger Jahre reduziert sich die Einführung des mörderischen Nazisystems auf eine zwar erzwungene, gleichwohl aber sehr praktische organisatorische Angleichung. DFB-Chronist Koppehel: «Die sieben Landesverbände, die bisher den DFB bildeten – und die sich später auflösen mußten –, wurden in die 16 Gaue des Reichsbundes eingegliedert. Die Vereine wurden mit der neuen politischen Richtung gleichgeschaltet, das Führerprinzip eingeführt und die Grundlage des Spielbetriebes neu geregelt. Verbands- und Bundestage entfielen. Von oben her bestimmte sich alles.»

Um so wichtiger also, daß die alten erfahrenen Kräfte des Fußballsports «in den führenden Stellen blieben». Der neue Führer, Felix Linnemann, der seit 1925 den Deutschen Fußball-Bund leitete und jetzt «die Grundlage für die verwaltungsmäßige Arbeit im Fußballsport» schuf, berief in der Mehrzahl die langjährig tätigen Männer der Bundesleitung und der Verbandsbehörden auf die maßgeblichen Posten. Einer von ihnen hieß Josef Herberger.

Der Diplomsportlehrer aus Duisburg, Gau Essen, wurde am

1. Mai 1933 als Mitglied Numero 2208548 in der NSDAP aufgenommen. Warum er das tat? «Als Hitler 1933 an die Macht gekommen war, redete man aus meiner Umgebung auf mich ein, mich doch nicht abseits zu halten, machte man mich glauben, daß es sich um eine gute Sache handle, die von anständigen Männern geführt würde, und in meiner politischen Unerfahrenheit gab ich schließlich dem Drängen nach und wurde Mitglied der Partei, wie man zuweilen Mitglied in einem Verein wird.» So hat sich Josef Herberger 1946 vor der Spruchkammer in Weinheim geäußert. War er nun ein Nazi?

Wie immer in seinem Leben war Herberger auch während der Nazizeit vorwiegend mit dem Fußball und seiner Karriere beschäftigt. Beides kriegte jetzt allerdings eine staatspropagandistische Bedeutung, die er nicht einfach dadurch wegerklären konnte, daß er unentwegt auf seine unpolitische Haltung verwies. Im Gegenteil. Auch diese Abwehr war politisch.

Schließlich reichte die Politik tief in seinen Alltag hinein. Wie alle anderen Landesverbände wurde auch der Westdeutsche Sportverband gleichgeschaltet und in Gaue aufgeteilt. Aus dem DFB wurde das «Fachamt Fußball» im Reichsbund für Leibesübungen, das von Berlin aus zentral regierte. Herberger durfte in Duisburg bleiben und arbeitete fortan mit den Sportlehrern in den Gauen, die ihm aus den Jahren zuvor bestens bekannt waren, in gewohnter Art und Weise weiter. Er habe sich, schreibt Brings in seiner Diplomarbeit, auch in einer Zeit, in der Jasagertum und Kopfnicken an der Tagesordnung waren, nicht in seine Arbeit hineinreden lassen.

Ganz so eindeutig war die Rolle des späteren Reichstrainers aber gewiß nicht. Zunächst einmal geriet der «ruhige», «sachliche» Mann fast aus dem Häuschen vor Elan und Eifer über die entfesselte Dynamik der neuen Zeit. «Und neues Leben blüht aus den Ruinen!» schrieb Herberger in seinen Notizen über die «Wende» 1933. «Mit Systemwechsel geht auch eine Verjüngung einher.» Die «Bremsklötze des Fortschrittes», die Verbände, die Vereine und die alten Nationalspieler, müssen nun zurückstecken. Voller Bewunderung sah er, wie Otto Nerz, dessen Zugehörigkeit zur SA ihm gewiß nicht verborgen blieb, «unbeirrbar» und «vom Wetteifer gepackt» die Gunst der Stunde nutzte: «Die Alten gehen, die Neuen kommen.»

Schnell wurden das gesamte gesellschaftliche Leben, der Staat und auch die bürgerlichen Sportorganisationen von der NSDAP gleichgeschaltet. Mit der Ernennung des Oberlausitzer Gutsherren und SA-Gruppenführers Hans von Tschammer und Osten zunächst zum «Reichssportkommissar» und später – im Dezember 1933 – zum «Reichssportführer» wurden die ersten Schritte auf dem Wege eingeleitet, den Sport nach den faschistischen Totalitätsprinzipien auszurichten und in das System der Hitlerdiktatur gewaltsam einzuordnen. Der impulsive, unintrigante von Tschammer, eine Art romantische Landsknechtfigur, von dröhnender Kumpeligkeit und einer – letztlich tödlichen – Liebe zum Alkohol, sah sich als «politisch-soldatischer Führer» und hatte vom Sport keine Ahnung, als er, 46 Jahre alt, das Amt zugewiesen bekam. Aber er war fleißig und erarbeitete sich bald ein oberflächliches Wissen. Die ehemals aktiven Sportler der Verbände, auch Sepp Herberger, entwickelten zu ihm eine Art soldatische Kameraderie. In seiner Abneigung gegen «Stänkerer, Querulanten, Intriganten und meist von kleinlichem Haß erfüllte Naturen» fanden sie Unterstützung gegen manche Einmischung aus Kreisen der SA, SS, HJ, der Reichsarbeitsfront und des Außen- wie des Propagandaministeriums, die alle in den Sport hineinzuregieren versuchten.

Hans von Tschammer und Osten, Zögling einer Kadettenanstalt, war im Kriege verwundet worden. Ein Unterarmdurchschuß hatte zur Lähmung seiner rechten Hand geführt. Nach dem Ersten Weltkrieg, den er als Hauptmann beendete, bewirtschaftete er das Gut seiner Frau, Klein-Dehsa bei Löbau, das aber nur 400 Morgen groß war und nicht sonderlich viel abwarf. Dieter Steinhöfer beschreibt in seiner Von-Tschammer-Biographie, wie der unruhige Mann versuchte, Anschluß an nationale Bewegungen zu finden. Nach dem Besuch einiger Versammlungen der NSDAP ließ er sich von einem ehemaligen Schulfreund im Jahre 1929 mit nach München nehmen, wo er Hitler kennenlernte. Begeistert trat er am 1. März 1930 der

Partei und der SA bei. Er war NS-Wahlredner bis 1933 und am Ende Mitglied der Nazipartei im Reichstag. Seine Berufung zum Sportkommissar überraschte viele und wirkte überstürzt. Die Partei entschied sich wohl für den Nichtfachmann von Tschammer, weil sie ihn für einen glänzenden Organisator und Redner hielt.

Erleichtert wurde dem neuen Mann sein Amt durch den peinlichen Wettlauf der meisten Turn- und Sportverbände um die Gunst der neuen Parteiführer – allen voran der Deutsche Fußball-Bund. Vorauseilend unterwarfen sie sich ihrem künftigen Führer und stellten die bisherige Organisation des Deutschen Reichsausschusses für Leibesübungen (DRA), eines losen Zusammenschlusses aller Turn- und Sportverbände, freiwillig zur Disposition. Es entbehrte nicht einer grotesken Ironie, wie sie im vorauseilenden Gehorsam und im Übereifer, möglichst viel zu retten, sich den Prinzipien des neuen Regimes anpaßten. Der DFB-Vorsitzende Linnemann war von Anfang an ein energischer Befürworter der Ernennung von Tschammers gewesen. Der wiederum maß dem Fußball so großes Gewicht bei, daß er sich die Mitarbeit des damaligen Pressewarts des Deutschen Fußball-Bundes, Guido von Mengden, sicherte, ein besonders schriller völkischer Hetzer.

Es lag nicht nur an von Tschammers frühem Tod – er wurde am 4. April 1943 mit allem Pomp des Regimes bestattet –, daß er nicht zu denen zählte, die entscheidend an der Geschichte des Dritten Reiches mitgeschrieben haben. Im Grunde war von Tschammer «ein mäßig interessanter Mensch», schreibt einer seiner Biographen. Er war wohl, was immer das geringste Übel genannt wird. «Andere radikalere Gefolgsleute Hitlers hätten in der Position des Sportführers sicherlich deutlichere Zeichen gesetzt», glaubt Steinhöfer. Der Verlegenheitskandidat habe sich als «konservativer Neuerer» erwiesen, der mit Glück und Geschick halbwegs die Balance zu halten versuchte zwischen freiem Sport und totalitärem Staat, obwohl seine Fähigkeiten dabei gelegentlich erkennbar überfordert waren. Privat soll er gewinnend und von geselligem Wesen gewesen sein, herzlich im Umgang mit Bekannten, Freunden und Verwandten.

Je länger von Tschammer amtierte, desto besser wußte Herberger mit seinen Eigenheiten umzugehen. Zunächst mußte er erst einmal mit der Erfahrung zu leben lernen, daß Machtübernahme und sportliche Gleichschaltung im Ausland auf heftigen Widerstand stießen. Der Parteigenosse Herberger konnte sich am 22. Mai 1933 in Luxemburg keineswegs als willkommener Gast fühlen, als er dort mit seiner westdeutschen Verbandsauswahl zu einem Repräsentativspiel antrat. An allen Bäumen, Häusern und Plakatsäulen gab es Ankündigungen eines Vortrages gegen Hitler. Der ganze Vormittag, so notierte Herberger, habe im Zeichen eines Propagandafeldzuges gegen die Nationalsozialisten gestanden.

In der Mannschaft machte sich Unsicherheit breit, ob die Deutschen zu Spielbeginn mit dem Hitlergruß antreten sollten. Mannschaftsleiter war Guido von Mengden, für den die Fußballer «politische Soldaten des Führers» waren. Später sollte er sich sogar zu dem Satz versteigen: «Der Nationalsozialismus hat dem Sport seinen Sinn wiedergegeben, sein echtes Wesen wiederhergestellt und ihn auf die Höchstwerte der Ehre, des Rassenbewußtseins und der Volksgemeinschaft zurückgeführt.» Die Zuschauer in Luxemburg waren über den Hitlergruß nicht begeistert. Es kam, wie Herberger schrieb, zu «starken Gegenreaktionen auf den Zuschauerrängen». Sarkastisch fügte er an: «Es hätte nicht viel gefehlt, und wir hätten vor dem Spiel auf dem Spielfeld Besuch aus den Zuschauerreihen bekommen.»

Solche Proteste stärkten die reaktionären Kräfte im Deutschen Turnerbund und in der SA, die internationale Wettkämpfe ohnehin schon immer für undeutsches Getue gehalten hatten. Daß Reichssportführer von Tschammer und Osten unmittelbar nach dem Fußballänderspiel gegen Norwegen, im November 1933 in Magdeburg, Sport als eine Möglichkeit herausstrich, im Ausland Vertrauen zu erwerben, hatte deshalb durchaus programmatischen Charakter, findet Joachim Teichler in seiner sorgfältigen Analyse über die «Internationale Sportpolitik im Dritten Reich». Nach dem gerade erst erfolgten Austritt aus dem Völkerbund am 14. Oktober 1933 bestand dazu auch Anlaß. Doch selbst der Nazi-Sportführer glaubte, sich mit pathetischen Phrasen gegen den «Verdacht» pazifistischer Beweggründe rechtfertigen zu müssen: «Rückständige Menschen könnten annehmen, wir trieben, wenn wir internationale Beziehungen pflegten, einen neuen Pazifismus, es sei Liebedienerei, was in solchem Willen zum Ausdruck käme.» Dabei läge doch die Aufrechterhaltung und Neuanknüpfung internationaler Beziehungen der Sportverbände durchaus im Sinne der außenpolitischen Richtlinien «unseres Führers Adolf Hitler», heute mehr denn je, da im Ausland absichtlich falsche Meinungen über die Vorgänge in Deutschland verbreitet würden. Bei der Austragung solcher Kämpfe, so von Tschammer, hätten Spieler und Schlachtenbummler Gelegenheit, sich zu überzeugen, daß das heutige Deutschland Vertrauen in weit größerem Maße verdiene als unter der Führung «der verschwundenen Machthaber». Und dann dürfe man nicht verkennen, daß der Platz, auf dem jeder Sportler kämpfe, «ein Stück Heiligtum für uns ist, ein Stück unseres Vaterlandes, auf dem für das Vaterland zu streiten für jeden Deutschen höchste Ehre und Pflicht» sei.

Für Sepp Herberger, der beim 2:2 in Magdeburg voller Stolz zum zweiten Mal – nach einem 8:1-Erfolg gegen Belgien – eine von ihm zusammengestellte rein westdeutsche Auswahl als Nationalmannschaft auf den Rasen schickte, bedeuteten von Tschammers Worte freie Fahrt für den weiteren Ausbau einer starken deutschen Nationalelf. Otto Nerz war und blieb der Chef, aber sein Assistent und Zuarbeiter aus dem Westen, sein langjähriger Gefolgsmann Sepp Herberger, lieferte ihm aus seinem Talentschuppen immer mehr Spieler. Im Länderspiel gegen die Schweiz (2:0) standen drei Westdeutsche in der Nationalmannschaft, gegen Polen im Dezember 1933 (1:0) waren es wieder fünf. Herberger führte darüber sehr genau Protokoll.

Noch immer hatte auf dem Papier der Spielausschuß die im Statut festgelegten Rechte und Kompetenzen. Aber in der Praxis sah das jetzt doch wesentlich anders aus. Den engsten Kontakt hatte eben der Trainer zu den Spielern. Und an theoretischem Wissen war Nerz allen voraus. Der wissenschaftlich fundierte Trainer mit seiner Begeisterung für das englische Spielsystem wußte mit kalter Logik die Vorteile dieses Systems für ein erfolgreiches Abschneiden bei der kommenden Weltmeisterschaft zu nutzen. «Otto wußte, was er wollte, und er war der Mann, auch zu tun und durchzusetzen, was er für richtig hielt», notierte sich Herberger bewundernd: «Nerz hat praktisch alle Vollmachten! Nicht verordnet, sondern ganz einfach durchgesetzt!» Hinter dem Rücken moserten noch die Gegner des Neuen, «offen sind sie notgedrungen einverstanden!»

Wer hätte auch in jenen Tagen Mut und Wissen genug gehabt, um Nerz' Argumenten zu widersprechen? Wer hatte Alternativen anzubieten? Wer wollte noch die Verantwortung für einen anderen, den alten Weg übernehmen? Fast ergriffen lesen sich Herbergers Bekenntnisse in dieser Phase seiner Aufzeichnung: «Otto Nerz war eine starke Persönlichkeit und seiner Sache sicher.»

Keine Frage, daß die autoritäre Art, der rüde Umgangsstil und auch die Geheimniskrämerei, mit der Nerz sein Wissen in Macht umsetzte, seinem jüngeren Kollegen durchaus gefielen. Geradezu händereibend beschrieb er einen Vorfall im Vorfeld des Länderspiels gegen Belgien im Oktober 1933. «Menschliches, allzu Menschliches» hätte den Schalker Sturmstar Ernst Kuzorra damals die Teilnahme an diesem Länderspiel gekostet.

Kuzorra, erinnerte sich Herberger, war damals im Zenit seines Könnens. Für die Fußballöffentlichkeit stand ihm ein fester Platz in der Mannschaft zu. Tatsächlich war seine Aufstellung auch bei den dafür verantwortlichen Männern, von Otto Nerz bis zu dem westdeutschen Verbandsvorsitzenden Willi Knehe, eine beschlossene Sache.

Leider, so Herberger, sei Kuzorra sich seiner Sache so sicher gewesen, daß er damit schon vorzeitig an die Öffentlichkeit ging. Herberger: «Das hätte er besser für sich behalten.» Als er nämlich am Tage vor dem Spiel in einem Interview des «Düsseldorfer Mittags» als Kapitän der Mannschaft des nächsten Tages angesprochen und vorgestellt wurde und sich gar Gedanken über die einzuschlagende Taktik gegen Belgien erlaubte, war er ins Fettnäpfchen getreten. Herberger: «Es gab böses Blut, und schon wackelte auch seine Berufung.»

Das war aber noch nicht alles. Als dann die Mannschaft vor dem

Essen zur Spielerbesprechung zusammengerufen wurde, warteten alle vergeblich auf Kuzorra, der noch mit Journalisten sprach und die Verantwortlichen warten ließ. Herberger: «Da lief das Faß über.» Zwar habe Nerz geduldig gewartet, bis der Spieler endlich erschien, um zuzuhören, wie die Aufstellung für den Nachmittag bekanntgegeben wurde. Aber dann kam es. Langsam und bestimmt begann Nerz, die Namen der Mannschaft aufzurufen. Der Name Kuzorra fehlte. Herberger: «Es war interessant, diese Szene und ihre Gestalter zu beobachten.» Statt dessen rückte Wigold in die Mannschaft, und als Kapitän wurde Albrecht aufgerufen. «Ernst hielt sich großartig», registrierte Herberger. «Ich glaube, daß er keine Ahnung hatte, was er sich aufs Kerbholz geladen hatte.» Es wurde ihm auch nicht gesagt.

Daß Otto Nerz nicht der Mann war, alles an die große Glocke zu hängen, fand Herbergers Zustimmung: «Erst wenn alles klar war, gewährte er auch seinen Freunden einen Blick in die Karten.» Nicht anders hat er es später selber gehalten.

Das wichtigste Lehrstück seines Trainerlebens war die Art, wie Otto Nerz mit dem großen Fritz Szepan umging. Herberger-Kennern dürften die Erfahrungen des späteren Bundestrainers für die Behandlung Fritz Walters und anderer Schlüsselfiguren ins Auge fallen.

Fritz Szepan war der Typ des Spielmachers, er regierte die Schalker Wunderelf, die zwischen 1933 und 1944 sämtliche elf Gaumeisterschaften gewann und zwischen 1934 und 1942 sechsmal Deutscher Meister wurde. Herberger verglich ihn später mit Günter Netzer, wobei – in der Diktion der Nazis – der blonde Fritz Szepan eher aus der Tiefe des Volkstums kam als aus der Tiefe des Raumes, wie Netzer später. Daß ein Mann von dieser spielerischen Klasse zur Nationalmannschaft gehörte, stand für Herberger außer Frage. Er verfolgte daher mit großer Aufmerksamkeit und über viele Jahre den stockenden Karrierelauf, den der Schalker bei Otto Nerz durchmachen mußte.

Nerz war ein einseitiger Verfechter des schnellen Spiels und hielt ständig Ausschau nach laufstarken Spielern. Schnelligkeit gehörte nicht zu Szepans Stärken, wenigstens nicht auf den Beinen. Und trotzdem, fand Herberger, sei Szepan «einer der schnellsten überhaupt». Er dachte schnell und sah die Ereignisse voraus, «das Tempo macht der Ball».

Als Szepan im Oktober 1929 zum ersten Mal im Dreß der deutschen Nationalmannschaft auflief und bei einem 4:0-Sieg gegen Finnland in Altona ein Tor schoß, war er als Nationalspieler beim Fußballvolk nicht umstritten, am allerwenigsten in seiner engeren Heimat bei den Kumpeln. Die Verantwortlichen der Nationalmannschaft aber betrachteten ihn mit Skepsis. Und dennoch boten sie ihn gleich noch einmal zu einem Länderspiel gegen Italien in Frankfurt auf, das die Deutschen 0:2 verloren.

Sepp Herberger, der damals stellvertretend für Nerz an der Berliner Hochschule einen Lehrgang für Übungsleiter des Deutschen Fußball-Bundes abhielt, las die kritischen Presseberichte und wartete gespannt auf das Urteil des Trainers. Das fiel, was den Schalker betraf, vernichtend aus: «Szepan wird kein Nationalspieler werden! Er ist für die Anforderungen eines Länderspieles entschieden zu langsam.»

Herberger: «Ich kannte damals Fritz Szepan kaum mehr als vom Hörensagen. Kurz zuvor hatte er zusammen mit Ernst Kuzorra an einem Lehrgang für Nachwuchsspieler teilgenommen, bei dem ich als Assistent von Nerz hinzugezogen worden war. (...) Beider Talent war unverkennbar und unübersehbar. Ernst, der ältere von beiden, hatte sein erstes Länderspiel schon hinter sich, und sicherlich hatten die Spiele der Schalker Mannschaft das Augenmerk auch auf den jüngeren der beiden, auf Fritz Szepan, gelenkt.» Der wurde später Kuzorras Schwager. Damals hieß es, wer Kuzorra sagt, muß auch Fritz Szepan nennen.

Die Männer des Spielausschusses schienen die Vorbehalte von Nerz zu teilen. Freilich war der «Polen- und Proletenverein» Schalke damals auch nicht gerade der Lieblingsclub des DFB. «Euer Kleinklein bei Schalke, das imponiert mir gar net», ließ Nerz auch Kuzorra wissen. «Und wenn Sie und der Szepan zusamme spiele, dann gibt's doch bloß e Fummelei.» Da die «Knappen» aber weiter siegten, immer angetrieben von Fritz Szepan, schien ein neuer Versuch angebracht. Nach knapp zwei Jahren und elf Länderspielen trat Szepan im September 1931 gegen Dänemark in Hannover wieder an.

Herberger, der dieses Spiel selbst nicht gesehen hatte, fand, daß der blonde Fritz in der Kritik nicht schlecht weggekommen war, die Presse bescheinigte ihm Übersicht und gute Vorlagen. Aber einen hatte er wiederum nicht überzeugen können: Otto Nerz. Der ließ nicht von seinem Urteil ab, daß Szepan eben zu langsam sei.

Herberger: «Für Nerz gab es in jenen Tagen nur einen überragenden Mann im Kreis unserer Nationalmannschaft, und der hieß Richard Hoffmann.» Der war ganz nach dem Geschmack des Trainers, er war aus dem Holz geschnitzt, das Nerz voraussetzte: technisch brillant, von einem unbändigen Tordrang belebt, mit glashartem Schuß aus allen Lagen, «kurzum der Prototyp des Nationalspielers nach Ottos Geschmack». König Richard schoß in Hannover drei von vier Toren.

Aber es war Szepan gewesen, der Hoffmann wundervolle Vorlagen auf den Fuß gelegt und ihn immer wieder in ausgezeichnete Positionen gebracht hatte. Doch den Dank dafür blieb Hoffmann schuldig. Nicht einmal hatte er sich revanchiert.

Was dann geschah, entnahm Herberger einem Zeitungsbericht, den er sorgsam aufbewahrte: «Mit kaltem Zorn im Bauch war Szepan in die Kabine gestampft», hieß es darin. «Wütend hatte er sich auf die Bank geschmissen, und wortlos, ohne einen Blick nach rechts oder links, riß er die Schuhe von den Füßen, zog sich an und packte seinen Kram zusammen. ‹Wir haben noch ein Bankett›, sagte Nerz. ‹Ich weiß›, antwortete Szepan, ‹aber darauf möchte ich verzichten.› ‹Sie wollen gleich nach Hause fahren?› fragte Nerz. ‹Jawohl, das möchte ich›, antwortete Szepan. ‹Warum?› fragte Nerz. ‹Muß ich das auch noch erklären?› fragte Szepan zurück. ‹So etwas kommt in der besten Mannschaft vor›, sagte Nerz. ‹Sie haben erst Ihr drittes Spiel gemacht und Richard Hoffmann schon sein 19. Sie haben erst zum zweiten Mal neben ihm gespielt, aber ich werde mich der Sache annehmen.›

‹Ach, nein, Herr Nerz›, sagte Fritz Szepan, ‹das müssen Sie nicht. Ich fahre jetzt nach Hause, und Sie werden mich gewiß nie mehr wiedersehen in Ihrer Mannschaft. Denn die Nationalelf interessiert mich nicht mehr. Aller guten Dinge sind drei, und jetzt bin ich fertig damit. In Zukunft spiele ich nur noch für Schalke.› Und mit der Ironie, die den Leuten im Revier eigen ist und die man in ihrer harmlosen Form ‹trockenen Humor› nennt, die aber einen Mann fertigmachen kann, wenn sie direkt auf ihn gerichtet ist, mit dieser Ironie also sagte Fritz Szepan: ‹Wissen Sie, Herr Nerz, wir haben in Schalke auch einen schönen Rasen, einen sehr schönen Rasen sogar. Und es läßt sich wundervoll spielen darauf. Außerdem habe ich in Schalke zehn Kameraden, und das ist im Fußball sehr wichtig. Kameraden, verstehen Sie? Und stellen Sie sich vor, wir bekommen jeden Sonntag einen neuen Ball. Im Ernst, Herr Nerz, was soll ich da noch in der Nationalelf?› Darauf nahm er seine Tasche und ging.»

Herberger mochte Zweifel hegen, ob dieser Dialog sich tatsächlich so oder ähnlich abgespielt hatte, er klang ziemlich realistisch, wenn Szepan auch allzu heroisch dastand; doch die Tatsache, daß es «eine böse Verstimmung» zwischen beiden gegeben hatte, war auch ihm zu Ohren gekommen. Auch, daß Szepan kurz angebunden dem Bankett ferngeblieben und nach Hause gefahren war. «Solches Aufbäumen, ob zu Recht oder nicht, war ganz dazu angetan, es mit Otto Nerz ganz zu verderben (ganz und nachhaltig)», schrieb Herberger: «Die Laufbahn Fritz Szepans schien nach diesem Rencontre für alle Zeiten beendigt. Ich konnte es merken, wenn die Rede auf Szepan kam, ohne jemals den Grund für Nerzens starre ablehnende Haltung zu hören.»

Als Nerz sich indes mit der zeitlichen Annäherung an die Jahreswende 1933/34 – wenige Monate vor der WM in Italien also – wieder häufiger für die Leistungen des blonden Schalkers zu interessieren begann, wurde Herberger klar, daß der eine neue Chance kriegen sollte. Bei einem Repräsentativspiel des Westdeutschen Fußballverbandes im Februar 1934 gegen Nordfrankreich in Lille wurde Fritz Szepan dann als Mittelläufer in die Mannschaft berufen. Herberger vermerkte: «Fritz zeigte sich in der Brandung der französischen

Angriffe als ein überragender Mann der Zusammenfassung der Männer seiner Umgebung zu einem organisierten, gut funktionierenden Abwehrblock. Hier hatte Nerz richtig spekuliert.»

Die Presse bemängelte an Szepans Leistung, die sie an seinem Vorgänger Kalb maß, seine Zurückhaltung beim Aufbau des eigenen Angriffsspiels, aber das war ja nicht seine Rolle. Er sollte Stopper spielen. Dafür fand diesmal allerdings Herberger – ganz im Sinne von Nerz – Szepans Schnelligkeit nicht ausreichend. «Sein Gegenspieler war ein äußerst behender und schneller Mann, der immerzu nach beiden Seiten auf die Flügel ausbrach. Sein Spiel war Gift für Fritz Szepan. Jetzt und hier trat ein, was Nerz immer an Fritz zu kritisieren hatte. Für diese Art des Abwehrspiels und gegen einen solchen spurtschnellen Gegner halfen nur ebenso schnelle Beine. Hier zeigte sich mit erschreckender Deutlichkeit, wo Fritz hingehörte. Fritz war zu schade für den Stopper. (...) Für mich blieb er der Mann des Mittelfeldes, der große Gestalter und Führer am und mit dem Ball.» Und das ist er später bei ihm ja auch geworden.

Die schwelende Rivalität zwischen Nerz und Herberger entbrannte, bei aller Freundlichkeit im Umgang, immer mal wieder, auch wenn klar war, wer das Sagen hatte. Aber nicht nur den Spielern, sondern auch der Presse fiel die wachsende Bedeutung des Assistenten auf. Unter «Meister Herbergers kundiger Anleitung», so war im April 1934 im «Kicker» zu lesen, würden immer neue talentierte Nachwuchsspieler aus Duisburg für die Nationalmannschaft bereitgestellt. Herberger vermutet wohl nicht zu Unrecht: «Nerz las dies nicht gerne.»

Vergeblich wartete Herberger wohl auch deshalb auf eine offizielle Einladung des DFB zur Teilnahme an der Weltmeisterschaft in Italien. Statt seiner wurde Gautrainer «Tute» Lehmann berufen. Eine ersatzweise Einladung des Westdeutschen Fußballverbandes schlug Herberger aus: «Ich lehne dankend ab. Entweder eine Einladung, ansonsten fünftes Rad am Wagen und unerwünscht.» Daß es nur eines Wortes von Nerz bedurft hätte, wie Herberger vermutete, scheint realistisch. Aber das Wort blieb aus.

Und so saß Herberger ab Ende Mai 1934 wie Millionen Fans am Volksempfänger oder las Zeitungen, um sich über die erste Weltmeisterschaft, an der Deutschland teilnahm, vom Düsseldorfer Nationalspieler Paul Janes berichten zu lassen, wie es war. Ein Reporter fragte ihn: «Herr Janes, Sie waren mit der Nationalelf in Italien?» Antwort: «Ja!» – «Sind Sie mit dem Abschneiden zufrieden?» – «Ja!» – «Hätten Sie Weltmeister werden können?» – «Nein!» – «Der dritte Platz tut es auch!» – «Ja!» – «Wie war es in Italien?» – Janes: «Warm!»

Freilich wußte Herberger manche Informationen besser einzuordnen als die Fußballaien. Das zeigte sich am Abend des 31. Mai 1934 im holländischen Nijmwegen, wo er mit einer westdeutschen Auswahl gegen Ostholland 7:0 gewonnen hatte. Danach saß er mit seinen Spielern am Radio, um die Übertragung des WM-Spiels der Nationalmannschaft gegen Schweden anzuhören. Die Deutschen gewannen ihr Spiel in Mailand zwar mit 2:1 Toren, aber kurz vor dem Schluß mußte der zweifache Torschütze Hohmann verletzt ausscheiden.

Herberger wußte genau, was jetzt passieren würde. «Reinhold, jetzt sind Sie dran», sagte er zum Aachener Mittelläufer Münzenberg, der in der Tat auch tags darauf von Nerz telegraphisch nach Italien beordert wurde. Das erfreute Münzenberg aber nur mäßig: «So einfach geht das nicht», meinte er, «ich will nächsten Samstag heiraten!» Herberger beschwichtigte ihn: «Eine Fußballweltmeisterschaft kann man nun einmal schlecht verschieben, eine Hochzeit schon eher.» Das wußte er aus eigener Erfahrung. Daß Münzenberg – wenn auch unverheiratet – nach Italien fuhr, war Herberger eine heimliche Genugtuung. Denn nun, so glaubte er, würde sich das ganze Spielsystem verändern, und zwar in seinem Sinne.

Was auch geschah. Endlich wurde, wie Herberger es von Anfang an gewünscht hatte, Fritz Szepan aus seiner Stopperrolle befreit und als Halbstürmer eingesetzt. Die Fachleute staunten über den tüchtigen Regisseur des reichsdeutschen Teams, der – beim 3:2-Sieg über die entzauberte «Wunderelf» aus Österreich im Kampf um den dritten Platz – zum ersten Mal seine unerreichte Meisterschaft als

Mannschaftsführer bewies. Jeder Angriff wurde von ihm eingeleitet. Herberger triumphierte noch Jahrzehnte später in einem Rückblick: «Noch wichtiger war, daß Szepan diesem Spiel den Stempel seiner Persönlichkeit aufgedrückt hatte. Von einem starren WM-System konnte beim Spiel gegen Österreich keine Rede mehr sein. Es handelte sich um ein abgewandeltes WM-System, das auch Kombinationen auf engem Raum, ein technisch brillantes Kleinklein, zuließ. Dr. Nerz sah diese ‹Verstöße› gegen sein System wohl, paßte sich aber der Variante an, von der er erkannte, daß sie den deutschen Spielern doch besser lag.»

Solche nachträglichen Rechthabereien konnten die Kränkung, in Italien nicht dabeigewesen zu sein, freilich nicht kompensieren. Die Kröten, die der ehrgeizige Sepp Herberger auf dem Wege nach oben zu schlucken hatte, würgten ihn für den Rest seines Lebens.

Eine andere Widrigkeit, die ihn glaubwürdig irritierte, die er aber gleichwohl – im Namen des Fußballs und der eigenen Karriere – mit Fassung ertrug, war die immer aufdringlichere Vereinnahmung des Fußballs für die sportpolitischen und propagandistischen Ziele des Regimes. Mit 17 Länderspielen brachte das Jahr 1935 eine weder vorher noch nachher erreichte Zahl von internationalen Begegnungen mit fast allen europäischen Ländern, darunter auch England, Irland und zum ersten Mal Spanien. Deutschlands Nationalmannschaft erzielte mit 13 Siegen, einem Unentschieden und nur drei Niederlagen große Erfolge.

Hitlergruß und Hakenkreuzfahne regten das Ausland offenbar nach der Fußballweltmeisterschaft nicht mehr allzusehr auf. Es hatte – wie Teichler den Berichten der diplomatischen Vertretungen entnimmt – ein Gewöhnungsprozeß an die NS-Symbole eingesetzt, die vorher nur im Zusammenhang mit Judenverfolgung und anderen Nazi-Gewalttaten aufgetaucht waren. Inzwischen aber habe das «disziplinierte, saubere Auftreten der deutschen Nationalmannschaften» nach Ansicht diplomatischer Beobachter «ein positives Gegengewicht zum chaotischen Zerrbild» geschaffen, das angeblich in den westlichen Medien von den Zuständen im Reich gezeichnet wurde.

Tatsächlich sprach manches dafür, daß die zumeist weiß gekleideten deutschen Turner und Sportler mit ihrem straffen Erscheinungsbild auch den autoritären Sehnsüchten und Wunschbildern bürgerlicher Sportfunktionäre aus den westlichen Demokratien Rechnung trugen. Die Popularität und die Anziehungskraft des faszinierenden Massensports Fußball erstickten – wie sich bei Länderspielen in Paris und in London zeigte – Demonstrationen politischer Aktivisten gegen das totale NS-Regime fast vollständig.

Am 4. Dezember 1935, als etwa 5000 bis 10000 deutsche Fußballfreunde nach London gereist waren, um der Nationalmannschaft gegen die Engländer den Rücken zu stärken, saß Josef Herberger mit seinem Kollegen Georg Knöpfle auf der Tribüne des Tottenham-Stadions. Er schämte sich: «Wir haben ja so ein gutes Gespür für die Schaffung von peinlichen Situationen ... » Er beobachtete ein Geschehen, das in den offiziellen Darstellungen nirgendwo auftaucht. «Vis-à-vis von uns neben der Stehtribüne», erinnerte er sich in seinen Aufzeichnungen, «standen etwa 10000 Deutsche. Irgendwo hatten sie Hakenkreuzflaggen bekommen, die sie lebhaft schwenkten. Plötzlich der Ruf: Die Fahne hoch! Mehr und mehr anschwellend und im Chor: Die Fahne hoch!

Rechts unter uns erscheint an der Eckfahne ein Gentleman. Kurzes Gespräch mit einem anderen Herrn, offensichtlich ein Funktionär. Dann schreitet der eine Herr quer über den Platz, wo auf der Höhe des Strafraumes das Musikkorps Aufstellung genommen hat, dann ertönte: ‹Die Fahne hoch!› Kaum verklungen, war es soweit. Die Mannschaften liefen auf den Platz. Die Nationalhymnen ertönten und im Anschluß an die unsere erneut und noch einmal das Horst-Wessel-Lied.»

Knöpfle und er, bekannte Herberger, hätten sich – um «im Kreise von Engländern die ohnehin peinliche Situation nicht noch mehr zu provozieren» – beim Abspielen der Hymnen nicht als Deutsche zu erkennen gegeben. Vom DFB-Generalsekretär Xandry erfuhren sie später, daß die Engländer das Horst-Wessel-Lied, das in Deutschland als ein Teil der Hymne behandelt wurde, nicht hatten spielen wollen. Schließlich hätten sie sich aber doch dazu bereit erklärt.

Kurz vor Spielbeginn sei aber – auf dem Dach der Tribüne, unter dem Herberger saß – aus völlig unerforschlichen Gründen die deutsche Flagge langsam am Fahnenmast heruntergerutscht. Deshalb hätten die gegenüber aufgestellten Deutschen gerufen: «Die Fahne hoch!»

Wie peinlich berührt wäre Herberger wohl erst gewesen, hätte er Kenntnis über die zähen diplomatischen Rangeleien gehabt, die der 3:0-Niederlage der Deutschen in England vorausgingen. Die für damalige Verhältnisse ungewöhnlich große Zahl von angekündigten deutschen Zuschauern hatte in London Gewerkschaften und antifaschistische Organisationen mobilisiert. Schon in Paris hatten mehrere tausend deutsche Schlachtenbummler die deutsche Mannschaft begleitet. Das britische Innenministerium versicherte in London offiziell, es würde keine deutsche Demonstration in der britischen Hauptstadt dulden. In dieser Situation schaltete sich Hitler persönlich ein. Über den deutschen Botschafter ließ der Reichskanzler mitteilen, die deutsche Mannschaft könne nicht auf die Unterstützung ihrer Anhänger verzichten. Um aber jegliche Trübung der guten zwischenstaatlichen Beziehungen zu vermeiden, regte er an, im Falle befürchteter Schwierigkeiten den englischen Fußballverband zu bitten, die Einladung zurückzuziehen, womit die Angelegenheit unterhalb der Ebene amtlicher Maßnahmen geregelt werden könne. Mit diesem geschickten und unnachgiebigen Schachzug – so Teichler – hatte Hitler die englische Regierung ausmanövriert, denn eine freiwillige Absage durch den englischen Verband, der sich überdies schon öffentlich festgelegt hatte, war so kurz vor dem festgelegten Termin nicht mehr zu erreichen.

Die 50000 Zuschauer im «White-Hart-Lane-Stadion» bekamen eine betont faire Partie zu sehen. Nach Ansicht englischer Beobachter unterschied sich das Verhalten der deutschen Spieler um den gepriesenen Fritz Szepan vorteilhaft von dem der Italiener ein Jahr zuvor. Die mehr als 5000 deutschen Zuschauer, deren Anreise mit dem Dampfer «Columbus» von der NS-Organisation «Kraft Durch Freude» organisiert worden war, wurden auf bis zuletzt geheimgehaltenen Routen zum Stadion gebracht und bekamen die geringe

Zahl von Demonstranten kaum zu Gesicht, die Flugblätter verteilten: «Thälmann muß befreit werden.»

Die propagandistische Einbindung des Fußballs in die inszenierten NS-Spektakel wirkte sich auch auf die Großveranstaltungen im eigenen Lande aus, ob es sich nun um Länderspiele, Meisterschafts- oder Pokalendspiele handelte. Immer gab es jetzt einen Rahmen, den vorher auch die größten Optimisten nicht erträumt hatten, Hunderttausende drängten sich, wie Koppehehl in der DFB-Chronik mitteilte, um Einlaßkarten zu bekommen. Schon wurden die Stadien viel zu klein. Sonderzüge fuhren, auch wirtschaftlich wurde der Fußballsport eine Macht. So erklärte es sich Koppehehl, daß «die Organisationen der politischen Kräftegruppe, die Deutschland beherrschte» – wie er feinsinnig noch 1954 die Nazis umschrieb –, sich stark bemühten, den Fußballsport völlig in ihren Bann zu ziehen. Von unten her, aus der Jugend heraus, wollte man die Kräfte des Sportes in die Hand bekommen. Ab 1936 konnte kein Jugendlicher mehr im Verein Fußball spielen, der nicht zugleich der Hitlerjugend angehörte. Während bei den 10- bis 14jährigen die gesamte sportliche Betreuung einschließlich des Wettkampfes vom Jungvolk übernommen wurde, durften die 14- bis 18jährigen in ihren Vereinen bleiben. Aber wer nicht Mitglied der HJ oder einer anderen NS-Organisation war, blieb von Ligawettkämpfen ausgeschlossen.

Keine Frage, daß die sportlichen Erfolgsmanager in einem derart politisch und gesellschaftlich aufgewerteten Umfeld an Ansehen und Gewicht gewannen. Otto Nerz war zum Auftakt des olympischen Jahres 1936, das allen eine weitere Steigerung bringen sollte, auf dem Höhepunkt seines Erfolges. Das unerwartet gute Abschneiden des Außenseiters Deutschland bei der Weltmeisterschaft 1934, wo die Mannschaft unter 29 Teilnehmern den dritten Platz erreicht hatte, wurde ihm zugerechnet. Die Siegesserie der Deutschen im Jahr 1935 schloß sich nahtlos an. Schon schmiedete der wortkarge und eckige Nerz nach dem Medizinexamen weitere Aufstiegspläne. Einer olympischen Medaille sollte die Professur folgen.

Sepp Herberger, der seinen älteren Kollegen unvermindert ebenso bewunderte, wie er mit ihm haderte und rivalisierte, blieb in seinem Windschatten. Daß Herbergers Anteil an dem ersten großen Erfolg der deutschen Fußballgeschichte, dem dritten Platz in Italien, ebenfalls nicht gering zu schätzen war, wußten die Fachleute: In den vier WM-Spielen entstammten mit den Akteuren Szepan, Zielinski, Kopierski, Busch, Janes, Hohmann, Bender, Münzenberg und Heidemann allein neun der Herberger-Schule.

Seine kritischen Anmerkungen wurden häufiger. «Nerz hat gelebt, was er gelehrt hat. Er fand, daß auch im Training schon Höchstleistungen erbracht werden müßten, wenn sie im Wettkampf möglich sein sollten. Ein richtiger Satz», schrieb Herberger, kritisierte aber, daß Nerz glaubte, «vor jedem Spiel müßte im Training diese Höchstleistung geschafft werden». Nerz habe die Spieler nach Maß und Anstrengung über einen Leisten gespannt, «damit hat er Erfolg gehabt, aber nicht auf Dauer. Die Zwangsjacke der Zweckmäßigkeit wurde auch dann angelegt, wenn die Situation etwas ganz anderes verlangte.» Immer aufs neue ärgerte sich Herberger darüber, daß alle Spieler 400 Meter auf der Aschenbahn laufen mußten, auf Zeit. Für Herberger war das «Training nach Art des Kasernenhofes».

Gleichwohl betrachtete Herberger die Zusammenarbeit weiter als einen Gewinn. Der Mannheimer, dessen Selbstbewußtsein sich durch den Rückhalt beim Westdeutschen Fußballverband enorm gesteigert hatte, konnte sich ein Miteinanderarbeiten im Team durchaus auch in Berlin wieder an der Seite von Nerz vorstellen. «Nerz ist ein geschulter Pädagoge, ich lehre vom Gespür. Nerz ist hart und unnahbar und rücksichtslos, ich bin dies nicht.» Von der Zuverlässigkeit, fand Herberger, wäre er schon für Nerz der rechte Mann gewesen, trotz ihrer unterschiedlichen Auffassungen. Die Bereitschaft allerdings, um jeden Preis mitzumachen, die Nerz laut Herberger von ihm gefordert habe, die habe er ihm nicht geben können.

Im März 1936 tauchten dann in der Presse die ersten Gerüchte darüber auf, daß Otto Nerz nach den Olympischen Spielen im August eine Professur an der Reichsakademie übernehmen werde und daß sein Nachfolger als Reichstrainer Josef Herberger sein dürfte. Herberger reagierte darauf nicht, weil Nerz ihn nicht einmal in Andeutungen in seine Pläne einweihte. Am 1. Juni schließlich teilte er dem «lieben Herrn Doktor Nerz» mit: «Unter dem 15. Mai erhielt ich meine Berufung in das Prüfungsamt für Lehrer der körperlichen Erziehung. Ich weiß, daß ich diese Berufung Ihnen verdanke! Besten Gruß (...) Josef Herberger.»

Zu diesem Zeitpunkt arbeiteten die beiden Männer – mit zeitlichen Unterbrechungen, aber im ständigen Kontakt – schon 15 Jahre zusammen. Allen persönlichen Differenzen zum Trotz war durch sie ein Maß an sachlicher Kontinuität entstanden, das dem deutschen Fußball bis heute eine verläßliche Qualitätsgrundlage geschaffen hat. Davon berichtete im nachhinein ein Mann, der – ohne daß einer der Betroffenen zu diesem Zeitpunkt das ahnen konnte – einmal ihr Erbe antreten sollte: Helmut Schön.

Jeder Fußballer strebte damals danach, schrieb Schön, zu einem Reichslehrgang in die für ihren Zweck geradezu ideal eingerichtete Schule in Duisburg berufen zu werden. Man wußte zwar, daß die acht oder 14 Tage keine reine Erholung waren und daß man sich nach den ersten zwei oder drei Tagen am Geländer die Treppe hinaufziehen mußte. Es wurde einem nichts geschenkt, und Otto Nerz und Sepp Herberger hatten ihre Freude daran, den aufstellungsverdächtigen Kameraden zu beweisen, daß man sich seine Berufung in die Nationalelf nicht nur erspielen mußte.

Genau erinnerte sich Schön an eine Episode aus diesem Lehrgang Ende 1934 oder Anfang 1935. Nerz hatte an diesem Vormittag ein Übungsspiel der ersten Garnitur, bei der Paul Janes, Fritz Szepan, Hans Jakob, Reinhold Münzenberg und andere mitwirkten, gegen die neu hinzugekommenen jüngeren Kursisten angesetzt, als der Mittelstürmer der B-Mannschaft sich verletzte. «Bärschl», tönte es da von zwei Sitzreihen weiter hinten, «mach dich fertig und geh aufs Feld.» Schön hätte sich nicht umzusehen brauchen, um zu wissen, daß die Stimme Otto Nerz gehörte. Nur der benutzte diese Sonderform von «Bürschlein» für den Langen aus Dresden. Und neben ihm saß Sepp Herberger.

Damals war Schön diese Szene in Erinnerung geblieben, weil er es versäumt hatte, die abgelaufenen Stollen durch neue zu ersetzen –

und weil er prompt schon auf dem Wege zum Platz ausrutschte. Erst später, als er schon Bundestrainer war, erschloß sich ihm das symbolische Gewicht dieser Situation, die an diesem Vormittag 1934 drei Generationen von Nationaltrainern zusammenführte – die Betreuer der deutschen Elf von 1926 bis 1978, mehr als ein halbes Jahrhundert deutscher Fußballgeschichte verdichtete sich in diesen drei Personen.

«Der war ein sturer Bock»

Der Machtkampf mit Otto Nerz

Der Führer war da.

Fünfzigtausend Volksgenossen fieberten im Poststadion von Berlin einem Sieg entgegen und erhoben zur Begrüßung von Adolf Hitler begeistert den Arm zum deutschen Gruß. Die Nationalmannschaft des Deutschen Reiches spielte im Rahmen des olympischen Fußballturniers gegen Norwegen. Nach einem 9:0-Erfolg gegen Luxemburg im ersten Vorrundenspiel und in Abwesenheit der Profis aus England, Italien, Österreich, Spanien und Ungarn war die Goldmedaille Pflicht.

Der Gauleiter von Danzig, Albert Forster, hatte es nicht allzu schwer, Hitler zu überreden, zum ersten Mal in seinem Leben ein Fußballspiel anzusehen. Es wurde, wie Propagandaminister Josef Goebbels in seinen Tagebüchern festhielt, «ein richtiges Nervenbad. Das Publikum rast. Ein Kampf wie nie. Das Spiel als Massensuggestion.» Doch wurde dieser 7. August 1936 auch ein rabenschwarzer Tag für den deutschen Fußball, ein Debakel.

Der Reichskanzler und sein uniformiertes Gefolge – neben Goebbels: Göring, Frick, Rust, Hess und von Tschammer – hatten sich nach dem erhebenden Ritual des Deutschland- und Horst-Wessel-Liedes kaum wieder hindrapiert in ihrer Loge, da verdarben ihnen die frisch und frech aufspielenden Norweger schon die Stimmung.

6. Minute: 0:1. «Der Führer ist ganz erregt, ich kann mich kaum halten», erinnerte sich Goebbels. «Ein dramatischer, nervenaufpeitschender Kampf.» Je weiter die Uhr voranrückte, desto verkrampfter rannten die Männer mit dem Hakenkreuz auf dem Trikot dem Rückstand hinterher. Sechs Minuten vor Schluß besiegelten die Gäste die deutsche Niederlage mit einem zweiten Tor.

Die Sensation war da, der selbsternannte Favorit aus dem Wettbewerb ausgeschieden, den am Ende Italiens Amateure mit 2:1 gegen Österreich gewannen. Wütend verließ Adolf Hitler vorzeitig die Arena. Wäre er bloß zum Polo gegangen, wie sein Programm es vorsah. Oder zum Rudern, wie er eigentlich wollte. Gauleiter Forster suchte einen Sündenbock. Er konnte nur Otto Nerz heißen.

So viele Väter auch der Sieg gehabt hätte, für die Niederlage war nur der Reichstrainer verantwortlich. Sepp Herberger würde diese Binsenweisheit beherzigen und in vielen Phasen seines abwechslungsreichen Trainerlebens wiederholen.

Herberger war in der Nähe, aber nicht dabei. Er war privat nach Berlin gekommen – «auf meine Kosten, mit meiner Frau zusammen» –, weil ihn, wie schon 1934 bei der Weltmeisterschaft, Otto Nerz zwar intensiv zur Vorbereitung eingesetzt hatte, ihn beim Turnier aber offenbar nicht brauchte. Als ihn jedoch DFB-Präsident Felix Linnemann vor Ort entdeckte, wurde er sofort eingespannt. Linnemann sei plötzlich auf den Gedanken gekommen, ihn als Spion zu nutzen, um die voraussichtlich nächsten Gegner der Deutschen zu beobachten.

An diesem 7. August sah Herberger das Spiel Schweden gegen Japan. Als er anschließend wieder ins Quartier zurückkam, war noch niemand da, und er gönnte sich ein Eisbein. Er kaute noch kräftig, als sein Kollege und Freund Georg Knöpfle auftauchte, der als erster aus dem Poststadion zurückgekehrt war. Na? fragte Herberger, wie? 2:0, antwortete Knöpfle. «Ich war gerade dabei, das Stück Eisbein zu schlucken, als er sagte: ‹Verloren›. Seitdem kann ich kein Eisbein mehr essen.»

Wiewohl Herberger seinen Lehrherrn Otto Nerz keineswegs für den Alleinschuldigen an der Niederlage hielt – und es auch sagte –, sammelte er doch sorgfältig alle Argumente, die gegen den Nationaltrainer vorgebracht wurden. «Daß er draußen in diesem Training die Leute zu scharf angepackt hätte», war ein Vorwurf; ein zweiter, daß er «einen Trainingsplatz gewählt hat, der zu weit weg war vom Quartier der Mannschaft». Dazu kam, Punkt drei, die Mannschaftsaufstellung, gegen die auch Herberger Einwände gehabt hatte. Kurz und gut: «Es gab Vorwürfe genug, die man ihm eben machte und mit denen man ihm die Schuld zuschieben wollte, daß das eben auf sein Konto ging.» Der Gewinner konnte nur Sepp Herberger sein.

Der Kampf um den Titel des Reichstrainers und um den tatsächlichen Einfluß auf die deutsche Fußballnationalmannschaft, der jetzt zwischen den beiden begann, währte Monate. Er wurde zu einer verwirrenden Angelegenheit voller Intrigen und interner Unfreundlichkeiten. Herberger dokumentierte diese Phase seines Lebens besonders genau, was seinen Rechtfertigungsdruck erkennen ließ. Er registrierte alle Kleinigkeiten, formulierte jeden Satz dutzendfach um. Nerz war seinem Schüler in diesem Punkt bis in Nuancen hinein ähnlich. «Der war ein sturer Bock», klagte Herberger später. Zurück blieben bei beiden Verletzungen und Enttäuschungen.

Es begann am Abend nach dem Spiel. Da war Herberger noch Zuschauer. Im Polizeiinstitut des Kriminalrats Felix Linnemann in Charlottenburg kamen die Verantwortlichen des DFB zusammen, niedergeschlagen und aggressiv. Sie sparten nicht mit offenen und versteckten Anklagen gegen Nerz. Nur Linnemann blieb eher ruhig, er beeindruckte Herberger durch seine Zurückhaltung, die freilich nicht frei war von Berechnung.

Nerz erklärte in dieser Runde, daß das «Übertraining» der Leute die Schuld trage an der Niederlage. Er meinte damit die Beanspruchung der Spieler während der Saison, keineswegs seine eigenen Drillmethoden. Er fragte Münzenberg und Hohmann, zwei anwesende Spieler, wieviel Spiele sie im verflossenen Jahr absolviert hätten. Doch Münzenberg bestritt energisch, daß die Fülle der Spiele die Ursache des Versagens gewesen sei – das überfüllte Programm im olympischen Dorf habe die Leute fertiggemacht. Die Spieler marschierten quasi militärisch und singend – ein Lied, drei, vier – zum Essen. Ganz so, wie ein paar Tage vorher nebenan in der Kaserne noch die Soldaten der Legion Condor geschliffen wurden, die General Franco im Spanischen Bürgerkrieg an die Macht bomben sollten. Jetzt waren die Fußballer dran. Niemals habe es eine Ruhepause gegeben, klagte Münzenberg. Hohmann ergänzte später: «Auf gut deutsch gesagt, wir hatten noch nicht einmal Zeit zum Kacken.» Torwart Buchloh hatte sich den Trainingsplan für die Tage vor dem Spiel gemerkt: 7.00 Uhr wecken, dann mit einem Bus, der, weil er neu war, nur 40 Stundenkilometer fahren durfte, nach Potsdam. Dort scharfes Training, dann Autofahrt zurück. Nachmittags Fahrt ins Poststadion, 400 Meter mit einer Mindestzeit von 65 Sekunden, dann zweimal 200 Meter auf Zeit gelaufen, dann Spiel. Freitag früh: 8.00 Uhr wieder Fahrt nach Potsdam und Training. 2.00 Uhr nachmittag Treffpunkt zur Besichtigung des Reichssportfeldes. Dort kam Herberger mit der Mannschaft an. Von einer Brücke ging es im «Gewaltmarsch zum Reichssportfeld». Herberger folgte im Trab.

Für ihn stand fest, daß – auch wenn noch andere Fehler hinzukamen – «einzig und allein» Übertraining die Ursache für das Ausscheiden der Deutschen beim Fußballturnier gewesen sei. «Tatsache ist, daß fast ausnahmslos alle Spieler Gewichtsverlust schon in den ersten Tagen nach Einzug ins olympische Dorf hatten. Diese wichtige Tatsache drang deshalb nicht zu den Ohren der verantwortlichen Leute, weil diese in unverantwortlicher Weise die Gewichtsüberprüfung wohl täglich durchführen ließen, aber von den Spielern selbst.» Das Wiegen wurde zum Gaudium. Die Spieler hatten ihren Gewichtsverlust verschwiegen aus Angst, dann nicht berücksichtigt zu werden.

Einen Tag vor dem Spiel stand fest, daß Buchloh, Elbern, Munkert und Janes nicht einsetzbar waren. Sie hatten sich bei den täglich angesetzten 400-Meter-Läufen Zerrungen geholt. Als Fußballchef Felix Linnemann – umgeben von einer Truppe wichtigtuerischer Berater – Nerz beim Training in Potsdam heimsuchte, ließ der die Spieler mit «deutschem Gruß» an den Gästen vorbeidefilieren, vermerkte Herberger. Die Funktionärstruppe um Linnemann beriet dann im Café des Flugplatzes über die Mannschaft gegen Norwegen, als Nerz dazukam. Der war zunächst zugeknöpft und mürrisch – «zu Recht», fand Herberger –, weil über die Aufstellung gesprochen worden war, obwohl er nicht zugegen war. Linnemann, so hielt Herberger fest, sei bis dahin der Wortführer in dieser Runde gewesen. Er plädierte dafür, daß in den beiden ersten Spielen, also gegen

Luxemburg und Norwegen, die «jungen Spieler» zum Zuge kommen sollten. Herberger widersprach ihm und hielt in Anbetracht der großen Bedeutung dieses Spieles das Risiko für zu groß. Als dann Nerz dazustieß, vertrat der dieselbe Meinung. Von Linnemann gefragt, wie er sich die Mannschaft denke, antwortete er aber mürrisch: «Das kann ich noch nicht sagen.»

Die tatsächliche Formation bestimmte dann Linnemann, nicht Nerz. Der wollte die stärkste Elf, wie auch Herberger und Glaser, der Spielausschußvorsitzende. Linnemann hingegen wollte, «daß möglichst alle Spieler zum Zuge kommen. Es warten noch schwerere Spiele auf uns als das gegen Norwegen. Deswegen setzen wir einige junge Talente ein. Die anderen sollen sich schonen.» Als Nerz widersprach, berief sich Linnemann aufs Führerprinzip: «Ich bin dem Reichssportführer verantwortlich.»

Nerz sei damals zu diszipliniert gewesen, um sich öffentlich dagegen zu wehren. Nun hatte er den Schwarzen Peter. Das Echo in der Presse und in der Fangemeinde des deutschen Fußballs war verheerend. Otto Nerz wurde zunächst einmal in den Urlaub geschickt, um ihn der Kritik zu entziehen. Einige Spieler vermerkten bitter, daß sich ihr Trainer nach der Niederlage nicht mehr bei ihnen hatte sehen lassen. Auch im Stadion war es zu Protestdemonstrationen gekommen, Herberger notierte: «Otto im Urlaub, Gras über die Sache.»

War er schon der heimliche Sieger? So sah es aus. Am 1. September 1936 verschickte der Deutsche Reichsbund für Leibesübungen, Fachamt Fußball, Berlin-Charlottenburg, Haus des Deutschen Sports, an die «Lieben Sportskameraden» einen Brief, betrifft: Länderspiel Polen gegen Deutschland in Warschau. «Wir teilen Ihnen hierdurch mit, daß Sie für das oben genannte Länderspiel aufgestellt wurden», erfuhren die Spieler Buchloh, Janes, Münzenberg, Mehl, Sold, Kitzinger, Elbern, Gauchel, Hohmann, Lenz, Günther und Jürissen. Sammelpunkt: «Hotel Russischer Hof» am Bahnhof Friedrichstraße in Berlin. Als Begleiter für die gemeinsame Weiterreise nach Warschau wurde ihnen – neben den Offiziellen und einem Linienrichter – «Herr Herberger, Duisburg», angekündigt. Zum ersten Mal betreute der kleine Mann aus Mannheim hauptverantwortlich eine deutsche Fußballnationalmannschaft. Zeit und Gelegenheit, Otto Nerz davon in Kenntnis zu setzen, fand er offenbar nicht.

In der in diesen Tagen erstaunlich ungelenkten Presse begannen die Spekulationen. Sollte Nerz durch Herberger ersetzt werden? «Es hat nach der in der Tat blamablen Niederlage gegen Norwegen nicht an Stimmen gefehlt, die dem Bundestrainer die alleinige, zumindest die hauptsächliche Schuld an dem Debakel gegeben haben», schrieb ein mitreisender Korrespondent, «inwieweit nun die Vorwürfe, die Nerz in diesem Zusammenhang gemacht worden sind, ihn bewogen haben mögen, der Fahrt nach Warschau fernzubleiben, hat sich nicht in Erfahrung bringen lassen. Jedenfalls wurden die deutschen Spieler diesmal von Herberger, der früher bekanntlich selbst einmal den Länderdreß getragen hatte, betreut.»

Die Mannschaft spielte in Warschau 1:1 unentschieden, nicht schlecht, wie Herberger fand. Trotzdem wurde er in Berlin nicht gerade begeistert empfangen. Linnemann wirkte gedämpft, Nerz – aus dem Strafurlaub zurück – entschlossen und knapp. Bei einer Besprechung im Russischen Hof wurde Herberger schnell klar, daß Otto Nerz keineswegs bereit war, widerstandslos das Feld zu räumen. «Man hat gewußt, wo ich im Urlaub bin, und hätte mich gut erreichen können», beschwerte er sich. Linnemann war bei dieser Besprechung sehr kühl, meinte Herberger. Offenkundig hatte es Gegenwind gegeben.

Dennoch schien es Herberger geschafft zu haben. Denn eine Woche später erschien in der Berliner Zeitung «Der Angriff» eine kurze Notiz unter der Überschrift: «Herberger neuer Reichstrainer». Darin hieß es zur Erläuterung: «Durch die Verpflichtung des langjährigen Sportlehrers des Fachamtes Fußball, Dr. Otto Nerz, an die Reichsakademie für Leibesübungen, an der Dr. Nerz seinen Dienst bereits am 1. April d. J. antrat, war der Posten des Fachamtstrainers frei geworden. Zum Nachfolger für den bisherigen, verdienten Reichstrainer wurde Seppl Herberger verpflichtet, der den Posten offiziell am 10. Oktober d. J. übernimmt.» Von dieser Tatsache, so

Herberger später, habe er aus der Zeitung erfahren, «eines schönen Tages». Er habe davon keine blasse Ahnung gehabt.

Überrascht konnte er aber nur vom Zeitpunkt sein. Denn daß Nerz sich mit beruflichen Änderungsplänen trug, das wußte Herberger schon seit März, also lange vor dem Debakel gegen Norwegen. Auch daß er selbst als sein Nachfolger in Frage kommen würde, war ihm nicht neu. Schon im März, also ein halbes Jahr vorher, war ein Pressebericht erschienen, der von dem baldigen Rücktritt des Reichstrainers von seinem Amt sprach. «Sein Nachfolger wird wahrscheinlich der besonders im Westen erfolgreich wirkende und geschätzte Herberger werden.» Dieser Wechsel solle aber erst nach den Olympischen Spielen vollzogen werden.

Herbergers Vermutung, daß der Artikel damals von Nerz selbst lanciert worden sei, schien sich zu bestätigen, als ihm der Cheftrainer bei einer Stippvisite in Duisburg selbst diesbezügliche Andeutungen machte. Er habe ihm von den vielen Aufgaben an der Akademie vorgestöhnt und ihm bedeutet, daß es schon sehr bald Veränderungen in seiner Stellung und im DFB geben werde. Herberger bekannte, ihm sei sonnenklar gewesen, daß Nerz damit auf den Busch geklopft habe. «Ich würde lügen, wenn ich sagen würde, daß mein Interesse durch die Eröffnungen nicht gefangen gewesen wäre.»

Vorerst aber schien ihm Zurückhaltung geboten, auch wenn Herberger glaubte, leicht erraten zu können, was sich der Ältere von einer Veränderung versprach: Nerz wollte das Hauptamt an der Akademie kriegen, eine «Staatsstellung», und im Nebenamt Chef der Nationalmannschaft bleiben. Beide Ämter in Personalunion zu koppeln, das wäre Nerz' Traum, denn Professor ohne Nationalmannschaft, das wäre eine Arbeit im Schatten, die blaß und blutleer wäre, und bald würde er überall nur noch über alte Klamotten reden. Aber nur die Nationalmannschaft, das reichte einem ehrgeizigen Mann wie Nerz, der die Chance hatte, Professor zu werden, auch nicht. Was Nerz also brauchte, schlußfolgerte Herberger, war jemand, der ihm die Arbeit auf dem Trainingsplatz abnahm. Und das konnte und sollte offenbar er sein, Sepp Herberger, wie schon in der Vergangenheit so häufig.

Das hatte ihm schon im Frühjahr nicht gefallen, und jetzt erst recht nicht. Denn was vor den Olympischen Spielen – mit Aussicht auf zusätzlichen Medaillenruhm – noch wie eine Beförderung für Nerz ausgesehen hatte, das erhielt jetzt, nach der Niederlage, den Geruch der Abschiebung. So sah es jedenfalls Herberger. Er war alarmiert und mißtrauisch: «Ob er tatsächlich ganz zurücktreten wollte oder ob er noch dabeibleiben wollte und nur einen Assistenten suchte, das weiß ich nicht. Ich habe ja an diesen Verhandlungen nicht teilgenommen. Aber diese Niederlage gegen Norwegen hatte natürlich die Sache erst in Gang gebracht, und ich weiß, daß Leute am Werk waren, die darauf aus waren, ihn von diesem Posten zu entfernen. Aber Nerz war nicht der Mann, der sich einfach so wegschubsen ließ.»

Herberger war sich also seiner Sache noch keineswegs sicher, als die ersten Glückwunschtelegramme bei ihm eintrafen, die sich auf die in den Zeitungen verkündete Ernennung zum «Reichstrainer» bezogen. Tatsächlich trugen die Gratulationen drei verschiedene Daten – alles Stationen der quälenden Machtrangelei mit Otto Nerz, die letztlich erst im Mai 1938 endgültig beendet war. Da trat Nerz zurück.

Sepp Herberger hatte sich durchgebissen. Daß der Jüngere diesen Zweikampf schließlich gewann, hat Otto Nerz natürlich erbittert. «Ich habe an meinem Herzen eine Natter großgezogen und habe es nicht gewußt», soll er, nach Angaben seines Bruders Willi, später gesagt haben. Betrachtet man den Niederschlag, den diese Auseinandersetzung in den Aufzeichnungen Herbergers gefunden hat, und die Gereiztheit, mit der er ein Leben lang auf seinen Vorgänger reagierte, wird deutlich, daß auch Herberger selbst nicht glücklich war über die Wende, die seine spröde Freundschaft zu Nerz genommen hatte. Zwar war er zutiefst befriedigt darüber, daß er sich am Ende durchsetzte, siegen wollte er immer, aber Unbehagen und Bedauern über die Art der Auseinandersetzung und über das Ergebnis waren unverkennbar. «Warum unterblieb die Aussprache?» schrieb Herberger in seinen Aufzeichnungen.

Im Jahre 1936 war Josef Herberger 39 Jahre alt, Otto Nerz ging auf die 44. Beide waren sie rüstige, gesunde, vitale und machtgierige

Männer, «im Saft bis an die Haarspitzen», wie Herberger zu sagen pflegte. Gut möglich aber, daß auch dieser Satz – wie so viele andere – in Wahrheit von Nerz stammte. Sie kamen aus ähnlichen Verhältnissen und lebten in derselben Umwelt. Ihr Ehrgeiz war so identisch wie ihr Idiom. Und was der eine über den anderen sagte, traf jeweils für ihn selbst auch zu. Beide waren sie autoritär und dogmatisch, beide verschlossen, hart und im Zweikampf nicht zimperlich.

Sie kannten sich jetzt 25 Jahre. Immer war Nerz der Boß gewesen. Herberger hatte unentwegt von ihm profitiert, und er litt darunter. Ein Vierteljahrhundert später schrieb er: «Er war als Lehrer weit fortgeschrittener als ich, der nur vom Gespür her vielleicht besser ausgerüstet war. Ich habe viel dabei gewonnen, war aber nicht nur Empfänger, habe auch vieles gegeben. Wir haben beide voneinander profitiert.»

Anfangs sei er brav mitmarschiert, ein «williger und gelehriger Schüler» gewesen: «Ich war vom Lernteufel besessen.» Er wollte begreifen und Erfahrungen sammeln; erst nach und nach seien die Zweifel gekommen. Das habe aber nichts daran geändert, daß er Nerz immer ein loyaler und williger Helfer gewesen sei. Tatsächlich waren die beiden ja auch so eng befreundet, daß Herberger 1931 Trauzeuge des Otto Nerz gewesen ist. Auch in der Zeit, als er Verbandstrainer im Westen war, habe es stets eine vorbildliche Zusammenarbeit gegeben – «trotz oft voneinander abweichender, ja widersprechender, gegensätzlicher Auffassung in Spielgestaltung, Trainingsmethoden und Fragen der Mannschaftsführung». Nerz sei ein Intellektueller gewesen, fand Herberger, hochintelligent und ein Meister am Schreibtisch. Herberger: «Ich habe ihn respektiert, auch seine Weisungen befolgt, allerdings immer mit meinem Anstrich.»

Nun freilich, nach den Olympischen Spielen und der anstehenden Berufsveränderung von Nerz, hatte sich die Situation zwischen den beiden verschoben. Herberger analysierte die Lage so kühl wie den nächsten Gegner der Fußballnationalmannschaft. Für ihn war offenkundig, daß Nerz angeschlagen war, an höchster Stelle in Ungnade gefallen. «Freunde hat er ja nie besessen, von sich aus auch keinen Wert auf Freundschaften gelegt.»

Herbergers Bedingungen waren klar. «Wenn ich die Nachfolgeschaft übernehmen sollte, dann nur, wenn mir ein maßgebliches Mitspracherecht bei der Aufstellung der Mannschaften, die Betreuung bei den Spielen und der Aufbau der Nationalmannschaften zugestanden würde. Außerdem wollte ich zuständig sein für Trainingsmethoden, Planung der Aufbauarbeit usw.» Mit anderen Worten: keiner sollte Sepp Herberger reinreden.

Die heiße Phase des Zweikampfes, in einer Art verbaler Zeitrafferversion nacherzählt, begann nach dem Polenspiel. Als Turbine des Gegenwindes, der ihm plötzlich ins Gesicht blies, ermittelte Herberger den Präsidenten der Akademie, Carl Krümmel, der – erbost über die unverhoffte und ungerechte Degradierung seines künftigen Starprofessors Nerz – bei Reichssportführer von Tschammer und Osten interveniert hatte. Erfolgreich. Es wurde beschlossen, daß zunächst alles beim alten bleibe. Nerz, der in Kampfstellung gegangen war, übernahm beim bevorstehenden Länderspiel gegen die Tschechoslowakei selbst die Betreuung. Herberger blieb zu Hause – reichlich mit Anordnungen von seinem Cheftrainer eingedeckt.

Gleich drei trugen das Datum vom 19. September 36. Die erste verlangte: «Ich bitte, falls es noch nicht geschehen ist, in Zukunft ein Tagebuch über Ihre Tätigkeit anzulegen, so daß Sie zu jeder Zeit in der Lage sind, Auszüge und Berichte anzugeben. Auch hier empfehle ich dabei das Schema: Laufende Nummer, Art des Kurses, Veranstalter, Ort, Zahl der Teilnehmer, Unfälle usw. Heil Hitler, Nerz.»

Die zweite forderte: «Ich bitte einen Vorschlag für den zentralen Nachwuchslehrgang der nationalen Mannschaft vorzubereiten. Der Grundsatz für die Auswahl (...) wird beibehalten (...). Es sind nur neue Leute zu melden, die noch nicht bei einem von mir geführten früheren Kursus gewesen sind; womit nicht gesagt sein soll, daß ich nicht noch andere Leute von mir aus einberufe. Diese Meldungen sind vorzubereiten, so daß beim Abruf nicht zu viel Zeit verloren geht. Heil Hitler, Nerz.»

Die dritte verlautete: «Herrn Herberger. Bitte mir eine Aufstellung aller Kurse 1933/36, die beim Deutschen Fußball-Bund oder Fachamt Fußball durchgeführt worden sind, einzureichen. Sie wird für das in der nächsten Zeit erscheinende Jahrbuch des Fachamtes Fußball (...) gebraucht (...). Termin 10. Oktober. Heil Hitler, Nerz.»

Der 10. Oktober war jener Tag, an dem laut Pressenotiz Herberger das Amt des Reichstrainers übernehmen sollte. Um diesen Termin begann nun, verblüffend genug in dieser Zeit zentral gesteuerter Nachrichten, ein regelrechter Pressekrieg zwischen den Rivalen. Zunächst wurde – sehr zum Ärger des Amtsinhabers – Herbergers Ernennungsmeldung aus dem «Angriff» überall im Reich aufgegriffen und kommentiert. Im «Duisburger Generalanzeiger» erschien – mit Foto – unter der Überschrift ‹Seppl Herberger wird Reichstrainer› der Zusatz, die «Nachricht, daß Seppl Herberger den Posten des Fachamtstrainers, den bisher Dr. Otto Nerz inne hatte, übernehmen würde», sei nicht so überraschend. «Daß die Wahl auf Seppl Herberger fiel, darf man nur begrüßen, denn Herberger, dieser anerkannte und überall geschätzte Fachmann, der auch von Dr. Nerz, da er die Fähigkeiten Herbergers erkannt hatte, nach besten Kräften gefördert wurde, hat sich besonders im Westen des Reiches große Verdienste erworben.»

Ende September folgte die Konterattacke. Otto Nerz ließ sich in Prag, wo er das Länderspiel der deutschen Nationalmannschaft gegen die Tschechoslowakei betreute, von Dr. Paul Laven für das «12 Uhr Blatt» befragen, in welcher Funktion er denn nun noch mit der Mannschaft arbeite. Daraufhin Nerz: «Sehen Sie, das ist alles noch ganz ungeklärt. Fest steht, daß ich als angestellter Reichstrainer ausgeschieden bin, ich habe ja ein großes Arbeitsgebiet in Berlin jetzt. Aber von einem Wegtreten von der Mitführung der deutschen Nationalmannschaft ist noch keine Rede. Nach wie vor fühle ich mich nach all den Jahren mit ihr verbunden. Da ist doch so etwas wie eine Schicksalsgemeinschaft herausgekommen, mit alten und jungen Spielern.»

Sowohl Nerz als auch Herberger, so schien es dem Blatt und seinen Lesern, tappten im dunkeln über ihre Zukunft. Unklar blieb auch, wer hinter den Kulissen mit wem und an wem herumzerrte.

Am 30. September fragte Herberger seinen noch amtierenden

Rivalen beiläufig in einem freundlichen Brief über Alltagsgeschäfte: «Was ist denn eigentlich an der Nachricht, die mich zu Ihrem Nachfolger macht? Ich finde die Situation geradezu komisch: die ganze Welt weiß davon, von überall her bekomme ich Glückwünsche, nur ich habe keine Ahnung, was eigentlich los ist. Besten Gruß an Sie, Ihre Frau und den Buben, Ihr J. Herberger.»

Ganz offenkundig war Herberger in diesen Tagen in höchstem Maße alarmiert, empfindlich und mißtrauisch. In Duisburg fühlte er sich weit vom Schuß. Die Unsicherheit setzte ihm zu, weckte aber auch alle Lebensgeister des zähen Kämpfers. Seine Erregung klang aus jeder Zeile des Schreibens, das er eine Woche später, am 7. Oktober, seinem Chef schickte: «Sehr geehrter Herr Linnemann! Gestern erfuhr ich durch Herrn Knehe, daß man bei Ihnen Beschwerde geführt habe wegen eines von mir in Gladbeck gegebenen Interviews, und, zu meinem tiefsten Bedauern, mußte ich hierbei auch die Überzeugung bekommen, daß auch Sie, Herr Linnemann, Zweifel in meiner Verläßlichkeit bei der Behandlung vertraulicher Dinge hätten.

Dazu möchte ich vorerst einiges sagen. Einmal gehöre ich mit Bestimmtheit nicht zu den Leuten, die eine Charakterkunde in die Klasse der Gesprächigen und Mitteilsamen einreiht. Ich habe so viel Gefühl und Verstand mit auf den Weg bekommen, um zu fühlen und zu verstehen, wenn überhaupt und wieweit ein Stillschweigen über Gehörtes zu bewahren ist. Und es war doch selbstverständlich, Herr Linnemann, daß ich nach Lage der Dinge in der augenblicklichen Situation strengste Zurückhaltung üben würde. Und mein Verhalten war ja auch tatsächlich so, daß ich mir nicht den geringsten Vorwurf zu machen habe. (...)

Von Anfang an habe ich aller Welt erklärt, daß die Nachricht von meiner Berufung nicht offiziell sein könnte. Wenn sie trotzdem weit und breit ausgeschlachtet wurde, so hing das nicht nur mit dem amtlichen Charakter der Nachricht zusammen, sondern hatte noch einen tieferen Grund. Nach allem, was sich aber nun tut, muß ich annehmen, daß meine geübte Zurückhaltung eine ganz anders geartete Auslegung erfährt und vielleicht als Gleichgültigkeit oder gar

Schüchternheit gewertet wird, was bestimmt etwas ganz anderes ist. (...)

Herr Linnemann, wenn jemand in diesem mir jetzt so vorkommenden Wirrwarr von Klage und Widerklage berechtigten Grund zur Beschwerde über Indiskretion hätte, so bin doch ich es. Ich habe bisher geschwiegen, wollte nicht auch noch mit meinen Klagen kommen, weil ich mir sagen mußte, daß Sie sicher auch den Kopf voll haben. (...)

Sie werden verstehen, daß ich ein starkes Interesse an einer endlichen Klarstellung dieser ganzen Angelegenheiten habe (...) Heil Hitler.»

Im Oktober verlor Deutschland – von Nerz betreut – in Glasgow 0:2 gegen Schottland, drei Tage später in Dublin 2:5 gegen Irland. Nichts war erledigt, der Kleinkrieg ging unterschwellig weiter, Herberger quittierte die Niederlagen mit heimlicher Schadenfreude.

Vom 26. Oktober bis zum 7. November 1936 setzte Nerz an der Akademie für Leibesübungen in Berlin ein umfangreiches Lehrgangsprogramm an, zu dem Herberger nicht geladen wurde. Der war empört und witterte – zu Recht – Unheil: «Zuerst werde ich bei der Einladung zu dem nachstehenden Lehrgang ‹versehentlich› übergangen.» Dann seien aus Berlin beschwörende Hinweise gekommen, daß bereits terminierte Lehrgänge im Westen wegen des Berliner Lehrgangs auf keinen Fall abgesetzt werden dürften. «Nerz kannte meinen Terminkalender.» Aber Willi Knehe, der Vorsitzende des Westdeutschen Fußballverbandes, der damals schon wußte, was sich hinter den Kulissen in Berlin tat, und der Nerz' Rolle dabei bestimmt ahnte – wenn er sie nicht sogar wußte –, setzte, als Herberger ihm die Nerzschen Briefe zeigte, kurzerhand seine Kurse ab: «Sie gehen hin! Das wäre ja noch schöner!»

Als Herberger in Berlin eintraf, registrierte er deutlich Nerz' Feindseligkeit. «Ich merkte sehr schnell, daß Nerz gegen mich und meine Anwesenheit etwas hatte. Er übersah mich geflissentlich, überging mich auch im Kreise der Sportlehrer und der Nationalmannschaft. Nur wenn ich ihn vertreten sollte, war er überaus herzlich und freundlich zu mir.»

Der Showdown begann. Herberger führte sorgfältig Protokoll:

Donnerstag, 29. Oktober 1936. «Nerz Besprechung mit den Sportlehrern Leinberger, Knöpfle, Fabra, Teufel, ‹Tute› Lehmann und mir in einem Zimmer in der Akademie. Er versuchte sich noch einmal in einer Darstellung der Vorgänge während der Olympischen Spiele aus seiner Sicht. (...) Nerz scheute sich nicht, in meiner Gegenwart zu behaupten, er habe mit der Aufstellung der Mannschaft gegen Norwegen überhaupt nichts zu tun gehabt. (...) Ich gebe eine Darstellung, so wie ich sie erlebt hatte, und stellte richtig.»

Freitag, 30. Oktober. «Unterhaltung mit Nerz über meine Ernennung zum Reichstrainer. Er windet und wendet sich, druckst herum und findet schwer zu einer Antwort. Er schimpft über alle und alles. Besonders Linnemann ist das Ziel seiner Angriffe. (...) Ich muß einsehen, daß ich mit Nerz nicht weiterkomme, daß er mir nicht sagt, was er in Wahrheit denkt und zu tun gedenkt, und breche das Gespräch ab. Nicht ohne ihm zu sagen, daß ich mir Klarheit holen werde und jetzt wissen wolle, was gespielt wird.»

Samstag, den 31. Oktober 1936: «Besprechung mit Linnemann. Ich solle mich noch ein paar Tage gedulden. Es sei noch nicht alles entschieden. Er könne noch nichts sagen. Ich merke, daß Linnemann kontra Nerz ist, mir gut will, aber scheinbar nicht alles so gut und glatt läuft, wie er es vorhatte und wie er es sich gedacht hatte.»

Montag, 2. November: «Bei Guido von Mengden. Er fragte: ‹Warum ist Nerz gegen Sie als sein Nachfolger?› Ich wußte keine Antwort auf diese Frage, sagte aber von Mengden, daß ich in dem Verhalten von Nerz mir gegenüber in den Tagen dieses Kurses nicht übersehen und überhören könnte, daß er gegen mich eingestellt ist. Vielleicht bin ich ihm zu selbständig, vielleicht wünscht er sich einen Befehlsempfänger. Darauf von Mengden: ‹Das ist es, was wir alle glauben. Er will einen Reichstrainer, der sein williges Werkzeug wird.›»

Dienstag, 3. November. Felix Linnemann, Fachamtsleiter für Fußball, bestätigt in einer offiziellen Erklärung Herbergers Ernennung zum Reichstrainer. Aber die Bedeutung dieser Ernennung bleibt weiter unklar. «Zum Reichstrainer des Fachamtes ist Sportlehrer Herberger ernannt worden. Mit dieser amtlichen Regelung dürften die immer wieder auftretenden Gerüchte um Dr. Nerz erledigt sein. Dr. Nerz ist nicht entlassen oder beurlaubt worden; er ist anläßlich seiner Uebernahme in die Reichsakademie auf seinen Antrag aus dem Angestelltenverhältnis des Fachamtes ausgeschieden.»

Der offiziellen «Verlautbarung» ist eine «Erläuterung» angefügt, in der es heißt: «Dr. Otto Nerz ist zukünftig nicht mehr der Reichstrainer des Fachamtes Fußball, aber er ist der Linnemann unmittelbar und *allein* Verantwortliche für alles, was mit der Nationalmannschaft zu tun hat. Für alles! Er leitet die Schulung der Nationalmannschaftsanwärter durch die Sportlehrer des Fachamtes Fußball, er wählt die Spieler für die Nationalmannschaft aus (er ganz allein!), er stellt die Nationalmannschaft auf, und er gibt den Sportlehrern des Fachamtes die fachtechnischen Richtlinien für ihre Arbeit; in allen diesen Dingen unmittelbar dem Reichsfachamtsleiter Linnemann gegenüber verantwortlich.»

Und weiter: «Die Bestellung von Herberger zum Reichstrainer des Fachamtes Fußball ist vollzogen. Herberger ist also der Cheftrainer des Fachamtes Fußball, der die fachtechnischen Anweisungen für die Arbeit an den Spielern der *Nationalmannschaft* von Dr. Nerz erhält, aber über dieses Arbeitsgebiet weit hinaus der hauptverantwortliche Sportlehrer für den *gesamten* Schulungsbetrieb des Fachamtes Fußball sein wird.»

Das ist nun genau jene abhängige Position, die Herberger nicht akzeptieren wollte. Empört notiert er sich: «Ich war unter keinen Umständen dafür zu gewinnen, den Reichstrainerposten unter diesen Umständen anzunehmen. (...) Ich würde unter keinen Umständen bereit sein, meine Gedanken, Wünsche und Pläne aufzugeben, und auf Weisung gewissermaßen als Befehlsempfänger arbeiten.»

Dienstag, 3. November 1936. Nach der Veröffentlichung wird Herberger zur Arbeit mit einem Assessorenkurs abkommandiert. Während dieser Zeit hält Nerz eine Besprechung mit den Sportlehrern über Herbergers Ernennung ab. Knöpfle berichtet ihm später: «Meine Ernennung wäre nur als ein Trostpflaster zu verstehen, weil sie nun eben schon mal veröffentlicht gewesen sei. Es ginge darum, mir den Mund zu stopfen. Er bestimme, wer die Nationalmannschaft betreue.»

Schon beim Mittagessen schafft Nerz Fakten: Er beauftragt Knöpfle mit der Betreuung der Nationalmannschaft am Nachmittag. Im Olympiastadion stellt er selbst die Mannschaft und die Sportlehrer dem Reichsführer von Tschammer und Osten vor, ohne daß Herberger etwas davon erfährt. Um das Maß vollzumachen, bespricht er mit Fritz Szepan die Mannschaft für Italien.

Herberger: «Er führte sich ordentlich vor mir auf, um den anderen zu zeigen, wie groß seine Macht und wie schwach meine Position sei. (...) Er soll sich aber schwer getäuscht haben, wenn er glaubt, mich ins Bockshorn jagen zu können. Ich sehe jetzt völlig klar, wohin die Karre nach Nerzens Wünschen laufen soll. Ich sage ihm, daß ich ihn zu sprechen wünsche. Nerz versucht auszuweichen, ich sage ihm, daß diese Besprechung sofort erfolgen müsse, ansonsten ich zu von Mengden gehen und sofort auch die Heimreise antreten würde. Darauf lenkt er prompt ein. Ich merke, wie sehr er den starken Mann spielt und wie zu Unrecht er ihn gespielt hat.

Wir gehen dann auf den Wegen zwischen den Feldern der Akademie auf und ab. Ich sage ihm sofort und glatt ins Gesicht, daß ich wisse, was er heute früh den Sportlehrern über meine Aufgaben und meine Verwendung gesagt habe, und daß er nicht damit rechnen könne, daß ich dies mitmachen würde. (...) Mein Auftreten ist ihm spürbar unbehaglich. (...) Ich sollte doch langsam tun, es würde sich schon vieles regeln lassen. Ich sage ihm aber, daß ich jetzt Gewißheit haben wollte, jetzt und sofort. (...) So gingen wir auseinander. Ich ließ ihn stehen.»

Donnerstag, 5. November 1936, 9.00 vormittags. Anruf bei Linnemann. «Dabei erfuhr ich, daß Nerz am Vorabend zu ihm bestellt war. Auf meine Klage und mein Drängen nach Klarheit sagt mir Linnemann: Nerz hat mit keinem Wort darüber gesprochen, was Anlaß zu Ihrer Beschwerde gewesen war. Sondern nur, daß meine Ernennung Zündstoff unter den Sportlehrern gegeben hätte (das war wieder sein Dreh) und daß ich gegen Knöpfles Betreuung der Nationalmannschaft gewesen wäre. Von alledem, was er den Sportlehrern gegenüber geäußert hatte, also kein Sterbenswörtchen. Auch, daß er mit Szepan alleine über Italien geredet hatte und mich geschnitten hätte.»

5. November um 9.10. Bei Guido von Mengden. «Alles vorgetragen, was sich zwischen Nerz und mir in den Tagen des Zusammenseins zugetragen und besonders Inhalt und Ergebnis unseres Gespräches vom gestrigen Tage. (...) Von Mengden sagt: ‹Ich verspreche Ihnen, daß spätestens in vier bis fünf Wochen alles geklärt ist und in Ihrem Sinne geregelt sein wird.› (...) Damit konnte ich mich zufriedengeben und hätte es vielleicht auch getan, aber ich kannte Nerz. (...) Nerz war ein gescheiter Mann, aber kein kluger Taktiker. Statt Zurückhaltung zu üben und vorerst einmal auf leisen Sohlen zu gehen, begann er sofort seine Auslegung und praktische Handhabung zu verbreiten.»

15. November 36, Länderspiel gegen Italien in Berlin. Herberger betreut die Nationalmannschaft. Zum ersten Mal ist er voll verantwortlich als Reichstrainer.

Am Morgen um 10.30 ist Training im Olympiastadion angesetzt. Das Warmlaufen hat gerade begonnen, als Nerz mit von Tschammer und Osten und einem Zivilisten die Treppe neben der Ehrenloge zum Platz herunterkommt. Als Herberger die Dreiergruppe passiert, ruft ihn Nerz zur Gruppe. Er stellt ihn dem Zivilisten vor: «Das ist Gauleiter Forster aus Danzig.»

Reichsführer von Tschammer fordert von Herberger und der Mannschaft «ein Fluidum der Begeisterung und der Kameradschaft um die Nationalmannschaft» und wünscht Herbergers Arbeit «einen vollen Erfolg». Der bittet um ein offenes Wort, «das bereitwillig gewährt wird – worauf ich sage, daß die Aufgaben, die eigentlich mir zustünden, an andere Leute vergeben seien und ich nicht wüßte, was ich eigentlich dabei tun sollte». Von Tschammer schien verdutzt. Sein Blick ging von Herberger zu Nerz, der blieb stumm. Von diesem wieder zu Herberger: «Ich hatte nichts mehr zu sagen.» Dann kam kurz und knapp: «Dann kommen Sie einmal zu mir oder zu meinem Stabschef.»

15. November 36, sonntags nach dem Spiel, das im Berliner Olym-

piastadion gegen Italien 2:2 endet, wartet im Russischen Hof Gauleiter Forster auf Herberger: «Forster, der zu einem Kaffee bereit sitzt: Sie bekommen, was Sie fordern!! Dann erzählt er: daß Hitler am Tage des Norwegen-Spiels zur Regatta gewollt hätte, auf sein Drängen aber (Goldmedaillenanwärter) zum Spiel in das Poststadion gefahren sei. Und dann dieser Reinfall!! Ich vermute, daß die ‹anderen›, die mit Hitler zur Regatta gewollt hatten, ihn nun mächtig auf den Arm genommen haben und so fort. Kurzum, Forster hatte eine Mordswut auf Nerz, dem er alle Schuld an seinem Reinfall anhing. Dann weiter: Alle sind für Sie, habe mich gestern nach der Stimmung erkundigt.»

18. Dezember 1936 – Nerz kehrte unverdrossen den Chef heraus. Er schreibt an den Herrn «Reichstrainer Jos. Herberger» in Duisburg: «Sehr geehrter Kamerad! Ich beauftrage Sie, den Nachwuchslehrgang selbständig durchzuführen. Sobald die Meldung auf das Rundschreiben beim Fachamt eingegangen ist, werde ich sie Ihnen zustellen. Ich überlasse Ihnen die Auswahl und bitte Sie, mir die Kursliste und einen Plan, wie Sie den Kurs gestalten wollen, zustellen zu wollen. Ich bitte Sie ferner, mir etwa halbwöchentlich einen Kurzbericht zu geben, der insbesondere die tatsächlich durchgeführten Tagesprogramme aufzeigt. Heil Hitler, Nerz.»

Dazu notiert sich Herberger: «So hatte er sich die Zusammenarbeit mit mir, mit dem Befehlsempfänger, gedacht. Nach Rücksprache habe ich die halbwöchigen Kurzberichte für diese und alle folgenden Lehrgänge abgelehnt.»

In einem zweiten Brief und mit dem gleichen Datum schreibt Nerz wiederum: «Sehr geehrter Kamerad! Ich übertrage Ihnen das Konditionstraining der Nationalmannschaft vor dem Spiel gegen Holland zur selbständigen Durchführung. Bitte machen Sie mir bis etwa 1. Januar 1937 Ihre Vorschläge, welche Spieler wir einladen wollen. Natürlich kann der Vorschlag nur ein vorläufiger sein, da sich bis zum Kursbeginn noch Änderungen ergeben können. Heil Hitler, Nerz.»

Herberger: «Nerz blufft. Habe den Reichstrainer noch nicht angenommen. Besprechung betreffend meine Forderungen stand noch bevor, bei der Nerz klein beigeben mußte und klein beigegeben hat. (...) Aber er mußte bluffen, weil er den anderen (Leinberger, Knöpfle, Lehmann, Fabra) was vorgegaukelt hat.»

Wütend schreibt Josef Herberger mit dem gleichen Datum an Guido von Mengden, den Stabschef im Haus des Deutschen Sports: «Sehr geehrter Herr von Mengden! Nun bemühe ich mich seit etlichen Wochen, um zu erfahren, wie meine Tätigkeit als Reichstrainer eigentlich gedacht sei. Das Ergebnis meiner Bemühungen ist bis auf den heutigen Tag gleich Null. (...) Einzig und allein die Herrn Dr. Nerz gegebenen Aufgaben sind eindeutig klar und bestimmt. Sie sind», klagte Herberger, «aber auch so umfassend, daß für den Reichstrainer keine Möglichkeit zu einer selbständigen Tätigkeit verbleibt. Die Schwierigkeiten, die sich für mich im Falle einer der getroffenen Regelung gemäßen Arbeitskoppelung ergeben würden, waren von Anfang an in ihrem ganzen Ausmaß von mir erkannt. Trotzdem war ich bereit gewesen, die Arbeit aufzunehmen.

Ich wurde aber schnell ernüchtert. Diese Ernüchterung besorgten schnelle und gründliche Erklärungen, die Herr Dr. Nerz den seinerzeit zusammen mit mir in Berlin zur Kursarbeit weilenden Bundessportlehrern gab. Nach diesen handelte es sich bei meiner Berufung zum Reichstrainer um ein Pflaster für mich, ‹weil diese Berufung nun schon einmal in der Zeitung gestanden hätte› u. a. m. In meiner Rücksprache, die ich daraufhin mit Dr. Nerz hatte und in der die Abschwächung des mir Zugetragenen nur ein mißlungener Versuch blieb, sagte er mir selbst, daß die Einsetzung eines Reichstrainers nicht nach seinem Willen sei. Jetzt war ich im Bilde.

So liegen die Dinge, Herr von Mengden! Daß sie aber so liegen, ist wahrhaftig nicht meine Schuld. Von einer Zusammenarbeit kann unter diesen Umständen keine Rede mehr sein. Allein im Interesse der Erhaltung der Kameradschaft und des Mannschaftsgeistes innerhalb der Nationalmannschaft als der für die Kampfkraft der Mannschaft notwendigen Voraussetzungen muß ich es ablehnen, den Posten des Reichstrainers unter den gegebenen Verhältnissen zu übernehmen. Ich bleibe weiter bei meiner Arbeit hier im Westen, die ich durch all die Jahre mühsam aufgebaut habe und wo ich mich unter meinen Kameraden weiß.»

Das wäre wohl der endgültige Bruch gewesen, hätte nicht – ebenfalls mit dem Datum vom 18. Dezember 1936 – Nerz in einem Brief an Herberger eingelenkt: «Sehr geehrter Kamerad! (...) Es ist meine Absicht, Sie so in die Aufgaben eines Reichstrainers hineinwachsen zu lassen, daß Sie Ihre persönliche und berufliche Befriedigung bei der Arbeit finden können. Ich will mehr und mehr in den Hintergrund treten und mich anderen Aufgaben widmen. Es ist selbstverständlich, daß, solange ich die Verantwortung zu tragen habe, die letzte Entscheidung – abgesehen vom Fachamtsleiter – bei mir liegen muß.»

Weihnachtlicher Friede schien die beiden Kampfhähne endlich übermannt zu haben. Erleichterung klang aus den Zeilen, die Sepp Herberger am zweiten Feiertag an Nerz, Berlin Eichkamp, Am Vogelherd 28, schrieb: «Sehr geehrter Herr Nerz! Es freut mich aufrichtig, Herr Nerz, daß nach Ihrem Brief vom 18. d. M. all die strittigen Fragen beigelegt sind und der Weg für eine gute und kameradschaftliche Zusammenarbeit frei ist. Bei der klaren und restlosen Verteilung der Aufgaben, waren meine Stellungnahme und mein Verhalten von vornherein klar. Nach Ihrem Schreiben vom 18. d. M. wird die Sachlage für mich mit einem Schlage anders. Ich freue mich darüber und gebe Ihnen erneut die Versicherung meiner Bereitwilligkeit zur kameradschaftlichen Zusammenarbeit.»

Allmählich spielte sich an der Spitze des Fachamtes Fußball ein neues Gleichgewicht ein, doch blieb es labil und störanfällig. Die beteiligten Herren – Felix Linnemann, Otto Nerz und Josef Herberger – kannten sich, ihre Stärken und ihre Schwächen, seit einem Vierteljahrhundert. Sie hatten voneinander profitiert, und sie hatten sich aneinander wundgerieben. In der neuen Konstellation war Herberger nun, mit Beginn des Jahres 1937, zum ersten Mal ein wirklich gleichberechtigter, ja, wie sich bald herausstellen würde, in Wahrheit überlegener Partner.

Das zeigte sich schnell daran, daß sowohl Felix Linnemann als auch Otto Nerz versuchten, den neuen Reichstrainer gegen den anderen zu instrumentalisieren. Nach dem 2:2 gegen Holland in Düsseldorf, dem ersten Spiel der Nationalmannschaft im erfolgreichen Jahre 1937 – dem einzigen von elf, das nicht gewonnen wurde –, lobte Fußballchef Linnemann Sepp Herberger: «Heute war das schon viel besser. Es war ein ausgezeichnetes Spiel.» Herberger war aber nicht entgangen, wie gezielt Linnemann bei diesem Kompliment die Stimme gehoben hatte. «Dieses Lob war Mittel zum Zweck, zu seinem Zweck. Nerz mußte und sollte es hören! Ich stand zwischen zwei Feuern!»

Schon am Vorabend dieses Spieles hatten sich Nerz und Herberger zu einem Versöhnungsgespräch zusammengesetzt. Nerz habe ihm gesagt: «Sie sind der Trainer, dem Ausbildung, Vorschlag und Betreuung obliegt. Wir sollten miteinander das gleiche Verhältnis versuchen, wie es zwischen Glaser und mir vorher war.» Diesen Vorschlag, der Nerz in die Rolle eines Spielausschußvorsitzenden plazierte, empfand Herberger als eine gute Lösung. «Ich würde schon dafür sorgen, daß Nerz mit mir als Mitarbeiter zufrieden sein sollte», nahm er sich vor: «Was ich dabei tun konnte, um sein angeknackstes Selbstvertrauen zu beheben und die Öffentlichkeit zum Schweigen zu bringen, sollte gerne geschehen. Ich würde in all den Jahren der Zusammenarbeit in ihm den um den Fußball und seine Nationalmannschaft verdienten ersten Mann sehen.»

Daß er, Herberger, Nerz «längst überrundet» habe, wie er für sich selbst einschätzte, während der ihn noch in seine Rolle einführen wollte, vermerkte Herberger mit Genugtuung. Es war ihm zunächst recht. Wie er auch mit kühler Aufmerksamkeit registrierte, daß Nerz natürlich noch große Ressentiments gegen Linnemann hegte. Die Wunden, die das Norwegen-Debakel gerissen hatte, waren unvernarbt.

Allzu heftig – das fand auch Herberger – war Linnemann nach den Olympischen Spielen bemüht gewesen, seine eigene Rolle bei der unheilvollen Aufstellung, die zur Niederlage führte, in Vergessenheit geraten zu lassen. Nun erinnerten sich beide Trainer, daß Linnemann, der bei den Praktikern als ein «Verjüngungsapostel» verschrien war, darauf gepocht hatte, in einem so leichten Spiel wie dem gegen Norwegen den jungen Talenten eine Chance zu geben.

An unterschwelligen Spannungen zwischen den drei Männern mit ihren hochgezüchteten Egos war also kein Mangel in der Zeit bis zur Weltmeisterschaft in Paris, die schon jetzt die Aufmerksamkeit der Verantwortlichen erheischte. Daß überhaupt so etwas wie eine Zusammenarbeit zustande kam, erklärte sich einmal aus der tiefen Leidenschaft aller drei für den Fußball. Zum anderen aus einem verläßlichen Pflichtgefühl gegenüber der Aufgabe, das die Machtgelüste der ehrgeizigen Herren zügelte.

Formal blieb Felix Linnemann Herbergers wichtigster Ansprechpartner. Er war der Chef. Er hatte die letzte Entscheidung. Herberger begegnete dem spitzbärtigen Kriminalrat mit einer Mischung aus hohem persönlichem Respekt und leichter Verachtung in Sachen Fußball. Nie vergaß er, daß es Linnemann war, der ihm 1921 auf der Finnlandreise praktisch die Tür zu seiner Zukunft aufgestoßen hatte – zur Trainerausbildung. Und er vergab sich selbst auch nie, daß er damals Linnemann seinen Vereinswechsel verschwiegen hatte; ausgerechnet diesem fähigen Kriminalisten, dessen kombinatorischen und analytischen Gaben er großen Respekt zollte, hatte er sein Vergehen verheimlichen wollen. Das war nicht nur unfair, das war vor allen Dingen dumm gewesen. Linnemann blieb ihm in dieser Hinsicht immer ein bißchen unheimlich.

Bewundernd pflegte Herberger von einer gemeinsamen Autofahrt mit Linnemann zu erzählen, als der in Hannover stationiert war: «Es war die Zeit, wo nach einem schweren Verbrecher gesucht und gefahndet wurde. Die Fahndung wurde von ihm geleitet. Diese Stunde wird mir unvergeßlich bleiben. In seinem Fach war er ein großer Meister.»

Mit ähnlicher Präzision und Genauigkeit ging Linnemann auch vor, wenn er Besprechungen mit Herberger vorbereitete, vermutete der. Er stützte sich dabei auf die von ihm gewonnenen Informationen. Diese hatte er – vor allem seit er im Verlauf des Jahres 1937 dienstlich von Berlin nach Stettin versetzt worden war und später nach Hannover – vornehmlich aus der Presse gewonnen, was den

Trainer wenig beeindruckte. Linnemann sei, fand Herberger, «inhaltlich und stilistisch oft ein Opfer von eindruckmachenden, aber sachlich unzutreffenden Urteilen geworden».

Aber Herberger hatte gelernt, den Choleriker und Hypochonder Linnemann richtig einzuschätzen. «Im Grunde war er eine gute Seele», nur etwas sprunghaft, ein Wortfechter. Geübt im Zweikampf, wußte Herberger die Attacken seines Chefs kühl auszupendeln. «Nun, Seppl, was haben Sie denn?» Und dann ging es los: «Den Kopf gesenkt, als ob er angreifen wolle. Dabei schaute er über den oberen Rand seiner Brille unverwandt mich scharf an, wobei der auf der oberen Kinnhälfte plazierte Teil seines Spitzbärtchens sich wild über den unteren Bartteil sträubte, wie in einem internen Kampf. Anfangs war es mir immer etwas bange um diese Eröffnungszeremonie. Aber bald wurde mir klar, daß seine Anfangstour mehr und mehr ausdrückte, daß er sich seinem Mitarbeiterstab verpflichtet fühlte, eine Verpflichtung, die in der Aufstellung irgendwie deutlich werden sollte. Daß er sich aber dann doch meinen plausiblen Gründen anschloß. Es war dann später immer das Zupfen des Bärtchens, daß sein Einschwenken anzeigte.»

Außer der Presse hatte Linnemann immer einen Mitarbeiterstab um sich, eine Schar von Leuten, die mitreden wollten. Lauter Stammtischexperten, die Herberger «Anonymtrainer» nannte. «Es war ja nicht schwer, denn Trainer spielen sie alle gern. Und um die Mannschaft sind sie auch gerne.» Solche «Berater» regten Herberger noch nach Jahrzehnten auf: «Das Hantieren ist um so leichter und unbekümmerter, je weniger im Grunde man davon versteht. Diese Leute hatten immer das Ohr meines Präsidenten. Immer hatte Linnemann bei allen Besprechungen in Fragen der Nationalmannschaft schon eine druckfertige Aufstellung. Es war anfangs unserer Zusammenarbeit nicht leicht, sich gegen ihn durchzusetzen.» Nicht selten steigerte sich die Diskussion zwischen den beiden Hitzköpfen bis zum Gebrüll.

Letztlich war es dann aber die Nähe zu den Spielern und die praktische Arbeit, die Sepp Herberger fast immer den entscheidenden Vorsprung im Trio mit Linnemann und Nerz verschaffte. «Die letzte Entscheidung, sie stand nur auf dem Papier, das wußte auch Linnemann. Und das war auch gut so. Und in der Rolle des Spielausschußvorsitzenden war Nerz ausgelastet an der Akademie. Linnemann wurde bald nach Stettin sozusagen auf ein Abstellgleis gebracht, und ich hatte mir ausbedungen, daß ich direkt mit Linnemann sowie mit Nerz sprechen konnte. Linnemann war weit vom Schuß, und Nerz hatte an der Akademie keinen Kontakt mit den Spielern und besonders nicht mit dem Nachwuchs.»

Dennoch hatte Sepp Herberger allen Grund zur Vorsicht. Denn daß die Männer, die im Hintergrund des Machtgerangels zwischen Nerz und Herberger ihre Fäden gezogen hatten, Nazifunktionäre waren, die ihr eigenes Süppchen kochten, wußten alle Beteiligten. Der Reichsbund, der Reichssportführer und seine zentrale Behörde in Berlin standen im Schnittpunkt von konkurrierenden Interessen und rivalisierenden Machtgruppen in der braunen Hierarchie. Sowohl die Reichsarbeitsfront um Robert Ley, als auch die Hitlerjugend Baldur von Schirachs, die Reste der alten SA-Führung, wie die schneidigen SS-Karrieristen, die Gauleiter, das Reichspropagandaministerium Josef Goebbels' und Ribbentrops Außenministerium – alle versuchten, von Tschammer und Osten hineinzuregieren und den Sport in ihrem Sinne zu benutzen. Und alle hatten ihre Leute in Schlüsselpositionen. In diesem Netz von Intrigen erhielten die Auseinandersetzungen um die Traineraufgaben und die Positionskämpfe im Fachamt Fußball eine zusätzliche Brisanz.

Sepp Herberger wußte genau, daß er sich in seinem neuen Amt gefährlich nahe am Rande der oberen Ränge der Nazihierarchie tummelte. «Hänschen», nannte er – in privaten Anmerkungen – nun schon mal den «Reichssportführer» Hans von Tschammer und Osten. Die Auseinandersetzungen mit Otto Nerz, die Beziehung zu Felix Linnemann – alles hatte im Umfeld des Reichssportfeldes schrille politische Obertöne. Nicht von ungefähr traten die beiden Männer, die Herberger 1933 zum Eintritt in die NSDAP geraten hatten, jetzt selbst der Partei bei – am 1. Mai 1937. Ex-Sozialdemokrat Nerz, der freilich schon 1933 SA-Scharführer war, erhielt die

Partei-Nr. 4158367, und der konservative Polizeibeamte Linnemann, der ab 1940 auch eine SS-Karriere startete, war PG-Nr. 4652107.

Zwar gelang es Herberger, im Gegensatz zu seinen beiden Mitstreitern, die sich immer enger ans Regime banden – wobei Nerz sich später sogar zu schlimmen antisemitischen Hetzartikeln versteigern sollte –, einen eigensinnigen Abstand zu halten, ohne sich zu verweigern. Im Trainingslager von Duisburg ließ Herberger um diese Zeit – wie später bezeugt wurde – SA-Bonzen abblitzen, die von ihm und der Nationalmannschaft ähnliche vormilitärische Übungen unter SA-Kommando forderten, wie sie bei Nerz üblich gewesen waren. Daß er dann in Berlin auch hohen SS-Chargen mit schweijkscher List – «Wir Fußballer schießen anders, meine Herren» – die Forderung nach einem Wehrübungsprogramm abgeschlagen habe, erzählte Herberger später selbst gern. In beiden Fällen sicherte er sich die nachträgliche Unterstützung des Reichssportführers. Dessen Ermunterung: «Lassen Sie sich von niemandem hineinreden», trug er wie ein Banner kämpferisch durch die Nazijahre. Doch half ihm das nicht gegen die großen Linien der politischen Einmischung, die immer stärker wurde. Und nicht mal zuverlässig gegen das kleine Karo.

Als er im Januar 1937 seine Mannschaft in Düsseldorf auf das Spiel gegen Holland vorbereitete, erreichte den sehr geehrten Kameraden Herberger die briefliche Anweisung des SA-Obertruppenführers Otto Nerz, der verlangt: «Ich bitte Sie, Vorsorge zu treffen, daß die Mannschaft am Sonnabend, dem 30. d. M., die Rede des Führers im Gemeinschaftsempfang hören kann.»

«Die Geschichte erwartet das von uns»

Der Anschluß Österreichs und die Weltmeisterschaft 1938

Josef Herberger ging die Begeisterung auf die Nerven. Fassungslos vermerkte er: «Dieser Jubel. Diese Euphorie. Hosianna, wir sind Weltmeister.»

Dabei war die deutsche Fußballnationalmannschaft an diesem 20. März 1938 in Nürnberg über ein 1 : 1 gegen Ungarn nicht hinausgekommen. Herberger war alles andere als gehobener Stimmung. Vor allem, weil das Gerede trotzdem nicht verstummen wollte, daß die Deutschen nun als Topfavoriten zu der bevorstehenden Weltmeisterschaft nach Paris reisten. Knapp drei Monate waren es noch bis dahin.

«Es gab keine Sportler mehr, es gab nur noch Politiker», stöhnte der Reichstrainer im Rückblick. Denn vor gut einer Woche, am 12. März, waren die deutschen Truppen in Österreich eingerückt. Über Nacht schloß sich «die Ostmark» dem Deutschen Reich an, das fast sieben Millionen neuer Volksgenossen dazugewonnen hatte – und der Reichstrainer zwei Dutzend Fußballweltstars aus Wien. Zusätzlich zu seiner wunderbaren Elf aus dem Altreich, wie das jetzt hieß. Die hatte im Jahr zuvor von elf Länderspielen zehn gewonnen, sieben davon «zu null», Herbergers Lieblingsergebnis. Was also sollte noch schiefgehen in Paris? Wer wollte diese Supermannschaft schlagen?

Der Mann, der das alles angerichtet hatte und sich deswegen feiern ließ, war auch im Hotel – Adolf Hitler. Seinetwegen brüllten die Menschen auf den Straßen, nicht wegen der Fußballer. Auf einem Balkon ließ der Reichskanzler des nun noch viel Großdeutscheren Reiches österreichische Regimenter an sich vorbeiparadieren.

Später dann, die Fußballnationalmannschaften aus Ungarn und Deutschland saßen beim üblichen Bankett zusammen, stand plötzlich Otto Eicher hinter dem Stuhl des Reichstrainers, der Präsident des Schweizerischen Fußballverbandes, an diesem Abend als Ehrengast dabei. Herberger solle doch mal mit rauskommen, flüsterte Eicher aufgeregt, er wolle ihm was zeigen. Draußen drang von weitab Tanzmusik an ihr Ohr, Eicher zog seinen deutschen Freund Herberger in diese Richtung. Sie kamen an eine ausgedehnte Tanzfläche, zu der einige Stufen hinabführten. Und da saß er – da, vor uns. Wer? Na, «der Herr Hitler». Saß einfach da, unter den Tanzenden, Otto Eicher aus der Schweiz konnte es gar nicht fassen.

Als Herberger sich kurz darauf zur Rezeption begab, brach die Musik plötzlich ab, alle im Saal erhoben sich wie auf ein Kommando: Hitler und seine Entourage strebten dem Ausgang zu. Zum ersten und einzigen Mal sah Herberger den «Führer» aus der Nähe – ein Moment, den er in seinen Notizen schriftlich festhielt: «Zum Greifen nahe ging Hitler an mir vorüber. Im rauschenden Abgang folgte seine Begleitung. Wie das so geht bei großen Herren ... Im Nu war der Spuk vorbei. Alles nahm wieder seinen gewohnten Gang. Auf dem Rückweg zum Bankett traf ich wieder auf meinen Verein. Die meisten hatten nichts mitbekommen von dem, was sich im anderen Teil des Hotels abgespielt hatte.»

Der «Anschluß» ließ Herberger im Gegensatz zu allen anderen eher mit Skepsis in die Zukunft blicken. Gewiß, einen Augenblick hatte auch er sich den Träumereien hingegeben. War es nicht immer sein Wunsch gewesen, eine Mannschaft zu haben, die beide Spielsysteme beherrschte? Sowohl die harte und präzise auf Kondition und Schnelligkeit beruhende Arbeit der Deutschen als auch das wunderbare technische Sturmspiel der Österreicher? Theoretisch bestand diese Möglichkeit jetzt. In der Praxis aber – das wußte Herberger – war es unerreichbar. Ein Verschmelzungsprozeß bis zur Weltmeisterschaft war nicht zu schaffen. «Jede einzelne Mannschaft war besser als eine gemischte. Beide waren in ihren Spielauffassungen groß geworden, in Österreich spielte man ja anders als in Deutschland. Und wenn Spieler in einer bestimmten Spielauffassung groß geworden sind, wenn sie diese Auffassung selbst auch groß gemacht haben, dann können sie einen bestimmten Ansatz, auch wenn sie den besten Willen dazu haben, einfach nicht mehr umstellen.»

Das galt vor allem für seine eigene Truppe, die sich in einem einzigen Jahr einen legendären Ruhm erspielt hatte: die Breslau-Elf. Sie war inzwischen eine gut und glänzend aufeinander eingespielte, in einer Reihe von Länderspielen bewährte und erprobte, erfahrene und krisenfeste Einheit und stand als Kernstück der deutschen Mannschaft für Frankreich bereit. Das Gros der Mannschaft war im besten Leistungsalter, die drei Ältesten immer noch unter dreißig, die drei Jüngsten waren gerade dem Juniorenalter entwachsen; und alle dachten an die Aufgabe, die ihnen das kommende Jahr mit der Weltmeisterschaft stellte, und brannten darauf dabeizusein. Auch vor dem Anschluß galt Deutschland also als ernsthafter Mitstreiter um den Titel.

Dabei waren die ersten Erfolge des Jahres 37 in der Realität noch nicht ganz so grandios gewesen, wie sie sich im nachhinein – vor allem statistisch – ausnahmen. Gegen die Schweiz in Zürich siegten die Deutschen im Mai mühsam mit 1:0 durch einen Fernschuß des Läufers Kitzinger. Den Stamm der Mannschaft bildeten noch immer die von Otto Nerz ausgewählten Spieler aus der WM-Auswahl von 1934. Der Sturm spielte mit Lehner, Szepan, Eckert, Noack und Urban. Vor allem das Innentrio enttäuschte. Herberger: «Das war nichts.»

Auf der Ersatzbank kam dem Mannheimer Otto Siffling die gleiche Erkenntnis. Als er – was seine Aufgabe war als Ersatzmann – nach dem Spiel den Dreß der Spieler eingesammelt hatte und in Herbergers Zimmer in den Koffer packte, sagte der Reichstrainer: «Nach meinem Geschmack spielte das Innentrio heute nicht besonders. Mir schwebt etwas anderes vor – schnelles, flüssiges, wirbelndes Spiel. Ich brauche einen Mittelstürmer, wissen Sie mir keinen?» Und gern erzählte Herberger später, wie Siffling sich mit pfiffigem Gesicht umgedreht und geantwortet habe: «Herr Herberger, versuchen Sie es noch mal mit mir.»

Das, so Herberger, habe er selber im Sinn gehabt. Er wollte aber, daß Siffling sich anbot. Denn zugleich wollte er ihm, den er schon aus der Schülermannschaft vom heimischen Waldhof kannte und über dessen munteren Lebensstil er gut Bescheid wußte, «noch einige Wahrheiten unter die Weste packen, die mit seinem sportlichen Lebenswandel zusammenhingen». Später wird Herberger einem Fan schreiben: «Daß Otto Siffling gerne einen über den Durst getrunken hat, das war allseits und besonders in Mannheim, und hier wieder auf dem Waldhof, bekannt. Diese unheilvolle Leidenschaft war sowohl Nerz als auch mir bekannt, und es wurde ihm besonders von Otto Nerz im Interesse der Steigerung und Erhaltung seiner außergewöhnlichen Leistung auch immer wieder ins Gewissen geredet.» Obwohl dem neuen Trainer auch an diesem Abend die heiligen Versprechungen Sifflings etwas zu schnell kamen, um alle Zweifel zu beseitigen, daß sie von Dauer sein würden, glaubte er doch endlich einen Mittelstürmer gefunden zu haben.

Während des Banketts, mit dem die Deutschen den knappen Sieg feierten, schob Otto Nerz seinem Nachfolger einen Zettel über den Tisch, auf dem er die Aufstellung für das nächste Länderspiel notiert hatte, das schon zwei Wochen später in Breslau gegen Dänemark stattfinden sollte. Herberger guckte drauf und änderte sie an zwei Punkten: Statt des Verteidigers Willi Billmann setzte er Paul Janes ein. Und an die Stelle von Siffling, den Nerz als Halbrechten nominiert hatte, fügte er Gellesch ein, dafür rückte er Siffling auf die Mittelstürmerposition – dorthin, wo ein offenkundig schwankender Nerz die Namen Hohmann und Lenz geschrieben hatte. Herberger reichte seinen Zettel mit den Korrekturen wieder über den Tisch zurück, Nerz überflog sie und nickte ihm zu. Dann sagte er: «In Ordnung.»

Die Mannschaft für das nächste Länderspiel stand fest, es war eine Aufstellung, es war ein Team, das in der Folgezeit so berühmt wurde wie nachher vielleicht nur noch die Elf von 1954. Und zu Recht gelten sowohl Otto Nerz als auch Sepp Herberger als «Väter» dieser Mannschaft, die am 16. Mai gegen Dänemark 8 : 0 siegte – die Breslau-Elf.

Wie viele ältere Fußballfreunde kann Ursula Kraft, Herbergers langjährige Sekretärin an der Sporthochschule in Köln, die 1937 als Schwester eines Fußballfans immer auf dem neuesten Stand war, noch heute ohne Zögern die Namen hersagen: im Tor Hans Jakob, in der Verteidigung Paul Janes und Reinhold Münzenberg, in der Läuferreihe Andreas Kupfer, Ludwig Goldbrunner, Albin Kitzinger und im Sturm Ernst Lehner, Rudolf Gellesch, Otto Siffling, Fritz Szepan und Adolf Urban.

An diese Spieler, dazu an die Ersatzleute Willy Jürissen von Rot Weiß Oberhausen und Hans Berndt von Tennis Borussia Berlin schrieb am 10. Mai 1937 der Deutsche Reichsbund für Leibesübung, Fachamt Fußball, einen Brief, in dem die «Lieben Sportkameraden» in Kenntnis gesetzt wurden, daß sie für das vorgenannte Länderspiel gegen Dänemark in Breslau aufgestellt worden seien. «Sie wollen sich so einrichten, daß Sie am Freitag, den 14.5. abends in Breslau eintreffen.» Sammelpunkt: «Hotel Vierjahreszeiten». Genaue Auskünfte über Abfahrt und Ankunft der Züge folgen. Die Fahrkarten werden zugesandt. Die Rückreise ist für Montag, den 17.5. vorgesehen.

Weiter hieß es: «Von Ihnen sind mitzubringen: Strümpfe, Turnschuhe, Trainingsanzug und zwei Paar in gutem Zustand befindliche Fußballstiefel. Der offizielle DFB-Sportanzug ist nicht mitzubringen. Für Anfahrten zum Bahnhof usw. sind die öffentlichen Verkehrsmittel zu benutzen; Unkosten für die Autobenutzung werden nicht erstattet. Eventueller Lohnausfall wird nicht vergütet. Ihr Verein ist von Ihrer Aufstellung unterrichtet. Heil Hitler! Fachamt Fußball im DRL, der Geschäftsführer.»

Eine Woche später spielten diese Männer Fußballgeschichte auf den grünen Rasen. Fünf der acht Tore schoß Otto Siffling, eins steuerte – nach langer Zeit mal wieder – der Regisseur Fritz Szepan bei: «Wir alle waren ebenso wie Trainer Herberger unsagbar glücklich, daß uns der Durchbruch zur absoluten internationalen Klasse gelungen war», erinnerte sich der Schalker Kapitän. «Endlich war vor aller Welt der Beweis erbracht, daß unsere Mannschaft nicht nur kämpfen, sondern auch spielen konnte.»

Dänemark war ein beachtlicher Gegner, kein besserer Trainingspartner. Aber, jubelte «Der Kicker»: «So locker, so frei von allen Hemmungen, so gut haben wir die deutsche Mannschaft lange nicht mehr gesehen. Ja, da lief einmal wieder der Ball, daß man seine Freude haben konnte. Und alles sah sich so leicht, so selbstverständlich, so sicher gespielt an, daß von den ersten Minuten gar keine Zweifel aufkommen konnten.»

Wenn Herberger später über die Entwicklung und Entstehung der Breslau-Elf erzählte, dann konnte man leicht glauben, daß er über seine Weltmeister von 1954 redete. Ein Zufall war das wohl nicht. Mochten sich auch manche Dinge aus der jüngeren Zeit verklärend vor die Erinnerung an die dreißiger Jahre schieben, oder umgekehrt, die Ähnlichkeiten beider Teams waren real. Wie die Breslau-Elf war auch die Weltmeistermannschaft von 1954 langsam gewachsen und nicht über Nacht entstanden. Und in beiden Mannschaften hatte Herberger – ganz im Sinne seines Vorgängers Nerz – das Team um zentrale Spieler herum gruppiert.

Daß beispielsweise der Waldhöfer Siffling die Sturmführung zwischen Szepan und Gellesch übernahm, bezeichnete Herberger im nachhinein als einen der entscheidenden Schachzüge für den Erfolg der Breslau-Elf. Denn nur so konnte Szepan als beherrschende Figur im Mittelfeld glänzen, der schnelle, betriebsame Spieler um sich brauchte. Herberger: «Nicht zufällig ergänzte ihn in seinem Verein Kuzorra so großartig. Szepan war seinem Typus entsprechend kein Quirl, also nicht fixer auf den Beinen, dafür aber um so schneller und geistreicher in der Übersicht und im Handeln. Um diese außergewöhnlichen taktischen Fähigkeiten wirkungsvoll in Erscheinung treten zu lassen, war es notwendig, ihm Leute an die Seite zu stellen und um ihn herum aufzubauen, die ihn richtig ergänzten. Erst als diese Umgebung gefunden war, wurde unser Spiel gut und schön und erfolgreich, und Fritz Szepan konnte sich als der große Dirigent entfalten.»

Zu Herbergers ganz persönlichen Entdeckungen für die Breslau-Elf gehörte auch der Schweinfurter Anderl Kupfer, dessen Aufstieg in die Weltklasse sich raketenschnell vollzog. Nachdem Herberger ihn im März 1937 in Luxemburg spielen gesehen hatte, schrieb er an

Nerz, wie gut ihm Kupfer gefallen habe, und hatte es dennoch nicht leicht, ihn für das nächste Länderspiel in Hannover gegen Belgien durchzusetzen. Dort bestand der Schweinfurter sein Debüt aber glänzend. Und nach dem Länderspiel in Zürich war auch Nerz von Kupfer überzeugt, der sich seinen Stammplatz in der Nationalelf für weitere 41 Länderspiele erkämpft hatte. Eineinhalb Jahre später berief ihn der Italiener Pozzo – zusammen mit seinem Vereinskameraden Kitzinger – sogar in die Kontinentmannschaft gegen England.

«Ach, wie bald schwinden Schönheit und Gestalt» – diese Kalenderblattweisheit, die Herberger viele Dutzend Male in seinen Aufzeichnungen – quasi mit erhobenem Zeigefinger – niederschrieb, tauchte jetzt zum ersten Mal auf: Kaum war die Wunderelf geboren, da schien sie schon bedroht. Die Herbergersche Grunderfahrung, daß alles Schöne und Vielversprechende bereits bei der Geburt den Keim der Zerstörung in sich trägt, bestätigte sich einmal mehr. Schon nach einem 2:0-Sieg derselben Elf in Helsinki bei einem Qualifikationsspiel für die Fußballweltmeisterschaft in Paris tat sich die Mannschaft ziemlich schwer. Gerade einmal sechs Wochen nach dem Breslauer 8:0 spielte sie schwach. Für Herberger war das ein Beweis, daß ein Fußballspiel, «und erst recht ein Länderspiel», nicht nur mit den Füßen und dem Körper, sondern auch mit der Seele und den Nerven gespielt werde. «Je höher der Thron war, auf den uns die Presse als Favoriten setzte, desto mehr machten uns solche Spiele zu schaffen.»

Wieviel mehr galt das erst für eine Mannschaft, die es gar nicht gab und deren Topform nur auf dem Papier stand – die vereinte Weltmeisterelf für Paris. Zumal das Vorbereitungsprogramm des Reichstrainers völlig durcheinandergeraten war. Für diesen 20. März 1938, an dem Hitler sich in Nürnberg feiern ließ, hatte Herbergers Testprogramm gleich zwei Spiele vorgesehen – neben dem Ungarn-Treffen ein Spiel gegen Luxemburg in Wuppertal. Danach sollte noch ein Länderspiel gegen Portugal in Frankfurt folgen und endlich – nach einem ausgedehnten Lehrgang – abschließende Testspiele gegen eine britische Profimannschaft, von Otto Nerz angeregt und organisiert. Diese Planung war nun Makulatur.

Durch den Einmarsch nach Österreich fiel eine Reihe der Kandidaten – die Soldaten – für die beiden deutschen Ländermannschaften aus, weil Herberger vorübergehend den Kontakt zu ihnen verloren hatte. Andere waren verletzt. Herberger: «Unsere Testspiele wurden so zu einer Farce.»

Der nächste Schlag gegen seine Pläne erfolgte im April in Wien, wo die Nationalmannschaften von Österreich und Deutschland sich in einem sogenannten «Verbrüderungsspiel» gegenüberstanden, ein Trostpflaster für die Österreicher, die als Nation nicht mehr vorhanden waren. Bereits am 28. März war beim Weltverband des Fußballs (FIFA) ein Telegramm eingegangen, in dem es hieß: «Ich beehre mich, Sie in Kenntnis zu setzen, daß der ÖFB (der Österreichische Fußballverband), seine Organisation liquidiert hat und die gesamte Verwaltung seiner angeschlossenen Vereine dem Deutschen Reichsbund für Leibesübungen, Fachamt Fußball, Berlin-Charlottenburg, übertragen wurde. Der ÖFB hat mit heutigem Tag als selbständiger Staatsverband zu bestehen aufgehört, womit seine Mitgliedschaft zur FIFA als erloschen zu betrachten ist. Mit deutschem Sportgruß: Dr. Richard Eberstaller, Wien.»

Für die Weltmeisterschaft hatte sich auch Österreichs Nationalmannschaft qualifiziert. Dieser Platz blieb jetzt frei. Nun, im letzten Spiel gegen die Deutschen, wollten sie es den «Piefkes» noch einmal zeigen. Ihr letztes Hurra. Sie rannten allerdings offene Türen ein. Eine Woche lang war der Reichsführer von Tschammer und Osten in Wien gewesen und hatte Stimmung gemacht für die Eingliederung des österreichischen Sports als Gau XVII, Ostmark, in das deutsche System. Die Sportführer, so sah es Herberger, erfüllten in diesen Tagen ihren Nachholbedarf an großer Politik. Gleichzeitig biederten sich die Deutschen bei den Wienern an, die als Manager von Profis und Spieler der «Wundermannschaft» noch immer so auftraten, als hätten sie den Fußball erfunden. Aus ihrer Sicht waren die Deutschen Leichtathleten und keine Fußballer. Die Wiener Schule dagegen – genial und schlampig, dribbelstark und ballverliebt. «Ballett» und «Wiener Walzer» waren Begriffe, mit denen der österreichische Fußball sich damals zu feiern liebte.

Um das Maß vollzumachen, predigte DFB-Chef Linnemann den deutschen Spielern Sanftmut: «Jungs, es geht um weit Höheres als um den Sieg.» Er wollte ihnen klarmachen, daß sie schön spielen und nicht mit hartem Körpereinsatz zur Sache gehen sollten. Herberger kochte vor Wut. Er sah die Folgen sowohl für die Selbsteinschätzung der jetzt plötzlich in die zweite Reihe versetzten Deutschen wie auch für die Überheblichkeit der Österreicher. Beide würden ihm die Vorbereitung auf die Weltmeisterschaft nicht leichter machen.

Das Spiel unter dem Motto «Verbrüderung» verlief und endete so, wie es politisch gewollt war, die Österreicher gewannen 2:0, weil sich – wie Herberger knurrte – die deutschen Spieler vom «Bazillus des Schönspielens und des Sich-nicht-weiter-Anstrengens» anstekken ließen. Vor 60000 Zuschauern im hakenkreuzgeschmückten und mit Spruchbändern verzierten Praterstadion mit der Aufschrift «Ein Volk, ein Reich, ein Führer» hing der Wiener Fußballhimmel ein letztes Mal voller Geigen. Für den «Kicker», der dieses Spiel als «Glaubensbekenntnis der Fußballer im großdeutschen Reich» feierte, hatte «die Zukunft der großdeutschen Fußballnationalelf» begonnen.

Für Sepp Herberger aber bedeutete das alles nichts als Arbeit und Ärger, vor allem weil sich jetzt der pensionierte Berufsoffizier Hans Janisch, ein Wiener, und der spätere Gausportwart Friedrich Rainer als Funktionäre in seinen Aufgabenbereich einmischten und keine Zweifel an ihrer Auffassung ließen, daß die Besetzung in Paris «halbe-halbe» sein müßte. Janisch dagegen beteuerte später, er sei gegen «ein Konglomerat aus beiden Mannschaften gewesen», hätte sich aber gegen Linnemann nicht durchsetzen können. Der hätte gesagt: «Es kann nur eine Mannschaft nach Frankreich gehen – und zwar eine großdeutsche.»

Herberger mochte das lange nicht glauben. Sah denn niemand, daß er mit Unlust und Widerwillen bei den Spielern aus beiden Lagern rechnen mußte? Daß gegen passive Resistenz auch «Engelszungen und Beschwörungen» nicht halfen? Schließlich standen beide Mannschaften auf der Höhe ihrer Erfolge. Und nun sollten die

Spieler erneut um den Platz an der Sonne kämpfen? Jeder sah im anderen den Gegner und nicht den Partner. Das war auch zuviel verlangt. Eine gute Mannschaft war aus zwei guten Teams unmöglich auf die Schnelle herauszudestillieren. Zwei getrennte Mannschaften zu haben und jede einzelne auf Hochglanz zu bringen – das hingegen wäre «ein Kinderspiel gewesen. Jeder, der von Menschenführung und von Mannschaftsführung etwas versteht, hätte mir da zugestimmt.»

Herberger begann jedoch zu dämmern, daß eine sportliche Lösung dieses Problems nicht gefragt war. Nach wiederholtem Drängen und vielen vergeblichen Bitten um ein Gespräch und eine klare Antwort war er endlich nach Stettin zu Linnemann gefahren. Und der teilte ihm mit, daß «auf höhere Weisung» hin für Paris eine Mischung 6:5 oder 5:6 angeordnet werden würde: «Auch in unserem Falle muß nach außen hin der Zusammengehörigkeit mit den ins Reich heimgekehrten Österreichern sichtbarer Ausdruck gegeben werden.»

Herberger versuchte noch einmal zu argumentieren. Er hatte keine Chance: «Seppl, hat er gesagt, leben Sie denn auf dem Mond? Wissen Sie denn nicht, was vor sich gegangen ist?» Der Choleriker Linnemann, Herberger hatte es ja vorher schon oft beschrieben, starrte ihn über seine Brille hinweg mit gesenktem Kopf und strengem Blick an. Und während er seinen Oberlippenbart auf und ab zupfte, rief er aus: «Seppl, sind Sie verrückt? Der Reichsführer wünscht ein 6:5 oder 5:6! Die Geschichte erwartet das von uns!»

Nun also dann – «eine Wiener Melange mit preußischem Einschlag», wie Herberger das Unternehmen sarkastisch nannte. «Gegen den politischen Druck mußten sportliche Argumente zurückstehen.» Das nahm er hin. Aber im Grunde mißtraute er seinen Funktionären. Er hatte den – nicht unbegründeten – Verdacht, daß sie, wie schon zuvor, allzu vorauseilend und gehorsam agierten. Man glaubte im Sport, «der hohen Politik einen Dienst erweisen zu müssen, und hegte hie und da tatsächlich noch die Illusion, doppelt genäht hält besser. Für mich war die Situation denkbar unerquicklich.»

Gleichwohl begann er planmäßig am 2. Mai 1938 mit der entscheidenden Phase der WM-Vorbereitung. Josef Herberger liebte das Wort «Kameradschaft», aber so oft, so beschwörend, ja, fast flehend, wie er es an diesem Nachmittag in der Fußballsportschule von Duisburg aussprach, war es ihm in einer kurzen Ansprache wohl noch nie über die Lippen gekommen. Vor ihm saßen 38 Fußballspieler, die Elite Großdeutschlands. Sepp Herberger sollte 22 von ihnen aussuchen, um mit denen in Paris Weltmeister zu werden. Bis dahin waren es noch fünf Wochen.

So wollten es die Regierenden und die Sportführung des Großdeutschen Reiches, die sich einen Dreck kümmerten um die Regeln und Belange des Sports und die «unpolitischen» Bedenken und Einwände des kleinen Sportlehrers aus Mannheim. Dessen Vorgesetzte, die Herren Nerz und Linnemann, ließen schön grüßen und sich wegen «beruflicher Inanspruchnahme» entschuldigen. Die Aufgabe, die zwei feindseligen, mißtrauischen, ja haßerfüllten Lager von alten und neuen Kameraden zu einer «verschworenen Gemeinschaft» zusammenzuschmieden, aus der eine paritätisch gemischte, politisch vorzeigbare Mannschaft hervorgehen sollte, die am Ende dann auch noch gewinnen müßte – damit sollte der Seppl besser alleine fertig werden. In einem Anfall von Selbstmitleid schrieb Herberger in seine Notizen: «Ich: so einsam und verlassen auf einem hohen Felsenrand.»

Nicht nur eine Art fußballerischer Erbfeindschaft, sondern auch ganz handfeste materielle Differenzen standen einer Zusammenarbeit beider Mannschaften entgegen. Mit den österreichischen Spielern, die vor der «Heimkehr ins Reich» Berufsspieler gewesen waren, wurden Gehälter ausgehandelt. Sie reichten von 200 bis 300 Schilling, dazu kamen aktuelle Zulagen für die Teilnahme an Spielen bis zu 20 Schilling für einen Sieg, für ein Unentschieden 10 Schilling. Ferner eine Prämie, die ebenfalls abgestuft war nach Sieg und Unentschieden. Auch die schwankte zwischen 40 und 10 Schilling. Zusätzlich gab es Tagegelder in Höhe von 5 Schilling.

Den Spielern aus dem Altreich hingegen war in einem Schreiben vom Fachamt Fußball mitgeteilt worden, daß bei Anreisen bis zu

300 Kilometer die Fahrtkosten nur für die dritte Klasse bezahlt würden, über 300 Kilometer zweite Klasse, zuzüglich Eil- bzw. D-Zug-Zuschlag; daß Reisespesen je 2,50 Mark bezahlt würden von 150 bis 300 Kilometer und über 300 Kilometer je 5 Mark für den Reisetag; und daß jeder Spieler «ein Bewegungsgeld von Reichsmark zwei pro Lehrgangstag» erhalten würde. Dann folgte unterstrichen der Satz: Lohnausfall oder Verdienstentgang wird nicht vergütet.

Und um die Stimmung weiter anzuheizen, setzte Herberger gleich für den Eröffnungstag ein erstes Spiel zweier Lehrgangsmannschaften an: Altreich gegen Ostmark. Herbergers pädagogische Absicht war klar, und er machte daraus auch keinen Hehl: «Die Österreicher sollten erfahren, daß unsere Mannschaft von hoher Klasse war und daß man in Deutschland auch Fußball zu spielen versteht.» Ausdrücklich sollte Herbergers rächendes Nachwort zur «Verbrüderungs»-Posse von Wien dazu dienen, «die Österreicher aus dem Himmel ihrer vermeintlichen Überlegenheit zu uns gewöhnlichen Fußballern zurückzubringen». Zuvor hatte er «mit aller Klarheit zum Ausdruck gebracht, daß dieses Spiel mit harten Bandagen abgewickelt würde. Und daß es schon als erste Prüfung und Auslese für die kommenden Entscheidungen gedacht sei.»

Tatsächlich trat ein, was er vermutet hatte. Die Österreicher begannen gemütlich zu spielen, kunstvoll und elegant, während die Deutschen von Anstoß an auf Leistung und Erfolg ausgingen, das Spiel sehr schnell in der Hand hatten und dann zum Erstaunen der Österreicher auch groß aufspielten. Am Ende hieß es 9:1 für die Mannschaft aus dem Altreich.

Die Österreicher waren betroffen und eingeschüchtert, aber auch wütend. Und Herberger machte sich nun daran, «sie aufzufangen und ihnen beizubringen, daß bei uns nur die Leistung Gültigkeit hat und daß zu großen Leistungen eben neben der spielerischen Kunst auch Einsatz und Siegeswille gehören».

Herberger gab sich in den ersten Tagen des Lehrganges große Mühe, Altreichler und Österreicher auf eine gemeinsame Spielauffassung einzuschwören, einen «gesunden Mannschaftsgeist» und eine «gute Kameradschaft» zu begründen. Dazu gehörte freilich ein erhebliches Maß an Augenwischerei. Denn gerade die Alten in der deutschen Mannschaft, die Herberger mit der besonderen Aufgabe betrauen wollte, gute Stimmung zu verbreiten, klagten über das Verhalten der Österreicher, die hochnäsig und eingebildet seien. Im Grunde, versuchte sich Herberger einzureden, sei – zumindestens von der psychologischen Verfassung und von den Komplexen her – die Situation nicht allzu schwierig: Da waren die Österreicher, die sich gerne für Herrgötter hielten, die im Glauben lebten, daß in Deutschland Fußball exerziert und erarbeitet würde, «kurzum, die sich uns in allen Belangen des Spiels überlegen fühlten». Die mußte er «aus den Wolken ihrer Überlegenheit auf den festen Boden der Tatsachen bringen». Auf der anderen Seite mußte er aber auch auf einige «unserer Spieler» aufpassen und diese gegebenenfalls zurechtstutzen, wenn sie gegen die neu in die Mannschaft gekommenen Österreicher «ein bevorzugtes Recht wegen ihrer älteren Zugehörigkeit zu unserer Mannschaft geltend machen wollten».

Herberger versuchte es schon am zweiten Abend des Lehrganges mit einer Methode, die später zum Standardrepertoire seiner Spielerbeeinflussung gehörte: Er ging mit den wichtigsten Männern spazieren. Zuerst mit den Schlüsselfiguren seiner alten Truppe – mit Münzenberg, Busch, Janes, Goldbrunner und Lehner. Hinterher redete er auch mit Szepan. Und am selben Abend noch griff er sich die Österreicher Mock und Schmaus, um auch mit ihnen einen Spaziergang zu machen – «der damit endete, daß ich in diesen beiden gute Mitarbeiter gewonnen hatte». Wenn er sich da mal nicht täuschte.

Am nächsten Morgen hockten sich die beiden Gruppen vor Beginn des Trainings in der Sporthalle gegenüber. Sepp Herberger war noch nicht da. Er bewahrte sich einen Pressebericht über den nun folgenden Showdown auf und kommentierte ihn reichlich: Die Deutschen saßen mit dem Rücken zur einen Wand und die Österreicher mit dem Rücken zur anderen. Und dann stand Pepi Stroh auf, damals 25 Jahre alt, 12 Länderspiele, Stürmer der Wiener Austria. Er nahm sich den Ball. Er ließ ihn auf dem rechten Fuß hüpfen und auf dem linken. Er lupfte ihn auf die Stirn, tänzelte durch die Halle, ließ ihn auf den Oberschenkel fallen, auf den rechten, auf den linken, wieder auf den Fuß. Und so weiter. Beinah endlos. Es schien, als wollte der Pepi Stroh einen neuen Weltrekord im Balljonglieren aufstellen. Seine Kameraden klatschten in die Hände, schnalzten mit der Zunge, hauten sich auf die Schenkel: «Ei, schau her, das kann nur der Pepi. Ja, der Pepi, das ist ein Zauberer, ein Rastelli ist das. Das macht ihm keiner nach. Und was für ein Gefühl der im Fuß hat, sagenhaft, einfach sagenhaft.» Herausfordernd klang das, höhnisch, lauernd.

Dann stand Fritz Szepan auf, nahm den Ball und imitierte bis in die allerkleinste Geste hinein Pepis Vorstellung, um dann allerdings noch ein paar zusätzliche Schwierigkeiten in diese sonderbare Kür einzubauen. Die Österreicher staunten und wußten, der Kampf hatte begonnen.

Auch Fritz Szepan, so schien es, wollte gar nicht mehr aufhören. Doch plötzlich ließ er den Ball ein wenig höher hüpfen, holte mit dem anderen Bein aus und feuerte das Leder haarscharf über den Köpfen der Österreicher an die Wand. Und als es mucksmäuschenstill wurde nach dem Knall, der sich anhörte wie ein Peitschenschlag, da zischte Szepan in das Schweigen: «Da habt ihr euer ‹das kann nur der Pepi›, ihr Futtlöcher!»

Herberger war über diese Episode alles andere als glücklich. «Sie war alles, nur keine Hilfe von meinem Kapitän», klagte er über Szepan. «Statt auszugleichen, goß sie Öl ins Feuer.»

Noch einmal versuchte er den Schalker im Gespräch umzustimmen. Aber der blonde Fritz kam in Herbergers Zimmer und plädierte nach der ersten Begrüßung stur für «getrennt marschieren, vereint schlagen, entweder – oder», als wenn das etwas Neues gewesen wäre für Herberger. Der machte ihm klar, daß es so eben nicht ginge. Aber Szepan hörte nicht auf, über die hochnäsigen Wiener zu klagen, und in dieser Klage, die Herberger mit Unbehagen hörte, steckte für ihn das ganze Problem jener Tage: Gerade seine Schlüsselleute – auch Paul Janes – waren nicht auf Kampf eingestellt um ihre Plätze. Alle fürchteten in Wahrheit um ihre Nominierung. Herberger: «Die Alten, gerade die Alten, glaubten es nicht nötig zu haben, um einen Platz in der Mannschaft kämpfen zu müssen, deswegen ihr großer Unwille. Bei unseren Leuten war diese Haltung noch stärker als bei den anderen, die sich ganz selbstverständlich dabeisehen und deren Unwille erst richtig anfangen würde, wenn sie nicht nominiert werden.» Hier, so Herberger, «zeigte sich auch der Unterschied beider Lager. Die unseren waren vom Ehrgeiz getrieben, den anderen war es egal.»

So seien zum Beispiel die Österreicher Jerusalem und Neumer zu ihm aufs Zimmer gekommen, um sich dafür auszusprechen, daß sie auf jeden Fall zu den 22 Spielern gehören möchten, die nach Frankreich mitführen. Da würden sie gerne dabeisein. «Sie hätten aber keinen Ehrgeiz, unbedingt aufgestellt zu werden, es genügte ihnen vollkommen, wenn sie als Ersatzmann mitgenommen würden.» Herberger war sprachlos.

Über Fritz Szepan aber, der kein Hehl aus seiner Abneigung machte, mit den Österreichern zusammenzuspielen, kam Herberger nun ernsthaft ins Grübeln. Seine Kondition war nicht die beste. Fritz war nie einer der schnellen Leute gewesen, er brauchte schnelle Leute für sein schnelles Spiel. Wenn er nun die Österreicher neben sich hätte, würde das alles wohl kaum klappen. Er, der ein Spielmacher von Weltklasse war und der jede Mannschaft zur Höhe führen könnte, brauchte einfach eine willige und adäquate Umgebung. Das alles – glaubte Herberger – bedrückte Fritz Szepan, er wußte oder er fühlte das und sah sich deshalb auch in seiner Position gefährdet.

«Die Ballkünste von Pepi Stroh und die Reaktion von Fritz Szepan! Eine Provokation! Stroh hatte mir insofern imponiert, als er ein wahrer Ballkünstler war, für die Aufstellung in die Mannschaft wurden andere Voraussetzungen gestellt. Das wußte Fritz Szepan aus eigener jahrelanger Erfahrung als Mitglied und zuletzt Spielführer ganz genau! Aber er war in jenen Tagen eben äußerst gereizt und empfindlich.»

Im ersten Weltmeisterschaftsspiel gegen die Schweiz sollte Herberger Szepan dann auch nicht aufstellen. Schon damals besaß der Nationaltrainer die Fähigkeit, sich bei Schwierigkeiten ganz kühl und ohne Rücksichten auf persönliche Empfindlichkeiten nach anderen Möglichkeiten umzusehen. Eine der «anderen Möglichkeiten» schien ihm Matthias Sindelar.

Matthias Sindelar ist ein Wiener Fußballmythos. Der elegante Stürmer, den die Zeitgenossen wegen seiner körperlosen Spielweise den «Papierenen» nannten, war im Weltmeisterschaftsjahr 35 Jahre alt. Er war der strahlende Prototyp dessen, was in der Kickerwelt als Wiener Fußballschule galt. Beim «Verbrüderungs»-Spiel am 3. April in Wien war Sindelar, der einst die zentrale Figur im Wunderteam der Österreicher gewesen war, noch einmal zu großer Form aufgelaufen. Angeblich war es auch den Österreichern von oben her nahegelegt worden, möglichst keine Tore zu schießen gegen die Deutschen, so hieß es jedenfalls in Wien. Zumindest sollten diese Gerüchte erklären, warum er in der ersten Halbzeit eine Reihe von hundertprozentigen Torchancen vergeben hatte. In der zweiten Hälfte hielt es ihn aber nicht mehr, und er verwandelte einen Abpraller zum 1:0. Nach dem 2:0 durch seinen Freund Sesta zog Sindelar vor die von den Nazigrößen okkupierte Ehrentribüne und führte wahre Freudentänze auf.

Sindelar, dessen «Elend» unterm Hakenkreuz der Fußballhistoriker Dietrich Schulze-Marmeling erzählt, war ein Arbeiterkind aus dem Wiener Stadtteil «Favoriten». Ende des 19. Jahrhunderts waren in Favoriten ausgedehnte Ziegeleien mit riesigen Barackenanlagen entstanden, später auch andere Fabriken, in denen vorwiegend aus Böhmen und Ungarn stammende Arbeiter unter menschenunwürdigen Bedingungen hausten und arbeiteten. Auch die Sindelars waren Zuwanderer. Mit seinem Ballzauber und seinem melancholischen Charme inspirierte der schmächtige Sindelar, von Beruf zunächst Autoschlosser, die Intellektuellen an der Donau zu lyrischen Hochgesängen. Er galt als der Kunsttischler unter Holzfällern – ein Virtuose, der Fußball zu einer geistvollen Kunst erhoben hatte. Friedrich Torberg, der Wiener Schriftsteller, feierte ihn in einem Gedicht nach seinem Tode:

«Er spielte Fußball wie kein zweiter,
er starb voll Witz und Phantasie

Er spielte lässig, leicht und heiter,
er spielte stets, er kämpfte nie.»

An diesen Matthias Sindelar dachte Herberger, als er sich an den Gedanken zu gewöhnen begann, daß Szepan sich wohl nicht in bessere Form und auch nicht in eine bessere Haltung bringen dürfte. Er beschloß, nach Krefeld zu fahren, wo zufällig am nächsten Tage Austria Wien gegen eine deutsche Mannschaft antrat. Sindelar spielte mit.

Es war nicht die erste Begegnung der beiden Männer. Herberger hatte schon in Wien mit einigen Sportfunktionären geredet und auch mit Sindelar selbst. Dieser hatte «im persönlichen Gespräch darum gebeten, nicht in den Weltmeisterschaftskader nominiert zu werden. Dabei hätte ich ihn gerne dabeigehabt.»

In Krefeld versuchte es Herberger noch einmal, vergeblich: «Er hat sich auch dabei als der feine Kerl gezeigt, als den ich ihn kannte und als der er in Fußballerkreisen geschätzt und verehrt wurde. Er bat um Verzicht auf ihn. Wie schon in Wien! Als ich immer wieder versuchte, gewann ich den Eindruck, als ob er noch andere Gründe hätte abzusagen. Fast hatte ich den Eindruck, als ob es Unbehagen und Ablehnung im Zusammenhang mit der politischen Entwicklung wäre, die ihn bedrückten und seine Ablehnung veranlaßten. Schließlich gab ich mich zufrieden. Ich glaubte ihn zu verstehen. Er war wie erlöst, als ich ihm dies sagte.»

Knapp zwei Jahre später, am 23. Januar 1939, schied Matthias Sindelar aus dem Leben. Im Polizeibericht war von «Tod durch Kohlenoxyd» die Rede. Der Abzug seines Ofens war verstopft gewesen, so daß das tödliche Gas nicht entweichen konnte. Mit Sindelar starb auch seine Lebensgefährtin. Die exakten Umstände ihres Todes konnten nie geklärt werden, da die Polizeiakten in den Kriegswirren verschwanden. Eine Vermutung lautete, daß es sich nicht um einen Unfall, sondern um einen politisch persönlich motivierten Selbstmord gehandelt habe, eine romantisch verklärte Vermutung.

Herberger, der nach seiner Rückkehr nach Duisburg glaubte, daß es nun ruhiger würde und seine Arbeit auf einem zwar im Grunde unerwünschten, aber doch langsam erfolgreichen Wege voranginge, wurde durch den Besuch seines formal noch immer amtierenden Chefs Otto Nerz eines Besseren belehrt, der auf dem Wege nach England in Duisburg Station machte und unerwartete Nachrichten brachte: Das lange vorher geplante Länderspiel in Berlin gegen England am 14. Mai solle auf deutscher Seite von der alten Breslau-Elf bestritten werden, während am nächsten Tag, dem 15. Mai, die ehemalige österreichische Nationalmannschaft zu einem Testspiel gegen die Profis von Aston Villa antreten werde.

Herberger glaubte, nicht recht gehört zu haben. Ursprünglich sollten beide Begegnungen Testspiele der gemischten Elf für Paris sein. Jetzt keimten in ihm für einen Augenblick die alten Hoffnungen und Wünsche wieder auf. Sollte er nun doch recht behalten? Sollte nun doch seine alte These «getrennt marschieren, vereint schlagen» zu ihrem Recht kommen?

Nerz wies aber schnell darauf hin, daß die Entmischung nur in Berlin stattfinden sollte. Für Paris heiße die Devise weiterhin: gemischte Mannschaft in paritätischer Zusammensetzung. Ein fassungsloser Herberger wußte nun überhaupt nicht mehr, wo es langging. Als er nicht nachließ zu fragen, was denn das alles solle, empfahl ihm Nerz, der bei alledem – wie Herberger irritiert bemerkte – «kühl bis ans Herz hinan blieb», sich doch an Herrn Stenzel zu wenden. Vielleicht ließe sich ja mit dem reden.

Herberger stöhnte: «Das klang ja heiter.» Arthur Stenzel kam zwar ursprünglich aus den Reihen der Fußballer, aber nun war er Schatzmeister des Reichsbundes für Leibesübungen. Von ihm hatte Herberger gerade einen besonders knickrigen Brief erhalten, worin ihm großzügig gestattet wurde, daß von seinen 38 Kursteilnehmern auch jene zehn mit nach Berlin fahren dürften, die vermutlich nicht in einer der beiden Auswahlmannschaften zum Einsatz kommen würden.

In dem Brief stand aber weiter: «Sehen Sie bitte zu, daß diese Teilnehmer nach Berlin mit einem Sonderzug fahren können, damit die Kosten der Reise verbilligt werden. Ich glaube, Sie haben nichts dagegen einzuwenden, wenn wir für diesen Ausnahmefall nur das Fahrgeld III. Klasse genehmigen. Ich bitte aber, darauf hinzuweisen, daß eine Teilnahme am Essen am Sonnabend anläßlich des Englandspiels nicht in Frage kommen kann. Die Unterbringung kann im Russischen Hof erfolgen, so daß wir 39 Personen für Sie dort unterbringen und verpflegen werden. Die Verpflegung der 10 an dem Spiel nicht beteiligten Kursusteilnehmer erfolgt mit den an den Spielen beteiligten Mannschaften zusammen. Wenn die zehn an dem Spiel nicht beteiligten Kursusteilnehmer aber mit dem Sonderzug nach Berlin kommen, dann müssen sie auch mit dem Sonderzug die Rückreise antreten.» Wütend schrieb Herberger an den Rand: «Nicht zu glauben. Für solche Großzügigkeiten muß man auch noch danke sagen.»

Dieser Herr Arthur Stenzel hatte offenbar «in Wahrnehmung seiner Interessen» auch durchgesetzt, daß die Mannschaften in Berlin getrennt auftreten sollten, weil er sich davon höhere Einnahmen versprach. Daß damit noch einmal alles aufgerissen wurde, was gerade überwunden schien, daran hatte offenbar niemand gedacht.

Auch Otto Nerz nicht? Herberger grübelte ohne Ergebnis, warum sich der, dem das alles auch nicht passen konnte, nicht dagegen gewehrt hatte. Manches deutete darauf hin, daß er keine starke Position mehr hatte. Sein Sohn erzählt heute, Otto Nerz sei in dieser Zeit sogar mit einem Lehrverbot belegt worden. Er selbst sagte in Duisburg nur, der Reichssportführer habe das so entschieden, weil er das auch Herrn Dr. Rainer in Wien versprochen habe. Dieser, jetzt Gausportführer von Österreich, berufe sich auf diese Zusage.

Das konnte doch nicht die ganze Wahrheit sein. Wieder nur Weisungen von oben? Und Nerz sollte dem stillschweigend zugestimmt haben? Wollte er sich als Direktor an der Akademie und als Professor an der Uni nicht mehr exponieren? War es Revanche für ein ihm vermeintlich zugefügtes Unrecht? Otto Nerz lächelte und schwieg. «Du mußt dir fürs Leben merken», riet er in diesen Tagen feixend dem Stuttgarter Gautrainer Pahlke, «daß man immer in Fahrtrichtung abspringen muß.» Mitte Mai schrieb er einen Brief an den Reichssportführer mit der Bitte, ihn von seinen Pflichten im Fachamt Fußball zu entbinden. Die Ernennung zum Professor für Pädagogik der Leibeserziehung und des Sportes an der Reichsakademie für Leibesübungen legten ihm so viele Verpflichtungen auf, daß er daneben seine Aufgaben im Fachamt Fußball nicht mehr wie bisher durchführen könne.

Erst Tage später, mit dem Datum vom 30. Mai 1938, schrieb Nerz seinem Nachfolger und ehemaligen Schüler und Freund Josef Herberger nach Duisburg einen etwas persönlicher klingenden Brief voller kryptischer Andeutungen: «Lieber Herberger! Nun bin ich wieder im Lande und habe meine Arbeit wiederaufgenommen. Sie werden nun aus der Zeitung erfahren haben, was ich Ihnen in Berlin nicht sagen konnte, da Verschwiegenheit Ehrenpflicht für mich war. Ich sah den Lauf der Dinge so voraus und habe es ja auch s. Zt. in dem Brief an Sie angedeutet. Nun war der Zeitpunkt gekommen, wo ich mich zurückziehen konnte, ohne mich und andere zu belasten. Das hätte nur der Sache geschadet, und das wollte ich auf jeden Fall vermeiden. Was für eine Aufgabe Ihnen bevorsteht, wissen Sie selbst am besten. Ich wünsche Ihnen viel Glück und versichere Sie, daß ich Ihnen zu jeder Hilfe, die Sie einmal benötigen sollten, zur Verfügung stehe. Mein Ausscheiden erfolgt ohne Groll. Ich habe Arbeit in Hülle und Fülle und kann in eigenem Stil ans Werk gehen.

Dafür habe ich gekämpft. Ich weiß, daß Sie als Fachmann und als mein Schüler dort anknüpfen und weiterbauen, wo ich aufgehört habe. Vorwärts und nicht stehenbleiben!

Ich bitte Sie, grüßen Sie die Nationalmannschaft von mir. Kameradschaft und fanatischer Einsatz ist notwendig zum Erfolg. Den wünsche ich Euch allen von Herzen bei den Kämpfen, die vor Euch stehen. Ich werde wenigstens im Geiste bei Euch sein! Sieg Heil! Heil Hitler! Nerz.»

Daß es so etwa laufen würde, mußte Josef Herberger schon nach dem Duisburg-Auftritt seines Vorgängers geahnt haben. Spätestens aber, als es ihm gelungen war, endlich auch Felix Linnemann in Stettin ans Telefon zu kriegen, stand ihm eine weitere Überraschung bevor: «Linnemann wußte nämlich gar nichts von diesen Entscheidungen, England gegen Altreich und Aston Villa gegen Österreich.» Herberger: «Ich spürte Linnemanns Verlegenheit! Was mag er in diesem Augenblick wohl gedacht haben? Wie bitter mußte es für ihn sein, von mir und durch mich Entscheidungen zu vernehmen, die doch in erster Linie zum Bereich seiner Zuständigkeit gehörten.»

Es wurde Herberger immer deutlicher, daß allein die Sportpolitiker das Sagen hatten und daß auf engem Draht zwischen Berlin und Wien Entscheidungen getroffen wurden, die eigentlich seinem Notizbuch hätten entspringen müssen. Herberger sah sich dabei in seiner Vermutung bestärkt, daß es weniger direkte Weisungen von oben waren, sondern vielmehr «aus Liebedienerei und Anbiederung» an die Politik solche Entscheidungen fielen. Wie auch immer – die ganze Wahrheit hieß: Linnemann und Nerz waren ihm keine Hilfe. Sie hatten kein Stimmrecht und wenig Einfluß. Und sie waren immer zustimmungsbereit. Und er, Josef Herberger, wurde nicht einmal gefragt.

Das sportliche Desaster, das sich aus dem politischen Größenwahn ergab, nahm bald seinen Lauf. Es begann mit einer klaren 6:3-Niederlage der deutschen Mannschaft gegen England im Berliner Olympiastadion. In der leicht modifizierten Breslau-Elf kickte immerhin zum ersten Mal ein Österreicher mit, der Stürmer Pesser. Die Deutschen hatten keine Chance, denn die Engländer – ohnehin natürlich favorisiert – spielten mit wildem Ingrimm, weil ihnen ihr Botschafter, Sir Neville Henderson, empfohlen hatte, während der Eröffnungszeremonie den Nazigruß zu entbieten – obwohl Hitler, mit dessen Anwesenheit die Briten gerechnet hatten, es nach seinen schlechten Erfahrungen mit der deutschen Fußballnationalmannschaft bei den Olympischen Spielen vorgezogen hatte, auf dem Obersalzberg zu bleiben. In der Führerloge des Olympiastadions waren aber auch ohne ihn ungewöhnlich zahlreich Naziprominente versammelt – mit Göring, Goebbels und Hess waren die Spitzen von Partei und Staat anwesend.

Sie sahen einen groß aufspielenden Stanley Matthews. Der später geadelte Rechtsaußen der Engländer hatte entscheidenden Anteil am Erfolg. Seine Äußerungen ließen erkennen, wie politisch motiviert Fußballer sein können: «Kein Sieg hat jemals süßer geschmeckt als der von Berlin, als wir die Nazis 6:3 verdroschen. Es bestand für uns kein Zweifel, daß die Deutschen mehr als alles in der

Welt dieses Match gewinnen wollten. Aber auch wir, die wir sonst ein Länderspiel nur als gewöhnliches Wettspiel betrachten, waren nie vorher so mit dem Herzen dabei. Widerstrebend erbrachten wir den Hitler-Gruß. Dieser Zwang stachelte uns zwar auf, aber ich schäme mich heute noch, wenn ich dieses Foto ansehe.»

Die kurze Zeit, da deutsche Sportler im Ausland für das Hitler-Regime gut Wetter machen konnten, war vorbei. Die Zeit, da deutsche Sportler sich das Gegenteil einzureden vermochten, auch. Bei der Weltmeisterschaft in Paris sollte die Herberger-Truppe das knüppeldick zu spüren kriegen.

Diejenigen Auserwählten, denen «die hohe Ehre» zuteil wurde, Deutschland bei der Weltmeisterschaft am 1. Juni 1938 zu vertreten, wurden vom Reichstrainer in Duisburg auf die Aufgabe eingestimmt, als sollten sie Paris im militärischen Handstreich erobern. «Höchster Einsatzwille und unübertreffliche Kameradschaft müssen sich vereinen und ein festes Band um uns alle schlingen. Einsatz und Kameradschaft: zwei Dinge, die eng zusammengehören im Mannschaftskampf.» Das klang, als sollte nicht die Schweizer Fußballnationalmannschaft, sondern die Eidgenössische Armee besiegt werden. Von letzter Hingabe mit ganzem Herzen und letzter Willenskraft redete Josef Herberger. Jeden einzelnen müsse ein unbändiger Wille treiben – «nämlich der unverkennbare Wille unserer elf Mannen, die auserwählt sind, die Farben unseres Vaterlandes zu vertreten, der Wille des Einsatzes, der letzten Kraft für das Ansehen unseres Vaterlandes». Dann folgte der – vergleichsweise kleinlaute – Hinweis, daß mit viel Zuschauerunterstützung nicht gerechnet werden dürfte. Im Gegensatz zur Schweiz könnten sich die Deutschen keine Extrazüge leisten. «Wir sind ein devisenarmes Land!!!»

Das war auch einer der Gründe, warum die deutsche Mannschaft nicht frühzeitig nach Paris fuhr, um sich dort einzugewöhnen, sondern in Duisburg blieb und erst einen Tag vor dem Spiel, am Freitag, den 2. Juni anreiste. Und zwar in kleinster Besetzung: mit 15 Spielern, einem Trainer, einem ortskundigen Führer und einem Masseur.

Neben den fehlenden Devisen hat vor allem die Sorge vor feindseliger Aufnahme im Ausland mitgespielt. Der deutschen Elf schlug Ablehnung entgegen, die Zuschauer in Paris hatten kein gutes Bild von ihren Nachbarn im Osten. Der Reichsadler, der aggressiv die Weltkugel umkrallte, begann zum bedrohlichen Symbol zu werden. Noch war die Einverleibung Österreichs frisch in Erinnerung. In Spanien bombte die Legion Condor im Bürgerkrieg. Und die Schweizer, deren Zuschauer zu Tausenden ihre Elf gegen die Deutschen anfeuerten, hatten schon ein Jahr zuvor den Hakenkreuzfähnchen schwingenden deutschen Schlachtenbummlern in Zürich gezeigt, was sie von den Nazis und ihren Gefolgsleuten hielten.

«Infolge der maßlosen Hetze», die in der Schweiz gegen Deutschland getrieben werden dürfe, klagte die Geheime Staatspolizei in Stuttgart damals in einem Bericht an Berlin, würden Fußballänderspiele «zu politischen Demonstrationen mißbraucht». «Die Deutschen würden in der Schweiz nicht als Gäste, sondern als Fremde fast allgemein frostig behandelt. Auf dem Hauptbahnhof und in der Stadt wurden Hakenkreuzfahnen demonstrativ zerrissen. Frauen fuhren sich damit über das Gesäß. Flugblätter, verfaßt von Heinrich Mann und solche, die sich auf den Krieg in Spanien bezogen, wurden geworfen.»

Deutsche Fans, die mit wehenden Hakenkreuzfahnen die Grenze überquert hatten, wurden heftig empfangen: «Von Winterthur bis fast nach Frauenfeld waren die Straßen von einer dichten Menschenmenge umsäumt, die die Wagen mit Schotter, Tannenzapfen, faulen Äpfeln, Bananenschalen und dergleichen bewarf, die Deutschen beschimpfte, laut johlte, die Wagen bespuckte, pfui, Rotfront und Freiheit schrie, dann Saupack, Sauschwaben und Hitlerpack, die Zunge herausstreckte, lange Nasen machte und der Straße das Gesäß zustreckte. Eine johlende Menschenmenge versuchte, jedem vorübergehenden Auto die Hakenkreuzfahne mit Stöcken herunterzuschlagen, leider sehr häufig mit Erfolg.»

In Paris erhielten die Schweizer Fans nun lebhafte Unterstützung von den Einheimischen. Es war das 22. Spiel zwischen Deutschland und der Schweiz. Aber noch nie hatten die Zuschauer so leidenschaftlich Partei ergriffen wie in diesem Match. Die Deutschen schwenkten auf den Rängen ihre Hakenkreuzfahnen und feuerten ihre Mannschaft an, die aber kein Verständnis untereinander entwickelte. Nichts ging fußballerisch zusammen, wie es politisch sollte.

Die Schweizer standen genauso besessen hinter ihrer Mannschaft, und als das Spiel immer härter wurde, als es in der Verlängerung immer noch 1 : 1 stand, gifteten sich beide Seiten fanatisch an. So waren die Nachbarländer beim Fußball noch nie aneinandergeraten, und diesmal verhielten sich die Franzosen keineswegs neutral. Flaschen flogen, auch Eier und Tomaten. In der Verlängerung wurde der Wiener Linksaußen Pesser von dem Züricher Verteidiger Severino Minelli, wie schon oft zuvor, hart genommen. Pesser revanchierte sich mit einem Foul, und der belgische Schiedsrichter schickte ihn vom Platz. Er wurde angespuckt. Das Spiel – es endete 1 : 1 – drohte aus den Fugen zu geraten.

Fünf Tage später, bei der Wiederholung am 9. Juni 1938, wurde es noch schlimmer. Die Deutschen und Österreicher wurden vom Pariser Publikum schon mit Pfiffen empfangen. Die Schweizer hatten einen ähnlichen Taumel auf den Rängen organisiert wie 24 Jahre später die Schweden in Göteborg. Die großdeutsche Elf verlor 2 : 4 und schied aus. Anschließend sagte Herberger – der aber eher wie ein Sieger auftrat, nicht wie ein Gebrochener –: «Wir haben in einem tobenden Hexenkessel verloren, indem sich alles gegen uns verschworen hatte. Glauben Sie mir, es war eine furchtbare Schlacht, es war kein Spiel mehr.»

Und die «Neue Zürcher Zeitung» schrieb: «Das Fußball-Match Schweiz–Deutschland hatte über die sportlichen Kreise hinaus Interesse geweckt, und sein bemerkenswerter Verlauf darf wegen der psychologischen Rückwirkung auf das Pariser Publikum auch unter der politischen Rubrik verzeichnet werden.»

Nach dem ersten Spiel war die Bestürzung im deutschen Lager so groß gewesen, daß sich Herberger zu einer Radikalkur entschloß. Während die Schweiz zum Wiederholungsspiel am 9. Juni in unveränderter Aufstellung antrat, wurde die deutsche Mannschaft völlig umgekrempelt. Es gab Umstellungen in allen Mannschaftsteilen,

Änderungen auf sieben Posten, der Angriff bis auf Lehner wurde neu formiert. Von den Wiener Spielern blieben Schmaus, Mock und Pesser draußen, Skoumal, Stroh und Neumer kamen herein. Herberger und Linnemann schütteten das Kind mit dem Bade aus.

Nach der zweiten Niederlage in Paris endete das Resümee des Reichstrainers mit dem Satz: «Die Österreicher müssen noch sehr vieles lernen! (...) Dem Spiel der meisten unserer österreichischen Kameraden fehlte ein ordentlicher Schuß Kraft und körperlichen Einsatzes. Der Niederschlag meiner Erfahrungen aus all den Wochen meiner Zusammenarbeit mit den Österreichern ist der, daß sie im Spiel lieber resignieren als einen Sieg erkämpfen und erzwingen. Und Weltmeisterschaftskämpfe gewinnt man nicht ohne verbissenen Einsatz und zähen Kampf um jeden Zentimeter und jeden Ball.»

Auf eine irritierende Weise wirkte Herberger nach dem Debakel von Paris zornig und zugleich erleichtert. Die Wut kam aus der Niederlage, verloren hat er sein Leben lang nicht gern. Die Erleichterung entsprang aber paradoxerweise der gleichen Wurzel: Nach all seinen sportlichen Erfahrungen, nach allen Regeln der Vernunft und Logik, durfte die zusammengewürfelte großdeutsche Truppe in Frankreich einfach keinen Erfolg haben.

Auf zwei Punkte konzentrierte Reichstrainer Herberger im Anschluß an die Pariser Pleite seine Anstrengungen. Er versuchte das Spielniveau in Deutschland zu heben und die Österreicher besser einzubinden.

Mit den Vorarbeiten für den ersten Punkt hatte er gleich nach Amtsantritt begonnen, jetzt verstärkte er seine Bemühungen. Sonderlich preisenswert hatte er den Zustand des deutschen Fußballs trotz aller internationaler Erfolge schon vor Paris nicht gefunden. Das Fachamt Fußball war der Dachverband von 16 Gauen. Jeder Gau hatte in seiner oberen Spielklasse zehn Gauligavereine. Der Deutsche Fußball-Bund führte also insgesamt 160 Ligavereine. Die Folge davon war, laut Herberger, daß es weder die Spieler der Nationalmannschaft noch die nachwachsenden und aufstrebenden Talente nötig hatten, sich zu höchsten Anstrengungen aufzuraffen.

Sie ragten ohnehin aus der Mittelmäßigkeit ihrer Umgebung spielend und strahlend heraus.

Immer wieder hatten deshalb sowohl Nerz als auch Herberger an Linnemann die Idee einer Reichsliga herangetragen. Immer gegen Ende der Herberger-Besuche begann Linnemann sich nach diesem Lieblingsthema zu erkundigen. «Bei all meinen Vorstößen in dieser Sache», erinnerte sich Herberger, «setzte Linnemann sein undurchdringliches Pokergesicht auf. Er wußte zu schweigen, wenn er Sachen in sich wälzte, die noch nicht spruchreif waren. Man mußte ihn eben genau kennen», schrieb Herberger, «um zu wissen, woran man mit ihm war.» Und richtig – gegen Ende 1937, Anfang 1938, sei Linnemann dann «auf einmal mit einem fix- und fertigen Papier aus der Tasche» gekommen, auf dem die kommende Reichsliga Gestalt annahm. Der Krieg verhinderte die Verwirklichung.

Herberger griff, um dem Notstand abzuhelfen, zunächst einmal auf das System zurück, das er bereits beim Westdeutschen Fußballverband eingeführt hatte. Rund 30000 Mannschaften spielten damals im Reich. Herberger ordnete Kreislehrgänge an, zog dann die Nachwuchsspieler zu Gaulehrgängen zusammen, an denen er auch teilnahm. «Die alte Garde war bei mir bestens bekannt, die Jungen galt es zu suchen, zu finden, auszuwählen und an den Stamm unserer Mannschaft heranzuführen.» Zu den Kreislehrgängen, zu denen jeweils etwa 35 Teilnehmer eingeladen wurden, würden in jedem Gau etwa 500 Teilnehmer kommen. Die Gesamtsumme der in 16 Gauen erfaßten Spieler belief sich, so berechnete Herberger, demzufolge auf 500 Teilnehmer × 16 Gaue gleich 8000 Teilnehmer. Das Fachamt gab sogar 10000 an.

Für Herberger hieß das, daß er mit ungefähr 400 jungen Talenten im Jahr rechnen konnte. Er liebte diese Arbeit, die ihm so gut wie keine Zeit für ein Leben neben dem Fußball ließ. Für ein Jahresgehalt von 8400 Mark hetzte der Reichstrainer im Lande umher und wärmte sich an den Flammen des Eifers und des Ehrgeizes, die er entfachte: «Es ging heiß her in diesen Lehrgängen. Jeder einzelne der zur Teilnahme Berufenen war sich darüber im klaren, worum es dabei ging. Nicht allein der Platz in der Gau-Mannschaft stand auf dem Spiele, es winkte darüber hinaus noch eine weit höhere Chance: eine Berufung in den Kreis der Nationalmannschaft.»

Das war die Zeit, in der Herbergers legendäres Markenzeichen in Erscheinung trat – sein Notizbuch. Herberger nahm an vielen dieser Talentkurse und Nachwuchsauswahllehrgänge teil, die von den Gautrainern Ludwig Leinberger, Schorsch Knöpfle, Karl Hohmann und anderen abgehalten wurden, und er notierte sich, wer und was ihm auffiel. Bald schon wurde dieses Buch so etwas wie ein symbolisches Signal. Millionen von Fußballern haben sich innerhalb von 30 Jahren gewünscht, irgendwann einmal darinzustehen oder vielleicht aufzurücken, um Nationalspieler zu werden, gleich ob in einem normalen Länderspiel oder bei einer Weltmeisterschaft.

Niemand durfte zu Amtszeiten des Trainers in das Buch hineinsehen. Namen waren darin verzeichnet, Mannschaftsaufstellungen, aber auch viele Dinge, die «zur Familie unserer Nationalmannschaft gehörten». Herberger hat dieses Buch, das ein Ringbuch war mit auswechselbaren Blättern, über seine 361 Aktenordner verstreut. Manche Notizen sind im nachhinein kaum noch zu entziffern und in einen Zusammenhang zu bringen. Andere sind von wünschenswerter Klarheit. Eines aber kommt darin fast nie vor: nämlich er selbst und die Belange seiner eigenen Familie.

Daß er beispielsweise im Mai 1937 mit seiner Frau Eva aus der Kleiststraße 43 in Duisburg-Hamborn nach Berlin in die Bülowstraße 89 umzog, kann sich nur als Begleiterscheinung irgendeines Länderspieles zugetragen haben. In einem Brief an Linnemann im März 1937 hatte er geschrieben: «Es käme mir sehr gelegen, wenn Berlin als Ort für den April-Lehrgang gewählt würde, weil ich dann auch gleich einmal wieder nach einer Wohnung Ausschau halten könnte.»

Das zweite Ziel, das er sofort nach dem WM-Debakel anging – mit bemerkenswerter Entschiedenheit und nach anfänglichen Störmanövern und Quengeleien mit unbestreitbarem Erfolg –, war die endgültige Eingliederung der Wiener in die deutsche Fußballnationalmannschaft. Mit der Tatsache eines Zwei-Nationen-Teams fand er sich ab. Doch sorgte er dafür, daß seine alte These – «getrennt marschieren und vereint siegen» – Wirklichkeit wurde.

Bei seinem Versuch, die unterschiedlichen Auffassungen von Spielsystemen, die Österreicher und Deutsche bevorzugten, miteinander in Einklang zu bringen, entwickelte er ein probates Mittel: Bestand der Deckungsverband in der Überzahl aus Österreichern, ließ er mit offensivem Mittelläufer spielen. Hatten die Deutschen den größeren Anteil, ordnete er das WM-System an. Seine Methode hatte Erfolg: Der Zusammenhalt zwischen den Spielern wuchs. Insgesamt 116 Nominierungen in 52 Länderspielen ergingen in den Jahren bis zum Ende dieses großdeutschen Experiments an österreichische Spieler. Aber Herbergers berühmtes Notizbuch, das inzwischen schon vollgeschrieben war mit vielversprechenden Namen aus allen Ecken des Reiches, enthielt, was die Wiener anging, zu deren Ärger vor allen Dingen Stürmer. Die Wiener, immer noch darauf pochend, daß ihnen eine Sonderstellung angemessen sei, fanden sich überhaupt schwer damit zurecht, daß Herberger die Ostmark als einen von 18 Gauen behandelte und nicht anders. Sie nörgelten, weil in 13 von 52 Länderspielen überhaupt keine Wiener dabei waren und in 33 überwiegend «Altreich»-Fußballer, wie das in Wien hieß. Als der Wiener Funktionär Janisch einmal gegen die Auswahl protestierte, fuhr ihn Herberger an: «Lassen Sie mal die Aufstellung ganz allein meine Sorge sein.»

Sepp Herberger kannte sich inzwischen aus im Machtgerangel der braunen Sportführung. Ihm imponierten die Oberen vom Fachamt sowenig wie die Bonzen aus der Provinz. Im Durcheinander nach dem Anschluß hatten sich die meisten als Mitläufer und Ich-auch-Sieger zu erkennen gegeben. Herbergers Verachtung war unverkennbar. Selbst Felix Linnemann nannte er jetzt für sich «ein schwankendes Rohr».

Im Gezerre um die neue Machtverteilung nach dem endgültigen Ausscheiden von Otto Nerz – und einem mißlungenen Anlauf des eitlen und ehrgeizigen Ex-Nationalspielers Karl Zörner, der sich zum Stellvertreter Linnemanns und zum Nerz-Nachfolger als Spielausschußvorsitzender hochzudrängeln versuchte – notierte sich

Herberger Anfang 1939 zufrieden: «In Wahrheit hatte ich das Steuer in der Hand.» Das verdankte er besonders dem Reichsbundfunktionär und Tschammer-Vertrauten Christian Busch, der Zörner als «ehrgeizigen Streber» (Herberger) entlarvt und ihn gegen dessen Pläne abgeschirmt hatte. Herberger schrieb: «Die Weichen sind gestellt!!! Während sich eine ganze Reihe in der Fußballführung noch Hoffnungen machten, sich gegenseitig bekämpften, konspirierten, war schon alles zu meinen Gunsten entschieden.»

Sepp Herberger, der Konspirator, der Strippenzieher, mit stark machiavellistischen Zügen. Er trumpfte auf, weil er sich der Sympathie der Obrigkeit sicher war. Von Kind an war ihm dieses Verhalten eigen. Stets neigte Herberger dazu, sich mit Autoritäten zu arrangieren und gleichzeitig eigensinnig die eigenen Interessen zu verfolgen, die keineswegs immer mit denen der Autoritäten identisch sein mußten. Das war eher ein angelernter Reflex auf übermächtige Machtstrukturen als kühle Berechnung.

Mehr und mehr brachte ihn diese Haltung während der Nazizeit aber in eine zwielichtige Position. Einerseits paktierte er ungeniert mit den Parteioberen im Reichsamt, andererseits ging er in seinem praktischen Verhalten deutlich zur Partei auf Distanz. Am Tag nach dem antisemitischen Pogrom vom 9. November 1938, der berüchtigten «Reichskristallnacht», riskierte er viel, als er in Karlsruhe versuchte, einen älteren Menschen zu schützen, offenbar einen jüdischen Mitbürger, der von einem Mob von SA-Leuten in Zivil verprügelt werden sollte. Herberger mischte sich ein und entging den Prüglern dann nur durch schnelle Flucht.

In seiner Rede zur Eröffnung des Lehrganges vor der Weltmeisterschaft mit den Österreichern mangelte es gewiß nicht an dröhnendem, patriotischem Schwulst und vaterländischem Getöse, und doch fehlte jeder Hinweis auf den Führer und seine nationalsozialistischen Ziele. Später würden alle seine Nationalspieler bekunden, daß Herberger sich in diesem Sinne nicht ein einziges Mal hervorgetan habe.

Josef Herberger war 41 Jahre alt, als er erlebte, wie seine erste große internationale Bewährungsprobe mit einer herben Enttäuschung endete. Das warf ihn nicht um. Aber er vergaß es auch nie. Fast könnte man sagen, den Rest seines Lebens, nicht nur seines Fußballerdaseins, widmete er den Schlußfolgerungen aus diesem Debakel. Er war – lange bevor er dann doch noch Fußballweltmeister wurde – ein Champion auf dem Gebiet der intriganten Diplomatie. Er wurde ein Trickser und Fintierer. Und er entwickelte sich zu einem Wunder an Beharrlichkeit und Sturheit beim Durchsetzen seiner Ziele.

Das Leben hatte ihn gewitzt gemacht. Hart war er immer gewesen. Jetzt wirkte er noch kantiger, körperlich topfit: Der Scheitel zog eine scharfe Schneise durch die kurzen Haare. In Tausenden sozialen Kontakten bei Trainingskursen und auf dem Spielfeld hatte er Menschen beobachten können, die sich im Kampf durchzusetzen versuchten. Er kannte sich aus mit Konkurrenz.

Er lernte, seine Unabhängigkeit bei der Nominierung und taktischen Einstellung von Fußballnationalmannschaften gegenüber jedem Druck von außen zu verteidigen – ob der nun aus der Politik, aus der Verbandshierarchie, von Vereinen, Geldgebern oder Freunden kommen mochte. Er sorgte vor und dachte nach. Sepp Herberger wurde listig, schlau, opportunistisch, giftig, bockbeinig. Mal brauste er auf, mal paßte er sich an, und manchmal entzog er sich auch durch Schweigen. Er lächelte. Er zürnte. Er redete seine Umwelt schwindelig. Aber nie verlor er seine Ziele aus den Augen. Immer blieb er am Ball – für jeden Kontrahenten war er fortan ein äußerst unbequemer Gegner.

«Seit 5 Uhr 45 wird zurückgeschossen»

Fußball und Krieg

Es war der letzte Freitag im August 1939. Die Sonne brannte heiß vom wolkenlosen Himmel. Hundstage. Durch das leere Berliner Olympiastadion hechelten um die Mittagszeit 15 Männer in Trainingsanzügen, die Spieler der deutschen Fußballnationalmannschaft trainierten vor ihrem Abflug zu einem Länderspiel gegen Schweden. «Es war eine höllische Schwitzkur», fand Herberger. Er hatte sie verordnet, weil auch das Spiel am Sonntag in Stockholm für 14.00 Uhr angesetzt worden war.

Wie immer hatte Herberger seine Männer schon vor der Anreise brieflich auf Touren gebracht: «Kameraden!» schrieb er ihnen am 1. August. «In wenigen Tagen beginnt die neue Spielzeit! Sie bringt eine Fülle schwerer Aufgaben für unsere Nationalmannschaft. Das erste Spiel führt uns gleich gegen einen spielstarken Gegner. (...) Sie zählen zu dem Kreis der Spieler, der die Mannschaft gegen Schweden stellt. Also, Kamerad! Die Nationalmannschaft ruft! Das Konditionstraining ist sofort aufzunehmen! Heil Hitler!» Detaillierte Trainingsanweisungen folgten in einem gesonderten Schreiben: «Startübungen, als Übungen zur Steigerung der Schnelligkeit. 100-Meter-Läufe zur Steigerung der Schnelligkeit und Gewinnung der Ausdauer. Pendelarbeit! (Die Schweden sind Meister im Kopfspiel.) Einwürfe üben! (...) An die Arbeit! Heil Hitler!»

Josef Herberger hatte viel vor mit dieser Truppe. In einem Jahr sollte sie bei den Olympischen Spielen in Helsinki die Scharte auswetzen, die Deutschlands Niederlage gegen Norwegen 1936 noch immer bedeutete. Das Team war auf gutem Wege. Auf einer Reise durch die nordischen Länder mit Spielen gegen Norwegen, Dänemark und Estland hatte es einen hervorragenden Eindruck hinterlassen. Das «Morgenbladed» in Oslo schrieb: «Deutschland zeigte einen Kampf, der in seinen großen Augenblicken weder von einer englischen noch von einer italienischen, noch von einer guten Wiener Mannschaft der früheren Jahre hätte besser geliefert werden können. Es war ein Tempo und eine Behendigkeit in dem Spiel und ein Vorwärtsdrängen, die bewirkten, daß sowohl unserer Mannschaft wie auch dem Publikum der Atem genommen wurde.»

Jetzt waren die meisten Spieler mit dem Nachtzug in Berlin eingetroffen und hatten sich im Hotel Russischer Hof versammelt, dem Stammquartier des Deutschen Fußball-Bundes seit eh und je. Die Stimmung in der Mannschaft war glänzend, so, «wie es bei hochtrainierten Spielern zu Hause ist, die in bestem Trainingszustand sind, voller Kraft und Saft stecken und die es für den Wettkampf wissen wollen», erinnerte sich Herberger und fügte hinzu: «Für drohende Wolken am politischen Himmel keine Anfälligkeit.»

Die Mannschaft ging am Nachmittag geschlossen in den Kaffeegarten der Kroll-Oper. Gut gelaunt schlenderten die Spieler danach zurück ins Hotel, ein ruhiges Haus direkt am Bahnhof Friedrichstraße, hinter dessen Vestibül ein kunstvoll beleuchteter Garten italienisches Flair verbreitete. Am Hoteleingang wartete Georg Xandry, der Generalsekretär des Deutschen Fußball-Bundes. Herberger vergaß diese Szene nie: «Ich sehe es noch, als ob es heute wäre, wie er uns langsam entgegenschritt, auf mich zukam, unter den Arm faßte, mich aus der Gruppe löste und mit mir zurückblieb. Das fiel an sich nicht weiter auf, weil es bei einer Aufgabe, wie die bevorstehende Reise nach Stockholm und das anstehende Spiel, immer Dinge zu besprechen gab. Die Spieler gingen also weiter und in das Hotel, während wir immer mehr zurückblieben.»

Noch ahnte Herberger nichts, da brach es aus Xandry heraus: «Das Spiel ist abgesetzt.» «Was?» fragte der Trainer. «Warum?» «Wegen drohender Kriegsgefahr.»

Herberger: «Ich fiel aus allen Wolken. Und während er noch frug, wie wir uns den Spielern gegenüber verhalten sollten, entschied ich, daß diesen vorerst auf keinen Fall etwas gesagt wird.» Dazu sei am Samstag früh – der Abflug nach Stockholm war für den

Nachmittag angesetzt – noch Zeit genug. Die übrigen Herren der Reisegesellschaft nach Stockholm wurden von Xandry entsprechend verständigt und ebenfalls zum Stillschweigen gegenüber den Spielern verpflichtet.

Am Abend zog die Mannschaft dann zu einer Boxveranstaltung in den Berliner Sportpalast, wo Gustav Eder boxte. Herberger kriegte nicht viel mit vom Geschehen im Ring.

«Drohende Kriegsgefahr! Meine Gedanken waren ganz woanders. Ich weiß nicht mehr, wer alles boxte. Ich saß in der letzten der für uns reservierten Reihen. Alle Spieler waren vor mir plaziert. Ich sah nur sie.» Direkt vor ihm saß Jakob Streitle, der gerade seine Dienstzeit ableistete, Herberger hatte ihn in telefonischen Verhandlungen mit seinem Kommandeur für dieses Länderspiel erst in letzter Minute loseisen können. Sechs seiner Vordermänner hatten gerade ihren Wehrdienst beendet. «Sie waren in wenigen Tagen wieder Soldat, wenn es ernst werden sollte; das galt auch für die anderen Spieler unserer Mannschaft.»

Wegen der strengen Geheimhaltung hatte Herberger die Hotelleitung angewiesen, alle eintreffende Post und Telegramme für ihn zu sammeln. Als die Gruppe ins Hotel kam, war er der erste am Empfang – ein Telegramm, das Streitles sofortige Rückrufung forderte, behielt er zunächst bei sich. Josef Herberger schlief nicht gut in dieser Nacht.

Am nächsten Morgen setzte Herberger die Mannschaft in Kenntnis. Die Enttäuschung über die Absage war groß, der Grund allerdings schien die Spieler kaum zu beunruhigen. Paul Janes war der erste, der in seiner trockenen Art reagierte: «Wenn wir das gestern gewußt hätten, dann hätten wir uns nicht im Trainingsanzug unter der Hitze so quälen müssen.» Und Urban fand: «Jetzt wird aber gefrühstückt.»

Dann allgemeiner Aufbruch. Die Schweinfurter Kupfer und Kitzinger brachte Herberger zum Anhalter Bahnhof, um 12.30 Uhr war er zu Hause, gerade rechtzeitig für einen Anruf von Dr. Xandry. «Sitzen Sie gut?» fragte der. Das Auswärtige Amt habe angerufen. «Wir wollen auf jeden Fall nach Stockholm, da war etwas schiefgelaufen!» Die Schweden wollten jetzt ein Flugzeug schicken. Aber Herberger lehnte ab: «Ich lasse mich auf nichts mehr ein.» Es wäre auch unmöglich gewesen, die Leute noch einmal rechtzeitig nach Berlin zurückzuholen, alle saßen bereits in ihren Zügen nach Hause. Im übrigen stand ihm jetzt der Sinn nicht mehr nach einem Spiel.

So, wie die Spieler die Nachricht über den drohenden Krieg zunächst mit einer völlig banalen Reaktion abgewehrt hatten, so versuchte auch Herberger, fast verzweifelt, an seiner Vorstellung von Normalität festzuhalten. Noch war ja nichts passiert. Daß Hitler den Überfall auf Polen im letzten Augenblick um eine Woche verschoben hatte, weil Mussolini nicht bereit war mitzuziehen, wußte damals niemand. Im Fachamt Fußball fehlte es nicht an den üblichen Schlaumeiern, die, wie Hans Wolz etwa, aus sicherer Quelle zu wissen behaupteten, daß es keinen Krieg geben werde. Am 27. August, an dem Sonntag, an dem das Länderspiel eigentlich hätte stattfinden sollen, berichtete Herberger seinem Chef Felix Linnemann von der Nachricht des Auswärtigen Amtes, daß «die Fahrt nach Stockholm gestattet, ja erwünscht» sei. Ein Rückruf der Spieler sei aber nicht mehr möglich gewesen, und das sei auch gut so gewesen, denn eine Konzentration auf das Spiel in Stockholm wäre unter diesen Umständen ohnehin nicht recht möglich gewesen.

Wie die meisten Deutschen nahm wohl auch Sepp Herberger den Krieg als schicksalhafte Fügung hin, «als eine Aufgabe, an der die Nation sich zu bewähren hat», wie Golo Mann schrieb, «gleichgültig, wie und warum sie gestellt wurde». Daß er aber von den Deutschen gewonnen werden könnte, hat der Reichstrainer nie geglaubt. «Von der ersten Minute an nicht», versicherte sein Neffe Johann, der ihn in diesen Monaten in Berlin oft sah.

Am folgenden Freitag, dem 1. September, war Herberger mit seiner Frau Eva auf dem Weg zum «Kranzler», wo sie endlich einmal gemeinsam Kaffee trinken wollten, als ihnen an der Straßenecke Unter den Linden/Wilhelmstraße der Führer und Göring im Auto begegneten. Herberger sah Hitler im ersten Wagen der Kolonne stehen, Göring in feldgrauer Uniform daneben. Herbergers setzten ihren Weg zum Kranzler fort, wo sie schon an der Tür merkten, daß der Cafébetrieb unterbrochen war. Alle standen, und dann tönte aus dem Lautsprecher Hitlers Stimme: «Seit 5.45 Uhr wird zurückgeschossen.»

«O Schreck! Wir standen, bis alles vorüber war. Keiner hätte gewagt zu gehen. Also doch! Alle Freude war dahin! Den Krieg hatten wir. Wie würden die anderen reagieren? Zwei Tage darauf wußten wir auch dies: England und Frankreich hatten den Krieg erklärt.» Um sich herum erlebte Herberger alle wie gelähmt: «Draußen tönte die geschürte Begeisterung der Straße und der Partei.» Auch er war geschockt. Aber irgendwie kannte er das nun schon – wieder einmal stand er vor der klassischen Situation seines Lebens: «Als meine Arbeit so weit war, daß sie Früchte bringen sollte, wurde sie von Grund auf zerstört. Zunächst einmal brutal gestoppt.»

Zwar machte ihm der schnelle Verlauf des Polenfeldzuges – Warschau kapitulierte am 27. September – dann noch einmal Hoffnung auf ein baldiges Ende des Krieges und die Wiederaufnahme friedlicher Arbeit, aber zunächst einmal waren alle Verbindungen zu seinen Leuten abgerissen. Seine Kicker trugen Uniform. Der größte Teil – zwischen 18 und 30 Jahre alt – war schon eingezogen worden. Nicht einmal er selbst konnte mit seinen 42 Jahren sicher sein, daß er um die Musterung herumkommen würde. «Es geht weiter!» feuerte sich Herberger in seinen Notizen an, aber das war mehr wie ein Reflex auf ein entscheidendes Gegentor als wirkliche Überzeugung. Am 3. September, an dem Tag, an dem in Deutschland die sogenannten Opfertagsspiele stattfanden, setzte er sich in den Zug und fuhr erst mal von Berlin nach Erfurt, Chemnitz und Magdeburg, um sich einen Überblick zu verschaffen, welche Spieler ihm denn überhaupt noch zur Verfügung stünden und wo und wie er die erreichen könnte. Am 5. September schrieb er an Linnemann: «Durch die bis gestern in Kraft gewesene Postsperre bin ich noch ohne jede Post von unseren Nationalspielern. Es sind nur noch wenige, die bis heute noch nicht unter den Waffen stehen. Von der Mannschaft für Stockholm sind Klodt, Streitle, Kupfer, Rohde, Gellesch, Conen, Urban, Flotho und Gauchel Soldat. Auch ich erwarte täglich meine Einberufung. (...) Mit bestem Gruß an Sie und Ihre Frau Gemahlin. Heil Hitler.»

Daß der normale Spielbetrieb weitergehen würde, konnte Herberger zu diesem Zeitpunkt nicht glauben. Überdies fühlten sich die markigen Redner der Sportführung nun im Wort: Stets hatte sie die nationale Dienstbarkeit der Leibesertüchtigung, ihren ausschlaggebenden Anteil an der körperlichen und geistigen Wehrhaftmachung der Jugend und des Volkes betont. Konnte nun, in der Stunde der Bewährung, da des Führers beste Sportler seine besten Soldaten sein sollten, wie von Tschammer mehrfach proklamiert hatte, an eine ungeschmälerte Fortsetzung des nationalen und internationalen Sportverkehrs gedacht werden?

Der deutsche Sport stand im Sommer 1939 gut da. Im Fußball, in der Leichtathletik, im Tennis und Boxen hatten die Deutschen hervorragende Ergebnisse erzielt, von Rudolf Harbigs Fabelweltrekord, 1.46,6 über 800 Meter, sprachen alle mit Bewunderung. Dennoch war für von Tschammer und von Mengden klar, daß sich der Sport den Erfordernissen des Krieges zu unterwerfen habe. An eine Fortsetzung der normalen Pflichtspiele und des internationalen Sportverkehrs dachten sie vorerst nicht.

Für von Tschammer und die Führung des Reichsbundes war das eine Selbstverständlichkeit. Die Symbiose von Sport und Krieg gehörte zu ihren «unumstößlichen Grundüberzeugungen». Der Sportler war Soldat. Wenn sie also zum «Weitermachen» aufriefen, dann bezog sich das ausschließlich auf den «Sport der Inneren Front». Der Sport sei ein «unerläßlicher Faktor der körperlichen, geistigen und seelischen Gesunderhaltung des Volkes im Kriege», tönte der Reichssportführer, «eine unerläßliche Voraussetzung für die Erziehung der Jugend zu Wehrkraft und Wehrwille». Reichssportwart Christian Busch erläuterte, was das im sportlichen Alltag bedeutete: «Nicht mehr im internationalen Wettkampf, nicht mehr bei Groß-Festen, nicht mehr bei Meisterschaften treten unsere Mannen auf den Plan, sondern dort, wohin sie der Führer und Oberster Befehlshaber der Wehrmacht berufen hat oder berufen wird. Es ist nicht die Zeit für sportliche Großkämpfe ...»

Da hatten die Kameraden Sportführer sich freilich getäuscht. Zur Überraschung aller Beteiligten ordnete Hitler am 12. September die vorläufige Fortsetzung der Arbeiten an den Olympiabauten in Garmisch-Partenkirchen an. Das mochte taktische Motive gehabt haben, es war aber auch Bestätigung für Außenminister Joachim von Ribbentrop, dessen Auswärtiges Amt sich schon kurz nach Ausbruch des Krieges dafür ausgesprochen hatte, die sportlichen Beziehungen zu den neutralen Nachbarstaaten aufrechtzuerhalten.

Hinter den Kulissen waren also die Weisungen zur Fortführung des internationalen Sportbetriebes schon ergangen. Carl Diem notierte sich am 15. September in seinem Tagebuch, daß er vom Reichssportführer mit der kommissarischen Leitung der Auslandsabteilung betraut worden sei, um deutsche Sportsmannschaften auf Auslandsreisen zu betreuen.

Tatsächlich reiste Diem, der kein Parteigenosse war, schon wenige Wochen später mit Herberger zu den Länderspielen der deutschen Fußballnationalmannschaft nach Bulgarien und Rumänien. Bis zu diesem Zeitpunkt war Diem fast ausschließlich mit olympischen Aufgaben betraut gewesen. Im Ausland genoß er den Ruf eines unpolitischen Fachmannes. Jetzt sah auch er sich im Dienste von Sport und Nation.

Nun mußte nur noch die deutsche Öffentlichkeit lernen, daß man zugleich Krieg führen und doch gut Freund sein konnte mit den meisten in der Welt. Das «12 Uhr Blatt» übernahm die Umerziehungsaufgabe: «Gewiß mußten unter dem Zwang der Stunde viele geplant gewesene internationale Treffen abgesagt werden. Doch soll auch in Zukunft mit den Nationen, die sich nicht von Juda und dem haßerfüllten britischen Krämergeist einfangen ließen, der Sportverkehr aufrechterhalten bleiben; denn gerade in Zeiten wie den augenblicklichen darf der Wert von Sportprüfungen für das Verständnis von Nation zu Nation nicht unterschätzt werden.»

Das Blatt kündigte an, daß die deutsche Fußballnationalmannschaft tatsächlich, wie vor dem Kriege geplant, am 24. September gegen Ungarn spielen werde. Den Reichstrainer stellte diese Aufgabe vor erhebliche Probleme. Noch am 13. September verschickte

Herberger ein fast verzweifelt klingendes Rundschreiben an die Gausportlehrer, in dem er auf das bevorstehende Länderspiel aufmerksam machte und darum bat, «unter den obwaltenden Umständen» eine Liste der für repräsentative Spiele in Frage kommenden Leute aufzustellen.

Zu den Männern, die ihn an jenem heißen Samstag in Berlin verlassen hatten, war zunächst jede Verbindung abgerissen. Trotz gegenseitiger Bemühungen kam es zu keiner Verbindung. Eine Postsperre und ein für Militärzwecke eingeschränkter Fahrplan behinderten alle Kontakte. Das zwang Herberger zunächst zum «Rückgriff auf die verbliebenen Zivilisten, deren Adresse ich hatte».

Aber nach und nach meldeten sich doch die alten Haudegen zurück. Die Mannschaft, die sich dann schließlich in Budapest einfand, machte auf dem Papier viel her. Große Namen waren dabei: Jakob, Janes–Schmaus, Kupfer–Goldbrunner–Kitzinger, Lehner–Gellesch–Schön–Szepan–Pesser. Aber Herberger schwante nichts Gutes. «Ach, wie bald schwinden Schönheit und Gestalt», seufzte er wieder, dazu unkte er: «Gestern noch auf stolzen Rossen ...» Er sah das Unheil kommen: Was brachten seine Männer denn an Spielpraxis mit? «Nur Privatspiele, die sicherlich so ganz nach dem Geschmack der Alten waren. Dabei wollte man gut aussehen und auch gewinnen, aber zerreißen mußte man sich nicht.»

Trotzdem war die Stimmung hervorragend. «Wir waren wieder zusammen! Trübe Gedanken wurden verbannt.» Selten so gelacht: Im Zirkus sahen die Deutschen ein Fußballspiel zwischen Hunden. In den Vororten aber drängten sich auf den Straßen die Flüchtlingswagen der heimatlos gewordenen Polen. Die Ungarn zeigten offene Sympathie mit den Flüchtlingen.

Das Spiel verlief dann so, wie Herberger geahnt hatte. Er berichtete: «Unsere Mannschaft begann im Tempo der Verlegenheitsspiele dieser ersten Kriegstage. Es gab sehr schnell ein böses Erwachen. Noch ehe wir uns versahen, hatten die Ungarn schon Oberwasser. Was ich befürchtete, trat ein. Nach 5 Minuten hieß es 1:0 für Ungarn. Und kaum drei Minuten später war uns Ungarn mit 2:0 davongelaufen. Drei Wochen früher wäre diese Mannschaft noch eine Wucht gewesen. Aber diese drei Wochen Krieg hatten alle und alles, was an Leistungsvermögen vorhanden war, narkotisiert.» Aus dem 2:1 zur Pause machten die Ungarn im weiteren Fortgang des Spieles in der zweiten Hälfte ein 3, ein 4 und bis zum Schluß noch ein 5:1.

Zunächst reagierte Herberger ziemlich gereizt auf diese Niederlage, als hätten die Spieler ihn durch mangelnden Leistungswillen persönlich gekränkt. Dann, in einem Brief an Linnemann vom 28. September, berücksichtigte er vor allem die Kriegsumstände: «Der Grund für unsere Niederlage in Budapest ist ein ganz naheliegender. Unsere Spieler waren nicht in der Kondition, die für ein gutes Bestehen dieses Kampfes die Voraussetzung gewesen wäre. Die Zeit der Vorbereitung war zu kurz; in unseren Vereinen ist das Training noch nicht wieder im Gange, so daß sich unsere Spieler Trainingsmöglichkeiten schaffen mußten, was nicht leicht und in einigen Fällen überhaupt nicht möglich war.»

Die Hallen, schrieb er, seien mit Getreide bis unter das Dach belegt, einige Plätze beschlagnahmt. «Der Versuch, die westdeutsche Gruppe in Duisburg an mehreren Abenden zusammenzufassen, schlug fehl. Die Schule ist als Lazarett eingerichtet.»

Noch später knüpfte Herberger an die Erfahrungen dieses Spiels grundsätzliche Überlegungen zum Thema «Kondition und Form»: «Dieser Leistungsabfall konnte eigentlich nicht überraschen. Die Kraft zur Leistung war sicherlich noch wie zuvor. Was fehlte, war die innere Freiheit. Die geistig-seelische Einstellung auf Höchstleistung war verdrängt. Die Kondition war nicht beseelt. Auf jedem einzelnen lastete der Krieg. Sie alle standen vor der Einberufung.»

Wenige Tage nach der Rückkehr aus Budapest war der Polenfeldzug beendet. Am 30. September wurde in Berlin das Tanzverbot wiederaufgehoben. In den Straßen bummelten aus Polen heimgekehrte Reservisten mit ihren Familien. Die geheimen «Deutschland-Berichte» der Sozialdemokratischen Partei registrierten aufgrund niedriger Verlustzahlen einen Umschlag der Gefühle von Angst auf Erleichterung. Es seien schließlich «nur 10000 gefallen, was macht das schon bei einem 90-Millionen-Volk?».

Von der Verdunkelung abgesehen war Berlin ohnehin «sachte und fast unmerklich in den Kriegszustand hineingetaucht», wie sich ausländische Beobachter wunderten. Zwar war der private Autoverkehr leicht eingeschränkt, aber die Straßenbahnen und Omnibusse, auf die auch Sepp Herberger angewiesen war, der in der Bülowstraße 89 eine verkehrsgünstige Dreizimmerwohnung im dritten Stock gemietet hatte, rollten fahrplanmäßig durch die Straßen. An den Kiosken hingen noch Zeitungen aus dem neutralen Ausland. In den Kinos liefen amerikanische Filme.

Die Presse brachte nach Abschluß des Polen-Feldzuges – der übrigens kaum einmal «Krieg» genannt wurde – wenig Sensationelles. Die Linie war klar: nur keine Beunruhigung. Daß auf Tabak ein Kriegszuschlag von 20 Prozent erhoben wurde, daß das Bier pro Liter 14 Pfennige teurer wurde, war ärgerlich genug. Doch begannen sich nach einer ersten Depressionswelle Restaurants und Cafés, Kinos, Theater, Varietés und Konzertsäle schnell wieder zu füllen. Die «Deutschland-Berichte» interpretierten den Hochbetrieb des geselligen Lebens als «ein Gefühl des Sich-treiben-Lassens». «Die Leute wollen ihr Geld ausgeben, da alles Sparen keinen Sinn mehr habe, und wollen auch nicht zu Hause sitzen, weil sie Ablenkung brauchen.» Und die deutsche Nationalmannschaft trat im Jahr des Kriegsbeginns zu 15 Länderspielen an – eine Rekordzahl.

Am 15. Oktober spielten die Herberger-Schützlinge in Zagreb gegen Jugoslawien und gewannen 5:1, eine Woche später folgte ein 2:1-Sieg gegen Bulgarien in Sofia. Dann stand, am 12. November, ein bißchen unerwartet, ein Spiel in Breslau gegen die Tschechoslowakei auf dem Programm, die aber nach der Einverleibung durch Großdeutschland inzwischen als Protektorat Böhmen und Mähren antrat. Das Spiel endete 4:4. Am 26. November folgte dann in Berlin ein 5:2-Sieg über Weltmeister Italien und am 3. Dezember in Chemnitz ein 3:1-Erfolg über die Slowakei.

War so schnell nach Beginn des Krieges im Sportbetrieb tatsächlich wieder Normalität eingekehrt? Kaum. Länderspiele wurden hektisch improvisiert. Manche kamen plötzlich dazu, andere wurden ebenso plötzlich abgesagt – immer waren politische Motive der

Anlaß. Sepp Herberger wurde von von Tschammer in diesen Wochen geradezu hofiert.

Mit Mühe versuchte der Reichstrainer sportliche Prioritäten durchzuhalten, die Distanz nicht aufzugeben. Am Abend nach dem Sieg in Zagreb über Jugoslawien wurden Xandry und Diem von den Jugoslawen bekniet, noch ein weiteres Spiel in Belgrad abzuschließen. An der 5:1-Niederlage seien die Kroaten Schuld gewesen, fanden die Serben. Das müsse korrigiert werden. Aus Berlin wurde Zustimmung signalisiert.

Herberger beriet sich mit seinem Altinternationalen Fritz Szepan, der auf dieser Balkanreise seine letzten Länderspiele machte. «Ein König unter den Spielmachern», fand Herberger bis zuletzt. Beide waren über diese Entscheidung überhaupt nicht glücklich. Zwar sah Herberger Fortschritte bei seiner Mannschaft, aber für ihn hatte sie immer noch nicht ihre konditionelle Höchstform wiedererreicht. Im übrigen hatten die Deutschen nicht einmal elf Feldspieler zusammen, Herberger hätte Torwart Jakob mitspielen lassen müssen.

Die Rettung kam dann von ganz anderer Seite: Der Polizeipräfekt von Belgrad verweigerte die Genehmigung. Angeblich, weil der Meldetermin nicht einzuhalten sei. In Wahrheit aber befürchteten die Belgrader Polizisten antifaschistische Demonstrationen wie nach einem Länderspiel zwischen Jugoslawien und Italien, wo es kurz vorher zu bösen Ausschreitungen gekommen war.

Noch eindeutiger politisch motiviert war das Spiel gegen Böhmen und Mähren in Breslau. Nach dem Einmarsch deutscher Truppen in Prag war der tschechische Sport international praktisch von der Bildfläche verschwunden. Die einzigen internationalen Partner im zweiten Halbjahr 1939 waren die Deutschen. Umgekehrt waren die Tschechen auch für die isolierten Deutschen eine zusätzliche Möglichkeit, international aufzutreten. Von Tschammer reiste nach Prag und erklärte, daß die Protektoratsverbände unter der Voraussetzung einer sogenannten loyalen Zusammenarbeit selbständig blieben. Für das erste «offizielle» Länderspiel zwischen dem Protektorat und Deutschland, das äußerst kurzfristig in den

Terminkalender eingeschoben wurde, bewilligten die Behörden sogar einen Sonderzug für 300 tschechische «Schlachtenbummler». Ursprünglich sollten die Deutschen an diesem Tag gegen Italien antreten. Dieses Spiel wurde dann auf den 26. November verschoben.

Schwer vorstellbar, daß die quirlige Betriebsamkeit des Reichstrainers, der seine Wohnung und seine Ehefrau ohnehin nur noch auf der Durchreise erlebte, noch zu steigern war. Aber die äußeren Umstände – und wohl auch eine innere Unruhe, die er mit vielen in diesen ersten Kriegsmonaten teilte – trieben Sepp Herberger noch rastloser umher. Er reiste kreuz und quer durch das immer größer werdende Reich und seine östlichen Nachbarländer. In seinem Notizblock steht: 28.10. bis 3.11. nach Budapest und Zagreb, Rundreise in Westdeutschland. 5.11.: Berlin–Sofia in Tag- und Nachtbetrieb – Kontaktsuche. 10.11. bis 21.11. Berlin–Breslau–Berlin–Nürnberg–Wien–Bukarest–Berlin in 10 Tagen. «Ev ist ein Prachtkerl», pries er das Verständnis seiner Frau, die allein in Berlin blieb, wo die Herbergers kaum private Freunde hatten.

Als Person schien Sepp Herberger vom selbstveranstalteten Betrieb völlig verschluckt zu sein. Wie er damals lebte in Berlin, was ihn berührte oder besorgte, das zeichnete er nicht auf. Auch seine nachträglichen Notizen blieben karg. Freunden erklärte er wenig. «Es sind eben Zeiten, in denen wir mit unseren Wünschen zurückstehen müssen», schrieb ihm – und man kann sich Sepp Herberger bei der Lektüre kopfnickend vorstellen – sein Trainerkollege Bruno Lehmann.

Der direkte Kontakt zu den Spielern aber, die nicht einfach mehr auf Abruf zur Verfügung standen, wurde enger und intensiver. Herberger kümmerte sich um ihren militärischen Status, ihre privaten Lebensumstände und ihre Kondition. Er fuhr nach Düsseldorf, um Streitle zu sehen und mit seinen militärischen Einsatzleitern zu reden. Er reiste nach Nürnberg, um Edmund Conen im Lazarett zu besuchen, und nach Rücksprache mit dem Chefarzt Dr. Franz wurde «mir die Entlassung für Donnerstag in Aussicht gestellt». In der Bahnhofswirtschaft verabredete er sich mit dem Spieler Sold. In Wien traf er die Spieler Hahnemann und Pesser. «Selbstverständlich können Sie auch Ihre Braut mitbringen», hatte er Hahnemann vorher geschrieben.

Gewissenhaft erstattete er zwar weiter seinem fernen Chef Felix Linnemann in Hannover Bericht über die Tagesform der Spieler, aber das waren inzwischen Bagatellen im Vergleich zu dem, was Herberger das Leben wirklich schwermachte. Wer war überhaupt verfügbar? Bei wem mußte man einen Fuß in der Tür haben? Welche militärischen Vorgesetzten mußte man austricksen und wie? Sein Hauptproblem war, die Spieler von ihren Einheiten loszueisen, die Unterschiede in der Einstellung der einzelnen Offiziere waren sehr groß. Er hatte eine Liste über seine Spieler angelegt, die jetzt alle mit «Obergefreiter», «Unteroffizier», «Wachtmeister», «Leutnant» oder gar in einem Falle «Oberstleutnant» angeschrieben wurden. Der hohe Offizier war Hermann Graf, bald darauf ein berühmter Jagdflieger, Herberger-Kandidat als Torwart. Verabredungen waren schwierig. Die Züge hatten Verspätung oder fielen aus. Den Spielern wurde mitgeteilt, daß sie ihre Schnürsenkel selber mitbringen müßten zu Länderspielen. Auch wurden sie aufgefordert, an ihre Reisemarken zu denken, sonst würden sie unterwegs nicht verpflegt. Beim Spiel gegen das Protektorat Böhmen und Mähren entdeckte Herberger, daß die Verpflegung der Nationalmannschaft zu einem ernsten Problem zu werden drohte. Die Zuweisung, beschwerte er sich, sei viel zu gering. Er begann, für die Nationalspieler Lebensmittelkarten zu beantragen, wie sie für Schwerstarbeiter üblich waren.

Früher als andere witterte Herberger in diesem ersten Kriegswinter 1939/40 die beginnenden «Verknappungen» und begann, vorsorglich Versorgungsnetze aufzubauen. Kohlen und Kartoffeln wurden Mangelware. Vom 28. Januar bis 28. März 1940 blieben in Berlin die Schulen geschlossen. In öffentlichen Appellen wurden die Volksgenossen gemahnt, die Gasbadeöfen nur an Wochenenden anzuwerfen und nicht die Bratröhren als Heizöfen zu verwenden. Noch schoben die meisten die Versorgungsschwierigkeiten auf den besonders strengen Winter, aber schon begann der Schwarzhandel. Kaffee, nach Kriegsbeginn noch für 20 bis 30 Mark zu haben, sollte in den kommenden drei Jahren bis auf 500 Mark klettern. Herberger brachte systematisch von seinen Auslandsreisen knappe Luxusgüter mit – auch Zigaretten, Schokolade und Schnäpse – und verschickte sie an seine Nationalspieler.

Der Krieg, der etwas Kinohaftes hatte, fing erst jetzt richtig an. Sondermeldungen, Blitzsiege, Glanz und Gloria. Norwegen und Dänemark besetzt, Holland, Belgien, Frankreich überrollt. «Es hat sich eine Stimmung entwickelt, die hinsichtlich des Kriegsausgangs ziemlich optimistisch ist», registrierten die Deutschland-Berichte im April 1940. «Bei den meisten Menschen kommt der Gedanke, Deutschland könnte diesen Krieg verlieren, gar nicht auf.»

Die Symbiose von Sport und Soldatentum feierte in der Propaganda immer neue Triumphe. Im Mai 1940 jubelte der «Völkische Beobachter»: «Heute der Kampf auf grünem Rasen, auf der Aschenbahn, am Turngerät, morgen mit der Waffe in der Hand, im Flugzeug oder auf See, das ist der tiefere Sinn der ganzen deutschen Leibeserziehung, so wie ihn schon Ludwig Jahn als Inhalt des von ihm gegründeten Turnens in Wort und Schrift lehrte.» Carl Diem, der neue außenpolitische Frühstücksdirektor der deutschen Fußballnationalmannschaft, geriet über die militärischen Siege im Westen geradezu in Ekstase. Im «Reichssportblatt» schrieb er am 25. Juni 1940: «Sturmlauf durch Frankreich, wie schlägt uns alten Soldaten, die wir nicht mehr dabeisein können, das Herz, wie haben wir mit atemloser Spannung und steigender Bewunderung diesen Sturmlauf, diesen Siegeslauf verfolgt! Die fröhliche Begeisterung, die wir in friedlichen Zeiten bei einem kühnen kämpferischen sportlichen Wettstreit empfanden, ist in die Höhenlage des kriegerischen Ernstes hinaufgestiegen, und in Ehrfurcht, und mit einem inneren Herzbeben, in das etwas von jener fröhlichen Begeisterung hineinklingt, stehen wir staunend vor den Taten des Heeres. In ihnen zeigt sich, was der Deutsche kann. In ihnen wächst der Deutsche von heute über alles Frühere und über sich selbst hinaus.

Vielerlei sind die Gründe. Eine der Ursachen aber – das dürfen wir stolz verkünden – ist der sportliche Geist, in dem Deutschlands Jungmannschaft aufgewachsen ist. Da gab es nichts mehr von jener schlaffen Anstrengungsscheu und platten Begehrlichkeit weichlicher Zeiten. Das Ideal eines gefahrlosen, mit Versicherungsschutz gegen alle Unfälle des Lebens eingebetteten Daseins, des gut gemachten Bettes, des wohlbesetzten Tisches und des pensionsfähigen Lebensabends ist in der deutschen Volksseele verschwunden. Statt dessen Freude am Kampf, Freude an Entbehrung, Freude an der Gefahr. Nur in solcher Lebenshaltung kann Norwegen erobert, Frankreich durchstürmt werden. (...) So kam es zum Sturmlauf durch Polen, Norwegen, Holland, Belgien und Frankreich, zum Siegeslauf in ein besseres Europa.»

Es begann die hohe Zeit der Kriegshelden. U-Boot-Kommandanten, Jagdflieger, Gebirgsjäger, Bunkerknacker begannen die Phantasie der Pimpfe zu beschäftigen. Da feierte in Frankfurt ein junger Fußballspieler sein Debüt, der wohl eine sportliche Sondermeldung Wert gewesen wäre: Fritz Walter.

Kaum jemand kannte den schüchternen Jungen aus der Pfalz, der am 14. Juli 1940 im Frankfurter Waldstadion zu seinem ersten Länderspiel auflief. Gegen Rumänien setzte Reichstrainer Sepp Herberger an diesem Tag vier Nachwuchsspieler ein, keiner enttäuschte. Aber der schmächtige Mittelstürmer aus Kaiserslautern hatte am Ende eines wunderbaren Spieles, das 9:3 für die Deutschen endete, drei Tore geschossen, eines schöner als das andere, ein ungültiges kam noch dazu. Aus vollem Lauf schmetterte er einen Ball kurz vor Schluß ins Netz, doch hatte ein Mitspieler abseits gestanden. Die Zuschauer tobten vor Begeisterung. Josef Herberger sagte: «Ich freue mich, Fritz, Sie haben mich nicht enttäuscht. Sie dürfen wiederkommen.»

Das war der angemessene Einstand eines Nationalspielers, von dem Sepp Herberger zwanzig Jahre später sagen würde: «Fritz wurde nicht entdeckt. Sein einmaliges Talent bot sich an, drängte sich auf, setzte sich durch. Von diesem Zeitpunkt an bis zum heutigen Tag war Fritz aus unserer Nationalmannschaft für mich nicht wegzudenken. Fritz ist für mich der größte Fußballer, den der deutsche Fußball je hervorgebracht hat. (...) Fritz war ein Feldherr des Spiels. Er war aber auch nicht minder erfolgreich als Vollstrecker.

Er schuf durch sein Spiel nicht nur die Voraussetzung für erfolgreiche Torschüsse – wenn Not am Mann war, schoß er auch selbst die entscheidenden Treffer. Fritz besitzt unsere Verehrung.»

So hat der kühle und unsentimentale Sepp Herberger nie über andere Menschen geredet, weder vorher noch nachher. So geschwärmt hat er nur für diesen Fritz Walter.

In seinem berühmten Notizbuch, das damals grün war, stand der Name Fritz Walter, immer abgekürzt F. W., schon seit 1938. Der Frankfurter Gausportwart Karl Hohmann hatte Herberger auf das Talent aufmerksam gemacht, nachdem er den Lauterer in einem Lehrgang in allen nur denkbaren Situationen überprüft und getestet hatte. Hohmann war mehr als zufrieden, er war begeistert von dem Können und dem Eifer des 18jährigen, und er beschloß in dieser Stunde, ihn mit allen Kräften zu fördern. Als der nächste Gautrainingskurs bevorstand, benachrichtigte Hohmann seinen Freund und Chef Herberger.

Der wollte ihn vorher nicht anschauen, sondern das Talent sollte im Spiel auf sich aufmerksam machen – Herberger war hingerissen. Hohmann berichtete dem Lauterer: «Sie haben so gut gespielt, daß der Reichstrainer Sie mit besonderem Interesse beobachtet hat. Ihr Name steht bereits in seinem Notizbuch.» Dann fügte er hinzu: «Wissen Sie, was das bedeutet, Fritz? Herberger wird fortan laufend Ihre Leistungen nachprüfen, persönlich und durch Beauftragte. Es liegt jetzt nur bei Ihnen, dafür zu sorgen, daß Ihnen der Weg nach ganz oben geöffnet wird. Arbeiten Sie weiter an sich, unermüdlich und unerbittlich! Es wird sich lohnen.»

Keine Frage, daß der Reichstrainer durch den Ernst und die Leidenschaft, mit der Fritz Walter trainierte, an seine eigene Jugend in Mannheim erinnert wurde. Herberger erzählte später: Als er von ihm den Brief zu seiner ersten Berufung erhielt, habe er sechs Wochen lang zusätzlich morgens von 6.00 bis 7.00 Uhr trainiert. «Und jeden Morgen radelte der Fritz zum Betzenberg hoch, kletterte über die Umzäunung und trainierte mutterseelenallein. Und anschließend ging er zur Arbeit bei der Stadtsparkasse. Und danach ging er noch einmal zum Training.»

Schon ab 1939 begann das Kürzel F. W. auf der Liste der Spieler für die Olympiamannschaft immer wieder zu erscheinen. Der 1. FC Kaiserslautern, bei dem Fritz Walter spielte, stieg dank der Leistung seines Mittelstürmers, der erst 19 Jahre alt war, in die 1. Liga auf. Fritz Walter erhielt weiterhin gute Kritiken.

Dann kam die offizielle Einladung des DFB zu dem Länderspiel gegen Rumänien. Erst am Sonntag vor dem Spiel gab Herberger die Aufstellung bekannt, und Karl Hohmann stürzte in freudiger Erregung auf seinen Schützling zu, um ihm mitzuteilen: «Fritz, die Würfel sind gefallen. Sie spielen, und zwar als Mittelstürmer.» Da stand er nun auf der Mannschaftsaufstellung zwischen den großen Alten, Janes von Fortuna Düsseldorf, Kupfer und Kitzinger, Schweinfurt 05, Hanemann, Admira Wien. Andere, wie Krüger aus Düsseldorf und Fiederer von der Spielvereinigung Fürth sowie Martinek von Wacker 07 Wien, waren so jung und so neu wie er. Beim Mittagessen konnte der sensible Walter kaum einen Bissen herunterbringen, und auch als ihm Herberger mit Handschlag das Nationaltrikot überreichte, nahm ihm die Aufregung fast den Atem. Herberger hatte ihn mit Bedacht zu dem erfahrenen Anderl Kupfer aufs Zimmer gelegt, der ihn besänftigte: «Halb so schlimm, bist doch an eine große Zuschauerkulisse schon gewöhnt, Fritz. Na, und das Spiel wird bestimmt laufen. Hast Wilhelm Hahnemann neben dir; der wird schon aufpassen, daß du richtig mithalten kannst!»

Immer pflegte Sepp Herberger zu sagen, daß sich erst nach etwa zehn oder zwölf Spielen herausstelle, ob jemand für die Nationalmannschaft wirklich tauge oder nicht. Bei Fritz Walter hatte er schon nach dem zweiten Spiel keine Zweifel mehr. Er sei einer jener weißen Raben, ließ er ihn wissen, die das Zeug dazu hätten, gleich von Anfang an dabeizusein und dabeizubleiben. In den nächsten zweieinhalb Jahren, solange während des Krieges noch Fußball gespielt wurde, stellte er Fritz Walter – der zuletzt immer von Frankreich anreisen mußte – in 24 Länderspielen auf.

Als sein neuer Star am 5. Dezember 1940 Soldat geworden war, schrieb ihm Herberger eine gute Woche später einen Brief in die 23er Kaserne nach Kaiserslautern. «Lieber Kamerad Walter! (...) Ein guter Fußballer ist auch ein guter Soldat! Und einem Nationalspieler sind die in der Ausbildung geforderten körperlichen Leistungen ein Spaß. Jetzt werden sich Ihnen auch die Vorteile eines regelmäßigen und harten Trainings zeigen, denn sicher haben die weniger oder gar nicht geübten oder trainierten Kameraden körperlich schwer unter den Folgen der ungewohnten körperlichen Anstrengungen zu leiden.

Benutzen Sie den Dienst beim Militär als Trainingsgelegenheit. Ich habe als junger Soldat vor nunmehr über 20 Jahren es auch so gemacht und bin sehr gut dabei gefahren, sowohl was die Kondition als auch die Anerkennung bei den Vorgesetzten über das an den Tag gelegte Interesse angeht. Lieber Walter, besten Gruß und Heil Hitler, Josef Herberger.»

Er managte seinen Schützling wie ein Proficoach. Gegen den eigenen Verein und gegen die Reichssportbehörde, gegen militärische Vorgesetzte wie gegen die Presse konnte der sensible Ballzauberer auf den langen Arm und die starken Worte seines Mentors rechnen. Herberger, unterstützt von einem Oberfeldwebel Walter Nimmler, der vor Ort die Bemutterung übernahm, trickste, warb und konspirierte, um im bedrohlicher werdenden Kriegsgetümmel eine Art Schutzraum zur Bewahrung und Pflege des Fußballgenies zu gewährleisten, einen bombensicheren Spielraum im wahrsten Sinne des Wortes.

Obwohl seine besondere Fürsorge und Zuneigung Fritz Walter galt, seinem «Liebling», wie er ihn selbst nannte, begann er sich zunehmend und intensiver auch um Gesundheit, Lebensqualität und Überlebensaussichten der anderen Nationalspieler zu kümmern. Nun, da er Mitte Vierzig war, verstärkten sich die väterlichen Züge in seinem sowohl autoritären als auch kameradschaftlichen Verhalten. Waren ihm früher das Niveau und die Qualität der Nationalmannschaft das wichtigste gewesen, so hatte während des Krieges, je länger er dauerte und je verlustreicher er wurde, das Wohl der Spieler Vorrang. Wenn er vor Länderspielen die Vorbereitungszeit um eine Woche verlängerte, dann ging es ihm weniger darum, die Kondition zu verbessern, als die Spieler eine Woche mehr von der Front wegzulotsen. Eine den Umständen angemessene, halbwegs vorzeigbare Fußballnationalmannschaft kriegte er dann immer noch zustande.

Fritz Walter war sozusagen die Symbol- und Schlüsselfigur dieser qualitativen Veränderung im Verhältnis des Trainers zu seinen Spielern. Für niemanden tat er soviel wie für ihn. Niemandem gegenüber öffnete er sich so vertrauensvoll. Keinem zeigte er so unverhüllt seine Zuneigung. Umgekehrt war aber auch die Kontrolle total: Herberger überwachte seine Schützlinge so zuverlässig wie ein Radarsystem. Er empfing Signale, sah Störungen, ahnte Zusammenstöße, hielt Gefahren fern. Was gut war für den Fritz, bestimmte er allein.

Fritz Walter sollte von Tennis Borussia Berlin abgeworben werden? Der Oberbürgermeister von Kaiserslautern, Hans Philipp, protestierte in Berlin beim Reichssportführer, der Herberger die Angelegenheit überließ. Der beruhigte die Pfälzer am 21. Mai 1941: haltloses Gerücht. «Bei dieser Gelegenheit habe ich auch Tennis Borussia den Willen der Reichsführung zur Kenntnis gebracht, keineswegs eine solche Maßnahme zu dulden. Mit den besten Grüßen an Sie, sehr geehrter Herr Philipp, und die Sportkameraden aus Kaiserslautern verbleibe ich mit Heil Hitler! Ihr Sepp Herberger.»

Fritz Walter sollte in Paris in einer Wehrmachtsmannschaft spielen? An einen Leutnant von Steynitz von der 2. Panzerjägerersatzabteilung 33 in Ludwigshafen schrieb der Reichstrainer alarmiert: «Von der Teilnahme Walters in Paris und den näheren Begleitumständen seiner Abberufung habe ich auch erst aus der Presse erfahren. Von einer Freigabe Walters für dieses Spiel von seiten des Fachamtes kann keine Rede sein. Ich habe von mir aus bereits Schritte unternommen, um zu erreichen, daß Walter in Zukunft nicht mehr nach Paris berufen wird. Ob ich Erfolg haben werde, muß abgewartet werden. (...) Auf jeden Fall bleibt von mir aus nichts unversucht, um zu erreichen, daß Walter sonntags wieder in seinem Verein spielen kann.»

Fritz Walter litt unter einer Verletzung? Im Dezember 1941 kriegte er, Feldpost Nr. 15954a, in Frankreich liebevollen Rat von seinem Trainer: «Lieber Fritz! Ich hoffe, daß Sie eine gute Heimfahrt hatten und auch wieder glücklich bei Ihrer Truppe gelandet sind. Was Ihre Verletzung und deren Behandlung anbetrifft, erinnere ich an meinen Ihnen gegebenen Rat. Machen Sie Ichthyolverbände und nehmen Sie Heißluftbäder, wenn Sie Ruhe haben, lagern Sie das Bein hoch. Die Verletzung ist an sich nicht schlimm, aber sie heilt meist sehr langsam, besonders dann, wenn keine ordentliche Pflege den Heilungsprozeß unterstützt. Wenn Sie dort keine Ichthyolsalbe bekommen können, dann nehmen Sie sich diese von Kaiserslautern mit.

Machen Sie sich gesund, Fritz! Verschleppte und nicht ausgeheilte Verletzungen können sich sehr böse bemerkbar machen. Ich würde Ihnen raten, einen Sonntag zu pausieren, um das Knie zu schonen. Sie haben sicher eine Knochenhautverletzung und riskieren, daß Sie bei weiterer Beanspruchung auch noch eine Schleimbeutelentzündung dazu bekommen. Dann müssen Sie – ob Sie wollen oder nicht – pausieren!!

Sie haben am Sonntag Ihre Sache gut gemacht! In der zweiten Hälfte machte sich aber doch Ihre Verletzung bemerkbar. Vielleicht läßt sich mit Hilfe des Herrn Nimmler erreichen, daß Sie vom Fußdienst befreit werden, bis Ihr Knie wieder ganz intakt ist. Tragen Sie doch Herrn Nimmler diese Bitte vor und grüßen Sie ihn bestens von mir.»

Fritz Walter drohte in Berlin – nicht zuletzt unter Herbergers unheilvollem Einfluß – in fragwürdige Gesellschaft zu geraten? In einem Brief an Herberger hatte der FC Kaiserslautern – vertraulich – geklagt, daß sein Star, von Herberger zur Mitarbeit an einem Fußballfilm nach Berlin geladen, «in Gesellschaften verkehrte, die ihn in jeder Hinsicht verwöhnten»; daß er «ein ganz anderer Mensch» geworden sei; daß «verschiedene Persönlichkeiten der Berliner Sportwelt (...) ihn in gewissen Lokalen einführten». Kurz: Die besorgten Pfälzer «können nicht mehr länger zusehen, was hier vorgeht».

Herberger antwortete am 2. Oktober, Fritz Walter sei aus gutem Grund in Berlin: «... und es trifft schon gar nicht zu, daß er hier in schlechte Gesellschaft geraten sei. Gerade in letzter Hinsicht können

Sie aber auch völlig unbesorgt sein und mir glauben, daß Walter mit der Gesellschaft, mit der er während seines Berliner Aufenthaltes verkehrte, auch in Kaiserslautern keine Unehre eingelegt hätte.» Nach den Erfahrungen, die er, Herberger, mit seinem Kameraden Walter gemacht habe, könne er die «Skepsis» der Herren Vereinsführer «in der Frage nach einer zukünftigen Entwicklung Walters zu einem tüchtigen und brauchbaren Menschen» ganz und gar nicht teilen. Im übrigen werde er, seinen langen Erfahrungen als Erzieher gemäß, Fritz Walter über den Brief natürlich unterrichten. Mit Ehrlichkeit komme man in der Erziehung immer noch am weitesten. In diesem Sinne. Heil Hitler.

In den Wochen und Monaten nach dem «Sturmlauf» durch Frankreich, als Fritz Walter sich seine ersten Lorbeeren als Nationalspieler verdiente – beim 13:0 gegen Finnland, 2:2 in Budapest gegen Ungarn, 7:3 gegen Bulgarien –, war Adolf Hitler auf dem Gipfel seiner Macht. Rommels Afrika-Corps marschierte Richtung Nil, deutsche Fallschirmjäger, darunter Max Schmeling, eroberten Kreta. Überall sollte gesiegt werden, auch im Sport. Goebbels reagierte gereizt auf Niederlagen der Herrenrasse in Wettkämpfen.

«Trainer Sepp Herberger behelligte uns nicht mit der Weitergabe von Wünschen aus der Politik», schrieb Fritz Walter später. In Berlin wurden die Erfolge der Wehrmacht verkündet und aufgenommen wie sportliche Siege, staunte der amerikanische Korrespondent Howard K. Smith. Es wurde weiter gefeiert. Der Kurfürstendamm sähe jetzt «wie eine einzige Weinblattlaube aus», schrieb «Das Reich» im August 1940, «mit offenen Terrassen und Vorgärten, wo rosa Lampions über weißen Tischen baumeln». Aus den Bars fetzte Swing-Musik. Im Juli wurde der direkte Fernsprechverkehr zwischen Berlin und New York eröffnet. Der Moskauer Zoo schenkte den Berlinern einen Waschbären.

Noch Anfang 1940 glaubten die Hauptstädter, die Verdunkelung habe «ausschließlich den Zweck, Licht zu sparen, da Fliegerangriffe unmöglich seien», hieß es in den Deutschland-Berichten. Doch im August 1940 fielen dann die ersten Bomben.

Langsam wurden die Zeichen des Krieges sichtbarer, auch in Herbergers Briefen schlugen sie sich nieder. Der Ton veränderte sich, der Trainer mußte die ersten Hiobsbotschaften verbreiten. Den Nationalspieler Jupp Gauchel ließ er wissen – nachdem er ihn zunächst «in alter Frische» zu seinem «Soldatenglück» bei der «großen Schlacht in Frankreich» beglückwünscht hatte –, daß der Kamerad Franz Zürndorf gefallen sei. «Im Vormarsch gegen den Feind traf ihn an der Spitze seines Panzerzuges das tödliche Blei.»

An den Oberschützen Heinz Volz schrieb er am 20. Juni 1940: «Alle Kameraden unserer Kurse stehen heute unter den Fahnen. Und das muß ja auch so sein. Heute Mittag besuchte ich Wollenschläger, der hier in Berlin in einem Lazarett liegt. Jakob Eckert ist gefallen. Er war einer aus der Reihe derer, die bereits im Nationalmannschaftsdreß gestanden haben. Er wirkte im Spiel gegen die Schweiz 1937 in Zürich mit, das wir 1:0 gewannen. Er war ein guter Kamerad.»

Noch aber wirkte es wie eine UFA-Klamotte, wenn Herberger vom ersten Bombenangriff erzählte, den seine Nationalmannschaft miterlebte – am 17. November 1940 in Hamburg, vor einem Länderspiel gegen Dänemark. «In jenen Tagen hatte der Krieg am nächtlichen Himmel unserer Städte schon begonnen. In den betroffenen Städten und Orten wußte man schon um die mögliche Zeit, zu der die Angriffe erfolgten, so auch in Hamburg.» Dennoch sei die Mannschaft entschlossen gewesen, wie immer in Hamburg das Hansatheater zu besuchen, ein Varieté mit Weltstadtprogramm. «Wie immer erlebten wir auch diesmal wieder unterhaltsame Stunden.» Allerdings schon am Nachmittag. Nach der Vorstellung, wieder auf dem Nachhauseweg, «wurden wir sehr schnell an die Wirklichkeit erinnert. Statt der früher hell beleuchteten Straßen stockfinstere Nacht. Die Zeit der Fliegerbesuche näherte sich.

Gerade hatten wir zum Abendessen Platz genommen, ertönte die Alarmsirene. Wir aus dem Altreich waren bereits daran gewöhnt, das zeigte die Reaktion der Mehrzahl unserer Spieler. Anders war es bei den Wienern Binder und Pesser. Für sie war Fliegeralarm und Fliegerangriff etwas ganz Neues und Ungewohntes. Mit einem Ruck rissen sie sich von ihren Stühlen, diese im Aufsprung fast umreißend, und fluchtartig auf dem Wege zur Tür. Die ganze aufgeregte Szene war recht dazu angetan, die übrigen in schallendes Gelächter ausbrechen zu lassen.

Aber als dem Voralarm schon bald darauf der Hauptalarm folgte, hieß es: auf in den Keller. Es bedurfte dann bald schon keiner Erfahrung mehr, um zu wissen, daß Hamburg das Ziel eines Angriffs war. Noch kamen sie damals nicht im ganzen Geschwader, noch waren es einzelne oder doch wenige, die uns in Sorge und Not brachten. Das Geballer um und über uns aber brachte die Unterhaltung doch zum Stocken.

Als es etwa nach einer Stunde ruhiger um und über uns wurde, erreichte ich mit Hilfe von Paul Janes, der alles seelenruhig über sich ergehen ließ, daß unsere Kellergemeinschaft langsam aufbröckelte und auf ihre Zimmer ging. Die ersten werden die letzten sein, so Franz Binder und Hans Pesser. Um sicher zu sein, daß die beiden auch ihre Ruhestatt aufsuchten – morgen stand ja ein schweres Länderspiel bevor –, ging ich mit ihnen hinauf. An der Eingangstür zum Hotel trafen wir auf den Besitzer. Noch suchten die Scheinwerfer fleißig den Himmel ab, packten auch einen Engländer im Scheinwerferlicht, was gesteigertes Flakfeuer auslöste.

Da trieb ein Blindgänger seinen teuflischen Spaß mit uns, und er zischte knapp über die Dächer des vor uns liegenden Bahnhofes. Irgendwo schlug er auch ein. Die Kraft der Detonation verriet uns in etwa die für uns ungefährliche Weite. Nicht so Hans Pesser. Er war ja ein bekannt schneller Mann. So schlug er uns alle: Mit gewaltigem Antritt schoß er in die Drehtür des Hotels, aber in dem Tempo, mit dem er sich in den Schutz geworfen hatte, flog er – wie eine Granate – wieder zurück und vor unsere Füße. Er war auf der verkehrten Seite in die Drehtür gelaufen, und wurde ebenso wuchtig von dieser wieder zurückgeworfen.

Obwohl wir anderen ja auch nicht frei waren vom augenblicklichen Schrecken, war die Situation doch gerettet.»

Die Vortäuschung von Normalität mit Hilfe von Fußballänderspielen stieß auf Schwierigkeiten, aber planmäßig durchgehalten wurde sie auch im Jahr 1940 noch. Die deutsche Nationalmannschaft bestritt zehn Spiele, siegte fünfmal, spielte zweimal Unentschieden und verlor dreimal. Die Zahl der Gegner war klein geworden: Ungarn, Jugoslawien, Italien, Rumänien, Slowakei, Bulgarien und dann auch das befriedete Finnland und das besetzte Dänemark.

Daß Sepp Herberger mit seiner Truppe beim allgemeinen Heldenrummel nicht zu kurz kam, dafür sorgte der DFB-Propagandist Carl Koppehehl vom NSRL-Fußballpressedienst, der Anfang 1941, nach zwei viel bejubelten Siegen – 4:2 gegen die Schweiz in Stuttgart und 7:0 gegen Ungarn in Köln –, protzte: «Deutschlands Vertretung in Fußball-Länderkämpfen hat bisher 181mal mit anderen Nationen die Kräfte gemessen. 89 dieser Kämpfe fallen in die Zeit nach dem Umbruch und damit der Neuordnung des deutschen Sports. 57 von diesen Kämpfen wurden gewonnen und nur 18 verloren. Gemessen an den Kämpfen in den 24 Jahren vorher, ist die Tabelle der deutliche Beweis für die Richtigkeit des Weges, den der deutsche Fußballsport in den letzten acht Jahren gegangen ist.»

Noch klarer – so die Selbstfeier des Fachamts weiter – tritt die Zahl der Erfolge hervor, wenn man die letzten vier Jahre sprechen läßt (die Jahre, seit Herberger Reichstrainer ist), also die Zeit, die nach den Olympischen Spielen liegt. Von 47 Kämpfen mußten nur 9 als Niederlage quittiert werden. «Gibt es angesichts solcher Zahlen überhaupt noch einen Zweifel darüber», fragte Koppehehl, «daß die Arbeit der berufenen Männer in bezug auf die Förderung der Spitzenleistungen nach jeder Richtung hin Anerkennung verdient?»

«Die deutsche Nationalmannschaft ist nicht mehr das Sammelbecken von ausgesprochenen Kanonen. Die Zeit, in der auf jedem Posten in der Mannschaft ‹der beste Mann› gestellt wurde, ist vorbei. (...) Eine deutsche Nationalmannschaft ist heute ein Ganzes, völlig einheitlich ausgerichtet in Stil, Spielauffassung, Spieltempo und in dem Glauben an die Richtigkeit des beschrittenen Weges. (...) Die jetzige Zeit mag zwar die Arbeit hemmen, aber sie vermag den Erfolg nicht zu schmälern. (...) Verbundenheit, Kameradschaft und erhöhter Einsatz der einen gleichen aus, was die Zeitverhältnisse bei den anderen unmöglich machten.»

Zum bevorstehenden 25. Länderspiel gegen die Schweiz schrieb die Korrespondenz «Volkssport und Leibeserziehung»: «Zum 25. Mal gegen die Eidgenossen. Die Welt hält den Atem an und verfolgt den deutschen Siegeszug über den Balkan und in Nordafrika. Immer enger zieht sich die Schlinge um den Feind Deutschlands, um England, und trotzdem: So gewaltig ist unsere Volkskraft, daß wir selbst bei solchem Einsatz in der Lage sind, unsere internationalen, freiwillig auf uns genommenen Verpflichtungen durchzuführen.»

Nun ja – so gewaltig nun auch wieder nicht. Herbergers Männer verloren in der Schweiz mit 1:2, das war schlimm genug. Zum Sakrileg aber wurde diese Niederlage, weil sie am 20. April geschah, an Führers Geburtstag. «Es grenzte an Hochverrat und Majestätsbeleidigung», erinnerte sich Helmut Schön, der damals dabei war. Ihm hatte es freilich, wie Herberger hinterher notierte, auch an «innerer Härte gegenüber schwereren Aufgaben» gefehlt. Wütend schrieb der Reichstrainer in seinen Abschlußbericht: «Schön ist ein Nervenbündel!! Nicht einmal das Ballstoppen gelingt ihm in solchen Augenblicken höchster Aufregung.»

«Ein guter Sportler ist auch ein guter Soldat»

Herbergers «Aktion Heldenklau»

Erst stöhnten die 30000 Zuschauer in Dresden enttäuscht auf, dann wunderten sie sich, am Ende hatten sie eine Mordsgaudi: «Rechts spielen», brüllten sie, «rechts.» Denn auf dem glitschigen Rasen des Ostra-Geheges wiederholte sich mit nervender Zuverlässigkeit dieselbe Situation: Der etwas ungelenk wirkende Rechtsaußen des stürmenden Teams wurde von seinen Mannschaftskameraden mit eleganten Vorlagen gefüttert. «Der Ball kam raus zu ihm, jupp, war er weg. Er machte noch die Ausholbewegung zum Stoß», stöhnte Reichstrainer Herberger, «da haben die Zuschauer den Ball schon wieder reingeworfen.»

Der unfreiwillige Alleinunterhalter dieses Tages hieß Wolfgang Staudte, der später mit seinen Filmen beim Publikum mehr Eindruck machte als mit seinen Kickerkünsten. Herberger spielte selbst mit in der Mannschaft des Unglücksraben, die – neben Staudte – in der Besetzung Ernst Lehner, Sepp Herberger, René Deltgen und Fritz Walter stürmte. Das war der Wundersturm des fiktiven Kohlenpott-Vereins FC 03 Wupperbrück in dem Bavaria-Film «Das große Spiel».

Kurz vor Beginn des Rußland-Krieges war das Bedürfnis der NS-Propagandisten nach unterhaltenden und aufmunternden Ablenkungen besonders groß. Und so kriegte der Regisseur R.A. Stemmle den Auftrag, in Anlehnung an die Saga der königsblauen Sieger von Schalke 04 einen symbolträchtigen Fußballfilm zu drehen: Schalke 04, «eine Sichtbarmachung des Leitspruches ‹Einer für alle und alle für einen›».

Josef Herberger trug die fußballerische Verantwortung. «Auf Wunsch des Reichssportführers wurde mir die sporttechnische Beratung übertragen», schrieb er damals in einem Brief. An diesem Film habe «die Reichssportführung des NSRL ein begreifliches Interesse».

Wieder, wie schon beim «3:2» mit Hans Söhnker, mußte Herberger erfahren, daß die Filmmenschen vom Fußball nicht allzuviel verstanden. Aber der Mannheimer, inzwischen 44 Jahre alt und nach wie vor von brennendem Ehrgeiz, nahm die Sache bitterernst. Nicht nur ließ er insgesamt 19 Nationalspieler für diesen Sondereinsatz vom Militär beurlauben. Er drangsalierte seine Männer auch mit seinem perfektionistischen Eifer. Fritz Walter: «Schlamperei war ihm verhaßt.» Jeden Abend sammelte er eigenhändig die Trainingsanzüge ein, die den Spielern von der «Bavaria» zur Verfügung gestellt wurden. Und als eines Abends einer fehlte, geriet er – so sein Neffe Josef Herberger, der auch mitspielte – völlig aus dem Häuschen.

Bevor er seine Anweisungen gab, studierte Herberger eingehend das Drehbuch. Szenen, die dramaturgisch zwar wichtig, spielerisch aber nicht zu realisieren waren, mußten gestrichen oder geändert werden. «Zum ersten Mal in meinem Leben spielte ich mit ihm in einer Mannschaft», erinnerte sich Fritz Walter. «Es war gar nicht so leicht, dem Chef beim Spielen alles recht zu machen. Wenn ihm der Ball nicht so zugepaßt wurde, wie er sich das vorstellte, schimpfte er, und zwar nicht knapp. Da bekam jeder seinen Teil ab, sowohl wir Fußballer als auch die Filmleute.» Dabei übte René Deltgen, nachdem man ihm die Rolle des Mittelstürmers übertragen hatte, im Garten seiner Villa in Dahlem mit Besessenheit und eigenem Trainer dribbeln und schießen. Mehrere Fensterscheiben gingen zu Bruch. Abends stand Deltgen dann mit Muskelkater als Mephisto auf der Bühne. Auch Gustav Knuth spielte abends Theater, tagsüber Fußball.

In einer Art Vorspiel vor dem Gruppenspiel zur deutschen Meisterschaft, das zwischen dem SC Dresden und Rapid Wien bestritten wurde, sollten die Aufnahmen vor vollbesetzten Rängen und echtem Publikum gemacht werden. Die Filmleute waren nach Dresden gereist, die Zuschauer vorher verständigt worden.

Herberger erzählte später: «Vor Beginn des Spiels ging's in die Kabine, und als ich die Tür aufmachte, bekam ich einen leisen Schreck. Da saß der Wolfgang Staudte und war dabei, sich umzuziehen. Das konnte ich gar nicht glauben. Ich hab dann den Stemmle vor die Tür der Kabine gebeten und habe gesagt: der Staudte, soll der mitspielen? Er sagte, na ja, ich brauche doch neben René Deltgen noch einen Mann, der im Sturm erscheint. Ich habe ihm gesagt, Herr Stemmle, da könne ma heut was erlebe. Das gibt eine Katastrophe. Der Platz ist naß, der kriegt keinen Ball. Staudte winkte ab, ach, lassen Sie doch. Na, kurz und gut, der Wolfgang Staudte ist als Rechtsaußen dabeigeblieben.»

Als sich sein Einsatz dann zur Volksbelustigung auswuchs, habe Stemmle angefangen zu jammern: «Ach Gott, Herberger, nimm ihn raus.» Das aber war mit dem halsstarrigen Reichstrainer nicht zu machen: «Ich sagte, das kommt nicht in Frage, Sie brauchen ihn ja, er spielt ja jetzt mit, und er kann erst ausscheiden, wenn die Pause gekommen ist.» Tatsächlich hatte auch Staudte selbst darauf gedrängt mitzuspielen – allen Warnungen zum Trotz. Er hatte ein paar Tricks eingeübt und geglaubt, die könnte er dem Publikum zeigen, mutmaßte Herberger: «Und dann hat er mir erzählt, was er vorgehabt hatte. Er wollte, wenn der Ball zu ihm kam, ihn annehmen, auf den Gegner zulaufen und dann einfach zuhauen, aufschreien, umfallen und sich raustragen lassen. Der Gedanke war sehr gut. Aber er hatte eben Pech und ist nie an den Ball gekommen.»

Herberger dürfte sehr wohl gesehen haben, daß er mit diesem Film an einem Propagandastück der Nazis mitwirkte. Entscheidender aber war für ihn, daß die Dreharbeiten ihm und seinen Spielern ein zusätzliches Training erlaubten und daß er auf diese Weise seine Schützlinge wochenlang von dem Fronteinsatz fernhalten konnte.

Und was das hieß, begriffen sie alle erst so richtig, als sie am Abend des Endspiels um die deutsche Fußballmeisterschaft 1941, am 22. Juni, in der Wohnung des «Chefs» in Schöneberg zusammenhockten, um die Nachricht vom beginnenden Rußland-Feldzug zu verkraften. Anschließend hielt Herberger sie mit Lehrgängen in Berlin, wenn es nicht gerade Aufnahmen gab. Erst am 1. September schrieb er dem «Spieß» seines Jungstars Fritz Walter, dem Oberfeldwebel Nimmler, daß ihr gemeinsamer Schützling nun auf dem Wege zurück nach Kaiserslautern sei: «Morgen hoffe ich nun auf einen sonnigen Tag, dann werden am Abend die wenigen noch ausstehenden Aufnahmen gedreht sein. Das Wetter war in den ersten drei Wochen unserer Arbeit gar nicht günstig. Kaum, daß einmal ein Wolkenloch die Sonne für kurze Zeit freigab. So saßen wir tagein, tagaus draußen im Olympiastadion und warteten auf schönes Wetter. (...) Für die filmische Gestaltung war es ein Glück, daß unsere Nationalspieler zur Verfügung standen. Ohne diese und etwa nur mit den Schauspielern wäre es einfach unmöglich gewesen, stilechte Fußballaufnahmen auf die Leinwand zu bringen. Fritz Walter hat sich auch hier vor der Kamera besonders geschickt gezeigt und seine außergewöhnlichen Fertigkeiten und sein Anpassungsvermögen erneut bewiesen.»

Gustav Knuth war es, der den Spielern in dieser Drehzeit Berliner Nachtleben zeigte. Wichtigster Treff war der Künstlerclub «Oase». Fritz Walter schwärmt noch heute von einer Aufführung der Operette «Eine Hochzeitsnacht im Paradies» mit Johannes Heesters und Brigitte Horney.

Auf das Leben in Berlin schlug das Unternehmen «Barbarossa» zuerst nicht durch. Gewöhnt an Erfolgsmeldungen und Blitzsiege, nahm die Bevölkerung den Angriff auf die Sowjetunion in den ersten Wochen noch mit einer gewissen Begeisterung auf. Daß Rußland unter den schnellen und harten Schlägen der großdeutschen Wehrmacht zusammenbrechen und in Chaos versinken würde, galt in Berlin als ausgemacht.

Dennoch zog Reichssportführer von Tschammer am 27. Juni 1941 die Konsequenzen aus der militärischen Lage und sagte alle für den Monat Juli angesetzten internationalen Sportbegegnungen ab. Daß diese Sperre zunächst nur auf einen Monat begrenzt war, deutete ebenfalls darauf hin, daß die Naziführer mit einer schnellen Beendigung des Rußlandfeldzuges im Stil der bisherigen Blitzkriege rechneten.

Goebbels allerdings fürchtete zu dieser Zeit schon einen Stimmungsumschlag. Geheimumfragen hatten ihm alarmierende Nachrichten über die Stimmung der Bevölkerung geliefert, die im Sommer 1941 angesichts der sich zuspitzenden Versorgungsnöte in vielen Gebieten des Reiches und der vermehrten Fliegerangriffe im Westen vorrangig von Erfolgs- und Sondermeldungen aus dem Osten abhing.

Die Sportsperre wurde auf August und September verlängert, und erst nach der Kesselschlacht von Smolensk, in der das Deutsche Reich über 300000 russische Kriegsgefangene machte, wiederaufgehoben. Zu den folgenden Fußballänderspielen gegen Schweden, Finnland und Dänemark tönte der Völkische Beobachter: «Sonntag für Sonntag liefert der deutsche Sport den Beweis dafür, daß seine Kraft ungebrochen ist und daß er haushoch über dem der Feindmächte steht.»

Sepp Herberger war da nicht so sicher. Mit 4:2 ging das Spiel in Stockholm am 5. Oktober 1941 verloren. Über die Ursachen «unserer Niederlage» schrieb Herberger: «Einige unserer Spieler sind nicht in der Kondition, die notwendig ist, um solche Gegner zu bezwingen! Der Krieg und seine Begleitumstände, der Dienst bei der Wehrmacht, Wachdienst, Nachtwachen, Fliegeralarm usf. beeinflussen natürlich ungünstig die Kondition der Spieler.» Aber, fügte er hinzu: «Ich muß feststellen, daß diese Dinge auch anfangen, ein Zufluchtsplätzchen für faule Ausreden unserer Spieler zu werden. Kupfer, Kitzinger, Walter, Rohde, Lehner und einige andere klagen in diesem Sinne. Dafür ist Paul Janes immer prompt zur Stelle, um seine in letzter Zeit mangelhafte Kondition zu entschuldigen. Paul Janes trainiert wenig und lebt unsolide! Das ist der aus manchen Beobachtungen gewonnene Eindruck. Er lebt ein bequemes Leben mit gemütlichen Dämmerschoppen in Wilhelmshaven, im Kreise einer andächtig erstarrten Gemeinde. Ich glaube, daß er bald ausgespielt hat!»

Wie Herberger sich das statt dessen vorstellte, konnte man den fast schwärmerischen Lobpreisungen entnehmen, die er dem schwedischen Halbstürmer Rune Carlsson widmete. Der habe Anderl Kupfer ein schweres Spiel aufgenötigt, schrieb Herberger in einer Kurzcharakteristik, die sich wie ein Selbstportrait des Reichstrainers las: Carlsson «ist einer von jenen großen Halbstürmern mit kleiner Figur! Er ist knapp über 1,60 groß, wieselflink, Techniker und Taktiker und harter Kämpfer! Kupfer kann ein Lied von der kämpferischen Geschicklichkeit und der körperlichen Härte des ‹kleinen› Mannes singen. Er ist Landesmeister im Ringen! Ein prächtiger Bursche, wie sich in einer Unterhaltung mit ihm zeigte.»

Was für ein Gegensatz dazu der deutsche Sturm – allen voran Helmut Schön: «Die Stürmer sind zu weich! Keine Kämpfer!! Gegen Schweden gewinnt man nur durch Kraft und Kampf, Schnelligkeit und Härte!! Schön ist gegen Mannschaften aus Skandinavien hinfort nicht mehr tragbar!» notierte sich Herberger.

Dieses harsche Urteil, das der Reichstrainer offenkundig nicht für sich behalten hatte, veranlaßte Helmut Schön, ihm am 20. Oktober 1941 einen langen Brief zu schreiben. «Lieber Herr Herberger! (...) Sie können sich natürlich denken, daß ich mir wie vielleicht kein anderer nach dem Spiel in Stockholm Gedanken gemacht habe. Sehr hart hat es mich allerdings getroffen, daß mir fast allein die Schuld an dem schwachen Spiel unseres Sturms und damit an der Niederlage gegeben wird. Ich kann Ihnen versichern, daß ich mich vor dem Spiele ernsthaft vorbereitet habe, aber eben vielleicht doch noch nicht so, wie es hätte nötig sein sollen. Ich habe sofort nach dem Schwedenspiel begonnen, mein Training anders aufzubauen, um so mehr, als mein Knie augenblicklich in allerbester Verfassung ist und jedes harte Training verträgt. Seit voriger Woche trainiere ich wöchentlich dreimal, und zwar zweimal nur auf Kondition und einmal mit dem Ball. Ich glaube, daß es so richtig ist. Beim Admiraspiel haben Sie wieder meinen Einsatz beim Kopfballspiel bemängelt; auch hierauf richte ich mein besonderes Augenmerk. Ich glaube, lieber Herr Herberger, daß somit die allerbeste Gewähr gegeben ist, daß in den nächsten Wochen und überhaupt zukünftig wieder meine körperliche Verfassung, besonders was den körperlichen Einsatz im Spiele entspricht, die allerbeste ist.»

Nun kam der Pferdefuß. Schön wußte natürlich, daß für den 16. November ein Länderspiel mit Dänemark in seiner Heimatstadt

Dresden vereinbart war, und spielte darauf an: «Sie werden nun sicher denken, er schreibt mir alles nur wegen des Dänemarkspieles in Dresden. Das stimmt zu einem großen Teile, denn das wird ja jedem Spieler einleuchten, daß es vielleicht nichts Schöneres geben kann, als die Farben seiner Nation in seiner Heimatstadt vertreten zu dürfen; über diesen Satz werden Sie sicherlich lächeln, aber er stimmt doch. Es ist also mein höchster Ehrgeiz, gerade in diesem Kampfe mitwirken zu können und mitzuhelfen, gerade gegen diesen Gegner uns für die Schwedenniederlage zu rehabilitieren, wenigstens zu einem großen Teile.»

Aber es kam, wie Helmut Schön in seinem Brief befürchtet hatte: Die Auseinandersetzung und die Kritik nach dem Stockholmer Spiel endete prompt mit einer Demütigung des Dresdners. In seinen Memoiren schrieb Schön darüber: «Heute kann ich über das, was sich damals abspielte, abgeklärt schreiben, weil es dem Spieler Schön nicht mehr weh tut und weil der Bundestrainer Schön inzwischen selbst Entscheidungen zu treffen hatte, die ihn verstehen ließen, was damals mit ihm geschah.

Es war November, und wir wurden einige Tage vor dem Spiel zusammengezogen. Vom DSC hatte Sepp Herberger den Verteidiger Karl Miller, den linken Läufer Helmut Schubert und den linken Flügel Schön–Carstens aufgeboten. Wir trainierten im Ostra-Gehege, und eines morgens mußte ich mit Schrecken feststellen, daß der Boden durch einen plötzlichen Kälteeinbruch ganz hart gefroren war. Auf einem solchen Terrain aber fühlte ich mich nicht sicher genug. Der Reichstrainer wußte das und machte mich langsam damit vertraut, daß ich bei solchen Verhältnissen vielleicht nicht der gegebene Mann sein würde. Als ehrgeiziger Spieler wollte ich das natürlich nicht wahrhaben und wartete bis zuletzt voller Unruhe auf die Nominierung der Mannschaft.

(...) Am Tag vor dem Spiel aber kam die bittere Pille, und die gesamte Fußballwelt schien über mir zusammenzustürzen. Sepp Herberger nominierte die Elf, aber ohne Carstens und mich. (...) Trotz meiner Enttäuschung war ich dem Reichstrainer nicht gram, denn nach und nach sah ich ein, daß er nur seiner Überzeugung treu geblieben war, auch auf die Gefahr hin, daß er eine unpopuläre Entscheidung getroffen hatte. Natürlich war es schmerzlich, daß ich nach Länderspielen in so vielen anderen Städten ausgerechnet in meiner Heimatstadt Ersatzspieler sein mußte. Meine damalige Braut und jetzige Frau Annelies hat allerdings etwas länger gebraucht als ich, um mit dieser Enttäuschung fertig zu werden. Das Spiel endete übrigens 1 : 1.»

Spätestens mit diesem Spiel war der Grundstein für die Animositäten und Querelen gelegt, die jahrzehntelang das Verhältnis zwischen Sepp Herberger und Helmut Schön, seinem späteren Nachfolger als Bundestrainer, beeinträchtigten. Herkunft, Typ und Schulbildung des bürgerlichen Schön wirkten auf den proletarischen Autodidakten Herberger provokativ. Er fühlte sich herausgefordert und reagierte aggressiv. In nahezu schablonenhafter Weise begann sich fortan zwischen Herberger und Schön zu wiederholen, was zwischen Herberger und Nerz abgelaufen war. Nur, daß Schön an diesem Drama viel weniger aktiv beteiligt war als einst Herberger. Es war jetzt der Amtsinhaber, der Helmut Schön immer jenen Ehrgeiz unterstellte, von dem er selbst in seiner Rivalität gegen Nerz getrieben war.

In diesem Herbst 1941 begann Deutschland sichtbar ein Land im Krieg zu werden. Vor allem die Reichshauptstadt Berlin veränderte sich. Die Straßen leerten sich. Die Fenster der Busse und Straßenbahnen bekamen einen blauen Anstrich, der alle Farben zu dämpfen schien. Und die Stimmung auch. Die Viktoria der Siegessäule wurde schwarz bemalt, um nicht im Scheinwerferlicht zu glänzen. Seit September mußten Juden den gelben Stern tragen. Die Russen hielten der deutschen Wehrmacht stand, und die Zahl der deutschen Gefallenen wuchs beängstigend. Die Versorgung der Heimatfront wurde immer schlechter.

Auch Josef Herberger sah die Entwicklung mit Sorge. Je länger der Rußlandfeldzug dauerte, desto mehr Spieler mußte er an die Front abstellen. «Der Kreis der verfügbaren Leute», erinnerte sich Herberger, «wurde immer kleiner, an Ersatz und Auffüllung war kaum noch zu denken.» In dieser Situation traf Herberger an einem der ersten Tage im Dezember 1941, als er auf dem Wege zum Reichssportfeld war, mit Artur Jensch, SS-Obersturmbannführer aus dem Führungsstab der Reichssportführung, zusammen, der unter anderem das Ressort für Internationalen Sportverkehr leitete. Für Herberger galt Jensch noch als «unser Mann», weil er ursprünglich zum Lager der Sportler gehörte, wie manch anderer in den höchsten Stellen der Reichssportführung; überdies war er mit Olga Jordan verheiratet, der Vierten im Kunstspringen der Damen bei den Olympischen Spielen 1932 in Los Angeles.

Schnell sei eine Unterhaltung in Gang gekommen, und sehr bald sollte Herberger «höchst Interessantes» zu Ohren kommen. «Da vernahm ich nämlich aus dem Munde meines Gesprächspartners von Absichten und Plänen der Reichssportführung, im Januar oder Februar 1942 in Garmisch-Partenkirchen Europameisterschaften in den Wintersportarten durchzuführen und hierzu die nicht im Kriege befindlichen europäischen Länder zur Teilnahme einzuladen.»

Als Jensch erwähnte, daß bereits Verhandlungen mit dem Oberkommando der Wehrmacht (OKW) begonnen hätten mit dem Ziel, «unsere im Fronteinsatz stehenden Spitzenkönner im Interesse einer gründlichen Vorbereitung und eines erfolgreichen Abschneidens bei diesen Wettkämpfen aus der Front abzuziehen und in die Heimat zu beurlauben», wurde Herberger hellwach. Zumal er erfuhr, daß das Oberkommando der Wehrmacht diesem Begehren äußerst wohlwollend gegenüberstand.

Herberger war nicht der Mann, solche Chancen ungenutzt verstreichen zu lassen. «Einem Überfall gleich trug ich ihm meine Schwierigkeiten vor, die ich im Hinblick auf die bevorstehenden Länderspiele hätte. Ich sprach von dem starken Aderlaß, den unsere Nationalmannschaft durch die Abstellungen an die Front erlitten habe und wodurch in Frage gestellt sei, ob ich überhaupt eine und dann gar noch eine den hohen Anforderungen eines Länderkampfes gewachsene Mannschaft auf die Beine zu bringen vermöge. Ich verwies mit Nachdruck auf die schwerwiegenden Folgen, die allein schon ein schwaches Spiel oder gar eine Niederlage gerade bei jenen

Personen und Stellen auslösen würden, wo man unsere Länderspiele als ein Mittel der Volksbetreuung sehe.»

Herberger redete beschwörend auf Jensch ein, malte seine Situation grau in grau. In Wahrheit, das wußte er, war es beileibe «nicht soooo schlimm», wie er es darstellte: «Aufstellungssorgen hatte ich in jenen Tagen noch nicht. Wohl waren ausnahmslos alle Kandidaten unserer Nationalmannschaft unter den Soldaten.» Doch war ein Großteil dieses Kreises vorsorglich gut abgeschirmt «durch gute Beziehungen zu den vorgesetzten Dienststellen». Der Reichstrainer hatte zu diesem Zeitpunkt für alle elf Posten in der Nationalmannschaft mindestens drei, wenn nicht gar vier Spieler zur Auswahl. Daß aber selbst diese Männer nicht unter Denkmalschutz standen, das hatten die zahlreichen Abstellungen in den zurückliegenden Wochen gezeigt.

Den quirligen Herberger hielt es nach diesem Gespräch nicht lange auf dem Reichssportfeld, ihn trieb es nach Hause, um schon einmal vorzuarbeiten für den Fall, daß Jensch beim OKW Erfolg haben sollte. Jetzt erwies sich als Vorteil, so Herberger, daß er zu allen Spielern der Nationalmannschaft einen engen Draht hatte. Schnell fand er die nötigen Unterlagen. Im D-Zug, auf dem Wege nach Breslau, wo seine Elf am 7. Dezember gegen die Slowakei spielen sollte, erstellte er dann eine erste Liste mit Rückrufkandidaten.

Jensch hielt Wort. Noch am Abend desselben Tages rief er Herberger in Breslau an, um ihm zu sagen, daß er das Einverständnis des OKW zu seinem Antrag bekommen habe. Er gab ihm auf, zwanzig Leute für die Rückberufung zu benennen. Später wurde diese Zahl auf Herbergers Wunsch auf 25 erhöht. Es kämen aber nur Leute mit nachweisbarer Frontbewährung in Frage, so Jensch. Herberger: «Jetzt hieß es für mich, das Eisen zu schmieden, solange es heiß war.»

Herberger war nun nicht mehr zu bremsen. «Ich bin im Tierkreiszeichen des Widders geboren. Wenn man vom Widder sagt, daß er halsstarrig und dickköpfig ein einmal ins Auge gefaßtes Ziel stur angehe», dann zählte er zu dieser Art von Menschen. «Nach einem so vielversprechenden Beginn durfte die Aktion in keinem Fall im

Sande verlaufen. Ich wollte nicht eher Ruhe geben, bis der Marschbefehl vom OKH an die Fronteinheiten meiner Leute ergangen war.»

Wieder vom Länderspiel in Berlin zurück, war Herbergers erster Weg zu Jensch. Er brannte darauf, nähere Einzelheiten über den Stand und den weiteren Fortgang der Aktion zu erhalten. Als Jensch in dem Gespräch immer wieder die «ordensgeschmückte Soldatenbrust» erwähnte, glaubte Herberger, ihn verstanden zu haben: «Mein Vorschlag, meine Liste noch einmal zu überarbeiten und sie ihm am nächsten Vormittag zur Einsicht vorzulegen, fand seine Zustimmung.»

Herberger machte sich an eine vermehrte und vorauseilende Ordensverleihung. Aufgrund seines regen Briefwechsels mit den Frontsoldaten wußte er von deren Fronteinsätzen. Um nun dem Antrag einen «recht bildhaften Eindruck» zu verleihen, zeichnete er den einen oder anderen Mann seiner Liste von sich aus mit zusätzlichen Orden aus. Herberger: «Die Paradestücke und Stars meiner Liste waren die Träger des EK1, die Feldwebel Bergmann, Pliska – der bei Inkrafttreten seines Urlaubs auch das Deutsche Kreuz in Gold erhalten hatte und später sogar das Ritterkreuz –, Unteroffizier Schaletzki und Feldwebel Edmund Malecki. Die Verleihung des EK1 an Malecki war durch mich erfolgt und bestand zu jenem Zeitpunkt nur auf dem Papier. Erst mehr als anderthalb Jahre später ist er in den Kämpfen in Albanien in den Besitz dieser Auszeichnung gelangt. Die Gefreiten Berg und Gauchel hatten zum Zeitpunkt der Einreichung meiner Liste das (darauf verzeichnete) EK2 noch nicht. Der Unteroffizier Kurt Welch hatte es nur von mir verliehen bekommen.»

Insgesamt kam Herberger auf 8 EK2, auf 3 EK1, auf 6 Sturmabzeichen bei 20 Spielern. «Mit der Verleihung von einem EK1 und drei EK2 und einem Sturmabzeichen habe ich mich – im Hinblick auf die ungünstige Entwicklung an der Front – bei der Verleihung von Auszeichnungen sehr gemäßigt verhalten», schrieb er nachträglich. Wohl für den Fall einer Veröffentlichung hatte er hinzugefügt: «Man möge mir diese Anmaßung noch nachträglich verzeihen. Ich hing damals halt zu sehr am guten Gelingen meiner Aktion. Ich weiß nicht, ob ich heute noch einmal den Mut aufbrächte, noch einmal zu tun, was ich damals unternahm.»

Wichtig für die Beurlaubung seiner Spieler war es, daneben frühzeitig ihre jeweiligen Ersatztruppenteile in Erfahrung zu bringen. Nur so konnte er sie erfassen und ein Verfügungsrecht über sie gewinnen. Die Ersatztruppenteile aber waren geheim: «Unter Berufung auf die Zusage des Oberkommandos des Heeres habe ich mir Eingang zu einigen Dienststellen im OKH erschlichen.» Dort saßen Herberger wohlgesinnte Unteroffiziere, die ihn – anhand der Feldpostnummern seiner Männer – deren Ersatztruppenteile wissen ließen.

Das war nicht ohne Gefahren. Herberger erinnerte sich: «Während wir voller Eifer bei dieser Arbeit waren, öffnete sich eine Zugangstür, und herein kam ein Offizier, unmißverständlich der Chef dieser Abteilung. Wir waren sozusagen auf frischer Tat ertappt. Eine hohe, stattliche Erscheinung, ausgerüstet mit einem lauten und geübten Organ, sich seiner Umgebung mitzuteilen. ‹Was hat dieser Zivilist hier drin zu suchen?› schepperte es durch den Raum. Es konnte keinen Zweifel geben, für ihn war ich der Spionage verdächtig.»

Es war Herbergers Rettung, daß in diesem Moment Oberstleutnant Verhein und Hauptmann Seidel den Raum betraten, beide seit dem Studium an der Deutschen Hochschule für Leibesübung gute Bekannte von Herberger «und mit meinem Anliegen und meiner Anwesenheit vertraut». Die Sache klärte sich also auf, und alles führte zu einem guten Ende.

Die Liste war eingereicht, die Ersatztruppenteile ermittelt. Nun fehlte ihm für sein Gesuch nur noch die Unterschrift des Reichssportführers von Tschammer und Osten. Nach nervendem Hin und Her – von Tschammer war erkrankt, der Beginn eines tödlichen Leidens, von dem er sich nicht mehr erholen sollte – hielt Herberger endlich, am 23. Dezember 1941, die unterschriebene Eingabe in der Hand.

Zwischen den Feiertagen, so hatte ihm Major Mayer vom OHK zugesagt, sollten die Rundschreiben verschickt werden. Als sich bis zum 30. Dezember immer noch nichts getan hatte, rang sich Herberger dann zu einem Anruf bei Major Mayer durch, von dem er erfuhr, daß auch schon der Fachamtsleiter Boxen bei ihm gewesen sei und auf die Dringlichkeit der Rückberufung der Boxer hingewiesen habe. Heute noch würden die genannten fünf Boxer zurückgerufen. Herberger: «Auf meine Vorstellung, daß unsere Fußballer genauso dringend benötigt würden, gibt mir Major Mayer die Zusage, daß er auch die Fußballer noch heute telegraphisch zurückrufe.»

Wieder zu Hause, rief Herberger bei Liesener an, einem Sachbearbeiter unter Jensch. Eigentlich hatte der helfen sollen, der Sache Nachdruck zu verleihen. Statt dessen berichtete Liesener, von Mengden habe ihm gesagt, daß die Rückrufsache keine Aussichten auf Erfolg mehr habe. Herberger: «Was ich als Folge der von den Russen verabreichten Schläge von Tag zu Tag mehr befürchtet hatte, war eingetreten. Ich erwähnte mit keinem Wort die Zusage des Majors Mayer und legte auf. O heilige Bürokratie. In meinem Falle hat sie ein Wunder vollbracht. Während man in der obersten Führung bereits ‹das Ganze halt› geblasen hatte, lief unten noch alles in eingespielten Gleisen.» Am 6. Januar 1942 erhielt der Reichstrainer die Nachricht, daß seine 25 Fußballer zu ihren Truppenteilen in der Heimat in Marsch gesetzt würden.

Aber es sollte noch lange dauern, bis es soweit war. Die Geduld des Trainers wurde auf eine harte Probe gestellt. Die Verbindung zu den Männern an der Front war abgerissen. In knappen Formulierungen informierte der Heeresbericht von schweren und täglich härter werdenden Kämpfen an der Ostfront. Lazarettzüge brachten abgemagerte Männer in abgerissenen Uniformen zurück, Fronturlauber klagten über Kälte, schlechte Verpflegung und Bekleidung. Himmler verbot «Tanzlustbarkeiten», Goebbels forderte die Berliner auf, «keine Neujahrsglückwünsche zu verschicken». Herbergers Hoffnung, daß er seine Spieler heimholen könne, sank auf den Nullpunkt.

Und dann stand plötzlich Feldwebel Reinhard Schaletzki vor der Tür, abgekämpft, müde, glücklich. Er war der erste. Nachdem der Anfang gemacht war, hörte Herberger bald auch von den anderen.

Einige seiner Männer waren verwundet worden und trafen im Lazarettzug in der Heimat ein, wo sie von ihrem Glück erfuhren. Herberger unterließ es nicht, OKH und Sportführung von den verwundeten Männern zu unterrichten. Zum einen unterstrichen die Verwundungen, daß er wirklich frontbewährte Leute angefordert hatte, zum anderen sicherte er sich gute Voraussetzungen für den möglichst langen Verbleib seiner Schützlinge in der Heimat. Allerdings gab es auch Truppenführer, die den Marschbefehl einfach ignorierten. Zu allem Unglück erfuhren die Betroffenen davon, wie Jakob Streitle, der Münchener Verteidiger, und die beiden Hamburger Erwin Reinhard und Walter Warning.

Trotz des Erfolges seiner Aktion fühlte Herberger sich keineswegs wohl in seiner Haut. Während zu Beginn des Jahres 42 der Verlauf der Kämpfe im Osten eine brutale Durchkämmung der Garnisonen auslöste und Zug um Zug sich in Richtung Rußland bewegte, kam das Häuflein der Fußballer auf Urlaub in die Heimat, um an Länderspielen teilzunehmen. Zum Jahreswechsel 41/42 gab die Deutsche Wehrmacht ihre Verluste mit zweihunderttausend Toten und Vermißten an, fast fünfhunderttausend Verwundete wurden registriert. Kam dem Spiel unter diesen schrecklichen Umständen überhaupt noch eine Bedeutung zu? Nicht alle Truppenführer würden diese Fragen, die sich Herberger stellte, in jenen Tagen in seinem Sinne beantworten, schwante ihm. Kein Wunder, daß er allen Anlaß sah, sich kleinzumachen und kurzzutreten.

Alle Spieler fanden auch deshalb zu Hause einen Brief von Herberger vor, in dem der Reichstrainer «die Kameraden» herzlich willkommen hieß und ihnen einige Verhaltensregeln mit auf den Weg gab:

«1. Von Eurem Truppenteil erhaltet Ihr einen vierwöchigen Urlaub in die Heimat und nach Berlin. Zuerst sollt Ihr Euch zu Hause wieder einmal richtig einleben. Das Training wird langsam angefangen und darf im Anfang keine zu großen Anstrengungen bringen. Für den ersten Sonntag, den Ihr zu Hause seid, besteht Spielverbot! Sofort nach Antritt des Heimaturlaubes bitte ich um telegraphische Mitteilung unter Angabe Eurer Heimatadresse. Meine Adresse steht am Kopf dieses Schreibens. 2. Die Frage, in welchem Verein Ihr spielen werdet, werden wir in einer gemeinsamen Besprechung klären. Bei einigen von Euch liegt die jetzige Garnison so weit entfernt vom Heimatort, daß ein Spielen im Heimatverein nicht möglich sein wird. Fahret also erst einmal nach Hause, spielt auch – vom ersten Sonntag abgesehen – bei Eurem Stammverein, tretet aber auf keinen Fall einem Verein als Gastspieler bei, da die Frage Eurer zukünftigen Spielertätigkeit in unserem ersten Lehrgang geregelt wird. Die Einladung zu diesem Lehrgang ergeht alsbald an Eure Heimatadresse. Ich freue mich, Kamerad, Sie wieder in unserer Mitte zu haben, und begrüße Sie mit Heil Hitler!»

Parallel dazu schrieb der listige Herberger einen Brief an die Sportabteilung des Reichsbundes, in dem er die Schwere der bevorstehenden nationalen Aufgaben beschwor, die dem deutschen Fußball aufgebürdet seien, die denkbar schlechten Vorbereitungsmöglichkeiten, die ausgefallenen Spiele, die Aufstellungssorgen bejammerte. Alles wahr – aber dennoch nur Mittel zum Zweck. «Einmal wollte ich damit erreichen, daß mir vor den jeweiligen Länderspielen dreiwöchige Lehrgänge zugestanden wurden. Zum zweiten war es ein vorbeugendes, taktisches Manövrieren, um eventuellen Angriffen gegen die gerade zurückberufene Frontmannschaft von vornherein die Spitze zu nehmen. Daneben spekulierte ich auch darauf, durch die mehrwöchige Beurlaubung der Leute meines Spielerkreises – zu dem natürlich als Neuzugänge die Fronturlauber zu zählen waren – diese aus den Kasernen und mehr unter meine Fittiche zu bringen. Mein Vorschlag wurde akzeptiert, ich hatte gewonnen. Von nun an standen im Programm der Vorbereitung der Länderspiele immer drei Wochen Lehrgang voran.»

So ging der Reichstrainer, relativ und den Umständen entsprechend, gestärkt in das Jahr 1942, das letzte Kriegsjahr, in dem noch offizielle Fußballänderspiele des Deutschen Reiches stattfanden. Es waren zehn Begegnungen, sieben endeten mit deutschen Siegen, dazu kamen zwei Niederlagen und ein Unentschieden.

Die katastrophale Versorgungslage an der Ostfront, die das Denken und Handeln aller bestimmte, schlug sich auch in den organisatorischen Schwierigkeiten vor Länderspielen nieder. Als die deutsche Fußballnationalmannschaft sich im Januar auf zwei Spiele in Wien vorbereitete (gegen Kroatien und gegen die Schweiz), bat Herberger österreichische Freunde, Petroleum aufzutreiben: «Ein halber Liter würde für meine Zwecke schon ausreichen. Für die Ersatzleute benötige ich Wolldecken zum Schutz gegen die Kälte. (...) Die Spieler sind von uns aufgefordert, falls vorhanden, ihre Ohrenschützer und Suspensorien selbst mitzubringen.»

Lehrgänge vor Länderspielen begann Herberger jetzt immer mit einer Art militärischen Bestandsaufnahme. Als sich am 23. März 29 Kandidaten zur Vorbereitung für ein Länderspiel gegen Spanien in Wuppertal versammelten, teilte er ihnen die Zusammensetzung der Truppe mit: Es waren 25 Soldaten, vier in uK-Stellung beziehungsweise noch nicht beim Militärdienst eingezogen, 19 der 25 Soldaten hatten Fronteinsatz, sieben trugen das EK2, zwei das EK1, vier das Verwundetenabzeichen, zwölf das Ostabzeichen. Er unterrichtete die Spieler davon, daß der stellvertretende Fachamtsvorsitzende Zörner, ein Ex-Nationalspieler, mit dem er in der Zeit vor dem Kriege heftige Machtkämpfe ausgetragen hatte, vor Moskau gefallen sei. Gefallen waren auch die Kameraden Stührk und Heermann, verwundet Ernst Lehner. An der Front standen: Kupfer, Pohl, Klodt, Gellesch, Skoumal, Schubert. Reichssportführer von Tschammer und Osten schickte der Nationalmannschaft ein Telegramm, in dem er Hals- und Beinbruch wünschte für einen Sieg der großdeutschen Elf, «deren Spiel gegen Spanien in diesem Kriegsjahr unter besonders schwierigen Voraussetzungen vorzubereiten war, das wir aber im Gefühl der kommenden Siege unserer unvergleichlichen Wehrmacht durchführen und damit vor dem Volk und der Front die starke Lebenskraft des deutschen Sports in diesen Zeiten unter Beweis stellen. Heil Hitler!»

Fritz Walter beteuert noch heute, daß solche Phrasen bei den Spielern überhaupt nicht ankamen. Und Helmut Schön erinnerte sich fast ungläubig in seinen Memoiren: «Trotz des sinnlosen Krieges, der das Leben immer mehr beeinflußte, war es für uns Sportler eine herrliche Fußballzeit.»

Auch Sepp Herberger vergaß alles, sobald der Ball zwischen den Reihen zu tanzen begann und ein Gegner erkennbar wurde. Dann forderte er von seinen Leuten – Krieg hin, Krieg her –, daß «jeder durchdrungen ist von der Notwendigkeit ernster Arbeit in den kommenden Tagen». Besorgt notierte er sich: «Waren die Lehrgänge schon im Frieden notwendig, so sind sie es im Kriege erst recht. Unsere Aktiven sind heute Soldat. Die sportliche Zielsetzung, in normalen Zeiten ein Stück Lebensinhalt, muß jetzt vor wichtigeren Aufgaben zurückstehen. Das Training wird nicht mehr regelmäßig durchgeführt, hat nicht mehr die Zielstrebigkeit und Intensität.» Also verordnete Herberger seinen Männern neben reichlichem und nahrhaftem Essen das bei ihm übliche Friedensprogramm: «Harte Arbeit!!!! Einstellung! Lebensweise!!»

Nach dem 1:1 gegen Spanien war das Spiel des Jahres angesetzt – am 3. Mai 1942 gegen Ungarn in Budapest –, das für Herberger und seinen Schützling Fritz Walter geradezu schicksalhafte Bedeutung bekommen sollte.

Seit 33 Jahren fuhren deutsche Fußballnationalmannschaften in die Hauptstadt Ungarns, und noch keiner war es gelungen, dort zu gewinnen. Vor zwei Jahren hatten es die Deutschen immerhin zu einem 2:2 gebracht, aber jetzt mußten sie mit einer einheimischen Truppe rechnen, die auf Revanche brannte. Denn in Köln waren die Ungarn vor einem Jahr gegen ein entfesseltes deutsches Team mit 0:7 unter die Räder geraten.

Diesmal schien es, wie von allen befürchtet, anders zu laufen. Herbergers Spieler brachen unter dem Ansturm der Magyaren fast zusammen. Fritz Walter ist noch 55 Jahre später erschüttert: «Die haben uns regelrecht vorgeführt», waren «Klassen besser als wir». Und Herberger erinnerte sich: «Von einer planmäßigen Abwehr bei uns konnte vorerst überhaupt keine Rede sein.» Mit einem 1:3-Rückstand trotteten elf deprimierte Deutsche in die Pause.

Fußballer haben ein sehr genaues Gedächtnis für Spielszenen, Ergebnisse und Gefühlslagen in entscheidenden Augenblicken. Auch Herberger konnte sich noch Jahrzehnte danach genau an die Stimmung in der Kabine erinnern, wo ein niedergeschlagener Fritz Walter gleich links hinter der Kabinentür hockte. «Männer», so habe Herberger traurig gesagt, erinnert sich Fritz Walter, «laßt es nur nicht zur Katastrophe kommen.» Daß der Trainer wortlos aus dem Fenster geschaut habe, dann einen Operettenschlager so lange durch die Zähne gepfiffen habe, bis einige der Spieler schon glaubten, ihr Reichstrainer sei wohl durchgeknallt, das weiß Fritz Walter heute nicht mehr. Aber Herberger hat es Freunden und Kollegen oft erzählt: «Die Julischka, die Julischka aus Buda-Budapest», habe er gepfiffen und auf den Lärm aufmerksam gemacht, der von nebenan herüberschallte. «Unsere Kabinen waren nur durch eine dünne Holzwand voneinander getrennt», erzählte Herberger Harry Valérien. «Drüben heller Jubel, man merkte, sie konnten es gar nicht mehr abwarten, rauszukommen und uns eine ordentliche Niederlage aufzubrennen.»

Still, verschlossen, «aber wie von einem heiligen Grimm erfaßt», hätten dagegen die deutschen Spieler auf den Bänken gehockt, kein Wort sei gesprochen worden, bis Herberger angefangen habe, den Leuten aufmunternd auf die Schulter zu klopfen und von irgendeinem Spiel in Dresden zu sprechen, wo die deutsche Mannschaft auch schon mal 0:3 zurückgelegen habe, und das bei viel schlechterem Schuhwerk, und am Ende doch noch gesiegt habe. Vom Tempo, das die Ungarn angeschlagen hatten, redete er, und daß sie das mit Sicherheit nicht durchhalten könnten. «Männer», sagte er, «wir gewinnen diesen Kampf noch.» Geglaubt hat er das nicht. Er war tief beeindruckt vom Spiel der Gastgeber. «Ich habe noch keine ungarische Ländermannschaft so gut und so schön spielen gesehen wie diese.» Doch dann begann die zweite Hälfte für Herberger und seine Elf mit einer großen Überraschung: «Die Ungarn hatten auch eine Mordsangst vor uns. Sie fingen plötzlich an – und sicher hat das 7:0 noch in ihren Köpfen gespukt – aus der Defensive zu spielen.» Dadurch kamen die Deutschen besser zum Zug. Bald zeigte sich auch die ausgezeichnete Kondition, in der die Mannschaft war, und es war noch keine Viertelstunde der zweiten Halbzeit vergangen, da stand es 2:3 durch einen von Paul Janes verwandelten Freistoß. Dieses Tor war das Signal für den Angriff der Gäste, die zum 3:3 ausglichen, dann mit 4:3 und endlich 5:3 davonzogen. Herberger: «Es wurde ein herrlicher Sieg, der erste in der langen Geschichte des deutsch-ungarischen Fußballs auf Budapester Boden. (...) Budapest war ein Sieg der besseren Kondition, des Mannschaftsgeistes und der Kameradschaft. Eine solche Leistung kann nur unsere Mannschaft vollbringen.»

Mit diesem Spiel machte die Herberger-Truppe in Deutschland Furore. Das Bedürfnis nach Siegen war groß. Reichssportführer von Tschammer und Osten lud die Mannschaft zu einem Empfang nach Berlin. Die Spieler waren schon unterwegs in die Heimat oder zu ihren Truppenteilen, und so ging nur Reichstrainer Herberger zu dem Gespräch mit seinem Reichssportführer.

Unmittelbar vorher hatte ihn der Notruf des Unteroffiziers Schaletzki erreicht, der – als erster von Herbergers Liste in der Heimat angekommen – nun wieder zur Fronttruppe abkommandiert wurde. Das entsprach den Abmachungen. Die Aktion Rückrufung, die Herberger vor Weihnachten in Gang gesetzt hatte, galt ab Mitte März für abgeschlossen.

«Die Kämpfe in Rußland waren inzwischen immer heftiger entbrannt, und jeder spürte, daß es dort nicht gut um uns stand», notierte sich Herberger. «Es gehörte keine besondere Phantasie dazu, sich vorzustellen, was sich in den Kasernen alles abspielte.» Alle Abteilungen wurden durchkämmt nach Reserven. Daß es nicht leicht war, den an die Front abkommandierten Soldaten klarzumachen, warum ihre durchtrainierten Kollegen, die Fußball spielten, nicht an die Front sollten, wußte Herberger.

Von seinem Freund Xandry hatte Herberger erfahren, daß der Verein Admira Wien eine Einladung zu drei Spielen in die Türkei erhalten habe – alle in Istanbul. Nachdem Herberger dem gutgelaunten von Tschammer und Osten Bericht erstattet hatte, wie großartig sich seine Männer in Budapest geschlagen hätte und als Dank ein Bild mit Widmung des Obersturmbannführers und Reichsführers in SA-Uniform entgegengenommen hatte («Meinem unverdrossenen Kameraden Herberger in Anerkennung seiner großen Verdienste um den deutschen Sport. Gezeichnet von Tschammer,

Reichssportführer»), schlug er dem Reichssportführer vor, die Admira-Elf durch sieben jener Nationalspieler zu verstärken, die von der Front zurückgerufen waren.

Er habe Bedenken, so Herberger, ob die derzeitige Admira, durch Frontabstellungen in ihren Leistungen geschwächt, die ihr gestellten Aufgaben ohne seine Männer zufriedenstellend lösen könne. Staatsmännisch wies er darauf hin, daß «wir uns nicht erlauben können, in Istanbul zu verlieren, sondern daß wir im Augenblick nach dem großen weltweiten Erfolg in Budapest in die Türkei nur das Beste aufbieten müssen, um dort auch spielerisch zu überzeugen». Nur so – lockte er – «könnte der Beweis erbracht werden, und zwar eindrucksvoll, daß die Deutschen trotz des Krieges auch heute noch über eine spielstarke Leistungskraft verfügten».

Von Tschammer und Osten war sofort mit seinem Vorschlag einverstanden und ermächtigte seinen Reichstrainer, alles in die Wege zu leiten – aber nur, wenn er die Mannschaft aufstelle und sie auch selbst betreue. Dieses Opfer wollte Herberger wohl auf sich nehmen.

Auf von Tschammers Wohlwollen stieß Herbergers Idee nicht zuletzt auch deswegen, weil Adolf Hitler im Juni 1941 einen Freundschaftsvertrag mit der Türkei geschlossen hatte, um sich den Rükken freizuhalten für die Aktion «Barbarossa», den Überfall auf Rußland. In der Zwischenzeit hatten deutsche Truppen Bulgarien besetzt und waren in Jugoslawien einmarschiert, sie kämpften in Griechenland und waren als Fallschirmjäger in Kreta gelandet.

Die Delegation nach Wien, angeführt von Carl Diem, wurde von Georg Xandry begleitet, zu der Zeit Fachamtsgeneralsekretär, der die unangenehme Aufgabe übernahm, den verdatterten und empörten Wienern klarzumachen, daß ihr Vereinsunternehmen auf einmal zur höchsten Reichssache geworden war und die Admira-Elf mit sieben Herberger-Mannen verstärkt werden sollte. Herberger hörte mit, als Xandry mit Wien telefonierte: «Zuerst Totenstille am anderen Ende der Leitung, das war verständlich. Dort hatte Direktor Glaser, der Vorsitzende der Admira den Hörer am Ohr. Dann platzte er los, schimpfte und drohte. Er besteht auf Admira, lenkt dann aber doch ein, wenn auch merklich schweren Herzens, als er hört, daß Admira ja die Reise nicht genommen werden soll, sondern daß es ... zu einer Kombination kommen soll. Wir verbleiben am Schluß des Gespräches so, daß Direktor Glaser als Präsident der Admira die Reise mitmacht.»

Herbergers Liste mit sieben Nationalspielern war schnell fertig. Eingeladen wurden: Arlt, Malecki, Deyhle, Bergmann, Schaletzki, Gauchel und Urban. Herberger drückte aufs Tempo, weil er ahnte, daß seine Leute möglicherweise schon auf dem Wege zur Front sein könnten. Wie richtig er mit dieser Einschätzung lag, berichtete ihm später Schaletzki, dessen Kommandeur in Metz für Fußball nicht viel übrig hatte. Um so mehr aber dessen Adjutant.

Auf Betreiben des Kommandeurs sollte Schaletzki jedesmal im Anschluß an einen Lehrgang oder an ein Länderspiel wieder an die Front abgestellt werden, was der Adjutant allerdings immer wieder zu verhindern gewußt hatte. Wann immer er von drohenden Frontkommandos erfuhr, schickte er Schaletzki zur Post, um den Reichstrainer in Berlin anzurufen, der dann wiederum den Adjutanten ganz offiziell bat, Schaletzkis Marschbefehl um ein bis zwei Tage hinauszuschieben, bis die postalische Einberufung für einen weiteren Lehrgang unterwegs war. Diesmal saß er schon auf seinem Gepäck, als der Adjutant, die Herberger-Einladung schwenkend, über den Kasernenhof gelaufen kam.

Am 26. Mai traf Schaletzki in Budapest auf seinen Trainer und die Mitspieler. Mochte es zunächst auch noch knistern zwischen den handstreichartig zusammengefügten Delegationsteilnehmern, die in dieser Zeit stets berufene «verschworene Gemeinschaft» begann schon auf der Fahrt von Budapest nach Sofia zu wachsen. Alle waren in erwartungsfroher Stimmung. In Sofia wurde trainiert. Herberger: «Schweiß fügt zusammen.» Über einen Notübergang passierten sie die Grenze von Bulgarien in die Türkei. Die letzten 50 Kilometer legte die Gruppe in einem klapprigen Reisebus zurück. Die Türken hatten die Bahnverbindung unterbrochen, um sich gegen einen Blitzkrieg aus dem Westen zu schützen. Mit der Fahrt «in dem ältesten Veteranen unter den türkischen Omnibussen» (Herberger) ging es querfeldein, vorbei an Kamelkarawanen und beflügelt von türkischem Mokka. Für die Soldaten, die zum Teil aus der Winterschlacht von Rußland zurückgekommen waren, waren die Ankunft und das Leben in Istanbul ein phantastisches Erlebnis.

In einem Brief nach Deutschland schrieb Herberger am 17. Juni 1942: «Istanbul ist eine herrliche Stadt, in paradiesischer Landschaft gelegen. Alles geht dort noch unter friedensmäßigen Bedingungen vor sich, so daß ich die Sorgen um die Beschaffung von Lebensmittelkarten dort nicht hatte.»

Dafür wurden die deutschen Spieler überrascht von der Kampfstärke der türkischen Gegner, die «mit unvorstellbarer Härte einstiegen» und «ihren Mangel an technischen Fertigkeiten durch südländische Leidenschaft und fehlende Rücksicht auf die eigene Person ersetzten». Herberger: «Hier erhielt ich einen Vorgeschmack von der Härte der Länderspiele mit der Türkei», eine Erfahrung, die sich zwölf Jahre später bei der Weltmeisterschaft in Bern als hilfreich erweisen sollte.

Aus den Schilderungen Herbergers klang aber nicht nur Freude über den exotischen Ausflug und Stolz auf seine Aktion «Heldenklau», wie in Berlin – halb anerkennend, halb wütend – die listigen Bemühungen des Reichstrainers um das Überleben seiner Spieler tituliert wurden. Herberger fühlte sich eher unbehaglich bei seinen Manipulationen und subversiven Taktiken, für die er in seinen Notizen immer häufiger das Wort «Machenschaften» fand.

Er war sich darüber im klaren, daß er zum Schutze seiner Spieler fast am Rande der Aufforderung zur Fahnenflucht agierte. Wie sehr den prinzipienfesten und autoritätsloyalen Reichstrainer sein Verhalten quälte, wie große Mühe er hatte, dies zu rechtfertigen, läßt sich daran ermessen, daß er bei dem Versuch, diese Zeit für seine Memoiren aufzubereiten, zu immer neuen Versionen griff. Herberger war nicht nur ein glühender Befürworter von Pflicht und Dienst am Vaterland, hinzu kam die wachsende Furcht, mit diesen Manipulationen eines Tages aufzufliegen. Denn im Verlauf des Krieges hatte Herberger sein Schutzsystem gut durchorganisiert. Um sich seinen Spielerstamm zu erhalten und ihn gegen den

Zugriff der Militärs zu sichern, versuchte der Reichstrainer, die Spieler bei sogenannten Sammelstationen unterzubringen, die in mehr oder weniger legaler Zusammenarbeit Herbergers mit einzelnen Sportfans in den Stäben oder bei bestimmten Einheiten entstanden waren.

Eine dieser Stationen war Breslau. Dem Vorsitzenden des Vereins Breslau 02, Major Hilbig, war es – zusammen mit einem Stabsfeldwebel Pietsch – gelungen, eine Reihe von namhaften Spielern für ihren Verein abzustellen. Auch der Schlesier Reinhard Schaletzki erhielt nach der Türkeireise von Metz aus einen Marschbefehl nach Breslau. Schaletzki: «Pietsch war ein Anhänger von Breslau 02 und hatte mich aus der Liste der zur Front abgestellten Soldaten herausgefunden und mich nach Breslau kommandiert.»

Als sich während eines Nationalmannschaftslehrgangs in Frankfurt der Spieler August Klingler eine Meniskusverletzung zuzog, klüngelten Schaletzki, Herberger und Klingler, ob nicht auch der nach Breslau versetzt werden könnte. Klinglers Einheit lag damals in Dänemark. Schaletzki redete mit Pietsch, und nachdem Klingler – auf Vermittlung Herbergers – in Hohenlychen bei Berlin operiert worden war, wurde er direkt aus dem Sanatorium nach Breslau abkommandiert. Später kamen noch die Nationalspieler Plener und Kubus dazu. Auch Fritz Walter und Anderl Kupfer sollten kommen, darüber war Schaletzki unterrichtet. Mit Ottmar Walter hatte man verhandelt.

Herbergers naheliegendste Sammelstation aber war das Wachbataillon Berlin. Vor dem Länderspiel gegen Schweden am 20. September 42 beantragte er, die Soldaten Rohde, Kolb, Kupfer, Walter «mit sofortiger Wirkung» zum Wachregiment Berlin zur Verfügung der Reichssportführung zu überstellen, hieß es in einem Telegramm.

Solche Aktionen mußten so unauffällig wie möglich vonstatten gehen. Der Reichstrainer hatte Angst, es könnte zu Getuschel über «Herbergers Wanderzirkus» kommen. Als im November 42 in der Presse Meldungen auftauchten, daß Herbergers Spieler nicht an die Front, sondern zu ihren Ersatztruppenteilen in die Heimat zurückgekehrt seien, fürchtete Herberger ernste Folgen. «Zum Glück wußte der Reichssportführer nichts von den Manipulationen, die hier gespielt worden waren. Er war aber darüber aufgebracht, daß über die Spieler, allseits bekannte Nationalspieler, immer wieder in aller Öffentlichkeit zu lesen war. Der Reichssportführer war Soldat. Er war furchtbar aufgebracht, was ich beim Lesen dieser Nachricht schon stark befürchtet hatte.»

Als Herberger Anfang Januar 1943 nach Berlin zurückkehrte, versuchte er sich bei von Tschammer zu melden. Jensch hatte ihn schon vorgewarnt: «Lassen Sie sich nicht sehen. Der Reichsführer kocht.» Am Abend kam dann aber ein Anruf: «Sie können wieder kommen. Der Reichssportführer ist heute ins Westend-Krankenhaus gekommen.»

Keine Frage, daß Herberger für seine Männer viel riskierte. Keine Frage auch, daß er diesen einsamen Job als Lenker und Denker für andere innig liebte. Es machte ihm Freude, riskant zu handeln. Zu anderen Zeiten wäre Herberger ein Feldherr geworden, glaubt sein Bewunderer, Schüler, Kollege und Freund Dettmar Cramer. Auch als graue Eminenz an intriganten Fürstenhöfen wäre er denkbar gewesen.

Herberger mochte nach außen die Motive und Abläufe seines Tuns verdecken, sich selbst versteckte er nie. Für seine Spieler blieb er immer ansprechbar. Er deckte seine Soldaten durch persönliche enge Kontakte, besuchte sie bei den einzelnen Truppenteilen, pflegte einen regen Briefverkehr, fragte bei den zuständigen Stellen nach ihnen – alles um bei ihren militärischen Vorgesetzten die Überzeugung zu verstärken, daß die Nationalspieler besonders dringlich gebraucht würden und die Wiederherstellung ihrer sportlichen Höchstleistungen von staatserhaltender Bedeutung sei.

Berichte seiner Leute, die ihm stimmungsfördernd erschienen, setzte er gezielt für Gutwetter ein. So schickte er von Tschammer 1942 voller Stolz einen Brief, den ihm der Nationaltorwart Hans Klodt von der Ostfront geschickt hatte: «Das Fußballspiel gegen Spanien haben Rudi Gellesch und ich im Schützengraben am Feldtelefon gehört. Wir haben uns sehr gefreut. Unser Bataillonskommandeur hatte uns dazu eingeladen.» Ausführlich schilderte Klodt die Situation in Rußland: «Wir waren an der Mittelfront, da ging es immer toll her. Rudi Gellesch war in meiner Gruppe mein Stellvertreter. Wir waren in all' den schweren Kämpfen zusammen, bis ich dann verwundet wurde. (...) Im Kiefer sitzen noch Splitter, die vielleicht noch herausgemacht werden. Der Arzt will aber erst noch warten, bis die Wunde innerlich verheilt ist. Es wird schon wieder werden.»

Daß Herberger diesen Brief an den Reichssportführer weitergab, sollte deutlich machen, daß er sich nur um diejenigen unter seinen Spielern bemühte, die tatsächlich ihre Pflicht an der Front getan hatten. Andererseits wollte er Klodt damit ein Signal des Verzeihens zukommen lassen. Klodt hatte in seinem Brief an Herberger indirekt auf einen Vorfall aus dem vergangenen Jahr angespielt, als er seinem Trainer schrieb: «Lieber Herr Herberger, ich bin durch diesen Krieg hart geworden. Wenn später einmal wieder Aufgaben an mich gestellt werden, werde ich sie besser lösen wie früher und werde mich mit ganzer Liebe und Freude hineinknien.»

Nach einem Länderspiel in der Schweiz hatte Herberger am 9. Januar 1942 an Klodt, der damals bei Schalke spielte, einen bitterbösen Brief geschrieben: «Sehr geehrter Herr Klodt! Von der Führung der [deutschen] Kolonie in der Schweiz erhalte ich heute einen Brief, der eine schwere Anklage gegen Sie enthält. Danach haben Sie gelegentlich des Länderspiels in Bern von einem daselbst tätigen deutschen Hausmädchen ein Paket bekommen mit der Bitte, dasselbe an deren Schwester, eine Frau Dirkesmann in Wattenscheid bei Bochum, zu übergeben. Dieses Paket hatte einen Wert von Fr. 28 bis 30.

Weiter haben Sie von dieser Frau Fr. 7,– verlangt und erhalten, um Einkäufe machen zu können. Dieser Betrag wurde Ihnen mit dem ausdrücklichen Ersuchen überlassen, den Gegenwert dem Deutschen Roten Kreuz in Deutschland zu überweisen.

Weiter wird bezeugt, daß Ihnen diese Frau noch auf dem Bahnsteig ein Paketchen mit Schokolade und Zigaretten übergab, die Sie mit den Kameraden der Nationalmannschaft im Zuge teilen sollten. Alle übrigen Spieler der deutschen Fußballnationalmannschaft, die

– so wie Sie – von in der Schweiz lebenden Deutschen Pakete zur Besorgung an deren Angehörige in Deutschland übernommen hatten, haben – worauf die deutsche Kolonie in der Schweiz ganz besonders hinweist – diese auch sofort nach ihrer Rückkehr in die Heimat besorgt. Ich verlange nun von Ihnen, und zwar innerhalb einer Frist von drei Tagen: 1. Auskunft darüber, wo das Paket für die Frau Dirkesmann geblieben ist, 2. ob und wann der Gegenwert, die geliehenen Fr. 7,–, dem Deutschen Roten Kreuz überwiesen wurde.

Eine Erklärung darüber, was Sie mit dem Ihnen zur Verteilung an die Mannschaft übergebenen Paket Schokolade und Zigaretten gemacht haben, schenke ich Ihnen, da ich ja im Kreise der Mannschaft war und genau im Bilde bin.

Bei dieser Gelegenheit will ich Ihnen auch nicht verschweigen, daß ich über die Ursachen und Gründe Ihres Versagens in Stockholm inzwischen informiert wurde. Ich erwarte Ihren umgehenden Bescheid. Heil Hitler!»

Zwei Tage später antwortete ein total zerknirschter, aber auch erbitterter Klodt in einem langen handgeschriebenen Schreiben aus Gelsenkirchen: «Sehr geehrter Herr Herberger! Habe Ihren Brief erhalten. Möchte Ihnen mitteilen, daß das nicht so ist, wie man Ihnen das mitgeteilt hat. Ich habe von der betreffenden Person wohl ein paar Sachen bekommen, die sie mir in den Nebenstraßen vom Hotel zusteckte, daß es kein Aufsehen gab. Ich habe dann die Sachen auf mein Zimmer, zwischen meine Sachen in den Koffer verpackt. Ich hatte der älteren Dame aber gesagt, daß das keinen Zweck hätte, denn sie wollte mir allerhand Sachen mitgeben.

Dann hatte ich gesagt, wenn die Sachen aber nicht ankommen. Dann sollte ich die Sachen aufessen. Jetzt hatte ich die Sachen lose zwischen meinen und habe unterwegs davon gegessen. Als ich zu Hause ankomme, waren nicht mehr viel Leckereien in meinem Koffer, ich hatte auch die Sache gar nicht mehr beachtet. Wenn ich ein Paket von der Dame bekommen hätte, wäre das gar nicht vorgekommen.

Dann bin ich erstaunt über die geliehenen 7 Fr. Die ältere Dame ist mit mir in ein Geschäft gegangen und hat ein paar Damenstrümpfe und ein paar Herrenstrümpfe gekauft. Mit der Bemerkung, die schenk ich Ihnen. Sie wollte noch viel mehr kaufen, Kleiderstoff und noch so Kleinigkeiten an Kurzwaren. Da dachte ich, mit der stimmt was nicht, und habe darauf verzichtet. Wenn dieselbe mir gesagt hätte, ich sollte die 7 Fr. dem Roten Kreuz überweisen, wäre es doch eine Selbstverständlichkeit gewesen, das zu tun.

So wie die deutsche Kol. Ihnen das geschrieben hat, war das nicht. Ich habe ja nicht ganz korrekt gehandelt, weil ich die Sachen aufgegessen habe. In meinem Koffer lag alles zusammen, da habe ich auf die anderen Sachen nicht mehr geachtet. Wenn die ältere Dame nicht so gleichgültig über die Sachen gesprochen hätte, dann hätte ich dem ganzen Fall mehr Beachtung geschenkt. Bei irgendeinem Zusammentreffen werde ich Ihnen die Angelegenheit mal haarklein auseinanderlegen. Da ich jetzt bei Ihnen durch diese Angelegenheit in schlechten Ruf geraten bin, möchte ich Sie bitten, ob ich die Sachen geldlich ersetzen soll. Es war bestimmt nicht so, wie man Ihnen das geschrieben hat. Es ist schade, daß man mit der Person nicht in Ihrer Gegenwart persönlich sprechen kann. Ich möchte mich bei Ihnen entschuldigen, es tut mir leid, daß Sie durch diesen Kram noch Arbeit und Ärger haben.

Werter Herr Herberger, schreiben Sie mir doch bitte, wie ich das ins Reine bringen soll. Ich möchte nicht, daß man mir eine Unehrlichkeit nachsagen kann. Das war die Sache bestimmt nicht wert. Wenn Sie mir schreiben, führen Sie bitte die Gründe vom Versagen in Stockholm an. Ich kann mir dieselben nicht vorstellen. Trainiert hatte ich bestimmt. Ich hoffe, daß ich trotz dieser Angelegenheit mit Ihnen noch auf gutem Fuße stehe. Die Sache sieht mündlich ganz anders aus. Es grüßt Ihr Hans Klodt. (Ich möchte Sie höflichst bitten, die Angelegenheit nicht meinen Kameraden zu unterbreiten.)»

Herberger hatte diesen Brief, wie Hunderte andere, in seinen Akten sorgfältig verwahrt. Ein Vierteljahr später folgte eine Postkarte von Frau Klodt: «Werter Herr Herberger! Möchte Ihnen eben mitteilen, daß mein Mann am 25.4. verwundet wurde, einen Kiefersteckschuß u. Wadenschuß. Er liegt in einem deutschen Lazarett. Heil Hitler!»

Herberger schrieb ihm am 11. Mai 1942: «Lieber Hans Klodt, gerade war ich dabei, Jackl Streitle zu schreiben, der mir mitteilte, daß er mit Ihnen und Rudi Gellesch in der gleichen Division kämpfe, als die Karte Ihrer Frau eintraf, mit der sie mir mitteilte, daß Sie verwundet sind und in Liebenzell liegen. (...) Ich hoffe, daß es Ihnen gutgeht und daß es Sie nicht so schwer getroffen hat. Ihre Frau schreibt mir von einem Kieferschuß und einem Schuß durch die Wade. Schreiben Sie mir doch einmal Genaueres über die Art Ihrer Verwundung. Wo haben Sie denn gesteckt? Sie sind ja gleich ganz schön hineingekommen. (...) Sollte Ihnen das Schreiben noch schwerfallen, dann lassen Sie es ruhig, und warten Sie mit der Beantwortung, bis es Ihnen wieder bessergeht. (...) Nun, Klodt, wünsche ich Ihnen einen schnellen Verlauf Ihrer Heilung und hoffe Sie recht bald wieder gesund und munter auf den Beinen und dann auch bald wieder zwischen den Torpfosten zu sehen. Mit den besten Grüßen und Wünschen. Heil Hitler! Ihr Josef Herberger!»

So liebevoll und einfühlsam, aber auch so streng und erzieherisch wie mit Hans Klodt ging Herberger in zunehmendem Maße mit all seinen Spielern um. Herbergers Feldpostbriefe sind Dokumente bewegender menschlicher Zuwendung. Selbst da, wo der Trainer in gewohnter Weise streng und kritisch mit seinen Männern redet, folgen verständnisvolle und liebevolle Passagen. An den Obergefreiten Albert Sing – der ihm zwölf Jahre später als Quartiermacher und Spion in der Schweiz treffliche Dienste leistete – schrieb er am 19. Mai 1942 über sein Spiel gegen die Ungarn: «In Budapest haben Sie einige plumpe Regelwidrigkeiten begangen, nur weil Sie nicht zur Stelle, bei Ihrem Mann waren und so zu spät kamen. Bei hohen Bällen springen Sie den Gegner an, was immer häßlich aussieht. Bleiben Sie dran (...), springen Sie vor dem Gegner!! Man muß gewissermaßen oben stehend den Ball erwarten!! Walter hat es Ihnen schon gegen Spanien vorbildlich gezeigt, und auch in Budapest hat er in der zweiten Hälfte im Kopfballduell geradezu mustergültig in der Luft stehend geköpft. Wer zuerst springt, gewinnt den Kampf in der Luft. Ich freue mich, daß Sie sich selbst über all diese Dinge Gedanken machen. Am Anfang des Aufstieges steht die Selbstkritik. Wir werden es zusammen schon schaffen, daß Sie auch diese Dinge noch meistern.»

Herberger kümmerte sich um alle und um alles. Er fuhr nach Erlangen, um dafür zu sorgen, daß Anderl Kupfer seine Form halten konnte. In einem Gespräch mit dem Kommandeur erreichte er, «daß der Kupfer trainieren konnte. Er hatte ja am Tag seinen Dienst abzuleisten, abends war alles dunkel, das war im Winter. So blieb als einzige Trainingsstrecke die Treppe. Da ist dann der Kupfer allabendlich rauf und runter, um sich fit zu machen für die Länderspiele, und der Kommandeur hatte veranlaßt, daß er auf dieser Strecke bei dieser Arbeit niemanden zu grüßen brauchte. Die Unteroffiziere und Feldwebel wußten also Bescheid.»

Herberger machte sich Sorgen, wenn sich einer wie Ernst Lehner verdrückt und mißmutig gab, weil er nur Ersatzspieler sein sollte, und redete Lehner ins Gewissen. Er sorgte sich um die richtige Behandlung einer Knieverwundung bei Edmund Conen: «Er leidet sichtlich darunter, daß es mit seinem Knie so langsam vorangeht. Er ging mit Zuversicht wieder nach Hause. Nach meiner Meinung ist sein Knie so gut wie gesund, es kommt jetzt nur darauf an, die Muskulatur um das Gelenk herum wieder voll leistungsfähig zu machen. In acht Tagen dürfte er soweit sein.»

Und immer wieder verschickte er Päckchen an seine Spieler. Dem Unteroffizier Schaletzki schrieb er: «Gestern habe ich Ihnen ein Feldpostpaketchen abgesandt. Inhalt wie bisher: Drei Schachteln Zigaretten und auch noch einige Süßigkeiten. Ich hoffe, es hat Sie alles bei bester Gesundheit erreicht und (...) daß wir uns recht bald wiedersehen. Also Schali, halt die Ohren steif! Gruß auch von allen Kameraden der Nationalmannschaft. Ihr Herberger.»

Und er kümmerte sich nach dem Tod Adolf Urbans darum, daß die Hinterbliebenen gefallener «Spitzenkönner» Renten oder Unterstützungen erhielten, mußte sich allerdings sagen lassen, daß der Begriff «Spitzenkönner» schwer zu definieren sei. Allgemeiner Grundsatz für die finanzielle Sicherstellung von Hinterbliebenen sei, daß erstens «die Volksgemeinschaft als solche» und zweitens diejenigen Stellen zu sorgen haben, denen die zivile wirtschaftliche

Versorgung der Gefallenen bisher oblag. Im Falle Urban sei ein Ausnahmefall nicht gegeben.

Die «Volksgemeinschaft als solche» war Ende 1942 schon ziemlich erschöpft, obwohl zwei Offensiven im Sommer die deutschen Truppen auf die Höhe des Kaukasus und an den Strand der Wolga geführt hatten. Das Großdeutsche Reich hatte seine größte Ausdehnung erreicht. Aber von Jubel keine Spur. Im Gegenteil, nach schweren Bombenangriffen auf Lübeck, Essen, Rostock, Stuttgart und Köln wuchs die Angst.

In Berlin – seit November 1941 verschont von Bombenangriffen – lief das Leben auf Sparflamme. Die Menschen sahen grau und überarbeitet aus, alle Fabriken arbeiteten in Tag- und Nachtschichten. In den Zeitungen nahmen die Tauschspalten immer größeren Raum ein. Buslinien wurden eingestellt, Medikamente fehlten, die entfettete Milch wirkte mehr bläulich als weiß. Die Polsterstühle im Café Kranzler verschlissen an den Nähten, und die Ober waren mindestens siebzig Jahre alt.

Im November wurde Rommel in Afrika geschlagen. In den Nachrichten von der Ostfront tauchte immer häufiger der Name einer Stadt auf, die zum Wendepunkt des Krieges werden sollte: Stalingrad.

Der Druck auf den Fußball als propagandistisches Aushängeschild des Dritten Reiches wuchs. Die Naziführung akzeptierte keine Niederlagen – weder militärisch noch sportlich. Niederlagen, fand Goebbels, wirkten atmosphärisch verheerend. Nach einem 2 : 3 der Herberger-Elf gegen Schweden am 20. September 1942 im Berliner Olympiastadion hieß es in einer Mitteilung aus dem Propagandaministerium, «daß es in der heutigen Zeit töricht sei, ein Fußballspiel durchzuführen, dessen Ausgang aller Voraussicht nach mit einer Niederlage von uns enden mußte». Hunderttausend seien deprimiert aus dem Stadion weggegangen. Die neutralen Staaten hätten genügend Zeit und genügend Mittel, sich zu trainieren, während unsere Leute nicht wüßten, wo sie die Zeit dazu hernehmen sollten. Ein solcher Kampf würde daher mit unfairen Mitteln ausgetragen, und er – Reichsminister Dr. Goebbels – sei entschlossen, derartige

Kämpfe in Berlin nicht mehr zuzulassen. Dem Reichsführer von Tschammer und Osten habe er dies eindeutig und klar mitgeteilt.

Es folgten noch zwei Siege, 5:3 gegen die Schweiz in Bern am 18. Oktober und ein 5:1 gegen Kroatien in Stuttgart am 1. November, und dann reiste die deutsche Fußballnationalmannschaft am 22. November 1942 zu ihrem letzten Länderspiel. In Preßburg gab es eine hektische, von schweren Publikumsausschreitungen begleitete Auseinandersetzung gegen die Slowakei. Sie wurde zwar mit 5:2 gewonnen, spiegelte aber schon deutlich die politische Situation wider.

Das «Tausendjährige Reich» – so sahen es offenbar die von ihm besetzten und drangsalierten Völker – ging seinem Ende entgegen. Vor zwei Tagen hatte eine große sowjetische Gegenoffensive die Kämpfe um Stalingrad eingeleitet. Und auch von der ägyptischen Front drang Kunde von britischen Vorstößen.

Herberger ignorierte in seinen Aufzeichnungen diesen politischen Hintergrund völlig. Er merkte nur an: «Das Publikum fanatisch und undiszipliniert. Der Schiedsrichter Bazant ein glatter Versager.» Es war der hundertste Sieg einer deutschen Fußballnationalmannschaft in den 198 Länderspielen ihrer Geschichte. Fritz Walter fürchtete, daß dieses sein 24. und womöglich letztes Länderspiel gewesen sein könnte. Herberger: «Fritz, Sie werden auch noch das 25. schaffen und dann noch einmal 25.»

Wie immer verschickte Sepp Herberger eine Jahresschlußbilanz an die Spieler der Nationalmannschaft, und sie begann auch wie üblich: «Liebe Kameraden! Das Jahr 1942 war für unsere Nationalmannschaft ein Jahr stolzer Erfolge!» Doch er schrieb auch Sätze, die sich wie ein Nachruf lasen: «Das Erlebnis des gemeinsamen Kampfes und die sich immer wieder aufs neue bewährende Kameradschaft war unser höchstes Glück und unser schönster Lohn! Wir waren ruhig und bescheiden im Sieg und stark in der Niederlage!»

«Wir zwei werden es schon packen»

Kriegsende und Krise

Weihnachten 1942 erhielt Fritz Walter einen beschwörenden Brief: «Halten Sie sich zurück, machen Sie sich selten und sorgen Sie dafür, daß Ihr Name in den nächsten Wochen nicht genannt wird.» Einen Monat nach dem letzten Länderspiel deutete Sepp Herberger geheimnisvolle Bemühungen an, «die Kräfte der Nationalmannschaft zu sammeln und zu erfassen». Dabei wußte der Reichstrainer so gut wie sein Lieblingsschüler, daß angesichts der Horrormeldungen von der Ostfront mit einer Fortsetzung des normalen Spielprogramms nicht zu rechnen war.

Er hatte auch anderes im Sinn. Schon zwei Wochen vorher, am 9. Dezember, hatte Herberger einen Brief an den hochdekorierten Jagdflieger-Star Hermann Graf geschickt, der einmal als Torhüterkandidat zum Kreise der Nationalmannschaft gehört hatte. Die Mannschaft sei nach dem Spiel gegen die Slowakei aufgelöst worden, schrieb er ihm. «Ich freue mich aber, Ihnen ein Bild unserer Mannschaft vom Spiel gegen die Schweiz vom Oktober dieses Jahres mit den Unterschriften der Spieler übersenden zu dürfen.» Solche Gesten waren bei Sepp Herberger selten zweckfrei. Graf hatte am 1. November 1942 vor dem Länderspiel gegen Kroatien Herberger und seine Mannschaft in Stuttgart besucht. Er war, mit bis dahin 202 Abschüssen, der erfolgreichste deutsche Jagdflieger, wenige Tage zuvor erst hatte er die Brillanten zum Ritterkreuz verliehen bemmen. «Sie sehe ich immer gern bei mir», sagte Herberger. Der Major, noch immer begeisterter Sportler, erwiderte die Freundlichkeiten: «Ich fühle mich nirgends so wohl wie unter Fußballern.» «Vielleicht darf ich Sie eines Tages daran erinnern», meinte Herberger sorgenvoll. Graf: «Auf mich können Sie sich immer verlassen.»

Der Reichstrainer hatte ihn bei einem Nachwuchslehrgang für die deutsche Nationalmannschaft 1937 mächtig beeindruckt. Damals gehörte Graf einem kleinen Verein an, dem FC Engen. Der dortige Gausportlehrer Fabra, der die badische Auswahl trainierte, hatte ihn am «Tag des unbekannten Sportsmannes» entdeckt und gefördert. Herbergers Training hatte Graf nie vergessen: Ruhig und bescheiden, mit einem ungeheuren Wissen im taktischen und technischen Fußball ausgerüstet, leitete er den Kurs. «Es nimmt dabei wohl niemand wunder, daß ich mich in Sepp Herberger regelrecht verknallte und ihm zum Dank dafür auch in meinem militärischen Leben dann nicht mehr vergessen und im Stich gelassen habe.»

Beim 5 : 1-Sieg gegen Kroatien hatte Graf in der Ehrenloge gesessen. Wenige Wochen später tauchte Herberger völlig unerwartet auf seinem Fliegerhorst auf. Herberger erschien vor der Wache der Jagdgruppe Süd mit der Bitte, Graf sprechen zu dürfen. Dann saßen sie – wie sich Graf erinnerte – zusammen und sprachen über Fußball. Herberger: «Wenn der Krieg so weitergeht, mit was wollen wir den Fußballsport wieder aufbauen? Graf, du hattest immer ein Fußballherz, heute spricht alles von dir, kannst du helfen?»

Der Reichstrainer wußte, daß Graf schon in Rumänien eine Jagdgruppenmannschaft aufgebaut hatte, bei der er selbst mitkickte. Jetzt nannte Herberger ihm eine Reihe von Namen, die diese Elf verstärken könnten, alles gute Soldaten, aber noch bessere Fußballspieler: Hermann Eppenhoff, Alfons Mock, Franz Hahnreitner und, natürlich, Fritz Walter.

Graf, das wußte Herberger, gehörte zu jenen Militärs, für die Sport und Soldatentum zusammengehörten. Daß er auch ein gläubiger Nationalsozialist war, wie Herberger seinen Briefen entnehmen konnte, dürfte ihn kaum gestört haben – es war der Sache dienlich. In einem Brief an Herberger schrieb Graf – bald nach diesem Treffen – auf das Foto der Nationalmannschaft: «Wenn uns heute das Schicksal die besten Jahre hinwegnimmt, für einen härteren und noch schöneren Kampf, dann wollen wir Sportler nicht traurig sein, denn schließlich steht über dem Zweikampf des Rasens die Entscheidung für die Zukunft unseres Großdeutschen Vaterlandes.»

Einfach war es nicht, nicht einmal für diesen hochdekorierten Helden der damaligen Zeit, die von Herberger gewünschten Spieler zusammenzuziehen, zumal die meisten keine Luftwaffensoldaten waren. Für August Klingler, den Herberger für eines der größten Talente des deutschen Fußballsportes hielt, kam jede Bemühung zu spät. Er war vermißt, bevor die Versetzung gelang. Die anderen aber trafen im Verlauf des Jahres 1943 nach und nach bei Graf in Jever ein, am Ende sogar Fritz Walter.

Den hatte es im turbulenten Kriegsjahr 1943 – immer verfolgt von den besorgten Nachforschungen und Bemühungen seines Mentors – zunächst nach Sardinien verschlagen, wo er an Malaria erkrankte. Als Italien die Fronten wechselte, setzte Walters Bataillon erst nach Korsika, dann nach Elba über. Dort wurde er eines Tages zum Kompaniechef beordert. «Er fragte, ob ich, der Obergefreite der Infanterie, einmal Flieger gewesen sei», erinnerte sich Fritz Walter. «Als ich das zweimal verneinte, meinte er, daß ihm dann meine sofortige Abkommandierung zum Jagdgeschwader 11 nach Jever doch recht sonderbar vorkomme.»

Major Graf hatte seinen ganzen Einfluß geltend machen müssen, um dieses Versetzungswunder bewerkstelligen zu können. Er nutzte seine guten Beziehungen zu Hermann Göring und flog nach Berlin. Am Tirpitzufer verlangte er den damaligen Befehlshaber des Ersatzheeres, den Generalobersten Fromm, persönlich zu sprechen. Das war nicht einfach. Er hatte aber Freunde, und nach zwei Tagen stand er «vor dem Allgewaltigen», der Verständnis hatte, aber ohne Notlüge ging es nicht. So sagte Graf, Fritz Walter sei sein Vetter. Der kämpfe unten im Süden, aber er möchte ihn bei seinem Geschwader haben. Warum das denn nicht ein zuständiger Hauptmann machen könne? fragte Fromm etwas verwundert, und Graf antwortete: «Herr Generaloberst, in diesem Falle möchte ich um einen persönlichen Versetzungsbefehl bitten. Walter steht an der Front, seine Einheit wird ihn sonst reklamieren. Die brauchen doch ihre Soldaten.» Da habe der Generaloberst nachgegeben und Grafs Wunsch erfüllt. Walter traf bald darauf bei seiner Einheit in der Deutschen Bucht ein.

Herberger aber war das alles nicht schnell genug gegangen. Am 14. Dezember 1943 schrieb er Hermann Graf einen fast vorwurfsvollen Brief: «Sie sagten mir seinerzeit in Frankfurt, daß die Versetzung Walters zu Ihrem Geschwader bereits ausgesprochen und entsprechende Anweisungen an die vorgesetzte Dienststelle Walters hinausgegangen seien. Nun bekomme ich heute von Walter einen Brief, woraus ich ersehe, daß er nach wie vor noch bei seiner Einheit ist, die in Italien steht. Ich wäre Ihnen dankbar, wenn Sie mir mitteilen könnten, ob noch mit einer Versetzung Walters zu Ihnen gerechnet werden kann.»

Eine gute Woche später meldete Graf den Versetzungserfolg. Er war begeistert über «seine» Mannschaft: Tor Feldwebel Thiele, Polonia Chemnitz, oder Major Graf; Verteidigung: Unteroffizier Koch von Schwaben Augsburg, Unteroffizier Moog vom VfR Köln 99; Läufer: Obergefreiter Klaffke, Duisburg 08, Unteroffizier Klagges, S. C. Wattenscheid, Unteroffizier Humpert, Sportfreunde Dresden, und im Sturm Obergefreiter Hanreiter, Admira Wien, Unteroffizier Eppenhoff, Schalke 04, Unteroffizier Bammes, Spielvereinigung Fürth, Obergefreiter Walter, FC Kaiserslautern, und Unteroffizier Leonhard, BC Chemnitz. «Einige gute Spieler, die soldatisch nicht hingehauen haben, habe ich nach Norwegen verfrachtet, so daß die Mannschaft nur noch aus guten Soldaten besteht. Eppenhoff ist in der Zwischenzeit auch Unteroffizier geworden. Ich glaube sicher, daß Sie mit Teilen der Vienna, dem MSV und meiner Elf im nächsten Jahr trotz Krieg eine gute Nationalmannschaft zusammenbekommen. Jedenfalls sind von mir Eppenhoff und Walter sowie auch Moog und Klaffke namhafte Anwärter. Noch einmal alles Gute und in alter Freundschaft.»

Herberger war erleichtert. Mochte von Tschammer sich aufregen, daß Infanteristen zur Luftwaffe kamen – das immerhin war ihm gelungen in diesem ansonsten trostlosen Jahr. 1943, das waren zwölf Monate ohne Länderspiele gewesen, für Josef Herberger ein vergeudetes Stück Leben. Resigniert schrieb er zum Jahreswechsel seinem letzten Mittelläufer, Hans Rohde: «Sonst konnten wir uns (...) rückblickend der im gerade abgelaufenen Jahr errungenen Erfolge freuen; dieses Mal geht ein Jahr zu Ende, in dem wir nicht ein einziges Mal in Aktion getreten sind. Jetzt erst – nachdem wir einmal ‹brach›lagen, haben wir sicher alle empfunden, wie schön es doch immer war und wie sehr wir doch alle zusammengehören.» Und an Albert Sing schrieb er: «Nun ist 43 abgelaufen, und wir haben uns im ganzen Jahr nicht gesehen. (...) Ich selbst war eine Weile gesundheitlich gar nicht auf der gewohnten Höhe. Die Anstrengungen und Aufregungen der letzten Jahre machten sich in nervösen Erscheinungen bemerkbar, die mich zwangen, einmal an mich zu denken und etwas kurz zu treten. Die Mannschaft hat mir halt gefehlt.»

Erschöpfung nach den hektischen Anstrengungen der vorausgegangenen Jahre, Sorgen um die Zukunft und ein seelisches Tief, das aus der Untätigkeit aufstieg, addierten sich zu einem körperlich-psychischen Zustand, der ihm ans Herz griff. Dazu kamen die beginnenden Bombenangriffe in Berlin, die auch seine Frau Eva bedrückten und in depressive Ängste versetzten.

Herberger mußte sich sogar in ärztliche Behandlung begeben. Sein Arzt Dr. Siegfried Matthes, Berlin-Charlottenburg, diagnostizierte Herz-Kreislauf-Störungen, die vom März 1943 bis zum Februar 1944 behandelt wurden. Daß Dr. Matthes mit einer Jüdin verheiratet war und von den linientreuen Volksgenossen auf dem Reichssportfeld geschnitten wurde, war Herberger bekannt. Er scherte sich nicht darum.

Anfang des Jahres 1943 hatte Herberger noch zu einem Lehrgang in Frankfurt eingeladen, neben den bewährten Spielern wie Streitle, Schaletzki, Kitzinger und Gauchel auch zwei Jüngere, die später von sich reden machen sollten: Toni Turek und Max Morlock. Vor allem der 18jährige Morlock aus Nürnberg gefiel ihm, ein «schneller, kämpferisch eingestellter Techniker mit Spielverstand». Turek hatte schon als Ersatztorwart die Reise zum letzten Länderspiel nach Preßburg mitgemacht.

Aber dann beendete der Krieg endgültig alle Nationalmannschaftsträume. Die 6. Armee des Generals Paulus in Stalingrad kapitulierte im Januar. Bis Ende des Monats meldete Moskau 16800 Gefangene, beim Erlöschen des letzten Widerstandes am 2. Februar 1943 weitere 91 000. Die Goebbelssche Propaganda, die selbst jetzt noch den Eindruck zu erwecken versuchte, die Deutschen hätten «bis zum letzten Mann» den «Heldentod» erlitten, konnte niemanden mehr täuschen. Das Blatt hatte sich gewendet, auch wenn die Rüstungsproduktion unter Albert Speer weiter auf Hochtouren lief. Etwa 11 Millionen Deutsche waren zu diesem Zeitpunkt Soldat, 15,5 Millionen Frauen arbeiteten in der Rüstungsindustrie. Aber die Bombenangriffe, die gegen Deutschland geflogen wurden, nahmen zu. Die Bombardierungen vom 16. Januar und 1. März 1943 trafen zum ersten Mal auch Berlin empfindlich.

Im Sportpalast von Berlin hatte Goebbels seine Rede über den «totalen Krieg» gehalten, und am 20. Februar 1943 veröffentlichte das «12 Uhr Blatt» in Berlin die offiziellen Erläuterungen: «Zur Einordnung des Sports in die Aufgaben der totalen Kriegsführung.» Dazu erließ der Reichssportführer folgende Anordnungen:

«1. Die Leibesertüchtigung des Volkes ist kriegswichtig. Sie ist mit Nachdruck zu betreiben und zu fördern. 2. Sportliche Veranstaltungen und Wettkämpfe örtlichen und nachbarlichen Charakters bis zur Gaustufe sind zur Erhaltung des Arbeits- und Leistungswillens durchzuführen. Als nachbarlicher Sportverkehr gilt auch ein Verkehr über die Gaugrenzen bis zu einer Entfernung von 100 Kilometern in einer Richtung vom Heimatort. Ich behalte mir vor, über sportliche Veranstaltungen, die über diesen Rahmen hinausgehen, von Fall zu Fall zu befinden.» (Hier schrieb Herberger an den Rand: «Spielraum für meine Pläne».) «3. Länderkämpfe, internationale Wettkämpfe, Meisterschaften in der Reichsstufe usw. sind *bis auf weiteres* [von Herberger unterstrichen] abzusetzen, weil Frontsoldaten nicht mehr verfügbar sind und Personen, die im Arbeitseinsatz stehen, hierfür nicht beurlaubt werden sollen. Berlin, den 19. Februar 1943, gez. von Tschammer, Reichssportführer.»

Traurig schrieb Herberger vier Tage nach der Tschammer-Verfügung an den Nationalspieler Rudi Gellesch: «Der totale Krieg bringt auch dem Sport manche Einschränkungen. So wurde bestimmt, daß vorerst die Spiele um die deutschen Meisterschaften nicht stattfinden. Auch die Länderspiele wurden gestrichen. Der Spielbetrieb wickelt sich jetzt innerhalb der Gaugrenzen ab.» Zwar fügte er unverdrossen hinzu: «Ich rechne aber damit, daß nach einer gewissen Zeit die ergangenen Bestimmungen wieder aufgelockert werden und das Programm wieder erweitert wird.» Aber überzeugt war er davon nicht.

In Berlin wurde der Krieg immer spürbarer. Mehr als 50000 Juden wurden im Juni 1943 aus der Stadt in die Konzentrationslager Auschwitz und Theresienstadt deportiert. Die Mehrheit der Volksgenossen in der Reichshauptstadt zeigte sich davon nur wenig berührt, dafür wuchs die Angst vor den alliierten Bomben. Die kamen im November – bei zwei Angriffen am 22. und 26. des Monats wurden 3758 Menschen getötet, 454056 waren obdachlos. Von August 1943 bis Ende März 1944 wurden in Berlin 270000 Wohnungen zerstört, teilte das Hauptamt für Fliegerschäden mit.

Goebbels reagierte mit einer Art Unterhaltungsoffensive auf den Schock der November-Angriffe. Er ließ den Wintergarten und andere Bühnen öffnen, im Eisstadion Friedrichshain begann ein Schaulaufen. Vor den Kinos bildeten sich lange Warteschlangen. Herbergers unglücklicher Rechtsaußen von Dresden, Wolfgang Staudte, zeigte «Akrobat Schö-ö-n». Und keine hundert Meter entfernt gruben Rettungstrupps Verschüttete aus.

Die Herbergers hielt es nicht in dieser Stadt. Frau Eva flüchtete zu ihren Eltern nach Weinheim, Josef Herberger hatte eine neue Betätigung: Er reiste als Truppenbetreuer nach Skandinavien und kündete dort vom Ruhme der deutschen Fußballnationalmannschaft.

Am 29. Januar 1944 erreichte ihn in Oslo ein Fernschreiben. «An OKW-Außenstelle für Truppenbetreuung Oslo. Redner Herberger total ausgebombt. Sofort nach Berlin in Marsch setzen. Gez. Müller, Hauptmann.» In einer Militärmaschine flog Sepp Herberger nach Berlin, an einem Sonntag kam er an. An der Ecke Potsdamer Straße/Bülowstraße fiel ihm noch nichts auf. Dann aber: «verbrannte Möbel, Reste aus meiner Wohnung, ein Schutthaufen, der das Telegramm bestätigte.» Sofort schickte er ein Telegramm an seine Frau,

Karlsstraße 12, Weinheim Bergstraße: «Sei meinetwegen unbesorgt, abwarte Brief, der unterwegs, Seppl.»

Ein langer, liebevoller Brief folgte: «Liebe Ev! Ich schreibe diesen Brief bei Hormanns, wo soeben Dein Telegramm eintraf. In Norwegen erfuhr ich auf telegraphischem Wege von unserem Unglück; ich bin seit Sonntag mittag in Berlin, bin auf dem Reichssportfeld untergebracht, wo ich schlafe und esse. Es geht mir also den Verhältnissen entsprechend gut, und Du brauchst Dir meinetwegen gar keine Sorgen zu machen.

Ich habe auch den Brief gelesen, den Du an Frl. Hormann geschrieben hast, und ich muß Dir sagen, daß es mir jetzt – wo ich lese, wie Du Dich durcheinander machst – erst schwer ums Herz geworden ist. Mit der Wohnung ist's ein Unglück ..., aber alles ist zu überstehen, wenn nur wir beide gesund bleiben, stark sind und feste zusammenstehen. Wenn nur Du mir bleibst, dann wird ja alles wieder gut werden. Es ist ja viel mehr Kummer und Elend in unserer nächsten Umgebung, wo durch schwere Minentreffer die Häuser bis in die Keller zerstört sind und viele Menschenleben ausgelöscht wurden. Ich bin froh, daß wir nicht dabei waren.

Im Keller ist noch alles heil. Von unserer Wohnung haben wir noch mein Herrenzimmer. Es hat zwar durch Wasser gelitten, aber es ist doch noch zu verwenden. Der Gasherd ist auch noch da, die Bettdecken und Kissen sind im Keller, dann noch Grammophon, Stühle, Teewagen, Teppiche (die Walter gerettet hat), Stehlampe und noch andere Sachen. Also Kopf hoch, liebe Alte, wir zwei werden es schon packen.

Ich habe mir nun alles so gedacht: Wir ziehen zuerst einmal nach Weinheim. Jetzt gilt es zuerst, diesen Transport zu bekommen. Fährt der Herzog nicht mehr? Dann kann man doch alles auf 2- oder 3mal machen. Wenn nicht, schicke ich alles per Bahn. Ich habe schon die ersten Fühler ausgestreckt. Die Papiere habe ich schon. Unser Konto werde ich auch ummelden lassen. Du bleibst auf jeden Fall vorerst in Weinheim.

Wenn ich Dich brauche, telegraphiere ich Dir. Sei stark, liebe Ev!! Bitte!! Du hast ja mich. Telefonieren kann man nicht, sonst hätte ich schon angerufen. (...) Über die Toni habe ich mich sehr gefreut. Sie hat sofort bei Xandry angerufen und war auch selbst hierher gefahren, wie mir die Leute im Haus erzählten.

Schatz, es kommen auch wieder bessere Zeiten, sie kommen um so schneller, je stärker wir sind.

Das wäre doch gelacht, Ev, wir zwei!

Einen lieben Kuß, Dein Seppl.»

Auch am Tage seiner Ankunft in Berlin deckten wieder 500 britische Flugzeuge Berlin – vorzugsweise Herbergers Wohnbereich Schöneberg – ein. Nach Angaben der Luftschutzstelle fielen 2000 Minen und Sprengbomben, 400 000 Stabbrandbomben und 60 000 Phosphorbrandbomben. Allein in Schöneberg wurden in dieser Nacht 16 637 Menschen obdachlos, 145 starben.

Herberger reichte es. Er hatte vorgesorgt. Für den Fall einer Ausbombung hatte er eine Erlaubnis zur Verlegung seines Wohnsitzes nach Weinheim beantragt und genehmigt erhalten. Anlaß zu dieser Vorsorgemaßnahme war ein Erlaß Goebbels' gewesen, der davon sprach, daß ausgebombte Berliner in den Wartegau verlegt würden. Herberger: «Noch mehr nach dem Osten ... Das wollte ich vermeiden. Ich hatte Glück, im Hause der Schwiegereltern war Platz.» Ende Februar 1944 wurden die Herbergers offiziell Weinheimer Bürger. Zwar fühlte er sich dort weit von den Entscheidungen des Fachamtes Fußball entfernt, er wußte aber die Interessen der Nationalmannschaft bei Georg Xandry in guten Händen. Xandry war «der Nationalmannschaft bester Freund. Von ihm wurde ich laufend über den Gang der Dinge unterrichtet.» Viel lief ohnehin nicht mehr.

Seiner Frau ging es in dieser Zeit nicht gut. «Zeichen starker Nervenschwäche» hatte Josef Herberger bei ihr schon gleich nach dem Verlust der Wohnung konstatiert. Auch die zuvor erlebten Fliegerangriffe hatten sie erheblich mitgenommen. Die Anzeichen einer Depression mehrten sich. Die Verordnungen des totalen Krieges zwangen auch Eva Herberger in Weinheim, wieder zu arbeiten. Das sei ihr, schrieb Herberger in einem Gesuch, in dem er um eine dreimonatige Beurlaubung zur Wiederherstellung der Gesundheit und

Arbeitsfähigkeit bat, zunächst auch gut bekommen. Es habe sie von ihrer Krankheit abgelenkt, bis ihr der Tod ihres Vaters Anfang 1945 einen schweren Rückschlag versetzte.

Der depressive Zustand seiner Frau hielt den Reichstrainer aber nicht zu Hause. Aus Norwegen vorzeitig abgerufen wegen seiner Ausbombung, war er wenige Monate später schon wieder da. Zuvor hatte er mit seinen Vorträgen deutsche Soldaten in Dänemark betreut. Die Landser, übersättigt von Reden über Pflichterfüllung, Kampfmoral und Aushalteparolen, waren froh, bemerkte der Reichstrainer ohne Mannschaft, endlich mal etwas über den Sport zu hören und aus erster Hand über ihre Fußballhelden etwas zu erfahren. Herbergers Fähigkeit, sich am Fußball und an sich selbst zu begeistern, war ungebrochen, und er stellte fest: «Meine Vortragsreise wurde zu einem überwältigenden Erfolg.»

Schnell hatte sich sein Aufenthalt in Norwegen herumgesprochen, der Draht zu den militärischen Stellen in Oslo riß nicht mehr ab. Herberger wurde von den über das ganze Land verstreuten Sportzentren stürmisch verlangt. Es war aber nicht nötig, ihn zu bitten. Er war «dankbar für die Freude, die mir die Landser geschenkt hatten». In jeder Einheit traf er auf mindestens eine Fußballmannschaft, vernahm ihre Sorgen und Mühen um den Aufbau und Ausbau eines regelmäßigen Spielbetriebes. Er hörte von vergangenen und bevorstehenden Spielen, kurzum, es war alles wie gewohnt und ganz wie zu Hause. «Fußball ist Trumpf!» verbreitete Herberger nach seiner Rückkehr in Deutschland.

Das Reisen war aber in dieser Phase des Krieges schon sehr beschwerlich geworden. Um im Juni 1944 noch einmal nach Oslo zu kommen, brauchte Herberger sechs Tage. In Güstrow, dem ihm zugewiesenen Sammelpunkt, mußte er zwei volle Tage auf den Weitertransport warten. Oberleutnant Leander, der die Reise organisierte, hatte ihm einen Platz im Flugzeug zugesagt. Daraus wurde nichts, genausowenig wie eine Fahrt mit einem Schnelldampfer, und so mußte Herberger im Geleitzug fahren. Erst am Samstag, den 15. Juli kam er abends in Oslo an – eine ganze Woche später als geplant. «Im Schnelltempo ging es dann durch Norwegen, in 6 Tagen legte ich die Strecken Oslo–Bergen, Bergen–Oslo, Oslo–Trondheim, Trondheim–Oslo zurück. Alles Strecken von 15–17 Stunden Bahnfahrt. Tagsüber Lehrgang, nachts auf der Bahn. Dabei sind gewaltige Höhen zu überwinden. Und ich war ganz auf Sommer eingestellt. Die Nächte auf der norwegischen Bahn habe ich brav und duldsam durchgefroren. Aber das macht alles nichts, wenn ich an die Freude denke, die ich gebracht und die ich mitgenommen habe.»

Doch bei aller Begeisterung – ohne seine Nationalmannschaft kam sich Herberger bei diesem Modell der Truppenbetreuung vor wie ein Weihnachtsmann, der seinen Gabensack vergessen hat. Unvorstellbar, daß Glenn Miller ohne seine Band an die Front gefahren wäre. Kein Wunder also, daß Herberger gleich nach seinem Dänemarkeinsatz an Eugen Mangold vom Berliner Fachamt schrieb, der den Einsatz geplant hatte: «Wir müßten viel mehr tun. Kein Mittel der Truppenbetreuung (...) findet so großes Interesse wie gerade unser Sport. Die halben Nächte habe ich noch mit den Landsern – immer wieder bestürmt mit Fragen über Fußball und Nationalmannschaft – zugebracht.» Sollte er beim nächsten Mal nicht eine Nationalmannschaft mitnehmen?

Die militärischen Stellen in Norwegen waren durchaus aufgeschlossen für diese Idee. Im Nu entwickelte Herberger, wie es seine Art war, Reisepläne mit allen logistischen Einzelheiten: Spiele in Alta, Tromsø, Narvik, Trondheim, Oslo, Bergen, Stavanger und Kristiansand wären wünschenswert. «Da für die Reise ja wohl nur Soldaten in Frage kämen, müßten die Uniformen im versiegelten Reisegepäck mitgeführt werden.» Herberger hatte auch schon die Tage ausgerechnet, die man für ein solches Programm brauchen würde (mindestens 18), und er hatte klare Vorstellungen, wer für diese Reise in Frage käme: Landser, die sich an der Front bewährt haben, die zur Zeit in der Heimat stehen und möglichst noch nicht wieder frontverwendungsfähig sind. Herberger schloß seinen Bericht, der in Berlin durchaus auf Wohlwollen stieß, wie er sich von Xandry berichten ließ, mit dem Zusatz: «Ich bin mir voll bewußt, daß mein Vorschlag in der augenblicklich so schweren Zeit leicht und schnell der Ablehnung verfallen kann. Trotzdem habe ich geglaubt, ihn machen zu müssen, weil ich im Verlaufe meiner beiden Reisen nach Norwegen einen Begriff von der Schwere der Aufgabe bekommen habe, die unseren Landsern an diesem Teil der Front gestellt ist.»

Merkte er selbst, wie gespenstisch sich sein Aktionsdrang zu diesem Zeitpunkt ausnahm? Es war, als wollte Josef Herberger mit Hilfe seines Sports und der Begeisterung für den Fußball mit aller Gewalt die Welt um sich herum verdrängen. Am 20. Juli war er in Norwegen. Als er in Oslo den Zug für eine Reise nach Trondheim bestieg, hörte er von dem Attentat; erst als er wieder ausstieg, wußte er, daß Adolf Hitler das Attentat überlebt hatte. Und Herberger plante drei neue Lehrgänge, zwei davon führte er auch tatsächlich durch, einen im schlesischen Königshütte, einen in Luxemburg. Der im Gaugebiet Hessen-Nassau angesetzte Lehrgang wurde durch schwere Angriffe auf Frankfurt vorerst gestoppt.

Auch Weinheim selbst blieb von Bombenalarm nicht verschont: «Hier ging es in den letzten Tagen und Nächten geradezu toll her. Die Alarme rissen überhaupt nicht mehr ab, und in der Luft war ein tolles ‹Kommen und Gehen›. Die Angriffe auf die verschiedenen in den letzten Tagen angegriffenen Städte führten alle über Weinheim. Beim Nachtangriff auf Schweinfurt war das Feuerwerk bis hierher zu sehen. Das arme Schweinfurt. An unsere beiden Freunde [Kitzinger und Kupfer] habe ich geschrieben. Hoffentlich sind sie und ihre Familien gesund und wohlauf.»

Herbergers Versuche, sich in dieser Situation einen neuen Hausstand zu besorgen, erwiesen sich als nahezu aussichtslos. Er stellte Anträge auf Bezugsscheine für «1. Schlafzimmer, 2. Küche, 3. Herrenzimmer, 4. Matratzen für 2 Betten und 5. 2 Schlafdecken, 6. Bettumrandung, 7. Gardinen, 8. Federroste, 9. Eisschrank, 10. Beleuchtungskörper (Lampen und Nachttischlampen), 11. Couch, 12. Küchengeräte, 13. 2 Sessel». Doch auch drei Monate später schien er noch nicht weitergekommen zu sein, denn da schrieb er an Karl Munsch: «Karl, willst Du mal hören, ob in der dortigen Gegend etwas zu machen ist bezügl. der Beschaffung von Matratzen und Schlafdecken? Ich habe die Bezugsscheine für diese Gegenstände (auch noch für andere Dinge, wie sie ein Ausgebombter braucht), aber es ist hier auch gar nichts zu machen. Es laufen so viele mit Bezugsscheinen hier herum, die von Mannheim kommen, vor mir ausgebombt waren und deshalb auch schon was weggeschnappt haben.»

Zwischen seinen Vortragsreisen trieb Herberger mit fast fiebriger Intensität ein Lehrgangsprogramm voran, bei dem er noch einmal versuchte, Altnationalspieler mit einer Reihe von Nachwuchsspielern zusammenzubringen. Luxemburg, das von alliierten Luftangriffen ausgespart blieb, bot sich als Ausrichtungsort an.

War das Selbstbetäubung? War es die Unfähigkeit, ein verlorenes Spiel verloren zu geben? Oder war es schon der Ansatz zu einem neuen Start? Oder einfach nur Flucht?

Im Briefwechsel mit seinem Freund Xandry in Berlin spiegelte sich sowohl die chaotische Zeitsituation vor dem Zusammenbruch wider als auch Herbergers absurde Besessenheit, sich diesem Zerfall mit der Normalität seiner Profession entgegenzustemmen. Informationen über Luftangriffe, Tiefflieger und Bombenregen wurden so selbstverständlich ausgetauscht wie früher Wetterberichte. Herberger, der in Weinheim über kein Telefon verfügte, weil Fußball nicht mehr «kriegswichtig» war, wartete von morgens um 9 Uhr bis nachmittags 17 Uhr auf der Post, um nach Berlin durchzukommen.

Am 7. März 1944 schrieb Herberger an den lieben Schorsch: «Soeben, Dienstag mittag 16.00 Uhr, komme ich aus Luxemburg. Der Lehrgang läuft in der Zeit vom 20. bis 26.3. in Luxemburg. Die Anreise hat so zu erfolgen, daß die Teilnehmer im Laufe des Montags dort eintreffen. Mitzubringen sind komplette Sportkleidung, nach Möglichkeit Trainingsanzug, Laufschuhe, Lebensmittelkarten. Hitschke soll mir 35 Trainingsanzüge, 35 Hosen, 35 Hemden und 35 Stutzen sowie ca. 15 Schnürsenkel an meine Adresse im Sporthaus hier oben senden. Ferner bitte ich für die Abrechnung mit den Spielern einen Vorschuß von 4000 Mark an mich nach Luxemburg zu senden.»

Zwei Tage später folgte der nächste Brief. Über Berlin waren zum ersten Mal am hellen Tage amerikanische Bomberpulks aufgezogen, als flögen sie Parade. «Lieber Schorsch! Heute erhalte ich Deine Karte aus Isenburg. Vor allen Dingen hoffe ich, Dich, Deine Familie und alle unsere Berliner Bekannte und Freunde nach den schrecklichen Tagesangriffen auf Berlin wohlauf und gesund. Du bist ja gerade zu dem gestrigen Angriff zurechtgekommen. Schreib mir bald, Schorsch, wie es dort steht, und vor allen Dingen, wie es Euch geht. Der endgültige Termin für den Lehrgang wird dann auf den 27. März bis 2. April verschoben.»

Am 11. März erhielt Herberger ein Telegramm aus Berlin: «Wie bereits mitgeteilt, Lehrgang Luxemburg 27. März bis 2. April STOP Abgabe von Trainingsanzügen unmöglich da wegen anderweitiger Verwendung nur noch geringe Zahl vorhanden STOP Versand Sportkleidung fraglich da Transportdauer länger als 14 Tage. Drahtet ob ein Berliner Spieler nach Luxemburg einberufen werden soll und dann Sportkleidung mitbringen kann. Reichsfußball.»

Am 14. März ging das Rücktelegramm von Herberger nach Berlin: «Trainingsanzüge notwendig da Weg zum und vom Stadion durch Luxemburg. Sendet was dort noch vorhanden. Für Besorgungen der Spielkleidung und Werkzeugkisten einladet Heuttner oder Graf oder Behnke von Minerva.»

Am 16. März teilte Herberger Xandry brieflich mit, daß er selbst Einladungen für den Lehrgang verschickt habe: «Heute morgen erhielt ich Dein Telegramm, mit welchem Du mir mitteilst, daß bisher nur 13 Meldungen eingegangen sind. Ich sitze nun hier bei Freund Langer, habe das Gespräch angemeldet und hoffe, daß es recht bald zustande kommt. Für den Fall, daß es nicht klappen sollte, habe ich schon einmal ein dringendes Telegramm an Dich aufgegeben, mit dem ich Dich bitte, die Einladungen schon einmal zu verschicken. Ich habe nämlich schon Vorkehrungen getroffen, daß ich gegebenenfalls mit Spielern des Gaues Moselland meinen Lehrgang vervollständigen kann. Oberstleutnant Graf habe ich geschrieben, daß er mir seine Leute freigibt. Mit Frankfurt habe ich telefoniert, daß diese schon von sich aus versuchen, die aufgegebenen Leute einschließlich Kolb, von dessen Versetzung in das Geschwader Graf ich keine Ahnung hatte, für den Lehrgang freizubekommen. Die Leute vom Luftwaffensportverein werden sicher auch beurlaubt.»

Am Freitag, dem 17. März, legte Herberger – nun schon mit deutlicher Ungeduld – noch einmal nach: «Bitte, Schorsch, versuche doch alles, daß ich für meine Lehrgänge auch Trainingsanzüge bekomme. Wir können doch unmöglich in Luxemburg im Sportdreß ohne Trainingsanzug durch die Stadt marschieren.»

Am 17. März kamen die ersten, für Herberger erfreulichen Zusagen zum Lehrgang. Darunter die «Roten Jäger» Moog, Eppenhoff, Hahnreitner, Walter und Bammes. Auch kündigten die Spieler des 1. FC Nürnberg, Johann Herberger, Hättner, Morlock und Werner ihre Teilnahme an. Aus Kaiserslautern kam eine Zusage von Werner Kohlmeyer.

Xandry beendete diese Diskussion schließlich mit einem streng dienstlichen Schreiben an seinen Reichstrainer: «a) Die Sportkleidung ist bereits vor sechs Tagen als Expreßgut abgesandt worden, ich nehme an, daß sie inzwischen bereits im Sporthaus in Luxemburg eingetroffen ist. Es war leider nicht möglich, Trainingsanzüge zu bekommen, da Gerasch sich außerstande sah, uns für Lehrgangszwecke die geringe Anzahl, die er noch zur Verfügung hat, zu überlassen. Gerasch hat hierüber strikte Anweisung erhalten, und wenn man bedenkt, was heute ein Trainingsanzug bedeutet und wie viele an Bombengeschädigte abgegeben worden sind, so kann man verstehen, daß die vorhandene geringe Anzahl solcher Anzüge als eiserner Bestand zurückgehalten wird. Aus diesem Grunde habe ich in meinen Einladungsschreiben ausdrücklich darauf hingewiesen, daß die Spieler sich einen Trainingsanzug mitbringen. Es ist ja wohl auch anzunehmen, daß die Leute, die Du einlädst, über einen solchen Anzug verfügen – und wenn er aus den Beständen des Vereins leihweise überlassen wird.»

Der Lehrgang zum Zwecke eines «ersten Wiederanfangs» beim Aufbau einer Fußballnationalmannschaft lief wie geplant im April. Auf dem Heimweg aber wurde Herbergers Zug von Tieffliegern beschossen. «Um ein Haar» hätte es ihn erwischt.

Freund Xandry traf den Reichstrainer im Juni wieder, in Berlin beim Endspiel um die deutsche Fußballmeisterschaft, zu dem – wenige Tage nach dem Beginn der alliierten Invasion in Frankreich und ungeachtet drohender amerikanischer Tagesangriffe – 70000 Fußballfans ins Olympiastadion gekommen waren. Mit 4:0 siegte der Dresdner SC gegen den Luftwaffen-Sportverein Hamburg. Herberger verblüffte die Menge der Zuschauer, meist Soldaten: «wenn man bedenkt, daß über den Austragungsort des Endspiels vorher keine Verlautbarung in die Presse gegeben worden war.» Helmut Schön, die zentrale Figur der siegreichen Mannschaft, fand es im nachhinein indes etwas naiv anzunehmen, man hätte durch Geheimhaltung des Termines diese Veranstaltung vor den Alliierten verstecken können. Er glaubt eher, «daß die Engländer dem Fußballsport viel zu verbunden wären, um ein gefülltes Stadion mit Bomben zu belegen».

Es wurde das letzte rauschende Fußballfest im Großdeutschen Reich. Den hohen Sieg der Truppe um Helmut Schön fand der Reichstrainer nicht verwunderlich, da «der Lange» nahezu ungedeckt seine Kreise ziehen durfte. «Ihr kennt ja unseren Freund aus unzähligen Länderspielen», schrieb er den Nationalspielern und Kollegen in einem Rundbrief, «um Euch ein Bild davon machen zu können, wie Helmut bei solch' großzügig gewährtem ‹Spielraum› aufspielte, seinem direkten Gegenspieler zu- und darüber hinaus die gesamte Hintermannschaft des Gegners mattsetzte. Das Spiel war nach dem Geschmack des Publikums. Es fielen vier herrliche Tore, es gab eine Fülle dramatischer Kampfbilder.» Abschließend schwärmte Herberger, «daß der Rasen des Olympiastadions in einer wunderbaren Verfassung ist; ich weiß, welche Gefühle bei dieser Vorstellung bei Euch aufklingen: ich hätte Euch selbst auch gerne um mich gehabt und Euch im Kampf auf dem grünen Rasen gesehen. Daran kann aber im jetzigen Augenblick kaum gedacht werden, wo unsere Feinde zum Generalangriff gegen Deutschland angetreten sind.»

Auch Helmut Schön erinnert sich mit großer Bewegung an dieses letzte Endspiel der Nazizeit und an die Feierstunde anschließend im Reiterhaus auf dem Reichssportfeld. Die Gedenkstunde wurde allerdings schon überschattet von der Nachricht über einen schweren Luftangriff, der am Vormittag in Hamburg verheerende Zerstörung verursacht hatte.

«Noch einmal», so Schön, «durften wir die ‹Viktoria› in Empfang nehmen, um sie dann zum zweiten Mal für die Rückfahrt nach Dresden einzupacken. Damals raunte uns der Generalsekretär des Fachamtes Fußball, der überall beliebte und hochgeschätzte Dr. Xandry, zu: ‹Gott sei Dank, daß Ihr die Viktoria gewonnen habt. Der LSV Hamburg wird nach Kriegsende nicht mehr bestehen, und wer weiß, wo sie dann gelandet wäre!›»

Mit dem Fußball ging es im untergehenden großdeutschen Reich nun endgültig zu Ende. Noch im Februar hatte der Pressedienst des Berliner Fachamtes den Eindruck erweckt, als sei der Fußball eine Art Insel der Normalität. 2000 Gauklassenspiele gingen der deutschen Fußballmeisterschaft voran, in 34 Gauen werde noch in allen Klassen gespielt, die Gauvergleichskämpfe seien wiederaufgenommen worden.

Dagegen sah Herberger im September 44 das völlige Erliegen des Fußballsportes voraus. Er notierte sich, daß hier – «in den grenznahen Gebieten des bedrohten Westens unseres Reiches» – der Spielbetrieb darunter litte, daß jeder, der eine Schaufel tragen konnte, zum Bau der Befestigungen des «Westwalls» eingesetzt wurde. Die Rekrutierung zu diesen Arbeiten erfaßte die Jahrgänge zwischen fünfzehn und sechzig Jahren. Ganze Betriebe und die HJ stünden im Einsatz.

Schon das hätte die Reihen der noch aktiv Sporttreibenden in einem Maße gelichtet, so Herberger, daß eine Aufrechterhaltung des Spielbetriebes ernstlich in Frage gestellt sei. Von 42 Vereinen des Sportkreises Mannheim hatten ganze 12 ihre Teilnahme an den im Herbst 1944 beginnenden Pflichtspielen zugesagt. 19 Vereine konnten am Spielbetrieb nicht teilnehmen. Von 11 Vereinen kam auf die Aufforderung der Sportkreisführung keine Antwort. Alle 19 Vereine hatten den gleichen Grund angegeben: Spielermangel. Die 11 Vereine, die nicht geantwortet hatten, dürften wohl gar nicht mehr bestehen, glaubte der Reichstrainer.

Vorbeugend hatte das Fachamt Fußball schon im April 1944 angeregt, Turniere für Mannschaften mit sechs bis sieben Spielern zu genehmigen. Herberger schlug dazu vor, das Spielfeld auf 70 mal 50 Meter zu verkleinern und nur zweimal 15 Minuten zu spielen.

Ein Spiel dauerte nicht mehr 90 Minuten? Und der nächste Gegner trat womöglich gar nicht mehr an? In Sepp Herbergers Fußballwelt war nichts mehr in Ordnung. An seinen Mittelstürmer Ed Conen schrieb er Ende des Jahres: «Lieber Ed! Im Fußball ist es sehr, sehr ruhig geworden. Es steht ja auch alles an der Front. In den letzten Wochen laufen nun noch die Nachrichten von den Kameraden so spärlich ein, daß ich mir um einige ernste Sorgen mache. Fritz Walter leidet augenblicklich an den Folgen einer Malaria, die er sich in Italien holte. Ich versuche jetzt, für ihn Urlaub zu bekommen, und habe für diesen Fall schon alles in der Heimat vorbereitet. Hoffentlich klappt es. Er liegt im Osten im Einsatz.

Ich selbst führe noch Lehrgänge durch und halte bei jeder Gelegenheit Ausschau nach talentierten Kräften. Ich denke an später und hoffe, daß alles bald so weit sein wird, um wieder anfangen zu können.»

Das einzige, was Sepp Herberger noch umtrieb, war das Schicksal seiner Spieler und einiger Freunde. Im September war er selbst sogar noch zehn Tage Soldat gewesen, dann aber «wegen Krankheit» entlassen worden. Jetzt grübelte er nur noch seinen Männern hinterher. Wie geht es Fritz? Hoffentlich ist Hans Rohde nichts passiert – ein Brief war zurückgekommen. Leonhard von den «Roten Jägern» war gefallen. Graf verwundet. Klingler auf dem Wege an die Ostfront. Gellesch war in ambulanter Behandlung. Und Josef Herberger, 47 Jahre alt, Nationaltrainer ohne Team und Tätigkeit, saß in Weinheim an der Bergstraße, duckte sich vor Tieffliegern, grübelte über die Zukunft – und war «einsamer denn je».

«Betr. Meldebogen 8653»

Das Entnazifizierungsverfahren

Sepp Herberger war keiner, der Sachen wegwarf. Aber das Bild, das Reichssportführer Hans von Tschammer und Osten ihm 1943 geschenkt hatte, wollte er dann doch nicht länger behalten, als das alliierte Nachrichtenblatt «Die Mitteilungen» am 9. Mai 1945 die deutsche Kapitulation vermeldete. Aus Furcht vor herumstreifenden polnischen Zwangsarbeitern und entlassenen Lagerhäftlingen, die jetzt zu Hunderten aus den Dörfern und von den Höfen der Odenwaldtäler nach Weinheim kamen, mußten solche Relikte der Vergangenheit verschwinden. Die Befreiten hätten wohl wenig Verständnis aufgebracht für die freundliche Widmung einer Nazigröße in der Uniform eines SA-Obergruppenführers an den «unverdrossenen Kameraden Herberger».

«Nicht die Schlechtesten unter uns atmen im Innersten auf, daß der Schein dem Sein gewichen ist», sagte der von den Amerikanern eingesetzte neue Bürgermeister von Weinheim, Richard Freudenberg, der unter Lebensgefahr die kampflose Übergabe der Stadt organisiert hatte, im Mai 1945 seinen Bürgern. Er kündete schwere Opfer an: «Die aufgerichteten Kartenhäuser sind zusammengestürzt.» Lichtere Zeiten müßten hart erarbeitet werden: «In einer freien Welt, der wir dienen wollen, gilt der Mensch auf Grund seines inneren Anstandes, nicht nach äußerem Getue, das uns so geblendet und verführt hat.»

Das Sein war trostlos genug, auch in einer unzerstörten Stadt wie Weinheim, wo die Herbergers Küche und ein Zimmer bei den Schwiegereltern zur Untermiete bewohnten. Wie ihnen ging es vielen. Seit 1939 war die Bevölkerung der Stadt von 18631 Einwohner auf über 20000 gestiegen. 2200 Evakuierte aus den von Bomben zerstörten Großstädten der Umgebung und etliche Zugewanderte hatten die Einwohnerzahl schon erhöht, ehe noch die Welle von Flüchtlingen und Heimatvertriebenen in das Städtchen schwappen sollte. Nach dem Scheitern der «Ardennen-Offensive» im Dezember 45 – Hitlers letztem Versuch, im Westen den Untergang aufzuhalten – flatterten auf die Weinberge und Gärten des Städtchens Flugblätter der Alliierten herab, mit dem Versprechen: «Wir werden die Bergstraße schonen, denn wir wollen ja irgendwo wohnen.» Jetzt waren zahlreiche Häuser von den Amerikanern beschlagnahmt, die mit 4000 Mann in Weinheim Quartier nahmen. 3000 Fremdarbeiter lebten im ersten Nachkriegssommer in Weinheim. Leute mit militärischen Funktionen und NS-Vergangenheit durften keine öffentlichen Aufgaben übernehmen. Denunziationen und persönliche Verfolgungen sorgten für Unruhe. Das Geld war wertlos, der Tauschhandel blühte. Die Strom-, Gas- und Wasserleitungen waren notdürftig wieder in Gang gesetzt.

Bis Ende 1945 bestand die Wochenration für einen sogenannten Normalverbraucher aus 1000 Gramm Brot, 150 Gramm Fleisch, 150 Gramm Kaffee-Ersatz, 125 Gramm Fett oder Öl – in Weinheim vor allem Leinöl –, 100 Gramm Quark und 125 Gramm Nährmittel für Kinder, zusammen rund 900 Kalorien.

Daß sie in Weinheim noch einmal Glück gehabt hatten, das wußte Herberger sehr wohl. «Weinheim hat ja durch Kriegseinwirkung nicht besonders gelitten», schrieb er Freunden, «aber was sich drumherum tat, ist einfach furchtbar. Mannheim, Darmstadt, Frankfurt, Ludwigshafen, Pforzheim und noch unendlich mehr an einst so schönen und schmucken Städten sind alle ein Opfer unseres Wahnsinns. Ganz zu schweigen von dem, was sonst noch verbrochen und zerbrochen wurde.» Und unmißverständlich hielt er fest: «Wir Deutschen sind selbst schuld.»

Herbergers Geburtsstadt Mannheim, die vor 1939 rund 280000 Einwohner hatte, zählte im April 1945 nur noch 106310 Menschen, wie sich aus den ausgegebenen Lebensmittelkarten errechnen ließ. Die Stadt, auf die von 1943 bis zum Frühjahr 1945 die meisten Luftangriffe des Deutschen Reiches niedergegangen waren, hatte ihr Gesicht völlig verloren. Ein Augenzeuge berichtete Anfang April 1945: «Mannheim war zu einer unheimlichen Ruinenstadt geworden. Auf allen Straßen lag meterhoch der Schutt, waren gähnende Bombentrichter und dazwischen Panzersperren, zerstörte Fahrzeuge und Barrikaden. Die meisten Einwohner waren geflohen. Es gab keine Polizei, keine Post, keine Fernsprechverbindung. Und es schien, als wollte der Wahnsinn noch einen vernichtenden Triumph feiern. An einzelnen Stellen züngelten Brände auf, überall wurde geraubt, geplündert und gestohlen. Es sah aus, als sollte es aus diesem infernalischen Ende keine Auferstehung geben.»

Dreißig Kilometer entfernt saß der frühere Reichstrainer Josef Herberger in der Karlsstraße 12 in Weinheim am Schreibtisch und starrte auf ein Foto seiner Fußballnationalmannschaft, das vor dem Spiel gegen Kroatien 1942 in Stuttgart aufgenommen worden war. «Ich sehe nur lachende Gesichter, die ein beredtes Zeugnis geben von dem strahlenden Frohsinn, der immer lebendig war, so oft wie wir zusammen waren, und von der starken, unverbrüchlichen Freundschaft, die uns alle verband.»

So schrieb Sepp Herberger an Karl Miller, den Nationalverteidiger, der jetzt in Hamburg beim 1. FC St. Pauli das Regiment führte und als Sohn eines Schlachters in diesen Notzeiten über viel Einfluß verfügte. Herberger, der kein Auto hatte und kein Telefon, versandte Briefe in alle Himmelsrichtungen, um den Kontakt zu seinen Spielern wieder herzustellen. «Schon wenige Wochen nach Kriegsende hatte sich gefunden, was wieder in der Heimat war.» Aber viele seiner Männer waren unauffindbar. Was war mit August Klingler, der seit vergangenem Sommer als vermißt galt? Im April 1944 war er an die Ostfront gekommen, was Herberger trotz aller Bemühungen nicht mehr hatte verhindern können, weil der Jagdflieger Graf, der Klingler auch zu den «Roten Jägern» hatte holen wollen, kurz zuvor abgeschossen und schwer verwundet worden war. Nun machte sich Herberger Vorwürfe: Hätte er «den August» nicht schon vorher zu Graf versetzen lassen sollen? Aber in Berlin hätten die «Schnüffler», denen die Unterbringung der halben Nationalmannschaft bei den «Roten Jägern» ohnehin schon suspekt war, sicher ein Haar in der Suppe gefunden.

Auch um Hans Rohde machte er sich Sorgen, zu dem jede Verbindung abgerissen war, als in seinem Abschnitt der Ostfront schwere Kämpfe entbrannten. Inzwischen aber hatte Herberger das Gerücht erreicht, daß Rohde wohl doch noch glücklich in amerikanische oder englische Gefangenschaft geraten sei. «Sagt ihm, wenn der aufkreuzt, daß auch hier unten im Süden einer innigsten Anteil an seinem Geschick genommen hat», schrieb Herberger dem Hamburger Miller. Daß Anderl Kupfer, der auch im Osten gewesen war, wieder in Schweinfurt lebte, wußte Herberger. Albert Sing hatte es zwar in den letzten Tagen noch erwischt, inzwischen sollte er allerdings schon wieder ganz mobil sein und demnächst wieder Fußballschuhe anziehen wollen. Auch Ed Conen spielte bald darauf schon wieder fleißig bei seinen Kickers in Stuttgart. Ernst Lehner war ebenfalls wiederaufgetaucht. Von Erwin Deyhle ging das Gerücht, er sei kurz vor Schluß noch gefallen oder gar wegen Fahnenflucht erschossen worden – eine Vermutung, die Herberger nicht ganz ausschließen mochte, denn er wußte, wie Deyhle über den Krieg dachte und «wie schändlich die verbrecherischen Standgerichte zu Werke gingen». Von Jupp Gauchel fehlte ihm zunächst Nachricht, auch von Paul Janes, dem Herberger aber zutraute – «er ist ja nicht auf den Kopf gefallen» –, daß er längst «wieder kreuzfidel bei seinem legitimen Frauchen in Düsseldorf sitzt».

Am meisten aber quälte den Trainer die Ungewißheit über das Schicksal Fritz Walters. Seit der russischen Offensive im Januar, die alle konspirativen Pläne zur «Entführung» seines malariakranken Lieblings in den Schwarzwald durchkreuzt hatte, fehlte ihm von Fritz jede Spur. War er in einem Lazarett «irgendwo in der Welt des Ostens?» Daß die «Roten Jäger» Eppenhoff, Klages, Bammes und Klafke in einem Gefangenenlager in Rumänien gesichtet worden waren, verstärkte Herbergers Unruhe. «Von Fritz selbst und auch von Hanreiter und Moog kein Sterbenswörtchen.» Daß er so gar nichts tun konnte, machte Herberger schier verrückt. Er forschte noch nach Fritz Walter, als der – mit Glatze und Untergewicht – am

28. Oktober 1945 schon wieder in Kaiserslautern eingetroffen war. Von Weinheim aus war auch die Pfalz jetzt Ausland – die Franzosen hatten die Rheinbrücken zur amerikanischen Zone abgeriegelt. Nachrichten brauchten eine Weile, bis sie in andere Landesteile durchdrangen.

Den Fußball wieder springen zu lassen war in den Wochen und Monaten des Sommers 1945 gar nicht so einfach. Nach der Kapitulation des Deutschen Reiches am 8. Mai 1945 lösten die alliierten Besatzungsmächte alle Vereine auf, die 1933 im NSRL, dem Nationalsozialistischen Reichsbund für Leibesübungen, zusammengeschlossen waren. Ihr Vermögen, einschließlich der Platzanlagen, wurde beschlagnahmt. Von der Einstellung der örtlichen Militärregierungen und deren Bereitschaft hing es ab, ob Vereine wieder zugelassen wurden. Daß die Amerikaner kein Verhältnis zum «soccer» hatten, was Herberger lebhaft beklagte, war verständlich, kannten sie es doch kaum. Aber auch die Franzosen seien nicht besser, wußte der Nationalspieler Jupp Gauchel seinem Trainer später aus Koblenz zu berichten. Erst hatten die Amerikaner dort den Fußballplatz in einen Baseballplatz verwandelt, die Tore in Bombentrichtern verstaut und zugewalzt. Dann waren die Franzosen gekommen, die zum Kummer aller Spieler das beste und größte Stück Rasen im Stadion hatten abtragen lassen, direkt vor der Tribüne, weil französische Soldaten einen Hochsprungwettkampf austragen wollten.

Es sei aber noch schlimmer gekommen. Nicht nur hätten die Militärbehörden alle Versuche verzögert, den Platz wieder bespielbar zu machen, berichtete Gauchel, sondern plötzlich seien die Franzosen zu ihm nach Hause gekommen und hätten alle Sportsachen des Vereins verlangt: «Es kam zu manch heißer Schlacht, bei denen ich hart verteidigte, was mir seit Jahren teuer ist. (...) Man hörte uns über viele hundert Meter brüllen.»

Als Gauchel schließlich alle Papiere gegen die Beschlagnahme beisammenhatte, mußte er einen Antrag zur Genehmigung des Fußballvereins stellen: «Dieser Antrag mußte über das zuständige Polizeirevier, Polizeikommandant, Oberbürgermeister, Polizeipräsidium, Polizeipräsident, franz. Sicherheitspolizei, Sportoffizier,

Der zwölfjährige Sepp Herberger aus der «Spiegel»-Siedlung in Mannheim-Waldhof

1916, eingezogen zum Landsturm

Ein «Vollbluttechniker», Herberger bei Tennis Borussia

Reichstrainer Otto Nerz und Assistent Herberger (gegenüber), 1936

Die englische Nationalelf beim Hitlergruß, 1938

Reichstrainer Josef Herberger

Herberger läßt Nachwuchsspieler antreten, 1938

Fritz Walter, 1948

Beim Trainingslehrgang, 1949

Mit Ottmar Walter, 1953

Die Weltmeisterschaftself von Bern, 1954

Der «zwölfte Mann»

Triumphfahrt durch München, 1954

Mit Max Schmeling, dem Freund, und den Eiskunstläufern Marika Kilius und Hans-Jürgen Bäumler

Mit Franz Beckenbauer und Frau

Uwe Seeler nach der «Fußballschlacht» in Göteborg, 1958

Herberger kontrolliert das Kofferpacken, 1962

WM 1962: Chile, eine Militärdiktatur

Mit seinem Lieblingsschüler Fritz Walter

Mit dem ungeliebten Nachfolger Helmut Schön

Mit Berti Vogts, dem «Enkel», 1969

Eva und Sepp Herberger, 1977

Sepp Herberger, 1975,
zwei Jahre vor seinem Tod

Standortoffizier gehen. (...) Es war mein härtestes Stück Arbeit. Die deutschen Stellen hatten nämlich alle so etwas Angst, jeder dachte, er könne Gefahr laufen, seine Position zu verlieren.» In fünf Tagen war Gauchel immerhin bis zum Polizeipräsidenten vorgedrungen: «Der Schweiß lief dem vom Gesicht, und ich glaube, sein eigenes Todesurteil zu unterschreiben wäre ihm leichter gefallen. Zweimal bat er mich, ihn alleine zu lassen. Ich war hart. Habe das ja gelernt. Wenn es jetzt schiefgeht, dann schaff ich es nie mehr.»

Der Polizeipräsident habe ihm «wie ein Pastor» ins Gewissen geredet – ob die Sache einwandfrei sei? Ob wir auch keine Nazivereinigung seien? «Am Ende nahm er in Schweiß gebadet die Feder, und ich sehe ihn noch heute, wie er die Augen zuhielt und unterschrieb.» Nach sechs Tagen hatte Gauchel seine Genehmigung.

Sonntags wurde angestoßen, und gleich rührte sich die Konkurrenz. Die Franzosen kriegten Plakate zugespielt, auf denen eine Kundgebung am 22. April 1945 angeblich auch mit dem «PG Jupp Gauchel» angekündigt wurde. Gauchel hatte aber nicht geredet. «Zum Glück war ich nie PG.»

Dann sei er bei den Franzosen als ein hoher SA-Offizier denunziert worden. «Nun war ich allerdings mal bei der SA verpflichtet und vorgesehen als Trainer, um den Fußballsport in der damaligen Gruppe Westmark auf Schwung zu bringen. Mit mir wurden bekannte Ringer, Boxer u. a. verpflichtet. Zum Glück hatte ich Unterlagen, wonach ich damals gegen eine Übernahme meines Vereins zur SA arbeitete.»

Auch Sepp Herberger berichtete mit Vergnügen von solchen Ereignissen in der Anfangsphase des langsam wieder anrollenden Fußballs – vom Kampf gegen die Besatzer, vom heldischen Einsatz für den geliebten Sport. Herberger hatte dem VfR Mannheim geholfen, einen Spieler namens Krieg von den Amerikanern loszueisen. «Als wir Sonntag mittag zwei Stunden vor dem Spiel zusammenkamen, habe ich erfahren, daß sie diesen Spieler (...) in Haft gesetzt hatten wegen einer an sich nichtigen Sache. Nun galt es aber, diesen Krieg für das Spiel freizubekommen. Ich wurde also mit einem Jeep der Amerikaner ins Gefängnis gebracht, und da hatte man schon einen

Krieg auf der Wache sitzen, aber das war nicht mein Mann. Hatte einen Bart gehabt, war ein alter Knabe. Dann zufällig, es waren nämlich zwei Krieg da, habe ich dann doch noch meinen Mann bekommen, ich bin mit ihm zum Spiel geradelt. Der hat gespielt, und nach dem Spiel wurde er von dem amerikanischen Jeep wieder ins Gefängnis gebracht.»

Herberger half auch in Frankfurt beim Training der Eintracht und des FSV aus und wurde dazu oft am Dienstag abgeholt und am Freitag zurückgefahren. Einmal wurde er auf dem Wege nach Frankfurt bei der Durchfahrt durch Darmstadt von einer amerikanischen Militärpatrouille gestoppt. Herberger und seine Freunde hatten die Auflage gehabt, sich nur im engeren Bereich bewegen zu dürfen, deswegen die Kontrolle. «Wir Beifahrer», schilderte Herberger, «mußten auf einen Lastwagen, und dann ging es im Konvoi durch Darmstadt: Vorn einer mit Maschinenpistole und hinten einer mit Maschinenpistole, nur schade, daß ich von dieser Fahrt im Lastwagen mit den anderen Gefangenen durch Darmstadt kein Bild habe. Wir mußten ins Gefängnis. Zwei Stunden Einzelhaft, bis wir drankamen. Dann wurden wir entlassen, es ging alles gut.»

Sein ganzes «Sinnen und Trachten» aber sei damals auf die Wiedergeburt der Nationalmannschaft gerichtet gewesen, erzählte Herberger später. Er beriet deshalb vorzugsweise jene Vereine, in denen seine Männer spielten. Aber zuweilen setzte er sich auch hinter seinen Neffen Johann auf dessen 350er NSU und knatterte mit ihm übers Land nach Öhringen, um einen kleinen Verein zu trainieren, dessen Präsident ein Restaurant und eine Metzgerei betrieb. Da wurde jeder Kopfball mit Wurst aufgewogen.

Endlich war auch Fritz Walter wieder da, der auf dem Betzenberg seinen geliebten FC Kaiserslautern neu auf die Beine stellte. Am 5. Januar 1946 – lange nach einer ersten Wiederbegegnung der zwei – schrieb Herberger: «Lieber Fritz! Dieser Brief ist schon lange überfällig. Seit vielen Wochen. Warum er nicht geschrieben wurde? Weil ich seit Ihrem letzten Besuch, besser seit dem verabredeten Besuch nach Rücksprache mit Ihrem Verein, jeden Tag damit rechnete, daß Sie mich besuchen würden. Das ist beileibe kein Vorwurf.

Ich weiß von Ihren verschiedenen Versuchen, mich zu besuchen, und habe gehört, wie es Ihnen jedesmal dabei ergangen ist. (...)

Ich weiß durch Dr. Müller, daß Sie mit dem Klub abgeschlossen haben und mit dem Abschluß zufrieden sind. Ich freue mich über diese Lösung auch allein schon deshalb, weil wohl keiner so gut wie ich [weiß], mit welcher Liebe Sie an Ihrem angestammten Klub hängen. Trotzdem interessiert mich natürlich, von Ihnen Einzelheiten über alle Fragen zu bekommen, die in Zusammenhang mit Ihrer Stellung stehen, und wir müssen aus diesem Grunde auch möglichst bald einmal wieder zusammenkommen.»

Unverkennbar war Sepp Herberger daran gelegen, sich über eine Art Fernmanagement, wie während des Krieges, den Zugriff auf seinen «Spielmacher» zu erhalten. Alle seine Ideen zum Neuaufbau der Nationalmannschaft kreisten um Fritz Walter. Er hatte auch Kontakte zu anderen Vereinen aufgenommen, wo seine Lieblingsspieler womöglich besser gefördert werden könnten als beim «Klub» in Kaiserslautern – so zum Beispiel zum 1. FC Nürnberg. Auch andere versuchten, den deutschen Nationalspieler – den schon die Wiener auf dem Wege aus der Gefangenschaft hatten dabehalten wollen und dem daheim Angebote von Racing Paris und anderen französischen Proficlubs vorlagen – abzuwerben. Herberger riet: «So nebenbei und hintenrum höre ich doch immer wieder, daß die Versuche der Vereine, Sie dem FCK abspenstig zu machen, nicht abreißen. Wenn Sie dort eine gute Stellung haben, Fritz, die Sie in bezug auf die Arbeit und die Bezahlung und auf die Spiele selbst zufriedenstellt, dann bleiben Sie ja. Sie wurzeln dann in gutem Boden!» Wenn er, Fritz Walter, aber doch an einen Wechsel denken sollte, «dann, Fritz, wäre der Zeitpunkt gekommen, wo ich mich gerne zu Ihrer Verfügung stelle».

Es dauerte bis zum Februar 1946, daß er zum ersten Mal den von seinem Schützling trainierten FC Kaiserslautern spielen sah. Mit 12:3 gewann die Walter-Elf gegen den VfR Frankenthal, und Herberger schrieb begeistert an seinen früheren Untermieter, den Ex-Nationaltorwart Helmut Jahn: «Fritz hat nichts verlernt und seine Mannschaft eine Menge von ihm einfiltriert bekommen.»

Unabhängig von dem Rat zu bleiben, fühlte Herberger unverdrossen weiter für seinen Schützling bei potentiellen Interessenten vor, vor allem beim FC Nürnberg. Der Nürnberger Präsident Karl Kipfer schrieb ihm am 2. Mai 1946: «Lieber Seppl, (...) Du wirst aus unserer Unterhaltung schon bemerkt haben, daß wir vom 1. F. C. N. nicht den absoluten Wert auf die spielerische Größe legen, sondern daß uns in diesem Falle vielmehr die menschlichen Qualitäten interessieren. Er kann bei seiner Veranlagung bei uns einen Lebensweg machen wie noch nie ein Spieler zuvor. Selbstverständlich habe ich für Deine Argumente ebenfalls volles Verständnis, denn Heimat bleibt Heimat, aber für einen jungen Menschen hat es noch nie etwas geschadet, besonders in beruflicher Hinsicht, wenn er sich den Wind des Lebens in fremder Gegend um die Nase wehen läßt. Wir beide haben ja auch eine ähnliche Vergangenheit, und es wird wohl keinen Sportler geben – persönliche Feinde ausgenommen –, der behaupten könnte, daß wir unseren Mann nicht gestellt haben.

Es liegt uns sehr viel daran, das gesellschaftliche Niveau des Fußballsports zu heben, und dies kann man eben nur mit Spielern seines Schlages, die spielerische Fähigkeiten und menschliche Qualitäten vereinen. Du wirst als alter Hase ja selbst sagen müssen, daß W. nur bei uns zur vollen Entfaltung seines Könnens kommen kann, denn ich habe bis jetzt alle Mannschaften gesehen und glaube kaum, daß bei irgendeinem anderen Verein dieses zur Zeit der Fall sein könnte. Mit anderen Worten, für beide Teile die beste Lösung. (...) Materiell bestehen in keiner Weise Bedenken, doch darüber müßten wir uns dann nochmals mündlich unterhalten.»

Doch Fritz Walter stand der Sinn nicht nach Wechsel. Ihm war inzwischen seine spätere Frau Italia begegnet, die als Dolmetscherin bei der französischen Militärregierung arbeitete. Und Sepp Herberger sorgte sich zunehmend um seine Entnazifizierung – er fürchtete, daß er Berufsverbot erhalten könnte.

Ein «gewisses Aufstoßen vergangener Zeiten», wie sein Trainerkollege Bruno Lehmann schrieb, blieb auch Herberger nicht erspart. So einschneidend das Jahr 1945 war – für die Gesellschaft, den Staat, das politische System und die institutionelle Ordnung –, so wenig empfanden die meisten Menschen in Deutschland dieses Jahr als eine Wende in ihrem persönlichen Leben. Stunde Null? Das Leben ging weiter. Und wo es aufgehört hatte – über sieben Millionen Deutsche kamen im Krieg um –, da hatte es schon längst vorher aufgehört.

Nicht, daß es an Augenblicken des Erschreckens, der Scham, ja des Entsetzens gefehlt hätte: «Groß ist das Elend, das uns bedroht, unabsehbar die Katastrophe, in der wir stecken. Aber wir sind selbst schuld an unserem Schicksal», schrieb Herberger. «Wir werden dafür büßen müssen.» Doch wie die überwältigende Mehrheit der Deutschen wies er persönliche Schuld weit von sich: «Alles perdue, das verdanken wir unserem einmaligen Führer!»

In Briefen mit den Altersgenossen nahm – wenigstens im Winter 1945/46 – die Auseinandersetzung mit der Vergangenheit breiteren Raum ein. Herberger arbeitete in einem Druckereiverlag, der die Herausgabe einer Sportzeitung plante. Im März 1946 schrieb er an seinen Kollegen Meusel: Nein, als Trainer arbeite er noch nicht, obwohl an Angeboten kein Mangel sei – «aber (...) ich muß halt auch erst rehabilitiert sein».

«Reichstrainer» – das war jetzt auf einmal ein wunder Punkt. «Deine Zugehörigkeit zur Partei war ja durch Deine Stellung als Reichstrainer auch nur gezwungen», schrieb ihm aufmunternd Kollege Emil Melcher am ersten Weihnachtstag 1945. «Politisch hast Du Dich ja nie dabei betätigt, das ließ ja unsere Arbeit im Sport nicht zu! Ich selbst war kein PG und gehörte außer dem Reichsverband Deutscher Turn-, Sport- und Gymnastiklehrer keiner Organisation an. Du und ich waren gute Deutsche und sind es bis heute auch geblieben.»

Gute Deutsche, das ja. Aber Parteigenosse war Herberger eben auch gewesen, und die alliierte Kontrollkommissionsverordnung verlangte von allen, daß sie entnazifiziert werden sollten.

In den Konferenzen von Jalta im Februar und Potsdam im August 1945 waren die Siegermächte übereingekommen, nicht nur die leitenden Funktionäre des Nationalsozialismus zu verhaften und alle Kriegsverbrecher umgehend abzuurteilen, sondern darüber hinaus sollten alle NSDAP-Mitglieder, sofern sie nicht nur nominelle Parteiangehörige waren, «aus den öffentlichen oder halböffentlichen Ämtern und von den verantwortlichen Posten in wichtigen Privatunternehmungen» entfernt und durch Personen ersetzt werden, «welche nach ihren politischen und moralischen Eigenschaften fähig erscheinen, an der Entwicklung wahrhaft demokratischer Einrichtungen in Deutschland mitzuwirken».

Zwar gehörte der Parteigenosse Josef Herberger, Mitglieds-Nr. 2208548, eingetragen am 1. Mai 1933, auch der Deutschen Arbeitsfront, der NS-Volkswohlfahrt, dem Reichluftschutzbund und dem NS-Reichsbund für Leibesübungen an, dem letzteren in führender Tätigkeit, doch galten diese Organisationen nun wahrlich nicht als verbrecherische Kampforganisationen des faschistischen Regimes. Deshalb zählte Herberger auch nicht zu den rund 200000 Gefolgsleuten des NS-Regimes, die im Laufe des Jahres 1945 in den drei Westzonen verhaftet und in die vom Militär verwalteten Internierungslager eingeliefert wurden. Aber er unterlag so lange einem Beschäftigungsverbot, bis jener Meldebogen mit 131 Fragen ausgewertet war, den er und seine Frau Eva wie 13 Millionen andere Deutsche in der amerikanischen Zone ausfüllen mußten.

Die Zweifel, daß sich auf diese Weise schlüssig die Kardinalfrage beantworten ließe, wer wirklich ein Nazi gewesen sei, wuchsen mit der bürokratischen Überforderung der US-Institutionen. Von den bis Weihnachten 1945 eingegangenen knapp 13 Millionen Fragebögen hatten sie bis Mitte 1946 erst 1,6 Millionen bearbeiten können. Letztlich bewirkte dieses umfassend angelegte Säuberungsprogramm so das Gegenteil dessen, was angestrebt war: Je weiter die Amerikaner den Kreis der Beschuldigten von den staatlichen Institutionen auf die Privatwirtschaft und die freien Berufe ausdehnten und je schärfer sie im Laufe des Jahres 1945 die Einstufungspraxis handhabten, desto stärker wurde ein Solidarisierungseffekt zwischen den nun fast unterschiedslos betroffenen kleinen und großen Nazis spürbar, denen die übrige Bevölkerung im wachsenden Maße mit Mitleid begegnete. Insgesamt, konstatierte Karl Jaspers 1946, entstand eine Stimmung, «als ob man nach so furchtbarem Leid gleichsam belohnt, jedenfalls getröstet werden müßte, aber nicht noch mit Schuld beladen werden dürfte».

Von Schuldbewußtsein war nach einem halben Jahr nicht mehr viel zu spüren. In einer im November 1945 in der amerikanischen Zone durchgeführten Umfrage hielten 50% der Befragten den Nationalsozialismus für eine gute Idee, die nur schlecht ausgeführt worden sei. Nur 20% akzeptierten die deutsche Schuld am Kriege, während 70% jede Verantwortung dafür ablehnten.

Auch Josef Herberger empörte sich jetzt in einem Brief an Fritz Walter darüber, daß Ernst Lehner in Augsburg angegriffen werde, weil er Nationalspieler war. «Man wirft ihm vor, daß er für Nazideutschland Propaganda gemacht habe, weil er 65mal für Deutschland gespielt habe. So weit gehen die Verirrungen derer, die nun vom Pendel der Vergeltungssucht nach der anderen Seite getragen wurden. Ernst war kein PG. Und für was wir in der Ländermannschaft Propaganda gemacht haben, wissen Sie ja am besten. Wo wir aufgetreten sind, hat immer die Idee des Fair play gesiegt, ein Begriff, der scheinbar all denen unbekannt ist, die mit solchen Verdächtigungen und Anschuldigungen heute Sportlern nachstellen, die sich um Politik nie auch nur ein Deut gekümmert haben.»

Josef Herberger wurde in seiner stetig sich verfestigenden Selbstrechtfertigungshaltung von jenen Oberen in der Hierarchie des Sports und des Fußballs während der Nazizeit gestützt, die inzwischen auch wieder aufgetaucht waren – die ganze alte Berliner Garde: Von Xandry bis Diem, von Bauwens über Koppehehl bis Linnemann, nur Otto Nerz fehlte, der saß im Lager, beim Russen.

Daß Freund Xandry ihn gesucht hatte, verstand sich. Aber daß eine Bildungsgröße wie Carl Diem den Kontakt zu Herberger aufnahm, daß auch andere namhafte Würdenträger aus der bürgerlichen Sportbewegung ihn für die Zukunft nicht missen wollten, das schmeichelte ihm. «Über Ihre Karte habe ich mich soooo gefreut», schrieb Herberger am 29. Januar 1946 an Carl Diem in Berlin Grunewald. Es folgte eine hymnische Passage der Verehrung für Diem, dem er gewiß in der Vergangenheit viel verdankte, von dem er sich offenbar aber auch für die Zukunft viel erhoffte. In «all den zurückliegenden Jahren», so schrieb er an Diem, «habe ich die Zeit herbeigesehnt und mich darauf gefreut, wenn die im Herzen so sportfremden Scharlatane abzutreten haben und in Ihre Hand dann die Leitung der Deutschen Leibesübung gelegt würde. Und jetzt, lieber Herr Doktor, Sport, Leibesübungen ohne Ihre weise Führung ... da verschließen sich mir Herz und Verstand. Ich hatte mir in meinem Herzen alles so schön ausgedacht, und mittendrin und obenan da standen Sie, Herr Doktor. Ich kann mir ein Aufblühen und Erstarken des Sportes und der Leibesübungen ohne Sie einfach nicht vorstellen.»

Umstellungsschwierigkeiten fürchtete er nicht. «Wenn wir erst einmal auf dieser buckligen Welt zu wahren Sportsleuten geworden sind, dann sind wir auch zu aufrechten Demokraten erzogen», so Herberger, der – wie Diem – noch wenige Monate zuvor behauptet hatte: «Ein guter Sportsmann ist immer auch ein guter Soldat.»

Als Diem dem «lieben Freund Herberger» am 26. Februar 1947 auf einer Postkarte mitteilte, daß eine Bizonale Hochschule für Leibesübungen Anfang Mai in Köln gegründet werde, und Herberger fragte, ob er das Amt des Fußballehrers übernehmen wolle (Diem: «Ich würde überglücklich sein, wenn wir uns zu einer gemeinsamen Arbeit verbinden könnten»), war Herberger nur allzu gerne bereit, dort mitzumachen.

Wie Carl Diem war auch Georg Xandry empört, wenn jemand seine lautere Rolle während der Nazizeit zu bezweifeln wagte. Er fand es «unglaublich» und «eine schreckliche Sache», wenn jemand sich kritisch zur Haltung des Fachamtes Fußball äußerte. Vor der Entnazifizierungs-Spruchkammer betonte er am 10. Juli 1946: «Ich möchte mich nicht nach bekannten Mustern aus der Mitgliedschaft zur Partei herausreden, bedauere sie vielmehr aufrichtig. An und für sich war sie nur nomineller Natur, ich hatte von vornherein zur Bedingung gemacht und den Reichssportführer entsprechend veranlaßt, meine Befreiung von allen parteilichen Obliegenheiten zu erwirken. Dies ist auch erfolgt, und ich brauchte deshalb auch an keinerlei Veranstaltungen oder parteidienstlichen Verrichtungen teilzunehmen. Parteipolitisch gesehen war ich von jeher Demokrat und als solcher auch einmal Kandidat zur Gemeinderatswahl in meiner Heimatstadt Neu-Isenburg.»

Praktisch sei das Fachamt Fußball 1933 nichts anderes gewesen als die Fortführung des alten Deutschen Fußball-Bundes, der bis 1936 den Titel auch weiter trug. Zur Begründung führte der damalige Generalsekretär Xandry aus: «In der Führung des ehemaligen parteipolitisch und konfessionell neutralen DFB war im Jahre 1933 niemand tätig, der irgendeine Verbindung zur NSDAP gehabt hätte. So wurde ich als einziger hauptamtlicher Geschäftsführer zwar nicht gezwungen, wie so viele jetzt sagen, aber doch veranlaßt, durch den Beitritt zur NSDAP eine bessere Plattform für bevorstehende und zukünftige Verhandlungen herzustellen. Hierbei ging es uns nächst der Verhinderung von allzu unerwünschten Verbandszusammenlegungen vor allem um die Freihaltung unserer fachlichen Sportführung von jeglicher parteibonzenhaften Führung durch politische Leiter und vornehmlich SA und SS. Dies ist bekanntlich auch bis zuletzt uns gelungen.»

An den Spitzen der Sportgaue habe wohl mancher «Obere», der sich einen zusätzlichen Glanz verschaffen wollte, versucht, sich zu betätigen. Aber, protzte Xandry, «unter uns Fachleuten» hätten die sich nicht wohlgefühlt. «Deshalb hat man uns auch nie richtig über den Weg getraut und auch nie uns eine finanzielle Unterstützung gewährt.»

Für «Übertreibungen» und «Unsinnigkeiten» sei der DFB nicht zu haben gewesen. Xandry verwies in diesem Zusammenhang auf «das bekannte, wegen seiner jüdischen Ehefrau mehrfach verfolgte Präsidialmitglied des Fachamtes Fußball, Dr. Bauwens, Köln», das bis zuletzt in seinem Amte geblieben sei und «von uns im internationalen Verkehr an führender Stelle eingesetzt» wurde. Xandrys Schlußresümee: «Da ich mir außer der nominellen Zugehörigkeit zur NSDAP nichts vorzuwerfen habe, trage ich mich mit der Absicht, mich in dem jetzt einsetzenden Neuaufbau des deutschen Sportes in Fortsetzung meiner führenden Mitarbeit ehrenamtlich wieder zu betätigen.»

Keine Frage, daß Herberger, der knapp vier Wochen später, nämlich am 7. August 1946, sein Verfahren vor der Spruchkammer in Weinheim durchstand, Xandrys Auslassungen kannte. Herberger bewunderte seinen Freund. Für ihn war Schorsch Xandry «der beste Diplomat des deutschen Fußballs». Er pries sein «glänzendes Gedächtnis» und fühlte sich geschmeichelt, daß Xandry sich «bis in das 6. Glied» in Herbergers Familie «hineingeforscht» hatte. Der Kontakt zwischen beiden blieb eng. Auch nach dem Kriege galt, was Herberger aus der Kriegszeit festhielt: «Er war mein bester und zuverlässigster Mitarbeiter.»

Männer wie Diem und Xandry gaben Herberger Orientierung, sie imponierten ihm und waren ihm Vorbild, wie schon 1933, als sie zum Eintritt in die Partei geraten haben dürften. Zu anderen wie Felix Linnemann und Otto Nerz – die vermutlich für die direkte Beitrittsentscheidung 1933 noch maßgebender waren – hielt Herberger inzwischen Distanz. Neben persönlichen Animositäten hatte ihn wohl auch die Karriereambition beider bei SS und Partei gestört. Nun gehörten sie zu den Verlierern und saßen nach Kriegsende in Internierungslagern der Alliierten – Linnemann bei den Engländern in der Lüneburger Heide, Nerz bei den Russen im ehemaligen KZ Sachsenhausen.

Und doch schrieb er am 6. Februar 1946 noch einen Brief an seinen früheren Chef Felix Linnemann: «Lieber Herr Linnemann! Es fehlt mir jede Nachricht von Ihnen und Ihre Anschrift weiß ich auch nicht. Wen ich bisher auch nach Ihnen gefragt habe, keiner konnte mir eine Auskunft geben. So versuche ich nun mein Glück auf diesem Wege, schreibe nach Steinhorst in der Hoffnung, daß Sie und Ihre Frau dort sind und dieser Brief so in Ihre Hände kommt. Ich hoffe und wünsche, daß Sie und Ihre Frau den Krieg gut überstanden haben mögen, daß Sie beide gesund und wohlauf sind.»

Drei Wochen später, am 21. Februar, schrieb Linnemann zurück: «So allmählich kommen die alten Beziehungen wieder in Ordnung auch über die Zonengrenze hinaus. (...) 6 Monate saß ich interniert in einem Lager. Seit Ende November bin ich wieder frei.» Der ehemalige Chef der Kriminalpolizei von Hannover und SS-Standartenführer Linnemann war in zwei kalten und nassen Dachkammern in der Nähe von Celle untergekrochen und erholte sich «von den Strapazen und Scheußlichkeiten des Lagerlebens. Beruflich bin ich ohne Arbeit.»

Erst zwei Jahre später erhielt der «liebe, verehrte Herr Linnemann» wieder einen Brief von Sepp Herberger, dessen kindlich übertriebener Ton viel schlechtes Gewissen verriet. «Was müssen Sie bloß von mir denken, nachdem ich so lange nichts von mir hören ließ?!! Ich sehe vor mir Ihr ernstes, mahnendes Gesicht, das im Verein mit meinen Selbstvorwürfen alle sich schüchtern meldenden Entlastungsgründe nicht zu Worte kommen läßt. Bitte, Herr Linnemann, denken Sie aber nicht schlecht von mir; ich habe in all den Wochen und Monaten viel und gern an Sie gedacht!»

Herberger berichtete, daß er für den erkrankten Jupp Gauchel aus der Schweiz Penicillin organisiert habe, erzählte von Treffen mit Janes, Gellesch, Jürissen und Schneider und schrieb: «Wir haben auch schon oft von Ihnen gesprochen. Die unvergeßlichen Zeiten unserer Nationalmannschaft unter Ihrer Führung sind allerorts und jederzeit, wo und wann wir uns treffen, Gegenstand des Schwelgens in herrlichen Erinnerungen.»

Leider habe er keine Zeit, Linnemann zu besuchen. Erst im Dezember 1962 fuhr Herberger nach Steinhorst – da wäre sein Entdekker und Förderer schon 80 Jahre alt gewesen, hätte er noch gelebt. Herberger legte einen Kranz an seinem Grab nieder.

Auch auf die Suche nach Otto Nerz machte sich Herberger eher halbherzig. Er hatte in seinen Akten einen Artikel aufbewahrt, den sein Vorgänger am 4. Juni 1943 im Berliner «12 Uhr Blatt» veröffentlicht hatte. «Europas Sport wird frei vom Judentum», hatte Nerz da frohlockt und zu einer großen Abrechnung ausgeholt: «Der Jude» habe «einen unheilvollen und zersetzenden Einfluß auf das ganze Vereinsleben» ausgeübt. Und: Zum Glück habe in der Bundesführung des Deutschen Fußball-Bundes schon 1927 kein «judenfreundlicher Wind» geweht, «sie war judenfrei». Doch in den Großvereinen hätte sich der Einfluß «jüdischer Hintermänner» bemerkbar gemacht: «Besonders in der Berufsspielerfrage machten die Juden und ihre Hörigen der oberen Führung das Leben dauernd sehr schwer. In der Krise vor 1933 war die Gefahr der Verjudung auch im Fußball sehr groß. Die großen Vereine waren stark verschuldet, und vielfach waren Juden die Gläubiger. Die Tendenz zum Berufsfußball war sehr groß, und der damalige Staat konnte der Sportführung keinen Halt geben, weil er selbst dem Juden hörig war.»

Die allgemeine «Verjudung der Presse» habe natürlich auch vor den Sportredaktionen nicht haltgemacht: «Die besten Stellen bei den großen Zeitungsverlagen waren in jüdischen Händen. Die Journalisten trieben von ihrem Schreibtisch eine rein jüdische Politik. Sie unterstützten die zersetzende Wühlarbeit ihrer Rassengenossen in den Verbänden und Vereinen und setzten die Sportführung unter Druck, wenn sie ihnen nicht zu Willen war.»

Nach 1933 hätten die Völker Europas aber aus der Nähe beobachten können, welchen gewaltigen Aufschwung der judenfreie deutsche Sport nahm: «Sie haben auch am eigenen Leibe die nihilistische Wühlarbeit der Juden erlebt. Ein Volk nach dem anderen schüttelt das Joch des Juden ab. Am Ende steht das judenfreie Europa mit seinem judenfreien Sport.»

Herberger notierte sich, er habe, als er auf den Artikel aufmerksam geworden sei, Otto Nerz «Vorhaltungen» gemacht, insbesondere habe er ihn auf ihren gemeinsamen Mannheimer Wohltäter Max Rath angesprochen. Daraufhin habe Nerz zu ihm gesagt: «Sie [die Juden] sind alle nette Leut (...) bis zu einem gewissen Grad, dann sind sie Juden.» In seiner Aktenablage hatte Herberger einen Brief von Nerz aus dem Jahre 1926 abgeheftet: «Lieber Herberger! Besten Dank für Ihre beiden Briefe. Das Paket von Max Rath und Eppstein & Gerstle ist auch gut angekommen. Der Stoff für den Anzug ist ausgezeichnet, und der Anzug gefällt mir sehr gut. Nur habe ich kein Geld, den Stoff jetzt gleich zu bezahlen. Herr Rath muß sich ein wenig gedulden.»

Als eine Zeitung den Tod des 56jährigen Nerz am 26. Februar 1949 im «russischen KZ Sachsenhausen» vermeldete, schrieb Herberger sich an den Rand: «Ob es jene Artikelserie im ‹12 Uhr Blatt› war, die ihn in das KZ brachte?!!»

Mit Bangen sah Herberger im Sommer 1946 seinem Verfahren vor der Spruchkammer in Weinheim entgegen – seit März war die «Entnazifizierung» deutschen Stellen überantwortet. Zumal er – drei Tage vor seinem Verfahren – in der «Badischen Volksstimme» als «eine der Größen des Nazisports» angegriffen wurde: «Der ehemalige Reichstrainer Herberger ist gegenwärtig wieder auf allen Spielen süddeutscher Fußballmannschaften als Reisebegleiter und Gast zu sehen. Er spielt zwar noch keine offizielle Rolle. (...) Aber wir wollen hoffen, daß sich dahinter nicht der Versuch verbirgt, wieder in den Sportbetrieb maßgeblich einzusteigen. Es ist verdächtig, daß eine ganze Reihe von Größen des Nazisports in engster persönlicher und brieflicher Verbindung miteinander stehen, und wir erblicken dahinter (...) den Versuch, die Organisation des deutschen Sports wieder in reaktionäre Hände zu bringen. Der Spruchkammer in Weinheim, dem Ort, wo Herberger gegenwärtig wohnt, möchten wir empfehlen, ein besonders wachsames Auge auf ihn zu haben.»

Josef Herberger sah seine Rolle gern anders. In einer schriftlichen Aussage – «betr. Meldebogen 8653» – teilte er der Spruchkammer mit, er sei 1933 Mitglied der NSDAP geworden, «wie man zuweilen Mitglied in einem Verein wird». Herberger: «Ich habe immer nur meinem Sport gelebt, hatte nur meine berufliche Ausbildung im Auge. und hatte nie die Zeit, mich auch um Politik zu kümmern. Als Hitler 1933 an die Macht gekommen war, redete man aus meiner Umgebung auf mich ein, mich doch nicht abseits zu halten, machte man mich glauben, daß es sich um eine gute Sache handle, die von anständigen Männern geführt würde, und – in meiner politischen Unerfahrenheit – gab ich schließlich dem Drängen nach.»

Weiter schrieb Herberger in seiner Erklärung für die Spruchkammer: «Ich bin im Sport groß geworden und habe meine Lebensgesetze in ihm und durch ihn nach den Spielregeln des Fair play gewonnen. Darum war mir das laute, aufdringliche und herausfordernde Auftreten der Parteimänner, ihre Unduldsamkeit gegenüber der Kirche, den Juden und den politisch Andersdenkenden zuerst fremd und unerklärlich und dann zuwider. Ich begann das politische Leben in Deutschland kritisch zu betrachten. Damit war der Anfang einer politischen Schulung gemacht, die jeden anständigen Deutschen zwangsläufig zur Abkehr von Hitler und seiner Lehre bringen mußte.

Ich habe meinem Austritt aus der Partei ernsthaft erwogen; er wäre der folgerichtige Schritt meiner wachsenden politischen Erkenntnis gewesen. Aber ich konnte mich nicht dazu entschließen, weil er automatisch den Verlust meiner Stellung zur Folge gehabt, was für mich die Aufgabe meines Lebenswerkes bedeutet hätte. Dabei wäre ich ganz gewiß Verfolgungen ausgesetzt gewesen, und am Schluß hätten meine Spieler und die breite Sportöffentlichkeit die wahren Gründe meines Ausscheidens aus meiner Stellung niemals erfahren. Ich glaube, daß es mir möglich gewesen wäre, mich um die Mitgliedschaft in der Partei zu drücken, aber einmal dabei, hätte mein Austritt schwerwiegende persönliche Nachteile zur Folge gehabt, und der Sache und meinen Spielern wäre nicht im geringsten gedient gewesen.

Dafür kann ich als mein bescheidenes Verdienst heute für mich in Anspruch nehmen, daß ich die Nationalmannschaft und ihre Spieler frei von nazistischen Einflüssen gehalten habe. Und nicht nur das allein. Höher noch als die sportliche Leistung wurde das Fair play, als der Inbegriff untadeliger Gesinnung und Denkweise, für die Zugehörigkeit zu unserem Kreis gefordert und gelehrt und damit den jungen Leuten eine Welt höchster Menschheitsideale als Zielsetzung gegeben, die sie zu Vergleichen mit der Welt Hitlers führte und sie damit in inneren Widerspruch mit dieser bringen mußte und – wie mir bekannt ist – auch brachte.

Ich weiß ganz genau, wie klein dies alles ist, gemessen an dem, was andere getan haben und was wir alle entschlossen hätten tun müssen, aber man wird mir – bei dem geringen ‹Spielraum› der dem Wirken des einzelnen gegen die Nazis verblieb –, nachfühlen können, daß ich froh, glücklich und auch ein bißchen stolz bin, wenn ich höre und immer wieder erneut bestätigt erhalte, daß nicht einer der Spieler unserer Nationalmannschaft Mitglied der Partei oder einer ihrer Formationen gewesen ist und mir dazu nicht von wenigen versichert wird, daß mein Einfluß und meine Arbeit sie davor bewahrt habe.»

In einem letzten Kapitel seiner Erklärung überraschte Josef Herberger die Spruchkammer mit Bekenntnissen zum deutschen Widerstand, die er weder vorher irgendwo hatte anklingen lassen noch später in irgendeiner Form wieder aufgriff: «Ich habe aus meiner Einstellung keinen Hehl gemacht, und ich war bereit, mich jedem und allen anzuschließen, die entschlossen waren, gegen Hitler vorzugehen. Ich habe es bedauert, daß ich keinen Anschluß an die Widerstandsbewegung fand, weil ich mich, unter dem Deckmantel meiner beruflichen Tätigkeit, als Verbindungsmann äußerst nützlich hätte machen können. Es fällt mir schwer, das alles zu sagen, weil ich weiß, wie viele heute gern von dieser ihrer damaligen Bereitschaft sprechen und wie leicht das auch alles heute ist. Aber ich habe Freunde und Gleichgesinnte aus jener Zeit, die Auskunft über mich geben können.»

Es folgen dann die Namen der Zeugen, die Erklärungen zugunsten Herbergers abgaben. Herberger hat sie selbst unter dem Stichwort «Persilscheine» abgelegt. Aber neben den übereinstimmenden Zeugnissen seiner Kriegsfeindlichkeit und seiner Politikabstinenz, die ihm alle Spieler bescheinigten, waren es vor allen Dingen drei glaubhaft bezeugte Vorfälle, die vor der Spruchkammer für ihn sprachen: die Auseinandersetzung mit den SA-Bonzen in Duisburg 1937; sein kämpferischer Einsatz für einen jüdischen Mitbürger in Karlsruhe 1938; und seine Loyalität zu dem wegen «Rassenschande» boykottierten früheren Arzt auf dem Berliner Reichssportfeld, Siegfried Matthes.

Eindrucksvoll sprachen auch die Aussagen der Spieler für Herberger. Alle waren ihm dankbar, daß er Flaggenhissungen, Parteiansprachen und den «deutschen Gruß» aus den Lehrgängen herausgehalten habe. Paul Janes, seit 1934 mit Herberger bekannt und langjähriger Mannschaftsführer der Nationalelf, bekundete, daß «irgendwelche politischen Gespräche oder politische Einflüsse oder gar Propaganda von Herrn Herberger niemals und in keiner Weise betrieben worden sind». Er habe während der ganzen Zeit an Herberger niemals das Parteiabzeichen gesehen und nicht einmal gewußt, daß er Parteimitglied gewesen sei.

Auch Fritz Walter erinnerte sich, daß bei den Spielen und Kursen der Nationalmannschaft «alles andere, nur keine Politik im nazistischen Sinne betrieben» wurde. «Herr Herberger hielt nicht nur streng alles fern, was irgendwie mit Politik hätte zu tun haben können, sondern lehnte auch alles entschieden ab, was sich mit seiner und unserer Auffassung von sportlich sauberer Denkweise und fairer Gesinnung nicht deckte.»

Der Spieler Gottfried Sälzler, aus Leonberg-Eltingen in Württemberg, der 1940 und im Februar 1943 bei Kursen der Nationalmannschaft dabei war, beschränkte sich nicht auf die Bestätigung des unpolitischen Verhaltens. Er berichtete von seiner Erleichterung, als er im Februar 1943 – nach zwei Jahren beim Kommiß – noch einmal an einem Lehrgang in Frankfurt teilnahm: «Wir hörten für einige Tage nichts mehr vom preußischen Drill und den phrasenhaften Sprüchen der Parteiredner, wir waren wieder unter uns Fußballern. Wir sahen nichts von Flaggenhissung und hörten keine Führerzitate, und wie wohl tat uns das.» Und Albert Sing, der 1938 in die Nationalmannschaft kam und achtmal im schwarzweißen Dreß spielte, sagte: «Als ich im Oktober 1943 in Rußland wegen Befehlsverweigerung und Nichtabführens eines Betrages an das WHW [Winterhilfswerk] degradiert wurde, nahm er sofort und bestimmt in einer Weise für mich Partei, die ihm böse Schwierigkeiten eingebracht hätte, wenn der Brief in die Hände des Zensors gekommen wäre.» Auch er sagte: «Daß Herr Herberger PG war, hat keiner von uns gewußt. Nach seinen Äußerungen und Handlungen war eher anzunehmen, daß er der Sache feindlich gegenüberstand.»

Nach diesen Einlassungen wurde Herberger in die Gruppe der Mitläufer eingereiht. Am 21. September 1946 erging an ihn ein Sühnebescheid von der Spruchkammer Weinheim in Höhe von 500 Reichsmark. «Die Geldsühne ist bis zum 19. Okt. 46 an die Kasse des Finanzamtes Weinheim (Postscheckkonto Nr. 1331 beim Postscheckamt Karlsruhe) einzubezahlen.» Die Rechnung für die Kosten des Verfahrens betrugen 348,76 Mark. Auch diese Schuld beglich Herberger umgehend. Den Einlieferungsschein für das Finanzamt Weinheim legt er sorgfältig zu seinen Akten.

«Mitläufer» – 54 Prozent der 2,5 Millionen Deutschen, die bis zum 31. Dezember 1949 in den drei Westzonen durch die Entnazifizierungsspruchkammern geschleust wurden, fielen in diese Kategorie. In 34,6 Prozent aller Fälle wurde das Verfahren eingestellt. Nur 0,6 Prozent wurden als Nazigegner anerkannt, Hauptschuldige oder «Belastete» gab es aber auch nur 1,4 Prozent. Nur ein Bruchteil der deutschen Bevölkerung sollte also dem faschistischen Regime geholfen haben, zwölf Jahre lang seine Schreckensherrschaft auszuüben?

Die Debatte darüber wurde vertagt. Der Kalte Krieg forderte andere Prioritäten: Seit der Proklamation der Eindämmungspolitik gegenüber dem Kommunismus durch den amerikanischen Präsidenten Harry S. Truman im März 1947 betrieben die westlichen Militärregierungen die Entnazifizierung nach der Devise: Augen zu und durch. Und die Deutschen hatten ohnehin anderes im Sinn.

Sepp Herberger selbst war allen schwierigen Verkehrsverhältnissen zum Trotz 1946 und 1947 bereits wieder in Sachen Fußball unterwegs. In Süddeutschland hatte schon am 4. November 1945 eine reguläre Oberligarunde mit 16 Vereinen begonnen, und ein Jahr später drohte dem VfR Mannheim, Herbergers zweiter Fußball-Heimat, der Abstieg – «was ihnen recht geschähe», wie Herberger sarkastisch an Fritz Walter schrieb, «denn der VfR hat viel gesündigt in bezug auf Mannschaftsführung». Die Entscheidung sollte am 13. Juli 1946 fallen: «Verliert der VfR gegen Schweinfurt, dann ist es aus mit der Herrlichkeit in der obersten Spielklasse.» Die Mannheimer – auch nach zwanzig Jahren noch voller Ressentiments gegen ihren 1926 nach Berlin abgewanderten ‹Ex-Star› – sprangen über ihren Schatten und baten «den Seppl» um Hilfe. Der saß dann vor dem entscheidenden Spiel in Schweinfurt im VfR-Bus und holte jeden Spieler einzeln auf den Nebensitz. «Der kannte uns alle», schwärmte «Fips» Rohr – damals Mittelstürmer – noch heute. «Er hätte uns nie retten können, wenn er nicht von jedem den Charakter gekannt hätte.»

Manchmal trainierte er noch für «nahrhafte Entschädigung», aber vor allem hatte er die künftige Nationalmannschaft im Kopf. Danach wählte er seine Zuwendungen aus: Ein bißchen beriet er die Lauterer, «aber ich trainiere die nicht fest», versicherte er 1947 Jakob Streitle. Ein bißchen die Stuttgarter Kickers, wo Jahn, Schlienz, Sing, Conen und Schaletzki spielten. Ein bißchen auch die Eintracht in Frankfurt, denn da wirkten Janes und Turek mit. «Es war auch jetzt wieder wie einst und je», freute er sich im nachhinein. «Wir standen alle insgeheim im Dienste unserer alten, ewig jungen Liebe: der deutschen Fußballnationalmannschaft. Wir waren ganz allein, ganz auf uns gestellt. Still und leise, aber zielstrebig und intensiv – sozusagen auf privater Ebene – war unsere zukünftige Nationalmannschaft zu einem ansehnlichen und strammen Jungen herangewachsen.»

Das war – im wahrsten Sinne des Wortes – eine Traummannschaft, nachträglich aufs Papier gezaubert. 1947 gab es keine Nation, und es gab keine Mannschaft, keinen Deutschen Fußball-Bund und keinen Bundestrainer.

Josef Herberger war jetzt 50 Jahre alt. In aller Stille beging er diesen Geburtstag in Weinheim – was gab es am 28. März 1947 auch groß zu feiern? Weiß Gott, er war schon einmal weiter gewesen. Und er würde auch wieder dorthin kommen, wo er schon mal war, und darüber hinaus. Mochten seine derzeitigen Phantasien über eine neue Nationalmannschaft auch fiebrigen Träumen gleichen, die Beharrlichkeit, die Energie und die Erfahrungen, die er für sein Ziel mitbrachte, die waren real.

In seinen Erklärungen vor der Spruchkammer, mit denen Herberger sich als Antifaschist und Demokrat vorstellte, wird die schreckliche Angst überdeutlich, die ihn befallen haben muß, als er fürchtete, daß ein Berufsverbot ihn um sein Lebenswerk, die Fußballnationalmannschaft, bringen könnte. Wie die überwiegende Mehrheit der Deutschen, so lähmte auch Herberger nach der bedingungslosen Kapitulation ein Gefühl der Bedrohung vor dem Feind, der mitten im eigenen Land stand. Wußte man denn, ob er sich nicht rächen würde für all die Greuel, die jetzt bekannt wurden?

Also hieß es die Köpfe einziehen und sehen, daß man sein Brot und seine Kohlen bekommt, und bloß keine Politik mehr.

Nun hatte Sepp Herberger zwar in seiner Erklärung vor der Spruchkammer beteuert, daß er das politische Leben in Deutschland kritisch zu betrachten gelernt habe und daß seine politische Erkenntnis gewachsen sei. Zugleich aber beharrte er darauf, daß er selber in seiner Funktion als Reichstrainer und auch die Nationalmannschaft in ihrem Wirken an der Nahtstelle zwischen öffentlichem und privatem Leben nicht politisch gewesen sei. Davon, daß der Fußball selbst ein Politikum bildet, daß er «manipulierbar, Interessen unterzuordnen, der Staatsmacht, aber auch Partialgewalten zuzuschlagen ist» – wie Walter Jens dem DFB 1975 in einer Festrede einzubleuen versuchte –, von dieser Erkenntnis waren Herberger und seine Mitstreiter nach 1945 weit entfernt.

Dabei war es doch gerade den Nazis gelungen, den öffentlichen Raum des Alltags politisch zu besetzen mit organisierter Aktivität, mit einer kommerziellen Massenfreizeit und einer Kulturindustrie, bei der Fußball eine wichtige Rolle spielte. Die Frage in dem Meldebogen der Amerikaner, welche Uniform er während seiner Dienstzeit getragen habe, beantwortete der Reichstrainer mit ‹keine›. Dabei war er jahrelang im Trainingsanzug mit dem Hakenkreuz rumgelaufen. War das keine Uniform?

Herberger half sich, wie die meisten seiner Zeitgenossen, indem er sich auf der ideologischen Ebene von den politischen Inhalten der Nazis distanzierte. Tatsächlich wollte er mit den weltanschaulichen Bekenntnissen des Nationalsozialismus, mit der Rassenlehre und ihrem Kernstück, dem Antisemitismus, mit dem rassistisch begründeten Antikommunismus, mit der Lehre von der Lebensraumeroberung, dem sozialdarwinistisch aufgeladenen Geschichtsbild und den dazugehörigen Kriegen, nichts zu tun haben, und damit hatte er auch nichts zu tun.

Daß Josef Herberger aber bei denen, die diese Lehre vertraten und an sie glaubten, an führender Position nicht nur gelitten, sondern sogar gefördert wurde, erklärte sich daraus, daß eine ähnliche Mentalität – eine emotionale und lebensgeschichtlich vertiefte Bindung an Autoritäten, Traditionen und Werte, die auf vorbewußter Ebene das Verhalten lenkt – die Kluft vergleichsweise gering erscheinen ließ. Es waren eben soziale Übereinkünfte und unreflektierte Alltagsorientierungen, Lebensgewohnheiten, Werturteile und Zukunftsvorstellungen, die zu emotionalen oder einfach konformistischen Formen des Mitmachens verleiteten, die dann in den Nationalsozialismus führen konnten.

Sepp Herberger – individuell ja durchaus in der Lage und, im Gegensatz zur Mehrheit seiner Mitmenschen, auch mutig genug, im konkreten Einzelfall Barbarei und Brutalität zu widerstehen – blieb in seiner Mentalität völlig ungebrochen. Gewiß, auch auf politischer Ebene bewahrte er sich ein Schuldgefühl, das ihn nötigte, in späteren Jahren seine Fußballspieler ganz besonders intensiv dazu aufzufordern, sich vor ausländischem Publikum absolut unanstößig zu verhalten. Helmut Haller erinnerte sich, daß er bei einem Länderspiel gegen Polen in Hamburg in den 60er Jahren von Herberger kalt geschnitten und mehrere Spiele lang nicht mehr aufgestellt wurde, weil er – nach einem den Polen zugesprochenen Einwurf – wutentbrannt den polnischen Gästen den Ball vor die Füße geknallt hatte. So etwas, machte ihm Herberger klar, könne sich ein deutscher Spieler nicht erlauben, nach allem, was vorgefallen sei. Der spätere Bundestrainer duldete auch über Jahre den Stuttgarter Läufer Robert Schlienz, den er als einen hervorragenden Fußballer schätzte, nur auf der Ersatzbank. Schlienz hatte – bei einem Verkehrsunfall – einen Arm verloren. Und Herberger erklärte Freunden insgeheim, man könne den Robert leider dem ausländischen Publikum nicht zumuten. Die würden dann sofort wieder an den Krieg erinnert und an alles, was die Deutschen ihnen angetan hätten.

Keine Frage also, Sepp Herberger hatte dazugelernt, er war anpassungsfähiger geworden. Menschenkenntnis und eine vom Leben erzwungene Einsicht in die Schwächen seiner Umwelt machten ihn nicht eigentlich milder, sie erweiterten aber sein Einschätzungsrepertoire. So wie die harten Falten seines Gesichtes sich nun zu vervielfachen begannen in kleine Fältchen der Lebensklugheit, des Humors und auch des Schmerzes und der Skepsis, so wurde sein

Prinzipienkodex abgefedert durch Erkenntnis und – oft zähneknirschende – Anpassung an die Kunst des Möglichen.

Daß aber sein Politik- und Werteverständnis unverändert blieb, so, wie es in der Kaiserzeit geprägt worden war, das erwies sich sogleich mit schöner Deutlichkeit an der unverbrüchlichen Loyalität, mit der er zu Carl Diem stand. «Diem ist heftigen Angriffen ausgesetzt, wie Sie wohl selbst schon gelesen haben», schrieb er im Dezember 1947 an Felix Linnemann. «Man bezeichnet ihn als Militaristen, ich bekomme dabei das Gefühl nicht los, als wolle man in ihm den derzeit noch oder schon tätigen Exponenten der Führer des bürgerlichen Sports treffen.»

Daß der Kölner Sport-Heilige später sogar aus Kreisen des DFB attackiert wurde, weil er zur Irreführung der Jugend während des Nazireiches heftig beigetragen habe, empörte Herberger so sehr wie den Angegriffenen. «Ich habe aber wenigstens», wehrte sich Diem, «im Gegensatz zu vielen anderen durch meine Haltung unmißverständlich kundgetan, daß ich eine diktatorische Führung des Sportes als dem Wesen des Sportes entgegenstehend halte.» Im übrigen sei er über das, was sich ereignete, «nur mangelhaft unterrichtet», gewesen. «Ich glaube aber feststellen zu können, daß der Sport auch in der Zeit des Nationalsozialismus auf alten Bahnen weiterging.»

So war es – Seite an Seite marschierten die Diems und Herbergers und Millionen ihrer Alltagsgenossen «auf alten Bahnen» in die Nazizeit hinein und auch wieder hinaus. Wäre 1945 nur der Nationalsozialismus zusammengebrochen – Herberger hätte erleichtert aufgeatmet und neu angefangen. Es war aber auch Deutschland zusammengebrochen, der Staat und die gesamte Ordnung, einschließlich seiner Berufschancen. Das war eine existentielle Bedrohung. Wie dem 11jährigen der Tod des Vaters die Zukunft zu verbauen drohte, schien vier Jahrzehnte später das Ende des Vaterlandes sein Leben zu verdüstern.

Daß das Erreichte immer bedroht war, daß man sich immer aufs neue gegen die Einbrüche des Schicksals wappnen mußte – «nach dem Spiel ist vor dem Spiel» –, wußte er. Aber er litt unter dem Entzug seiner Nationalmannschaft, die er nun schon fünf Jahre lang entbehrte. Und was es für Herberger bedeutete, an den Ort des Anfangs seiner Karriere zurückgeworfen zu sein, dem Wohlwollen seiner Schwiegereltern anheimgegeben, dem Argwohn von Neidern und Konkurrenten ausgeliefert, signalisierte sein Körper deutlicher als all seine gesammelten und gefilterten Notizen in den grauen Leitzordnern. Sepp Herberger war oft krank in den drei Jahren nach Kriegsende, so wie schon zuvor am Ende der Nazizeit. Zu den nervösen Herzbeschwerden kamen Geschwüre und wochenlang auch Kiefervereiterungen. Es wurde wirklich Zeit für einen neuen Anfang.

Der kündigte sich am 16. April 1947 mit einem Telegramm an: «Erbitte schnellstens Besuch zwecks endgültiger Berufung. Drahtet Ankunft. Quartier vorhanden. Dr. Carl Diem.» Am 1. Juni trat Josef Herberger seinen Dienst als Fußballdozent an der neuen Sporthochschule an. Bis Sommer 1950 unterrichtete er die Studenten und führte daneben Lehrgänge für Fußballtrainer durch – der erste begann im November 1947 unter primitivsten Bedingungen.

Frau Eva war mitgezogen nach Köln. Wie alle, die damals dabei waren, kriegte sie später leuchtende Augen, wenn sie davon erzählte, wie sie unter den Sportstudenten die Lebensmittelkarten einsammelte, um geschlossen für sie einzukaufen, wie sie gebrutzelt habe und Knöpfe angenäht. «Was wäre wohl aus den von Lehrern und Studenten aufgestellten Wohnbaracken geworden, wenn jeder seinen ramponierten Kocher für sich eingeschaltet hätte? Woher hätten die Studenten die Zeit zum Einkaufen hernehmen sollen? Nein, da war es doch selbstverständlich, den immer so netten jungen Leuten auszuhelfen!»

Es muß eine seltsame Mischung gewesen sein von Jugendherberge und Kriegsgefangenenlager, von Trainingscamp und Hochschule, von jugendlichem Übermut und großer Ernsthaftigkeit, die jene Männer in ihren abgewetzten Panzerjacken und gefärbten Offiziershosen zwischen hochgestapelten Briketts um den kleinen Mannheimer zusammenschweißte. «Führen ist ja eine Art von Überwältigung», sagt Dettmar Cramer heute, der später dazustieß.

Und überwältigt waren sie alle von Sepp Herberger – Hennes Weisweiler und Herbert Widmayer, Fritz Pliska und Paul Janes.

«Seppl war wahnsinnig ehrgeizig», erinnert sich Widmayer, «aber er hat seine Mannschaft so geführt, daß man es nicht gemerkt hat. Der hat mit jedem geredet, aber mit jedem anders. Er war autoritär, aber das kriegte man erst später mit.»

Sie waren alle gestandene Frontsoldaten, Offiziere, zum Teil hochdekoriert. «Aber sie hatten alle Angst vor ihm», kichert seine damalige Sekretärin, Ursula Kraft. Im Gebüsch haben sie gewartet, wenn sie zu spät nach Hause kamen. Hennes Weisweiler erzählte, wie ihn Fritz Pliska, Ritterkreuzträger, der sieben russische Panzer mit der Panzerfaust geknackt hatte, von der Heimkehr nach einem nächtlichen Bummel berichtete: «Morgens um sechs wäre er fast auf Sepp Herberger gestoßen. Unser Chef war Frühaufsteher. Doch im letzten Moment konnte er sich hinter einem Pfeiler im Kölner Stadionabgang verstecken. Am anderen Morgen sagte Fritz mir: ‹Du kannst mir glauben, Hennes, vor den russischen Panzern hatte ich nicht soviel Angst wie an diesem Morgen.›»

Widmayer, dem Herbergers Entmündigung – beim Rauchen, Trinken, nächtlichen Ausflügen – schließlich zu weit ging, machte ihn vorsichtig darauf aufmerksam, daß er schon dreißig Jahre auf dem Buckel habe und mehrmals bei Luftkämpfen abgeschossen worden sei. Ein halbes Dutzend Jahre sei er in Gefangenschaft gewesen, zuletzt als Kommandant eines Lagers mit 4000 Mann. Er, Herbert Widmayer, der das alles überlebt habe, sollte also eigentlich selbst verantworten können, ob er mal eine Zigarette rauchen wollte oder nicht. Na gut, habe Herberger dann gesagt, «aber machen Se's nicht so auffällig».

Im April 1948 erhielt Herberger einen Brief von seinem Kollegen Georg Knöpfle aus Braunschweig, der schrieb: «Ich freue mich, Seppel, daß Du wieder mitten drin stehst in unserer Arbeit, und hoffentlich erhältst Du bald wieder Deine frühere Position. Es wird auch für Dich nicht so einfach gewesen sein, Anschluß an die neue ‹Lage› zu bekommen, aber wer was kann und tüchtig ist, wird sich überall durchsetzen».

So dachten sie damals alle in Köln. Die räumliche Enge, die Versorgungsnöte, die kargen Lebensumstände und die Vergangenheit, alles das trug dazu bei, die ersten Trainerkurse zu ganz besonderen Veranstaltungen zu machen. Klar, sie suchten Anschluß an die neue Lage. Im Grunde aber war es noch immer der Krieg, der sie zusammenschweißte. Wie oft haben sie einander abends ihre Heldentaten erzählt – die vom Fußballplatz und die im Gefecht. Aber über eines haben sie nie geredet – über Politik.

Der «ungekrönte König seiner Generation»

Fritz Walter und der Aufbau der Fußballnationalmannschaft

Wie immer ging es erst mal schief. Längst schon hatte sich Sepp Herberger als Nationaltrainer eines Landes gefühlt, das es noch gar nicht wieder gab. War er nicht von Nazi-Vorwürfen rehabilitiert? Hatte er nicht – brieflich, telefonisch und durch Reisen – alle Fäden zu den früheren Nationalspielern in der Hand? Hatte er nicht den besten Überblick über nachwachsende Talente? Arbeitete er nicht mit den Trainern der Vereine zusammen, in denen «seine» Nationalspieler kickten? Gab er nicht in Köln schon sein Wissen und seine Erfahrungen an junge Kollegen weiter?

Der Vorsitzende des künftigen Fußballbundes, der bereits unter der Hand designierte Peco Bauwens, hatte ihm signalisiert, daß es bald losgehen werde – mit der Nationalmannschaft und mit ihm als neuem Trainer. Und tatsächlich trafen sich die Vertreter eines vorläufig konstituierten Deutschen Fußball-Ausschusses (DFA) der Westzonen am 19. und 20. März 1949 in Freiburg und beschlossen einen generellen Plan zur Aufstellung einer Nationalmannschaft. Aber «welch herbe Enttäuschung» und Brüskierung für Sepp Herberger. Statt ihm einen roten Teppich entgegenzurollen, schrieben die Verbandsfunktionäre den Job öffentlich aus. Plötzlich war Josef Herberger, Köln-Müngersdorf, einer von vier Kandidaten.

Nun war es nicht so, daß die Herren vom Spielausschuß des DFA Herbergers geleistete Arbeit – wie der empört vermutete – einfach ignoriert hätten. Sie paßte nur manchen der Verbandsgewaltigen nicht. Der ehemalige Reichstrainer war vor allem den Funktionären aus Süd- und Norddeutschland zu selbstherrlich. Er hatte auch mit den mächtigen Männern des Westdeutschen Fußballverbandes zuviel gekungelt.

Also kriegte «Sportskamerad» Herberger – wie seine Mitbewerber Alf Riemke, Paul Oswald und Hans Sauerwein – die Aufforderung, entsprechende «Pläne zur Durchführung eines Ausbildungsprogramms» vorzulegen. Weiter hieß es in einem Schreiben an die Kandidaten: «Ihre Vorschläge werden auf der Mitte Mai stattfindenden Tagung des Deutschen Spielausschusses zur Diskussion gestellt, und Sie werden nach Beendigung dieser Tagung von den Entschlüssen des Spielausschusses im DFA umgehend in Kenntnis gesetzt.»

Sepp Herberger war außer sich. Er verstand die Ankündigung so, daß die Wahl des zukünftigen Trainers allein von dem einzureichenden Exposé abhängig sein sollte, während die Vorarbeit zum Aufbau der Nationalmannschaft, die er «in aller Stille» längst in Gang gesetzt hatte, nicht berücksichtigt würde. Von seinen Verdiensten als Reichstrainer ganz zu schweigen.

Zunächst brachte Herberger seine Empörung in einem Brief an Artur Weber zum Ausdruck, den Spielausschußvorsitzenden des Westdeutschen Fußballverbandes, der sich – wie er versicherte – in Freiburg für Herberger ausgesprochen hatte. Dem schrieb Herberger: «Bitte, Herr Weber, versetzen Sie sich in meine Lage, um mich auch ganz zu verstehen. Als aktiver Spieler war ich erfolgreiches Mitglied unserer Nationalmannschaft, stand seit den Jahren nach dem ersten Weltkrieg immer in engster Fühlung mit den Männern, die für die Nationalmannschaft verantwortlich waren, wurde ab 1931 selbst maßgeblich in den Aufbau der Nationalmannschaft einbezogen und habe später nahezu ein volles Jahrzehnt die alleinige Verantwortung für sie getragen. Mit welchem Erfolg, ist der ganzen deutschen Fußballgemeinde bestens bekannt, deren uneingeschränktes Vertrauen ich während der ganzen Zeit meiner Tätigkeit als Verantwortlicher der Nationalmannschaft hatte und das ich auch heute noch trage und genieße.»

Kurzum – der Freiburger Beschluß lasse ihn nun einmal, schrieb Herberger, «unbescheiden genug sein, zu erklären was mir alt und jung in Fußballdeutschland bestätigen wird, nämlich, daß ich in Fragen der deutschen Fußballnationalmannschaft wohl als der erste Fachmann gelten kann.» Er sei davon ausgegangen, daß die Verantwortlichen sich über seine Rolle beim Neuaufbau der deutschen Fußballnationalmannschaft klargewesen seien und daß sie ihn berufen würden. «Statt dessen kommt nun dieser Freiburger Beschluß, bei dessen Zustandekommen scheinbar ein in jahrelanger, praktischer Arbeit bewiesenes Können und Wissen in seiner Bedeutung und in seinem Wert für einen von uns allen erhofften und gewünschten schnellen und erfolgreichen Aufstieg unserer Fußball-Nationalmannschaft zu früherer Leistungshöhe ignoriert wurde.»

Er sei entschlossen, die ihm auferlegten Bedingungen zu ignorieren: Die gewünschte Form der Bewerbung komme für ihn nicht in Frage. Seine Erfahrungen und Überzeugungen auf dem Gebiet dieser Arbeit «in die Hände einer Kommission zu geben, die sie dazu noch zum Gegenstand einer Eignungsprüfung für den Posten des Nationalmannschaftstrainers machen will ... – dazu kann ich mich nicht entschließen».

In seiner Wut ließ sich Herberger sogar dazu hinreißen, die Öffentlichkeit einzuschalten. Er inspirierte den Journalisten Gerd Krämer zu einem Zeitungsartikel, in dem es hieß: «Wir haben für seinen Ärger über diese ‹Zumutung› vollstes Verständnis. Er sagt mit Recht und ganz in unserem Sinne: ‹Man darf doch nicht im Ernst annehmen, daß ich Prüfungsfragen beantworte. Wer will denn da überhaupt prüfen? Der einzige – bei aller Bescheidenheit –, der den ganzen Komplex, auch in seinen Einzelheiten, aus erfolgreicher Praxis beurteilen kann, bin ich selbst.›»

In den folgenden Wochen merkte Herberger, daß er sich mit dieser Reaktion keinen Gefallen getan hatte. Am 15. Mai hatte sich der Spielausschuß getroffen, und hinterher sickerte in immer neuen und undeutlichen Varianten der Unmut der Verbandsgewaltigen über ihn durch. Carl Diem erzählte ihm nach einem Gespräch mit Peco Bauwens, daß bei dem Treffen gegen Herberger «geschossen» worden sei. Das wollte Herberger von Bauwens selber hören, aber als er ihn anrief, «stottert» Bauwens nur windig von Trainerangelegenheiten und Bewerbungen, und Herberger notierte sich: «Er will etwas sagen, aber auch wieder nicht, will von mir was hören ...»

Vor allem verwies Bauwens immer wieder auf Weber, der die Sache regeln sollte. Sowohl Weber als auch Bauwens saßen aber Ende Mai bei Fußballspielen auf der Tribüne neben Herberger und machten weiterhin nur Andeutungen. Bauwens: «Es gibt grobe Verstimmungen. Stimmung gegen Sie!! Da ist eine persönliche Sache am Laufen.» Anschließend seufzte Herberger: «Es ist im Fußball genauso wie auf anderen Bühnen des Lebens dieser Nachkriegsjahre. Die ‹Neuen› haben Angst vor einer Wiederkehr der ‹Alten›. Diese Komplexe spielen ganz gewiß auch in dem Fall eine große Rolle. Vielleicht die entscheidende. Ehrgeiz und Geltungsbedürfnis können sich zu tollen Antriebskräften auswachsen.» Er schloß mit der Versicherung: «Ich kann in aller Ruhe die ganze Entwicklung abwarten.»

Falls es diese Ruhe jemals gegeben haben sollte, war sie dahin, als Herberger eine Ehrenkarte zum Endspiel um die deutsche Fußballmeisterschaft nicht erhielt, die ihm zugesagt worden war. Bei diesem Endspiel am 10. Juli 1949 in Stuttgart, als der VfR Mannheim sich 3:2 gegen Borussia Dortmund durchsetzte, wurde Herbergers Abwesenheit wieder von Journalisten registriert und in seinem Sinne publik gemacht: «Es gibt einen Mann im deutschen Fußballsport, der den Faden aufs neue spinnen könnte, weil er ihn die ganze lange Zeit der Pause in den Händen behalten hat und dafür gesorgt hat, daß er nicht riß: Sepp Herberger. Er war mehr als der Lehrer derer, die zum Kreise der Nationalspieler gehörten, er war ihr Freund! (...) Es gibt zur Zeit niemand in Deutschland, der so weitreichende internationale Erfahrung hat, der so vertraut mit allem Drum und Dran von Länderkämpfen und einer Nationalmannschaft ist, keiner, der so wie Herberger verspräche, die Nationalelf mit Mannschaftsgeist zu durchdringen, wie er. Erfahrung und Harmonie aber sind die Voraussetzungen zu einem einigermaßen erfolgreichen Bestehen in der internationalen Arena, wobei wir in den Begriff ‹erfolgreich› untadelige Haltung einbeziehen!»

Daran, daß die «Verstimmungen» gegen Sepp Herberger anhielten, änderten solche Artikel nichts, im Gegenteil. Es dauerte aber noch einen Monat, bis es ihm endlich – nach mehreren schriftlichen

Versuchen – gelang, den Spielausschußvorsitzenden Weber in seinem Büro persönlich zu sprechen. Herberger fertigte eine Art Protokollnotiz von dieser Unterredung an. Mit großer Verlegenheit habe Weber um eine Angelegenheit herumgeredet, deren Kern nicht deutlich wurde. Herberger: «Es wurde doch davon gesprochen, daß gegen mich geschossen würde. Ich möchte den oder die Namen haben, weil ich jetzt selbst die Sache in meine Hände nehmen will. Ich habe schon viel zu lange gewartet und werde Ihnen beweisen, daß die Angelegenheit sehr schnell zu erledigen ist.» Weber sprach daraufhin von einem Brief aus der Ostzone, den ein Mensch namens Berndt an das Ausschußmitglied Deckert geschrieben habe. «Aber es steht darin so dummes, wirres Zeug, daß es keinen Wert hat, überhaupt darauf einzugehen.»

Während Herberger zu wissen glaubte, daß sein Gegenüber in Wahrheit überhaupt nichts in der Hand habe und daß es diesen Brief womöglich gar nicht gäbe, brach aus Weber plötzlich sein ganzer aufgestauter Zorn über den eigenwilligen und starrköpfigen Trainer hervor, den er anraunzte: «Eines muß ich Ihnen aber heute schon sagen, Sie sind deshalb noch lange kein Reichstrainer.»

Herberger fiel ihm ins Wort und sagte, daß er gekommen sei, um zu erfahren, wer ihn verleumde, um gegen diese Leute vorzugehen. Die Frage des zukünftigen Reichstrainers stehe für ihn in diesem Augenblick gar nicht zur Debatte. Weber – offensichtlich gar nicht auf diese Antwort gefaßt – habe gestutzt, sei dann aber fortgefahren: «Sie haben sich nämlich mit dieser Zeitungsnotiz böse Feinde geschaffen. In Süddeutschland und in Norddeutschland ist man scharf gegen Sie. Die lehnen Sie geschlossen ab. Sie haben nur den Westen, und wenn auch Bauwens und ich zu Ihnen halten, ist es doch fraglich, ob es klappen wird.» Und dann erbittert: «Und wenn Sie Welttrainer sind, verlangen wir, daß Sie sich bewerben. Alle Leute im Spielausschuß lehnen Sie wegen Ihrer Überheblichkeit ab.» Herberger: «Ich bin nicht überheblich. Das kann man mir ganz bestimmt nicht nachsagen. Aber ich bilde mir ein, etwas von der Sache zu verstehen.»

Herberger fühlte sich zutiefst im Recht. Er glaubte, daß nur seine

Indiskretionen gegenüber der Presse der Anlaß seien, für «heimtükkische Verleumdungen», wie er es nannte. «Auf die verlogenste Weise spricht und zischelt man von angeblichen Angriffen auf mich.» Das interne Protokoll vom 15. Mai spreche sogar vom «nazistischen Verhalten» des früheren Reichstrainers. Nach dem Gespräch mit Weber war er ganz sicher, das alles durchschaut zu haben: «Nichts anderes also als ein Racheakt! Aus verletzter Eitelkeit. ‹Wenn Sie Welttrainer wären› ... hat er geradezu hinausgeschrien. Wie klein sind diese Leutchen doch in Wirklichkeit. Hinter all diesem Schein zeigt sich das Betteln um Mitarbeit! Sie merken gar nicht, wie klein sie in Wahrheit sind. Sie sehen aus der Froschperspektive!»

Ganz so einfach lagen die Dinge aber nicht, wie sich im September in Bad Meinberg zeigte, als sich der Spielausschuß mit den Vorwürfen gegen ihn befaßte. Es wurde tatsächlich ein Brief eines Herbert Berndt aus Coburg an Hans Deckert verlesen, in dem es hieß: «Wunschgemäß bestätige ich Ihnen nochmals schriftlich folgendes:

1. Es war uns im Dresdner Sportclub hinreichend bekannt, daß während des Krieges der damalige Reichstrainer – Josef Herberger – der Verbindungsmann des NSRL zum OKW war.

2. Die im Jahre 1944 vom OKW herausgegebene Liste der zum Fronteinsatz abgestellten Spitzenspieler war von Josef Herberger aufgestellt worden. (...)

3. Erinnere ich mich einer mit Herberger 1942 im Vorzimmer von Dr. Xandry geführten Unterredung wegen des DSC-Spielers Fritz Machate. Machate war 1942 auf Verlangen Herbergers von der Front im Osten für einen Trainingskursus in Westdeutschland freigestellt worden. Nach einigen Tagen verkündete die gesamte Presse, daß Herberger den Spieler Machate vom Kursus nach Hause geschickt habe. Nach ca. 4 Wochen traf ich Herberger im Vorzimmer von Dr. Xandry. Ich fragte Herberger nach den Gründen des Heimschickens Machates und vor allem danach, ob es stimme, daß Machate wieder an die Front müsse. Herberger sagte mir hierauf wörtlich: ‹Machate soll sich erst einmal an der Front auszeichnen und sich Buchloh zum Vorbild nehmen!›

Selbst meine Erwiderung hierauf, daß Machate bereits ab 1939 im

Fronteinsatz sei, änderte nichts an seinem obigen Grundsatz. Wörtlich erklärte er mir weiter: ‹Ich werde schnellstens dafür sorgen, daß Machate wieder an die Front kommt!›»

Abschließend schrieb Berndt: «Ich stehe mit dem größten Teil aller alten Sportler auf dem Standpunkt, daß ein Herberger in der heutigen Sportbewegung nichts mehr zu suchen hat. Es kann auf keinen Fall bestritten werden, daß Herberger ein großer Nutznießer der NSDAP gewesen ist.

Ich berechtige Sie, mein Schreiben entsprechend zu verwenden, mit sportlichen Grüßen, Ihr Herbert Berndt.»

Herberger trafen diese Vorwürfe völlig unerwartet: «Ich war, wie man so sagt, nach Kenntnis dieser Anklage völlig von den Socken.» Hatte Weber den Brief überhaupt nicht gelesen? Wie sonst hätte er das mit «Plappellaback» und «wirrem Zeug und Unsinn» abtun können?

In der Sache fühlte sich Herberger freilich sicher. Er bestritt zunächst einmal, daß er Verbindungsmann vom NSRL zum OKW gewesen sei. Auch habe er noch nie von einem solchen gehört. Ferner habe er nie Listen für an die Front abzustellende Spitzenspieler aufgestellt. Er sagte: «Was ich mit unseren Nationalspielern in den Uniformen alles tat, stellt das gerade Gegenteil von dem dar, was man mir in diesem Brief zur Last legte.»

Herberger erklärte dann, daß er allen Grund gehabt habe, seine Manipulationen als strenges Geheimnis zu hüten. An Machate erinnere er sich sehr genau. Er sei in der Tat verärgert gewesen, sagte Herberger, daß Machate – einer jener Spieler, die er mühsam von der Front zu einem Heimaturlaub habe holen können – durch Presseberichte die öffentliche Aufmerksamkeit auf sich gezogen habe. Oberstes Ziel damals sei gewesen, keine Aufmerksamkeit zu erregen. «Was ich zu dem Schreiber gesagt habe, weiß ich heute nicht mehr. Soviel weiß ich allerdings, daß ich mir von einem Unbekannten nicht in meine Karten schauen lassen wollte, zumal dieser sich auch noch in undefinierbarer Uniform präsentierte.»

Im übrigen – ließ Herberger die Verbandsfunktionäre wissen – gehe es ihm jetzt um die Rehabilitierung in der Sache Machate. Ab sofort sei die ganze Angelegenheit nicht mehr Sache des Spielausschusses, sondern seine eigene.

Er hatte Glück. Zufällig erfuhr Herberger, daß der gesuchte Spieler ganz in der Nähe wohnte. Er telefonierte mit Fritz Machate, die Mitglieder des Spielausschusses wurden alle Zeugen dieses Gesprächs, dessen Inhalt sie allerdings nur aus Herbergers Antworten erfuhren, die er – wie er sich ausdrückte – «betont» gab. «Kann man mir verübeln, daß ich die Situation auskostete?»

Tags darauf trafen sich die beiden Männer persönlich. «Fritz, man wirft mir vor, Spieler des DSC an die Front gebracht zu haben, worunter (...) auch Sie genannt werden.» Machate: «Das ist eine Erfindung oder eine böswillige Spitze gegen Sie.» Niemals sei ihm der Gedanke gekommen, daß er durch Herberger zurück an die Front geschickt worden sei. Machate: «Als ich an der Reihe war, kam ich eben dran, wenn man das Glück hatte.» Diese Einschätzung wiederholte er dann auch schriftlich. In einem Brief versicherte er dem werten Herrn Herberger am 26. September: «Im übrigen glaube ich, daß es sich bei diesen völlig frei erfundenen Anschuldigungen gegen Ihre Person um eine ganz gemeine Denunziation handelt, die ganz jämmerlich zusammenbrechen wird.»

Das bestätigte eine Befragung des Briefeschreibers Berndt durch Bundesvorstandsmitglied Hans Huber aus Bayern, der berichtete: «Die Verhandlung ergab, daß Herr Berndt in keinem einzigen Punkt seine Vorwürfe gegen Herberger aufrechterhalten konnte. (...) Berndt hat seine Anschuldigungen zurückgezogen und sich bei dem Kameraden Herberger persönlich entschuldigt.»

Josef Herberger war am Ziel. Wieder einmal. Der im gleichen Haus und zur gleichen Stunde tagende Bundesvorstand des offiziell immer noch nicht gegründeten DFB ernannte ihn zum Bundestrainer. Herberger: «Ich war wieder Bundestrainer geworden. Das war eine Kunde, auf die ich seit Jahren gehofft und die nun endlich wahr geworden war.» Anschließend ging es aufs Oktoberfest, und der sonst so zurückhaltende Herberger erlebte, «wie ganz vortrefflich eine Maß Bier munden kann. Und ein Brathänderl erst.» Für seine Verhältnisse war das schon fast eine Orgie.

Die Bundesrepublik Deutschland hatte seit August 1949 ein frei gewähltes Parlament, mit Konrad Adenauer einen Bundeskanzler und mit Theodor Heuss einen Präsidenten. Im Osten des geteilten Landes entstand im Oktober die Deutsche Demokratische Republik. Der Präsident hieß Wilhelm Pieck, als Regierungschef fungierte Otto Grotewohl, das Sagen hatte Parteichef Walter Ulbricht. Beide deutsche Staaten gehörten den verfeindeten Lagern des Kalten Krieges zwischen Washington und Moskau an. Der deutsche Fußball wurde fortan von zwei nationalen Mannschaften repräsentiert.

Schon Mitte November, also noch vor der Neugründung des DFB, hielt Herberger in der Sportschule Duisburg-Wedau, seiner alten Wirkungsstätte, einen Lehrgang mit Kandidaten der Nationalmannschaft West ab. Offiziell berufen wurde er erst im Februar 1950 – nach heftigem Streit um seine Kompetenzen.

Vor allem um die alleinige Verantwortung bei der Mannschaftsaufstellung gab es vor seiner Anstellung scharfe Auseinandersetzungen mit Peco Bauwens und anderen Spielausschußmitgliedern. Herberger wollte alles. In dem entscheidenden Gespräch forderte er die Verantwortung für alle Nationalmannschaften des Deutschen Fußball-Bundes, und zwar für die Auswahl, die Schulung, die Betreuung und die Aufstellung. Herberger: «Ich hatte in ein altes Fettnäpfchen getreten. Peco sah sich zu diesem Zugeständnis außerstande, weil die Statuten dem Spielausschuß ein ausdrückliches Mitspracherecht zugestanden.»

Herberger saß da und drehte den Hut zwischen den Beinen. Er verwies auf den Vertrag: «Hier steht, der Spielausschuß hat das letzte Wort bei der Mannschaftsaufstellung. Entweder der Satz kommt weg, oder wir reden zum letzten Mal.» So erzählte es später Peco Bauwens.

Herberger erinnerte sich: «Peco wollte auf Gehalt ablenken. Ich wich nicht vom Thema. Er bedauerte ... Ich stand auf und bedauerte meinerseits, dann nicht mitmachen zu können. Bereits unter der Tür seines Büros holte er mich noch einmal zurück. Ich begründete noch einmal die Berechtigung meiner Forderung.»

Herberger hatte nicht vergessen, in welcher Situation er 1936 Reichstrainer geworden war. Damals, bei den Olympischen Spielen, hatten alle möglichen Fachleute seinem Vorgänger Otto Nerz in die Mannschaftsaufstellung hineingeredet. Als es dann aber schiefgelaufen war, hatten alle «ein glänzendes Gedächtnis», keiner wollte es gewesen sein. Als Sündenbock blieb zuletzt allein der Trainer.

Er versuchte Bauwens klarzumachen, daß der Trainer immer den besseren Kontakt zu den Spielern habe, vor allen Dingen aber einen besseren Blick für die Zusammenstellung verschiedener Spieler zu einer Mannschaft. Es gehe nicht nur um das Können und die Leistung der einzelnen, sie müßten auch zusammenpassen. Im Spielausschuß habe aber jeder sein eigenes Leistungsbild und seine persönliche Auffassung von Leistung.

Hennes Weisweiler, Anfang der 50er Jahre an der Sporthochschule in Köln Herbergers Assistent, erinnert sich an eine Prüfung für Fußballehrer: «Der Kandidat sollte sich zur Funktion des DFB-Spielausschusses äußern. Hans Paßlack, der Generalsekretär des DFB, stellte die Fragen, er hatte diesen Themenbereich auch gelehrt. Herberger saß dabei. ‹Ja›, sagte der Kandidat, ‹der Spielausschuß stellt die Nationalmannschaft auf.› Da schoß Herberger hoch und sagte ziemlich unwirsch: ‹Merken Sie sich das, die Nationalmannschaft stelle ich auf und sonst niemand.› Der Kandidat ging, der nächste kam, die gleiche Frage und die gleiche Antwort. Diesmal sagte Herberger nichts, doch als der Kandidat aus der Tür war, fuhr er den armen Hans Paßlack an: ‹Ei, Paßlack, was haben Sie denn da gelehrt? Das haben Sie denen doch beigebracht. Ja, wissen Sie denn nicht, wer hier die Verantwortung hat?› Herberger war richtig grantig, und dem hohen DFB-Angestellten war es sichtlich unwohl in seiner Haut.»

Die einschlägigen Vertragspunkte hatte der Bundestrainer immer zur Hand: «§ 3. Herberger hat als Verbandskapitän folgende Aufgaben: 1. Aufbau aller Nationalmannschaften des DFB, 2. die Aufstellung dieser Mannschaften und ihre Betreuung vor und bei den Spielen. § 5. Herberger ist dem Bundesvorstand unmittelbar verantwortlich. Sein Dienstvorgesetzter ist der Vorsitzende und in dessen

Verhinderungsfalle der 2. Vorsitzende.» In der Praxis räumten diese Vollmachten dem deutschen Bundestrainer eine Stellung ein, für die es nirgendwo in der Welt Vergleichbares gab. Wenn er es natürlich auch so nicht sehen wollte, Herberger hatte das Führerprinzip des Nazireiches uneingeschränkt in die demokratische Zeit hinübergerettet. Im sich rasch normalisierenden Alltag nach 1945 orientierte sich die Lebensführung an vertrauten Denk- und Verhaltensmustern. Die obrigkeitsstaatlichen Tugenden wie Untertanengeist und Autoritätsgläubigkeit waren nach dem Ende des Führerstaates nicht nur nicht erschüttert worden, sie hatten vielfach sogar eine Bestätigung erfahren. Denn nach dem Zusammenbruch des Dritten Reiches waren wiederum Anpassung und Opportunismus gefragt. Herberger war mit seiner Einstellung also auf der Höhe der Zeit. Sein persönliches Bedürfnis nach Kontinuität, das ihn nie vom «Neu»-, sondern immer vom «Wieder»-Aufbau der Nationalmannschaft reden ließ, entsprach dem kollektiven Bedürfnis der Deutschen nach Vertrautem.

So war denn auch am 22. November 1950, einem trüben Herbsttag, mehr von der Vergangenheit als von der Zukunft die Rede, als vor 100000 Zuschauern in Stuttgart elf deutsche Spieler im Nationaldreß aufliefen, um gegen die Schweiz zum ersten Länderspiel der Nachkriegszeit anzutreten. Es wurde ein mittelmäßiges Spiel, Tore blieben Mangelware. Das 1:0 fiel durch einen Elfmeter, den Herbert Burdenski verwandelte. Bei strömendem Regen stand eine zusammengewürfelte bunte Truppe von Neulingen auf dem Rasen von Stuttgart. Aber der Trainer war der alte. Daß er sich nicht verändert habe, daß er noch immer so elastisch frisch und impulsiv sei wie früher, registrierten die Sportjournalisten, die den kleinen Mannheimer lange nicht gesehen hatten, mit Verblüffung.

Es war auf den Tag genau acht Jahre her, daß zum letzten Mal eine deutsche Nationalmannschaft angetreten war. Am 22. 11. 1942 hatte eine Elf in der Aufstellung Jahn, Janes–Miller, Kupfer–Rohde–Sing, Adamkewicz–Decker–Willimowski–Fritz Walter–Klingler in Preßburg gegen die Slowakei mit 5:2 gesiegt. In Stuttgart war aus dieser Elf nur noch Kupfer dabei, bei den Alten rechnete Herberger außerdem noch mit Streitle und natürlich vor allen Dingen mit Fritz Walter, der wegen einer Verletzung ausfiel.

Daß sich sein wichtigster Mann vor dem ersten Länderspiel nach dem Kriege verletzt hatte, machte dem neuen Bundestrainer mächtig zu schaffen. Er hatte selbst mit angesehen, wie es – in einem regionalen Repräsentativspiel zwischen Südwesten und Süden in Ludwigshafen – passiert war. Anschließend hatte er täglich in Kaiserslautern angerufen.

Beim ersten Telefonat, am Montag nach dem Unglück, fragte er Fritz Walter: «Was macht Ihr Knie, wo stehen Sie jetzt?» Fritz Walter, der sich bis heute an diese Szene lebhaft erinnert, antwortete: «An meinem Schreibtisch.» – «Dann treten Sie mal fest gegen Ihren Schreibtisch.» Er tat es. Herberger: «Ich habe aber nichts gehört! Fester!» Walter: «Ich folgte, Herberger hatte es durchs Telefon gehört. Und mein Knie schmerzte. Mein Schreibtisch hatte die entsprechenden Schrammen.» Herberger: «Haben Sie jetzt Beschwerden?» – «Und ob.» – «Dann werden Sie wohl nicht spielen können, aber reisen Sie doch nach Stuttgart an, ich muß mich persönlich davon überzeugen.»

Daß Fritz Walter gerne gespielt hätte, mußte Herberger niemand klarmachen. Es wäre sein 25. Länderspiel geworden, nach dieser langen Pause das erste wieder. Doch schon damals hatte sich der Trainer mit dem Vorwurf herumzuschlagen, ihm sei es um einen «Freundschaftsdienst» für den Lauterer gegangen.

Wie Fritz Walter waren auch Anderl Kupfer und Jackel Streitle seit Jahren in Herbergers Pläne und Gedanken eingeweiht. Sie waren die einzigen erfahrenen Spieler, die ihm geblieben waren. «Alle drei an der obersten Grenze des Leistungsalters bzw. schon bedenklich darüber hinaus.» Kupfer, der Älteste, zählte schon 36 Lenze, als er in Stuttgart «unsere Jungen» auf den Rasen führte. Streitle hatte schon 34 Jahre auf dem Buckel.

Im Jahre 1940 hatte die Kernmannschaft Herbergers ein Durchschnittsalter von knapp über 25 Jahren gehabt. Dazu kam ein halbes Hundert tüchtiger und geschulter und in Mannschaften bereits erprobter Nachwuchsspieler, die damals ein Durchschnittsalter von

19 bis 20 Jahren hatten. Diese Spielergeneration sei – soweit sie unverwundet überlebt habe – dennoch beeinträchtigt, hatte Herberger registriert: «Im Kriege altert man doppelt so schnell, wie der Volksmund weiß. Um ein vieles mehr trifft das im Sport zu. Auch in normalen Zeiten schwinden die Jahre sportlicher Höchstleistung schnell, auch bei sorgfältigster Pflege. Erst recht im Kriege. Rast ich, so rost ich!» 1950 hatte auch der Nachwuchs von 1939 das dritte Jahrzehnt erreicht und überschritten, und eine ganze Spielergeneration fehlte. Die Älteren bestimmten in den Vereinsspielen das Spiel und auch das Tempo. Herberger: «Unsere Spiele liefen mit angezogener Handbremse. An der Bremse saßen die ‹Alten›.»

Keiner der deutschen Spieler hatte in den ersten Nachkriegsjahren die Kondition wieder erreicht, die nach Herbergers Auffassung die selbstverständliche Voraussetzung für eine hochklassige Leistung war. «Es gibt keinen Mannschaftsposten, der bei einer ernsten Prüfung mit dem in Länderspielen gewonnenen Maßstab einen absolut sicheren Kandidaten hätte. Auch Fritz Walter ist nicht in der Kondition und Form seiner Länderspiele.» Ähnliches galt für Max Morlock, den Herberger in seinen letzten Kriegslehrgängen noch 1943 dazugezogen hatte.» Technisch bestens gerüstet, von dynamischer Kraft, ein unverdrossener Kämpfer, sei er so recht das Gegenstück zu Fritz Walter gewesen. «Ihn konnte so schnell nichts aus der Ruhe bringen und von seiner kampfbetonten Linie abbringen. Er war ein beherzter und äußerst erfolgreicher Torjäger.»

Die Modelle für das künftige System seiner Nationalmannschaft bezog Herberger aus der Vergangenheit: «Unsere alte Nationalmannschaft war das lebendige Lehrbeispiel für das Spiel der Zukunft!!!» Können und Spielverstand müßten durch Kraft zur Leistung kommen. Das Spiel der Zukunft, so Herberger, verlange von einer Mannschaft, daß sie Angriffsspiel und Abwehr gleichermaßen gut beherrsche. Die Abwehr habe sich inzwischen durchgesetzt, und ihre machtvolle Stellung werde nicht mehr erschüttert werden. Das Angriffsspiel hingegen sollte auf das «alte und bewährte Rezept» zurückgreifen: toller Wirbel, aber in höchstem Tempo. «Mit scheinbar sinnlos rochierendem Durcheinander wird die gegnerische Deckung abgeschüttelt, die Ordnung der Abwehr gestört, verwirrt und aufgerissen und (...) die Lücken und Gassen geöffnet, in die hinein wirbelnde Blitzkombinationen, Dribblings und Alleingänge sich zu erfolgreichen Attacken vereinen.»

Von «erfolgreichen Attacken» konnte freilich in den nächsten Spielen nicht die Rede sein. Zwei mühsam errungenen Siegen gegen die Schweiz folgte bald eine Reihe von schmerzlichen Niederlagen. Die Kritik war bösartig: «Herberger dürfte der einzige Trainer Deutschlands sein, der so von der Theorie lebt, daß er nicht einmal mehr weiß, wie die Praxis aussieht», schrieb der «Fußball» in München nach der 1:2-Niederlage gegen die Türkei am 18. Juli 1951. Nach drei Länderspielen verbreitete der erfahrene Fußballjournalist Werner Becker in der «Sportschau» sein «unbehagliches Gefühl», daß die «eigenartige DFB-Politik» noch nicht «das absolut verläßliche Fundament» zum Aufbau einer neuen Länderelf habe schaffen können. «Die Haltung des oder der für die Aufstellung Verantwortlichen fordert geradezu heraus, einmal die Frage zu ventilieren: Haben die zum Teil glücklichen Siege in den beiden ersten Nachkriegsländerspielen gegen die Schweiz den scheinbar nicht auszurottenden Keim der Überheblichkeit aufs neue gestärkt?» In den deutschen Spielern sah Becker nichts als «Befehlsempfänger mit der Maßgabe, ihren 90-Minuten-Plan laut ausgegebener Geheimparole zu erfüllen, also ihren unmittelbaren Gegenspieler stur abzudecken, ihm nicht von den Fersen zu gehen». Ob denn wohl jede eigene Initiative schon im Trainingscamp gebrandmarkt werde, um damit zu verhindern, daß ein eigenwilliger Spieler den Parade-Rahmen einer als homogen schon vorher gelobten Mannschaft sprenge? fragte Becker. Grimmig fügte er hinzu: «Wer heute noch immer nicht einsehen will, daß die belächelten Individualisten vom Bosporus gerade durch den von Herberger abgelehnten Individualismus eine auf System abgestellte deutsche Mannschaft auseinandergespielt haben, möge sich von einflußreicheren Posten zurückziehen, um nicht mehr Unheil anzurichten, ehe wir in der Völkerfamilie des Fußballs richtig Tritt gefaßt haben.»

Triumphierend berichtete die Wiener Sportpresse nach einem Gastspiel von Schalke 04, daß einige der besten Spieler von Schalke sich vor österreichischen Journalisten ausgeweint hätten. Bei Herberger komme es überhaupt nicht auf das Ausmaß des Einzelkönnens und der Spielerpersönlichkeit, sondern vor allem auf die Fähigkeit an, sich «in strammer Form dem Mannschaftsganzen unterzuordnen».

So vehement erschienen die Vorwürfe, daß sich Fritz Walter als Spielführer der deutschen Nationalmannschaft in einem Brief an den «Fußball» zur Ehrenrettung Herbergers aufgerufen fühlte: «Für uns ist der Bundestrainer der erste Fußballfachmann, der unübertreffliche Lehrer, unser Kamerad und Freund. Wir wissen auch, daß ihm von allen aktiven Fußballern die gleiche Hochachtung und Wertschätzung entgegengebracht wird.» Das half zunächst aber auch nicht. Im Gegenteil.

Am 5. Oktober 1952 erlebte die deutsche Fußballnationalmannschaft in Paris gegen Frankreich ein Debakel. Vor zehntausend deutschen Schlachtenbummlern, die erwartungsfroh nach Paris gereist waren, verloren die Deutschen 1:3. Verheerend war aber nicht das Ergebnis, sondern die Art, wie die deutsche Mannschaft an diesem Tage vorgeführt wurde. Sie verteidigte nur, und in keiner Phase des Spiels hatte sie eine Siegeschance. Herbergers Erklärungen klangen lahm: «Frankreich war für uns schon immer ein unangenehmer Gegner.»

Mit Bewunderung erlebte damals Herbergers Freund, der Schauspieler Bernhard Minetti, wie der Trainer die deprimierte Truppe im Bus aufzumöbeln versuchte: «Fritz, wollen Sie die Männer nicht singen lassen?» Und dann fuhren die Deutschen durch ein Spalier staunender Franzosen und sangen. Herberger wollte im nachhinein den großartigen Sieg der französischen Mannschaft um keinen Deut schmälern, aber er fand, daß das Urteil über die eigene Truppe nicht gerecht war. «Es wurde vor allen Dingen an kaum einer Stelle den wahren Verhältnissen und Bedingungen gerecht, mit denen wir in dieses Spiel gingen.» Und dem jungen Reporter Rudi Michel, den die Reaktion seiner Kollegen «entsetzte», wie er Herberger gestand, sagte er: «Was wollen Sie denn? Meinen Sie, Sie könnten die Leute ändern? Die verstehen nix vom Fußball.»

Tatsächlich hatte der alte französische Sportjournalist Gabriel Hanot von «L'Equipe» sehr viel mehr Verständnis für die Niederlage der Deutschen und die miserable Rolle, die Fritz Walter gespielt hatte. Er sagte seinem deutschen Kollegen Hans Blickensdörfer, der auch das «Ende einer Ära» beschworen hatte: «Euer Fritz ist untergegangen, weil er nicht fertig geworden ist mit eurem Erwartungshorizont. Im Stadion von Colombes ist auch Revanchismus in der Luft gelegen, mit dem einer wie der gar nichts anfangen kann. Das ist über den Fußball hinausgegangen und hat ihn überfordert. Für mich bleibt er ein Künstler des Spiels, und ich bin ganz sicher, daß er das beweisen wird.»

Das glaubte auch Sepp Herberger, der unbeirrt an seinem Kapitän festhielt. Nach dem Spiel riet er Italia Walter, der Ehefrau: «Lassen Sie die Jalousien runter, stecken Sie ihn ins Bett, und sorgen Sie dafür, daß er keine Zeitung liest.» Er blieb dabei: «So wie schon Fritz Szepan vor ihm und in seiner Zeit, war jetzt unser Fritz der ungekrönte König seiner Generation.»

Allerdings wußte Herberger nur zu genau, wie empfindsam Fritz Walter war. Dieses sensible Genie brauchte Hilfe. An einem großen Tag konnte Fritz Walter «ein Feuer entfachen und es lodern lassen mit Mitteln, die anderen nicht gegeben waren», wie der Journalist und Fritz-Walter-Freund Hans Blickensdörfer schrieb. Andererseits hing er an schlechten Tagen schnell durch, neigte zur Resignation. Sein Mannschaftskamerad Karl Schmidt hat beschrieben, wie das war, wenn den großen Fritz etwas aus der Spiellaune brachte. «Wenn der Kopf tiefer als sonst nach unten hing, dann wußten wir, der Fritz ist nicht gut drauf. So kam es dann immer wieder vor, daß Werner Liebrich oder einer der anderen aus der Abwehr laut über den Platz rief: Allez hopp, Friedrich, allez hopp! Wenn er es aufnahm, dann ging oft, aber nicht immer, ein Ruck durch seine Gestalt, und er schüttelte die Resignation ab.»

Um seinen Liebling zu schützen, hatte Sepp Herberger ihm eine ganze Riege von Vertrauten in die Nationalmannschaft mitgeschickt, den halben FC Kaiserslautern: Werner Kohlmeyer, Horst Eckel, Werner Liebrich und Bruder Ottmar Walter. Daß ihm eine «Affenliebe» zu Kaiserslautern unterstellt wurde, war er gewohnt. Noch 1956 sah er sich in einem Vortrag zur Rechtfertigung genötigt: «Man wirft mir wieder vielerorts meinen Fritz-Walter- bzw. Kaiserslauterer Komplex vor. Es hat keinen Zweck, gegen diese vorgefaßte Meinung anzurennen. Hier aber möchte ich doch einmal feststellen, daß es einen solchen Komplex nicht gibt: Fritz Walter ist der beste Fußballspieler, den Deutschland hervorgebracht hat. Er ist auch heute noch der beste Spieler und Mannschaftsführer, den wir aufzuweisen haben. Andere Länder wären froh, wenn sie ihn hätten.»

Sepp Herberger wußte eben – er hatte es ja auch bei seinem Lehrmeister und Vorgänger Otto Nerz am Beispiel Fritz Szepan erlebt, im guten wie im schlechten –, wie man um ein Sondertalent wie Fritz Walter, der ein Allroundspieler war, in Abwehr und Aufbau gleichermaßen perfekt, eine Elitemannschaft aufbauen konnte. Gerade die intensive Identifizierung der beiden Männer führte dazu, daß Herberger sich selber auf dem Spielfeld verwirklichen konnte, ohne daß Fritz Walter nur ein Hilfswilliger für seine taktischen Schablonen gewesen wäre oder ein Satellit auf vorberechneter Umlaufbahn des Herberger-Kurses. Herberger: «Darin liegt ja die Kunst eines Trainers; zu wissen, was er seinen Spielern zumuten kann, ohne sie in eine Zwangsjacke zu stecken. Das Können entscheidet, nicht das Schema. Die Qualität der einzelnen Spieler rangiert vor jedem noch so ausgeklügelten System.»

Herberger tat viel, um seinen Star Fritz Walter für seine Mannschaft und den deutschen Fußball zu erhalten. Als der Lauterer im Jahre 1951 ein Angebot von 225 000 Mark für einen Zweijahresvertrag von Atlético Madrid erhielt, sorgte der Bundestrainer hinter den Kulissen dafür, daß – über das Fußballtoto – alles getan wurde, um Fritz Walter für den Verzicht auf dieses Angebot zu entschädigen. Herberger hat sich später indirekt dazu bekannt, indem er feststellte, «daß durch den deutschen Fußball seit Jahren hinreichend Vorsorge getroffen wurde, wonach ihm [Fritz Walter] eine feste und gute bürgerliche Existenz auf Lebenszeit geschaffen wurde mit einem solchen Einkommen, daß finanzielle Sorgen nicht gut denkbar sind.»

Vor der Weltmeisterschaft 1954, die Josef Herberger seit Amtsantritt im Auge hatte, versuchte er das Störpotential um seinen Star nach Möglichkeit schon im Vorfeld auszuschalten. Dafür spannte er natürlich auch Frau Italia Walter ein, der er am 22. September 1952 einen aufmöbelnden Brief schrieb: Er freue sich, der lieben, verehrten Frau Walter mitteilen zu können, daß Fritz in außergewöhnlich guter Verfassung sei. «Er ist nicht nur wieder im Vollbesitz seiner früheren körperlichen Leistungsfähigkeit, sondern hat mit dieser gleichzeitig auch ein starkes Selbstvertrauen gewonnen, das bekanntlich am Anfang jeder großen Leistung steht.» Er wisse, schrieb Herberger – dem anfangs die exotische «Schwarzhex» Italia nicht ganz geheuer gewesen war – jetzt der Frau seines Kapitäns, anerkennend und aufmunternd zugleich, welches «Höchstmaß an Mühe und Anstrengungen» nötig gewesen sei, um diesen Leistungsstand noch einmal zu erreichen. Deshalb habe er diesen Brief geschrieben, «um Ihnen, liebe Frau Walter, Anerkennung und Dank zu sagen, für die Unterstützung und Hilfe, die Sie Fritz auf seinem beschwerlichen Weg geleistet haben, und dann, um Sie zu bitten, Fritz auch weiterhin zu stärken und zu helfen, daß noch lange Zeit gelinge, was er und der ganze deutsche Fußball sich wünschen!! Und dann rangiert Fritz in der ersten Reihe der besten Fußballer der Welt!»

Gegen den Vorwurf, er habe eine allzu große Vorliebe für die Alten, wehrte sich Herberger von Beginn an: «Die ‹Alten› waren beim Wiederaufbau einer Nationalmannschaft notwendig.» Er brauche sie auch später noch: «Ob die eingesetzten Jungen gleich einschlagen, ist immerhin fraglich. (...) Ich selbst bin keineswegs gegen die ‹Jungen›. Aber ich überlege mir den Zeitpunkt ihres ersten Einsatzes sehr genau.»

Mit systematischer Sorgfalt, die er sich in Jahrzehnten erarbeitet hatte, entwickelte Herberger eine «Strategie auf lange Sicht», um laufend junge Spieler beobachten zu können. «Es kommt mir darauf an, Talente aller Jahrgänge zu Nationalspielern zu erziehen, ohne daß sie selbst etwas davon merken. Charakterliche und allgemein menschliche Qualitäten spielen dabei eine gleichgewichtige Rolle wie die sportlichen Leistungen.»

Doch am Stamm seiner Mannschaft hielt Herberger hartnäckig fest, auch als die Kritik am hohen Altersdurchschnitt der deutschen Mannschaft immer heftiger wurde. Wie man mit dieser vergreisten Einheit in der Schweiz abschneiden wolle, die nur noch Erfolge aus der Erfahrung heraus gewinnen könne, sich aber in keiner Weise mehr zu steigern vermöge, das bleibe Herbergers Geheimnis, höhnte die Presse. Das Durchschnittsalter der deutschen Spieler bei der Niederlage gegen Frankreich hatte bei 28,7 Jahren gelegen, die Franzosen waren im Schnitt 25 Jahre alt. «Das Pariser Debakel war ein Signal, das auch der Bundestrainer nicht überhören konnte», hieß es in einem Kommentar. Wieder wurden Rücktrittsforderungen laut.

Drei erfolgreiche Spiele verschafften ihm dann erst einmal wieder Luft. Gegen die Schweiz in Augsburg 5:1, gegen Jugoslawien in Ludwigshafen 3:2 und, ein Höhepunkt des deutschen Nachkriegsfußballs, ein 2:2 in Madrid gegen Spanien. Im Dezember 1952 resümierte der Bundestrainer zufrieden: «Zwischen Kern und Nachwuchs unserer Mannschaft ist eine gesunde Rivalität im Werden. Sie ist mir ein zuverlässiger Mitarbeiter. Die ‹Alten› unseres Stammes wissen um die Mühen und Anstrengungen, die zu vollbringen waren, um sich im Kampf um einen Platz in der Nationalmannschaft durchzusetzen; sie werden es erst recht nicht dem Nachwuchs leichtmachen, sie wieder zu verdrängen. Und dem ist ganz recht so! Wer nach oben will, muß mehr können als der, der sich bereits bewährt hat und noch bewährt.»

In all den Monaten bis zur Weltmeisterschaft 1954 in der Schweiz, die Herberger von Anfang an als Zielpunkt seiner Mannschaft im Auge gehabt hatte, mühte er sich, seine Truppe bei Laune und in Form zu halten. Er blieb im Gespräch mit den Vereinstrainern und versuchte, die Spieler im Spiel zu beobachten, blieb in ständigem Briefkontakt mit ihnen, war auch am Telefon stets für sie zu sprechen. Seine «Männer» waren inzwischen Vertragsspieler, das heißt, sie verdienten bis zu 320 Mark Gage – das war 1950 etwa der Lohn eines Facharbeiters.

Richtige «Profis» sollten die Nationalspieler damals noch nicht sein, aber Amateure waren sie auch nicht mehr. Die Deutschen hatten sich ein halbherziges System geschaffen, und die illustrierte Sportzeitung «Fußball» spottete zu Recht: «Wer sich an den konstruierten Begriff ‹Vertragsspieler› klammert, treibt Vogel-Strauß-Politik. Man kann auch einen Operntenor, der einen Vertrag unterschreibt, einen Vertragssänger nennen. Er bleibt aber doch Berufssänger, was ja auch keine Schande ist. Genauso ist ein Fußballspieler mit 320 Mark Einkommen ein Berufsspieler, ein Vollprofi, was ebenfalls keine Schande ist.»

Es war, nach der Währungsreform, wirtschaftlich schnell aufwärtsgegangen in West-Deutschland. Die Industrieproduktion hatte schon 1950 wieder den Stand von 1936 erreicht, die Löhne aber blieben noch lange niedrig. Der Fußball allerdings begann schon damals zum großen Geschäft zu werden. Die Fußballvereine, ihre Mitglieder und Anhänger, brachten im Jahr fast eine Milliarde Mark ins Rollen, konstatierte die DFB-Chronik. Insgesamt nahmen 1952 genau 55 217 Mannschaften am Pflichtspielbetrieb des Deutschen Fußball-Bundes teil. Die «Großspiele» – in der Meisterschaft, im Pokalwettbewerb und im internationalen Vergleich – erwiesen sich als außerordentlich zugkräftig. Sie waren immer ausverkauft. Auch die Steuerverpflichtungen bewiesen die Bedeutung des Spiels mit dem damals noch braunen Lederball: 101 Vereine mit Vertragsspielern zahlten im Jahr 1952 rund 1,8 Millionen DM an Lustbarkeitssteuern und 605 000 DM an Umsatzsteuern.

In seiner aktiven Laufbahn konnte ein Fußballspieler damals durchaus von seiner Fußballgage leben, nicht aber reich werden und sich für die Zukunft absichern. Das Vertragsspielerstatut bestimmte: «Der Spieler muß einen Beruf ausüben.» Das – schrieb der Sportsoziologe Rolf Lindner – sei durchaus auch im Interesse der Spieler gewesen, «denn der Anreiz für sie bestand, neben dem sicherlich willkommenen Zusatzverdienst, darin, daß sie im Betrieb leichtere Arbeit und eine sichere Stellung bekamen». Die meisten der Spieler, die auch in diesen Jahren noch aus dem Arbeitermilieu kamen, entfernten sich noch nicht von ihrer alten Umwelt. Manchmal brachten sie es im Verlauf ihrer Karriere zum Zigarettenladen mit Lotto-Toto-Annahmestelle oder zur Kneipe, beides lag in der Regel schon aus Geschäftsinteresse in dem Viertel, in dem sie ihre Fußballkarriere begonnen hatten oder beendeten. Ganz so, wie zu Beginn der 20er Jahre zu Zeiten Josef Herbergers in Mannheim.

Der hatte sich inzwischen – völlig im Einklang mit dem Trend der Zeit, die damals noch keine «Wirtschaftswunder» produzierte, wohl aber bescheidene private Verbesserungen und vor allem endlich wieder Sicherheit im privaten und beruflichen Leben – ein kleines Haus in Hohensachsen bei Weinheim gebaut. Den Bau dieses – später legendären – Heims an der Bergstraße, das damals noch ziemlich allein stand und einen weiten Blick über das Tal bis Mannheim gestattete, hatten die Herbergers 1951 begonnen. Sie hatten ganze 18000 DM zur Finanzierung zur Verfügung, erzählte Herberger später, aber Freunde halfen ihm, beispielsweise beim Bepflanzen des Gartens – «für die war das eine Ehre», erinnerte sich ein Herberger-Kollege. Der Bundestrainer verdiente in dieser Zeit monatlich etwa 3000 DM beim DFB. Offen sprach er darüber nie. Nur, wenn Herberger sich später über höhere Gehälter von Vereinstrainern mokierte, konnte man erahnen, wieviel der Chef selbst wohl verdient haben dürfte.

Das Kommando im Hause in Hohensachsen, erinnert sich Nachbar Franz Herkommer, führte von Anfang an Eva Herberger. Wie immer in seinem beruflichen Leben, arbeitete ihr Seppl auch in diesen Jahren nahezu Tag und Nacht. Durchweg saß sie alleine in den noch einzurichtenden Räumen in Weinheim, während ihr Mann mit seinem Opel Olympia, den er sich endlich doch zugelegt hatte, durch die nun wieder zonengrenzfreie westliche Republik rumpelte, um nach seinen Spielern zu sehen und mit deren Trainern zu reden. Bald hatte er im Hause vier Telefone, eines im Büro unter dem Dach, ein zweites im Wohnzimmer, eines im Schlafzimmer und eines in der sogenannten Bauernstube.

Selbst den eigentlichen Einzug mußte Frau Eva 1952 alleine bewältigen. Sepp Herberger betreute seine Amateurnationalmannschaft bei den Olympischen Spielen in Helsinki. Er kehrte in ein neues Haus zurück: «Ich fand bereits alles bestens eingerichtet vor. Mein guter Hausgeist hatte wieder einmal alles geschafft.»

Obwohl Josef Herberger nur mit einer Truppe von Unbekannten nach Helsinki gereist war, weil die Vertragsspieler für diesen Amateurwettbewerb gesperrt waren, bedeutete ihm dieser Trip sehr viel. Es waren jene Olympischen Spiele, auf die Sepp Herberger eine sehr viel bessere Mannschaft schon im Jahre 1939 vorbereitet hatte, um mit ihr 1940 nach Finnland zu fahren. Nun, zwölf Jahre später, erreichte er mit seinen Amateuren einen erstaunlichen vierten Platz. Im Endspiel standen sich mit Ungarn und Jugoslawien zwei Mannschaften gegenüber, auf die er fast in derselben Besetzung zwei Jahre später bei der Weltmeisterschaft in der Schweiz treffen sollte.

Für die Weltmeisterschaft qualifizierte sich seine Elf erst nach einem Sieg und einem Unentschieden gegen Norwegen und zwei Siegen gegen das damals noch als selbständige Nation geführte Saarland, dessen Mannschaft von Helmut Schön trainiert wurde. Die Kritiken waren nicht berauschend. Maschinenmäßig stereotypes Spiel wurde den Deutschen vorgeworfen, sie hätten beherzt gekämpft, aber auch viel Leerlauf geboten gegen die Saar. Am Ende hätten sie kläglich ausgesehen und in einem schwachen Spiel gewonnen. Lediglich beim 5:1 gegen Norwegen in Hamburg, am 22. November 1953, wurde der Kampfgeist der deutschen Mannschaft gelobt, dafür gab es gellende Pfiffe gegen Helmut Rahn, der das Spiel mehr behindert als bereichert habe. Die endgültige Entscheidung fiel erst am 28. März 1954, also wenige Wochen vor Beginn der WM, durch einen 3:1-Sieg in Saarbrücken. Herberger wurde an diesem Tage 57 Jahre alt.

Längst hatte er begonnen, seine Erfahrungen voll auszuspielen. Als der FC Kaiserslautern 1953 ein wichtiges Spiel in Wien verloren hatte, möbelte er seinen Kapitän Fritz Walter und dessen Mitstreiter brieflich auf: «Jetzt heißt es, alle die Kräfte zu mobilisieren, die einem helfen, Berge zu versetzen. Jetzt hilft nur eine Mordswut.

Und ein froher Mut! Verkriecht Euch nicht in Eure Häuser, kommt zusammen, schürt den Ärger und die Wut und überwindet allein und gemeinsam den Kleinmut und die Zweifel.»

Herberger befeuerte alle seine Spieler in regelmäßigen Abständen mit Briefen, um sie bei der Stange zu halten und weiter anzustacheln. So leidenschaftlich die Sprache klang, so kühl berechnet war die Absicht. Den Brief an Fritz Walter zum Beispiel charakterisierte der Bundestrainer gegenüber dem DFB-Vorsitzenden Huber als «einen Versuch, die Lauterer aufzuputschen, um sie über die Folgen der Katastrophe hinwegzubringen und sie am Länderspieltag für uns in bester Verfassung zu haben».

Er honorierte es, wenn die Spieler über ihre Schwierigkeiten berichteten. Es hatte ihm gefallen, als im November 1953 Hans Schäfer aus Köln um Nichtberücksichtigung für ein Qualifikationsspiel bat: «Die letzten Meisterschaftsspiele in meinem Verein haben mir gezeigt, daß ich von meiner besten Form noch entfernt bin», schrieb Schäfer. «Ich weiß, kein Mensch auf der Welt hat hierfür mehr Verständnis als Sie, und nur allein Sie können ermessen, von welchen Gefühlen man bewegt wird, wenn man als Spieler einen solchen Brief schreiben muß.» Das müsse man aber von einem wirklichen Sportsmann verlangen, daß er nicht – «von ungesundem Ehrgeiz getrieben» – die ganze Arbeit der anderen Kameraden zunichte macht und die Erreichung des gesteckten Zieles durch sein Verhalten gefährdet.

Herberger war begeistert. Er schrieb Schäfer, «daß ich es Ihnen hoch anrechne, daß Sie mir vor dem Spiel in Hamburg von Ihrer unzulänglichen Form berichteten. Ich sehe darin einen Beweis für Ihre Zuverlässigkeit in unserer Zusammenarbeit.» Dann beruhigte er den Kölner und versicherte, daß er weiter zum Stamm der Mannschaft zähle: «Daran ändern auch gelegentliche Formschwankungen nichts, von denen im übrigen keiner verschont bleibt. (...) Jetzt nutzen Sie die nächsten Wochen und Monate, um Ihren rechten Fuß zu üben. Ich denke dabei an ganz bestimmte Übungen, die es Ihnen ermöglichen sollen, als Linksaußen mit dem Ball am rechten Fuß nach innen zu kurven oder auf engstem Raum beidfüßig zu dribbeln. Ich weiß, es gehört viel Geduld und Fleiß dazu, aber es muß sein, wenn Sie ganz groß herauskommen wollen.» Er rückte ihn in die Nähe des englischen Wunderstürmers «Stan» Matthews und mahnte, selbst der, «ein in der ganzen Welt anerkannter Dribbler, übt sich täglich in den Dingen, in denen er bereits überlegener Meister ist».

An Helmut Rahn schrieb Herberger mahnend: «Helmut, Dribbeln und Alleingänge sind hervorragende Mittel eines erfolgreichen Angriffsspiels. Aber ebenso oder oft noch höher steht das Zusammenspiel im Kurs. Denken Sie daran und üben Sie sich darin. Dann sind Sie mein Mann und auf dem besten Weg, ein Spieler von großer Klasse zu werden! Helmut, also schau Dich um, spiele ab und lauf Dich frei!»

Besorgt schrieb er an Ottmar Walter, der eine neue Tankstelle eröffnet hatte: «Ich hoffe, daß im neuen Geschäft alles flott und gut angelaufen ist. Und wünsche ganz speziell, daß sich Ihre Wünsche hinsichtlich der Entwicklung der Tankstelle voll erfüllen. Wenn sich dann alles zur Zufriedenheit eingespielt hat, denken Sie daran, daß es gilt, zum Sommer in Höchstform zu sein. Sie wissen Bescheid!» Toni Turek, den Torwart, ermahnte Herberger: «Es geht bei Ihnen um die Erhaltung der besten Kondition und auch darum, zum richtigen Zeitpunkt in der besten Spielform zu sein.» Und auch Alfred Pfaff, hinter Fritz Walter von Herberger als zweiter Spielmacher vorgesehen, falls der Lauterer ausfallen sollte – eine Art Joker also, was der aber nicht wußte –, erhielt einen aufmunternden Brief: «Alfred, Sie haben sich in den letzten Spielen, die ich von Ihnen sah, weiter gut verbessert. Sie kommen zurück und helfen aus und verstehen Ihre taktische Aufgabe als Halbstürmer in der Abwehr recht gut. Nur müßten Sie dann mehr aktiv sich einsetzen und kämpfen. Probieren Sie es doch einmal und üben Sie es in den Spielen Ihres Vereins. Mit Fritz zusammen müßten Sie eigentlich ein Paar werden, das sich gut versteht und das mit dem Ball unwiderstehlich werden müßte.»

Nur Jupp Posipal dämpfte er eher, als daß er ihn aufmunterte: «Jupp, Ihnen brauche ich keinen Zusatz zu machen, wie ich es bei einigen unserer Spieler tat. Sie wissen, was Sie zu tun und zu lassen haben, um in beste Form zu kommen und zu bleiben, so wie ich von Ihnen weiß, daß ich mich auf Sie verlassen kann.» Handschriftlich fügte er dem Durchschlag dieses Briefes am 22. Dezember 1953 hinzu: «Anruf von Jupp, sagte mir u. a., daß er für alle Trainingsspiele von seinem Verein jetzt schon beurlaubt sei. Er werde nicht nach Portugal fahren. (Muß in Hamburg jetzt selbst einmal den HSV-Vorstand hören und sprechen, damit Jupps Kirche im Dorf bleibt.)»

«Er war wie ein Vater zu uns», sagt Jupp Posipal heute, und er wirkt noch immer gerührt, wie auch Horst Eckel und Fritz Walter, wenn sie von Herbergers väterlicher Art schwärmen. Tatsächlich haben sich Herbergers «Männer» vor und während der WM ihrem Chef gegenüber in eine Spielschar von Knaben verwandelt, deren Eifer der strenge, aber liebevolle Herberger-Vater wohl zu nutzen wußte. Das wurde schon spürbar, als der Bundestrainer am 3. Mai 1954, knapp zwei Monate vor Beginn der WM, seine Spieler zur «aktiven Erholung» nach Oberthal im badischen Schwarzwald einlud – dahin, wo kein Fußballplatz zu finden war, denn seine Spieler waren ballmüde.

Der studierte Pädagoge Herberger schien sich in Jean-Jacques Rousseaus Erzieher verwandelt zu haben, der seine Nationalmannschaft so hundsgemein fröhlich manipulierte wie das Vorbild den Zögling Émile. «Wir waren nach dem Frühstück zu einem Spaziergang ins Gebirge gerade aufgebrochen, als ich für ein Telefongespräch zurückgerufen wurde. Derweil ging die Truppe frohgemut auf den Weg zu unserem Ziel. Während ich telefonierte, hatten sie den Wald erreicht. Als ich aus dem Hause trat, sah ich gerade noch, wie der letzte hinter einem abseits des Weges angehäuften Erdhügel untertauchte. Ich war im Bilde.

Und ich spielte mit. Am Waldrand angekommen, ging ich in alle Richtungen auf die Suche. Ich rief und frug und forderte auf, schien ratlos und zur Aufgabe bereit. Dann ging ich auf den etwa 100 m entfernten Erdaufwurf zu. Ich muß meine Rolle hervorragend gespielt haben, denn als ich um den Hügel bog und meine Burschen in dem Graben dahinter eng zusammengekauert sitzen sah, war der Jubel groß, daß ich ihnen auf den Leim gegangen war.»

Doch dann wurde es unerwartet schnell unerwartet ernst.

Gut zwei Wochen später standen fünf seiner wichtigsten Spieler im Endspiel um die deutsche Fußballmeisterschaft. Der 1. FC Kaiserslautern trat vor 80000 Zuschauern in Hamburg an einem heißen Sommertag gegen Hannover 96 an. Zweimal waren die Männer um Fritz Walter in den letzten Jahren schon Deutscher Meister geworden, nun war in Kaiserslautern ausgemacht, daß aller guten Dinge drei seien.

Zunächst lief alles auch wie erwartet. Vom Anstoß an bis weit in die erste Spielhälfte hinein war Kaiserslautern spielbestimmend. In der 13. Minute kam es nahezu zwangsläufig zu einer 1:0-Führung, und dann begann die Walter-Elf zu zaubern. Die Spieler führten Kunststücke vor und glaubten, sich vor dem Publikum als Favoriten gerieren zu müssen. Auf der Tribüne wurde Herberger unruhig: «Eigentlich hätten sie längst merken müssen, daß sie es mit einem Gegner zu tun haben, der sich nicht so leicht ausspielen ließ, der mit einigen Vorstößen gezeigt hatte, wie brandgefährlich er werden kann.» Aber «der Spielteufel» hatte sich an diesem Tag «sein Opfer schon ausgewählt», und das Spiel wurde ein «mahnendes Menetekel für allen Hochmut».

Mit dem Halbzeitpfiff erzielten die 96er den Ausgleich zum 1:1.

In der zweiten Halbzeit waren drei Minuten gespielt, da fabrizierte Herbergers Kandidat Kohlmeyer ein Selbsttor. 1:2. Anstatt nun kühl abzuwarten und zu kontern, rannten die Kaiserslauterer wütend «mit Mann und Maus» nach vorn und liefen prompt in die Konter der Hannoveraner. Jetzt begann das Spiel zu kippen. Vor den Augen der 80000 Zuschauer trumpften die Außenseiter aus Hannover auf, und das Endspiel wurde zu einem wahren Volksfest. David schlug Goliath.

Als in der 81. Minute das 4:1 gefallen war, drei Minuten später das 5:1 folgte und Fritz Walter deprimiert mit gesenktem Kopf über den Platz schlich, brandete in der Gegengerade ein Ruf auf, der anschwoll, sich in die Kurven fortpflanzte und zum Schlachtruf des ganzen Stadions wurde: Her-ber-ger, Her-ber-ger. Schicksalsträchtig klang das, fordernd, wie Je-der-mann. Was der Ruf besagen sollte, war dem Angesprochenen durchaus klar: «Wut, Entrüstung und hämisches Bedauern trug meinen Namen um das Rund des Stadions. Als die Rufe nach mir immer lauter wurden, habe ich mich gestellt und dem Fußballvolke gezeigt.»

Hoch aufgereckt stand der kleine Mann im Sturm des Hohns und des norddeutschen Triumphes. Ein Pfeifkonzert gellte ihm um die Ohren. In jenen Minuten, so Herberger, habe er einen Vorgeschmack von all dem erhalten, was in den nächsten Tagen und Wochen auf ihn zukommen würde. «Herberger – das hieß: siehst du deine Lieblinge? Herberger – das war ein Fanal der Kritik, eine unmißverständliche Kritik an meiner Wahl.» Seine seit langem kritisierte «Affenliebe» zu den Kaiserslauterern, das, was man den Kaiserslauternkomplex nannte, wurde ihm jetzt höhnisch vorgehalten. Nur noch drei Wochen waren es bis zum Start der Weltmeisterschaft in der Schweiz; und fünf Mann aus dieser Verlierermannschaft zählten zu Herbergers Traumelf. Er selbst brachte das Debakel auf die griffige Formel: «Was will denn der Herberger mit den Krampen in der Schweiz?»

Nun, das würden die schon sehen. So schnell war einer wie Josef Herberger nicht umzuwerfen. Zunächst sorgte er sich um den Gesundheitszustand von Fritz Walter und Horst Eckel. Seit Wochen wurde Fritz Walter von Hämorrhoiden gequält, das wußte Herberger, es bestand die Überlegung, ihn sofort nach dem Endspiel operieren zu lassen. Und zu allem Unglück hatte sich Eckel verletzt, der zwar ein «dünner Sperber», war, «dürr wie eine Spindel», aber von unglaublicher Zähigkeit. Nach seinem Zusammenprall war er in den letzten 25 Minuten des Spiels nur noch auf dem Linksaußenposten herumgehumpelt.

Diese beiden nahm Herberger am Abend in Empfang, um sie sofort zur Untersuchung abzuführen: «Ich wußte um die Stimmung von Fritz. Schon im Spiel war es zu sehen, wie es um ihn stand. Es war ihm recht, daß er durch mich jetzt den vielen Fragen und Fragestellern entzogen wurde. Mit ihm allein, versuchte ich ihn zu trösten und zu ermuntern, tippte hier schon auf die Aufgaben als Spielführer der Nationalmannschaft an und lenkte bald ein, als ich merkte, daß Fritz wohl ja und amen sagte, aber wenig ernsthaft ansprechbar war.» Das Ergebnis der ärztlichen Untersuchung war erfreulich, Fritz Walter konnte ohne Operation kuriert werden.

Horst Eckel war aus ganz anderem Holz geschnitzt als sein Kapitän. Schon bei der Begrüßung am Eingang kam er lachend, wenn auch hinkend – «das gehörte bei dieser hohen Niederlage dazu», notierte Herberger sarkastisch – auf den Bundestrainer zu, um ihm zu sagen, daß seine Verletzung – «eine böse Prellung» – nicht schwer sei und in wenigen Tagen sicherlich behoben.

Zu dritt gingen sie dann in den Bankettsaal. Er habe keine «Argusaugen» gebraucht, erzählte Herberger, um zu erkennen, daß man auch ihn an diesem Abend zu den Verlierern zählte. «Da und dort hatte man sich in Gruppen und Grüppchen zusammengefunden; es wurde getuschelt und geflüstert, und es war sichtlich kein Mangel an Gesprächsstoff. Es gab Wortführer mit hochrotem Kopf. (...) Manch mitleidsvoller Blick ging in meine Richtung und auf meine Person: Armer Seppl Herberger.»

Aber nicht der Bundestrainer brauchte dringend Zuspruch und Trost, sondern die Lauterer. In seiner Fähigkeit zur positiven Umdeutung von Katastrophen war Herberger inzwischen Meister. Das Leben hatte ihn gelehrt, daß alles Gute und Erfolgversprechende den Kern zur Katastrophe und zum negativen Umschlag in sich trägt, also war Herberger darauf vorbereitet, aus jedem Rückschlag das Beste zu machen. Das gehörte nicht nur zu seinem Überlebensprinzip. Er wußte es inzwischen auch professionell zu nutzen – für die Weltmeistermannschaft kam ihm die Katastrophe der Lauterer in Hamburg gerade recht.

Als also tags darauf in allen Gazetten zu lesen war, daß ihm die Suppe versalzen sei und daß er sich die mit seiner Verliebtheit zu den Kaiserslauterern selber eingebrockt und sie jetzt auszulöffeln habe, zuckte er nur die Achseln. Zum Glück war es technisch nicht mehr möglich, für die Weltmeisterschaft andere Spieler zu nominieren, was er aber ohnehin nicht gemacht hätte: «Für mich war ein solches

Problem überhaupt nicht diskutabel. Der Gedanke, auswechseln zu sollen, war mir überhaupt nicht gekommen. Nicht während des Spiels und auch nicht in den darauf folgenden Stunden. Meine Auswahl mit etwa 16 Stammspielern stand schon seit Wochen und Monaten fest. Sie war das Ergebnis jahrelanger Aufbauarbeit, in der jeder zu seiner persönlichen Höchstleistung geformt worden war. Die Spieler aus Kaiserslautern waren ein fester Bestandteil dieser Mannschaft. Fritz Walter, unser Spielführer und in dieser Rolle mein engster Mitarbeiter, war aus dieser Mannschaft überhaupt nicht wegzudenken.»

Tatsächlich war er mit der Form seiner Kandidaten auch gar nicht so unzufrieden. Zu Kohlmeyer notierte er sich: «In weit besserer Kondition als vor vier Wochen! Verbesserung deutlich sichtbar! Auch im Spiel zu sehen!» Werner Liebrich: «Beste Kondition und Form! Habe ihn noch nie so gut gesehen wie derzeit. Stuttgart und Hamburg!» Eckel: «Hat decken gelernt und spielt auch schon besser und schneller ab!» Fritz: «Ist gelaufen, hat sich angeboten, aber ... er hat in der zweiten Halbzeit auch resigniert!» Ottmar: «Ist nicht in Form!» Darunter: «Mein Vertrauen in die Spieler nicht im geringsten geschwächt!» Nicht aus Trotz sei er bei den Sprechchören des Publikums aufgestanden und habe sich gezeigt, sondern im Gegenteil, weil er fest davon überzeugt gewesen sei, daß er auf die richtigen Leute gesetzt habe.

Denn – so legte Herberger es sich zurecht – wie wäre es für ihn und seine Aufgabe mit der Nationalmannschaft wohl gewesen, wenn Kaiserslautern Deutscher Meister geworden wäre? Hätte er dann nicht damit rechnen müssen, daß die lebenslustigen Pfälzer nach einem großen Erfolg in Hamburg «mit einer gewissen Nachlässigkeit» ins Trainingslager gekommen wären? Dann wäre es sicher schwer geworden, die frischgebackenen Meister zu neuen Meisterleistungen anzuspornen, zu Meisterleistungen, notierte sich Herberger, «die weitaus größere Anforderungen stellen, als sie das Endspiel gefordert hat». Jeder der Endspielteilnehmer in der Schweiz mußte doch für fünf bis sechs Länderspiele in einem Zeitraum von 18 Tagen gerüstet sein. «Da war mir schon lieber, Männer um mich zu haben, die aus Enttäuschung, Ärger und Verdruß voller Wut darauf brennen, ihren gerade ramponierten Schild wieder neu aufzupolieren, anstatt voller zufriedener Genügsamkeit auf frischen Lorbeeren auszuruhen.»

Schon am Dienstag der darauffolgenden Woche begann in München der letzte Lehrgang vor der Reise in die Schweiz. Bis auf die niedergeschlagenen Kaiserslauterer, die verabredungsgemäß erst am Donnerstag dazustoßen sollten, war die Mannschaft pünktlich eingetroffen, und beim ersten Frühstück gab es nur ein Thema: das Spiel des vergangenen Sonntags mit seinem sensationellen Verlauf und Ausgang. Es wurde gefrotzelt und gehöhnt, die Lauterer waren ja noch nicht da, man tat keinem weh. Doch mahnte Herberger, die «Geschlagenen» aufzurichten und nicht zusätzlich niederzumachen. Er wußte, wie empfindlich sie waren.

Da eine Reihe anderer Spieler verletzt war, wirkten die ersten Tage des Trainingslagers so, als habe Herberger eine Genesungskompanie um sich versammelt, mit physisch und psychisch Blessierten. Es waren harte Tage. Aggressiv nutzte der Trainer die Erfahrungen aus dem Meisterschaftsendspiel zur seelischen Aufrüstung seiner Truppe. Sorglosigkeit, Genügsamkeit seien das schlimmste Narkotikum für eine Mannschaft, die Lehre aus dem Debakel von Hamburg müsse lauten: «Wenn man Oberwasser hat, wenn das Spiel von uns gemacht und beherrscht wird, dann kein Nachlassen der Konzentration, sondern Steigerung des Wollens und der Kräfte. Dann muß sich der Wille und die Kraft der Abwehr in dem Willen zusammenballen: zerstören – zu null! Niedermachen!! Wenn man einen Gegner beherrscht, dann atomisiert man ihn!»

Tag für Tag hämmerte er den Männern ein: «Je energischer und entschlossener die Einstellung auf Kampf ist – von der ersten Sekunde an, schon in der Kabine und Wochen zuvor –, um so größer die Chance, obenauf zu kommen. Und um obenauf zu bleiben, ist es unerläßlich, daß man die Kräfte schürt, auch wachhält, wenn man oben ist.» Vor allen Dingen die Männer seiner Hintermannschaft, aber auch die Halbstürmer, bekniete er, daß es bei der Weltmeisterschaft darauf ankomme, «zu null» zu spielen.

Kaiserslautern habe geradezu ein Musterbeispiel dafür geboten, wie man es nicht machen darf: zum Beispiel nach dem 1:2! «Was predige ich nun schon seit Jahren? Alle Mann an Bord. Zuerst den Gegner bremsen und das Spiel in die eigene Regie bringen. Was taten die Lauterer? Wilder Ausbruch im Sturm. Baldiges Erlahmen, und was tat die Hintermannschaft von Kaiserslautern? Kohlmeyer wollte das Mißgeschick mit seinem Eigentor wieder ausbügeln. Das war der größte Fehler. Dann kam die Verletzung Eckels. Anlaß und Grund mehr, auf Deckung zu spielen und dem Gegner den Garaus zu machen! Aber: Alles stürmte, Liebrich mit, machte damit das eigene Vorhaben unmöglich und schuf Scheunentore für das Spiel der Hannoveraner.»

Jeden Abend, erinnert sich Fritz Walter, seien sie ins Kino gegangen, und jeden Abend wurde ihnen – unter großem Hallo – von «Fox tönender Wochenschau» das Debakel wieder optisch vorgeführt, von dem Herberger am Tage geredet hatte. Dazu Herbergers Lehren für kritische Situationen, täglich neu: «Wenn wir ein Tor gewonnen haben: ZU NULL!! Jetzt zeigt sich, was jeder in unserer Abwehr ‹drin› hat und was die Abwehr alles als Ganzes kann. Jetzt heißt es für unsere Abwehr, jetzt gilt es zu bestehen. Unsere Mannschaft ohne Ball: Alles deckt, greift an, kämpft, alle ermuntern sich, helfen sich, springen einander bei! Und am Ball: spielen!!!»

Schon in München wurde der Geist von Spiez, der vielbeschworene Kameradschaftsgeist, geboren. Herberger hatte in den vergangenen Jahren Erfahrungen mit dieser Mannschaft angesammelt wie ein Bodybuilder Muskeln. Es war an der Zeit, daß sie zeigen konnte, was in ihr steckte.

Am 4. Juni 1954 erhielten folgende Spieler einen Brief vom Deutschen Fußball-Bund: Toni Turek, Fortuna Düsseldorf, Fritz Laband, Hamburger SV, Werner Kohlmeyer, 1. FC Kaiserslautern, Hans Bauer, Bayern München, Herbert Erhardt, Spielvereinigung Fürth, Horst Eckel, 1. FC Kaiserslautern, Josef Posipal, Hamburger SV, Karl Mai, Spielvereinigung Fürth, Paul Mebus, 1. FC Köln, Werner Liebrich, 1. FC Kaiserslautern, Karl-Heinz Metzner, Hessen Kassel, Helmut Rahn, Rot Weiß Essen, Max Morlock, 1. FC

Nürnberg, Berni Klodt, Schalke 04, Ottmar Walter, Fritz Walter, 1. FC Kaiserslautern, Richard Herrmann, FSV Frankfurt, Uli Biesinger, BC Augsburg, Alfred Pfaff, Eintracht Frankfurt, Hans Schäfer, 1. FC Köln, Heinz Kubsch, FK Pirmasens, Heinrich Kwiatkowski, Borussia Dortmund. Betrifft: «Reise der deutschen Nationalmannschaft zu der Fußballweltmeisterschaft 1954 in die Schweiz.»

«Liebe Sportkameraden! Wir freuen uns, Ihnen mitteilen zu können, daß Sie zum Kreis der Spieler gehören, die den Deutschen Fußball-Bund in der Weltmeisterschaft in der Schweiz vertreten sollen. Für diese Reise in die Schweiz geben wir Ihnen nachfolgend alle erforderlichen Einzelheiten bekannt, die wir genau zu beachten bitten. Wir hoffen gerne, daß wir Sie bei guter Gesundheit und wohl vorbereitet auf die kommenden Aufgaben am Mittwoch, den 09.06.1954 in der Sportschule Schöneck erwarten dürfen, und verbleiben mit sportlichen Grüßen! Deutscher Fußball-Bund, i. A. Paßlack.» Der Brief enthielt folgende Hinweise: Die Sportschule Schöneck sei zu erreichen mit der Straßenbahnlinie 2 ab Hauptbahnhof Karlsruhe, in östlicher Richtung bis Endstation Durlach und dann vom Bergbahnhof mit der Bergbahn bis zur Endstation Friedrichshöhe.

Zusatz: «Wie bereits besprochen, werden alle einberufenen Spieler gebeten, bezüglich ihrer Freistellung vom Arbeitsplatz die erforderlichen Schritte zu unternehmen. Es wird nochmals darauf hingewiesen, daß die Spieler nur für die Zeit Anspruch auf Zahlung ihres Verdienstausfalles haben, in der sich die Mannschaft im Wettbewerb befindet.»

«Es war wie eine Verschwörung»

Der Chef und die Helden von Bern

Sie galten als die beste Fußballmannschaft der Welt – bis zum Endspiel. «Wir kamen wie die Sieger auf den Platz und hatten schon verloren. Dann führten wir bald 2:0 und wurden noch gedankenloser. Da fiel das 1:2. Unsere Kraft ließ nach, unser Torwart wurde nervös. Am Ende hieß es 2:3. Wir hatten den Deutschen nur noch die biegsameren Kniegelenke voraus – sonst nichts.» So erinnert sich – noch nach Jahrzehnten bedrückt – der damalige Mittelläufer der ungarischen Wundermannschaft Gyula Lorant an das Finale Ungarn gegen Deutschland im Berner Wankdorf-Stadion am 4. Juli 1954.

Es war, als hätten die Deutschen völlig ungeahnte Kräfte entfesselt, aber sie waren auch in der Lage, das emotionale Konzept für das Endspiel, das ihnen ihr Trainer Sepp Herberger eingehämmert hatte, umzusetzen – je länger das Spiel dauerte, um so besser: «Tempo, Tempo im Direktspiel, im Alleingang, im Dribbling, im Klein-Klein und in weiten Pässen quer, zurück und steil, alle und jeder immer hellwach dabei, kein Ermüden und kein Nachlassen, sich gegenseitig aufmuntern und unterstützen, immer bereit sein, Letztes für die gute Sache unserer Mannschaft und unseres Landes zu geben.»

Das war die Kraft, die aus der Wut erwuchs. Es war die Kraft, die Sepp Herberger nach schmerzhaften Niederlagen in seinen Männern geweckt hatte. Sie galten als Verlierer – in der Geschichte wie im Fußball –, denen niemand viel zutraute.

Das Turnierreglement sah vor, daß in jeder Gruppe zwei Mannschaften, die «besseren» nach der Papierform, «gesetzt» waren. Die brauchten nicht gegeneinander zu spielen, sondern nur gegen die zwei zugelosten Teams, die theoretisch «schwächeren» Mannschaften der Gruppe. Gesetzt in der Gruppe zwei waren Ungarn und die Türkei, zugelost Deutschland und Korea. Nur zwei Mannschaften kamen weiter.

Schon in Deutschland hatte Sepp Herberger seine Spieler darauf vorbereitet, alle Kraft auf zwei Siege gegen die Türken zu konzentrieren. Das erste Spiel hatten sie klar mit 4:1 gewonnen. Für das Weiterkommen im Turnier war eine Wiederholung dieses Erfolges wichtiger als ein gutes Abschneiden gegen die Ungarn. Gegen die könnte man später immer noch gewinnen. Nur die Hälfte der deutschen Kernelf sollte deshalb in Basel im Gruppenspiel gegen die Ungarn auflaufen. Das Publikum – es waren gut 30000 Deutsche unter den 70000 Zuschauern – wußte freilich davon nichts.

Daß es dann 3:8 ausging, daß die Puskas-Elf die Deutschen in Grund und Boden spielte und ihnen von den Rängen – insbesondere von den deutschen Landsleuten – ein Orkan der Wut und Häme entgegenschrillte, das hatte auch Herberger nicht gewollt. «Das waren schwere und böse 90 Minuten.»

Über die Umkleidekabine senkte sich nach dem Spiel betroffenes Schweigen, «noch gellte uns allen das wilde Pfeifkonzert in den Ohren, mit dem wir von unseren enttäuschten Anhängern entlassen worden waren», erinnerte sich der Trainer: «In welcher Stimmung wir alle waren, konnte jeder ermessen, der Zeuge dieser Schlappe gewesen war.» Genau wußte der Bundestrainer später nicht mehr, was er damals den niedergeschlagenen Spielern erzählt hatte. Sinngemäß will er gesagt haben: «Jetzt laßt den Kopf doch nicht so hängen. Wenn wir nicht das Pech gehabt hätten, durch dieses blöde Tor schon in der 3. Minute zurückzufallen, hätten wir es den Ungarn sicher schwergemacht zu gewinnen. Ihr hattet das Zeug, besser auszusehen; die 3 Gegentore sind ein Beweis dafür. Wir werden am kommenden Mittwoch schon zeigen, daß wir noch ein Wörtchen mitzureden haben.»

Am kommenden Mittwoch, dem Tag der Entscheidung, war das zweite Spiel gegen die Türken angesetzt, die gerade 7:0 gegen Korea gewonnen hatten. Herberger konzentrierte sich bei der moralischen

Aufrüstung ganz auf die Spieler, die gegen die Türkei zum Einsatz kommen sollten. Er begann damit schon im Bus auf der Rückfahrt nach Spiez. Sein Platz war immer der erste beim Einstieg, neben ihm saß Fritz Walter. Wer in den Bus kam, mußte am Trainer vorbei. Sobald nun einer der an diesem Tag geschonten Spieler, einer von denen, die am Mittwoch die Verantwortung tragen sollten, in den Bus kletterte, zog ihn Herberger zu sich herab, und während er ihm mit der Innenseite des Fußes einen Kick auf seine Sitzfläche gab, zischte er ihm ins Ohr: «Am Mittwoch! Am Mittwoch!! Verdammt noch mal.»

So machte er es mit Hans Schäfer, mit Ottmar Walter, mit Max Morlock, Berni Klodt, Karl Mai, Fritz Laband und Toni Turek. «Ihre Reaktion auf meine Attacken gab mir unmißverständlich zu verstehen, daß mich jeder bestens verstanden hat, ja, von sich aus darauf brannte, sich in unser aller Sinne ins Zeug zu legen.» Die vier von der Niederlage gebeutelten Spieler, die am Mittwoch erneut antreten sollten – Werner Kohlmeyer, Horst Eckel, Jupp Posipal und Fritz Walter – verschonte Herberger zunächst.

Der Bus der Deutschen war umlagert von maßlos erbitterten Fans. In manchen Gesichtern spiegelte sich auch Schadenfreude. Herberger mahnte seine Spieler: «Laßt jetzt bloß den Kopf nicht hängen. Zeigt denen nicht, wie es in uns aussieht. Es kommen auch wieder bessere Tage.» Sofort schürte er jene Verschwörungsstimmung, die sein Team gegen den Rest der Welt zusammenschweißte. Auf der Rückfahrt nach Spiez stimmten einige – vom Trainer angestachelt – sogar schon wieder Trutzlieder an. Herberger sah darin ein gutes Zeichen, auch wenn sie etwas kläglich klangen.

Ganz gegen seine sonstige Gewohnheit gab der Bundestrainer den Spielern am Abend freien Ausgang, sollten sie «Groll und Kummer wegspülen», ihm war es recht. Er selbst blieb im Hotel, zusammen mit jenen Spielern, «denen die Türken vorbehalten blieben». Jetzt hatte er Gelegenheit, sie ganz auf diese Aufgabe einzustimmen, und als später «die Ausflügler» zurückkamen, bis auf Helmut Rahn, da schienen sie ihm schon viel ausgeglichener als beim Weggang.

Langsam wurde es ruhig im Hause. Bevor auch Herberger zu Bett ging, stieß DFB-Präsident Peco Bauwens zu ihm, der noch etwas auf dem Herzen hatte: «Herberger», sagte er, «ich möchte glauben, daß Sie doch das Richtige gemacht haben.» Das sollte wohl so eine Art Zuspruch sein. Wie er das aber sagte, hörte es sich für den Trainer mehr nach Zweifel an denn nach Überzeugung. Trost? Herberger hatte den Eindruck, daß Bauwens selbst Trost brauchte.

Dann gab es für Herberger aber doch noch ein aufmunterndes Erlebnis. Hans Schäfer kam zu ihm und flüsterte ihm ins Ohr: «Herr Herberger, die putzen wir weg!» Jedes einzelne Wort dieses Satzes, so Herberger, sei dem Kölner langsam und betont über die Lippen gekommen. Lachend habe er sich auf den Treppenstufen noch einmal umgedreht und seine Aussage bekräftigt mit einem lauten: «Jawoll!» Am nächsten Morgen, als bereits alle beim Frühstück versammelt waren, wiederholte Schäfer schmetternd diesen Ausruf: «Männer, die putzen wir weg!» Es klang wie ein Weckruf.

Die Parole vom «Wegputzen» bestimmte fortan die Stimmung. Traurigkeit und Trübsalblasen vergingen. Das Training an diesem Tag war ganz locker, kein Ball, keine taktischen Übungen. Für die notwendige Stimmung sorgten die «Geschonten». Ohnehin waren die Spieler fast unter sich auf dem Trainingsplatz in Thun. Viele deutsche Fans waren aus Wut und Enttäuschung abgereist. Die wenigen, die gekommen waren, wollten vermutlich auch nur ihren Unmut über das gestrige Spiel loswerden. Herberger entzog sich aber. Er wußte ohnehin, was an öffentlicher Reaktion noch kommen würde. Und es kam denn auch knüppeldick: «Seit Monaten schon schien der Zeitpunkt unerbittlich näherzurücken, an dem die wiedererwachte Nation den verräterischen Bundestrainer Josef Herberger an einem sauren Apfelbaum würde aufhängen müssen», resümierte DER SPIEGEL damals die Presselage: «Jetzt hielt man den Zeitpunkt für gekommen.»

Niemand schien das taktische Konzept erfaßt zu haben, das hinter Herbergers Manöver steckte. Alle zeterten nur über das Ergebnis. Daß der deutsche Bundestrainer ausgerechnet den Superspielern aus Ungarn einen verlorenen Haufen von nur sechs Standardnationalspielern und fünf Ersatzmännern entgegengeschickt hatte, um seine erste Garnitur zu schonen, das erbitterte die Deutschen zutiefst. Als der Sportjournalist Dr. Leo Hintermayr seine Debakelmeldung nach Deutschland telefonierte, schlug ihm ein Landsmann auf die Schulter und schrie erregt: «Schreiben Sie es aber auch rein, diese Gemeinheit! Der Herberger gehört wegen Sabotage vor Gericht.» Und tatsächlich warf ihm die Presse vor, daß Herbergers Manipulationen den deutschen Sport geschädigt hätten, daß dieses Spiel das traurige Ergebnis einer taktischen Überlegung des Bundestrainers gewesen sei, eine beschämende Vorstellung, ja, Betrug.

Das Fußballvolk dachte ähnlich. Ein Sportsfreund aus Frankfurt schrieb – «für ganz Deutschland» –, Herberger habe «keine Ahnung» und er habe sich «auf diesem Posten lange genug herumgedrückt». Ein anderer schimpfte ihn «Volksverräter». Ein dritter schrieb: «Es wäre schön, wenn Sie aus den Vorkommnissen die Konsequenzen ziehen würden, die ein anständiger Mensch in solchen Fällen zieht, nämlich abzutreten.»

Und ein Mann aus Säckingen am Rhein, der fand, daß jeder Idiot es besser gewußt hätte, schrieb: «Wenn der Trainer einer Nationalmannschaft nicht weiß, was er in solchen Fällen dem Sportpublikum vorzusetzen hat, dann soll er sich besser einen Strick kaufen und sich am nächsten Baum aufhängen, aber möglichst so, daß der Strick nicht zerreißt, damit man diesen hinterher noch verwerten kann.»

Herberger war es recht, daß die Spieler von der Kritik eher geschont wurden, die erbarmungslos vor allem auf ihn zielte. Man sah «in meiner Person den Alleinschuldigen für dieses Debakel». Herberger benutzte diese Angriffe, um seine Mannschaft weiter aufzuwiegeln. Er las seinen Spielern die Briefe vor und ließ sie zugleich wissen, was er von solchen Einlassungen hielt. «Es war wie eine Verschwörung», bekannte er hinterher, «sie war fast körperlich zu verspüren. Es braute sich da etwas zusammen.»

Herberger handelte keineswegs instinktiv. Er war sich auch über die komplexen Nebeneffekte seine Aktion durchaus im klaren. Erstens verstärkten sie die Identifikation zwischen der Mannschaft und ihrem Trainer, der ganz offenkundig als Zielscheibe die Kritik auf sich lenkte und als Sündenbock die Prügel bezog. Zweitens, so mutmaßte Herberger, «hat sich auch der eine oder andere im stillen darüber gefreut, daß ich dabei schlecht wegkam ... Haßfreude!! Vor allem aber war die Wut wieder da und der Wille, es aller Welt zu zeigen. Das war das Wichtigste.»

Wie sehr es gefunkt hatte, spürte Herberger schon in der Kabine vor dem zweiten Spiel gegen die Türken. Ein Abgesandter der türkischen Mannschaft bat darum, daß die Mannschaften wieder im Dreß des ersten Spiels antreten sollten, also die Deutschen in Grün, was ihnen eigentlich nicht recht war. Aber kaum hatte der Türke seinen Wunsch vorgetragen, kam prompt die Antwort von Fritz Walter: «Allez hopp, Männer, das machen wir», und als glückstrahlend der Türke diese Entscheidung seiner Mannschaft überbrachte, fuhr Fritz Walter fort: «Ob im weißen oder im grünen Trikot, wir schlagen sie!» Herberger zufrieden: «Das war eine Überraschung für uns alle. So entschlossen hatten wir unseren Spielführer bislang noch gar nicht gekannt.» Mit dem Anpfiff fielen die Deutschen «wie eine Sturmflut» über die türkische Abwehr her. Jeder wollte jeden an Siegeswillen und Angriffsgeist überbieten. Wie hatte Hans Schäfer gesagt? «Die putzen wir weg.» Am Ende stand es 7:2 für Deutschland. Herberger hatte sein taktisches Ziel erreicht. «Wir waren unter den letzten acht!»

Im Viertelfinale ging es nun gegen Jugoslawien, eine Mannschaft, die Herberger hoch einschätzte, spielerisch fast so hoch wie die Ungarn: «Das war ein schwerer Brocken, schwerer als der, den wir gerade in Zürich mit Elan und Schwung aus der Welt geräumt hatten.» Als die Mannschaft drei Tage später, am 27. Juni, nach Genf zu dem entscheidenden Spiel fuhr – Herberger wieder neben Fritz Walter in der ersten Sitzreihe des Busses, waren die Spieler zwar nicht gerade bedrückt, aber doch sehr still. Nicht einmal Helmut Rahn scherzte. Zwischen Fritz Walter und Herberger flatterten abgehackte Sätze hin und her, wie sich der Bundestrainer erinnerte: «Wenn wir heute gewinnen, sind wir unter den letzten vier.» – Ja, Fritz Walter nickte, mit leisem Zweifel: «Wenn wir bloß gewinnen.» Pause. «Wir schaffen es, wir gewinnen.» – «Schon um die Zweifler zu

Hause eines Besseren zu belehren», schürte Herberger wieder den Zorn auf die Kritiker. «Wir sind bis zum Schluß dabei», versicherte Fritz Walter.

Kurz vor dem Anpfiff gelang es dem Trainer dann doch noch, seine Truppe auf Touren zu bringen. Einer der jugoslawischen Spieler sollte für sein 25. Länderspiel geehrt werden, ein zweiter für sein 50. Herberger sah, daß zwei Blumensträuße für sie abgegeben wurden, und verkündete seinen Männern: Die Jugos sähen sich wohl schon als Sieger. Die wären schon am Feiern. Da sei schon «die ganze Kabine ausgefüllt mit riesigen Blumensträußen».

2:0 gewannen die Deutschen. Als die Spieler vom Platz kamen, nun wieder stürmisch gefeiert von den deutschen Schlachtenbummlern, waren sie in überschäumender Stimmung. «Im sprudelnden Quell der ausgelassenen Freude über den Sieg kam aus irgendeinem Spielermund die Ankündigung: ‹Jetzt kommt der nächste dran!›» Wer würde das sein? Österreich? Die Schweiz? Schon waren Hans Schäfer und Helmut Rahn wieder auf dem Plan: «Egal wer, er wird weggeputzt.» Herberger hörte es zufrieden. Mit 6:1 wurde im Halbfinale Österreich aus dem Wege geräumt, das letzte Hindernis vor der heißersehnten Revanche gegen die Ungarn.

Vor dem Finale «brannten» seine Männer. «Lichterloh!» Zu Beginn kam der Schweizer Ernst Thommen, der Cheforganisator der Weltmeisterschaft, in die Kabine, um die Deutschen über das Zeremoniell zu informieren. Er erklärte ihnen, wo sie bei den Nationalhymnen zu stehen hätten, und sagte ihnen dann auch gleich, wie die Siegerehrung verlaufen werde. Bei diesem abschließenden Akt werde noch einmal eine Nationalhymne zu hören sein, nämlich die des Siegers. Und prompt und keß tönte es: «Dann ist es die deutsche!» Herberger hörte es wohl und nahm es als Zeichen für die Stimmung in der gesamten Mannschaft, daß nicht etwa Helmut Rahn oder Hans Schäfer oder auch Toni Turek, die Optimisten und Wortführer, so kecke Sprüche abließen, sondern der Sensibelste in der Mannschaft, der Kapitän Fritz Walter.

Doch schon bald nach Spielbeginn schien alles umsonst gewesen. Nach acht Minuten führten die Ungarn durch zwei Tore von Puskas und Szibor mit 2:0. Das Spiel bei strömendem Regen schien seinen allseits erwarteten Verlauf zu nehmen. Nur daß Fritz Walter & Co. diesmal keineswegs so geschockt waren wie in Basel – bereits neun Minuten später hatten sie durch Morlock und Rahn den Ausgleich geschafft. Auch zur Halbzeit hatte das 2:2 noch Bestand, aber plötzlich in der Kabine fingen die Spieler an, einander Vorwürfe zu machen. «Liebrich schimpfte mit einigen Stürmern», erinnerte sich Herberger, «Rahn hatte es mit Posipal, Turek schnauzte Kohlmeyer an. Da habe ich zum ersten Mal richtig gebrüllt. Jetzt ist aber Ruhe, habe ich gesagt. Wir können hier Weltmeister werden, und ihr kriegt euch in die Haare. Jetzt rede ich. Die Ungarn fallen gleich zur 2. Halbzeit noch einmal über euch her. Paßt auf! Ihr müßt noch einmal 45 Minuten lang brennen. Kämpft! Einer für alle und alle für einen. Das war und ist unser Motto. So, und nun raus auf den Platz. Ihr wißt, um was es geht ...»

Der Sport lebt von der Wundererwartung, verbale Anleihen aus den Viten der Heiligen sind nicht ungebräuchlich, um das außergewöhnliche Ereignis zu charakterisieren. Daß der 3:2-Sieg der Deutschen über die Ungarn als «Wunder von Bern» gefeiert wurde und Sepp Herberger – als Vater des Erfolgs – in die Rolle einer säkularisierten Legendenfigur geriet, war nicht allzu erstaunlich, zumal die Zeitgenossen mit dem «Wunder»-Begriff – von der «Wunderwaffe» bis zum «Fräuleinwunder» – damals großzügig umgingen. Vor allem aber schien Sepp Herberger eine zentrale Voraussetzung der Heiligen-Vita zu erfüllen: Offenbar hatte ihm niemand ein Wunder zugetraut. Der Sieg in Bern schien einen unerklärlichen Sprung in seiner Biographie darzustellen. Die Legende zumindest will es so.

Josef Herberger selbst indes beharrte darauf, daß er gewiß ein bißchen Dusel gehabt habe und daß manches glücklich für ihn und seine Mannschaft gelaufen sei in Bern. Von einem Wunder aber wollte er nichts wissen. Für ihn war der Titel in erster Linie das Ergebnis zielstrebiger hartnäckiger und genau getimter Arbeit, die Erfüllung eines Planes, der elf bis 15 Männer zu einer wunderbaren Einheit der Kameradschaft zusammengeschmiedet hatte.

Von einem unerklärlichen Sprung in der Biographie konnte für ihn schon gar keine Rede sein. Im Gegenteil – hier erfüllte sich ein Leben, das geradezu zwanghaft von Kontinuitäten und Wiederholungen geprägt war. Sehnsucht nach Verläßlichkeit und Sicherheit in einer als bedrohlich erlebten Welt hatten Josef Herberger von Kind an darauf gedrillt, sich planmäßig, zielstrebig und vorausschauend gegen die Brüche des Lebens zur Wehr zu setzen.

«Strapaziöser als das Spiel selbst sind die Tage vor dem Spiel», erklärte er. «Wenn ich mit einer Mannschaft acht Tage vorher in einem Trainingslager bin, dann habe ich, bevor meine Elf aufs Spielfeld läuft, schon acht Länderspiele hinter mir. Ich pflege Länderspiele vor dem Anpfiff in meiner Phantasie in allen Varianten durchzuspielen.» Trainer, die wie später mancher Bundesligacoach, aufgeregt wie Rumpelstilzchen an der Linie entlanghüpften, verachtete Sepp Herberger: «Die hatten ihre Hausaufgaben nicht gemacht.» Josef Herberger war ein sehr einsamer Mann in seinem Schweizer Job, tiefernst und machtbesessen.

Nichts, was er sah, war ihm neu. Zum dritten Male beteiligte er sich jetzt an einer Fußballweltmeisterschaft. Zweimal, 1934 und 1938, waren für ihn nur persönliche Niederlagen herausgekommen. 1934, als sein Vorgänger Otto Nerz ihm die Mitreise nach Italien verweigert hatte, und 1938, als sein Führer Adolf Hitler ihm eine politische Mannschaft aufgezwungen hatte, in der zur Hälfte Österreicher stehen mußten. Dies nun war sein dritter Versuch, und er wollte ihn sich nicht kaputtmachen lassen. Die Wut, die er in seinen Spielern entfesselte, das war die Lebenswut des Josef Herberger selber. Widerstände hatte er nicht nur erwartet, sondern einkalkuliert, auch den Zorn über die geplante Niederlage im Vorrundenspiel gegen die Ungarn. «Ich war mir auch keineswegs im unklaren darüber, wie das Fußballvolk, in Unkenntnis meiner abgesteckten Planung, wegen eben einer solchen Niederlage über mich herfallen wird. Auch die Vorstellung, was nach dieser blamablen Niederlage auf mich zukommen würde, ließ mich ziemlich kalt.»

Das sagte sich aber leichter, als es zu ertragen war. Den Abend nach dem 3:8 vergaß er nicht, «es kann nicht gesagt werden, daß man sich nach meiner Gesellschaft geradezu gedrängt hätte». Er bemerkte da und dort Gruppen zusammen, die heftig diskutierten und mit raschen Seitenblicken zu ihm hinüberguckten. Der Sieg, sah sich Herberger wieder einmal bestätigt – ein bißchen bitter, ein bißchen trotzig und auch ein bißchen wehleidig –, hat viele Väter, die Niederlage aber nur einen, den Trainer: «Ich war an diesem Tage wieder einmal ganz allein.»

Es war die englische Zeitung «Daily Express», die als einzige den Schlüssel für den Erfolg erkannte und das sogenannte «Wunder von Bern» entzauberte. Die «wenig beachteten» Deutschen, so schrieb die Zeitung, hätten gewonnen, «weil sie im Gegensatz zu jeder anderen Mannschaft dieser Meisterschaft sich weigerten, auf die schrecklichen Geschichten der magyarischen Magie zu hören». Nicht *die* Deutschen, aber Sepp Herberger. Er glaubte einfach nicht, daß das Glück – auch nicht das der anderen – ewig währt. Und er wußte aus Erfahrung, daß die Ballzauberer aus Budapest zu schlagen waren. Hatte er nicht in seiner Mannschaft und in seiner Umgebung Leute, die diese Erfahrung teilten? Sowohl Fritz Walter als auch Albert Sing, der für Herberger in der Schweiz als eine Art Attaché arbeitete, die Quartiere besorgt hatte und im Lager der Ungarn «rumschnupperte», hatten in einem Schlüsselspiel 1942 in Budapest entscheidende Tore gegen die hochfavorisierten Magyaren geschossen. Und gewonnen.

Sing, den Lorant beobachtete, «wie er alles aufschrieb, was wir machten, was wir aßen, wann wir tafelten, wann und wie wir trainierten, wann wir zu Bett gingen, ob allein oder nicht, und was wir abends tranken», unterrichtete Herberger über die Stimmung der Ungarn, über ihre Kondition, ihre Sorgen, ihre Zuversicht, ihre Stärken und ihre Schwächen. Lorant: «Wir hatten die Deutschen überhaupt nicht beobachtet, nur im letzten Spiel vor dem Finale.»

Bei allem Respekt und bei aller Bewunderung hatte Herberger durchaus Schwächen im Spiel der Ungarn ausgemacht, die vor dem Endspiel in Bern 32mal ungeschlagen geblieben waren. Zum ersten Mal sah er die Supermannschaft um den Major Puskas 1952 im Endspiel der Olympischen Spiele von Helsinki gegen Jugoslawien. Er bewunderte sie sehr. Aber schon damals war ihm klar, daß auch die

Truppe aus Budapest nicht unschlagbar sei. Es war dann ausgerechnet jenes legendäre Spiel, in dem die Ungarn am 25. November 1953 in London zum ersten Mal eine britische Nationalmannschaft im eigenen Stadion mit 6:3 deklassierten, das Herbergers Zuversicht bestärkt hatte.

Der Bundestrainer hatte damals Jupp Posipal mit nach England genommen. Und während der Rückfahrt auf der Fähre sagte er: «Ich weiß, wie es geht.» Im Münchener Lehrgang spielte er den Spielern immer wieder den Film dieses Spiels vor. Ein letztes Mal vor der WM sah Herberger die ungarische Mannschaft gegen Österreich in Wien im April 1954. Wieder war Posipal dabei. Der «Chef» habe unablässig Notizen gemacht, erinnerte sich der. Herbergers Schlußfolgerung: «Die Abwehr ist anfällig.»

Gewiß, die Ungarn hatten den weltbesten Sturm, in dem für Herberger die Stürmer Hidegkuti und Boszik noch wichtiger waren als Puskas, den er nicht als Spielmacher sah, sondern nur als einen Helden in der Spielhälfte des Gegners. Aber die Abwehr der Ungarn war in den letzten Jahren überhaupt nicht mehr ernsthaft geprüft worden. Auf der linken Seite, dort, wo Boszik immer nach vorne ging und Lücken und Gassen im Abwehrnetz der Ungarn ließ, da waren die Magyaren verletzbar. Herberger: «Die 3 Tore der Engländer beim 6:3 in London wurden durch Angriffe von links eingeleitet; im 3:8 verlorengegangenen Spiel in Basel konnte sich unsere linke Angriffsseite mit Alfred Pfaff und Richard Hermann überraschend gut in Szene setzen und schoß auch 2 von den 3 erzielten Toren.» Das Finale bestätigte Herberger: Auch die beiden Tore in der ersten Halbzeit kamen von links, schließlich nahm sogar das entscheidende Tor, das dritte, seinen Ausgang von der linken Angriffsseite.

So war Herberger, der Feldherr. Er sah sich gern in dieser Rolle, ohne daß er seine Spieler in seine generalstabsmäßigen Planungen eingeweiht hätte. Er war es, der die strategische Lage im Auge hatte, die taktischen Entscheidungen traf er in Absprache mit seinem Mannschaftsführer Fritz Walter.

Der Feldwebel Herberger strich abends durch das Hotel – «mit dem Ohr an den Schlüssellöchern der Zimmer» und um zu schnuppern, wer noch rauchte. Er hatte jene Spieler, die Raucher waren, sowieso zusammengelegt – ohne daß er das begründete. «Sicherlich haben manche geahnt, daß ich um ihre Leidenschaft wußte. Denn nach dem Essen und der darauf folgenden Bettruhe habe ich bei meinen Rundgängen durch die einzelnen Zimmer auch einige Male vor verschlossenen Türen gestanden.»

Herberger legte Wert darauf, ein Verbot nie direkt auszusprechen. Die Spieler ließen ihrerseits aber keinen Zweifel daran, daß sie verstanden, wie seine unausgesprochenen Vorlieben und Wünsche aufzufassen waren: durchaus als klare Verbote und Gebote. Herberger schaltete und waltete nach eigenem Gutdünken. Er sah keinen Anlaß, die Autoritätsstrukturen, unter denen er seit Kaisers Zeiten gelebt und gesiegt hatte, in Frage zu stellen, nur weil in Bonn jetzt wieder Demokratie eingeübt wurde. Und da er seine autoritäre Rolle durch Leistung und Haltung zu legitimieren wußte, wurde sie auch nicht angetastet. Es war eben, wie Horst Eckel, damals der Jüngste, noch vier Jahrzehnte später sagt: «Da konnte man keiner unterschiedlichen Meinung sein. Er war der Chef und hatte recht. Was Herberger sagte, das war ein Wort, und das stimmte auch.»

Herberger hatte nicht das geringste dagegen einzuwenden, daß ihn seine Spieler – Fritz Walter vorneweg – «Chef» nannten. Er fand es auch keineswegs unpassend, daß der SPIEGEL ihm damals eine «gemütliche Tyrannei» unterstellte. Er hatte die Verantwortung, und er hatte das Sagen. So sollte es sein. Gegen «aufgeblasene Besserwisserei», und das heißt gegen alle, die anderer Meinung waren als er – besonders also gegen Journalisten –, führte er sein Leben lang einen Kreuzzug. In der Schweiz schlug er die entscheidende Schlacht.

Er begann sie außerordentlich gut vorbereitet. Und das sagte er auch selbst: «Als wir nach der Schweiz fuhren, war keiner der Teilnehmer aus allen Nationen, die zudem meistens Professionals waren, in besserer Kondition als unsere Spieler und keine Mannschaft und kein Spieler auf die bevorstehenden Aufgaben besser eingestellt als die unsrigen.»

Das galt in jeder Hinsicht. Herberger kümmerte sich um jedes Detail der Organisation. Er rief Meteorologen an wegen des Wetterberichtes, er kümmerte sich um die Stollen der Spieler, er ließ sich die Speisekarten zeigen, er suchte die Kabinen für seine Mannschaft aus, wegen des Aberglaubens. Er selbst wohnte in Zimmer 13. Vor dem Endspiel in Bern sicherte er sich für den Fall, daß es regnen sollte, zum Warmlaufen vor dem Spiel auch eine kleine Trainingshalle, die unter der Tribüne gelegen war. «Da der Platzwart in den Stunden vor und während des Spieles mit anderen Aufgaben voll und ganz beschäftigt schien, hatte ich mir den Schlüssel zu dieser Halle gleich ausgebeten.» Was sich als Entlastung für den Platzwart tarnte, war egoistische Vorsorge: «Dadurch hatte ich sichergestellt, daß die Tür zu dieser Halle für andere verschlossen war.»

Die Journalisten, die mit in die Schweiz gefahren waren – am Ende um die 150 –, kannte Herberger fast alle. Er wußte, womit er bei jedem zu rechnen hatte. In ihren Kreisen machte er sein typisches Herberger-Gesicht, das eine Auge fast zu, das andere, kritisch blinzelnd, auf Weitwinkel eingestellt. Er sah alles und alle. Er war auf das Schlimmste und das Dümmste gefaßt und dagegen gerüstet. Schläue und Durchblick signalisierte dieser Ausdruck, den Herberger-Kenner wie Harry Valérien an ihm als eine Art mediengemäße Wettkampfhaltung wahrnahmen. Die drückte mehr aus als professionelle Wachsamkeit. Die signalisierte ein Mißtrauen, das dem Leben galt, nicht der Presse. Ihm konnte keiner was erzählen. Er kannte die Welt, sie war voller Fallen. Sie bestrafte Unaufmerksamkeit und Nachlassen der Spannkraft schnell und gnadenlos.

Und ihm konnten alle was erzählen. Er hörte zu mit jener lauernden Gewitztheit des Autodidakten, der immer lernt. Der aufschnappt und abguckt. Der seine Umwelt abtastet nach brauchbaren Versatzstücken für die eigene Karriere. Wo war der Satz, den er sich merken mußte? Wo war dic Gescheitheit, die er nachlesen konnte? Wo steckte die Chance, sich einzuhaken in das Gespräch, mitzureden, am besten gar die anderen zu übertrumpfen?

Sollte sich ein Neuer in den Kreis der Pressemenschen verirren, dann wußte sich Herberger schnell von den Vertrauten Informationen über ihn zu beschaffen. Wer der Neue war, worauf es dem ankam und was der für Fähigkeiten und Macken hatte. Dem kaufte er dann durch überlegte und witzige Bemerkungen den Schneid ab. Herberger verachtete im Grunde die meisten Journalisten, nicht zuletzt wegen ihres mangelnden Sachverstandes und, wie er fand, kurzen Gedächtnisses. Im übrigen hätten sie es ja auch leicht, pflegte er zu sagen. Sie konnten Vorschläge machen und Mannschaften aufstellen, für die sie nicht die Verantwortung trugen. «Ihr Spiel fing ja an, wenn unseres schon zu Ende war.» Seine manipulativen Fähigkeiten hatte Herberger nicht nur im Umgang mit den Spielern erprobt, er konnte auch Journalisten einwickeln, zu Vertrauten und Komplizen – zu «Pressekameraden» – machen oder durch Informationen zum Schweigen bringen. «Er redete mit allen und sagte keinem was», sagt Gerhard Seehase heute.

Tatsächlich erlebte der machtbewußte und aggressive Herberger auch das Frage-und-Antwort-Spiel mit der Presse als einen Wettbewerb, bei dem sich das Denken in Freund- und Feindkategorien von selbst verstand. Er hatte nicht nur ein gut funktionierendes Zuträgersystem, er roch auch sofort, wenn einer bei einer Pressekonferenz mit der Attitüde auftrat: «Heut mache mer den Seppl fertig!»

Wenn Herberger tatsächlich mal einigen wenigen deutschen Journalisten Zutritt zu dem Mannschaftsquartier in Spiez gewährte, hatte er das Geschehen voll im Blick. Die Paare hatten sich zu Einzelgesprächen an zwanzig Tische verteilt, erinnerte sich Jupp Posipal. «Und wenn es irgendwo mal längere Diskussionen gab, dann hat er sich schnell eingeschaltet.»

Allzu fremd war der Ton dieses Milieus Herberger damals nicht, denn im Sportjournalismus war die «Umerziehung» von der Goebbelsschen Schule noch nicht sehr weit gediehen, viele «Pressekameraden» berichteten über die Weltmeisterschaft immer noch im Ton und im Stile von Kriegsberichterstattern. DER SPIEGEL beschrieb die Aufregung auf der deutschen Pressetribüne während des WM-Spieles gegen Jugoslawien: «Zitternde Erregung pflanzte sich durch die Pressezellen fort. Rundfunksprecher Gerd Krämer warf in der zweiten Halbzeit seine Seltersflasche um. Dann riß ein gestikulierender Kollege dem Dr. Joachim Besser das Telephon vom Tisch. Schwitzende Finger preßten Taschentücher. Einer wurde kreidebleich, als wieder desperater Nahkampf vorm deutschen Tor malmte. ‹Ich kann das nicht mehr mit ansehen›, stammelte ein Reporter und verschwand. Ihm wurde schlecht. Wacker wirkten die anderen, und mancher harte Mann verlor die Herrschaft über seine Tränendrüsen, als die Deutschen sich zu einem Durchbruch aufrafften und das befreiende 2:0 errangen. Lang verschüttete Urquellen brachen auf.»

So sehr Herberger echte Fußballkenner schätzte, so wichtig war ihm, daß sie sich nicht zum Narren machten. Ein Bankdirektor mit einer Fan-Fahne – das fand er albern und verächtlich. Und Journalisten, die sich aufführten, als wären sie selbst Teil jener «Opfergemeinschaft», auf die Herberger – nach den Worten Jupp Posipals – seine Spieler in Spiez eingeschworen hatte, die hielt er für kindisch.

Der «Geist von Spiez» – das war eine sehr exklusive Veranstaltung. Es darf bezweifelt werden, daß Herberger den DFB-Chef Peco Bauwens zu seiner Geistesbrüderschaft hinzuzählte. Er und seine Männer, dazu noch Masseur Erich Deuser und wohl auch Schuhmacher Adolf Dassler – das war es. In Spiez sagte er einmal: «Und wenn ein noch so guter Bekannter mit am Tisch sitzt, und wenn er ganz stumm ist, er ist da und ist ein Fremder, der stört.»

Der Ton in dieser «Opfergemeinschaft» war pathetisch und sentimental. Daß die Männer sich vor dem Spiel bei den Händen faßten und einander Kampf bis zum Umfallen schworen, entsprach dem Vokabular.

Einsatzwille, Unterordnung, Kameradschaft, Hingabe hießen Herbergers zentrale Begriffe. Die unredigierten Aufzeichnungen, mit denen sich der Bundestrainer seine Weltmeisterschaftserlebnisse aus Notizen und Erinnerungen auf Papier zurückzuholen suchte, lesen sich wie die Selbstaufmunterungen eines kriegsfreiwilligen Fähnrichs vor Verdun. Lob und Preis «der Gemeinsamkeit der Stubenkameradschaft» wechselt mit dem «stolzen Gefühl der Verpflichtung gegenüber der gestellten Aufgabe und gegenüber den Kameraden». Daraus «kommt und strömt unsere ganze Kraft». «Drei Wochen Spiez sind drei Wochen Hohes-Lied bester Kameradschaft.» Ist es nicht das größte Glück, das ein Mensch auf dieser

Erde finden kann, einer Mannschaft vorzustehen, die sich einer Sache mit Herz und Verstand verschrieben hat, die an einen unverzagt glaubt und die zusammen durch dick und dünn geht? «Der schönste Lohn fließt immer auf uns selbst zurück.» Der allerschönste Lohn aber hieß bei Herberger noch immer: «Der Endsieg.»

Parodie? In Wahrheit charakterisieren diese Stilproben nicht so sehr die Person Josef Herberger als die öffentliche und gesellschaftliche Sprache der deutschen Nachkriegszeit. Eine verbale Währungsreform hatte nicht stattgefunden. Große Worte, die hohl dröhnten: Volk und Vaterland, Sinn und Ziel, Freund und Feind. Mal Festredneridealismus, mal zackiger Kasinoton.

Herbergers Überzeugungskraft aber entsprang nicht seiner Rede. Daß es ihm immer wieder gelang, aus Spielern, die sich nie vorher gesehen hatten, eine Mannschaft mit derselben Spielauffassung zu formen – ihnen jene spezielle Qualität aufzudrücken, die der Franzose Hanot als «den metaphysischen Fußball» der Deutschen beschrieb –, war auch nicht nur Instinkt und Gespür, über die Herberger zu «tausend Prozent» verfügte, wie Fritz Walter noch heute ergriffen schwärmt. Herbergers Stärke wurzelte in einer zum Lebensmuster geronnenen Kindheitserfahrung, die dem elfjährigen Josef nach dem Tod seines Vaters die Fußballmannschaft als Ersatzautorität hatte entdecken lassen. Das Kollektiv, die Mannschaft, war ihm so zur Richtschnur und zur moralischen Instanz, zum Halt und zum Hort der Sicherheit geworden. Er selbst war Teil dieser Autorität, sie formte ihn, aber er auch sie. Sie ermöglichte ihm Freiräume und beschnitt Zügellosigkeiten.

Nun, da er selber eine väterliche Autorität war, von allen Spielern so gesehen und ohne jeden Vorbehalt als Vaterfigur akzeptiert, blieb er dennoch Teil der Mannschaft, die er liebte. Jetzt konnte er zurückzahlen, was er im Team und vom Team empfangen hatte – vorausgesetzt, die Mannschaft funktionierte «auf die Minute» und «auf den Millimeter» genau, auf «Heller und Pfennig» korrekt. Herberger hatte nicht die geringsten Skrupel, Spieler und Mannschaft als seinen Besitz zu deklarieren – es waren «seine» Männer und «seine» Mannschaft. Aus dem dialektischen Verhältnis zwischen Individualität und Kollektiv, zwischen Sepp Herberger, dem Spieler, Sepp Herberger, dem Trainer, und der Mannschaft als Ganzes und den einzelnen Spielern entwickelte sich ein Energiekreis, dessen Richtung, Timing und Intensität Herberger bestimmte – ohne einzelnen Spielern ihre Eigenheit völlig zu nehmen: Das Familienmuster bot sich offenbar für alle Beteiligten an.

Fritz Walter kann von dem Manne, den er «Chef» nannte, gar nicht reden, ohne das «Vater-Sohn-Verhältnis» zu verherrlichen. Auch Hans Schäfer bekennt, daß ihm Herberger, über den Fußball hinaus, viel für sein Leben gegeben habe: «Er hat mich geformt.» Jupp Posipal sagt: «Herberger war Kamerad, Seelendoktor und Chef in einer Person, unnachahmlich sein taktisches Geschick und seine Fähigkeit, einen Spieler moralisch wieder aufzurüsten. Herberger verstand es, seine Spieler zu überzeugen, daß es auf sie alleine ankommt.» Horst Eckel war immer schon von dem ungeheuren Wissen des Trainers beeindruckt, hatte ihn niemals aufbrausend gesehen und fügte hinzu: «Er kannte jeden sehr genau. Ihm konnte keiner etwas vormachen. Diese Detailkenntnis von Freund und Feind machte ihn für mich zum größten Fußballtrainer, den es je gab.»

In seinem «fast hypnotischen, väterlich-getarnten, väterlich-gemeinten Einfluß auf die Spieler» habe es Herberger verstanden, nahezu unbemerkt das Ich eines Spielers in seinem Sinne «zu wandeln», schrieb der langjährige Herberger-Beobachter Friedebert Becker: «Und das auf ganz schlichte, auf kluge Art.»

Er befahl nicht nur, er erklärte auch. Auf langen Spaziergängen trimmte er jedem einzelnen seine Aufgabe ein. Das gehörte auch zum Geist von Spiez: «Je mehr der einzelne von der Richtigkeit des vom Trainer vorgezeichneten Weges überzeugt ist, desto bereitwilliger wird er auch sein spielerisches Einzelkönnen in den Dienst der Mannschaft stellen», schrieb Herberger später.

Herberger wußte, daß für den einen nicht passen mußte, was für den anderen gut war. Und was in dieser Situation angebracht und durchaus nützlich schien, konnte in einem anderen Augenblick das genaue Gegenteil erreichen. Starke Naturen, Draufgänger und Kämpfer wußte er in die rechte Stimmung zu bringen, indem er

Zweifel in ihre Fähigkeiten setzte oder Bedenken erkennen ließ, ob sie der bevorstehenden Aufgabe wohl gewachsen sein könnten.

Aber er wußte auch, daß nicht jeder vertrug, auf diese Weise angefaßt und auf Touren gebracht zu werden. «Sensible Naturen sind weniger geeignet für harten Zugriff.» Hier sind Vorsicht und sanfte Methoden angebracht. Allerdings – keine Regel ohne Ausnahme: Auch «harte Männer» haben ihre schwachen Tage, wie sensible Naturen manchmal auf harte Gangart gut reagieren. Es war eben eine Sache der Inspiration – «entweder man hat's oder man hat's nicht».

Nach vier Jahren enger Zusammenarbeit wußte Herberger, wer von seiner Truppe zu welcher Kategorie gehörte: «Männer wie Helmut Rahn und Hans Schäfer vertrugen ein hartes Wort und konnten ordentlich in Rage geraten, wenn man nur leise Zweifel an ihrem Vermögen äußerte. Sie ließen zwar in der Regel nach außen nichts merken, aber der Stachel saß und wirkte.» Andere wieder – wie Fritz Walter und Jupp Posipal – waren feinfühlend und empfindlich. Bei ihnen durfte man mit Bedenken und Zweifel nicht kommen, sie quälten sich ohnehin mit solchen. Hier mußte man ganz andere Wege gehen.

Wieder andere waren aufgeschlossen für jede Kritik – waren zuweilen auch selbstkritisch –, aber ihr Weg war stets mit guten Vorsätzen gepflastert. «Sie waren allzu vergeßlich, so daß auch Rückfälle in alte Fehler immer mit guten Vorsätzen gepflastert waren. Mein Freund Toni Turek gehörte zu dieser letzten Kategorie.»

Die Betreuung in Spiez begann mit der Verteilung der Zimmer. Warum er in Spiez wen mit wem zusammenlegte, plauderte Herberger nur begrenzt aus: «Es gab nur Doppelzimmer für das Weltmeisterschaftsteam», sagte er, und zwar, weil er es so haben wollte. In einem dieser Doppelzimmer wohnten nun Jupp Posipal und Karl Mai zusammen. Herberger erklärte: «Der Mai hat doch anfangs immer noch zu offensiv gespielt, der mußte erst richtig in die Deckung und in die Mannschaft eingeführt werden.» Bei Fritz Walter, dem Souverän- und Nervenbündel, wohnte Helmut Rahn. Herberger: «Der Rahn hat doch Nerven wie Klaviersaiten, egal, was darauf kommt, es kommt immer eine Mordsstimmung heraus.» Eckel und

Schäfer ergänzten sich in ihrer Jungenhaftigkeit und waren mit ihren Späßen unzertrennlich. So sehr, daß Frau Schäfer, die im «Eden» in Spiez auf eine freie Stunde mit ihrem Mann wartete, unumwunden klagte, «wenn mein Mann vom Training und von den Spaziergängen wirklich mal ins Hotel kam, und wir hatten uns ‹Guten Tag› gesagt, dann kam todsicher im nächsten Moment der Eckel an.» Herberger legte auch Raucher zusammen auf ein Zimmer, obwohl offiziell bei ihm nicht geraucht werden durfte.

Natürlich hatte Sepp Herberger alle Hände voll zu tun, während des Turniers auftretende physische und vor allem psychische Schwierigkeiten in seiner Truppe frühzeitig zu erkennen, richtig einzuordnen und zu therapieren. Der erste, der zu spüren bekam, was das hieß, war Toni Turek, der Torwart. Herberger nannte ihn «einen der ganz Großen in der Reihe der besten Torwächter, die es je gegeben hat», aber auch «einen leichtsinnigen Bruder, der – allen ernsteren Hinweisen zum Trotz – eine starke Neigung hatte, seine großartige Torwartkunst gelegentlich eindringlich zur Schau zu stellen». So fing er den Ball mit einer Hand, wo er leichter, besser und sicherer mit beiden Händen zugegriffen hätte. Der Jubel und der Beifall von draußen über solche oft atemberaubenden Situationen galten ihm offensichtlich mehr als ein Spiel auf Sicherheit. Herberger: «Die Lust zur Schau lag ihm im Blut. Die mahnende Kritik der Männer seiner Umgebung nahm er kaum zur Kenntnis oder schlug sie in den Wind.» Oft habe sein Verhalten geradezu provozierend auf den Gegner gewirkt. «Ihm fehlte es einfach an dem notwendigen Maß von ernster Einstellung.»

Im Spiel gegen die Türkei war Herberger enttäuscht und grimmig, und nicht nur er allein. Auch bei Tureks Mitspielern hatten sich während des Spiels Ärger und Mißmut über die Einstellung und das Verhalten des Torwarts angesammelt, der völlig ungefährliche Situationen zu Momenten höchster Gefahr für die deutsche Mannschaft werden ließ. Herberger beschloß, ihn zu bestrafen, und tauschte ihn im ersten Spiel gegen die Ungarn aus.

Ursprünglich hatte Kubsch spielen sollen, der sich aber bei einem Freizeitunfall verletzt hatte und ausfiel. Der unglückliche Heinrich

Kwiatkowski konnte das 3 : 8-Debakel nicht verhindern. Im zweiten Türkenspiel spielte wieder Turek. Aber auch da, so Herberger wütend, «wollte er seine Show aufziehen. Da hat er so lange gespielt, so lange riskiert und so lange irgendein Theater gemacht, bis mal wieder ein Ball, den er mit einer Hand aufnehmen wollte, ausrutschte, und es stand 7:2. Ich habe eine Mordswut gehabt.» Herberger schickte einen Ersatzmann zum Tor mit der Drohung: «Wenn er so weitermacht und das nicht läßt, dann nehm ich ihn raus, und dann kommt er das nächste Mal nicht mehr dran.»

Weit größere Sorgen machte sich Herberger um Jupp Posipal, der eigentlich einer seiner verläßlichsten Männer war. Herberger schätzte den Hamburger, besuchte ihn oft zu Hause, verehrte auch Frau Gisela Posipal. Er weihte ihn früh in seine Pläne ein. Andererseits wußte der Bundestrainer aber auch, daß Jupp Posipal immer in Gefahr war, sich selbst zu überfordern. Jetzt war ihm nicht entgangen, «daß Jupp, der für gewöhnlich immer in bester Laune war, mit drolligen Geschichten und den neuesten Witzen für Kurzweil und Unterhaltung sorgte, auf einmal abseits und allein zu sehen war. Im Spiel in Zürich war er mit seinem türkischen Gegenspieler nicht so recht fertig geworden. Dabei zeigte der Türke keineswegs herausragende Leistungen.» Etwas war los mit Jupp, fand der Trainer. Schon im ersten Spiel habe er – im Vergleich zu den von ihm gewohnten Leistungen – «blaß und schleppend» ausgesehen.

Die vorläufige Erklärung war: Jupp litt unter einer alten Verletzung. Er hatte sie sich im letzten Spiel seines Vereins zugezogen und mit in den Münchener Lehrgang gebracht, wo sie unter den geschickten Händen von Erich Deuser bald ganz behoben schien. Jetzt traten diese Beschwerden wieder auf und machten ihm zu schaffen. Auf einem der vielen Spaziergänge darauf angesprochen, klagte der Hamburger Herberger sein Leid. Zaghaft fing er an, davon zu reden, beim nächsten Spiel aussetzen zu wollen. Herberger glaubte nicht, daß es die Verletzung war, die Posipal zu spielen hinderte. Posipal, das wußte Herberger, war ein sehr ehrgeiziger Mann. «Er hatte verhältnismäßig spät mit dem Spiel begonnen. Talent und ehrgeiziges Streben hatten ihm höchste Ehrungen eingebracht. Jetzt drängte es ihn auf die Weltbühne des Fußballs, und er fühlte sich zu besonderen Leistungen verpflichtet. Diese Gefühls- und Denkrichtung hatte ihn etwas aus dem seelischen Gleichgewicht gebracht.»

Seine Verletzung war Posipal zur fixen Idee geworden, und Herberger gelang es nicht, ihm diese auszureden. Freilich war auch der Trainer durch Hintergedanken gehemmt: Er wollte Posipal dazu bringen, auf den Verteidigerposten zu wechseln, damit Werner Liebrich weiter Mittelläufer spielen konnte.

Während des Jugoslawienspiels bat Herberger den Hamburger, auf der Trainerbank neben ihm Platz zu nehmen. Im Flüsterton ritt Herberger nun seine Seelenattacken gegen Posipal. Ob er nicht sehe, wie die Mannschaft spiele? Ob er nicht sehe, «daß jetzt nur er noch fehle, er, der große Mann unserer Abwehr in all den bisherigen Jahren»? Daß er doch eigentlich diese große Abwehr aufgebaut und in all den Jahren geführt habe, daß es doch sein Werk sei, das sich heute so bewähre. Ob er nicht sehe, «daß wir mit seinem Wiedereintritt in die Abwehr zusammen mit Werner Liebrich zwei Weltklasseleute aufzubieten hätten»? Daß er dann – so wie früher im Zentrum der Abwehr – jetzt als Verteidiger Regie führen könne. Und endlich, «daß er doch im Grund gar nicht verletzt sei, wie es ihm seine Gewissenhaftigkeit und sein Verantwortungsgefühl einrede».

Genüßlich beschrieb Herberger später die Situation: «Wir waren nahe zusammengerückt. Saßen Schulter an Schulter. Zu meinen aufmunternden Worten an ihn gehörte auch immer wieder von Zeit zu Zeit ein entsprechender Rempler: ‹Na, Jupp, was ist los? Sehen Sie denn nicht, wie Sie da fehlen? Spüren Sie denn nicht, wie Sie unserer Abwehr an allen Ecken und Enden fehlen? Spüren Sie denn nicht, wie wir alle, Spieler und ich, darauf brennen, Sie wieder dabeizuhaben?› Langsam wurde der Jupp neben mir zum Sitzriesen. Langsam, brockenweise kam seine Zustimmung: ‹Das Zuschauen und die Pause haben mich wieder gesund gemacht. Ich glaube, ich bin wieder da!›» Er war wieder da. Gegen Österreich und im Finale spielte er entscheidende Partien.

Der wichtigste Klient des Seelenklempners Sepp Herberger aber war Helmut Rahn. Der «Boß» war ein kraftstrotzender, impulsiver

Mann, der nicht leicht zu disziplinieren war. Zumal er am Anfang glaubte, er käme nicht recht zum Zuge. Herberger hatte mit Berni Klodt von Schalke 04 und Helmut Rahn von Rot Weiß Essen zwei gute Rechtsaußen im Aufgebot, und er entschied sich im ersten Türkenspiel für Klodt, weil der als Kombinationsspieler besser war. Für den dynamischen und eigenwilligen Helmut Rahn war das eine Demütigung gewesen, die er gerade dadurch bestätigt fand, daß er im nächsten Spiel dabei war – denn das war die Schonelf gegen Ungarn. Nach diesem Spiel war er restlos sauer. Er habe unbedingt einen Tapetenwechsel gebraucht, erzählte er seinem späteren Mannschaftskollegen Willi Schulz, sei aus dem Trainingslager geschlichen und habe in einer Bar seinen Kummer heruntergespült. Als es draußen hell wurde, machte er sich mit gemischten Gefühlen auf den Rückweg. Sein Zimmerkumpel Fritz Walter lag wach im Bett und löste Kreuzworträtsel. Rahn: «Ich fühlte, daß Seppl Herberger längst über meinen Ausflug informiert war, und begann von selbst, meine Koffer zu packen. Denn für mich war klar: Der Chef schickt mich sofort nach Hause.»

Und dann kam Herberger, der in der Tat Bescheid wußte, aber «partout» nichts merken wollte. Er sagte nur: «Jungs, bitte fertig machen zum Training.» Kein Wort über Rahns Alkoholfahne oder über den nächtlichen Spaziergang. Der sonst so sittenstrenge und prinzipienfeste Bundestrainer hatte eine stille Vorliebe für den lustvollen Menschen aus dem Kohlenpott, der ihn offenbar an jenen eigenwilligen jungen Spieler erinnerte, der er selbst einmal gewesen war. Jener Herberger, der fummelte und klotzte, der den Ball nicht hergab und von Nerz auf Disziplin gedrillt wurde. Der Bundestrainer beobachtete Helmut Rahn in Spiez sehr genau. «Was ihn am meisten verdrossen haben mag, war die Tatsache, daß ich offenbar überhaupt keine Notiz von dem nahm, (...) wenn er den Kopf trotzig in den Nacken warf und hocherhobenen Hauptes an mir vorbeiging. Ich hatte also absolut nichts dagegen, wenn er noch darüber im Zweifel bliebe, ob er oder ein anderer beim nächsten Spiel dabeisein werde.»

Noch wußte Rahn nicht, daß Herberger plante, ihn im Spiel gegen Jugoslawien aufzustellen. Der Gedanke, noch einmal auf der Reservebank sitzen zu müssen, quälte ihn. Herberger amüsierte sich: «Wer den tatendurstigen Boß in einer solchen Stimmung kannte, kann sich leicht ein Bild davon machen, was der Fritz, sein Zimmerkamerad, mit ihm durchmachen mußte und auszuhalten hatte.» Schon in der Nacht, die dem Erfolg gegen die Türkei folgte, mußte er angefangen haben. «Überraschend früh war Fritz an diesem Tage schon auf den Beinen. Ich merkte, daß er etwas mit sich herumtrug. Bald machte er sich auch an mich heran. Und dann brach es geradezu aus ihm heraus: ‹Herr Herberger›, so fing er an, ‹ich halte es mit dem Boß einfach nicht mehr aus. Tag und Nacht kniet er mir auf der Seele. Sag dem Chef, er soll mich aufstellen. Dem Beara habe ich in allen Spielen, die ich gegen ihn gespielt habe, immer mindestens ein Tor reingehauen. Ich ‚fetze' ihm auch diesmal einige rein.› Der arme Fritz. (...) Aber dem Boß schadete es nicht, wenn er noch eine Weile im Ungewissen zappelte. Ich vertröstete den Fritz auf später und verblieb mit ihm so, daß er dem Helmut schon Hoffnungen auf den kommenden Sonntag machen könne.

Nach dem Frühstück ging es dann wie an allen Tagen nach Thun zum Training. Helmut war dabei wie von der Kette. In seiner lustvollen und kraftstrotzenden Art war er immer allen voran und mittendrin die treibende Kraft. Er war in einer Stimmung, in der man Bäume ausreißen möchte. Offensichtlich hatte ihm Fritz Walter Andeutungen gemacht.»

Natürlich setzte Herberger Rahn dann ein. Als es lange, allzu lange, beim 1 : 0 blieb gegen Jugoslawien, der deutsche Sieg auf Messers Schneide stand, ging der Trainer an die Linie, um den Boß an sein Versprechen zu erinnern, dem jugoslawischen Torwart Beara «ein Ding» in die Maschen zu hauen. Rahn wartete an der Mittelfeldlinie, etwas nach innen eingerückt, und Herberger rief ihm zu: «Helmut, wo bleibt denn das versprochene Tor?» Und Rahn zog los und antwortete mit einem «Kapitalschuß», den Herberger nur als «schwarzen Strich» wahrnahm – «und hinten hat das Netz gezappelt».

Fußball ist Märchenstoff. Manchmal siegt sogar das Gute. Am Ende der wunderbaren Geschichte vom braven Helmut, der auszog, das Vertrauen des Seppl zu belohnen, stand dann die wieder und wieder erzählte Szene von der 83. Minute in Bern. Herberger erlebte sie so: «Ein Paß bleibt in der gegnerischen Verteidigung hängen. Die Situation scheint für die Ungarn geklärt, aber nicht für Hans Schäfer. (...) Erst einmal am Ball, gibt es für ihn kein langes Zaudern. Er zieht schnell und energisch in Richtung Tor. Kurz vor dem Angriff des ihn verfolgenden Verteidigers kommt seine Flanke. Sie schwebt hoch herein. Es gibt keinen klaren Sieger in diesem Luftkampf. Von irgendeinem dieser Gruppe springt der Ball ab. Ausgerechnet nimmt er die Richtung auf Helmut Rahn, der, den Ausgang dieser Kopfballszene abwartend, auf der Lauer steht.

Alles rollt jetzt in Sekundenschnelle ab. Zwei Ungarn stürzen auf ihn und in die vermeintliche Schußbahn. Man kennt und fürchtet seine Gewaltschüsse. Aber rechtzeitig erkennt Helmut seine Chance. Er schießt nicht sofort, sondern trickst erst den ihm im Wege stehenden Gegner aus, und bevor der zweite Ungar sich ihm in den Weg werfen kann, zieht er mit dem linken Fuße ab. (...) Es stand 3:2 für uns.»

Schlußpfiff, Jubel, Tränen, hysterische Ausbrüche. Ist Sepp Herberger aufgesprungen, hat er gestikuliert, wem fiel er um den Hals? Keiner schien in diesem Augenblick auf den kleinen Mann an der Seitenlinie geachtet zu haben, der bis zum Schluß mit unbewegtem Gesicht im durchgeweichten Regenmantel am Spielfeldrand gesessen hatte. Er hatte – sagte er später – gar nicht mitgekriegt, daß es regnete. Und er wußte hinterher nicht mehr, wer ihm die Hand geschüttelt hatte.

Der Ball ist rund? Hier hatte sich ein Leben gerundet. An diesem Sonntag, dem 4. Juli 1954, um 18.55 Uhr in Bern. Der kleine Seppl hatte es allen gezeigt. Dieser Sieg – das war mehr als alle Torschüsse seines Lebens und auch mehr als Prädikatsexamen und Orden und Titel. Mehr als Geld sowieso. Bis zum Ende seiner Tage würde Sepp Herberger in stillen Stunden immer wieder die Platte auflegen mit der überschnappenden Stimme von Herbert Zimmermann: «Aus!

Aus! Aus! Aus! Aus! Das Spiel ist aus! Deutschland ist Weltmeister!» Der größte Tag im deutschen Fußball, und er, der kleine Seppl, hatte es bewirkt.

Hatten sie nicht alle an ihm gezweifelt? Hatte er nicht alle überrundet? Jetzt hatte er es ihnen gezeigt, allen. Denen, die schon tot waren, und denen, die noch lebten.

Seine Spieler hoben ihn auf die Schulter, doch den Pokal wollte er nicht tragen: «Nein, nein – ihr, die Mannschaft, habt ihn verdient.» Als er in die Kabine gekommen war, wo alles durcheinanderredete, wußte er auch nicht mehr, wie viele Hände er gedrückt hatte. Er fand auch keine Worte.

Langsam wurde es dann sehr ruhig im Umkleideraum, erinnerte sich Herberger. Mit hochroten Gesichtern und fast leeren Blicken nuckelten die Spieler an ihren Obstsäften. Und saßen auf den Bänken. Jetzt endlich übermannte Herberger Rührung und Freude, er konnte seine Bewegung nicht mehr verbergen: «Was soll ich sagen! Ich bin so glücklich und auf meine Mannschaft so stolz ...!» flüsterte er dem Journalisten Ludwig Maibohm zu, einem seiner engsten journalistischen Weggefährten.

Dann kam Fritz Walter, sein verlängerter Arm auf dem Platz, sein Lieblingsschüler, sein Freund. Maibohm hat die Szene beschrieben: «Die beiden schauen sich in die Augen. Ein stiller, fester Händedruck. Dann macht sich Fritz zum Dolmetsch für die gesamte deutsche Elf. Mit einem dreifachen Hipphipphurra, in das alle Anwesenden begeistert einstimmen, dankt der Spielführer unserer erfolgreichen Nationalmannschaft ihrem Betreuer, Trainer und – Freund.

Der sagt nichts, kann einfach nichts sagen. Er geht reihum und erwidert die Gratulation mit Handschlag von Mann zu Mann.» Sprache und Rituale von Männerfreundschaften gestatteten wenig Spielraum damals: «Dieser Händedruck mit dem klaren Blick in die Augen von elf Freunden» – das war der emotionale Gipfel, seit Jahrzehnten zum sprachlichen Klischee erstarrt. Mehr mußte und konnte in diesen Tagen nicht ausgedrückt werden.

Und Peco Bauwens, der DFB-Präsident, erleichtert, begeistert und auch wohl noch schuldbewußt nach seinen Zweifeln an der taktischen Linie seines Bundestrainers, jubilierte: «Dieser 4. Juli ist der stolzeste Tag in der ruhmreichen 54jährigen Geschichte des Deutschen Fußball-Bundes, und der, der die Voraussetzung dazu schuf und ihn bereitete, heißt einzig und allein Josef Herberger.»

Der saß da und schwieg. Plötzlich stand Gustav Sebes vor ihm, der ungarische Trainer. Herberger mußte sich für mitfühlende Worte nicht verstellen: «Seine Gratulation war die eines feinen Sportsmannes. Es bedurfte nicht vieler Worte. Eine Welt war mit dem Spiel und seinem Ausgang versunken. Ich fühlte mit ihm und mit mir die Spieler. Sein Erscheinen hatte uns alle verstummen lassen.»

Dann gingen die Helden von Bern zum Omnibus. Der Weg, so erinnerte sich Herberger, führte durch ein Spalier sich ausstreckender und in Übermut und Freude zuschlagender Hände. «Ich bin sicher – und mit den Spielern darin einig –, daß es in allen Fällen Ausdruck der Verbundenheit und Dankbarkeit sein sollte. Aber Männer haben oft ihre eigene Art, ihren Gefühlen Ausdruck zu geben. Ich habe noch nach Tagen diese Beweise gespürt.»

Schon hier – in der Stunde des Triumphes – kriegten die neuen deutschen Idole zu spüren, wieviel Aggression in der Bewunderung liegt, wieviel Schmerz auch das Leben für den bereithält, der siegt. Sepp Herberger und die Helden von Bern waren – im wahrsten Sinne des Wortes – vom Glück geschlagen.

«Wir müssen wieder von vorn anfangen»

Herbergers bittere Zeit

Erst war es der Überschwang, dann die Begeisterung, die ihn noch lange trug, später wurde es fast zum Zwang – «Helmut Rahn, der Held von Bern», erzählte sein drittes Tor. Wieder und wieder beschrieb er jenen Aufsetzer, der den kraftstrotzenden Naturburschen aus dem Kohlenpott zum nationalen Helden und Deutschland zum Fußballweltmeister machte.

«Hänsken Schäfer hebt 'ne Flanke vors Tor, und da steht der Ottes, der Ottmar Walter. Und der Lorant, was der Ausputzer war und mein Bewacher. Der Ottes steigt hoch, der andere und der Lorant. Alle drei wollen mit'n Kopp ran. Keiner kricht'n richtich. Den Lorant streift der Ball anne Stirn vorbei, soeben hatt'n noch berührt. Und ich steh genau richtich. Der Ball fällt mir vor de Füße, exakt au'm rechten. Un in die Sekunde wußt ich, was getz passieren würde. Die zwei Ungarn, der Lorant und der annere, stürzen sich auf mich zu. So richtich mit Gewalt. Ich lass se kommen und zieh dann die Kirsche schnell von rechten au'm linken Fuß. Und da, Mann, ich sehet noch wie heute, hab ich dat ganze Gelände vor mir. Keine zwanzig Meter vo'm Tor weg, inne Position von den Halbrechten. Und der Grosics steht akkurat so, dat in seine rechte Ecke Platz is. Ich zieh ab mit den linken Fuß, und dat gibt so'n richtigen gefährligen Aufsetzer. Und wat dann passiert is, dat wißt Ihr ja.»

Prost Helmut. Es wurde gefeiert und gefeiert und gefeiert. Dem triumphalen Empfang auf der Fahrt von Spiez nach München folgten die Einzelehrungen zu Hause. Dann waren noch einmal alle zusammen in Berlin und Bonn. Aber damit war längst noch nicht Schluß.

Herberger sah die Festserie mit zunehmendem Unbehagen. «Zunächst hatte es uns allen gutgetan», erinnerte er sich, «so geehrt zu werden.» Nach den harten, entsagungsreichen Wochen mit ihrem täglichen Training und sechs Länderspielen in 18 Tagen waren die Feierstunden und Empfänge, die überall zu Volksfesten in den Städten wurden, so recht ein Rausch der Glückseligkeit. «Ich war ja auch dafür, daß nach den offiziellen Feiern die Leute ein bißchen Ruhe und Entspannung hatten. Aber als dann die Feiern gar nicht abreißen wollten, ja sich allerorts eine Steigerung kundtat, habe ich diese Kunde doch langsam mit einem Gefühl inneren Unbehagens vernommen», notierte sich Herberger.

Schon am 22. Juli, gut zwei Wochen nach dem Endspiel, sagte Herberger in einem Interview in Wiesbaden: «Wir müssen natürlich weitermachen, jetzt ja noch mehr als bisher. Und wenn Sie mich fragen, womit ich mich beschäftige – und vielleicht denken Sie im stillen, ich hätte noch immer stets und ständig den Schweizer Sieg unserer Nationalelf vor Augen ... ja, ich hab ihn vor Augen, aber nicht als Triumph allein, sondern vielmehr als Verpflichtung. Und ich beschäftige mich mit dem nächsten Länderspiel. Wenn bisher schon das nächste immer das schwerste war, so kommt in Zukunft noch ein kräftiges Päckchen dazu.»

Im Ernst hatte er schon in München daran gedacht. Dort mahnte er den Kölner Hans Schäfer, der gerade wieder den Humpen ansetzte: «Hans, trinken Sie nicht so viel. In acht Wochen haben wir ein schweres Spiel in Brüssel gegen Belgien.» Gut, damals hatten seine Männer gelacht. Mochten sie. Aber irgendwann mußte mal Schluß sein.

Am 20. August schrieb Herberger einen seiner gefürchteten Rundbriefe: «Liebe Kameraden! ‹Das nächste Spiel ist immer das schwerste Spiel!› Diese Parole, unsere Einstellung und Vorbereitung auf ein Länderspiel, müssen wir diesmal ganz besonders beachten und befolgen. Denn unser nächstes Spiel ist das erste nach der Erringung der Weltmeisterschaft. Es steigt am 26. September in Brüssel. Brüssel wird zu einem ersten Prüfstein. Belgien wird alles daransetzen, uns zu schlagen. Die ganze (Fußball-)Welt wird am Verlauf und am Ausgang dieses Spieles sehr stark interessiert sein.»

Für Mittwoch, den 8. September, lud er die Kandidaten nach Frankfurt zu einer Besprechung ein. Zur Vorbereitung entwarf er Briefe, deren aufrüttelnde Botschaften er sich in Kurzform aufschrieb:

Toni Turek: «Es wird schwer werden, einmal, was die Aufgabe anbetrifft, zum anderen wegen der nachdrängenden Konkurrenz! Halte Dich ran!»

Jupp Posipal: «Ich rechne mit Ihnen und weiß dabei, daß ich mich auf Sie wieder verlassen kann.»

Werner Kohlmeyer: «Bist Du in bester Kondition, wird es die nachdrängende Konkurrenz schwer haben, Dich zu verdrängen; läßt die Kondition nach, hat es die Konkurrenz leicht. Jeder möchte Sie gerne noch recht lange dabeihaben.»

Fritz Laband: «Sie haben eine erste Chance, mit Jupp als Nebenmann gegen Belgien zu verteidigen. Aber Sie müssen gesund und in bester Kondition sein. Schreiben Sie mir, wie es damit bestellt ist.»

Horst Eckel: «Horst, junger Freund, ich rechne mit Dir! Es wird heiß hergehen.»

Werner Liebrich: «Ich hoffe Sie ein Stück weiter auf dem Weg zu Ihrer Leistung auf der WM. Tun Sie alles, um am 26.9. in bester Kondition zu sein.»

Karl Mai: «‹Auf geht's!› Jeder muß am 26.9. topfit sein.»

Helmut Rahn: «Ich bin darauf gespannt, ob Sie in der Zwischenzeit *das* geübt haben, was Sie zu üben mir in Spiez versprochen haben: Helmut, am 26.9. muß es ‹patschen›.»

Berni Klodt: «Berni, ich freue mich auf das Wiedersehen.»

Ulrich Biesinger: «Ulli, ich rechne mit Ihnen für den 26.9. Trainieren Sie fleißig und empfehlen Sie sich durch gute Leistungen in den Spielen Ihres Vereins.»

Ottmar Walter: «Ottes, so sehr ich mich mit Ihnen über die großartige Entwicklung Ihrer Tankstelle freue, so sehr bin ich besorgt um Ihre Form, die in letzter Zeit nicht die beste ist.»

Max Morlock: «Das wäre eine wunderbare Sache, wenn Sie nach Brüssel *die* Kondition mitbrächten, die Sie in der Schweiz hatten. Wie man zu ihr gelangt, wissen Sie.»

Fritz Walter: «Es geht wieder los! Tun Sie alles, um recht bald wieder gesund und voll leistungsfähig zu sein.»

Hans Schäfer: «Brüssel muß uns alle in lebendiger Form sehen.»

Richard Herrmann: «Viel Glück und eine gute Form in der nächsten Saison.»

Als die Spieler dann aber eintrafen, war Herberger erschrocken. Zwar waren alle in bester Stimmung, aber die Fitneß war dahin. «Bei einigen war bereits die veränderte Form durch den Anzug zu erkennen», stöhnte der Trainer. «Höchstleistung im Sport und vergnügliches Leben sind wie Feuer und Wasser. Man kann nicht zwei Herren gleichermaßen dienen. Entweder – oder! Entweder das eine oder das andere. Beide zusammen vertragen sich nicht!»

Er selbst wirkte angespannt und eher gehetzt als erholt. Es war, als hätte er mit dem Unheil gerechnet, das sich abzuzeichnen begann. Zu Hause hatte es auch für ihn Trubel gegeben, seine Mitbürger in Hohensachsen ehrten ihn mit einem Fackelzug und benannten eine Straße nach ihm, seine eigene. Sein Haus mit den schmiedeeisernen Initialen «SH» an der Gartenpforte lag jetzt in der Sepp-Herberger-Straße. Das schmeichelte ihm. Anschließend gönnte er sich einen kurzen Urlaub mit Frau Eva in Bad Reichenhall.

Aber zur Ruhe kam er nicht. Es bedrückte ihn, daß die anderen jetzt alle auf Fehltritte seiner Mannschaft lauerten, während die doch erst wieder Tritt fassen mußte. «Die außerordentliche Anspannung der Weltmeisterschaft hat schließlich nicht nur eine körperliche, sondern auch eine seelische Erschlaffung zur Folge gehabt», sagte er in einem Interview. «Nun müssen die Akkus, wenn ich so sagen darf, erst wieder aufgeladen werden. Und gerade in Brüssel wird es für uns nicht leicht sein. Gegen Favoriten – und das sind wir leider – sind die Belgier immer in bester Form.»

Die Schreckensmeldungen, die einzutreffen begannen, nahm er mit grimmiger Ahnung zur Kenntnis: Hatte er es nicht gewußt? Zunächst wurde er nach Kaiserslautern ans Krankenbett Horst Eckels gerufen, der sich im Lokalderby einen Waden- und Schienbeinbruch zugezogen hatte. Wenigstens glatt schien der zu sein. Doch für Brüssel fiel Eckel aus.

Damit war schon sein erster Traum geplatzt: Die Mannschaft von Bern würde in Belgien nicht auflaufen können. Die Spieler Mai und Schäfer waren auch verletzt. Toni Turek erhielt mäßige Kritiken, war in schlechter Form. Auch die Ersatztorwarte Kwiatkowski und Kubsch waren außer Gefecht gesetzt, dafür stand Herkenrath von Rot Weiß Essen bereit. Auch Kohlmeyer wurde nicht sonderlich gut beurteilt. Am Ende fehlten in Brüssel vier Spieler aus der Meistermannschaft, darunter vor allem der Kapitän – Fritz Walter. Das war der zweite geplatzte Traum.

Daß Helmut Rahn dabei war, freute Sepp Herberger. Mochten auch die Eskapaden dieses «Fußball-Wunderkindes» durch die Presse gegeistert sein, er war, trotz deutlichen Übergewichts, noch immer zu erstaunlichen Leistungen fähig. Die 0 : 2-Niederlage aber konnte auch er nicht verhindern. Traum Nr. 3 endete mit bösem Erwachen.

Herberger tat zwar so, als käme ihm dieser Warnschuß gar nicht ungelegen, da er nun zahlreiche ältere Spieler der deutschen Nationalmannschaft durch neue Talente ersetzen könnte. Doch war das nur ein kläglicher Versuch, seine bodenlose Enttäuschung zu bemänteln, und ein Versuch, die Leistungsbereitschaft seiner alten Helden anzustacheln. «Belgien wurde kein Ruhmesblatt für unsere Mannschaft. Alle waren außer Tritt geraten; alles, was uns groß gemacht hatte, schien in den zurückliegenden Wochen in Vergessenheit geraten zu sein. Das Resultat war nicht so schlimm.»

In Wahrheit fing die Misere erst richtig an. Sie sollte sich zur schwersten persönlichen Krise seiner Laufbahn auswachsen. Die Mißerfolge seien über ihn hergefallen «wie ein Rudel hungriger Wölfe». Gerade noch auf dem Gipfel, sah Josef Herberger Wochen später sein gesamtes «Lebenswerk» in Gefahr. Zunächst erkrankten die Spieler reihenweise an Gelbsucht. Erst fiel Helmut Rahn für lange Zeit aus, dann wurden auch die Gebrüder Walter, Max Morlock, Heinz Kubsch und Karl Mai von dieser Krankheit heimgesucht. Auch Herberger selbst lag eine Weile darnieder. Sogar Fritz Herkenrath, Helmut Rahns Vereinskamerad aus Essen, der in der Schweiz gar nicht dabei war, wurde angesteckt. Die sportlichen Beeinträchtigungen wären schlimm genug gewesen, ärgerlicher war aber der moralische Schaden. Denn der ungarische Mannschaftskapitän Ferenc Puskas entfachte mit seiner Vermutung, die Deutschen hätten unter dem Einfluß leistungssteigernder Drogen die Weltmeisterschaft gewonnen, einen Pressekrieg, der scharf und bitter war.

Bis heute ist die letzte Ursache dieser epidemischen Entzündung nicht geklärt. Dettmar Cramer, später Assistent Sepp Herbergers und in jenen Jahren der Nationalmannschaft nahe, vermutet heute, daß sich Helmut Rahn wohl auf einer Südamerikareise infiziert und – nach längerer Inkubationszeit – seine Mannschaftskameraden angesteckt habe. Daneben kursierte die Vermutung, daß bei Traubenzucker- und Vitamininjektionen durch eine unreine Nadel eine Übertragung stattgefunden haben könnte. Den Dopingverdacht zog später auch Puskas zurück.

Die Skandaldebatte und die Erkrankungen signalisierten eine bittere Zeit. Von 17 Länderspielen gewann der Weltmeister Deutschland bis 1956 gerade mal vier, und die gegen schwache Gegner und in Verlegenheitsbesetzung. In 26 Spielen bis zur Weltmeisterschaft 1958 traten die Deutschen 26mal mit anderer Aufstellung an. Daß die Mannschaft in der Krise sei, pfiffen die Spatzen von den Dächern, doch je lauter sie pfiffen, desto krampfhafter redete der Bundestrainer die Niederlagen schön.

«Der Lebenskampf ist schwieriger als der Fußballkampf», warnte Fritz Walter nach dem Endspielsieg. Zehn Jahre später schnitt sich sein Bruder Ottmar die Pulsadern auf, weil er Schulden in Höhe von 250000 Mark hatte, wie DER SPIEGEL berichtete. Auch Ottmar Walters Frau hatte vorher schon einen Selbstmordversuch unternommen. «Alles, was nach der Weltmeisterschaft kam», hatte der inzwischen verstorbene Werner Kohlmeyer, der dem Alkohol verfiel, schnell erkannt, «war wie ein einziges verlorenes Wochenende.» Nur die wenigsten schafften es, mit solcher Selbstverständlichkeit das Leben anzugehen wie Horst Eckel, der damals der Jüngste war: «Man muß einfach nur normal bleiben und so weiterleben wie vorher.»

Das genau war die Schwierigkeit. Den elf Helden von Bern wurden in den Klischees der deutschen Presse und in den Augen ihrer Bewunderer immer mehr Züge der Protagonisten deutscher Heimatfilme angeheftet. Kleine Angestellte, harmonisch verheiratet, zuverlässige Familienväter, bescheiden und mit beiden Beinen fest in der Heimaterde verwurzelt. Die Weltmeisterschaft war wie eine Versuchung in ihr Leben eingebrochen, und in der Tat hatten es die meisten ja schwer, damit fertig zu werden. Jupp Posipal: «Es stemmten sich Dinge gegen uns, die stärker waren, die andere ebenfalls zu Fall gebracht hätten.» Bescheidener Wohlstand, wie das dann später hieß, war wenigstens denen sicher, die heute noch leben. Aber weder an Krankheiten noch an alkoholischen Exzessen, noch an psychischen Beschwernissen fehlte es – vor allen Dingen aber nicht an wirtschaftlichen Pleiten und Schwierigkeiten. Man könnte ja denken, so ein Fußballnationalspieler sei alt genug, für sich selber zu sorgen, schrieb eine Ehefrau bitter an den «Chef», «aber wenn ein Mensch nun mal einen solch labilen Charakter hat und die Versuchung gerade durch das ganze Drum und Dran des Fußballruhms größer ist als sonstwo, ist er auf die Hilfe seiner Mitmenschen angewiesen».

Noch waren sie wie ihre Fans. Doch erlebten sie im Schnelldurchgang, was der westdeutschen Bevölkerung als Folge des Wirtschaftswunders bevorstand. Wunder? «Das ganze Geheimnis des deutschen Fußballwunders», enthüllte zwei Monate nach der Weltmeisterschaft das deutsche Fußballtoto in einer Anzeige, bestehe darin, daß es letztlich kein Wunder gewesen sei, «sondern das Resultat gesunden Unternehmergeistes, uneigennütziger Arbeit, sportlicher Leistungskraft und ehrlicher Begeisterung für die schöne Sache des Sports». Kurz – das Fußballwunder von Bern sei eine Mischung gewesen aus Sepp Herberger und dem beginnenden Wirtschaftsaufstieg.

Es machte also Sinn, die Rückreise der Fußballweltmeister im «Roten Blitz» der Bundesbahn als eine «Imagination des Wirtschaftswunders» zu betrachten, wie es Alfred Georg Frei tat. Mögen sich die Reisetaschen und Kronleuchter, die Maggiwürfel und die

Schießer-Wäsche – aus heutiger Sicht – auch piefig ausnehmen und wenig geeignet sein, das «Wirtschaftswunder» zu repräsentieren, für die Beschenkten bedeuteten diese Dinge einen gewaltigen Vorsprung vor ihren Mitbürgern.

Denn wenn die Edeka-Kundenzeitung «Die kluge Hausfrau» im Herbst 1955 jubelte: «Es geht uns besser», dann signalisierte sie eher einen psychologischen als einen materiellen Durchbruch. Tatsächlich blieben die Einnahmen und Ausgaben in Arbeitnehmerhaushalten von 1949 bis weit in die 50er Jahre hinein bescheiden, ja kärglich, wie der Historiker Michael Wild 1993 in einer Untersuchung zum privaten Konsum in Westdeutschland feststellte. Die Einnahmen, abzüglich Steuer und gesetzlicher Versicherung, in Arbeitnehmerhaushalten mit vier Personen stiegen zwar zwischen 1950 und 1960 um mehr als das Doppelte auf 670,45 DM monatlich. Doch wuchsen auch die Aufwendungen für den Lebensunterhalt im selben Zeitraum von 285,43 DM auf 532,94 DM an.

Keine Frage, das erste Jahrzehnt nach der Währungsreform war für die westdeutsche Durchschnittsfamilie – zu der auch der Vertragsfußballspieler-Haushalt zählte – ungleich genügsamer, eingeschränkter und grauer, als es Begriffe wie «Wirtschaftswunder» und «Konsumgesellschaft» suggerieren. Erst 1955 wurde wieder mehr Bohnenkaffee getrunken als Muckefuck. Kühlschränke, Fernsehgeräte und elektrische Küchengeräte kauften sich die meisten Familien erst ab 1958. Nach 1959 war offenbar auch mehr Geld da für Körperpflege, Urlaube und Autos. Erst in diesem Jahr begann der Konsum über den Grundbedarf hinauszugehen. Bis zu den Millionengagen der Fußballstars von heute war es für die Weltmeister von 1954 aber noch ein weiter Weg. Keiner verdiente wie später Franz Beckenbauer, einige sind heute wohlhabend – auch Herberger starb als vermögender Mann.

Daß der Star der 50er Jahre, Fritz Walter, seine Stunde nutzen wollte, um von seinem Ruhm auch wirtschaftlich zu profitieren, verstanden alle außer Herberger. Dem behagten die Pläne seines Kapitäns überhaupt nicht. Und plötzlich begann «der Fritz», der ergebene Freund und vertraute Weggefährte aus Kriegszeiten, mit dem geliebten «Chef» halb öffentlich zu streiten – nichts hätte deutlicher zeigen können, wie tief und komplex die Krise Sepp Herbergers war.

Das Spiel in Brüssel ohne Fritz Walter, das war schon schlimm genug gewesen. «So wie ein Bauwerk einstürzt, wenn der tragende Pfeiler abgesägt wird, so fiel die deutsche Mannschaft ohne ihren Regisseur Fritz Walter auseinander», schrieb DIE WELT in ihrem Spielbericht. Aber schlimmer war, daß Fritz Walter während dieses Spiels, an dem er angeblich wegen Krankheit nicht teilnahm, in Brüssel auf der Tribüne saß. Und daß Ottmar verkündete, gegen Lüttich werde sein Bruder zwei Tage später mit dem FC Kaiserslautern spielen. Und das war das allerschlimmste, daß die Öffentlichkeit alles mitkriegte, daß jedermann merkte, es stimmte nicht mehr zwischen dem Spielführer der Weltmeistermannschaft und seinem Förderer, Entdecker und Freund Sepp Herberger.

Die Vorstellung, «seine» Nationalmannschaft könne ohne «seinen» Fritz spielen, war für Herberger ein Alptraum. Noch zwei Tage nach der Weltmeisterschaft hatte er gesagt: «Fritz Walter in dieser phantastischen Kondition ist für die nächsten zwei bis drei Jahre geradezu unentbehrlich.» Und weitere zwei Wochen später antwortete er auf die Frage, ob der «alte Fritz» weiter in der Nationalmannschaft spielen werde: «Natürlich wird er das. Wir haben noch keinen, der auch nur annähernd seine Rolle übernehmen könnte. Und wenn er – und das wird es immer wieder geben – auch vielleicht in den nächsten Spielen nicht die Schweizer Form erreicht, dann ist er immer noch unentbehrlich, als seelisches Zentrum sozusagen.»

Nun hatten Mißverständnisse, Empfindlichkeiten – und wohl auch ein unterschwelliger Machtkampf zwischen dem «Chef» in Weinheim und Fritz Walters Frau Italia – dazu geführt, daß das «seelische Zentrum» brachlag. Herberger war beleidigt. Fritz Walter fühlte sich elend, wie er gestand: «Durch ein unglückliches Zusammentreffen hatte ich mich nicht früh genug für das Länderspiel abgemeldet», rechtfertigte sich der Kapitän später. «Als ich Herberger erst in Brüssel, wohin ich mit dem FC Kaiserslautern gereist war, mein ärztliches Attest überreichte, begegnete er mir kühl wie nie zuvor.»

Wie alle anderen hatte auch der Spielführer mit großen Irritationen und Versuchungen zu kämpfen. Sollte er nicht jetzt aufhören? Einen besseren Abschluß für seine internationale Karriere als die Weltmeisterschaft könne man sich doch nicht wünschen, redete er sich ein. Das hatte er zwar auch in der Schweiz schon ausgesprochen, doch niemand hatte das für bare Münze genommen. Jetzt – sagte Fritz Walter – wurde die einmal geäußerte Absicht zum Thema «eines unvorstellbaren publizistischen Wirbels. Es entstand die groteske Situation, daß Bundestrainer Sepp Herberger meinen Entschluß, aufzuhören, aus der Zeitung erfuhr.»

Weiter schrieb Fritz Walter in seinem Weltmeisterschaftsbuch: «Gewohnt, alle wichtigen Probleme mit mir durchzusprechen, reagierte er ausgesprochen sauer auf das ganze Gerede. Auch was er sonst über Film- und Verlagsangebote an Fritz Walter erfuhr, brachte ihn in Harnisch. Zum ersten Mal gab es zwischen uns Mißverständnisse. Es setzte ein regelrechtes Kesseltreiben um mich ein.»

Weder Herberger noch Fritz Walter waren die Leute, in einer solchen Situation aufeinander zuzugehen. Beide waren sie Männer, die sich unter Druck abzuschotten begannen und sich zurückzogen. Und plötzlich gab es in Brüssel eine Barriere. «Zweifellos zum überwiegenden Teil durch meine Schuld», wie der sensible Fritz Walter mit Erschrecken bemerkte. «Ich wohnte nicht im Hotel der Nationalmannschaft, sondern mit dem FCK, der in Lüttich gastieren sollte, in einem anderen. Für Herberger und viele Kameraden war ich ein Abtrünniger. ‹Unterstehen Sie sich, am Dienstag gegen Lüttich zu spielen›, sagte der Chef in ungewohnter Schärfe. ‹Wie soll ich wissen, wie es mir bis Dienstag geht?› wehrte ich mich. ‹Bei einem Vereinsspiel kann ich nach zehn Minuten vom Platz, wenn ich mich nicht wohl fühle. Mach ich das bei einem Länderspiel, wird gleich wieder von Bluff und ähnlichem Theater geredet ...› Herberger blieb verärgert. Mein Verhalten paßte ihm nicht.»

Tatsächlich irritierten Fritz Walters Projekte – insbesondere ein

Filmprojekt, aber auch andere, bei denen nach Herbergers Geschmack das Geld eine zu große Rolle spielte – den Bundestrainer in erheblichem Maße. Fritz Walter sollte in einem Film sich selbst spielen. Die Idee: Der Held von Bern, der «Große Fritz» (BILD), «diese Verkörperung einer neuen Spielidee» (DER SPIEGEL), erhält Auslandsangebote, doch widersteht er allen Versuchungen, zerreißt einen ihm untergeschobenen Vertrag, springt aus einem fahrenden Zug und spurtet ins Trainingslager der deutschen Nationalmannschaft, wo er sich bei Sepp Herberger meldet: «1:0 für Deutschland.» Wie im richtigen Leben.

Obwohl – oder weil – dieses Drehbuch, was die Versuchungen anging, von erstaunlicher Wirklichkeitsnähe war, befand der Deutsche Fußball-Bund: «Der Geist der Nationalmannschaft ist nicht zu verfilmen.» Das Projekt wurde abgelehnt.

Aber Fritz Walter war ein Idol der Massen geworden. Als die Firma Saba den Nationalspieler, «den legendären Kapitän des Nationalteams», nach Villingen in die Fabrik einlud und herumführte, «brach die Produktion zusammen. Jeder wollte ihm die Hand schütteln. Jeder bat ihn um ein Autogramm, und der arme Fritz schrieb sich die Finger wund», erinnerten sich die Saba-Manager. In der Bundesrepublik begann eine geradezu hysterische Sammlungsbewegung, als die Gerüchte nicht verstummen wollten, daß Fritz Walter Auslandsangebote habe. Daraufhin nahm die Spendenfreudigkeit «sprunghaft» zu, registrierte der Historiker Horst Steffen, und es habe sich gezeigt, daß der Sinn fürs Materielle im Wirtschaftswunderland im Begriff war, die nationalen Integrationsmuster abzulösen. «Unser ganzer Betrieb ist sich einig. Wir wollen für Fritz Walter und seine Kameraden sammeln. Keiner will sich ausschließen. So denkt ganz Deutschland. Unser Fritz darf nicht auswandern!» Dieser Aufruf eines Hamburger Großbetriebes bei der BILD-Zeitung war keineswegs ein Einzelfall. Vor allem die Boulevardpresse propagierte die Forderung nach einem Solidarpakt zugunsten der Fußballer. «Helft unserem Weltmeisterschaftskapitän Fritz Walter. Dieser begnadete Spieler muß Deutschland erhalten bleiben. Ruft offiziell zu einer großen Spendenaktion auf. Es sollte doch möglich sein, die von Italien angebotenen 700 000 Mark zusammenzubringen und darüber hinaus noch einige tausend mehr. Einen 5-Mark-Schein lege ich bei», schrieb ein BILD-Leser. Ein anderer erregte sich: «Unser Fritz darf nicht auswandern, es dürfte überhaupt keiner von Deutschland fortgehen. Man müßte den Prachtkerlen doch eine Freude machen können. Wie wäre es mit einer Haussammlung?»

Sepp Herberger aber hielt vehement dagegen. Vollmundig erklärte er in einem Interview, auf die finanziellen Versuchungen angesprochen, er glaube einfach nicht, daß ein Mann unbeschwerter aufs Feld gehe, der keine finanziellen Sorgen habe: «Allein der Charakter des einzelnen entscheidet. Es kann einer Millionen verdienen und nicht genug damit haben. Nein, das Geld spielt eine untergeordnete Rolle, wenn einer ein wirklicher Kerl ist. Und in der National-Elf dürfen eben nur wirkliche Kerle stehen.»

Auf keinen Fall sollte sein Freund und Lieblingsschüler Fritz Walter so enttäuschend schwach sein, wie es Sepp Herberger selbst einmal gewesen war. Deshalb konnten alle diese Geldpläne nur der Unzufriedenheit und dem Erwerbsdrang von Frau Italia entspringen, für die Herberger schon vor der Weltmeisterschaft Geld für eine große Wäscherei besorgt hatte. Die sei aber unrentabel und mache zuviel Arbeit, klagte Fritz Walter.

Zusätzlich wurden deshalb Darlehen gesucht für ein Mietshaus mit Geschäften und einem Kino im Parterre. Vorher gab es allerdings großen Krach, weil Frau Walter sich öffentlich darüber beklagt hatte, daß ihr Fritz keine wirtschaftlichen Sicherheiten besäße. Das hätte sie besser nicht getan, denn nun meldeten sich die geheimen Förderer des Nationalmannschaftsspielführers und wiesen dem Bundesvorstand des Deutschen Fußball-Bundes nach, daß Fritz Walter allein vom Toto monatlich zwischen 3000 und 4000 Mark verdiente. Im Auftrag des Bundesvorstandes mahnte Herberger seinen Fritz telefonisch, Frau Italia solle diese «ständigen Klagen und Anklagen» unterlassen, sonst müsse der DFB die Höhe der Toto-Einnahmen der Öffentlichkeit bekanntgeben. Herberger: «Anschließend Anruf seiner Frau bei mir, in dessen Verlauf sie mich weinend bittet, ja diese Zahlen nicht der Öffentlichkeit preiszugeben. Sie verspricht, keine Interviews mehr zu geben.»

Herberger war in dieser Zeit auf Italia Walter ausgesprochen schlecht zu sprechen. Sie war die Managerin seines Lieblings, und es ärgerte ihn, daß sie ihm immer wieder zu erkennen gab, Fritz würde, wenn sie nicht da wäre, schon lange nicht mehr Fußball spielen. Selbst die Leistungen ihres Mannes bei der Weltmeisterschaft rechnete sie sich als Verdienst an, wollte Herberger gehört haben.

Es war kein Geheimnis, daß der Bundestrainer seinem jungen Freund Fritz von Anfang an von dieser Ehefrau abgeraten hatte. Die Französin mit der italienischen Mutter und den langen, roten Fingernägeln war ihm nie geheuer gewesen, auch wenn er sie hin und wieder aus taktischen Gründen lobte. Auch Eva Herberger war voller Ressentiments gegen die «Schwarz-Hex» aus Kaiserslautern, die zuließ, daß der Fritz immer erst gegen Mittag aus den Federn kam. Fritz Walter aber ist heute noch stolz, daß er sich von den Alten – auch sein Vater hieb in die gleiche Kerbe wie die Herbergers – in seine Liebe nicht hatte hineinreden lassen.

Wie sehr sich die Stimmung zwischen Herberger und seinem Kapitän verschlechterte, zeigte eine ungnädige Notiz vom 30. August 1954, als Herberger an Fritz Walter schrieb: «Lieber Fritz, sagen Sie mal, ist mit Ihrem Gedächtnis etwas nicht in Ordnung, oder was hatten Sie für einen Grund, nicht zu unserer Verabredung zu kommen, die wir bei Ihrem Anruf in Bad Reichenhall für den Samstag in Ludwigshafen getroffen hatten?» Immerhin stand noch darunter: «In Freundschaft!» In Zeitungsinterviews ließ er aber schon mal durchblicken, daß es zur Not auch ohne den Fritz gehen müsse.

Knapp zwei Jahre ging das Hin und Her, mal spielten die Deutschen mit Fritz Walter, mal ohne. Im November 1956, nach einer 1:3-Niederlage gegen die Schweiz, erklärte der Lauterer dann endgültig seinen Rücktritt. Herberger akzeptierte das, doch in Wahrheit gab er die Hoffnung nie auf, ihn als Spieler zu halten.

«Wir müssen von vorne anfangen», notierte er sich. «Von vorne», das war aber noch immer die Hoffnung, wenigstens einmal mit der alten Nationalmannschaft auflaufen zu können, die bei ihm längst zur fixen Idee geworden war. 1955 begann er mit der Notiz: «Es entspricht dem Wunsch aller am Fußball interessierten Leute, recht bald wieder unsere Weltmeistermannschaft einsatzfähig zu haben.» Auch 1956 noch behauptete der Bundestrainer: Es hätten schließlich «alle» den Wunsch, «noch einmal eine gesunde und möglichst vollständige Mannschaft von Bern zu sehen». Für ihn war es, so schrieb er es nieder, eine Zeit «schwerster Arbeit in aller Stille bei zunehmender Kritik». Die «Freunde in der Not» wurden weniger. Aber unverdrossen mitten im Experimentierfeld blieb er bei seiner Meinung: «Ohne einige der ‹Alten› geht es nicht!!! Also! Allen Widerständen zum Trotz, es geht nach meinem Kopf!!!»

Herberger im Bunker. Später würde er diese Zeit zur «größten Stunde» seiner Trainerlaufbahn verklären. Er vergrub sich und begann, sich in Selbstmitleid zu suhlen. «In der Zeit der größten Not und Schwierigkeiten stand ich völlig allein!» schrieb er, «kein Privatleben.» Zuspruch habe er gebraucht: «Solche Angriffe bleiben ja nicht in den Kleidern stecken.» Aber zu Hause empfing er nicht nur Fanpost. Manche Briefe, die mit Trauerrand ankamen, zeigte ihm seine Frau gar nicht erst. «Sie war eine der wenigen», behauptete Herberger im nachhinein, «die mich in dieser Zeit getröstet haben.» In ihr habe er «einen guten Kameraden» gehabt. An sich heran ließ er auch sie nicht. «Man kann nicht zimperlich sein, wenn man für eine Sache verantwortlich ist.» Unversöhnlich und starr beharrte er auf seinen Überzeugungen. Die dogmatischen und unduldsamen Züge in seinem Wesen traten scharf hervor. In seinem lebenslangen Kampf gegen Vergänglichkeit stemmte er sich besonders hartnäckig gegen den Abschied von seinen Lieblingskindern. Waren denn wirklich keine Wiederholungen möglich? Im Grunde wußte er längst, daß seine Träume unerfüllbar waren. «In Ihrer Strenge wirkten Sie eher wie ein Feldwebel, der das Exerzieren einer Kompanie beaufsichtigte», schrieb die Neue Presse aus Frankfurt. Seine Züge wurden noch schärfer. Fritz Walter behauptete, der Chef sei um zwei Zentimeter kleiner geworden. Aber vielleicht zog er ja auch nur den Kopf tiefer zwischen die Schultern.

«Glauben Sie, daß Sie alles in einer Person sein können: Konditionstrainer, Fußballstratege, Sportarzt, Koch?» fragte die BILD-Zeitung höhnisch. Aber gewiß glaubte er das. Im Fernsehen verstieg er sich im Januar 1956 zu der Behauptung: «Jetzt können wir es ja ruhig sagen. Die 2:0-Führung der Ungarn [im Endspiel] entsprach ganz unserem taktischen Plan. Wir wollten sie sicher machen.» Muß er denn, fragte daraufhin die Berliner Zeitung in Ost-Berlin, seinen im Absinken begriffenen Stern noch ein bißchen am Glimmen erhalten mit solchen Mätzchen? Die Elf von Bern war für Herberger selbst zu einem Mythos geworden, den er von der Realität nicht ankratzen lassen wollte. «Trotz der Enttäuschungen und Mißerfolge in der letzten Zeit haben der Mannschaftsgeist und die Kameradschaft der deutschen Fußballnationalmannschaft nicht gelitten», behauptete Herberger noch zu einem Zeitpunkt, als Zehntausende in Berlin schon erlebten, wie sich die Herberger-Nationalspieler, gerade die alten, bei einem Spiel gegen England im Mai 1956 auf dem Rasen beschimpften. Mit Helmut Rahn wollte zu diesem Zeitpunkt mancher nicht mehr spielen.

Klar, daß für Herberger vor allem wieder die Presse Schuld war: «Die Presse wartet darauf, uns eines am Zeuge zu flicken!!! Presse-Sensation!!! Ausfragen, dabei sind sie nur auf Negatives aus!» Tatsächlich wurde der Ton der Kritiker immer bissiger, was – angesichts der Verbohrtheit des Trainers – nicht ausbleiben konnte. Natürlich begannen die Zeitungen, dem halsstarrigen Sepp Herberger wieder das Alter seiner «Alten» vorzuwerfen.

Ob sich denn keiner traue, «mit den Fingern auf das Konzept des Bundestrainers zu zeigen, das in Wirklichkeit gar kein Konzept ist, sondern höchstens ein Tasten, dem jede Spur von System und Zielstrebigkeit fehlt?» fragte der Rheinische Merkur im November 1956. Genüßlich zog das Blatt über Herbergers Vorlieben her – zu Fritz Walter, «von dem man im voraus wußte, daß er kein Spiel mehr mit voller Kraft durchzustehen vermag»; zu Posipal, «dessen Routine auch nicht mehr ausreicht, um die mangelnde Schnelligkeit zu ersetzen», Morlock würde schon in der Vereinself als Stürmer nicht mehr zum Zuge kommen. Der Kölner Schäfer schließlich und der verdammte Rechtsaußen Rahn aus Essen würden von Herberger den Deutschen immer wieder zugemutet. Und dazu noch der jammerige Kommentar des Bundestrainers: «Wir haben kein Glück mehr – was kann man da noch machen?»

Herberger wehrte sich wütend. In einer holländischen Zeitung beharrte er im März 1956 auf seiner Position: «Was die deutsche Mannschaft betrifft, kann ich folgendes sagen: Eine radikale Verjüngung wird nur von denjenigen gewünscht, die keine Verantwortung zu tragen haben. Kein alter Stammspieler wird von mir an die Seite gestellt, wenn sein Platz nicht mit vollen hundert Prozent von einem jüngeren Spieler eingenommen werden kann.»

Lange konnte es da nicht mehr dauern, bis die Altersfrage an Herberger selbst gerichtet wurde, der nun auf die 60 ging. Die Neue Post aus Düsseldorf schrieb 1956: «Wir wollen hier keine psychologische Tiefenforschung betreiben. Doch sei die Frage erlaubt: Ist Herberger, der fast Sechzigjährige, nicht vielleicht schon zu alt geworden, um junge Spieler, deren Großvater er sein könnte, mitreißen und begeistern zu können?»

Der Ton wurde giftig und bösartig, manchmal sehr persönlich. «Zerbricht die National-Elf an Sepp Herberger?» fragte am 28. Mai die BILD-Zeitung mit dicker Schlagzeile. Das Spiel gegen England im Olympiastadion habe gezeigt, daß die Weltmeisterelf nicht nur von der spielerischen Linie tot sei, sondern «tot scheint auch die gute Kameradschaft zu sein, die unsere Mannschaft in der Schweiz Berge versetzen ließ». Und die Neue Post fand: «Die Firma Herberger hat Bankrott gemacht. Die Frage ist nur: Wann wird sie endlich liquidiert?»

Tatsächlich hatten die öffentlichen Beschimpfungen, der aggressive, ja, haßerfüllte Ton der Herberger-Schelte, am Ende jedes Maß verloren. Herberger, der öffentlich immer häufiger in einem Atemzug mit Konrad Adenauer genannt wurde, begann mit dem Bundeskanzler zum Topos des «Alten» zu verschmelzen. Er wurde eine Figur der Restauration, an der sich die Modernisierungstrends brachen. Das machte ihn zur emotionalen Reizfigur – zugleich aber in dieser Zeit auch unüberwindlich.

Denn das Stichwort der Zeit hieß: keine Experimente. Auf die

Frage, ob der Bundestrainer abtreten sollte, stimmten im April 1956 sogar in Norddeutschland nur 12 Prozent mit Ja. 88 Prozent wollten ihn behalten. In Süddeutschland gar 90 Prozent.

Der deutsche Respekt vor den gegebenen Verhältnissen tarnte sich als «Realismus». Josef Herberger war Weltmeister wie Konrad Adenauer Wahlsieger. «Jeder Mann, der Großes vorhat, muß sich einmal bestätigen, damit er anerkannt wird. Nicht Pläne interessieren, sondern Erfolge. Herbergers Bestätigung war die Weltmeisterschaft», schrieb die Neue Rheinzeitung in Düsseldorf. Er habe es nicht mehr nötig, auf seinem Gebiet die Vertrauensfrage zu stellen.

Die ausländischen Reaktionen auf die Weltmeisterschaft der deutschen Fußballer in Bern war vergleichsweise moderat gewesen, eher erstaunt als erschrocken, und nicht ohne Anerkennung für die kämpferische Leistung. Aber die Zusammenhänge mit dem wirtschaftlichen Erstarken und den restaurativen Tendenzen der Deutschen, auch mit der beginnenden Wiederbewaffnung, klangen doch immer wieder kritisch durch. In der Zeitung «Le Monde» hatte der Kommentator Pierre Fabert am 8. Juli 1954 den Vergleich zwischen Konrad Adenauer und Sepp Herberger am weitesten getrieben. Er schrieb: «Was haben Adenauer und die Wehrmacht mit Herberger und dem Fußball zu tun? Ich denke daran, weil die Zehntausende fanatischer Deutscher, die nach Bern kamen, um ihre Mannschaft zu unterstützen, mich daran haben denken lassen. Sport? Sicher, aber nicht nur Sport. Fanatismus des Stolzes, der Überlegenheitssucht, der Revanche. Die Masse irrt sich nicht, und wenn es sich um eine deutsche Masse handelt, ist die Diagnose eindeutig: Achtung!»

Daß diese Deutung dem deutschen Bundeskanzler selbst nicht allzu abwegig erschienen sein mochte, konnten BILD-Leser am 19. Oktober 1954 erfahren, als aus Bonn gemeldet wurde, daß Bundeskanzler Adenauer mit Erleichterung auf die 1:3-Niederlage der deutschen Mannschaft gegen Frankreich reagiert habe. Adenauer wollte zu einer Konferenz nach Paris reisen, wo es um die Einzelheiten der deutschen Wiederbewaffnung gehen sollte, und das Länderspiel hatte im Bundeskanzleramt Besorgnis ausgelöst. Man befürchtete, deutsches Jubelgeschrei hätte den Nationalstolz der Franzosen verletzen können. Nun wurde Adenauer mit dem Satz zitiert: «Der Herr Herberger hat mich diesmal nicht im Stich gelassen!»

Daß Herberger sich durchaus im Bunde mit dem Kanzler sah, geht aus einem Brief an den Pfarrer Neff aus Barfelden im Odenwald hervor, in dem der Bundestrainer sich über die Folgen der «höchst achtbaren» 2:3-Niederlage seiner Mannschaft gegen die Sowjetunion in Moskau ausließ. «Wir – die deutsche Fußballnationalmannschaft weiß, daß sie durch ihr Auftreten in und außerhalb des Spielfeldes einen äußerst günstigen Eindruck in der russischen Öffentlichkeit hinterlassen hat, und lebt in dem Glauben, daß sie auch für die Verhandlungen und Rückbeförderung unserer Gefangenen mithalf, gute Voraussetzungen zu schaffen.»

Wenige Wochen später reiste Adenauer nach Moskau, um diplomatische Beziehungen zur Sowjetunion aufzunehmen und die deutschen Kriegsgefangenen freizukriegen. Neff hatte am 15. August an den Bundestrainer den «kühnen Vorschlag» gerichtet, die deutschen Fußballspieler sollten mit einem Spruchband in russischer und deutscher Aufschrift im Stadion von Moskau aufkreuzen, auf dem es heißen sollte: «Bitte gebt uns unsere Gefangenen» oder «Die deutsche Mannschaft bittet für ihre Gefangenen!» Herberger fand das nicht hilfreich.

Dem Spiel in Moskau hatte der Bundestrainer in vielerlei Hinsicht große Bedeutung beigemessen. Gerade wegen der politischen Aufladung erschien es ihm eine gute Gelegenheit, seine ramponierten Weltmeister zu rehabilitieren. Am 4. Juli 1955, mitten in der Sommerpause, erhielten deshalb die Spieler die Mitteilung von dieser – im Kalten Krieg – als sensationell empfundenen Einladung nach Moskau. Und in dem Brief begann Herberger sofort, seine Männer auf die «schwere, aber auch ebenso reizvolle Aufgabe» einzustimmen.

«Das Spiel gegen Rußland kommt uns – so will ich meinen – geradezu wie gerufen. Hier bietet sich uns *die* gewünschte Gelegenheit, durch ein gutes Spiel und ein gutes Resultat der Fußballwelt erneut unsere wahre Klasse zu beweisen. Dazu bedarf es aber – wie bereits gesagt – der allerbesten Kondition eines jeden von Euch. Ich weiß, daß ich mich auf Euch verlassen kann.»

Zu Hause setzte sich Herberger hin und schrieb wie eh und je seine Überlegungen zum kommenden Spiel nieder. Unter der Überschrift: «Unser taktischer Schlachtplan gegen Rußland» brachte er sich wieder selbst in Rage: «Wir sind auch wer!! Wir wollen es diesmal ganz genau wissen! Wir haben Bessere bezwungen!! Wir sind Weltmeister!! Wir packen sie! Wir machen sie fertig! Wir putzen sie weg!!» Seine taktische Marschrichtung war klar: zu null spielen aus verstärkter Abwehr, körperlich, seelisch und taktisch voll aufgeladen und auf die Minute topfit: «Wir wollen Hammer, nicht bloß Amboß sein. Wir wollen gewinnen!!!! Wir wollen den Russen und der ganzen Welt zeigen, wer Weltmeister ist!! Angriff vom Anpfiff an!!»

In Moskau waren die Fußballer, insbesondere Fritz Walter, der sich noch lebhaft an die Umstände seiner Entlassung aus sowjetischer Kriegsgefangenschaft erinnerte, überrascht und erfreut von der freundlichen Atmosphäre. Fritz Walter: «Wir spürten es schon am Flugplatz. Funktionäre des sowjetrussischen Fußballsports begrüßten uns mit Blumen. Russische Journalisten bedrängten vor allem Herberger mit Fragen. Er zog sich, wie immer bei solchen Anlässen, mit Geschick und Anstand aus der Affäre. Er sagte nicht mehr, als er wollte. Das aber liebenswürdig und mit Takt.»

Die Mannschaft wohnte im Hotel «Sowjetskaja». «Ein toller Kasten», wie die meisten fanden. Die Begeisterung Fritz Walters über dieses Hotel mit seinem Marmor, Stuck, dem vielen Kristall, den tiefen Sesseln, den dicken Teppichen klang ähnlich wie der Enthusiasmus Sepp Herbergers 33 Jahre zuvor, als er zum ersten Mal das Flair eines internationalen Hotels in Helsinki kennenlernte. «Ist ja bombastisch!» staunte Helmut Rahn. «In dieser Pracht sollen wir hausen?»

In Moskau, schrieb Fritz Walter in seinem Buch «Der Chef», habe es viel zum Staunen gegeben. «Beim Abendessen im Speisesaal, zu dem wir uns extra sorgfältig in Schale geworfen hatten, wunderten wir uns über die Vielfalt der angebotenen Gerichte. Herberger war allerdings dagegen, unser leibliches Wohlbefinden durch ungewohnte Kost zu gefährden. Nix Borschtsch! Nix Kaviar! Nix Krimsekt! Wir bestellten ein ganz gewöhnliches Steak mit Gemüsen, als Vorspeise köstlichen Stör und als Dessert Kompott oder Wassermelonen.»

Im Dynamo-Stadion ging das Staunen weiter. «Wo auf der Welt», so Fritz Walter, «hatten wir jemals Kabinen mit solchem Luxus angetroffen? Nicht das Übliche: Bänke links, Bänke rechts und darüber Kleiderhaken – nein! Die Umkleideräume in Moskau waren wie die Hotelzimmer mit weichen Teppichen ausgelegt. Couches und Klubsessel standen in Mengen herum. In der Mitte des Raumes ein riesiger runder Tisch mit einem Blumenstrauß darauf.»

Als die Spieler dann am Sonntag, dem 21. August 1955, bei 35 Grad im Schatten in das mit 80000 Russen besetzte Dynamo-Stadion kamen, fanden sie in ihren Kabinen auf jedem Platz einen prächtigen bunten Blumenstrauß. Ihn sollten sie, so sagten ihnen die Dolmetscher, beim Einmarsch ins Stadion im linken Arm tragen. Nach der Begrüßung tauschten sie die Sträuße mit der sowjetischen Mannschaft aus, die ebenfalls Blumen trug. Dann liefen die deutschen Spieler zum Platzrand und warfen die Sträuße unter die Zuschauer.

Natürlich wußte Herberger genau, daß bei diesen Gesten mindestens so viel Diplomatie wie Sport im Spiel war. Den Spielern war es nicht weniger klar. Noch heute treten Fritz Walter Tränen der Ergriffenheit in die Augen, wenn er den Satz zitiert, den Sepp Herberger ihnen allen eingeschärft hatte: «Ihr müßt wissen, daß ihr auf dem Spielfeld und darüber hinaus in jedem Augenblick euer Vaterland repräsentiert.»

Nach dem Spiel gegen die Sowjetunion begann Sepp Herberger, der schon immer ein sicheres Gespür für die Bedeutung der journalistischen Verkäufe seines Produkts «Nationalmannschaft» gehabt hatte, die Gesetze der Mediengesellschaft für sich und seine Zwecke systematisch zu nutzen. Fortan häuften sich Bilder und Geschichten, die ihn beim Blumengießen zeigten an der Fensterbank, sinnend ins Tal blickend, oder bei der Kaffeestunde mit seiner Frau

Eva in Hohensachsen an der Bergstraße. Er führte seine Briefmarkenalben vor und signierte Autogramme. Mit Zuverlässigkeit sollte künftig zu jeder Herberger-Krise irgendwann in den Zeitungen die Meldung auftauchen, daß der Briefträger wieder besonders viel Post in die Sepp-Herberger-Straße in Weinheim tragen mußte, weil die Popularität des großen alten Mannes ungebrochen sei. «Bundessepp» würden die Fans ihn nennen, oder «Weltsepp», oder der «Weise von der Bergstraße».

So war es ja auch. Aber daß es auch jeder zu wissen kriegte, wie es war – dafür wußte Sepp Herberger verläßlich zu sorgen. Nicht nur in Zeitungsgeschichten, sondern zunehmend auch im Fernsehen. Das TV-Zeitalter hatten der Bundestrainer und seine Männer mit ihrem Erfolg in Bern mächtig vorangetrieben, ja, eigentlich in Deutschland erst recht eingeläutet. Die Geräteproduzenten wußten wohl, warum sie sich bei den Weltmeistern 1954 in Bonn – in einer vom NWDR als Sonderbericht an alle anderen Sender ausgestrahlten Sendung – für die Verkaufshilfe bedankten. Die Herren von Saba und Telefunken, von Grundig und Blaupunkt übergaben den Spielern und ihrem Trainer je ein Fernsehgerät. Im Verlauf des Weltmeisterjahres 1954 war die Zahl der bei der Bundespost gemeldeten Gerätebesitzer um fast das Achtfache angestiegen, nämlich von 11658 auf 84278. Und mit jedem Sieg der deutschen Kicker schnellte die Nachfrage nach Fernsehgeräten nach oben.

Sportlich war die Herberger-Elf mit einer 1:3-Niederlage gegen die Schweiz Ende 1956 auf ihrem Tiefpunkt angekommen. Lapidar hielt der Bundestrainer fest: «Auf der Talsohle.» Doch sonderbar genug, er wirkte wie erleichtert. Von nun an verbarg er auch nach außen sein Scheitern nicht mehr. Daß Fritz Walter nun das Handtuch warf – und tatsächlich 16 Monate lang in acht Länderspielen nicht mehr für die Deutschen zur Verfügung stand –, schien dem Chef plötzlich neue Spielräume zu öffnen. «Wir schlafen nicht.» Hinter den «Alten» sei inzwischen «eine starke Front talentierter Nachwuchsspieler aufmarschiert».

Völlig ohne Substanz war der neu zur Schau gestellte Unternehmungsgeist nicht. Denn Herberger war in den zwei Jahren nach der

Weltmeisterschaft bei weitem nicht so realitätsblind, wie er sich in seiner trotzigen Schutzhaltung nach außen hin gab und wie er von dem feindseligen Teil der Presse gesehen wurde. Mochte er auch «keine Experimente» predigen, wie der andere Alte, er kam gar nicht darum herum, neue Leute und andere Varianten auszuprobieren.

Zwei neue Namen tauchten auf, Uwe Seeler und Klaus Stürmer. «Uwe, das Wunder», stand in den Notizen von Herberger, als der Hamburger Mittelstürmer, nicht einmal 18 Jahre alt, sich öffentlich hervortat. Zum ersten Mal spielte er gegen Frankreich in Hannover am 17. Oktober 1954. Zusammen mit seinem Vereinskameraden, dem 19jährigen Klaus Stürmer, belebte er in den letzten zwanzig Minuten das deutsche Angriffsspiel so sehr, daß sich zum ersten Mal eine Art Zukunft für die Herberger-Elf abzuzeichnen schien. Herberger aber beharrte darauf, daß Uwe Seeler und auch Klaus Stürmer im Verein mit den wiedererstarkten Alten aufgebaut werden sollten. Gegen Italien spielte Seeler deshalb zwischen Fritz Walter und Max Morlock, und das war theoretisch in bester Ordnung. «Nur fehlte den Alten die Kondition, um für sich selbst bestehen zu können», fand Herberger. Klar war ihm schon bald, daß Kohlmeyer durch Juskowiak zu ersetzen sei und daß Herkenrath für Turek spielen müßte, aber auf Posipal und Fritz Walter, auf Rahn und Schäfer neben den Neuen Seeler und Stürmer wollte er nicht verzichten. «Für die schwere Auseinandersetzung mit der Sowjetunion sind die beiden zu jung», sagte Herberger 1955. «Überhaupt wurde mir um die Hamburger zuviel Lärm gemacht! Es kann nur gut sein, wenn sie aus erzieherischen Gründen etwas gestoppt werden. Ihre fußballerische Entwicklung wird dadurch am besten gefördert. Beide brauchen – und haben – noch Zeit.»

Insgeheim, zwischen den Aktendeckeln und in seinen Notizblöcken, war Herberger mit sich und der Situation sehr viel ehrlicher und einsichtiger, als er es in Gesprächen nach außen deutlich machte. «Aus tiefer Talsohle», schrieb er 1955, «verzweifelte Versuche für Aufstieg.» Er traktierte seine Berner Spieler mit bösen Briefen. An Werner Liebrich schrieb er: «Man braucht kein Fachmann zu sein, um zu sehen und zu wissen, daß Sie schon seit langem nicht mit dem nötigen Ernst und der unerläßlichen Strebsamkeit bei Ihrer spielerischen Aufgabe sind. Meinem Zureden und meinen Ermahnungen gegenüber haben Sie sich zwar stets recht aufgeschlossen gezeigt, aber die praktischen Folgerungen daraus nie gezogen.» Immer sei es nur zu Vertröstungen und schönen Versprechungen gekommen: «Es darf Sie deshalb also nicht wundern, daß mein Glauben an Ihre Zuverlässigkeit stark erschüttert ist. (...) Auf jeden Fall ist meine Geduld und Nachsicht nun zu Ende, und ich werde Sie erst dann wieder in den Kreis der Kandidaten unserer A-Mannschaft einbeziehen, wenn Sie mich durch entsprechende Trainings- und Wettkampfleistungen davon überzeugt haben, daß Sie wieder auf dem rechten sportlichen Weg sind.»

Selbst an Jupp Posipal mäkelte er herum: «Sie sind nicht in bester Kondition. Gute Kondition zeigt sich nicht nur in einem entsprechenden Körpergewicht, sondern vielmehr in anderen Dingen, die ihren Sitz im Geistig-Seelischen haben.» Hans Schäfer schrieb er: «Was früher Ihre Stärke war, Ihr Drang zum Tor, Ihr explosiver Körpereinsatz im Kampf um den Ball, sucht man heute vergebens in Ihrem Spiel. Wie schon so oft, möchte ich auch heute wieder darauf hinweisen, daß nur erhöhte Anstrengungen die früheren Leistungen zurückbringen. Auf der Weltmeisterschaft waren Sie im Urteil aller Sachkenner mit der beste Linksaußen. Sie waren Weltklasse. Heute sind Sie weit davon entfernt.»

Bei Karl Mai langte er im Dezember 1955 noch heftiger zu: «Beim Mittagessen in Rom haben Sie sich (...) in Gegenwart des Bedienungspersonals zu Ausfälligkeiten hinreißen lassen, die es im Kreise unserer Nationalmannschaft noch nicht gegeben hat und die es auch nicht geben kann. Am wenigstens aber werde ich dulden, daß Sie während des Spiels auf Zurufe von außen, die Sie an die Erfüllung Ihrer Aufgabe erinnern sollen, so reagieren, wie Sie es in Rom einmal getan haben. (...) Sie nörgeln und lästern, geraten schnell aus dem Häuschen und wissen dann oft nicht, was Sie reden und tun. Das alles läßt sich mit Ihrem Temperament nicht mehr entschuldigen.»

Auch Helmut Rahn kriegte nach dem Italien-Länderspiel im Dezember 1955 zu hören, «... daß Sie noch nicht wieder zu den früheren Leistungen gefunden haben. Ihrem Spiel fehlt die frühere Rasanz und der unwiderstehliche Zug zum Tor. (...) Diesen Rückfall gegenüber früher führe ich darauf zurück, daß Sie doch nicht so trainieren, wie es unerläßlich ist, wenn Sie wieder unbestritten die Nummer eins aller Außenstürmer werden wollen. Sie dürfen sich nicht damit zufriedengeben, daß Sie Ihr Gewicht der Weltmeisterschaft haben, sondern müssen dafür sorgen, daß Sie durch harte Trainingsarbeit und vernünftige Lebensweise Ihre frühere Leistung zurückgewinnen.»

Das war die Peitsche. Aber auch an Zuckerbrot ließ er es nicht fehlen. So erfuhr Helmut Rahn zugleich, daß der Chef ihn weiter für eines der «größten Talente» hielt, die der deutsche Fußball je hervorgebracht hat. Er sei «ein Großer im deutschen und im Weltfußball geworden». Als Werner Liebrich ihm mitteilte, er sei durch eine Verletzung zurückgeworfen, antwortete Herberger im August 1956: «Über die Treue und Anhänglichkeit, die aus jeder Zeile Ihres so netten Briefes spricht, habe ich mich aufrichtig gefreut. Wir erleben doch immer wieder bei solchen Gelegenheiten, daß das gemeinsam Erlebte und Erarbeitete der letzten Jahre ein starkes Band der Zusammengehörigkeit um alle geschlungen hat.»

Und unermüdlich versuchte er seine «Männer» zu trösten und zu Trotzreaktionen aufzustacheln. «Lieber Jupp Posipal», bekam der Hamburger am 24. September 1956 von Herberger zu lesen: «Gewiß, Sie haben keine überragende Leistung vollbracht und wurden oft mit Ihrem Gegenspieler nicht fertig. Es hat sich dabei gezeigt, daß Sie noch nicht wieder Ihre frühere Schnelligkeit zurückgewonnen haben. (...) Lassen Sie sich also sagen, lieber Jupp, daß ich nach wie vor an Sie glaube. Auch dann, wenn Ihre Leistung einmal nicht gleich so überzeugend ist und den Glanz früherer Tage hat. Aber es wird wieder, lieber Jupp, und lassen Sie sich bei Gott in Ihrem Glauben und in Ihrer Zuversicht durch schlechte Kritiken nicht schwach machen. Jetzt gibt es nur eins: ein trotziges Erst-recht.»

Solche Briefe blieben nicht ohne Wirkung. Schon im April 56 hatten sich die Alten um Jupp Posipal in Koblenz versammelt und beschlossen, wieder so zu trainieren wie einst in Spiez, um Sepp Herberger den Rücken zu stärken. Gekommen waren neben dem Hamburger: Horst Eckel, Werner Liebrich, Erich Juskowiak, Herbert Erhardt, Berni Klodt, Max Morlock, Ottmar und Fritz Walter, Josef Rörig und Hans Schäfer. Kurz zuvor war es gegen Holland wieder nicht gelaufen, und Herberger schrieb an die lieben Kameraden, Länderspiele seien in erster Linie «schwere, harte, unerbittliche Kämpfe. Wer da spielen und gewinnen will, muß kämpfen wollen und kämpfen können. Mit dem guten Willen allein ist es nicht getan. Unser Erfolg in der Schweiz war im Grunde ein Erfolg unserer überragenden Kampfkraft. Wir sind dabei, eine neue Nationalmannschaft zu bauen. Wenn wir wieder in die erste Reihe der weltbesten Mannschaften vorstoßen wollen, dann müssen wir wieder in uns das Feuer der Begeisterung entfachen, müssen wieder zu den großen Anstrengungen finden und zu den Opfern bereit sein, denen wir in erster Linie und hauptsächlich zu verdanken haben, daß wir einmal Weltklasse geworden sind. Das gilt für die Alten unserer Mannschaft heute mehr noch als für die Jungen und Neuen. So, Kameraden, wurden wir einmal groß! So, und nur so, werden wir es wieder schaffen. Der Anfang für den Wiederaufbau läuft in dieser Stunde an.»

Am Ende sah Josef Herberger auch noch seinen Traum in Erfüllung gehen – allerdings als böse Parodie. Denn seine Berner Elf spielt tatsächlich noch einmal, ein einziges Mal zusammen, am 16. April 1969, fast 15 Jahre nach dem Finale. Aus der Weltmeistermannschaft war eine füllige Truppe älterer Herren geworden, mit Doppelkinn und Bierbauch, die sich in Braunschweig zusammengefunden hatte, um für die Hinterbliebenen des tödlich verunglückten Fußballspielers Jürgen Moll Geld einzusammeln. Sepp Herberger war zu diesem Zeitpunkt längst Rentner. Klein und zerfurcht posierte er zwischen seinen mächtigen Männern für ein Foto.

«Wo bleibt der Boss, der die Tore schoß»

Die Fußballschlacht in Schweden

Jeden Abend spielten im Juli 1957 acht Männer in der Sporthalle des Verbandsheimes von Duisburg-Wedau «Deutschland gegen Ungarn». Die vier Deutschen – die den Weltmeister nachahmten – waren die Herberger-Assistenten Dettmar Cramer, Helmut Schön und Georg Gawliczek sowie der vom aktiven Nationalmannschaftsspiel zurückgetretene Fritz Walter. Die Ungarn – alles hochklassige Spieler – waren Teilnehmer eines Sonderlehrganges, die ihren Trainerschein machen wollten. Auch Fritz Walter bereitete sich auf sein Altenteil vor, indem er sich um die Trainerlizenz bewarb. Doch war er noch in staunenswerter Form. «Und jeden Abend», so Dettmar Cramer, «spielte er besser.»

Cramer, der wußte, wie heftig Sepp Herberger noch immer darunter litt, daß ihm sein Freund und Schüler Fritz Walter nach der Weltmeisterschaft nicht nur als Mensch, sondern auch als Fußballer entglitten schien, rief schließlich in Hohensachsen an, um über die abendlichen Spiele zu berichten. Sein Fazit: «So großartig, wie der Fritz jetzt spielt, spielt in Deutschland kein Mensch.»

Da hielt es den Chef nicht an der Bergstraße. Er setzte sich in den nächsten Zug und fuhr nach Duisburg. Heimlich schlich er sich in die Sporthalle und versteckte sich abends auf dem Rang. Als er dann erlebte, wie sein Lieblingsschüler sich rasant durch drei Ungarn hindurchdribbelte, klatschte er spontan Beifall und rief Bravo. Gerührt fielen sich Herberger und «sein» Fritz in die Arme. Eine Männerfreundschaft war gerettet. «Fritz, ich habe gesehen, Sie sind wieder fit. Ich denke, ich werde Sie wieder brauchen können», sagte Herberger. Doch wußte er, daß es nicht seine Zweifel zu überwinden galt, sondern die des sensiblen Lauterers.

«Mit Engelszungen» habe er an ihm und auch an Frau Italia hingeredet, lacht Fritz Walter heute. Herberger befleißigte sich dabei größter Behutsamkeit. «Wer viel weiß, der hat auch viele Zweifel», notierte sich der Bundestrainer, «so erging es dem Fritz.» Ihn davon zu befreien sei nicht leicht gewesen. Denn er sei eben ein Mann, der «die höchsten Gipfel der Fußballkunst erklommen hatte und aus eigener Erfahrung um die tausend Dinge wußte, die störend eingreifen konnten».

Die gleiche Vorsicht war auch gegenüber der Öffentlichkeit angebracht. Denn für die schien der Generationswechsel bereits vollzogen. Sepp Herbergers «Berner Helden» sah man immer seltener in der Nationalelf spielen, Hans Schäfer und Horst Eckel waren noch da, manchmal Helmut Rahn, Fritz Walter seit 1956 nicht mehr, als die Presse ihn nach dem Schweiz-Spiel als «den alten Fritz» verhöhnt hatte. Die Wiederannäherung zwischen den beiden Freunden blieb zunächst auch deren Geheimnis. Aber wann immer Herberger fortan in seinen Notizbüchern eine Mannschaft für die Weltmeisterschaft in Schweden entwarf, dann stand irgendwo darunter oder am Rande eine Anmerkung: «Im Geheimfach: Rahn, F. Walter.»

Bald kam noch ein dritter Name hinzu: «Uwe Seeler.» Auch der junge Seeler hatte, nach einem kurzen strahlenden Auftritt 1955, fünfzehn Monate lang nicht mehr in der Nationalmannschaft gespielt. Heute sagt der Hamburger, er habe verstanden, daß Herberger die Mannschaft «langsam verjüngen» wollte. Auch habe er ja selbst kritische Phasen gehabt, «Wirbelsäulengeschichten» und so was, aber daß ihn diese Zwangspause damals genervt hatte, ist auch nachträglich spürbar.

Für Herberger war der Name Seeler immer an Fritz Walter gebunden, er konnte den kraftvollen Hamburger nur als einen Sturmtank sehen, der vernünftig auf die Reise geschickt und in Szene gesetzt werden mußte. Und dazu bedurfte es der Anleitung eines ganz Großen, wie Fritz Walter. «Ich gab meinen Plan, die beiden als Spielmacher und Torjäger bei der Weltmeisterschaft einzusetzen, nicht auf.»

Seine eigene Krise hatte Herberger auch hinter sich. Er war wieder da. Jeder sollte es sehen. Deshalb war es ihm auch wichtig, daß der DFB-Vizepräsident Hans Huber ihm zu seinem 60. Geburtstag die Goldene Verdienstnadel anheftete, die höchste Auszeichnung, die der Deutsche Fußball-Bund zu vergeben hatte.

«Es hat Zeiten gegeben», schrieb der Sportinformationsdienst, als wäre das Jahrzehnte her und nicht erst ein paar Monate, «in denen sich Sepp Herberger harte Kritik gefallen lassen mußte.» Und das «Hamburger Echo» vermerkte: «Noch kein Mann seiner Position ist so umjubelt und so niedergeschrien worden.» Nun begann sich der Trend der Berichterstattung wieder auf die Erwartung eines neuen Herberger-«Wunders» in Schweden einzupendeln.

Die letzten beiden Länderspiele des Jahres 1957, gegen Schweden und gegen Ungarn, die die Deutschen beide mit 1:0 gewannen, verstärkten den Aufwärtstrend. Elastisch und körperlich fit wie eh und je beeindruckte der Bundestrainer auch die jüngeren Spieler. «Wenn Sie glauben, wir hätten den bloß respektiert», erinnert sich zum Beispiel Willi Schulz an jene Zeit, «dann haben Sie sich aber geschnitten. Wir haben den Herberger angebetet.»

Alle, die Herberger im Sportheim Barsinghausen auf dem Platz stehen sahen, wenn er seine Männer anfeuerte, schilderten Szenen, die an Otto Nerz gemahnten: «Laufe, Männer, laufe! Und dranbleibe!» Die gemütliche Färbung seines Mannheimer Dialektes nahm den Kommandos zwar die Schärfe, nicht jedoch die Wirkung. «Bis an die Haarwurzeln voll Saft müßt ihr sein!» Er hatte, wie in Spiez, inzwischen wieder einen sehr persönlichen Zugang zu seinen Spielern gewonnen. Jeden Morgen um 7.00 Uhr weckte er sie selbst: «Aufstehen, ihr Männer, alla! Seid net so faul!» So ging er von Zimmertür zu Zimmertür, dann trieb er seine «Schäfchen» zum «Morgengebet», wie er den Frühsport noch immer scherzhaft nannte. Er feuerte seine Spieler an, wie vier Jahre vorher seine Truppe in München: «Das Feuer muß lodern.» Auf der Suche nach einem Spielmacher beschäftigte er sich vor allen Dingen mit dem Bremer Willi Schröder, mit dem er allerdings nie so recht zufrieden war, der wohl auch keine Chance hatte, weil der Schatten des großen Fritz auf ihm lag. «Wie der Fritz die Deckenbeleuchtung eingeschaltet hat», mußte er sich mehrfach täglich anhören, immer wurde ihm der Lauterer als großer Maßstab vorgehalten. Ob der denn in der Nationalmannschaft selber noch einmal antreten werde? Herberger: «Er trainiert, der Fritz, und wenn er sich fähig fühlt – na, den Fritz braucht mir keiner aufzureden.» Im Grunde war er sich seiner Sache sicher.

Von der alten Berner Elf war zur damaligen Zeit nur noch der Läufer Eckel groß in Form. Wahrscheinlich, mutmaßte «Die Welt» im November 1957, würde er der einzige alte Weltmeister sein, der in Schweden wieder mitspiele. Daß Herberger schon ganz andere Pläne hatte, mußte er verschleiern. Auf die Frage, ob vielleicht doch noch ein neuer Fritz Walter auftauchen könnte oder gar der alte noch mal dabeisein würde, antwortete er in einem Interview im Winter 1957: «Ob der Fritz in einem halben Jahr noch einmal dabeisein kann? Ich wünschte es, aber ich weiß es nicht. Einen Nachfolger für ihn haben wir jedenfalls nicht. Mit ein paar technischen Kunststückchen allein ist es schließlich nicht getan. Wer den Fritz ersetzen will, muß zunächst und vor allem ein großer Mannschaftsspieler werden, wie er es neben all seiner glänzenden Technik war und noch ist.»

Diese Bemerkungen zielten wieder auf den Bremer Schröder, der offenbar technisch das Zeug zum Spielmacher hatte, aber die selbstgestellte Frage, was nun eigentlich «eine Persönlichkeit» ausmache, die beantwortete Herberger immer nur mit sarkastischen Floskeln oder mit Fragezeichen. «Klarheit und Energie in der Tat», zielstrebiges, energisches Handeln, das waren Vokabeln, die er sich notierte. Ganz offenkundig vermißte er diese Eigenschaften an Schröder. Dafür kreidete er ihm böse Unterlassungen an. In der Abwehr helfe und nütze er so gut wie nichts, schrieb er nach dem Spiel gegen die Schweden. Und am 6. Dezember 1957 notierte er eine Art Entlassungsprotokoll: «Ganze Einstellung von Gefallsucht diktiert, die ihre Befriedigung in technischen Kunststückchen hat. Weder Geist noch Sinn auf Mannschaftsspiel und Kameradschaft eingestellt.»

Allerdings war Herberger – bei aller persönlicher Kritik – weit davon entfernt, den Spieler Willi Schröder allein für seine Haltung verantwortlich zu machen. In den Auseinandersetzungen der vergangenen Jahre waren ihm sowohl das aufgeblähte und ineffektive deutsche Regionalliga-System als auch die Vertragsspieler-Regelung immer deutlicher als Ursache der deutschen Misere vor Augen getreten: «Auf dem bisherigen Wege geht es unaufhaltsam abwärts.»

Immer wieder drehten sich die Überlegungen Herbergers jetzt um eine «zweigeteilte Bundesliga» und die eindeutige Professionalisierung. Der «Tanz um das goldene Kalb» – von den Gegnern warnend beschworen – war für den Bundestrainer längst im Gange.

Spielerpersönlichkeiten? Woher sollten die denn kommen? «Unter den bestehenden Umständen und den Bedingungen unseres heutigen Spielsystems werden wir in den Vereinen und ihren Spielen niemals zu einer ausreichenden Vorbereitung unserer Nationalspieler auf die Länderspiele kommen», beklagte er. Zu viele Vereine, schimpfte er, zu viele Geldraffer seien am Werk. Es gehe nur darum, Punkte zu gewinnen, um in die oberste Klasse zu kommen. Alle wollten dahin, und alle überzögen ihren Etat, jeder ließe es sich etwas kosten, machte Zugeständnisse und geriete damit in einen Kreislauf, aus dem es kein Entrinnen gäbe: «Siege, Punktgewinn, Meisterschaft, das sind die Parolen, unter denen die Vereine angetreten sind. Die Freude am Spiel wird verdrängt von der Angst vor den Niederlagen.» Das Spiel gehe dabei in die Binsen. Verkrampfung sei die Folge. Herberger: «Wir sind dabei, uns genauso zu verrennen, wie es die Engländer getan haben.»

Dabei hätten die – als Vollprofis – wenigstens noch genügend Kondition, um ein spielerisches Mindestniveau aufrechtzuerhalten. «Als Trainer bin ich für den Professionalismus, da ich von einem Profi wesentlich härtere Trainingsarbeit verlangen kann», sagte Herberger in einem Interview.

Das Vertragsspielerstatut bezeichnete Herberger als fragwürdig. Es verlange, daß der Vertragsspieler einen Beruf auszuüben habe, was in der Praxis zwiespältige Folgen habe. «Sie erhalten Bezüge wie die Professionals, verlangen und erhalten darüber hinaus einträgliche Lebensstellungen. Dafür bleiben sie aber mit ihren sportlichen

Leistungen im klaren Abstand unter der Leistung, die von einem Berufsspieler als selbstverständlich verlangt und auch als selbstverständlich vollbracht wird. Der Professional steht sich in der Regel nicht besser als unser Vertragsspieler, dafür liegt die Sorge um seine Existenz nach Beendigung seiner aktiven Laufbahn als Fußballer ganz allein bei ihm. Er trainiert täglich. Ist aus reiner Existenzfrage mit seiner ganzen Persönlichkeit auf die Erreichung und Erhaltung seiner Höchstleistung aus.»

Wenn es einen deutschen Spieler gab, auf den diese Charakterisierungen schon jetzt zutrafen, dann war das Fritz Walter, der nun immerhin schon 37 Jahre alt war. Sorgfältig behielt ihn Herberger weiter im Auge. Sein Assistenz Helmut Schön, der das Unternehmen zunächst mit Skepsis beobachtet hatte, schrieb ihm am 9. Februar 1958 nach einem Punktspiel des 1. FC Kaiserslautern gegen Tus Neundorf eine geradezu enthusiastische Kritik: «Fritz Walter war der dominierende Mann. Er war in den letzten drei Jahren nie besser als augenblicklich. Sein Können am Ball braucht ja nicht beschrieben zu werden. Verblüffend war sein Laufvermögen und seine Luft, die er bis zur letzten Spielminute unter Beweis stellte. Er setzte mehr als einmal davoneilenden Gegnern nach und bekämpfte sie am eigenen Strafraum. Wenn man bedenkt, daß um ihn herum eine ganze Reihe von Blindgängern stehen, kann seine Leistung nicht hoch genug eingeschätzt werden. In dieser Verfassung kann Fritz jederzeit noch der beste Stürmer der deutschen Nationalelf sein.»

Herberger hatte diesen Bericht dick mit schwarzem Filzstift angestrichen und daneben geschrieben: «Vor kurzem kam Fritz Walter nach seiner Meinung nicht mehr in Frage.» Das räumte Schön aber auch selbst ein: «Ich muß bekennen, daß ich noch vor nicht allzu langer Zeit trotz manchen guten Spiels von Fritz nicht an ein Comeback glauben wollte.» Jetzt fand er es «risikolos (...), Fritz im nächsten Länderspiel einzusetzen».

In Brüssel, am 2. März 1958, fehlte er zwar noch, saß aber schon auf der Tribüne. Und als der Spielausschußvorsitzende Hans Körfer hinterher die Stammspieler aufzählte, mit denen für das Spanienspiel, dem vorletzten vor Beginn der Weltmeisterschaft, zu rechnen sei, da tauchten zwar nicht die Namen Schnellinger, Seeler und Rahn auf, wohl aber schon Fritz Walter. Sepp Herberger zählte insgeheim den Lauterer längst dazu. Der stellvertretende DFB-Vorsitzende Huber war eingeweiht – auch darüber, daß er Fritz Walter auf keinen Fall nur als Reservespieler mitnehmen wollte. «Hier wäre er zu einer Belastung für die ganze Mannschaft geworden.» Und für den Chef auch. Er glaubte aber, daß Fritz Walter in der Lage sei, sich auch in einem Turnier durchzusetzen. Also: «Entweder bei den ersten elf oder überhaupt nicht.»

Am 19. März 1958 in Frankfurt gegen Spanien war es dann soweit. Regnerisches Wetter, tiefer Boden, Fritz-Walter-Wetter. Als im Lautsprecher der Name des früheren Ehrenspielführers und Berner Weltmeisterkapitäns aufgerufen wurde, war – erinnerte sich Dettmar Cramer – das Erstaunen riesig. Walter wurde dann von der Presse für ein großartiges Spiel gefeiert, was Herberger keineswegs gerechtfertigt fand. Zwar gewannen die Deutschen 2:0, aber, so Herberger: «Es kann keineswegs gesagt werden, daß sein Debüt ein voller Erfolg war.» Trotzdem, die positiven Stimmen, die der Trainer dem schlechten Gewissen der Kritiker zurechnete – haben «uns beiden geholfen».

Mit Fritz Walters Comeback war für Herberger auch die Entscheidung für Uwe Seeler gefallen. Endlich sollte dieser Vertreter des athletischen deutschen Kraftfußballs, ein Kämpfer so recht nach dem Geschmack des Bundestrainers, ein Idol und ein Symbol für die Aufstiegsjahre der Nachkriegsrepublik, seine zweite Chance kriegen. Und obwohl er ihn nicht ein einziges Mal vorher ausprobiert hatte neben Fritz Walter, schlug er in Schweden gegen Argentinien sofort voll ein. «Mit Fritz habe ich mich auf Anhieb verstanden», sagt Uwe Seeler heute. Herberger: «Beide, Fritz und Uwe, wußten, welche Hoffnung ich auf sie setzte. Noch im Omnibus sagte Uwe zu Fritz, den er glühend verehrte: ‹Fritz, wenn du mal nicht so kannst, dann gib mir einen Wink, ich laufe dann schon für dich nach hinten und helfe aus!›»

Aber die Überraschungen waren damit noch nicht zu Ende. Herberger hatte noch weitere Trümpfe im Ärmel, einen alten und einen neuen. Der alte hieß Helmut Rahn. Am 28. März 1958 war er in Basel dabei, bei einem Vorbereitungsspiel der deutschen B-Mannschaft gegen die Schweiz. Die Deutschen gewannen 2 : 1, entscheidend war das Mitwirken des verlorenen Sohnes: «Von Rahns Spiel geht etwas aus, das die ganze Mannschaft beeinflussen kann», lobte Herberger das Auftreten des Esseners. Er war verblüfft über die gute Form und das straffe Erscheinungsbild seines Sorgenkindes und zog ihn nach dem Spiel zur Seite: «Komme Se mal her, Helmut», fragte Herberger ihn. «Was machen Sie eigentlich jetzt?» Rahn grinste: «Wenn Sie wüßten, Chef. Wat glauben Sie, warum ich so gut war? Ich habe jetzt ein ganz geregeltes Leben. Abends um 8.00 in de Bett und morgens um 6.00 raus. Kein Bier, kaum 'ne Zigarette und endlich Gelegenheit, in mich zu gehen.» Herberger verstand nicht. Rahn: «Ich komm aus'm Kittchen», sagte Rahn, «Urlaub auf Ehrenwort.»

Herberger habe Rahns Blechnapfgeschichte mit leichtem Gruseln vernommen, hieß es in einer offiziösen Weltmeisterschaftschronik des DFB: «Warum haben Se mir denn nix gesagt?» Rahn antwortete mit einer Gegenfrage: «Hätten Sie mich rausholen können?» Herberger beschwor seinen Sträfling: «Aber gehen Sie jetzt bloß wieder hin, machen Sie Ihre Sache in Ordnung, denken Sie an Schweden.» Rahn ging wieder hin. Es war ja nicht lange. Er saß vierzehn Tage und hatte dreihundert Mark zu zahlen wegen Trunkenheit am Steuer und Widerstandes gegen die Staatsgewalt.

Diese Geschichte hatte ein Jahr vorher begonnen, als Rahn wieder richtig in Schwung geraten schien. Im März hatte er gleich an zwei Länderspielen gegen Österreich in einer Woche teilgenommen und vier Tore geschossen, erst in München und dann in Wien. Herberger war beeindruckt, mit welcher Dynamik Rahn auftrat. Wie aufgeladen schoß der auf den Platz, wo sich schon einige Gruppen vor dem Anpfiff warmspielten. Mit Begeisterung sah Herberger, was dann folgte: «Den Ball sehen, dazwischenspurten und aus gut dreißig Metern einen seiner Gewaltschüsse abzuziehen war das Werk von Sekunden. Der Ball wäre noch das Doppelte seiner Strecke in gleichbleibender Höhe weitergeflogen, hätte ihn nicht der Torpfosten mit lautem Knall aufgehalten. Kommen, Jagd auf den Ball, Gewaltschuß und Torpfosten ... das war ein Einstand, wie ihn keiner außer ihm abziehen konnte.» Die Zuschauer jubelten. Sofort war Stimmung da: «Das war auch ein Signal für die gesamte Mannschaft.»

«Rahn war wie von der Kette», freute sich Herberger, doch wußte er, daß ein derart «überschäumender» Boß auch privat oft nicht zu halten war. Ein paar Wochen später feierte er mit ein paar Mannschaftskameraden nach einem Spiel ein feuchtes Wiedersehen. Danach setzte er seinen Wagen in eine Baugrube. 2,6 Promille. Als die Polizei ihn aus dem Auto holen wollte, wehrte er sich und versuchte zu entkommen. Vergeblich. Auf der Wache bat der Boß die Beamten: «Ruft den Chef an, der holt mich hier raus.» Nachts um drei klingelte bei Herberger das Telefon. «Himmelsakra», fluchte der. Aber als der Polizeipräsident von Essen um acht Uhr morgens in den Dienst kam, war der Bundestrainer schon da.

Dem Deutschen Fußball-Bund reichte es. Er verhängte eine Sperre. In säuerlichem Tonfall schrieb der DFB dem Sportskameraden Rahn am 31. Juli 1957: «Wir teilen Ihnen hierdurch mit, daß der Bundesvorstand des Deutschen Fußball-Bundes sich auf Grund des von der Essener Polizei gemeldeten Vorfalls veranlaßt gesehen hat, Sie bis auf weiteres zu sperren. Die Sperre erstreckt sich auf das Weltmeisterschaftsaufgebot und damit auf die Spiele der Nationalmannschaft.»

Nach dem Urteil hob der DFB, auf Betreiben von Herberger, der zwar über Rahns Wortbruch verärgert war, ihn aber, von seiner Frau Ev bestärkt, keineswegs abschrieb, die Sperre auf. Am 21. März schrieb Rahn dem DFB-Chef Dr. Bauwens und den Herren des Vorstandes einen ehrerbietigen Brief, in dem es hieß: «Wenn ich Ihnen heute für Ihren Brief vom 18.3.58 danke, so kommt mein Dank aus vollem sportlichen Herzen. Ich freue mich ganz besonders, Herr Doktor, daß Sie mein Vergehen zwar nicht unterbewerten, aber im rechten objektiven Licht sehen. Seien Sie versichert, daß ich daraus gelernt habe und daß sich wohl niemand auf der Welt mehr darüber gegrämt hat, als ich selbst in den letzten Monaten tat.

Ich darf noch heute mit ehrlichem Stolz von mir behaupten, daß ich, so oft und ganz gleich wo, den Sportdreß anzog, eine einwandfreie sportliche Haltung gezeigt habe. Daß Sie dies besonders erwähnen, sehr geehrter Herr Dr. Bauwens, hat mich gerührt.

So gelobe ich Ihnen heute, und ich tue dies aus ehrlichem Herzen, daß ich nach wie vor als Sportsmann meine Pflicht tun werde und daß ich mir jederzeit vergegenwärtigen werde, daß unser ruhmreiches Adlertrikot auch einen ganzen Kerl im persönlichen Leben verlangt. Mit sportlichen Grüßen Ihr Helmut Rahn.» Und daneben hatte Herberger vermerkt: «Auf meine Veranlassung hin und mein Diktat.»

Abgeschrieben hatte Herberger Helmut Rahn nie. Bis auf 87 Kilo war der zechfreudige Lebenskünstler zeitweilig aufgegangen. Versuche des Bundestrainers, Frau Rahn zur Hilfe zu rufen, hatten nicht gefruchtet. Als er sie einmal darauf aufmerksam machte, daß ihr Helmut nun das ideale Kampfgewicht habe, ließ ihn Frau Rahn wissen: «Ich mag ihn lieber, wenn ein bißchen was dran ist.»

Herbergers Notizen über Helmut Rahn zeugen von einer heimlichen Bewunderung und Zuneigung zu diesem kraftstrotzenden Mann, der ihn mit seiner fröhlichen Art offenbar an den Waldhöfer Karl Höger erinnerte, der auch immer gern dabei war, wo und wenn es lustig zuging. Auch Rahn wurde immer spontan ein Dreh- und Angelpunkt aller lustigen Gesellschaften, er war eine echte Frohnatur. Er hatte im Kreise der Nationalmannschaft nur Freunde. «Er hatte sie auch außerhalb von uns und auf anderer Ebene. Dieser Kreis steigerte sich nach der Weltmeisterschaft lawinenartig. Die Zahl der angeblichen Gönner und Freunde wuchs mit seiner Popularität. Das schlug sich auf die Leistung nieder.»

Nie aber, so Herberger, habe er die Sorge gehabt, Helmut Rahn könne im Leben untergehen. «Helmut ist ein cleverer Bursche, der mit beiden Beinen auch ganz fest auf dem Boden steht, wenn er einmal zu tief ins Glas geguckt haben sollte.» Herberger war, wie er in einem Brief 1955 schrieb, immer davon überzeugt, daß «Helmut Rahn die Fähigkeit hat, noch viele Jahre ein nützliches Mitglied unserer Nationalmannschaft zu sein».

Den nächsten Spieler, seinen jüngsten, mußte Herberger ebenfalls von einer höheren Instanz loseisen – vom Vater. An den «sehr geehrten Herrn Schnellinger» schrieb Herberger am 11. April 1958, daß Karl-Heinz in Prag «eine ausgezeichnete Partie» gespielt habe und daß er mit dieser Leistung zum engsten Kreis der Kandidaten für die Weltmeisterschaft in Schweden zähle. Er habe nun von Karl-Heinz erfahren, daß er von der Schule abgehen und einen kaufmännischen Beruf ergreifen solle. Deshalb könne er kaum an einem 14tägigen Lehrgang und danach noch drei Wochen lang an der Weltmeisterschaft teilnehmen. Dazu Herberger: «In unserer Nationalmannschaft wird schon immer der Standpunkt vertreten, daß über das Spiel hinaus der Beruf eine Vorrangstellung einzunehmen hat. Nun ist aber die Teilnahme an der Weltmeisterschaft ein einmaliges Ereignis. Von Karl-Heinz erfuhr ich nun, daß über seinen zukünftigen Beruf und vor allen Dingen auch über den Zeitpunkt des Antritts seiner Lehrstelle noch nichts entschieden sei. Das gibt mir den Mut, Sie zu fragen, ob es nach Lage der Dinge nicht möglich sei, als Antrittstermin der neuen Stellung für Karl-Heinz den 1. Juli zu wählen. Ich brauche nicht zu erwähnen, daß mit Ihrer Zustimmung in dieser Frage der Sache unserer Nationalmannschaft ein großer Dienst erwiesen wäre.»

Am 14. April schrieb ein geschmeichelter Wilhelm Schnellinger an den Bundestrainer: «Ihr Urteil über die Leistung meines Sohnes in Prag freut mich sehr. Aus diesem Grunde bin ich gern bereit, Ihnen meine Zustimmung zur Teilnahme meines Sohnes an den vorgesehenen Trainingsspielen und dem im Mai folgenden 14tägigen Lehrgang zu geben. Obwohl ich bereits wegen einer guten Lehrstelle mit einer Firma in Verbindung stehe, werde ich bestimmt erreichen, daß Karl-Heinz seine Tätigkeit erst am 1. Juli d. J. aufnimmt. Ich hoffe, damit, sehr geehrter Herr Herberger, Ihrem Wunsche entsprochen und der Sache unserer Nationalmannschaft einen Dienst erwiesen zu haben. Ihr W. Schnellinger.»

Nun galt es – mit dem Wiedereintritt von Fritz Walter – nur noch die Verantwortung im Team zurechtzurücken. Hans Schäfer blieb Kapitän der deutschen Mannschaft, so wie es Herberger ihm versprochen hatte. Aber die Rolle des Spielmachers, die er sich wohl auch ausgerechnet hatte – und gewiß nicht, wie man Herberger kennt, ohne Winke und Hinweise seines Chefs –, die mußte er sich abschminken. Nach der 2 : 3-Niederlage gegen die Tschechoslowakei in Prag, dem letzten Spiel vor der Weltmeisterschaft, schrieb ihm Herberger: «In Prag haben Sie das Ballhalten oft sträflicherweise übertrieben, wodurch Sie eine Hauptschuld trifft, wenn unser anderes Spiel nicht so zum Laufen kam und oft ins Stocken geriet. Ich habe mich mit Ihnen schon oft über die Aufgabe unterhalten, die Ihnen in der Nationalmannschaft zugedacht ist. Es ist eine wesentlich andere als die, die Ihnen in Ihrer Vereinsmannschaft obliegt. Ich weiß, daß Ihnen im Verein auch die Aufgabe des Spielmachers übertragen wurde. Mit der Rückkehr von Fritz Walter in die Nationalmannschaft liegt bei diesem in erster Linie und hauptsächlich der Aufbau und die Führung unseres Angriffsspiels, während Ihnen, lieber Hans, die Aufgabe zugedacht ist, einmal zusammen mit dem Halbstürmer der anderen Seite unser Abwehrspiel im Mittelfeld zu organisieren und darüber hinaus mit ein Stoßkeil unseres Angriffsspiels zu sein. (...)

Eine Mannschaft kann keine zwei Spielmacher brauchen, wenn sie erfolgreich sein will. (...) Wenn es gelingt, Ihre und Fritz Walters Aufgaben harmonisch zu vereinen, dann brauchen wir um den Enderfolg nicht zu bangen.»

Im übrigen war Herberger mit dem harten Kern seines Aufgebotes zufrieden. Er hatte eine Reihe von Spielern, auf die er inzwischen in der Abwehr baute. Da war der knochenharte Mittelläufer Herbert Erhardt aus Fürth, da war der Läufer Horst Szymaniak, der einer der besten Mittelfeldspieler der Welt werden sollte, jederzeit in der Lage, mit langen, raumgreifenden Pässen ein Spiel zu beschleunigen und überraschend zu verändern. Da waren die Verteidiger Erich Juskowiak und Georg Stollenwerk, und für den Torwart Turek hatte er Fritz Herkenrath, der im Grunde schon Herbergers erste Wahl für Bern gewesen war, wegen einer Reise seines Vereins nach Südamerika aber nicht teilnehmen konnte.

Wie vier Jahre zuvor versammelte Herberger seine Spieler wieder in München zu einem zweiwöchigen Abschlußlehrgang. Und wie damals begann auch dieser Auftakt im Mai mit bösen Überraschungen: «Von den Spielern unserer Abwehr kam nur Erhardt gesund in den Lehrgang vor der Abreise nach Schweden. Juskowiak, Stollenwerk, Eckel und Szymaniak laborierten an Verletzungen, deren Heilung fraglich und deren Dauer des Heilungsprozesses ungewiß war, eine böse Geschichte. Plötzlich stand ich ohne Abwehr da. Mein ganzes Programm mußte umgekrempelt werden.»

Zu den Verletzungen kam eine allgemeine Fußballmüdigkeit nach einer langen und kräfteraubenden Spielsaison. Herberger selbst klagte über schlaflose Nächte. Er verhängte strenges Ballverbot. Auf der Aschenbahn wurde Kondition gebolzt. In der zweiten Woche des Lehrgangs aber hatte Deuser dann einen nach dem anderen wieder fit gemacht.

Gefragt nach dem Favoriten für das Turnier in Schweden, fiel Herberger zu diesem Zeitpunkt der spätere Sieger Brasilien nicht ein. Er zählte Argentinien zu den Titelanwärtern, unter den europäischen Ländern seien England und die Sowjetunion stark. Gute Aussichten hatten nach seiner Ansicht auch Ungarn, Jugoslawien und die Schweden mit ihren Italien-Profis. «Es ist auf jeden Fall klar, daß man sich in allen Ländern diesmal sehr gründlich vorbereitet hat, erheblich intensiver als vor der Weltmeisterschaft 1954.»

Entscheidend würde wieder sein, das machte Herberger noch einmal deutlich, ob sich so etwas wie ein «Geist von Spiez» einstellen würde. Dem Spiel der Deutschen haftete noch immer etwas Amateurhaftes an, auch in seiner größten Fertigkeit. Nie war es so kalkuliert wie das Spiel englischer Profis, bisweilen auch nicht so gleichgültig. Es war – so sahen es jedenfalls Herberger und seine deutschen Zeitgenossen, keineswegs aber kritische Ausländer – spontaner, geradezu hingebungsvoll, als schwebe immer eine bestimmte Erwartung über der Mannschaft. Die Deutschen arbeiteten am Fußball, als ginge es um alles in der Welt. Spieler wie Seeler und Szymaniak ackerten nicht nur äußerlich, wie es jeder wahrnehmen konnte, sie schufteten auch innerlich mit.

Entscheidend war also, was Herberger die Form nannte: «Jener geistig-körperliche Willensakt, der aus Kondition und Einstellung erwuchs.» «Diesen Geist», schrieb damals DIE WELT, «trifft man zwar in dieser oder jener Form bei den Mannschaften aller Nationen an, aber er wird weder physisch noch psychisch so gewissenhaft trainiert wie bei uns. Er prädestiniert eine deutsche Mannschaft zum Turnierspiel, eine Eigenschaft, ein Talent oder eine Fähigkeit (wie man will), der wir die Weltmeisterschaft von 1954 zu verdanken hatten und – wenn überhaupt – alle zukünftigen Erfolge in diesem Sport zuzuschreiben haben werden.»

Als die Delegation sich dann endlich zur Reise nach Malmö in Hamburg versammelte, war das für Sepp Herberger «eine glückliche Stunde». Nicht nur, weil doch alle gesund waren, auch nicht allein, weil er glaubte, zum rechten Zeitpunkt wieder eine spiel- und kampfstarke Mannschaft geformt und geeint zu haben, sondern weil der Perfektionist Herberger sicher war, alles, aber auch wirklich alles getan zu haben, was sich als Voraussetzung für ein halbwegs gelungenes Abschneiden absehen ließ. Denn auch das gehörte zum «Geist» der Mannschaft und zu dem, was der Ungar Lorant den «totalen Fußball» der Deutschen nannte – daß der Chef alles selbst in der Hand hatte und noch die abwegigsten Kleinigkeiten regelte.

Klar, daß Herberger – wie in der Schweiz – das Quartier selbst ausgesucht hatte und den Quartiermacher auch: Pepi Stroh, Manager des FC Malmö. Joseph «Pepi» Stroh war jener österreichische Nationalspieler, der im Trainingslager der zusammengeführten deutschen Mannschaft 1938 mit seiner Balljongliererei die Auseinandersetzung zwischen den österreichischen und deutschen Nationalspielern auf einen Höhepunkt getrieben hatte. Stroh, der hinterher viermal für Deutschland spielte, wurde vom schwedischen Verband den Deutschen als Attaché zugeteilt, was Herberger sehr lieb war. Vier Jahre vorher hatte in der Schweiz der Altinternationale Albert Sing diese Funktion gehabt.

In einem Brief vom 22. Februar hatte Herberger seinen Besuch in Schweden angekündigt und den Wunsch geäußert, daß er am liebsten schon in dem in Aussicht genommenen Hotel Saltjöbad in Bjärred in der Nähe von Malmö wohnen würde. Dann hätte er gleich Gelegenheit, sich gründlich über die Unterkunft und deren beste Ausnutzung zu informieren. Vier Tage später schrieb ihm Pepi Stroh zurück: «Wußte gar nicht, daß Sie, lieber Herr Herberger, Selbstmordabsichten haben, denn eine Nacht in Bjärred wäre z. Z. ein sicherer Tod (erfroren). Haben einen halben Meter Schnee und 8 bis 10 Minusgrade. Außerdem wird keine Heizung vorhanden sein. Restauration gibt es ebenfalls nicht in Bjärred, habe mit der Direktion gesprochen.» Dennoch sei alles vorbereitet: «Direktor Ek erwartet Sie am 5. oder 6. März. Das Hotel hat 220 Wechselstrom. Keinen Fernsehapparat (ist aber leicht zu beschaffen). Miniatur-Golfplatz gehört zum Hotel. Auch ein Tennisplatz ist vorhanden.» Das stünde den Deutschen alles ab 2. Juni zur Verfügung.

Das erste, was Herberger vor Ort erschreckte, waren die Preise: Die Lebenshaltungskosten waren so weit angestiegen, daß Herberger um den Pensionspreis feilschen zu müssen glaubte. Die Schweden wollten jetzt fünfunddreißig statt dreißig Kronen. Herberger gelang es, darin noch den Getränkehaushalt unterzubringen. Beim DFB-Quartiermacher mahnte er an, daß bei der Bestätigung des neuen Pensionspreises auf dieses Zugeständnis der Hoteldirektion ausdrücklich verwiesen wird.

Es war dem Bundestrainer auch gelungen, einige zunächst für schwedische Stammgäste reservierte Einzel- und Doppelzimmer für das deutsche Team zu requirieren, so daß am Ende 16 Doppelzimmer und 14 Einzelzimmer für insgesamt 46 Personen zur Verfügung standen.

Für unerläßlich hielt Herberger einen eigenen Koch. «Die Tage meines Aufenthaltes in Schweden haben mir wieder eindringlich und erneut vor Augen (und Magen) geführt», daß der zur Erhaltung der Kondition der Spieler absolut nötig sei. Natürlich wußte Herberger auch schon, wer das sein sollte, nämlich Josef Bindert, Chefkoch in der Sportschule des Südwestdeutschen Fußballverbandes in Edenkoben. «Wie Herr Bindert bei mir durchblicken ließ, würde er seine Berufung als eine Auszeichnung bewerten. Sein Gehalt beläuft sich auf 1000,– Mark brutto.» Natürlich würde Herberger mit Bindert zusammen die Speisekarte aufstellen, und natürlich hatte er die Schweden schon wissen lassen, daß zum Frühstück abwechselnd ein Teller Porridge mit Obst als Einlage gegeben werden sollte. Auch daß die Deutschen sich mit Brot selber versorgen würden, wobei Herberger mit Hilfe des deutschen Konsuls organisiert hatte, daß dieses Brot aus Lübeck eingeführt würde, hatten die Schweden von ihm erfahren. Die angesüßten schwedischen Brotsorten «widerstehen» unserem Geschmack, fand der Bundestrainer. Für den Koch handelte er mit der Hotelleitung außerdem die Lieferung eines Entsafters aus. Zur Vorbereitung der Arbeit des Masseurs Erich Deuser führte Herberger lange Diskussionen und Verhandlungen darüber, ob die Unterwassermassage in einem Holzbottich oder in einer Stahlwanne durchgeführt werden müßte.

Der Bundestrainer scheute sich auch nicht, in einer Lageskizze die Zimmerverteilung vorwegzunehmen: Das Obergeschoß bot Wohnraum für 24 Personen, «hier sollte die Mannschaft mit ihren engsten Begleitern untergebracht werden. Die Zimmer 34, 35 sind für Herrn Deuser und den einzurichtenden Massagesalon reserviert.»

Die eigentliche Reise hatte Sepp Herberger vororganisiert bis hin zum Parkplatz für den Bus in Großenbrode. Auf der Fähre nach Dänemark und später auf der Fähre von Kopenhagen nach Malmö hatte er Tische reserviert. Alle Kostenvoranschläge wurden von ihm kontrolliert. Das Gesamtunternehmen wurde mit hundertzwanzigtausend Mark veranschlagt, eine Summe, die den Kassenwart des DFB spitze Verzweiflungsschreie ausstoßen ließ, daß Schweden noch teurer sei als die Schweiz. Dabei hatte der DFB bei der Weltmeisterschaft 1954 in der Schweiz 260000 Mark eingenommen und allenfalls 50000 an die Spieler bezahlt. Die kriegten pro Spiel 200 Mark und für das Endspiel 1000 Mark, aber nur, wenn sie tatsächlich eingesetzt worden waren. Ersatzspieler gingen leer aus.

Jetzt wurde dem Bundestrainer nahegelegt, statt mit den erlaubten 22 Spielern nur mit 18 zu fahren, was der auch tat. Vier Spieler blieben in Deutschland in Wartestellung.

Herberger rechnete genau. Mit seiner Genehmigung wurde festgelegt, daß jeder Spieler für insgesamt 673 Mark eingekleidet wurde, jeder erhielt einen Anzug im Werte von 400 Mark, drei Hemden, zusammen 90 Mark, zwei Shorts à 10, drei Paar Socken, zusammen 12, Schuhe für 50 Mark, zwei Krawatten für 16 Mark, ein Unterhemd für 5, einen Hut für 40 und einen Regenmantel für 50 Mark. Für Verpflegung und Quartier veranschlagten Herberger und der DFB für 28 Teilnehmer je 40 Mark, zusammen also 26880,– DM. Der Arbeitsausfall für zwanzig Mann à 150 Mark pro Woche wurde mit 9000 Mark veranschlagt. Die 28 Teilnehmer erhielten für 21 Tage je 10 Mark Taschengeld pro Tag. 5000 Mark wurden für einen Bus vorausberechnet, 2000 Mark für Verbandszeug. Der Koch sollte 2000 Mark erhalten. Lebensmittel und Getränke, die zusätzlich mitgenommen wurden, kosteten 5000 Mark.

An die 12000 deutsche Fans – mit Abstand das größte Ausländerkontingent – reisten «mehr zur Freude der schwedischen Herbergen als des deutschen Herbergers», wie DER SPIEGEL schrieb, zur Unterstützung ihrer Weltmeister nach Skandinavien. Ein schwedisches Blatt stöhnte über die «Halbwildgewordenen», als die Deutschen zu Tausenden nach dem Sieg über Argentinien auf den Rasen des Malmöer Stadions schwappten. Daß Toni Turek ein Fußballgott sei, hatte der Berner Radioreporter Zimmermann erst auf dem Höhepunkt des Endspiels ins Mikrophon gebrüllt, als der deutsche Torwart die letzte Chance der Ungarn vereitelt hatte. In Schweden waren die Deutschen schon Halbgötter, bevor die Vorrunde beendet war.

Eine befremdende Mischung aus Großmäuligkeit und unterschwelliger Angst vor Enttäuschungen, kaum greifbar, aber eindringlich, brach sich im deutschen Jubel Bahn. Sentimentalität und Selbstmitleid konnten schnell umschlagen in Wut und Größenwahn.

Die Schweden empfanden das deutsche Auftreten als provozierend. Die Presse berichtete empfindlich und verächtlich. «Der König sah erschreckt aus, als die deutschen Schrammeln und Jagdhörner ihr Höllenkonzert hinter seinem Rücken begannen», schrieb «Dagens Nyheter». «Fünfzig deutsche Fahnen und Banner wehten über dem Stadion, und die 8000 Deutschen lärmten in Malmö und schrien auch gleich für alle übrigen 12000 Zuschauer ...»

«Weltmeister wird in diesem Jahr die deutsche Elf, das ist uns klar», brüllte es von einem Transparent in die immer feindseliger werdende schwedische Umgebung. Und natürlich häuften sich, wegen der harten Spielweise der Herberger-Recken und der auch von den deutschen Sportreportern gepriesenen maschinenartigen Präzision der Spielzüge, wieder die Vorwürfe gegen die «Panzermentalität» des deutschen Spiels. Und so konnte es nicht ausbleiben, daß die Vorbehalte gegen den deutschen Militarismus voll losbrachen, als ausgerechnet Verteidigungsminister Franz Josef Strauß sich bemüßigt sah, «im Namen der Bundeswehr» den Spielern «Glück und Erfolg» zu wünschen. Als Sepp Herberger in einer Pressekonferenz nach diesem Telegramm befragt wurde, sagte er: «Mich hat das Telegramm besonders gefreut, man kann nie wissen, wie man den Minister bald mal braucht. Ich habe jedenfalls jetzt schon beste Beziehungen zu den verantwortlichen Stellen in der Bundeswehr. Nach meinen früheren Erfahrungen kann das sehr nützlich sein.»

Herberger spielte darauf an, daß er – der im Zweiten Weltkrieg dafür gesorgt hatte, daß möglichst vielen Nationalspielern möglichst lange der Fronteinsatz erspart blieb – sich nun langsam darum kümmern müsse, auch die jungen Spieler seiner jetzigen Elf vom Wehrdienst befreien zu lassen. Wenigstens während der Weltmeisterschaft. Entsprechende Gespräche hatte er bereits angeregt.

Im «Neuen Deutschland» aber wurde seine Bemerkung anders interpretiert. Herberger mache sich der Unterstützung der alten und neuen Giftköche des Krieges schuldig, die den tausendmal grausameren Atomkrieg jetzt zu entfesseln drohten, hieß es in einem Bericht des Sonderberichterstatters Dieter Wahl. Polemisch erinnerte er daran, daß Herbergers Mannschaft ab 1936 mit erhobenem Arm Adolf Hitler gegrüßt habe, in dessen Krieg 32 deutsche Fußballnationalspieler gefallen waren.

Josef Herberger, der sich in dieser Frage auf sicherem Boden wußte, war aber ohnehin für Kritik kaum noch zu erreichen. Ein 3:1-Sieg in Malmö gegen die hochfavorisierten Argentinier hatte seinen

Ruf als «Hexenmeister» des Fußballs endgültig gefestigt. Wieder, wie vor vier Jahren in der Schweiz, waren die Deutschen auf die Minute topfit, hochmotiviert, kraftvoll und taktisch brillant eingestellt.

Herberger ließ jeden Tag trainieren, weil die Spieler drauf drängten. Vor allem Fritz Walter und Helmut Rahn, die wieder ein Zimmer teilten, «machten sich gegenseitig heiß», wie sich Dettmar Cramer erinnert. Herberger achtete aber darauf, daß während dieser Tage nicht auf Höchstleistung trainiert wurde. «Meine Aufgabe bestand also während des Trainings darin – neben der Vermittlung taktischer Lehren –, höllisch darüber zu wachen, daß alles im Rahmen des von uns Gewollten bzw. Nützlichen verlief.»

Die «taktischen Lehren» gegen Argentinien waren ohnehin klar: «Man ist verloren, wenn man Südamerikaner spielen läßt.» Also trimmte er seinen Männern ein, dem Gegner auf die Pelle zu rücken, ihm in enger Tuchfühlung zum Spielen keinen Raum und keine Zeit zu lassen. «Werden Spieler dieser Art in Zeit und Raum eng beschnitten, kommen sie nicht ins Spiel (...), dann werden sie auch nicht zur Mannschaft.»

Argentiniens technischer Direktor Guillermo Stabile klagte hinterher, daß keiner seiner Männer zu seinem gewohnten Spiel gefunden habe. «Wir sind an keinen so gewalttätigen Fußball gewöhnt», fügte er hinzu. «Wenn reiner Fußball gespielt worden wäre, hätten wir gewonnen. Die Partie war ein Zusammenprall zweier Angriffsstile. Sie haben viel mehr Glück gehabt als wir.»

Glück? Gewalttätiger Fußball? Lässig an den schwarzen Flügel im Musiksaal des Hotels gelehnt, in dem er die internationale Presse empfing, war Herberger ein witziger und selbstbewußter Sieger. In der immer bösartiger werdenden Atmosphäre von Schweden präsentierte er sich als ein Weltmeister der Gelassenheit. Er wurde für seine taktischen Raffinessen und auch für die harte Spielweise der deutschen Elf von den Gegnern und ihren Truppen beschimpft. Herberger fand indes, daß man schon ziemlich töricht sein müsse, wenn man Taktik nicht in die Vorbereitung eines Spieles einbeziehe.

«Die Taktik», dozierte er, «ist, wenn wir Clausewitz auf unser Spiel umlegen, die Lehre vom Gebrauch der Mittel, um den Wettkampf zu gewinnen! Jede Mannschaft hat ihre Eigenart, ihren Stil, ihre starken und schwachen Stellen. Die eigene Stärke möglichst wirksam werden zu lassen, die schwachen Punkte zu verdecken, ist eine der Aufgaben, die der Taktik gestellt sind; umgekehrt geht sie darauf hinaus, die Stärke des Gegners lahmzulegen und seine schwachen Stellen für die eigenen Interessen auszunutzen.»

Tatsächlich dürfte die deutsche Mannschaft in Schweden fast genauso stark gewesen sein wie die von 1954, zudem härter. Nachdem sie in der Vorrunde mit 3:1 gegen Argentinien gewonnen hatte, genügten ihr zwei nervenaufreibende Unentschieden gegen die Tschechoslowakei (2:2) und Nordirland (2:2), um ins Viertelfinale zu gelangen. Mehr noch als 1954 lag die Stärke der Deutschen in der Abwehr, aber genauso wie damals beruhte sie auf der Geschlossenheit. «Sie ist das Werk jedes einzelnen dieser Abwehrgruppe; aus diesem Zusammenwirken zieht jeder einzelne wiederum seinen Vorteil und Nutzen», erläuterte der Coach. Daß die Hintermannschaft als Ganzes so ausgezeichnet funktioniert habe, «das stärkte das Rückgrat, ohne daß der Respekt vor unserem nächsten Gegner darunter litt: Immer schön der Reihe nach.»

Die Iren, fand Sepp Herberger, seien die härtesten Gegner gewesen: «Aber die waren die besten Sportsleute, mit denen wir die Klinge gekreuzt haben. Hart, aber sauber und fair war ihr Einsatz.» Auf die Klagen der Tschechen über die angeblich brutale Spielweise der Deutschen reagierte Herberger vor der Presse in Malmö verwundert. Es sei doch ein schönes Spiel gewesen, von höchster Dramatik. Trotzdem habe die Auseinandersetzung eine spielerische Note gehabt, anders als der Kampf gegen die Iren.

Und dann ging es, im Viertelfinale, wieder gegen Jugoslawien. Und wieder lief es ähnlich wie vier Jahre zuvor in Genf: «Diesmal spielten die Jugoslawen sogar noch schöner als damals. Wir hatten nichts dagegen. Sie spielten dort, wo wir keinen Wert darauf legten zu gewinnen. Ihr Spiel verbrauchte zu viel an Liebe und vertrödelte zu viel Zeit im Aufbau.»

Ein 1:0-Vorsprung der Deutschen reichte für den Sieg, und Herberger verspottete ein bißchen die Neigung, über die Ballkunst die Zweckmäßigkeit des Spiels zu vergessen. «Es war eine Versammlung erstklassiger Fußballer, aber keine Mannschaft. Gerade dieses Spiel ist das klassische Beispiel für Zauberei auf der einen und Zweckmäßigkeit auf der anderen Seite», sagte er in Malmö und ließ erkennen, wie eng er sich – in Wortwahl und Verhalten – noch immer an Otto Nerz ausrichtete: «Wer Taktik ablehnt und sie faulen Zauber nennt, hat sie am meisten nötig.»

Dann aber kam der Absturz, am 24. Juni, gegen Schweden in Göteborg. Selten war Herbergers Warnung, daß der nächste Gegner der schwerste sei, so berechtigt gewesen wie vor dieser Halbfinalbegegnung. In einem Spiel, das einer offenen Feldschlacht ähnelte und die Beziehungen zwischen den Ländern auf einen Gefrierpunkt sinken ließ, besiegten die Schweden die Bundesrepublik Deutschland mit 3:1.

Die harten Tacklings der deutschen Mannschaft in den vergangenen Spielen, das lärmende Auftreten ihrer Fans und die unvergessene Nazivergangenheit hatten sich zu einer überaus gereizten Stimmung gegen den amtierenden Weltmeister verdichtet. «Das heja, heja, heja klang noch Jahre später in meinen Ohren», bekannte Sepp Herberger. «Die Schweden feuerten mit ungeheurem Fanatismus ihre Elf an. Die Zuschauer wurden durch Einpeitscher regelrecht in Hochstimmung gebracht.» Wie «Höllenglut» empfand Fritz Walter die Hysterie des Publikums in Göteborg, wo sich etwa 2000 deutsche «Schlachtenbummler» zwischen 50000 Schweden verloren.

Das Spiel der Schweden begann stürmisch. Und doch stand es nach einem halben Dutzend Ecken für die Hausherren plötzlich 1:0 für Deutschland. Dann kam aber schnell das 1:1, ein Tor, das die Deutschen wegen vorausgegangenen Handspiels nicht akzeptieren wollten, dann aber doch hinnahmen. Am Ende, nach einem harten, großen Spiel mit blitzschnell wechselnden Situationen, verloren die Deutschen. Die beiden Siegtore für die Schweden fielen in den letzten zehn Minuten.

Da war die Herberger-Truppe praktisch schon auf neun Spieler geschrumpft. Zunächst mußte der Düsseldorfer Erich Juskowiak den Platz verlassen, weil er sich zu einem Revanche-Tritt gegen den listigen Schweden Hamrin hatte hinreißen lassen, der ihn genervt und provoziert hatte. Schließlich wurde auch noch Fritz Walter nach einem rüden Einsatz des Schweden Parling verletzt und humpelte bis zum Schluß als Statist auf Rechtsaußen herum.

«Es lief vieles gegen uns, und es gab sicherlich auch einiges, was nicht sportlich war», sagte Herberger hinterher, «doch letztlich haben wir auf dem Fußballplatz verloren. Mit ein bißchen Glück hätten wir erneut ins Endspiel einziehen können.» Herberger, wiewohl tief enttäuscht, nahm auch den ungarischen Schiedsrichter Zsolt in Schutz, den viele Deutsche angriffen. «Das Schwedenspiel hat viel Staub aufgewirbelt», fand er, «hüben wie drüben: entstellt, übertrieben, unzutreffend.» Und über die Einpeitscher im Stadion, die den DFB-Präsidenten Peco Bauwens so erbitterten, daß er nie wieder nach Schweden fahren wollte, sagte Herberger nur gelassen: «Es ging um die Weltmeisterschaft.»

Aber als Juskowiak mit hängendem Kopf den Platz verließ und immer nur vor sich hinschrie: «Was habe ich denn getan? Ich habe doch nichts gemacht!», da blickte Herberger stur an ihm vorbei. Er fand keine Geste für den Mann, der eine Zehntelsekunde lang die Nerven verloren hatte und nun der unglücklichste aller Fußballer war. Er hatte das Schicksal der Deutschen besiegelt. «Vier Jahre Arbeit waren für die Katz», konstatierte Herberger verbissen. Und obwohl Eva Herberger ihren Mann gleich anrief, um ihn zu ermahnen, nicht allzu streng mit dem Übeltäter umzuspringen, verfügt der eisig: «Jus, Sie werden nicht mehr in der deutschen Nationalmannschaft spielen. Man fliegt nicht vom Platz.» Es dauerte eine Zeit, bis Juskowiak dann doch wieder im Trikot der Nationalmannschaft auflaufen durfte.

Als Fritz Walter vom Platz getragen wurde, stand Herberger neben der Außenlinie. Schweigend verfolgte er Walters Versuche, das Bein zu strecken und zu drehen. «Geht's nicht mehr, Fritz?» fragte er ruhig. «In diesem Augenblick war ich ihm wichtiger als das ganze

Spiel», spürte Fritz Walter, der den Masseur Deuser drängte, ihm einen Klebeverband zu machen, damit er wieder ins Spiel gehen könnte. «Machen Sie sich bloß nicht verrückt, Fritz», sagte der Chef. «Wenn's geht, ist's gut, geht's nicht, ist's auch nicht zu ändern.»

Herberger wußte in diesem Augenblick, daß die Laufbahn seines Lieblings zu Ende war. Fritz hatte, so fand sein Entdecker und Freund, in Schweden seine bisher größte Leistung zustande gebracht. «Mit der zeitlichen Annäherung an die WM steigerte er sich zu einer großartigen Kondition», notierte sich Herberger, «er bewies damit, in welch einmaliger Weise er die Kunst beherrscht, zu einem bestimmten Zeitpunkt in bester Kondition und Form zu sein. Mit dieser Tatsache hat Fritz ein Beispiel ohnegleichen gegeben für alle, die nach Höchstleistung im Sport und deren Erhaltung über außergewöhnliche Zeitstrecken streben.»

Auf der Rückfahrt aus Schweden – im Kampf um den 3. Platz waren die geschwächten Deutschen mit 6:3 sang- und klanglos gegen die überragend besseren Franzosen eingegangen – saß Fritz Walter noch einmal neben seinem Trainer und Entdecker. Wehmut und Männersentimentalität drohte beide zu überkommen. «61 gemeinsame Länderspiele! 61 gemeinsame Erlebnisse! 61 gemeinsame Erinnerungen!» schrieb Fritz Walter in seinem Buch. Doch Herberger zog schon im Omnibus nach Malmö sein berühmtes Notizbuch aus der Tasche hervor: «So, Fritz, jetzt müssen wir mal gucken, wie's weitergeht!» Nach dem Spiel ist vor dem Spiel. Herberger diskutierte und entwickelte neue Ideen und Pläne für Aufstellungen. «Mit Ihnen ist ja doch nichts mehr anzufangen, Fritz?» klopfte er noch einmal auf den Busch. «Bleibt es dabei, daß Sie die Nationalmannschaft verlassen?» Dieses Mal bestimmt. «Und wenn ich Sie als zurückgezogenen Mittelstürmer einsetzen würde? Wenn ich drei, vier schnelle Leute um Sie herumbaue, die für Sie laufen?» Fritz Walter: «Fangen wir lieber nicht wieder von vorne an. Einmal muß Schluß sein.»

Das Spiel gegen Schweden in Göteborg hatte zwischen den beiden Ländern klimatisch die Eiszeit ausbrechen lassen. «Hätte man damals nicht das Jahr 1958, sondern 1598 oder 1589 geschrieben, wären sicherlich hier wie dort Regimenter aufgestellt, Kanonen geputzt und Säbel geschliffen worden», hieß es nachträglich ironisch in einem deutschen Kommentar. Es war eine Kriegsstimmung, die im Fußballstadion begann und die in den Sportspalten der Zeitungen und an den Stammtischen fortgeführt wurde. Der vom Platz gestellte Juskowiak kriegte Waschkörbe voller deutschnationaler Fanpost. Und selbst die diplomatischen Beziehungen zwischen beiden Ländern sanken auf ein Niveau, daß es in den Jahren danach etlicher Vernunft, Einsicht und großer Bereitschaft zum Vergessen bedurfte, um die Folgen der Weltmeisterschaft von Schweden zu überwinden.

Die Hurrapatrioten des deutschen Fußballvolkes aber waren zutiefst betroffen und sannen auf Racheakte. In der «Saar-Zeitung» feierte die Hysterie Urständ: «Der instinktsichere ‹kleine Mann› hat aus den fanatischen Heja-Rufen der aufgepeitschten schwedischen Zuschauerplebs den Grundton abgrundtiefer Gehässigkeit herausgehört, wenn nicht den Grundton eines Hasses, der sich nicht nur gegen die deutschen Fußballspieler richtet, sondern gegen die Deutschen schlechthin. Das offizielle Schweden hat hämisch genießend zugelassen, daß rund 40000 Repräsentanten dieses mittelmäßigen Volkes, das sich nie über nationale oder völkische Durchschnittsleistungen erhoben hat, den Haß über uns auskübelte, der nur aus Minderwertigkeitskomplexen kommt. (...) Es ist der Haß eines Volkes, dem man das Schnapstrinken verbieten muß, weil es sonst zu einem Volk von maßlosen Säufern würde.»

Die schrille Abwehr gegen den Feind von außen spiegelte viel schlechtes Gewissen der Deutschen. Und die Empfindlichkeit, mit der sie sich zu Opfern und «Herbergers tapfere Elf» zu einem verwegenen Haufen von braven und anständigen Amateuren stilisierten, der von einer supranationalen Verschwörungsgemeinschaft niedergemetzelt worden war – diese Aufgeregtheiten sagten mehr über die nationale Befindlichkeit der Deutschen, als denen lieb und bewußt war. Viel Feind, viel Ehr. Wieder einmal taten die Deutschen so, als seien Herbergers Männer herzerfrischend ehrliche Amateure, die von den geldgierigen und abgebrühten Profis in aller Welt abgezockt worden waren. Die Argentinier wurden vorgestellt als eine Mannschaft, auf die hohe Belohnungen warteten. Die schwedische Elf bestand nur aus ausgeborgten Italo-Profis und Legionären. Der französische Mittelstürmer Kopa war ein Berufsspieler von Real Madrid, den sich die Franzosen ausgeliehen hatten. Norbert Seitz, der sich über die Zusammenhänge zwischen Politik und Fußball erhellende Gedanken gemacht hat, sah hier eine tiefsitzende, urdeutsche Angst: «Der Vorbehalt gegen die Verwestlichung des deutschen Lebens.» So sehr sich die Politik um eine feste Westintegration bemühte – im Fußball lieferten sich deutsche Helden ein letztes Gefecht gegen das Händlertum: «Kämpfer gegen Krämer, ehrlicher Reckengeist gegen welsche Raffinesse.»

In West-Deutschland nahmen das patriotische Schmerzensgeschrei und die wütenden Ausfälle gegen Schweden groteske Formen an. Von den Speisekarten der Lokale verschwanden die Schwedenplatten, schwedische Tanzkapellen wurden ausgeladen, schwedischen Touristen an Tankstellen das Benzin verweigert. Beim internationalen Reitturnier in Aachen rissen Unbekannte die schwedische Flagge vom Mast und zerschnitten die Reifen parkender Schwedenautos.

Die Begeisterung, mit der die deutsche Mannschaft auf heimischem Boden begrüßt wurde, erinnerte an den Triumphzug nach dem Sieg von Bern. Doch bekamen die Aufläufe in ihrer Hysterie und ihrer Aggressivität eine andere Tonart als der Volksjubel nach dem 3:2 vier Jahre zuvor. Schützenvereine, Sportclubs und Schulklassen drängelten sich zum Empfang am Ostseefährhafen Großenbrode. In Lübeck grölte es von überfüllten Bahnsteigen: «Deutschland vor, noch ein Tor.» Auf dem Hamburger Hauptbahnhof standen stundenlang vierzigtausend Fußballbegeisterte und brüllten «heja, heja» und «Uwe, Uwe». Die Spieler hätten nur ahnen können, «daß die Massen sie über den Verlust des Weltmeisterschaftspokals hinwegtrösten wollten», schrieb die «Frankfurter Rundschau.»

Der Trost fiel außerordentlich handgreiflich aus. Die Spieler kamen mit abgerissenen Knöpfen, klaffenden Hemden und zerzausten Haaren im Hotel Europäischer Hof an, völlig aufgelöst und abgekämpft. «Wo bleibt der Boss, der die Tore schoß», schrie die Menge. Uwe Seeler mußte von zwei Polizisten durch das Gedränge weggeführt werden. DFB-Chef Bauwens – immer vorneweg mit seinem nationalen Überschwang – versicherte auf dem Empfang im Hamburger Rathaus noch einmal: «Göteborg war für uns, man soll es ruhig sagen, die Hölle.»

Der unbestrittene Sieger dieser Weltmeisterschaft 1958 aber war Sepp Herberger. Bei den deutschen Banken und Sparkassen gab es sein Porträt jetzt auf Goldmünzen. Bereits in Schweden, nach dem Erreichen des Viertelfinales, war sein Ruf als Zauberer und Supertaktiker für alle Zeiten zementiert. «Der vierte Platz in diesem hervorragend besetzten Turnier ist ein großer und unerwarteter Erfolg unserer Nationalmannschaft», sprach Sepp Herberger. Er wußte aber sehr wohl, daß es vor allem sein persönlicher Triumph war.

Denn dieses Abschneiden war nach den trostlosen Vorstellungen der letzten Jahre mehr, als die kühnsten Prognostiker vorauszusagen gewagt hatten. Genüßlich rechnete der Bundestrainer jetzt mit den «vielen Unkenrufern» ab, die gezweifelt hatten, daß er seine Mannschaft jemals wieder zur richtigen Zeit in Form bringen würde. Herberger: «Das Turnier hat gezeigt, daß es uns vollkommen gelungen ist.»

Vor allem aber hatte das Turnier 1958 gezeigt, daß der Sieg 1954 kein Zufall war. «Das Ausmaß der Anteilnahme und das Interesse an unserer Nationalmannschaft», das sich für Herberger in dem Verhalten in der Heimat zeigte, war zugleich seine eigene Rehabilitation. Er wußte wohl, daß nun alle seine deutschen Kritiker – die beim Deutschen Fußball-Bund, die in den Vereinen, vor allem aber die in der Presse – Abbitte leisten mußten. Mehr denn je wurde er als volkstümlicher Held gefeiert, jetzt war er wirklich der «Bundessepp».

«Eher kriegen die mich als den Uwe»

«Menschenhändler» und «Abwanderungssucht»

Ungewöhnliche Töne drangen in den Monaten nach der schwedischen Weltmeisterschaft aus Hohensachsen in die Fußballwelt: Sepp Herberger fand sich und seine Kicker wunderbar. «Unser Länderspiel in Köln wird als ein hoher Festtag des deutschen Fußballs in die Geschichte unserer Länderspiele eingehen», schrieb er am 22. Oktober 1959. Mit 7:0 hatten die Deutschen die Holländer abgefertigt. Uwe Seeler schoß drei Tore. «Wo bleibt der Schlager von Uwe, gegen den kein Theodor gewachsen ist?» fragte das Hamburger Abendblatt.

Herberger aber lobte auch alle anderen. Dem Kölner Torwart Fritz Ebert gratulierte er zu seinem «gelungenen Debüt», dem Verteidiger Juskowiak, der ihm Schweden versaut hatte, schrieb er: «Den ‹Erich› vom vergangenen Sonntag möchte ich noch viele Jahre für unsere Nationalmannschaft haben.» Karl-Heinz Schnellinger versicherte er: «... wie mich deine Leistungssteigerung überrascht und gefreut hat.»

Vor allem jedoch war er mit sich selbst zufrieden. Alles sei so gelaufen, wie er es geplant hatte, freute er sich. «Entweder man hat's oder man hat's nicht!» schrieb er wohlgefällig nieder. «Ich hab's!!» Erschrak Herberger nicht über so viel Selbstgerechtigkeit?

Daß inzwischen beim Bundestrainer und der deutschen Nationalmannschaft, beim DFB und in der Bundesrepublik überhaupt vieles auf «längst erprobten, längst bewährten und längst eingespielten Bahnen» verlief – diese Beobachtung irritierte ihn überhaupt nicht. Im Gegenteil. Es häuften sich die schulterklopfenden Formulierungen satten Eigenlobs: «Lange Geduld hat sich bezahlt gemacht.» «Wir sind wieder dabei. Beachtliche Erfolge.» In dieser Zeit entstand jenes Bild, mit dem Herberger später einen ganzen Hörsaal voll professoraler Sportmediziner in Wut versetzen würde: Der erfolgreiche Autodidakt verglich seine Trainingsarbeit mit dem instinktsicheren und unfehlbaren Absprung eines Kindes von der Straßenbahn, während der hochgelehrte Professor nachdenkt, seine Brille sucht und auf die Nase fällt.

Tatsächlich hatte die deutsche Mannschaft im Anschluß an die Weltmeisterschaft von Schweden das spielerische Niveau gehalten, obwohl Herberger noch immer seine Talente aus fünf Regionalligen zusammensammeln mußte. An Begabungen war indes kein Mangel. Schon aus Schweden hatte er neue Stars mitgebracht: Schnellinger, Seeler, Szymaniak, dazu eine solide Hintermannschaft. Gleich danach stießen andere dazu: Helmut Haller und wieder Klaus Stürmer, Gerd Dörfel und Albert Brülls. In der Hintermannschaft Willi Schulz.

Daß Seppl Herberger es schon richten würde, gehörte jetzt zum Allgemeingut, auch in der Sportpresse. Schon 1959 reiste er nach Brasilien, um dort zu dozieren. Daß er bei dieser Gelegenheit einen Abstecher nach Chile machte, wo 1962 die nächste Weltmeisterschaft stattfinden würde, verstand sich von selbst. Im Programmheft eines Länderspiels gegen die Schweiz hieß es im Oktober 1959: «Der deutsche Bundestrainer Sepp Herberger ist ein Mann der weiten Planung. Es gibt Leute, die deshalb vielleicht dann und wann etwas über den deutschen Teamchef lächeln. Sie taten das schon 1954, als er nach dem Weltmeisterschaftssieg (...) feststellte, daß die Vorbereitung für die nächste Weltmeisterschaft bereits beginne. Daß kein Grund zum Lachen vorhanden war, zeigte sich vier Jahre später, als Deutschland in Schweden immerhin unter den letzten vier zu finden war.»

Die Deutschen waren mit sich zufrieden, es ging aufwärts, wenigstens im Westen. Die Arbeitslosigkeit hatte sich zwischen 1950 und 1960 von 10,4 auf 1,2 Prozent verringert, die Beschäftigungszahl stieg dagegen von 11,8 auf 17,2 Millionen an, also um 46 Prozent. In dem Land, in dem die Anlagevermögen wertmäßig um 129 Prozent emporschnellten und das Einkommen pro Jahr durchschnittlich über fünf Prozent kletterte, das Wirtschaftswachstum gar eine Steigerung von 7,6 Prozent erreichte – in diesem Land der Vollbeschäftigung, der Stabilität und des Wachstums profitierte auch der Fußball. 1960 zählte der DFB 1950957 Mitglieder, in 14380 Vereinen spielten 66317 Mannschaften. Damit war er der mit Abstand größte Sportverband.

Josef Herberger war jetzt seit 25 Jahren Trainer und Betreuer der deutschen Nationalmannschaft. Er beging dieses Jubiläum am 8. Oktober 1961 mit einem Länderspiel in Polen. Ein Vierteljahrhundert zuvor hatte er bei seinem ersten Auftrag als künftiger Reichstrainer die deutsche Elf in Warschau betreut. Der DFB ehrte seinen Startrainer mit einer Kaffeetafel, bei der er hofhielt wie ein Monarch. In der Presse wurde er gefeiert für vier große Mannschaften, die er als Nationaltrainer herausgebracht habe: die Breslau-Elf 1937, die Mannschaft der ersten Kriegsjahre, die Weltmeisterelf 1954 und die Mannschaft, die Deutschland 1958 in Schweden vertrat. Sein Motto, verriet er, heiße weiterhin: «Aufsteigen ist leichter als oben bleiben.» Aber daß er das inzwischen auch beherrsche, ließ er deutlich durchblicken: «Es kann für mich keine schönere Arbeit geben. Es ist herrlich, immer mit jungen Leuten zusammenzusein, lehren zu dürfen. Außerdem bleibt man jung dabei.»

Nicht, daß plötzlich alles eitel Freude und Harmonie gewesen wäre. Herberger brauchte Gegner, um sich zu beweisen. Doch hatten die Geplänkel, in die er sich mit den Kameraden von der Presse wieder einließ, längst Routinecharakter. Wieder ging es darum, daß Herbergers Stamm-Spieler zu alt seien – Rahn, Erhardt, Stollenwerk und Schäfer –, während der Bundestrainer darauf bestand, daß sie 62 noch immer im besten Leistungsalter sein würden. Alles wie gehabt. Die Vorbereitungen auf die Spiele, darunter die Qualifikationsspiele zur Weltmeisterschaft gegen Nordirland und Griechenland, die das deutsche Team alle gewann, wurden, so Herberger, «nach altbewährtem Rezept planmäßig durchgeführt».

Längst war das Programm der Vorbereitung auf Chile angelaufen. Als Ergebnis eines gründlichen, über Jahre gehenden Ausleseprozesses kristallisierte sich der nun übliche Kern von Spielern heraus, an Jahren jung, aber an Länderspielerfahrung bereits alt. Sie wurden vom Bundestrainer «mit Hausarbeiten» versorgt – ihrem persönlichen Trainingsprogramm für das «sportliche Morgengebet» –, wozu neben gymnastischen Übungen und speziellen fußballtechnischen Aufgaben neuerdings eine Körperschule mit Gewichten gehörte. Wie im kulturellen und politischen Leben der Bundesrepublik Deutschland hieß auch das Motto beim Deutschen Fußball-Bund und bei Herberger: «Keine Experimente.»

Freilich hatte diese Devise inzwischen einen Unterton von abwehrender Intensität, der Veränderung signalisierte. Die letzte Phase der Nachkriegszeit neigte sich dem Ende zu, alte Formen und Zwänge lockerten sich. Herbergers Spieler trugen, wenn sie zu den Lehrgängen anreisten, jetzt Jeans, das Erkennungssignal einer neuen Jugend, die sich schlaksiger und lässiger zu bewegen begann. Die «Gerümpel-Generation», wie der Schriftsteller Rolf Dieter Brinkmann, Jahrgang 1940, sich und die anderen «Ruinenkinder» nannte, war mit der aufsteigenden Bundesrepublik groß geworden und hatte sich einen amerikanisch geprägten Lebensstil angewöhnt: Kino und Coca-Cola, Minirock und Rock and Roll. Und Geld natürlich, viel Geld.

Noch waren die jungen Leute angepaßt und nett. Aber Gehorsam war nicht mehr ihre zweite Natur. Sie muckten schon mal auf, mit halber Kraft, «Halbstarke» wurden sie dann beschimpft. Aber es gab jetzt auch Jüngere, die politisch deutlich machten, daß sie Demokratie nicht nur als eine neue Spielart autokratischen Führungsstils betrachteten, sondern daß sie Emanzipation und Mitbestimmung darunter verstanden. In der SPIEGEL-Affäre und in den Schwabinger Krawallen gingen in Deutschland erstmals aus politischen Gründen größere und bis dahin unpolitisch wirkende Gruppen von jungen Menschen auf die Straße.

Die Fußballprofis der Zukunft sahen das, wenn überhaupt, nur aus großer Entfernung. Das ging sie nichts an. Und doch änderte sich, ganz allmählich, auch ihr Verhalten. Sie wurden lockerer in der Lebensweise, fordernder in ihren Ansprüchen und kritischer gegenüber den alten Herrschaftsformen im Verein und beim DFB.

Ganz allmählich verschob sich der Stellenwert der Alten – von Konrad Adenauer bis Josef Herberger. Wenn künftige Nationalspieler, ob Helmut Haller oder Wolfgang Overath, Jürgen Werner, Berti Vogts oder Franz Beckenbauer, in den nun beginnenden 60er Jahren auch die Autorität des «Altbundestrainers» Sepp Herberger geradezu ergriffen anschwärmten – Beckenbauer: «Herberger, das war für mich der liebe Gott, den hätt ich mich gar nicht anzusprechen getraut» –, so war «der Alte» für sie doch eher ein hehres Großvater-Denkmal. Sie wichen der Auseinandersetzung aus. «An Opposition war doch gar nicht zu denken», sagte Willi Schulz. Herberger, der sich schon immer schwergetan hatte mit Spielern, die ihm allzu selbstbewußt und unabhängig erschienen, erwartete herrischer denn je eine Art unausgesprochener emotionaler Unterwerfung, bevor er jemanden seinem Kreis zurechnete. Dabei hatten Spieler einfacher Herkunft und schlichter Schulbildung, die ihn an seinen eigenen Werdegang erinnerten – wie Helmut Rahn oder Horst Szymaniak, Uwe Seeler, Helmut Haller und Albert Brülls –, immer einen Bonus. Und um sie kümmerte er sich wirklich wie ein Familienoberhaupt. Auch Willi Schulz und der Hamburger Gerd Dörfel erfreuten sich dieser Zuwendung, die freilich immer in außerordentlich autoritärer Form daherkam. Mit seinem rigiden und moralisierenden Stil waren selbst solche Spieler nicht mehr ganz einverstanden, die ihn im Grunde verehrten.

Seit seiner Zeit als Spieler in Berlin, wenn nicht gar seit jenem scheußlichen Debüt in der Ligamannschaft des 1. FC Waldhof am Neujahrsmorgen 1914, reagierte Sepp Herberger mit besonderem Abscheu auf jeden alkoholischen Ausrutscher von Sportlern. Mochte auch die erzieherische Absicht unverkennbar sein, der Ton war harsch und verurteilend: «Mit Ihrer geradezu krankhaften Überempfindlichkeit, Ihren üblen Launen und Ihren so schlechten Manieren haben Sie das gute Einvernehmen und die sonst so blendende Stimmung in unserer Gemeinschaft auf die übelste Weise fortlaufend gefährdet und in mehreren Fällen auch empfindlichst gestört», schrieb er einem Spieler, der sein Trinken schwer unter Kontrolle kriegte, nach der Weltmeisterschaft 1958: «Auf Grund der mit Ihnen in den drei Wochen unseres gemeinsamen Aufenthaltes in Schweden gemachten Erfahrungen liegt der Schluß nahe, daß Ihnen die Rücksichtnahme auf die natürlichen und selbstverständlichen Gesetze im Zusammenleben einer Gemeinschaft ein ziemlich unbekannter Begriff geblieben ist. Dafür stellen Sie aber auch mit den gehäuften Kostproben Ihrer schlechen Laune unsere Nachsicht und Geduld auf harte Zerreißproben.»

Von den «Untaten Ihrer Launenhaftigkeit» werde er niemanden sonst in Kenntnis setzen, teilte Herberger dem Spieler mit: «Sie sind noch ein junger Mann. (...) Es wird Ihnen also die Rückkehr in die Nationalmannschaft nicht für alle Zeiten verbaut sein.» Doch kam es zu weiteren Zwischenfällen. Im Oktober 59 erhielt Herberger einen Brief von seinem DFB-Präsidenten Bauwens, der ihm mitteilte: «Der schöne Erfolg unserer Mannschaft und auch das gute Verhalten all unserer Spieler hat leider stark gelitten durch das üble Verhalten von X. Es muß hier von unserer Seite aus irgend etwas geschehen, um den ausgezeichneten Ruf, den unsere Mannschaft sich im In- und Ausland durch ausgezeichnetes Benehmen erworben hat, nicht zu verderben.»

Bauwens riet Herberger ein Gespräch an, erhoffte sich aber nicht viel davon. Herberger versuchte es und berichtete, daß er den Spieler «ungeschminkt und ohne Umschweife auf die Konsequenzen hingewiesen» habe, «auf die er sich aufgrund seines Auftretens und Verhaltens gefaßt machen» müsse. Seine Erklärung für seine Betrunkenheit war die, daß er aus Freude über den Sieg und über seine eigene gute Leistung beim Bankett zu hastig und zu ergiebig dem Wein zugesprochen habe und im Zustande der Trunkenheit dann nicht mehr wisse, was er rede und tue. Er erinnerte sich an keine Einzelheit seines Verhaltens, gab zu, daß er Schlimmes ahne, und gestand, daß ihn darüber sein Gewissen schwer plage.

Herberger: «Seine Selbstanklage war echt. Aus dieser zerknirschten und reumütigen Stimmung heraus gelobte er, daß es in der Zukunft über ihn keinen Anlaß mehr zur Klage geben werde.» Das hielt aber nur für kurze Zeit. Denn wenig später folgte Herbergers härtester Brief. Ohne jede Anrede schrieb Herberger dem Spieler:

«Unter zivilisierten Menschen ist es üblich, einen Brief mit einer höflichen Anrede zu beginnen. Nach dem unbeschreiblich scheußlichen Anblick, der sich mir in Ihrem Hotelzimmer bot, in das ich nach Ihrer Abreise von der Hoteldirektion gerufen worden war, kann Ihnen gegenüber auf eine solche Höflichkeitsform verzichtet werden. Der Zustand, in dem Sie Ihr Hotelzimmer verlassen hatten, kann nur als eine ausgemachte Schweinerei bezeichnet werden. Noch jetzt – Tage danach – schütteln mich Ekel und Scham, wenn ich nur daran denke. (...) Noch weiß mein Vorstand nichts von Ihrer Schandtat. Die Scham über die Schande, die unserer Nationalmannschaft und mir durch Sie zugefügt wurde, haben mir bislang die Kehle zugeschnürt. Aber ziehen Sie aus dieser Tatsache ja keine falschen Schlüsse.»

Die Antwort folgte postwendend handgeschrieben: «Herr Herberger! Ich habe schon mit Ihrem Brief gerechnet. Hier ist meine Antwort. Mein Ausschluß aus der Nationalmannschaft ist für mich nach diesem Vorfall ganz klar. Ich habe mich so benommen, daß ich in der deutschen Elf nichts mehr zu suchen habe. Ich kann mich nicht einmal entschuldigen, weil es dafür einfach keine Entschuldigung gibt. Daß es mir leid tut, damit ist es natürlich auch nicht getan, einem Mann, der ein ganzes Land vertritt, darf so etwas ganz einfach nicht passieren. Ich möchte nicht bemitleidet werden.»

Das war aber keineswegs das Ende einer erfolgreichen Fußballerkarriere. Vielmehr dürfte der Brief des reumütigen Spielers so recht geeignet gewesen sein, den Glauben an das Gute in seinem Kandidaten bei Herberger wiederzuerwecken. Er setzte sich also für dessen Wiederaufnahme ein und belobigte ihn – und ein bißchen wohl auch sich selbst – wenig später schriftlich nach einer Anerkennung für ein großartiges Spiel: «Du hast aber noch eine andere Leistung vollbracht, die mir mindestens ebenso imponiert hat wie Deine Leistung auf dem Spielfeld. Was ich damit meine, ist Dein Verhalten beim Bankett. Ich war darüber hoch erfreut und ordentlich stolz und hätte Dir gerne zugeprostet, wenn ich nicht befürchtet hätte, andere unnötig aufmerksam zu machen.»

Tatsächlich waren es oft seine Lieblinge, denen Herberger besonders harsch zusetzte. Wobei er, der seit Jahrzehnten Briefe schrieb, nicht nur vergaß, daß er es inzwischen mit einer Generation zu tun hatte, die kaum noch Briefe gewohnt war, sondern er unterschätzte auch die Fallhöhe seiner «Urteile», die jetzt aus monumentaler Höhe auf die Spieler herabklatschten.

An Karl-Heinz Schnellinger schrieb er, daß einer einige Male in einem Spiel nicht gut aussehe, sei nichts Außergewöhnliches und passiere jedem. Doch verlange die Höchstleistung für jedes Spiel eine Einstellung der ganzen Persönlichkeit auf die Aufgabe. Schnellinger aber habe durch eine leichtsinnige Rückgabe den Torwart Tilkowski gefährdet, und beinahe hätte das den Sieg gekostet: «Solche riskante Spielweise macht Ihnen offenbar einen Mordsspaß, ist aber keineswegs das Zeichen der Klasse eines Spielers.»

Helmut Haller schrieb er: «Ich vermisse in Ihrem Spiel den zielstrebigen Zug zum Tor und den Torschuß. Immer und immer wieder muß ich Ihnen sagen, daß zum erstklassigen Spieler und zum erstklassigen Spiel eben auch der abschließende Torschuß gehört. Wie schon in Island habe ich auch in Darmstadt gesehen, wie Sie durch einen Rempler vom Ball getrennt werden können und dann für Minuten lustlos und verstimmt im Feld herumstehen. Mein lieber Freund Helmut, hier muß vieles besser werden.»

Umgekehrt hielt er aber auch mit seiner Begeisterung nicht zurück über eine «großartige Leistung». Das sei das Beste gewesen, was er von ihm bisher zu sehen gekriegt habe, ließ er Helmut Haller nach einem Spiel wissen. «Ihr direktes Abspiel, Ihre Steilpässe, Ihr Drang zum Tor, nicht zuletzt die Tatsache, daß Sie auch als Halbstürmer immer wieder darauf aus waren, die Kreise Ihres Gegenspielers (...) zu stören, wenn die gegnerische Mannschaft in Ballbesitz gekommen war. So denke ich mir ein Halbstürmerspiel. (...) Beiliegend ein Bild mit Widmung. Ich hoffe, Ihnen eine Freude damit zu machen.»

Dieses Foto hält Helmut Haller hoch in Ehren. Tatsächlich sagt der Augsburger heute, daß er so gut wie alles, was er vom Fußball und vom Leben wisse, im Grunde Sepp Herberger verdanke. Haller, der aus einer kinderreichen armen Familie kam und den Herberger zu der damaligen Zeit noch als «sehr kindlich» bezeichnete, bestätigt: «Ich kannte ja alles nicht. Und mir hatte auch keiner was gesagt.» Sowohl für den Fußballplatz als auch im Leben habe Herberger ihm Selbstdisziplin und Verhaltensnormen beigebracht. «Ich habe zu ihm aufgeguckt, als wenn er mein Vater wäre.»

Daß ihm seine «Lieblingssöhne» – Haller, Schnellinger, Brülls, Szymaniak, Seeler – in ihren Lebenseinstellungen und mit ihren Wünschen und Träumen zu entgleiten drohten, das blieb Herberger lange Zeit verborgen. Daß sie ihm aber von «Menschenhändlern» nach Italien entführt werden sollten, dagegen versuchte er sich durch robuste Einmischung zu schützen. Die «Abwanderungssucht» erbitterte Herberger heftig, nicht zuletzt, weil sie seine Nationalmannschaft zu bedrohen schien. In einem Zeitungsinterview sagte er 1961: «Wir Deutsche scheinen davon in letzter Zeit besonders betroffen zu sein. Die millionenschweren Clubs der Länder mit Berufsspielern bemühen sich um unsere Fußballer intensiver, als mir und der deutschen Fußballgemeinde lieb sein kann.»

Das weckte seinen Widerstand. Und wie immer zeigte sich der Überlebenskünstler im höchsten Maße pragmatisch und flexibel. Wo der Status quo zu verteidigen war, warf er alles an Beziehungen, Einfluß und manipulativer Kraft in die Waagschale. Die Schlüsselfigur hieß Uwe Seeler. Wo aber die Chancen schlecht standen, sich gegen den Trend zu behaupten, da setzte sich Sepp Herberger flugs an die Spitze der neuen Bewegung, um auf diese Weise das Beste für seine eigenen Ziele herauszuschlagen. Das Beispiel dafür war Horst Szymaniak. Daß es Herberger gelang, in beiden Fällen sowohl die persönlichen Interessen der Betroffenen als auch die eigenen Ziele – überhöht als Anliegen der Nationalmannschaft dargestellt – durchzuboxen, belegte einmal mehr, daß inzwischen seine erfolgsorientierte Lebensklugheit die größten Widersprüche zusammmenzuzwingen vermochte.

Den Kampf um Uwe Seeler – «eher kriegen die mich als den Uwe» – betrieb Sepp Herberger unter Einsatz seiner gesamten Reputation. Er fühlte sich dabei in Einklang mit allem, was der alten Generation in West-Deutschland heilig geblieben war. Die gute alte Zeit – so wie sie sich in den 50er Jahren selbst verherrlichte – führte mit «uns Uwe» ihr vorerst letztes erfolgreiches Abwehrgefecht.

Uwe Seeler, 23, Sohn des populären Arbeiters und HSV-Kickers Erwin Seeler, liebte Hausmannskost und solide Leistung. Der Lebensstil der Alten, die ihre einförmigen Einfamilienhäuser mit Rundbögen, Glasbausteinen und Schmiedeeisen zu Bollwerken gegen die Trends der Zeit ausgebaut hatten, war auch der seine. Früh hatte sich Uwe mit einem solchen Eigenheim der idyllischen Nesthocker-Normalität der deutschen Väter angeschlossen. Er schoß Tore für Deutschland, weil er das konnte und weil er es für seine nationale Pflicht hielt.

Als ausgerechnet um ihn die italienischen und spanischen Finanzgewaltigen der großen Vereine zu werben begannen, geriet die heile Fußballwelt in der Bundesrepublik aus den Fugen. Am 26. April 1961 saß Sepp Herberger als eine Art deutscher Wachhund in Hamburg auf der Tribüne neben dem Trainer von Internazionale Mailand, Helenio Herrera, der Uwe Seeler mit einem Angebot von 1,2 Millionen Mark nach Italien zu locken versuchte. Die Hamburger gewannen das Spiel 3:1, und Herberger veröffentlichte am nächsten Tag eine Art Kommuniqué über seine Beobachtungen: «Uwe Seeler hat mich gestern abend noch von allem informiert. Ich weiß, daß er sich im Hotel Atlantik gegen 1.30 Uhr nachts mit Vertretern des Mailänder Klubs getroffen hat. Ich halte es für unmöglich, daß er etwas unterschrieben hat. Ich treffe mich heute mit Uwe Seeler. Wir werden dann die Situation besprechen.»

Den Vertragsentwurf, der Uwe Seeler damals vorlag, hob Herberger in den Unterlagen auf. Danach sollte vereinbart werden: 1.) Herr Seeler verpflichtet sich, für den FC Internazionale ab 1. Juli 1961 zu folgenden Bedingungen zu spielen. 2.) «Einmalige Vertragsprämie: in Italienischen Liren den Gegenwert von DM 500000,–. 3.) Jährliches Gehalt: Lit. 3000000 (drei Millionen Lit.) zahlbar in monatlichen Raten von je Lit. 250000,–. 4.) Spielprämie: die von Internazionale übliche, gewährte Prämie, jedoch nicht unter Lit. fünf Mill. per Jahr. 5.) Der FC Internazionale wird für eine möblierte Wohnung besorgt sein und für ärztliche Betreuung der Familie aufkommen.

Die oben erwähnten Beträge verpflichten beide Seiten für 3 Spieljahre ab 1. Juli 1961 und verstehen sich rein netto, d. h. steuerfrei.»

Die Wellen der Erregung schlugen in Deutschland hoch. Der Rektor der Hamburger Universität, der Theologe Professor Helmut Thielicke, verstieg sich zu einem offenen Brief: «Wenn Sie dieser Versuchung widerstehen, lieber Herr Seeler, dann wäre das ein leuchtendes Fanal, durch das Sie eine abschüssige Bahn beleuchten, die Menschen zur Besinnung rufen und sie davor zurückschrecken lassen.» Er – Uwe Seeler – sei «für die Jugend unseres Volkes» ein Leitbild für die Lauterkeit der Gesinnung und für den Ernst des sportlichen Spiels. In diesem Augenblick, so Thielicke, der vielleicht nicht wiederkehre, «ist die Entscheidung in Ihre Hand gegeben, ob Sie der Idee des Sportes als ein glaubwürdiger, als ein überzeugender Fürsprecher dienen und damit den Zynismus der Manager Lügen strafen wollen».

Daß Uwe Seeler am Ende «das Fanal» setzte und den dicken Geldscheinbündeln widerstand, das lag auch – aber nicht nur – an der moralischen Integrität des «Dicken». Sepp Herberger aber hatte der hohen Symbolik einen festen Grund verschafft. Zuerst einmal besorgte er dem Hamburger einen Job als Generalvertreter für Norddeutschland bei adidas. «Als es seinerzeit galt, Uwe Seeler gegen die äußerst lukrativen Angebote aus dem Ausland sicherzuhalten, ergab sich die glückliche Lösung, daß zu der gleichen Zeit unser Vertreter im norddeutschen Raum, Herr Alisch, einen Nachfolger suchte», schrieb die Dassler-Tochter Inge am 11. Juli 1961 an den «lieben Onkel Seppl». Der hätte ohnehin schon mit dem Wunsch geliebäugelt, «Uwe Seeler als seinen Nachfolger zu gewinnen».

Doch würden die materiellen Vorzüge dieses Jobs beträchtlich überschätzt, berichtete Inge Dassler dem Seeler-Mentor Herberger. Der Verdienst stünde in keinem Verhältnis zu den vorhergegangenen Angeboten, noch sei er groß genug, Seelers Lebensunterhalt zu decken. Inge Dassler berichtete dem Bundestrainer, daß «einige andere Prominente und auch gute deutsche Fußballer» dem Uwe seinen angeblichen «neuen ‹Millionenjob› bei adidas» nicht gönnten. Herberger wußte, daß Seeler nicht durch adidas die bei Inter Mailand ausgeschlagenen Millionen reinholen könnte. Er war deshalb auch noch anderweitig tätig. Der Bundesminister für Post und Fernmeldewesen, Richard Stücklen, schrieb dem lieben Herrn Herberger 1961: «Gerne bin ich Ihrer Bitte nachgekommen und habe mich bei meinem Kollegen Seebohm um die Erteilung einer Konzession für Uwe Seeler bemüht. Leider sind unsere guten Absichten nicht entsprechend honoriert worden. Herr Seebohm hat mich nämlich wissen lassen, daß die von Herrn Seeler erstrebte Konzession ausschließlich von den Ländern bzw. den Senaten der Freien Hansestädte verwaltet wird. Der Bundesverkehrsminister hält keine Reserve, aus der der Wunsch Seelers befriedigt werden könnte. Es bleibt daher nur übrig, beim Senat der Freien und Hansestadt Hamburg sicherzustellen, daß die nächste frei werdende Genehmigung – der Nahverkehr ist im übrigen nach Mitteilung des Bundesverkehrsministers genehmigungsfrei – Herrn Seeler zugeteilt wird. (...) Es tut mir außerordentlich leid, daß ich Ihnen diesmal nicht behilflich sein konnte.» Herberger antwortete: «Vielen Dank für die freundliche Unterstützung, die Sie in der Sache Uwe Seeler diesem und mir zuteil werden ließen. Nun will ich versuchen, ob ich in Hamburg weiterkomme.» Offenkundig ging es um Fernlastwagen. Später wurde Herberger noch einmal eingeschaltet, als Uwe Seeler von der Commerzbank in Hamburg und der Shell AG das Angebot bekam, eine Großtankstelle zu bauen. Herberger: «Uwe will sich natürlich diese Chance nicht entgehen lassen. Er braucht aber ein Darlehen in Höhe von DM 80000,–. Der HSV ist bereit, ihm dieses Darlehen zu geben, will aber zuvor meine Meinung dazu und vor allen Dingen das Einverständnis des Vorstandes haben.» Herberger versprach, das dem DFB-Chef Gösmann vorzutragen, und schrieb handschriftlich dazu: «Gösmann: Ja!»

Sepp Herberger agierte im Fall Seeler wie auch bei der Szymaniak-Freigabe mit großer Souveränität und Sicherheit. Es waren die Erinnerungen an die gefährliche Gratwanderung in seinen eigenen jungen Jahren und an seine Hilfestellung für Fritz Walter vor und nach der WM 1954, die ihn befähigten, sich lebensnah und glaubwürdig in einer Grauzone zu verhalten. Gewiß – er hatte damals hinter den Kulissen für seinen Kapitän Fritz Walter mächtig gewirbelt – aber erst, so Herberger, als er gemerkt habe, daß Fritz Walter selbst lieber im Lande geblieben wäre und unter fremden Menschen nicht glücklich geworden wäre. Da «bin ich losgetrabt und habe alle Verbindungen spielen lassen. Tatsächlich bekam der Fritz dann seine Wäscherei und eine Totohauptstelle und war zufrieden. Und ich war es auch.» Persönlich aber hätte er dem Fritz damals trotz des schweren Schlages, den sein Verlust zweifellos für ihn bedeutet hätte, zu dem Angebot aus dem Ausland geraten. Herberger: «Ich hatte einfach nicht das Recht, dem anderen um eines sportlichen Erfolges willen seine Lebenschance zu nehmen.»

Dieser Gesichtspunkt bestimmte offenkundig seine Haltung zur Freigabe des Nationalspielers Horst Szymaniak an den FC Catania, der – auf den ersten Blick – mit Herbergers Position im Falle Seeler schwer zu vereinbaren schien. Tatsächlich machte es sich der Bundestrainer nicht leicht. Wie oft in solchen Situationen führte er sorgfältig Buch über das Für und Wider – oben: was spricht für die Freigabe, unten: was spricht dagegen. Für Italien sprach – nach Herbergers Auffassung –, daß Szymaniak «ohne jede berufliche Ausbildung» war, lediglich «vor Kohle» gearbeitet hatte, daß die Höhe des Handgeldes deshalb für ihn entscheidend sei. Szymaniak habe ein Haus im Werte von 220000 Mark, das im September 1961 beziehbar sein sollte – «meine Bemühungen, billiges Geld zu beschaffen», und das Handgeld würden ihm nun zu einem schönen, lastenfreien Haus verhelfen.

Was aber wäre bei einer Freigabeverweigerung? Szymaniak würde zurückkehren zum Karlsruher SC und dort mißmutig und unlustig spielen. Er wäre für den Verein und für die Nationalmannschaft verloren. Herberger war für Freigabe, nicht zuletzt, weil Szymaniak ihm nur dann für die Nationalmannschaft erhalten bliebe. Verweigere der DFB die Genehmigung, so müßte er wohl auch auf den Nationalspieler verzichten, bockig wie der war.

Die Bedingungen für die Freigabe gegenüber Catania müßten sein, daß der Deutsche auf Anforderung für Länderspiele freigestellt werde, ohne jede Sonderverpflichtung, wie Gehalts-, Versicherungs- und Verletzungsentschädigung. Keine Entschädigung für den Ausfall von Privatspielen, an denen er nicht teilnehmen kann. Realist, der er war, richtete Herberger sich aber auch darauf ein, daß er unter Umständen ganz auf Szymaniak verzichten müsse.

Als Resümee schrieb Herberger: «Nach Lage der Verhältnisse und Umstände im gegenwärtigen Augenblick bleibt keine andere Wahl, als sich den Rückgriff auf Szymaniak zu sichern. (...) Das Abkommen ist sowohl mit Szymaniak selbst als auch mit seinem zukünftigen Verein Catania zu treffen. Erstens: Es gibt uns die Freiheit des Handelns. Zweitens: Es gibt uns die Möglichkeit, jeder Entscheidung für oder gegen Szymaniak. Drittens: Der Zeitpunkt für diese Entscheidung ist erst mit der Annäherung an die WM gekommen.»

So kalkulierte der Bundestrainer, loyaler Angestellter des DFB. Der Ex-Fußballer Herberger und väterlicher Freund des Spielers Szymaniak beriet ihn so, als wäre er sein Manager: «Überlegen Sie alles gut, bevor Sie unterschreiben», schrieb er ihm, «nehmen Sie einen Anwalt. Ein Mann von Ihrer Klasse darf sich nicht zu billig verkaufen.»

Nachdem sich Horst Szymaniak endgültig zur Übersiedlung nach Italien entschlossen hatte, führte Herberger mit ihm am 7. August ein entscheidendes Gespräch über die Bedingungen seiner eventuellen Berufung in die Nationalmannschaft. Begeistert notierte er hinterher, das sei «eine einzige großartige Genugtuung» gewesen und «ein schönes Beispiel für den großartigen Geist unserer Nationalmannschaft». Szymaniak habe nämlich, als Herberger ihm sagte, daß die finanzielle Seite seiner Teilnahme an diesen Spielen geregelt werden müsse, spontan erwidert: «Herr Herberger, ich komme auch umsonst, wenn Sie mich rufen.»

«Er sprach auch davon, daß er vor seiner Abreise nach Italien gern noch eine Stunde mit mir zusammensein möchte, um noch einmal alles zu besprechen, und gab gleichzeitig auch seine Absicht kund, vor seiner Ausreise auch in der Presse etwas zu sagen über die schönen, unvergeßlichen Stunden in der Nationalmannschaft, daß er mit ganzem Herzen daran hänge und daß nur der Wunsch, sich seine

Existenz zu gründen, zu dieser Abmachung mit Catania geführt habe. Es war geradezu rührend, Szymaniak in seiner einfachen Sprache diese Dinge ausdrücken zu hören», schrieb Herberger. Klar, daß er ihn ermahnte, in Italien einen guten Eindruck zu hinterlassen, weil er auch dort deutscher Nationalspieler sei. Als er später erfuhr, daß sich Szymaniak einmal nach zuviel Alkoholgenuß «böse danebenbenommen hätte», schrieb er ihm postwendend. Szymaniak antwortete zerknirscht: «Werter Herr Herberger! Habe Ihren Brief erhalten. Ich könnte natürlich vor Wut platzen. Solange ich in Italien bin, ist mir ein Ausrutscher passiert, und das haben Sie sofort erfahren. Daß ich Hilfe brauchte, um ins Hotel zu kommen, ist gelogen. Aber ich war eben betrunken. Wir waren mit drei Mann. Wurden aber nicht bestraft. Um der Presse keinen Stoff zu geben. Ich muß Ihnen aber auch sagen, daß man sich mir gegenüber nicht korrekt benimmt und ich unzufrieden bin.»

Herberger, der Szymaniak – «ein besessener Fußballer, dem das Talent in die Wiege gelegt wurde» – gerne mit dem Schweinfurter Anderl Kupfer verglich, was zu den höchsten Auszeichnungen zählte, die er zu vergeben hatte, war trotzdem sicher, daß dem der Wechsel nach Italien und der Übertritt ins Profilager nicht geschadet habe.

Gestern Kupfer, heute Szymaniak, einst Fritz Szepan, dann Fritz Walter, jetzt Uwe Seeler. Herberger sah, wie die anderen älter wurden, seine Sache war das nicht. Seinen 65. Geburtstag erlebte er deshalb mit gemischten Gefühlen. Daß er nun das Rentenalter erreicht haben sollte, erschien ihm ein Witz, hatte für sein Leben auch keine praktische Bedeutung. Daß er hingegen an diesem 28. März 1962 als «Bundessepp» in seiner Heimatstadt gefeiert wurde wie sonst nur Minister, Botschafter oder Größen der Industrie und der Kultur – im Palasthotel «Mannheimer Hof» –, das schmeichelte ihm gewaltig.

Bundespostminister Richard Stücklen, der sich zur Feier des Tages zu «Herbergers Lieblingssohn» ernannte, überreichte dem Jubilar das Bundesverdienstkreuz erster Klasse. «Wir wissen, daß Sie heute nicht, wie es das Beamtenrecht vorschreibt, eine Urkunde erhalten, mit der Sie in den Ruhestand versetzt werden», sagte er. «Wir wünschen mit dem deutschen Sport, daß Sie noch viele Jahre in gleicher Frische Ihre wertvolle Arbeit weiter verrichten können.» Und Herbergers journalistischer Wegbegleiter Richard Kirn sah ihn sogar noch in das «größte Abenteuer Ihres Lebens» aufbrechen: «Sie führen die Länderelf in die chilenische Arena», und zwar ohne Fritz Walter und ohne Helmut Rahn.

Herberger blinzelte jung unter dem zerknitterten Faltenwerk seines Gesichtes hervor und sog solche Sprüche geradezu gierig ein. Wie alles, was er nicht mit seinem Willen in den Griff kriegen konnte, haßte er den körperlichen Zerfall. Das Denken an das Altern machte ihm angst. Um so mehr freute es ihn, wie Fritz Walter, sein wirklicher Lieblingssohn, seine physische Präsenz der Festversammlung vorstellte: «Herberger ist heute noch in der Lage, alles, was er lehrt, auch vorzumachen. Natürlich nicht mehr stundenlang! Aber es reicht aus, jede Trainingsübung perfekt und mit Tempo 5–10 Minuten lang zu demonstrieren. (...) Herberger ist nach wie vor nicht nur Taktiker, sondern auch Praktiker.»

Und Fritz Walter erzählte, wie Herberger kurz vor der Weltmeisterschaft 1958 beim üblichen Abschlußlehrgang eines Morgens wieder zu dem ach so geliebten «Morgengebet» der Gymnastik aufgerufen habe: «Wir drückten Liegestütze, das heißt, der Chef und wir. Er vor der ganzen Front, mit dem Gesicht zu uns, einsam und verlassen im Liegestütz. Wir aber auch! Schnelles und oberflächliches ‹Pumpen› war verpönt, schön langsam und ganz wurden die Arme durchgedrückt. Bei 8 Armbeugen war ich auf den Ellenbogen und fing an zu mogeln. Herberger dagegen wurde nicht müde. Er zählte mit, gab zwischendurch Anweisungen und ermunterte jene, die schon auf dem Bauch lagen. Bei ‹fünfzehn› kam die ironische Aufforderung: ‹Männer, keine Müdigkeit vorschützen, wir fangen doch eben erst an.› Bei ‹zwanzig› hat er Schluß gemacht, weil wir nicht mehr mitspielten.»

Der Chef strahlte. Zufrieden sah er auf seine Gäste – Menschen aus sechs Jahrzehnten seines Lebens blickten ihn an. Er bedachte sie alle in seiner Dankesrede. Zuerst seinen alten Lehrer, Dr. Feuerstein, dessen Primus Sepp Herberger 1906 in der dritten Klasse der Volksschule Mannheim-Waldhof gewesen war. Feuerstein, jetzt 81 Jahre alt, hatte das Fußballtalent seines Schülers nun gewiß nicht gefördert. Herberger erzählte von den Kickereien der «Buwe» zwischen den Häuserblöcken in der Spiegel-Siedlung und bekannte auch, daß sein Vater gegen das Spiel gewesen war. «Das waren Zeiten.» Aus Bad Harzburg war Wilhelm Schmidt gekommen, vor 1933 zweiter Vorsitzender des Deutschen Fußball-Bundes, 75 Jahre alt, gehbehindert. Er wollte an diesem Tag nicht fehlen, «das war ich Herberger einfach schuldig». Schmidt hatte den jetzigen Bundestrainer noch als Spieler erlebt, die Anfänge des Trainers Herberger auch. Später kam Georg Xandry dazu, der ehemalige DFB-Generalsekretär. «Weißt du noch, damals bei Nagel in Berlin im Bierhaus!» Oh, Herberger wußte noch viel über die dreißiger Jahre, wenn er auch selten davon erzählte. Da saß Paul Janes, der Rekordinternationale, dessen letztes Länderspiel gegen die Slowakei in Preßburg schon fast 20 Jahre her war. Auch er sagte: «Vergessen kann man das nicht. Herberger hat immer viel verlangt, er war uns trotzdem immer ein guter Kamerad.» Und auch Luftwaffenoberst Hermann Graf war da, der Fußballretter der letzten Kriegsjahre, Chef der «Roten Jäger». Stolz trug er das Ritterkreuz, mit Eichenlaub, Schwertern und Brillanten, das er im Zweiten Weltkrieg als Jagdflieger erhalten hatte: «Schauen Sie nicht zu genau hin, es ist vorschriftsmäßig entnazifiziert und kann getragen werden», erzählte er dem «Mittag».

Und natürlich fehlten weder Professor Carl Diem noch Bernhard Minetti, der den Jubilar mit Schillers «Ode an die Freude» ehrte, Freunde, auf die Herberger besonders stolz war.

Keine Frage, er war ein souveräner und seiner Bedeutung bewußter Mann geworden, der kleine «Muckel» vom Waldhof. Im Ausland bekannt, in Deutschland populär, in seiner souveränen Stellung als Fußballexperte unumstritten. Bis zu diesem Tag hatte der Fußball dafür gesorgt, daß seine Neigung, die Zukunft auf das nächste Spiel zu beschränken und im übrigen die Zeit im Kreise laufen zu lassen, immer einer Realität entsprach. Stets hatte er Gelegenheit, neu anzufangen und ganz von vorne. Mit jedem Spiel und mit jeder Weltmeisterschaft. Nach dem Spiel ist vor dem Spiel – Herbergers Zeit kreiste auf der Stelle und verschaffte ihm eine Illusion von dynamischem Stillstand, in dem er nicht alterte und doch sein Leben in einem ständigen Rhythmus von Wiederholungen zu immer neuen Höhepunkten trieb.

Diese Haltung, die nicht verstehen wollte, was einmal war und wie es sich entwickelt hatte, die vielmehr das Grundgefühl in der Bundesrepublik Deutschland bestätigte, daß alle irgendwie noch einmal davongekommen seien und jetzt das Beste daraus machten, trug viel zu seiner Popularität bei. Seine «kalkulierte Unaufmerksamkeit gegenüber der Geschichte», wie Zeitgenossen diese Haltung charakterisierten, entsprach dem Geist der Jahre. Ablenkung durch Wohlstand und Erfolge im Sport ließ ihn wirklich zu einem Repräsentanten der Zeit werden. Vergangenheit – das waren allenfalls Anekdoten.

Der selektive Umgang mit der eigenen Biographie vergrößerte die Spielräume der Gegenwart. Ambivalenzen kennzeichneten diesen Mann, der gleichzeitig immer seine eigene Linie durchgehalten hatte und sich zu arrangieren wußte mit den Mächten und den Mächtigen in seinem Leben. An Tagen wie diesen konnte der Charmeur Sepp Herberger seine Umwelt einwickeln, er begeisterte, weil er begeistert war – vom Fußball.

Doch blieb er ein kühler Methodiker, der auf Abstand hielt von seinen Mitmenschen, er drückte ihnen seinen Willen auf und wußte sie zu benutzen für das Schachspiel des Lebens ebenso wie für das Spiel auf dem grünen Rasen. Aber er konnte ihnen auch dienen. Er war der moralisierende Spießer, der muffige Besserwisser und autoritäre Pedant, er war aber auch der verläßliche Freund, der pragmatisch zupackende Realist, der begeisterungsfähige idealistische Lebensoptimist.

Der Eigensinn seiner Kindheit hatte sich längst zum Charakter verfestigt. Herberger mochte offen sein für die überraschendsten Neuerungen, zum Beispiel dafür, Italienlegionäre mit zu der Weltmeisterschaft nach Chile zu nehmen. Er konnte sich zugleich verbiestern in starrer Beharrlichkeit. Es war ihm egal, wenn er mit dem Festhalten an liebgewordenen Personen und Ideen zum öffentlichen Ärgernis wurde: Für ihn gehörte Fritz Walter – inzwischen 41 Jahre alt – noch immer zum Idealaufgebot für die Weltmeisterschaft, genau wie Helmut Rahn.

Wohin er auch blickte, nirgendwo fand er eine Alternative für seinen Spielmacher. Und so versuchte er tatsächlich noch einmal, den Lauterer, der sich bei den alten Herren des FC Kaiserslautern in Form hielt, zur Teilnahme an der WM in Chile zu bewegen. «Ich will Ihnen mal was zeigen!» lockte er Fritz Walter, als der den Bundestrainer im Sommer 1961 in Hohensachsen besuchte. Er holte einen Leitzordner aus dem Aktenregal und legte ihn auf den Tisch. Fritz Walter erzählte: «Seitenweise Mannschaftsaufstellungen für Chile! Er tippte mit dem Finger auf eine Stelle. Ich las: ‹Mittelstürmer Uwe Seeler›, und in Klammern darunter ‹FW›.

Sprachlos schaute ich den Chef an. ‹Das ist doch nicht Ihr Ernst?›

‹Warum nicht, Fritz? Sie wären mir für die Nationalmannschaft immer noch wertvoll. Sie könnten zurückgezogener Mittelstürmer spielen, die Halbstürmer vorgeschoben ... !›»

Aber dieses Mal spielte der Lauterer nicht mehr mit. Es mußte ohne ihn gehen. Und es ging auch ohne Helmut Rahn. Dem versuchte Herberger nach der WM in Schweden, bei der «der Boß» eine überaus starke Rolle gespielt hatte, wieder bei der Arbeitssuche zu helfen. Aber im Mai 1960 notierte er: «Rahn hielt nicht durch, stark enttäuscht.» Dafür erreichten ihn – sowohl von Rahn selbst als auch vom Vorsitzenden des 1. FC Köln, Franz Kremer – Berichte über neue Eskapaden des Außenstürmers. Rahn wollte nach Holland wechseln, für 100000 Mark zum SC Enschede, und Köln gab ihn frei. Herberger erfuhr am Telefon, daß Rahn zur Begründung gesagt habe: Er sei jetzt über 30 Jahre alt, ihm gehe es um seine Existenz. Außerdem könne er einfach nicht aus seiner Haut und werde deshalb auch in Zukunft immer wieder über die Stränge schlagen. Von Enschede habe er aber die feste Zusage, daß er für Länderspiele und Lehrgänge der deutschen Nationalmannschaft jederzeit freigegeben werde.

Zornig schrieb ihm Herberger am 1. Juli 1960: «Als Nationalspieler haben Sie durch die Art Ihrer Freizeitgestaltung die weitere Zugehörigkeit zu unserer Nationalmannschaft auf das äußerste gefährdet. Meine Geduld und Nachsicht – in all den Jahren Ihrer Zugehörigkeit zur Nationalmannschaft immer und immer wieder von Ihnen auf harte und härteste Proben gestellt – sind endgültig am Ende. Ihr Verhalten in den letzten Wochen und Monaten hat mein Vertrauen zu Ihnen und Ihrer Verläßlichkeit auf das tiefste erschüttert. Ich kann Ihnen nicht mehr glauben. So weit haben Sie es endlich gebracht!»

Doch ein Jahr später schwärmte er schon wieder von diesem einmaligen Talent. Im Training, so erzählte er der «Bunten Illustrierten», habe Rahn mühelos auf Alkohol verzichten können. Erst an den Theken seiner Stammkneipen scheine es hoch hergegangen zu sein. Seine sogenannten guten Freunde, vor denen er ihn oft genug gewarnt habe, hätten mit Leichtsinn und Alkohol das einmalige Talent vorzeitig zur Strecke gebracht. Statt der zwei Weltmeisterschaften, die er mitmachte, hätte er leicht auf vier kommen können. Und trotzdem: «Wenn er heute käme und durch Dauerleistungen beweisen würde, daß er noch der alte ist, ich gäbe ihm wieder eine Chance.»

Noch war der Faden keineswegs gerissen. Am 29. Januar 1962 besuchte Herberger zusammen mit Helmut Schön den Essener in seiner Wohnung. Er wog 85,5 Kilogramm, und Herberger fand das nicht sehr ermutigend, um für Chile noch einmal in Form zu kommen. Doch erklärte sich der ehemalige Verbandstrainer Kuno Klötzer bereit, mit Rahn ein Sondertrainingsprogramm zu absolvieren. Herberger: «Ich sage ihm, daß er schwerer an sich arbeiten müsse und daß ich nicht an ihn glaube!» Um elf Uhr am 25. Februar, einem Sonntag, meldete sich Kuno Klötzer, um zu berichten, daß Rahn sich verletzt habe und daß das Röntgenbild einen Haarbruch im Wadenbein zeige. Drei bis vier Wochen absolute Ruhe und damit Ende aller Hoffnungen. «Diese bedauerliche Tatsache macht natürlich Ihre Pläne zunichte. Aus alter Freundschaft zu Ihnen bedauere ich das sehr», schrieb Herberger ihm.

Und so blieb am Ende nur noch Hans Schäfer aus Köln, der am 65. Geburtstag des Trainers teilnahm und schon von Herbergers Plänen wußte. Er, der sich schon in Schweden eine Schlüsselrolle versprochen hatte, sollte jetzt der Fritz Walter von Chile werden. Schäfer hatte wieder auf sich aufmerksam gemacht, als er sich beim Ablösungsspiel für Helmut Rahn zwischen dem FC Köln und dem FC Enschede eifrig hervortat. Doch Herberger blieb mißtrauisch, als der Kölner Vereinsboß Franz Kremer deutlich machte, Schäfer wolle mit nach Chile. «Ich traue diesem Laden nicht», schrieb der Bundestrainer an den DFB-Vizepräsidenten Huber. Sein Mißtrauen nährte sich aus Gerüchten über die Angebote eines holländischen Vereins an Schäfer, «mit denen er spekuliere, weil die ihm in Aussicht gestellte Summe es ihm ermögliche, Alleinbesitzer seiner Tankstelle zu werden».

In Wahrheit war Herberger aber noch immer gekränkt über einen früheren Absagebrief von Schäfer, in dem der ihm mitgeteilt hatte, daß er den Leistungen eines Länderkampfes nicht mehr gewachsen sei. Nun stand in der «Kölnischen Rundschau» vom 8. März 1962: «Hans Schäfer, 34 Jahre alt, mit 34 Spielen in der Nationalmannschaft Kölns Rekordnationalspieler, erklärte: ‹Wenn man mir eine Chance gibt, bei der Fußball-Weltmeisterschaft 1962 in Chile zu spielen, dann bin ich bereit!›» Das sollte er ihm schon selber sagen, fand Herberger, und das tat Schäfer endlich auch. In einem Brief hieß es: «Sehr geehrter Herr Herberger, Sie wissen, daß ich Ihnen seinerzeit offen und ehrlich gesagt habe, daß mir die Belastung – während der Zeit, als meine Existenz noch nicht gesichert war – zu groß war. In der Zwischenzeit hat sich aber in dieser Richtung erfreulicherweise alles zu meinen Gunsten geklärt, und ich konnte mich im letzten Jahr restlos der sportlichen Sache hingeben. (...) Ich befinde mich – soweit ich das selbst beurteilen kann – konditionell in sehr guter Verfassung; mein Gewicht ist in Ordnung, und so wäre ich heute gerne bereit, mich Ihnen für Ihre große Aufgabe noch einmal zur Verfügung zu stellen. Ich würde mich freuen, wenn ich auch zum dritten Male dabeisein könnte. (...) Ihr sehr ergebener Hans Schäfer.»

In Hamburg gegen Uruguay (3:0) feierte der Oldtimer dann ein glanzvolles Comeback. Dennoch hörte Herberger nicht auf, von einem Spielertyp wie Alfredo di Stefano zu schwärmen, der auf allen Positionen spielen könne. Und wenn er auch Schäfer bescheinigte, daß der zur Not sogar ins Tor gehen könnte, und ausdrücklich nach der Weltmeisterschaft handschriftlich niederlegte: «Nichts gegen Hans Schäfer», so standen doch darüber die Sätze: «Fritz Walter wäre es gewesen!» Und: «Wir hatten in Chile keine Spielerpersönlichkeit in unserer Elf.»

Kein Spielmacher, keine erfahrenen Kämpfer im Sturm, keine wirklichen Klassespieler – Herberger flog ohne Optimismus nach Chile. Talente ja, fand er, auch guter Durchschnitt, genug für ein halbes Dutzend Nationalmannschaften. Doch im Grunde war er sicher, daß das deutsche Team «auf internationaler Ebene nichts zu bestellen» hätte.

Um so sorgfältiger bereitete er sich vor. Das erste deutsche Spiel gegen Italien beschäftigte den Bundestrainer schon Monate im voraus. Der Schalker Willi Schulz, der die Bewachung des Italieners Omar Sivori übernehmen sollte, kriegte zwischen Januar und Mai immer neue Einzelheiten über seinen Gegenspieler eingetrichtert. Sivori arbeite mit Handkantenschlägen gegen Hals und Kehlkopf, sei äußerst geschickt und raffiniert, mime den Unschuldsengel, schinde Elfmeter, er sei mimosenhaft empfindlich, werde aber verrückt bei scharfer Manndeckung. Schulz weiß noch heute Herbergers Kernsätze: daß der Sivori spuckt und daß er schnell ist, «und Achtung: Wenn die Südländer freundlich werden, dann sind sie gefährlich.»

Willi Schulz erfüllte am 31. Mai 1962 in Santiago de Chile seine Aufgabe, wie auch alle anderen im deutschen Spiel. Und da auch die Italiener aus lauter Angst vor dem deutschen Wirbel vorwiegend verteidigten, ging es logischerweise 0:0 aus – ein Spiel, das nur Taktik-Genießer, wie Fritz Walter auf der Tribüne, toll finden konnten. Herberger selbst sprach von einem «Mordskampf». Er war sehr zufrieden: «Unsere Taktik war fraglos richtig.» In Wahrheit atmeten alle auf, als dieses krampfhafte Mann-gegen-Mann-Gewürge zu

Ende war. Keine Chance für schönen Fußball. Herberger sagte zu seinen Spielern: «Männer, es war eine harte, eine große Fußballschlacht. Ihr habt gegeben, was ihr geben konntet. Ich will keinen Namen nennen, es war keiner, der seiner Aufgabe nicht gerecht wurde. Ich danke euch.» Herbergers Lob, daß seine Männer gegeben hätten, was sie konnten, war von unterschwelliger Fragwürdigkeit. Es entsprach seiner Einschätzung, daß er es nur mit Durchschnitt zu tun hatte, ähnlich würde 1986 Franz Beckenbauer über seine Spieler in Mexiko reden.

Schon zu diesem Zeitpunkt waren die Erwartungen an die Weltmeisterschaft nicht mehr allzu groß. Die Deutschen hatten sich hinter die Zäune und Mauern einer Militärschule in ihr Quartier verzogen. Soldaten exerzierten in der Nachbarschaft, 20 Kadetten mit weißlackierten Helmen säumten das Spielfeld beim Training. Auf der Höhe der Mittellinie wehten die deutsche und die chilenische Fahne, bewacht von drei bewaffneten Posten vor einem Schilderhäuschen. Herberger war über die Maßen stolz darauf, den Italienern diese Unterkunft in der Escuela Militar, «Bernardo O'Higgins», weggeschnappt zu haben. Helmut Haller schüttelt sich noch heute in Erinnerung «an diese schreckliche Kaserne», wo er sich «abgeschirmt» fühlte vom Leben.

«Gereiztheit und Depression» beobachtete Fritz Walter im deutschen Bunker. Die Italien-Profis, so erzählt Jürgen Werner, hätten das Klima verändert. Wie die ihre Geldbündel aus den Trainingsanzügen gezogen hätten, bevor sie sich zum Kartenspielen niedersetzten – das sei eine Art Kulturschock gewesen. In der deutschen Presse wurde – unterstützt von Max Morlock, der als Journalist dabei war – gegen die Profis in der deutschen Mannschaft gehetzt. Morlock: «Den Namen Helmut Rahn habe ich seit 1959 aus meinem Gedächtnis gestrichen.» Daß Herberger um den und um Szymaniak geworben habe, fand er unerhört: «Meines Erachtens ist es ein Armutszeugnis für den deutschen Fußball, wenn der Nationaltrainer für eine Weltmeisterschaft auf Spieler zurückgreift, die im Ausland ihr Geld verdienen.»

Als die deutsche Mannschaft am 3. Juni in einem krampfhaften

Spiel gegen zehn Schweizer mit 2:1 gewann, gab Herberger seinen Männern völlig unerwartet Ausgang bis Mitternacht. Sie durften sich, so Fritz Walter, nach Herzenslust amüsieren. Die Folgen beschäftigten den DFB noch ein Jahr später, als Herberger von dem neuen Präsidenten des Deutschen Fußball-Bundes, Dr. Hermann Gösmann, einen Brief erhielt, der sich auf Berichte eines deutschstämmigen Publizisten in Chile bezog. Danach hätten einige deutsche Spieler an diesem Abend ein Freudenhaus aufgesucht. Herberger antwortete: «Was von meiner Seite dazu zu sagen ist, ist schnell gesagt. Wir waren in der dritten Woche unseres Aufenthaltes in der Militärakademie in Santiago. Am Abend nach einem Länderspiel (...) habe ich nach dem Abendessen unseren Spielern Stadturlaub bis Mitternacht gegeben. Von dieser Erlaubnis machte der größte Teil unserer Spieler keinen Gebrauch und blieb zu Hause; einige waren von deutschen Familien eingeladen. Alle, die ausgegangen waren, sind – wie ich festgestellt habe – schon kurz nach elf Uhr zu Hause gewesen.» Und was nun der Briefschreiber über «Entgleisungen» einiger Spieler wissen und berichten wolle, das entziehe sich seiner Kenntnis.

«So war er eben», pries ihn nachträglich einer der beteiligten Spieler, «nach außen hin hat er uns immer abgeschirmt.» Er erinnerte sich genau, daß Herberger vier Spielern nach der Heimkunft gegen zwei Uhr nachts bei der großen Wäsche unter der Dusche zugesehen und gefrotzelt hatte: «Na, Männer, Generalreinigung?»

Damals aber drohte der Bundestrainer den Kampf gegen seinen eigenen Mythos zu verlieren. «El mago», das Symbol deutschen Spitzenfußballs, wurde zum Opfer seiner Vergangenheit und der selbstgeweckten Erwartungen. Der vielbeschworene Geist von Spiez – in Schweden wenigstens noch als Verpflichtung zu spüren – blieb in Chile mausetot. Teamgeist, Harmonie, psychisches Gleichgewicht wurden in der deutschen Mannschaft zwar unentwegt beschworen, aber nicht gelebt. Herberger selbst trug dazu bei. Denn als er vor dem Spiel gegen Italien die Mannschaft bekanntgab, da sprang wutentbrannt sein seit Jahren als Nummer eins geführter Torwart Hans Tilkowski auf, riß die Stühle neben sich um und verschwand. In der

Nacht nach dem Spiel betrank er sich und schleuderte die Möbel seines Zimmers auf den Flur. «Ihr habt mich betrogen!» brüllte er. Anstelle von Hans Tilkowski, 18 Länderspiele, hatte Herberger den Neuling Wolfgang Fahrian nominiert. Und wenn er diese Entscheidung auch damit begründete, er brauche – aus taktischen Gründen – einen beweglicheren Mann auf der Linie, der dort reaktionsschneller war, so war es doch ein Bruch mit den von ihm selbst hochgehaltenen Traditionen der Offenheit und Zuverlässigkeit.

Gegen die heimischen Chilenen gewannen die Deutschen dann drei Tage später ihr letztes Gruppenspiel, und mit großem Hallo feierten sie ihren Einzug ins Achtelfinale. «Dieses schwer erkämpfte 2:0 über Chile hat unserer Mannschaft mächtig den Rücken gestärkt», sagte der Bundestrainer am Tag nach dem Spiel.

In der Runde der letzten acht trafen die Deutschen – wie schon 1954 und 1958 – wieder auf Jugoslawien, die die auf Abwehr spielenden Deutschen mit 1:0 besiegten. «Deutschland ist einem großen Gegner unterlegen», schrieb das Sportmagazin. «Wäre die Niederlage eindeutig gewesen, hätten sich Herberger und seine Mannschaft bestimmt leichter damit abgefunden», vermutete Fritz Walter, «so aber schmerzte das Ausscheiden aus der Weltmeisterschaft doppelt und dreifach. Länger und erregter als sonst nach Spielen wurde mit ‹wären wir› und ‹hätten wir› debattiert.»

In Wahrheit aber war das Fußballspiel selbst in eine Sackgasse geraten, und der deutsche Sepp Herberger hatte keinen geringen Anteil daran, daß alle nur noch darauf aus waren, nicht zu verlieren. «Das Turnier ist in Gefahr. Es wird zu defensiv und destruktiv gespielt», beklagte sich der DFB-Vorsitzende Peco Bauwens. «Die Schönheit des Spiels droht immer mehr zu zerfallen. Es wird verbissen gekämpft, und dieser übersteigerte Kampfgeist auf dem Rasen hat auch nachteilige Wirkung auf das Publikum.» Der ehemalige italienische Verbandstrainer Vittorio Pozzo, einer der Weisen des Fußballs, fand: «Es muß etwas zur Rettung des Fußballs getan werden, bevor er zugrunde geht.» Das sei die schlechteste Weltmeisterschaft gewesen, die er erlebt habe: «Die Angst zu verlieren war wie eine ansteckende Krankheit.»

Hatte nicht Sepp Herberger mit seiner «Zu-null»-Ideologie dazu den Keim gelegt? In einer offiziösen Weltmeisterschaftsgeschichte wunderten sich die deutschen Chronisten, daß Fußball kein Spiel mehr gewesen sei in Chile, sondern eine neue Wertigkeit erhalten habe. An Fußballsiegen seien in Chile Nationen gemessen worden. «Fußballspiele wurden Kriegsersatz, durch den Fußball entluden sich Aggressionsgefühle, am Fußball wurden Minderwertigkeitskomplexe ganzer Völker kompensiert.» Inzwischen habe man sich daran gewöhnt, aber damals hätte es alle Fachleute und Kommentatoren erschüttert und verstört. Sah wirklich keiner, daß es die Deutschen waren – 1954 gewiß nicht mit Absicht und 1958 vielleicht nicht gezielt, aber doch ohne Zweifel stilbildend in ihrer emotionalen Aufladung –, die diese neue Wertigkeit des Fußballs geprägt hatten? Daß Herberger sagte, er habe in Chile nicht defensiv spielen wollen, war das eine. Was zählte, war, daß seine Mannschaft bei dieser Weltmeisterschaft nur auf Zerstörung ausging.

Sepp Herberger war aber weit davon entfernt, seine eigene Rolle bei der Selbstzerstörung des Spiels anzusprechen. Statt dessen machte er vor der Presse in Santiago aus der Analyse der deutschen Mannschaftsleistung ein Kolleg über die Situation des deutschen Fußballs und dessen mögliche weitere Entwicklung. «Kein Land ging mit einer so schlechten Vorbereitung nach Chile wie wir», lamentierte er. Und das, obwohl er wieder einmal mit seinem Organisationstalent und seiner Leidenschaft die große Expedition bis auf die letzte Kleinigkeit vorbereitet hatte. Was Herberger aber meinte, war das überholte deutsche Regionalligaspielsystem, dessen Endrunde unmittelbar vor der Abreise nach Chile «für manche Spieler ein Raubbau der seelischen Kräfte» gewesen sei. Mit großer Dringlichkeit sagte er: «Eine Bundesliga würde eine bessere trainingsmäßige Erfassung der Spieler im Verein ermöglichen und auch ausreichende Zeit für Nationalmannschaftskurse bieten.»

Und zur Taktik? Herberger verteidigte den Mauerfußball. «Die Macht der Abwehr ist erkannt», behauptete er. «Das defensive Spiel, das wir besonders in der Vorrunde erlebten, ist von der Verantwortung diktiert.» Herberger war weder zerknirscht noch mürrisch, noch gereizt. Wie immer, wenn ihn die Enttäuschung zu übermannen pflegte, behalf er sich mit spröder Sachlichkeit. In Chile gelang es ihm noch, die Journalisten davon zu überzeugen, daß er das Beste aus dem gemacht habe, was heute an Fußballspielern in Deutschland zur Verfügung stehe. «Die Welt» schrieb: «Die 22 haben ihre Haut ehrlich und brav zu Markte getragen. Herberger, der sich gern der Sprache des Schneiderhandwerks bedient und von seiner Mannschaft als seinem ‹besten Anzug› spricht, hatte Konfektion mit nach Chile gebracht. Konfektion ist keine schlechte Sache. Man trägt sie nur nicht unbedingt auf einem Gala-Abend.»

In Deutschland aber wartete auf ihn eine bösartige und vernichtende Kritik. Dort wurde begierig als verkappte Rücktrittsankündigung verstanden, was Herberger wohl eher als diplomatische Floskel gemeint hatte. Auf die Frage, ob er selbst noch bei der WM 1966 in England dabeisein werde, deren Vorbereitungen er auf der Stelle ankündigte, antwortete der Bundestrainer: «Darauf möchte ich nicht antworten. Das geht schon ins Persönliche.»

«Ich kündige ab sofort»

Der Rücktritt

Strahlend kletterte Sepp Herberger an der Spitze seiner Chile-Mannschaft am 17. Juni 1962, einem Sonnabendmorgen, in Frankfurt aus der Maschine, die ihn und die Nationalmannschaft zurück nach Deutschland gebracht hatte. Nur etwa 300 Fans waren da, die halb mitleidig, halb mißmutig die Kicker begafften. «Nun klatscht doch mal . . .», munterten die Fotografen die Menge auf. Sie klatschten aber nicht. Herberger war fassungslos. Schweiß stand ihm auf der Stirn. Hilfesuchend blickte er auf seinen Assistenten Schön: «Das ist ja schrecklich, Helmut.»

Es wurde noch schrecklicher. Wie es zur Rebellion in Chile gegen ihn gekommen sei? wollten grimmige Journalisten wissen. Wie er sich die miserable Stimmung im deutschen Team erkläre?

Herberger hatte die Jacke ausgezogen und die Krawatte gelokkert. «Es gab keine Rebellion. Die Stimmung war nie so gut wie in Chile.» Die Journalisten glaubten ihm nicht. Das waren keine Pressekameraden mehr. Das war eine feindselige Meute. Ihre Fragen waren scharf und wenig taktvoll. Was er denn zu seinem Mißerfolg zu sagen habe? Warum seine Taktik nicht funktioniert habe, wann er denn wohl zurücktreten werde?

«Und ich hatte geglaubt, die Heimat sei stolz auf uns, auf den Gruppensieger von Santiago», stammelte der Bundestrainer, «und jetzt muß ich das hören.»

Noch Stunden später, im heimischen Weinheim, zitterte die Empörung in ihm nach: «Ich bin tief enttäuscht», vertraute er dem Journalisten Horst Vetten am Telefon an. «Es hat mich um so härter getroffen, weil ich mit unserem Abschneiden in Chile so zufrieden war.» Aber hatte die sture Defensivkonzeption nicht wirklich Unbehagen ausgelöst, auch bei den Spielern? Ach, du lieber Gott, kein einziger habe sich beschwert. Alle waren ja überzeugt, daß es die richtige Taktik gewesen sei.

Aber hatte er sich denn nicht in Chile mißverständlich ausgedrückt, als er die Frage nach seinem Rücktritt mit der ausweichenden Formel beantwortete, dieser Teil der Frage sei ganz persönlich und er möchte darauf keine Antwort geben? In Zukunft werde er um diese Art Fragen und Stellungnahmen nicht herumkommen, warnte ihn Vetten. Das sei ihm bekannt, antwortete Herberger: «Wenn man mich nett fragt, antworte ich auch darauf. Ich kann Ihnen klipp und klar sagen: Diese Frage ist mit maßgeblichen Leuten des DFB schon vor der Weltmeisterschaft besprochen worden. Ich werde nicht von heute auf morgen abtreten, sondern während einer Übergangszeit. Ich habe da schon ganz genaue Vorstellungen.»

Und sein Nachfolger, wer werde das sein? «Die Arbeit aus 25 Jahren muß einem geeigneten Mann übergeben werden, und ich halte Helmut Schön für einen solchen Mann.» Herberger hatte den quälenden Prozeß der Nachfolge von Otto Nerz nicht vergessen. Mit Schön wollte er es besser machen. Mit ihm zusammen werde es einen gleitenden Übergang geben: «Nahtlos, nicht ruckartig und zum Wohle unserer Nationalelf!»

Wie so oft, wenn Herberger schwer angeschlagen war, trat er öffentlich souveräner und kühler auf, als er sich tatsächlich fühlte. Nachdem er ihn in Hohensachsen besucht hatte, schrieb Fritz Walter: «Ich spürte: dieser Mann war verletzt wie nie zuvor in seinem Leben. Die Enttäuschung und das Gefühl, wie sehr man ihm unrecht getan, lasteten geradezu sichtbar auf ihm. Er war – noch deutlicher als nach 1954 – abermals um ein Stück kleiner geworden.»

«Ja, Fritz, was sagen Sie nun?» hatte er sich gegenüber seinem früheren Kapitän empört. «Man kann mich doch nicht so angreifen!» Und brav antwortete sein Freund Fritz: «Ich verstehe das alles nicht.» Herberger hartnäckig: «Wir haben doch alles getan, was aus der Situation heraus richtig war!» Und würde er denn nicht, wieder vor der Weltmeisterschaft stehend, alles haargenau so machen, wie er es getan hatte, eben weil er nach bestem Wissen und Gewissen gehandelt hatte? Jedes einzelne Spiel sprach er mit Fritz Walter noch einmal durch. Und immer kam er zu der überzeugten Schlußfolgerung, die einzig richtige Taktik angewandt zu haben. «Unsere Mannschaft hat in Chile eine großartige Leistung vollbracht und auch recht gut abgeschnitten. Mit etwas Glück wären wir auch diesmal wieder im Schlußkampf der Meisterschaft dabeigewesen. Darüber hinaus aber hat unsere Mannschaft durch ihr Auftreten überall Ehre für den deutschen Fußball und unser Land eingelegt.» Basta.

Und doch blieb ein Stachel. Die Kränkung saß tief, und die unbehaglichen Fragen begleiteten ihn zwangsläufig durch die nächsten Wochen und Monate. Die Vergleiche mit Konrad Adenauer tauchten immer häufiger auf. Das Ende einer Ära deutete sich an. Beide, der Alte aus Rhöndorf und auch der Alte aus Weinheim, wußten das im Grunde, und beide wehrten sich mit Härte und Hartnäckigkeit gegen ihr Abtreten. Mißverständnisse und öffentliche Querelen häuften sich, nicht zuletzt auf Kosten ihrer künftigen Nachfolger.

Zunächst versicherte der Deutsche Fußball-Bund öffentlich, daß Sepp Herberger noch drei Jahre im Amt bleiben solle. Er werde damit auch die Verantwortung für die Nationalmannschaft bei der nächsten WM 1966 in England tragen. Verlaß war darauf aber nicht, schien Herberger. Mit dicken schwarzen Strichen umrahmte Herberger einen Zeitungsbericht, in dem der neue DFB-Chef Dr. Gösmann verabredungswidrig das Thema der Nachfolge für Bundestrainer Sepp Herberger angeschnitten hatte, «da Helmut Schön mit dieser Frage an den DFB herangetreten ist». Der DFB-Vorsitzende – hieß es in der Meldung – habe Sepp Herberger schriftlich gebeten, den Deutschen Fußball-Bund über seine Zukunftspläne zu unterrichten, damit man disponieren könne.

Am 15. Oktober um 15.20 Uhr telefonierte ein aufgebrachter Herberger mit Gösmann, der sich nicht minder aufgebracht zeigte: «Das ist eine große Schweinerei. Habe nur gesagt, daß Schön wissen wolle, ob er einmal Ihr Nachfolger werde.»

Das DFB-Dementi, das folgte – nach der Form und Inhalt etwa vergleichbar der später klassischen Formel: Ludwig Erhard ist und bleibt Bundeskanzler, mit der sein endgültiges Ende später eingeleitet wurde –, stieß in der Presse auf wenig Zutrauen. «Es ist und bleibt peinlich», hieß es in einem Kommentar.

Nach dem Abtreten des früheren DFB-Chefs Peco Bauwens und einiger anderer Herren im Vorstand wurde jetzt deutlich, daß sich die auf jahrelangem gemeinsamem Erleben basierende Zusammenarbeit, die bedingungslose Zustimmung zur Person Herberger und zu allen seinen Entscheidungen gelockert hatten. Der Wind hatte sich gedreht, und Herberger wußte es auch. Innerlich war er längst zum Rücktritt entschlossen. Er wäre womöglich zu dieser Ankündigung sogar bereit gewesen, hätten ihn nicht der kühle Empfang und die öffentlichen Spekulationen in der Presse zu einer Trotzreaktion gedrängt. So sagte er: «Die Vorbereitungen für die Weltmeisterschaft 1966 in England liegen noch in meiner Hand. Darüber haben wir auch noch nicht geredet. Wann ich abtrete, das bestimme ich. Der DFB läßt mir da vollkommen freie Hand.»

Nach einem kurzen Urlaub sprühte Herberger wieder voller Temperament, Ideen und schmiedete Zukunftspläne. Er war noch immer ungemein populär. Wenn er im Zug saß, dann kontrollierten die Schaffner nicht seine Fahrkarten, sondern wollten Autogramme. Leidenschaftlich, frisch und spritzig, so daß man glaubte, einen Endvierziger vor sich zu haben, staunte ein Pressekamerad, der mit ihm zusammen reiste. Der fand: «Ja, der ‹Bundessepp› kann sich in der Popularität durchaus mit unserem deutschen Sportler Nr. 1, Max Schmeling, messen. Er ist, wie der Max, auf der Höhe seines Ruhmes bescheiden geblieben, und als die Nationalelf Tiefpunkte zu überbrücken hatte, blieb er ihr treu. Die Fußballfans wissen das zu schätzen, sie verehren ihn, sie lieben ihn geradezu. Die paar Stunden, die ich mit ihm zusammen war, haben es mir bewiesen.» Auch der schreibende Herberger-Fan Richard Kirn vermeldete: «Das ist doch ein Springinsfeld, ein Wildfang, wenn man an andere Beispiele denkt.»

Am 28. Juni 1962 wurde endlich die Bundesliga beschlossen. 103 zumeist ältere Herren unter der Führung des Kölner Präsidenten Franz Kremer setzten sich beim Bundestag des Deutschen Fußball-

Bundes gegen 26 Gegner durch. Herberger notierte sich später für seinen Lebensbericht: «Die Einführung der Bundesliga hat mein Rücktrittsgesuch verzögert. Ich kenne die Verhältnisse innerhalb des DFB und seiner Vereine wahrscheinlich so gut, wie sie außer mir keiner kennt. Dieser Einblick hat es mir dringend geboten erscheinen lassen, wenigstens das erste Jahr der Bundesliga noch im Dienst zu bleiben, also bis 1964.» Von der Saison 1963/64 an würde es eine zentrale Spielklasse mit Lizenzspielern unter der Leitung des DFB geben. Die künftigen Profis, die aber immer noch keine richtigen Profis sein sollten, dürften nun pro Monat 1200 Mark kassieren, Ablösesummen bis zu 50000 Mark wurden legalisiert. Zehntausend Mark durften davon als Handgeld an die Spieler weitergereicht werden.

Daß Fußballspieler für ihr Spiel entlohnt werden, fand Herberger noch nie verwerflich. «Es lächert mich», meinte er, «wenn Veteranen, die noch die Torstangen auf die Plätze trugen, wie eitle Pfauen ihren Idealismus herausstreichen. Sie haben die Stangen hingetragen, weil es keiner für sie tat. Basta. Und Geld haben sie keines genommen, weil keines da war. So einfach ist das. Heute stehen die Stangen auf dem Platz, und es gibt Geld. Schwierig ist, wie überall, nur das Haushalten. Wenn alle Vereine von Männern geführt würden, die das verstehen und außerdem noch eine Ahnung vom Fußball haben, ginge es dem Spiel besser.»

Aber die Richtung stimmte. «Bundesliga, das ist Fußballmagie», schwärmte er im November 1963. «Die Massen kommen, weil sie nach besseren Leistungen, nach gutem Fußball lechzen.» Doch hatte er auch Einwände. Zwölf Mark für einen Tribünenplatz fand er zuviel. Auch hatte er das Gefühl, daß die Vereine sich noch nicht mit den höheren Anforderungen der Bundesliga abgefunden hatten: «Wer vom Fahrrad auf einen Sportwagen umsteigt, bekommt Schaltschwierigkeiten. Das ist natürlich.»

Ob die verschiedenen taktischen Konzepte der Vereine die des Bundestrainers stören könnten, wurde er gefragt. Ob das «4-2-4»-System oder das «Rollsystem» sich mit dem der Nationalmannschaft vereinbaren lasse? Herberger: «Das sind doch alles Sprüche. (...)

Die ganzen sogenannten Systeme gehen doch im Grunde darauf hinaus, den Allroundspieler zu finden: den Verteidiger, der auch stürmen, und den Stürmer, der auch verteidigen kann. Wenn die Bundesliga diesen Spielertyp formt, dann soll es mir nur recht sein. Denn diesen Spieler suche ich gerade.»

Nicht die Gegenwart der Bundesliga irritierte Herberger, sondern ihre mögliche Weiterentwicklung, «die autonome Bundesliga». Für Herberger hieß das: «Die Liga hat die Macht; der Bund [der DFB] ist gerade noch dabei, als Briefkasten sozusagen. Bald wird sich auch in der Bundesliga eine Spitzengruppe gebildet haben, die weiterwill. (...) In gelegentlichen Unterhaltungen hört man schon den Begriff Euroliga. Viele sehen die Zeit für eine Weltliga bald gekommen.»

Im Augenblick, fand Herberger aber, erleichtere ihm die Konzentration der Spitzenkräfte die Arbeit als Nationaltrainer – ein Punkt, dem all seine geheimen Vorbehalte gegolten hatten. Würde er noch die Spitzenspieler aussuchen können? Würden sie noch nach seinen Vorstellungen trainieren? Würden Länderspiele für Bundesligastars überhaupt noch attraktiv sein? In einem Arbeitspapier formulierte er seine Sorgen: Es dürfe kein Mitspracherecht der Vereine bei der Schulung, Ausbildung, Auslese und dem Aufbau und der Betreuung der Nationalmannschaften geben. «Die Entscheidung in allen Fragen der Nationalmannschaft muß in Zukunft noch mehr als bisher in der Hand eines Trainers liegen, der dem Präsidenten direkt unterstellt ist, wenn eine geschickte Unterwanderung ausgeschlossen bleiben soll.»

Heftig setzte sich Herberger auch gegen die Zahlung von Prämien an die Nationalspieler für die Teilnahme an Länderspielen zur Wehr. «Die Erhaltung der Moral im Kreis unserer Nationalmannschaft ist die beste Waffe», schrieb er. «Unsere Spieler haben eine Berufung in die Nationalmannschaft als eine hohe Auszeichnung betrachtet. (...) Wir haben in unseren Reihen keinen Star! Unsere Gemeinschaft ist so gesund, daß sich solche Spieler nicht lange halten würden!» Eindringlich beschwor er wieder den «Geist von Spiez»: «Kameradschaft, Mannschaftsgeist, Begeisterung für eine so schöne und stolze Gemeinschaft, wie sie sich unserer Nationalmannschaft präsentiert, sind die Kräfte, die uns den anderen gleichgesetzt und überlegen sein ließen.»

So hatte er auch in Chile geredet. Doch der Ton wollte in die Zeit nicht mehr recht passen. Seine Mahnungen klangen pathetisch und altfränkisch. Und er merkte es selbst: «Will ich die Uhr zurückdrehen?» fragte er. «Keineswegs! Aber ich will sagen, worauf es auch in Zukunft ankommen wird, wenn die Nationalmannschaft die Rolle weiterspielen will, die sie bisher gespielt hat. Der Geist war es nämlich, der alles aufgebaut und erhalten hat. Unsere Spieler wären gekommen und sind gekommen, auch wenn es keinen Pfennig gegeben hätte.»

Selbst wenn es noch so gewesen wäre – hören wollten es die jungen Spieler nicht mehr. Wenigstens nicht so. Herberger kriegte immer häufiger zu spüren, was auch Adenauer inzwischen gemerkt hatte: Ihre Zeit ging zu Ende. Die ständigen, geradezu reflexartigen Formulierungen, die Alten – sei es nun Konrad Adenauer, sei es Herberger – würden es schon machen, stellten sich nicht mehr ein. Zug um Zug veränderten sich die kulturellen und gesellschaftlichen Lebensformen, im Bewußtsein der Menschen begann jener grundlegende Wandel, der gegen Ende des Jahrzehntes zu einer Art Kulturrevolution werden sollte.

«Natürlich ist jede geschichtliche Periode eine Übergangsperiode», schrieb der Historiker Hans-Peter Schwarz, der Spezialist der Ära Adenauer, «dafür sorgt schon die Abfolge der Generationen. Aber es gibt Phasen, deren Übergangscharakter besonders deutlich ausgeprägt ist. Die Ära Adenauer ist eine von ihnen. Sie gehört noch zum alten Deutschland, dessen Reste erst jetzt abgeräumt, betoniert, in die reife Industriegesellschaft eingeschmolzen werden. Somit hat der historische Zufall, der einen greisen Staatsmann an die Spitze der erneuerten Republik stellt, doch auch einen gewissen Symbolcharakter. Aber so wie die Zeit über Adenauer hinweggeht, geht sie auch über die Residuen aus früheren Epochen hinweg.»

Ein solches Residuum – ein Stück Bodensatz aus der deutschen Kaiserzeit – war auch Seppl Herberger. Ein Zufall war es nicht, daß die beiden von Karikaturisten und Kommentatoren immer wieder als Zentralfiguren der Nachkriegszeit miteinander in Beziehung gebracht wurden. Persönlich haben sie sich nicht gekannt. Adenauer hatte zwar schon 1926 als Kölner Oberbürgermeister Herbergers Entdecker Felix Linnemann, den damaligen DFB-Chef, im Rathaus empfangen, aber dessen späteren Reichstrainer Josef Herberger kannte er nicht. Sie kommunizierten sozusagen immer nur indirekt. Der greise Adenauer freute sich, wann immer Herberger durch eine Niederlage die Angst vor den Deutschen bei seinen politischen Gesprächspartnern gemindert hatte. Auch das vergleichsweise schlechte Abschneiden bei der letzten WM fand der Bundeskanzler nicht nur negativ: «Mit Chile ist dat so eine Sache. Ein Sieg kann einem Land so viele Feinde bringen, daß die Diplomaten Monate brauchen, dat wieder auszubügeln ...»

Herberger würde später bedauern, daß er Konrad Adenauer persönlich nicht mehr getroffen hat. Als er zurückgetreten war und sich in Bonn verabschiedete, erhielt er schon das Porträt des neuen Kanzlers – Ludwig Erhard. Dessen rosig-runde Konturenlosigkeit symbolisierte die neue Wohlstandsgesellschaft sehr viel besser als die zerfurchten Gesichter der Herren Adenauer und Herberger.

Die «Alten» hatten so lange als zuverlässige Vormänner gegolten, wie Kontinuität gefragt war – über Zusammenbrüche und «Null»-Stunden hinweg. Adenauer und Herberger hatten, jeder konnte es sehen, etwas durchgemacht. Die hatten nicht nur überlebt, sie wußten auch, wo es langging. In der Nachkriegszeit, vor allem in den chaotischen Verhältnissen der ersten Jahre, war das Bedürfnis der Deutschen nach Führung ungebrochen. Gerade nach der Enttäuschung mit dem «Führer» Adolf Hitler war die Sehnsucht nach vertrauenerweckenden Vaterfiguren groß.

Die beiden «Alten» bedienten dieses Bedürfnis zur vollen Zufriedenheit der Mehrheit. Herberger ließ mit zunehmendem Alter so Fußball spielen, wie Adenauer regierte – «wehrhaft» sozusagen, mit Betonung auf der Abwehr und dem Schwerpunkt auf Stabilität und Sicherheit, Mauerfußball. Die Porträts der beiden Männer signalisierten kaum mehr zu überbietende Affirmation. Darin gingen

Sache und Leistung, Person und Zeit eine positive Verbindung ein: der Status quo als magische Beschwörung des Immergleichen. Die einfache Sprache, über die beide Männer verfügten, vergrößerte ihre Vertrauenswürdigkeit. Immer wirkten sie, bei aller autoritären Machtausübung, volkstümlich und launig. «Wer populär ist», wußte Herberger, «der kann auch vertragen, daß man hinter seinem Rücken liebevoll spottet.» Und: «Ich weiß auch, warum ich populär bin. Die Leute spüren genau, daß ich immer auf dem Boden geblieben bin. Mir sind die großen Siege nicht in den Kopf gestiegen.»

Nun aber war, mit der Wohlstandsexplosion, Deutschland zunehmend ein neues Amerika geworden. Die Öffnung nach Westen brachte neue Lebensformen ins Land. Der aufdringliche und gierige Materialismus ließ die pathetischen Appelle an die alten Tugenden wie Fleiß, Selbstdisziplin, Opferbereitschaft für die Gemeinschaft und Gründlichkeit, die Adenauer wie Herberger ständig in dozierenden und mahnenden Reden wiederholten, immer hohler und weltfremder erscheinen.

Wie Adenauer begann auch Herberger sich langsam fremd zu fühlen im eigenen Land. Die Zeitgenossen wurden weniger, die neuen Herren im DFB, auch in der Nationalmannschaft, sprachen nicht mehr seine Sprache. Für seine Vergleiche und Bilder brauchten sie Erklärungen – ach so. Nur in extremen Situationen, die nationale Emotionen freisetzten, während der Wahlkämpfe also oder der Weltmeisterschaften, gelang es den beiden alten Herren noch, die Volksmehrheit einfach und gradlinig im alten Sinne einzuschwören. In Chile war auch das mißlungen.

Über die Kunst, rechtzeitig aufzuhören, pflegte sich Herberger später in ausgewogenen Sätzen öffentlich zu äußern: «Es gibt kein traurigeres Schauspiel als einen alternden Star, der zu einem Zerrbild seiner einstigen Glanzzeit geworden ist und das nicht wahrhaben will», schrieb er. Hatte er nicht selbst oft genug anderen den Rat erteilt, daß es im Sport darauf ankomme, rechtzeitig aufzuhören, nachdem man den Höhepunkt erreicht hat? «Und da ich nun einmal gewohnt war, nichts zu empfehlen, was ich nicht auch selbst zu leisten imstande war, richtete ich mich auch in diesem Fall danach.»

Das klang freilich im nachhinein glatter, als es tatsächlich ablief. Das Ende begann am 20. August 1963 mit einer Meldung im Kölner Stadtanzeiger, in der wieder einmal die beliebte Frage aufgeworfen wurde: «Tritt Herberger bald zurück?» Der DFB-Vorstand, so stand zu lesen, verhandele mit Herberger auf seiner Tagung in Lippstadt das seit langer Zeit aktuelle Thema seines Rücktritts. Die Zeitung bezog sich auf Angaben des DFB-Schatzmeisters Jakob Coenen, der auf Anfrage mitgeteilt hätte, unter anderem werde auch über dieses Thema geredet werden.

Empört rief Herberger wieder einmal den DFB-Chef Dr. Gösmann an, der sich auch angemessen erregte: «Schimpfen Sie nur ordentlich! Ich bin entrüstet! Ich verstehe nicht, wie Coenen so etwas sagen konnte.» Er habe von nichts eine Ahnung gehabt. «Ich ging heute früh in aller Ruhe ins Büro, froh – in dem Gedanken, daß ich einmal einen ruhigen Tag hätte. Dann kam, kaum bin ich da, der Anruf von Daume. Ich wußte noch von gar nichts.»

Plötzlich war das Rücktrittsansinnen nicht nur eine Art Denkmalbeschmutzung, sondern auch ein Politikum. Denn der Chef des Olympischen Komitees, Willi Daume, hatte gewarnt, daß die «Zone» Herbergers Rücktritt im Zusammenhang mit den Ausscheidungsspielen für das olympische Turnier in Tokio benutzen würde. Herberger hatte sich – heftig attackiert von der BILD-Zeitung – zusammen mit einer DFB-Delegation auf solche Ausscheidungsspiele in Chemnitz und Hannover eingelassen, ohne Westberlin einzubeziehen.

Persönlich wurde das für den Bundestrainer ein zusätzlicher Triumph. Denn als die Westdeutschen in Chemnitz antraten, das längst Karl-Marx-Stadt hieß, begrüßte sie herzlicher Beifall, und Richard Hoffmann, der einmal sein Mittelstürmer gewesen war in der Nationalmannschaft vor dem Zweiten Weltkrieg, erklärte: «Der Sepp Herberger ist bei uns sehr populär.» Im Ernst-Thälmann-Stadion tauchte unter den 55000 Zuschauern das Transparent auf: «Ostdeutschland grüßt Sepp Herberger und seine Männer.» In der westdeutschen Presse wurde das als ein «eindrucksvolles Bekenntnis unserer mitteldeutschen Landsleute zur Wiedervereinigung» gefeiert.

Trotzdem war es wegen der drohenden Aufwertung des «Unrecht»-Regimes politisch eine umstrittene Haltung. Und diese Situation nutzte Sepp Herberger, um seine Empörung zusätzlich aufzuladen. Er wußte, daß der DFB – zumindest jene, die er für seine Gegner hielt – öffentlich nicht gut aussah, weil die neuerlichen Rücktrittsdiskussionen nach einer politischen Abstrafung aussehen könnten und von der DDR auch so ausgeschlachtet wurden.

Gegenüber dem unglücklichen Gösmann ließ sich Herberger deshalb auf keinerlei Erklärungen ein: «Meine Antwort auf diese neue Bloßstellung: Ich kündige ab sofort!»

Am nächsten Tag, dem 21. August 63, schrieb Schatzmeister Coenen dem «sehr geehrten Herrn Herberger» einen Eilbrief, an dessen Anfang er den Satz stellte: «Kleine Ursachen – große Wirkungen!» Der Westfale Coenen zeigte sich nicht sonderlich beeindruckt von den aufgeregten Reaktionen des Bundestrainers, obwohl er ihm «vorab» versicherte, über die Pressenotizen, die in den Zeitungen im Zusammenhang mit der Lippstädter Sitzung erschienen, sei er so empört wie Herberger. Denn: «Eine Tagesordnung mit dem Punkt ‹Herbergernachfolge› gibt es nicht.»

Ausführlich und ausschweifend erzählte Coenen dann, daß er sich aus seiner «Amtsverantwortung» heraus seit Wochen Sorgen mache über die steuerliche Behandlung der neuen Bundesliga. Deshalb habe er telefonisch ein Fernsehinterview mit dem Westdeutschen Rundfunk verabredet. «In diesem Telefongespräch» – so Coenen – «klang dann auch die Frage an, wie lange Sie, sehr geehrter Herr Herberger, noch in Diensten des DFB sein würden. Auch diese Frage sei für die deutsche Sportwelt von Interesse. Daraufhin habe ich gemeint, erklären zu können, daß es sicherlich nicht verboten sei, solche Fragen zu stellen. Das Interview würde dadurch gewiß noch farbiger.»

Coenen: «Wenn Sie dem Herrn Präsidenten darauf eine fristlose Kündigung aussprechen wollten und dies nur unterblieb, weil der Kamerad Gösmann bei Ihrer vorhandenen Erregung diese nicht anzunehmen bereit war, so habe ich für eine so weitgehende Reaktion, ohne Überprüfung der Sachlage, keinerlei Verständnis.» Und dann noch einmal: «Bei aller Liebe zur Sache, das letzte Verständnis für

Ihr Verhalten geht mir ab. Hochachtungsvoll grüßend bin ich Ihr Coenen.»

Drei Tage später kündigte Herberger. Was er über Coenen dachte, teilte er DFB-Chef Gösmann am Telefon mit: «Er mußte doch wissen, daß er mit einem solchen Ausspruch gegenüber einem Reporter Stoff für fette Schlagzeilen liefert. (...) Er meinte – nach seinen eigenen Worten –, daß dadurch das Interview gewiß noch farbiger würde. Ihm ging es um ein farbiges Interview. Was die Betroffenen dazu evtl. zu sagen hätten, kümmerte ihn wenig. (...) 27 Jahre gehöre ich dem Vorstand des DFB an. Ich habe geglaubt, erwarten zu können, daß einmal mein Rücktritt delikater behandelt werden würde. Damit dieses Thema zur Ruhe kommt, habe ich gestern meinen Rücktritt eingereicht. Ich scheide mit Ende dieser Spielzeit aus den Diensten des DFBs. Dieser Brief ist unterwegs.»

Einen Tag nach der Beerdigung des langjährigen DFB-Präsidenten Dr. Peco Bauwens, am 23. November 1963, teilte Sepp Herberger seinen Entschluß dann der Öffentlichkeit mit.

Daß er – wenn er endgültig aus dem Amt scheide – seinem Nachfolger eine schlagkräftige Truppe für die Qualifikationsspiele zur Weltmeisterschaft in England hinterlassen würde, das war für Sepp Herberger Ehrensache. Er sei auf gutem Wege, ließ er den DFB-Vorstand Ende Januar 1964 wissen, doch habe die Mannschaft noch einige schwache Stellen. Deshalb plädierte der Bundestrainer für eine Wiederzulassung der Italien-Profis. Vor der Presse erläuterte er: «Ich mach jetzt keine Sprüch'. Unsere Nationalmannschaft ist einmalig in der ganzen Welt. Sehen Sie mal unsere ‹Italiener› – sie kämen für ihr eigenes Geld, um noch mal das Nationaltrikot zu tragen. Der Haller, dies Lausbüble, hat gleich in die Tasche gegriffen und seinen Vertrag rausgeholt. ‹Hier steht's›, hat er gesagt, ‹ich muß freigegeben werden.› Der Schnellinger hat sich's (...) gleichfalls bestätigen lassen, und der Szymaniak schickt mir von jedem Meisterschaftsspiel einen Kartengruß.» Der Vorstand ermunterte den Bundestrainer zu einer Sondierungsreise nach Italien, um anschließend einen Beschluß zu fassen, der nach Vorstellung Herbergers nur positiv ausgehen konnte.

Die Abwanderung seiner besten Spieler, die für den Neuaufbau zur WM 66 «die Alten» hätten sein sollen, hatte Herberger die beiden letzten Amtsjahre sehr beschwert. Obwohl es eigentlich nicht an Talenten mangelte – Reinhard Libuda, Werner Krämer und Wolfgang Overath tauchten auf –, war Herberger nicht recht zufrieden. Die beiden ersten Spiele des Jahres 1964 gingen verloren, 0:2 gegen Algerien und 3:4 gegen die Tschechoslowakei, und so freute er sich, daß er am 12. Mai gegen Schottland in Hannover wenigstens einen der Italiener wieder dabeihatte, Horst Szymaniak.

Dieses Spiel war das letzte der Fußballnationalmannschaft, das der Bundestrainer Josef Herberger in Deutschland betreute. Er wollte es gewinnen. Die Spieler erhielten am 5. Mai 1964 einen Brief, in dem er – ausgehend von der 3:4-Niederlage gegen die Tschechoslowakei in Ludwigshafen – den «lieben Kameraden» mitteilte, sie hätten einiges wiedergutzumachen. «Schon in wenigen Tagen haben wir die Gelegenheit hierzu. Und zwar im Spiel gegen die Schotten, auf die wir am kommenden Dienstag in Hannover treffen. Darum richte ich an jeden von Euch den dringenden Appell, sich auf diesen Länderkampf ganz besonders einzustellen. Wir wollen beweisen, daß wir auf dem besten Weg zu einer guten Mannschaft sind. Mit sportlichem Gruß, Euer Seppl Herberger.»

Kein Wort vom Abschied. Kein Hinweis auf sein letztes Spiel. Business as usual. Aber den Spielern, die zusammengelegt hatten für eine Garnitur von Bowlegläsern, war der besondere Charakter dieser Begegnung natürlich bewußt. «Haben wir uns längst in die Hand versprochen. Jawohl, der Chef soll mit einem Sieg verabschiedet werden», ließ sich Fritz Walter von Uwe Seeler berichten. Und bevor Herberger dann von der Sportschule Barsinghausen zusammen mit Fritz Walter nach Hannover fuhr, hatte er doch noch einen Abschiedsbrief veröffentlicht, in dem er sich als einen «Besessenen» zu erkennen gab. «Mit dem Abpfiff des Länderspiels gegen Schottland ist für mich das Ende als Trainer der deutschen Nationalmannschaft gekommen», ließ er die «Fußballfreunde» wissen. «Nun lege ich meinem Nachfolger Helmut Schön die ganze Bürde der Verantwortung eines Nationaltrainers in die Hände. Obwohl ich mich noch keineswegs alt fühle, halte ich es für richtig, einem jüngeren Mann Platz zu machen.»

«Nun ist es auch an der Zeit, Ihnen, lieber Fußball-Leser, zu danken für das Vertrauen und die große Begeisterung, ohne die meine Laufbahn nicht möglich gewesen wäre. Über Sie ist nie geschrieben worden, Ihre Begeisterung hat sich immer nur in den Zuschauerzahlen der Zeitungsberichte niedergeschlagen. Trotzdem sind Sie es, die den Siegeszug des Fußballspiels ermöglichten.

Über mich war dagegen vieles zu lesen – Wahres und Unwahres. Doch eines, hoffe ich, ist immer spürbar geblieben: daß ich ein Besessener meines Berufs war. Als mir 1936 die deutsche Nationalmannschaft anvertraut wurde, habe ich mir von vornherein ausbedungen, meine Entscheidungen allein zu fällen. Verantwortung kann man nicht teilen. So war ich in schwierigen Stunden der Entscheidung oft allein. Ich habe es nie bereut.

Hunderte von Namen standen schon in meinem kleinen Notizbuch. Ich glaube, daß mir kaum ein Talent entgangen ist. Viele von ihnen haben in der Nationalmannschaft gespielt. Für mich stand aber immer eines über dem fußballerischen Können: die menschlichen Qualitäten des einzelnen.

Jetzt ziehe ich mich zurück, werde reisen, ein Buch schreiben, mich um meine Briefmarken kümmern und viel mehr Zeit für meine Frau haben. Doch solange ich lebe, werde ich versuchen, den Spielern und ihrem neuen Trainer mit Rat und Tat zur Seite zu stehen.»

Die 60000 Fans im Niedersachsen-Stadion von Hannover verabschiedeten ihn mit einem donnernden «Hipphipphurra», als er stolz die Nachbildung des Weltmeisterpokals in die Höhe reckte, die ihm DFB-Chef Gösmann überreichte. Jetzt, zehn Jahre später, nahm er den Pokal an, den er damals in Bern nicht hatte anfassen wollen.

Sepp Herberger war bewegt, aber kontrolliert. Noch hatte er seine Amtsgeschäfte nicht erledigt. Im schwarzen Anzug und mit silbergrauer Krawatte ging er ans Mikrophon im Niedersachsen-Stadion, um den Fans noch einmal persönlich Lebwohl zu sagen:

«Ich trete jetzt zurück in eure Reihen, wo ich hergekommen bin. Aber auch in Zukunft werde ich dabeisein, wenn der Fußball seine Feste feiert.»

Dann verzog er sich auf die Tribüne, wo es ihn freilich nicht hielt. Mit zunehmender Nervosität sah er, wie Charly Dörfel nicht an der Außenlinie blieb. «Warum drückt er denn so nach innen?» murmelte er vor sich hin. Fritz Walter, der darüber schrieb, notierte: «Bald störte ihn dieses, bald störte ihn jenes. Bis zur Halbzeit stand es 2 : 0 für die deutsche Elf, Uwe Seeler hatte zwei Glanztore geschossen, und das Spiel der deutschen Mannschaft lief so gut wie lange nicht mehr. Und doch schickte er erst den DFB-Sekretär Joch zur Ersatzbank, damit Helmut Schön endlich Charly Dörfel anweisen sollte, an der Außenlinie zu bleiben, aber das reichte ihm nicht, und er ging bald selbst. In seinem Bankett-Anzug saß er dann in der Sonnenglut neben Helmut Schön und den Ersatzspielern auf der Reservebank. Er ordnete an, daß für den verletzten Aki Schmidt der Nürnberger Stefan Reisch auf den Platz ging. Und er sah, wie der aus Italien zurückgeholte Szymaniak das Spiel mit Glanzpässen öffnete.

In der zweiten Halbzeit hockte Herberger dann, aufgeregt, aber zufrieden, zunächst wieder auf der Tribüne. Zehn Minuten vor Schluß begann er um den Sieg zu fürchten. Wieder machte er sich auf den Weg zur Reservebank. Und dort mußte er mitansehen, wie aus dem deutschen Vorsprung am Schluß doch nur ein 2 : 2-Unentschieden wurde. So konnte Herberger nicht abtreten. Er wollte einen Sieg am Ende, und alle, die ihn kannten, gönnten ihm den auch. Also wunderte es niemanden, daß Herberger sich – neben der Fortsetzung der offiziellen Abschiedsveranstaltungen – noch ein weiteres Länderspiel als Coach erbat, am 7. Juni 1964 gegen Finnland. Dort, in Helsinki, wo er 42 Jahre davor das erste Mal mit der deutschen Fußballnationalmannschaft aufgelaufen war, wollte er jetzt als Nationaltrainer wirklich abgehen. Die Deutschen siegten 4 : 1.

So rundete sich sein Lebenswerk. «Von meinem letzten Länderspiel als Bundestrainer. Dein Sepp Herberger.» Ansichtskarten mit diesem Wortlaut verschickte er an 38 seiner engsten Freunde. Die Liste begann mit Postminister Richard Stücklen und umfaßte die Spieler seiner Weltmeistermannschaft von 1954. Alle hakte er ab – mit Ausnahme der beiden inzwischen bei ihm in Ungnade gefallenen Max Morlock und Helmut Rahn.

Eine einmalige Karriere war zu Ende. 28 Jahre lang hatte Sepp Herberger als Reichs- und Bundestrainer deutsche Nationalmannschaften bei Fußballänderspielen betreut. In 162 Spielen unter seiner Regie lautete die Bilanz: 92 Siege, 26 Unentschieden und 44 Niederlagen. Dazu kamen noch 23 Treffen der B-Mannschaft, 43 Spiele der Amateurnationalelf ab 1952 und 22 der «Fohlen», der Spieler bis zum Alter von 23 Jahren. Insgesamt hatten 246 Spieler, dabei 28 aus Österreich, unter seiner Regie das deutsche Trikot getragen. Er begleitete sie in fast alle europäischen Länder. Auf die Frage: «Wo waren Sie in Europa noch nicht?» pflegte er nach kurzem Nachdenken mit einem feinen Lächeln zu sagen: «Andorra, Liechtenstein, Monaco.» Und dann: «Albanien.»

«Ich bin ein Sonntagskind gewesen und geblieben: vom Studium an der Berliner Hochschule für Leibesübungen unter Carl Diem über die Tätigkeit beim westdeutschen Spieleverband bis zum Aufstieg zum langjährigen Betreuer der Nationalmannschaft. Es waren die schönsten Jahre meines Lebens, die mir der enge Kontakt mit den Nationalspielern schenkte.» Das sagte Herberger zu seinem Abschied, den er drei Wochen später beging, beim DFB-Tag in Bad Dürkheim. Und als er zum Ehrenmitglied ernannt worden war, fügte er nachdenklich hinzu: «Erst jetzt, da ich scheide, ist mir das Wissen um meinen Jahrgang aufgegangen, nachdem ich bis dahin jede Bindung zu meinem Alter verloren hatte, weil ich in vier Jahrzehnten 20 Jahre jung geblieben bin.»

Nie vorher und nie nachher in seinem Leben wirkte Sepp Herberger so offen, so menschennah und so im reinen mit sich selbst wie in dieser Zeit des unmittelbaren Abschieds. Daß er hatte loslassen können, ohne daß alles bis ins letzte und in seinem Sinne geregelt war; daß er gehen konnte, obwohl die Nationalmannschaft im Aufbruch war – das machte ihn groß. Nichts war wirklich abgeschlossen und unter Kontrolle. Aber Sepp Herberger schob den Hut in den Nakken, hängte sich den Trenchcoat über die Schulter, schmunzelte und ging. Er hatte eine Weltmeisterschaft im Rücken, in der er hinter den Erwartungen des Publikums zurückgeblieben war, hinter seinen eigenen sowieso. Er hatte eine Bundesliga vor Augen, deren Suggestion und Attraktion zugleich begeisterte und mißtrauisch stimmte und deren Entwicklung er noch nicht recht einschätzen konnte. Und er hatte sich für einen Nachfolger entschieden, den er in Wahrheit trotz all seiner Beteuerungen nicht gewollt hatte. Nicht Helmut Schön war seine Traumbesetzung für diese Rolle gewesen, sondern Fritz Walter. Der aber hatte, wohl zum ersten und einzigen Mal in seinem Leben, ein attraktives Angebot seines Mentors abgelehnt. Mochte er es auch hinterher bereut haben, richtig war es gewiß.

Sepp Herberger aber, 67 Jahre alt, wurde aufgeschlossen und mitteilsam. Journalisten, die ihn seit Jahrzehnten kannten, staunten, daß er plötzlich nicht nur plauschte, sondern auch etwas sagte. Wie freimütig und selbstironisch er plötzlich über sich und seine Arbeit redete. So hatten ihn bis dahin nur engste Vertraute erlebt. Aus dem mißtrauischen, lauernden Skeptiker, der am liebsten den Frager in seine eigenen Widersprüche verwickelte oder ihn schon wegen der Art seiner Fragestellung im Ansatz veralberte, war jetzt ein lächelnder, liberaler und nachdenklicher Plauderer geworden. Gewiß – recht hatte er im Prinzip immer noch, und natürlich dozierte er wie eh und je. Aber die gemeißelten Sätze machten jetzt nicht mehr sofort als unumstößliche Schlußworte jede Debatte platt. Herberger offenbarte sich als ein pfiffiger Showstar, der sich in Talkrunden gut verkaufte.

Es gab Widersprüche und Ungereimtheiten in seiner Fußball-Philosophie, na und? «Je mehr Erfahrung ich habe, desto größer werden meine Zweifel.» Die ganze Ambivalenz seines Lebens, die ihm eine respektable Haßliebe der Nation eingetragen hatte, wie der Journalist Gerhard Seehase schrieb, ließ er jetzt zu und versuchte nicht, sie weiter zu verstecken. Sein Leben hatte sich gerundet, zwischen Finnland und Finnland, dazwischen blieben offene Fragen,

Verwerfungen, unerledigte Angelegenheiten, wunde Punkte. Herberger mochte sie nicht mehr vertuschen.

So wurde er zu einer volkstümlichen Figur, aber nicht zu einer gefälligen oder gar harmlosen. Er behielt seine schroffen Züge, verleugnete nicht seine Eigenwilligkeiten. Dem aktuellen Druck des immer erneuerten Erfolgsbeweises entronnen, lockerte er lediglich den Kontrollgriff auf sich selbst. Doch er blieb so einsam und zurückgezogen, wie er sein Leben lang gewesen war; hinter den Schutz- und Trutzpositionen seiner Erfahrungen verschanzt, hielt er jene Distanz, die ihm die Bosheit ebenso vom Leibe hielt wie anbiedernde Schulterklopfer. Daß er sich «Seppl» nannte oder auch als «Bundessepp» feiern ließ, verführte dazu, Josef Herberger zu verniedlichen und zu verkleinern, die Härten seines Wesens zu vertuschen und zu verschönen. Aber sein Gesicht strafte all diese Harmonisierungen Lügen. Die Konturen des eckigen und mißtrauischen Mannes blieben genauso sichtbar wie die des pfiffigen und idealistischen. Enttäuschungen und Erfolge, Spott und Unternehmungslust drückten sich in den Sorgenfalten aus und in seinem Blinzeln. Dieser Sepp Herberger, der das Leben immer im Trainingsanzug angegangen war, beklagte jetzt zwar sein ungelebtes Privatleben, in Wahrheit aber war er zu einem biederen Ehedasein in Haus und Garten, mit Briefmarken und Topfblumen gar nicht fähig. Er war seiner Ehefrau Eva viel schuldig geblieben, das wußte er. Eine Weltreise war jetzt das mindeste. Aber die Erfüllung seines eigenen Lebens war das nicht – das war und blieb der Fußball. Als einen Besessenen hatte er sich schon richtig beschrieben.

«Last, not least: Helmut Schön»

Der Altbundestrainer und sein Nachfolger

An guten Vorsätzen hatte es Sepp Herberger nicht gefehlt. Als er in Hannover vor dem Schottland-Spiel am 12. Mai 1964 seine letzte Pressekonferenz gab, da sagte er: «Helmut Schön weiß, daß er in mir einen guten Freund hat. Wenn ich jetzt zurücktrete, trete ich ganz zurück! Ich will auch nicht, daß jemand neben mir steht und mir hineinredet.»

Die Erinnerungen an das verletzende Gerangel mit seinem Vorgänger Otto Nerz, der sich heftig gegen die Ideen des jungen Mannes in seinen Fußstapfen wehrte, saßen bei Herberger tief. Noch immer hatte er im Grunde ein schlechtes Gewissen, weil er Nerz damals allzu ungestüm zur Seite gedrängt hatte. Umgekehrt gab er der starrsinnigen Art seines Vorgängers, der sich den Rücktritt etappenweise abnötigen ließ, die Hauptschuld an den Auseinandersetzungen. Das wollte er nicht noch einmal wiederholen. «Der Helmut lädt mich zu jedem Lehrgang ein», berichtete er kurz vor der Weltmeisterschaft 1966 in England, «aber ich komme nicht.»

Als dann aber in England der Ball rollte, da war der «Altbundestrainer», wie er inzwischen allgemein genannt wurde, doch allen seinen Vorsätzen untreu geworden. «Ich hab mich auch auf die Weltmeisterschaft 66 so vorbereitet, als ob ich noch die Verantwortung hätte», räumte er später ein. Nicht nur hatte er in seinem legendären Notizbuch die Formschwankungen und möglichen taktischen Vorzüge aller Spieler notiert. Je näher die Weltmeisterschaft kam, desto mehr war er auch – in aller Stille – darangegangen, sich einen Spielerkreis aufzubauen, der «nach meiner Meinung und nach meinen Beobachtungen und Eindrücken für die Weltmeisterschaft in Frage kommen könnte».

In Herbergers Notizbuch standen 25 Namen, und als Anfang Juni Helmut Schön seine 22 Männer nominierte, die er nach England mitnehmen wollte, da waren diese 22 auch unter den 25 von Sepp Herberger. Herberger hatte sich auch um die eventuellen Gegner der Deutschen gekümmert und hatte seine Taktik festgelegt, genau wie vor den Weltmeisterschaften, für die er die Verantwortung hatte.

Es war dann aber eine Quälerei, von den Rängen herab zuzusehen. Bis zur Pause hatte er schon sein Hemd durchgeschwitzt: «Ich kannte meine Pläne. Ich wußte aber nicht, mit welchen Ideen, mit welchen Gedanken, taktischen Plänen unsere Mannschaft auf das Spielfeld gegen diesen oder jenen Gegner geschickt war. Ich saß also auf der Tribüne und mußte nun erst einmal studieren, wie wir vorhatten, unseren Gegner anzugehen.» Jetzt widerfuhr ihm selbst, was er einst schnippisch dem Reporter Herbert Zimmermann unter dem Gelächter der Pressekameraden geraten hatte. Als der nämlich nach den taktischen Plänen für das kommende Spiel fragte, hatte Herberger ihm gesagt: «Da müssen Sie morgen eben gut aufpassen.»

Nach außen hin bewahrte Herberger Abstand. Ursprünglich hatte er – als Ehrengast des DFB – im Hotel der deutschen Mannschaft wohnen sollen. Er zog dann aber in ein Hotel nebenan. Ungeniert genoß er seinen Ruhm und seine Popularität. Mehr als 1100 Autogramme hatte er schon gegeben, bevor das Spiel gegen Argentinien angepfiffen wurde. Mit einem amerikanischen Straßenkreuzer fuhr er durch England. Ein Freund, der Vorstandsmitglied des Deutsch-Amerikanischen Fußball-Bundes war, kutschierte ihn durch den Linksverkehr. Offiziell mischte er sich in nichts ein: «Helmut Schön wird schon das richtige Rezept finden.»

Aber jeden Morgen saß der Chef mit seinen Trainerkollegen Udo Lattek und Dettmar Cramer und einigen Journalisten im Hotel zusammen, in Cramers Zimmer, um zu fachsimpeln. Manchmal rief Herberger auch abends noch Journalisten zusammen, um mit ihnen ein bißchen über Fußball zu schwätzen. Lange konnte seinem Nachfolger Helmut Schön, der in London die deutsche Mannschaft immerhin bis ins Endspiel brachte, nicht verborgen bleiben, daß der

Alte mit ihm trotzdem keineswegs zufrieden war. Vor allem gefiel ihm nicht, daß Schön die Spieler seiner Mannschaft so lange im unklaren ließ über die Mannschaftsaufstellung.

Albert Brülls, der im Endspiel zugucken mußte, erinnerte sich, daß es Herberger war, der – als Gast im deutschen Lager – vier bis fünf Stunden vor dem Endspiel zu ihm gekommen sei und ihm einen Spaziergang vorgeschlagen habe. Dabei habe er ihm dann gesagt: «Albert, ich weiß, daß Sie heute nicht spielen.» Brülls: «Und das muß ich von Ihnen erfahren. Warum sagt er mir das nicht selbst?» «Ja, das verstehe ich auch nicht», war Herbergers knappe Antwort, «wenn ich Trainer wäre, würden Sie heute einlaufen.»

Das war aber keineswegs sicher. Denn Herberger ließ auch durchblicken, daß er das Endspiel mit der gleichen Mannschaft bestritten hätte, nur hätte er Beckenbauer nicht «mit Handbremse» spielen lassen, wie der von Schön angewiesen war.

Es dauerte lange, bis Herberger, erst im Vorfeld der nächsten Weltmeisterschaft, mit seinem ganzen Unmut über die, wie er glaubte, verfehlte Verhaltensweise seines Nachfolgers an die Öffentlichkeit ging. Schön war ihm nicht deutlich und nicht klar genug. «Ich hatte bei einer Weltmeisterschaft von vornherein meine bestimmten Pläne. Wenn unsere Gruppengegner bestimmt wurden, hatte ich diese Pläne gegen die möglichen Gegner meistens bis ins Endspiel fertig in der Schublade zu liegen. Wenn diese Möglichkeiten nicht alle schon vorher bis ins kleinste durchdacht sind, dann kann man auch während der Weltmeisterschaft keine Initiative erwarten, wo man meistens drei Tage zwischen den einzelnen Spielen hat.»

War nicht das Gefeilsche um eine Prämie in letzter Minute ein Beweis dafür, wie wenig die Deutschen vorbereitet waren? Die Meldungen, daß die Engländer im Endspiel 11000 Pfund kriegen sollten, während die Deutschen mit einem Tagegeld von 20 Mark abgefunden wurden, hatte – so Uwe Seeler – «eine solche Unruhe» in der Mannschaft ausgelöst, daß Bundesligaboß Franz Kremer nachträglich 10000 Mark genehmigte. Herberger schwieg, aber es kann ihm nicht gefallen haben. Sein Schlußwort: «Wenn man nicht alles bedenkt, dann hat man auch die Mannschaft nicht in der Hand. So ähnlich ist es uns in England ergangen. Die Vorbereitung war zu mangelhaft.»

Helmut Schön, setzen: fünf. Der neue Bundestrainer konnte gar nicht fassen, wie rüde sein Lehrmeister mit ihm umsprang. Er war doch wirklich entschlossen, den Fußball weiter zu spielen, wie ihn Sepp Herberger geprägt hatte. Auch bei den Vorbereitungen zu den Spielen wollte er ihn konsultieren, denn schließlich seien sie ja beide als Team bewährt. Allerdings: «Das letzte Wort habe ich.» Eine Kopie seines Vorgängers wollte «der Lange» nicht sein. Und genau damit tat er sich schwer. Denn der Name Sepp Herberger zog sich «wie ein roter Faden» durch sein sportliches und berufliches Leben, das sagte er selbst. Wann immer der sensible Dresdner einen neuen Abschnitt seines sportlichen Lebens begann, stand der Name Herberger darüber.

Kennengelernt hatte Helmut Schön seinen Vorgänger schon im Herbst 1933, als er als 17jähriger zu seinem ersten Olympiavorbereitungskurs nach Berlin reiste. Unter Herbergers Leitung spielte er dann 1935 erstmals in einer deutschen B-Auswahl, und 1937 berief er ihn in die Nationalmannschaft.

Einmal schoß Schön unter Herbergers Augen sieben Tore in einem Spiel. Anschließend klopfte ihm der Trainer auf die Schulter, wozu sich der um fast zwei Köpfe kleinere Mann auf die Zehenspitzen stellen mußte. Schön erwartete uneingeschränktes Lob, aber Herberger sagte: «Das war schon ganz gut, aber Sie müssen vorne noch mehr, noch energischer reingehen in die Bälle.»

1950 verschaffte der neue Bundestrainer seinem späteren Nachfolger die Möglichkeit, an der Sporthochschule in Köln den Lehrgang für Fußballehrer zu besuchen, obwohl der damals noch in Dresden lebte, in der Zone. Aus seinem Spieler Schön wurde sein Schüler. Herberger vermittelte ihn dann weiter als Verbandstrainer zum Saarländischen Fußballverband, der damals noch eine Ländermannschaft stellte, gegen die sich die Bundesrepublik Deutschland 1954 qualifizieren mußte. Damit war Helmut Schön auch der Konkurrent Sepp Herbergers geworden. Natürlich setzte Herberger sich durch. Anschließend war der Sachse acht Jahre lang Herbergers Assistent beim DFB.

Natürlich habe er immer gehofft, eines Tages die Nachfolge Herbergers als Bundestrainer antreten zu dürfen, schließlich hatte er genug bei ihm gelernt. Daß er bei einem Mißerfolg in England mit einem vernichtenden Urteil zu rechnen gehabt hätte, wußte Schön auch. Aber der zweite Platz, dazu unglücklich verloren, das war doch schließlich was. «Mein Respekt vor dem Wissen und Können Sepp Herbergers, vor seiner großen Erfahrung und vor seinen in jahrzehntelanger Arbeit erreichten glänzenden Leistungen war und ist ehrlich», meinte Schön. «Aber gerade weil ich an die Stelle eines so bedeutenden, eigenständigen und in seiner Art einmaligen Trainers trat, konnte und wollte ich ihn nicht kopieren.»

Schön fehlte es nicht an eigenen Ideen, um das gleiche Ziel zu verwirklichen, das auch Herberger stets vor Augen hatte: nämlich eine kampf- und spielstarke Nationalmannschaft zu formen. Bis er damit aber Erfolg hatte, mußte er noch einen langen, manchmal demütigenden Weg gehen. Denn die Vergleiche mit seinem Vorgänger wollten nicht aufhören, und sie waren auch wenig schmeichelhaft für den Neuen.

Dem Nachfolger, schrieb die Frankfurter Rundschau, gehe der Charme ab, den Sepp Herberger besaß: Herberger habe aus einer Pressekonferenz eine Show gemacht. Keiner habe es ihm übelgenommen, wenn er einmal die Kollegen abblitzen ließ. Schön hingegen «bleibt bieder, und wenn er Dinge verheimlichen will, dann sagt er, daß er sie für sich behalten wolle». Herberger habe seine Vorbereitung bis ins kleinste Detail getroffen, Helmut Schön machte lieber alles ein bißchen genial, so am langen Zügel oder, wie sich der Spieler Hoppy Kurrat einmal ausdrückte, «locker vom Bock».

Ältere Spieler, wie Willi Schulz oder Uwe Seeler, später auch Franz Beckenbauer und Netzer, nahmen viel Einfluß auf die Aufstellung, mehr jedenfalls, als Herberger selbst Fritz Walter je eingeräumt hatte. Herbergers Aufstellung stand lange fest, bevor sie an die Presse gegeben wurde. Schön zockte bis zum letzten Augenblick herum.

Er hatte eben ein zartes Gemüt im Vergleich zum robusten Arbeitersproß Sepp Herberger. Daß er ein Freund von Opernklängen und moderner Kunst war, daß er lieber Chirurg gewesen wäre als Fußballtrainer und daß er sein Haus nicht zum Andenkenladen für Fußballreliquien machen wollte, wie es Herberger tat, befremdete viele Fans. Seiner Popularität half es nicht. «Es fehlte ihm das Schrullen- und Schratenhafte in Erscheinung und Verhalten Herbergers, das selbst die Kabarettisten zu Versen anregte», schrieb Horst Vetten. «Schön wirkte kühler, obwohl zuvorkommender, intellektueller, obgleich kameradschaftlicher, distanzierter, wiewohl herzlicher.»

Eine Belastung sei es wohl gewesen, in Herbergers Schatten zu arbeiten, räumte der Nachfolger später ein, aber erdrückt habe ihn das nicht. «Man hat mir auch einen Herberger-Komplex angedichtet – ich hatte ihn nie. Ich wollte nie eine Herberger-Kopie werden. Das wäre mir nicht gelungen, und das hätte mir auch niemand abgenommen.» In Wahrheit wollten die Leute ja auch nur, daß er dessen Erfolge kopierte.

Herberger war keineswegs ohne Respekt vor der Person und der Lebensleistung seines Nachfolgers. Auf der anderen Seite war der ältere immer mißtrauisch gegenüber dem Bürgersohn aus gutem Hause, der alles hatte, was Herberger als Kind erstrebenswert erschienen war: Abitur und gute Manieren, Bildung und Kunstverstand. Kein Wunder, daß der Argwohn, Schön sei ein «Weichling», eine Charakterisierung, die bald in den Notizen Herbergers über seinen Halbstürmer auftauchte und sich nie verlor, ihn bis in das neue Amt begleitete.

Doch gab es gerade nach dem Kriege Phasen großer Hilfsbereitschaft von seiten Herbergers und Briefe ganz ungewöhnlicher Herzlichkeit. Nach einem Lehrgang an der Kölner Sporthochschule 1950 schrieb Schön seinem Förderer, daß er nach «reiflicher Überlegung mit meiner Frau» sich nun doch entschlossen habe, «die Freiheit zu wählen und diesen Polizeistaat zu verlassen». Mit anrührenden Worten bedankte er sich für die Hilfe Herbergers. Er hoffe, in intensiver sportlicher Arbeit das von Herberger Gelehrte weiterzuvermitteln, «damit Sie erkennen, daß Sie Ihr Vertrauen keinem Unwürdigen geschenkt haben».

Es dauerte aber über zwei Monate, bis Herberger am 8. April 1950 zurückschrieb, und das mit schlechtem Gewissen: «Bitte, Helmut, nicht böse sein und keine falschen Schlüsse ziehen, weil ich so lange nichts von mir hören ließ. Aber der Aufbau der Nationalmannschaft sieht mich seit Wochen unterwegs. (...) Auf jeden Fall gelten unsere Abmachungen!»

Helmut Schön bedankte sich schon am 27. April für Herbergers Zeilen: «Sie kamen wie ein Sonnenstrahl in ein finsteres Zimmer. (...) Ich habe hier nichts mehr zu suchen, und bevor man mich als Reaktionär oder Saboteur fallenläßt, will ich meine Heimat freiwillig verlassen. Das ist ein schwerer Gedanke für mich, aber auf die Dauer ist dieser Zustand eben nicht zu ertragen. Noch habe ich mich jeder politischen Tätigkeit enthalten können, aber man will meine ‹Neutralität› nun nicht länger anerkennen und fordert mehr und mehr meine politische Stellungnahme...»

«Ich will Ende Juni bis Mitte Juli den Sprung wagen und bitte Sie deshalb ernsthaft, ob Sie mir für Anfang August eine Stellung als Trainer eines Vereins im Rheinland besorgen können (ich möchte gerne in Köln wohnen). Die Verbandstrainerstellen sind wohl inzwischen zu meinem großen Leidwesen mit anderen Männern besetzt worden. Da ich natürlich mittellos nach dort komme, ist es mir zu meinem großen Leidwesen nicht möglich, am Fußballehrgang weiter teilzunehmen. Vielleicht kann ich das zweite Semester und die Prüfung im nächsten Jahr absolvieren.»

Im März 1951 folgte ein deprimierter Brief von Schön aus Berlin-Wilmersdorf: «Ich sitze nun schon einige Wochen in nicht allzu bester Stimmung in Berlin», schrieb Schön. «In der Zwischenzeit habe ich mir Mühe gegeben, durch sportjournalistische Tätigkeit einigermaßen das Notwendigste zu schaffen.» Eine Verhandlung in Pforzheim hatte sich zerschlagen, vom Saargebiet hatte er nichts gehört. Der Berliner Sportverein 92 sei jetzt an ihn herangetreten, aber die Bedingungen seien nicht zum besten. «Sie können sich sicher denken, lieber Herr Herberger, daß meine Stimmung augenblicklich nicht sehr rosig ist, aber ich glaube fest daran, daß es sich doch noch irgendwie zum Guten wendet.»

Am 19. April 1951 rüttelte Herberger «den lieben Helmut» wieder auf: «Bewerben Sie sich beim Saarländischen Fußballverband um die Stellung eines Verbandstrainers. Wenden Sie sich bei Ihrer Bewerbung an: Saarländischer Fußballbund, Saarbrücken 3, Bahnhofstraße 44–46, z. Hd. des Herrn Neuberger. Herr Neuberger ist der Präsident des Bundes. Der Bund, vertreten durch seinen Präsidenten, hat sich schriftlich und gelegentlich des Spiels gegen das Saargebiet auch mündlich an mich gewandt und gebeten, ihnen einen Trainer zu besorgen. Ich habe Sie genannt, und man ist damit einverstanden.» Er sei in Zürich gewesen, berichtete Herberger, und bei seiner Rückkehr habe ihn seine Frau in heller Aufregung empfangen: «‹Hoscht du dös gelesä, was dä Helmut fa ä Zaig macht? Der bewerbt sich bei Brämä. So weit fort funn uns, do sieht ma sich jo garnimma.› Also Helmut, Gruß Ihrer Frau und Ihnen.»

Doch kaum war Schön ab 1956 Herbergers Assistent, da begannen auch bald die Klagen des Chefs. Darüber, daß der Dresdner ein «ganz gerissener Bursche» sei, der für alles eine Auslegung finde, die ihn immer an allem als völlig unschuldig darstelle. Schön sei eben «ein Sachse».

Sorgfältig sammelte Herberger auch Zeitungsausschnitte, die sich positiv über Schön äußerten. Wenn etwa 1956 nach einem Spiel in Stockholm ein Journalist lobte, daß Schön im Gegensatz zur Ära Herberger nicht zu Geheimniskrämereien bei der Mannschaftsaufstellung neige, dann wurde diese Meldung in Herbergers Aktenordnern unter den Stichworten «Schöns Machenschaft» und «Schöns Doppelzüngigkeit» abgeheftet.

Als sein möglicher Nachfolger war Helmut Schön nicht Herbergers Wunschkandidat, im Grunde kam er erst an vierter Stelle. Am liebsten wäre ihm natürlich Fritz Walter gewesen. Doch Fritz Walter wollte nicht.

Und damit kamen weitere Nachfolgekandidaten ins Spiel – vorneweg nannte Herberger Hennes Weisweiler, der auch sein Schüler und Assistent an der Sporthochschule in Köln gewesen war und dann Trainer bei Borussia Mönchengladbach wurde. Ein weiterer hochbefähigter Kandidat, so Herberger, war Dettmar Cramer. «Ich hatte damals schon die Überlegung, mein Aufgabengebiet, das ja weit über die Aufstellung und das Training der Nationalmannschaft hinausging, aufzuteilen. Cramer wurde der Nachwuchs anvertraut, er war der Jugendtrainer, der auf Talentsuche ging, auch auf den Gymnasien und Hochschulen. Cramer war auf diesem Gebiet sehr erfolgreich.»

Herberger kannte Dettmar Cramer, seit der ihn während des Krieges einmal – als Jugendspieler – in Essen zu einem Lehrgang von der Bahn abgeholt hatte. Cramer bewunderte den damaligen Reichstrainer, und als er nach dem Kriege einen Beruf suchte, waren diese Begegnungen und diese Bewunderung von ausschlaggebender Bedeutung. Frau Eva hatte ihm später einmal gesteckt: «Ich glaube, er hätte Sie gerne als seinen Nachfolger gehabt.» Zum Zeitpunkt der Nominierung aber war Dettmar Cramer in Japan, und Herberger telefonierte mit ihm dort.

Und dann blieb eben – «last, not least», wie er sagte – Helmut Schön, der in den vier Jahren nach seiner ersten Nominierung gegen Schweden als Nationalspieler, wo er beim 5:0 gleich zweimal traf, insgesamt 16 Länderspiele absolvierte, in denen er 17 Tore schoß. Herberger: «So konnte ich ihn dann auch guten Gewissens als ‹meinen Mann› dem DFB als Nachfolger empfehlen.»

Tatsächlich sprach sich Herberger dann öffentlich für Helmut Schön aus, bevor der DFB über dieses Thema beraten hatte, was beim Spielausschuß höchste Erbitterung hervorrief. Das freute wiederum Herberger. Er notierte im August 1962: «Als durchsickerte, daß ich den Zeitpunkt für meinen Rücktritt gekommen sah, durchpulste reges Getuschle die Zusammenkünfte des Spielausschusses. Jetzt sahen dessen Mitglieder die Zeit für gekommen, in allen Fragen der Nationalmannschaft mitzureden. Und zwar ausschlaggebend und bestimmend. Natürlich ging das alles hinter meinem Rücken. Das galt und gilt auch für die Frage meines Nachfolgers. Helmut Schön, der mein Mann ist und den ich auch durchzubringen hoffe, hat keineswegs die Stimmen aller Spielausschußmitglieder.»

In der Sache hatte Helmut Schön mit Herberger einen überaus engagierten, sach- und machtkundigen Vorkämpfer. Der «Altbundestrainer» setzte sich dafür ein, daß Schön schon vor seiner Amtsübernahme bei allen Länderspielen dabeisein sollte. In einem Protokoll des DFB-Vorstandes wurde Herbergers Ansicht festgehalten, daß sein Nachfolger eines Tages die gleichen Bedingungen haben müsse wie er, wenn er Erfolg haben sollte. Dann aber erschien, am 20. Juni 1963, eine Fotoreportage im Sportmagazin unter der Überschrift «Helmut Schön will das Werk Seppl Herbergers fortsetzen. Wann schlägt seine Stunde?», und voller Empörung notierte sich Herberger: Diese Reportage rühre wieder auf, «was vorerst einmal ruhig bleiben sollte». Er – Herberger – sage nichts, «aber für die sensationshungrigen Pressefritzen ist mein Schweigen vielsagend! Helmut ist zweifellos gefallsüchtig, fernsehnarrisch! Er schafft sich dadurch schon Feinde, bevor er recht angefangen hat.»

Auf einem anderen Zettel notierte sich der Bundestrainer: «Helmut Schön kann es offenbar nicht erwarten.» Prompt folgte dieser Feststellung der Nachweis, daß der junge Mann in Wahrheit noch viel zu lernen habe. Nach einem Länderspiel gegen die Türkei, am 28. September in Frankfurt, monierte Herberger die Halbzeitbetreuung der Mannschaft durch seinen Nachfolger: Beim Stande von 0:0 habe Schön «in der Pause alles, nur keinen Optimismus» ausgestrahlt. «Zugegeben, daß nach dem Spiel der ersten Halbzeit wenig Grund zu Optimismus vorhanden war, aber das darf man als Trainer nicht zeigen. Seine Worte an die Spieler und an die Mannschaft hatten den Charakter eines zaghaften Bittens. Ich mußte selbst eingreifen und die Mannschaft mit den Worten angreifen, daß wir zwei und drei und vier Tore machen könnten und machen müßten und daß wir diese möglichst schnell zu schießen hätten.» Das Spiel endete 3:0 für Deutschland, na also.

Für den Altbundestrainer begann ein unruhiger Ruhestand. Eigentlich hatte er sich erstmals so etwas wie ein Privatleben leisten wollen. Der am häufigsten wiederholte Satz der Wochen und Monate vor seinem Ausscheiden hieß: «Wenn erst einmal alles vorbei ist.»

Als dann aber alles vorbei war, da reichte es gerade noch für die versprochene große Schiffsreise mit seiner Frau Ev. Seit 30 Jahren hatten sie keinen richtigen, gemeinsamen Urlaub verbracht. Aber nun fuhren sie mit der «Hanseatic» von Cuxhaven aus über die Azoren, Martinique, Venezuela, Haiti, die Bahamas nach Florida. Dort waren die Herbergers Gast des Ehrenpräsidenten des Deutsch-Amerikanischen Fußball-Bundes, August Steurer. In dessen Haus in Port Everglade verbrachten sie ihre Ferien, anschließend chauffierte sie Steurer nach New York. Von dort ging es weiter nach Chicago. Das war ein Jahr nach seinem Rücktritt. Und es blieb die große Ausnahme. Sonst hatte sich das Leben Sepp Herbergers in Wahrheit wenig geändert. Seine Frau sagte: «Wenn mein Mann nicht unterwegs ist, sitzt er den ganzen Tag in seinem Arbeitszimmer und schreibt. Die Arbeit läßt ihn nicht in Ruhe.»

Rund fünf Jahre später, im Januar 1969, bedankte sich Sepp Herberger für die vielen Einladungen, aus denen er die Anerkennung und die Wertschätzung seiner Arbeit und seiner Person verspüre. Er fühle sich froh und ordentlich stolz, daß die Fußballer ihn überall dabeihaben möchten, wenn sie ihre Feste begehen, aber: «Ich bin in großer Zeitnot. Seit Jahren schon. Und das, obwohl ich Pensionär bin.» Er sollte Beiträge für Zeitungen liefern, Geld für wohltätige Zwecke organisieren, Patenschaften übernehmen, Plätze einweihen, Autogrammwünsche erfüllen. Ganze Busladungen von Innungsgemeinschaften, Freundeskreisen, Waisenhäusern, Skatbrüdern und Schulklassen klopften an seine Tür, um sich Autogramme geben zu lassen. In Waschkörben häuften sich Briefe, Karten, Autogrammwünsche, wenn er einmal ein paar Tage nicht da war. Selbst auf seiner Schiffsreise wurde er nicht wirklich in Ruhe gelassen. «Ich war der Mr. Fußball, egal, wohin ich kam. Auf den Fidschiinseln oder in Amerika, überall wo wir Station machten, wurden Feste veranstaltet, der Empfang war unbeschreiblich.»

Ruhestand war kein Wort, mit dem sich Sepp Herberger befreunden konnte. Es paßte einfach nicht zu seinem Lebensgefühl und zu seinen eingefahrenen Lebensgewohnheiten: «Ich halte nichts von einem ruhigen Lebensabend. Ich muß immer etwas um die Ohren haben. Wenn es zuviel wird, dann gehe ich in mein Zimmer und arbeite. Allein mit dem Beantworten von Post habe ich viel zu tun», erklärte Deutschlands populärster Rentner, nachdem er schon fünf Jahre nicht mehr auf jener kleinen Bank am Spielfeldrand gesessen hatte, die er immer die «Regenwurmperspektive» nannte. Jetzt saß er auf der Tribüne und hatte den Überblick und ließ das alle Welt wissen. Er schoß auf Torwände, brachte Amerikanern und Russen den modernen Fußball bei, plauderte im Fernsehen über seine Vergangenheit und schrieb gelehrte Abhandlungen über das Training. Klar, daß er nicht sparte mit aktuellen und süffisanten Kommentaren zum «Geh-Fußballer» Günter Netzer oder zu den langen Haaren von Wolfgang Overath.

Es wäre also alles ganz wunderbar gewesen, hätte er nicht immer seinen Nachfolger im Auge behalten müssen. Schon 1964, kaum hatte er sein Amt übernommen und sich vor der Presse geäußert, vermerkte Herberger mit Fragezeichen und spitzen Bemerkungen die «Neuerungen» Helmut Schöns. Herberger habe mit den Trainern der Bundesligavereine einen losen Kontakt gehabt, während Schön jetzt sogar zu einer Trainerzusammenkunft einlud, um sich laufend über die Form der Spieler informieren zu lassen. Herberger schrieb an den Rand: «Ich halte seinen Kontakt für gefährlich in mancher Hinsicht.» Die zweite Neuerung, daß bei Helmut Schön auch «Spieler der Stunde» eine Chance haben sollte, kommentierte Herberger sarkastisch: «Da bin ich gespannt, wohin das führen wird. Da wird er schon nach kürzester Zeit eine starke Zahl von Neuen haben, aber keine Mannschaft.»

Nach der Weltmeisterschaft in England spitzte sich das Verhältnis noch mehr zu. Bei einem Vortrag über das Thema «Vorbereitung einer Nationalmannschaft» hatte Schön im Londoner Sportzentrum Crystal Palace angeblich gesagt, daß er im Jahr 1964 keine eingespielte Mannschaft übernommen habe, daß in dieser nicht eingespielten Elf drei in Italien spielende Deutsche standen und daß es deshalb im ersten Qualifikationsspiel gegen Schweden nur zu einem unbefriedigenden Spiel kam, das 1:1 endete. Er habe sich auf die Suche begeben müssen, um für jede Position in der Mannschaft den richtigen Spieler zu finden. Wütend und «per Einschreiben!» schickte ihm daraufhin am 5. Oktober 1966 Herberger einen kurzen Brief: «Lieber Helmut Schön! Was mir in der heutigen Presse vorgesetzt wird, kann und darf nicht wahr sein. Danach sollen Sie bei einem internationalen Trainerlehrgang in England Aussagen gemacht haben, die ganz dazu angetan sind, meine Person und meine vergangene Arbeit in der Öffentlichkeit in Mißkredit zu bringen.

Bevor ich nun in die Öffentlichkeit trete, um zu den von Ihnen – so liest es sich in der Zeitung – aufgeworfenen Dingen Stellung zu nehmen, möchte ich von Ihnen eine klare Antwort haben, ob Sie diese Aussagen gemacht haben oder nicht. In Erwartung Ihrer umgehenden Antwort verbleibe ich mit Gruß. Seppl Herberger. Beiliegend der in Frage stehende Zeitungsartikel.»

Helmut Schön antwortete mit «Verwunderung und Bestürzung» darüber, «daß Sie mir einen Einschreibebrief geschickt haben, wobei sicher der Wunsch nach einer Aufklärung des ‹Falles› hätte in anderer Weise erfolgen können». Nach ein paar verschnörkelten Interpretationsversuchen wischte er dann das alles zur Seite: «Was soll alle diese Wortklauberei. Ich habe es weder beabsichtigt, noch ist es überhaupt geschehen, Sie und Ihre Arbeit für den deutschen Fußball in der Öffentlichkeit in Mißkredit zu bringen. Es ist vielmehr das Gegenteil der Fall. Ich bin überzeugt, daß nicht einer der Zuhörer bei diesem Vortrag den Eindruck gehabt hat, daß ich Sie auch nur mit einem Wort verunglimpfen wollte. Aus Ihrer Praxis wissen Sie ja nur zu gut, wie leicht mancher Satz später sinnentstellt wiedergegeben worden ist. Ich lege Ihnen den mitgeschickten Zeitungsausschnitt wieder bei und verbleibe mit den besten Grüßen auch an Ihre liebe Frau, Ihr Helmut Schön.»

Zwei Tage später antwortete Herberger, unversöhnt und kampfstark: «Lieber Helmut Schön. Ihre angeblichen Äußerungen in England haben in mir schmerzliche Erinnerungen wiedererweckt und alte, verdrängte Zweifel wieder wachgerufen. Auch Ihr Brief hat daran nichts geändert. (...)

Wie war es denn nun in Wahrheit um meine Hinterlassenschaft an

Sie bestellt? Ein Blick in meine Briefschaften kann zu dieser Frage ganz präzise Angaben machen.» Er habe am 10. Mai 1964 für das Ende der Spielzeit 1963/64 als engsten Spielerkreis der Nationalmannschaft nachfolgende Spieler nominiert, für die er schematisch eine Aufstellung festhielt. Im Tor: Tilkowski, Fahrian, Manglitz, Bernhard. In der Verteidigung: Nowak – Lutz, Steiner – Höttges. Läuferreihe: Schulz – Sturm, Sieloff – Giesemann, Weber, Reisch. Stürmer: Krämer – Gerwien, Geiger – Trimhold, Mittelstürmer: Seeler – Konietzka – Löhr, Overath – Küppers, Dörfel – Heiß. Mit Ausnahme von Manglitz, Löhr und Höttges hätten alle anderen aufgeführten Spieler noch während seiner Amtszeit in der Nationalmannschaft gespielt. Höttges gehörte schon Ende 1963 zum engsten Kreis der Nationalmannschaft.

«Wenn ich jetzt auch noch daran erinnern darf», schrieb Herberger, «daß ich in meinem persönlichen Gespräch mit den italienischen Vereinen im Frühjahr 1964 die Freigabe unserer ‹Italiener› für die Qualifikation (und die WM 66) erhalten hatte, war doch das Erbe, das ich Ihnen übergab, keineswegs so schlecht.

Wenn man diese Leute, die Sie doch in der Hinterhand hatten, nun zu meinem übrigen Stamm hinzunimmt, dann haben wir doch eine höchst interessante Auswahl zusammen. Nach allem, was über meine ‹Vorarbeit› zur WM 66 ausgesagt wurde, lohnt es sich einmal, ein namentliches Bild dieser Mannschaft aufzuzeichnen. Tor: Tilkowski, Bernhard – Verteidigung: Höttges – Lutz und Schnellinger – Läuferreihe: Schulz und Weber, im Sturm: Brülls, Haller, Seeler, Overath, Krämer.

Beckenbauer fehlt in dieser Aufstellung. Er war zu dem Zeitpunkt, als ich meinen Stamm für Ende der Spielzeit 63/64 nominierte, noch Jugendspieler. Aber er war mir damals schon kein Unbekannter mehr. In seinem ersten Länderspiel (Jugend Schweiz gegen unsrige am 8.3.64 in Lörrach) habe ich seine Aufstellung durchgesetzt, ihn in diesem Spiel gesehen und eine Teilnahme am UEFA-Turnier 1964 sichergestellt.

Diese Feststellung erschien mir einmal dringend nötig. Ich möchte verhindern, daß sich Fälschungen in die Geschichte unserer

Nationalmannschaft einschleichen. Es liegt mir völlig fern, Streit zu stiften. Was gesagt werden mußte, habe ich gesagt. Wenn sich in Zukunft einmal wiederholen sollte, was ich in den vorstehenden Zeilen angekreidet habe – ganz gleich, von welcher Seite es auch kommen mag –, werde ich nicht mehr schweigen. Trotz alledem ... in aufrichtiger Verbundenheit mit den besten Wünschen für unsere Nationalmannschaft und für Sie, Ihr Seppl Herberger.»

Mit Franz Beckenbauer war der neue Star aufgetaucht – eine fußballerische Ausnahmeerscheinung wie Fritz Walter und Fritz Szepan. Und Herberger dachte gar nicht daran, den ganzen Ruhm an der Entdeckung und Förderung dieses Spielmachergenies allein seinem Nachfolger zu überlassen.

Nicht ganz zu Unrecht. Im Vorfeld jenes Jugendspiels gegen die Schweiz, das Herberger in seinem Brief an Schön erwähnte, hatte der noch amtierende Bundestrainer Herberger einen Anruf seines Freundes und Schülers Dettmar Cramer erhalten, der als Verantwortlicher für den Nachwuchs seine Hilfe in einer delikaten Angelegenheit wünschte. Also, er habe da diesen jungen Bayernspieler, ein Riesentalent, und den brauche er für seine Auswahl. Cramer: «Der ist so gut wie Fritz Walter, wenn nicht besser.»

Nur habe der Franz, 17 Jahre alt, gerade eine Riesendummheit gemacht – er sei Vater geworden, unehelich. Und die Biedermänner im Spielausschuß des DFB wollten ihn nicht aufstellen. Jugendnationalspieler müßten Vorbilder sein, auch moralisch.

Zur nächsten Sitzung des Altherrenrates – vorwiegend Pädagogen –, der über die Nominierung der jugendlichen UEFA-Auswahl entschied, reiste Herberger an. Freudige Begrüßung, aha, die Herren Kollegen, auch nicht mehr die Jüngsten, ja, ja, die Zeit. Ohne Schwierigkeiten brachte Herberger – unter dem Tisch immerzu Cramer vergnügt auf den Fuß tretend – das Gespräch auf die gute alte Zeit, als sie alle noch flotte Burschen waren und die Mädels sich die Hälse nach ihnen reckten. Einer nach dem anderen begann seine amourösen Abenteuer zu erzählen, wie keck er es getrieben hatte. Dettmar Cramer hatte längst lädierte Füße, als «der Seppl» ein unerwartetes Resümee der nostalgischen Runde zog: «Männer», sagte er, «ich habe ja gar nicht gewußt, was ihr für tolle Kerle wart, Respekt, Respekt. Und was für ein Glück ihr alle gehabt habt, kein Malheur, toll. Ganz anders als dieser junge Mann aus Bayern, wie heißt er, Dettmar? Beckenbauer, richtig, interessanter Name in dem Zusammenhang.»

Natürlich durfte der junge Vater spielen, er mußte aber, um kein weiteres Unheil anstellen zu können, im Doppelbett mit Trainer Cramer übernachten – «unter einem Bauernplumeau», wie der sich erinnert. Beckenbauer selbst war vor dem Spiel so aufgeregt, daß er Magenkrämpfe hatte. Der Herberger war da, und der Schön, und der Cramer. Erst als ihm Masseur Erich Deuser Tabletten gegeben hatte zur Halbzeit, spielte er groß auf und schoß zwei Tore. Da war er ganz obenauf, am Ende war er ganz klein. «Das war wie auf der Achterbahn», erinnert sich Beckenbauer. Plötzlich habe er zum ersten Mal in seinem Leben in eine Fernsehkamera schauen sollen, Interviews geben, in Mikrophone sprechen. «Guck mal, der junge Herr ist schon ganz Star», spottete dazu Sepp Herberger, der den Auftritt aus der Kabine beobachtete, während Cramer mit der Mannschaft redete, die auf Beckenbauer warten mußte. «Also habe ich ihn zur Sau gemacht, als er dann kam», grinste Dettmar Cramer. Und Franz Beckenbauer sagte: «Junge, Junge, ich hab in eine Streichholzschachtel gepaßt, so klein war ich.»

Herberger indes sah die Karriere des Bayern mit Wohlwollen. Heftig bestritt er, ihn einmal ein «schlampiges Genie» gescholten zu haben. Das, schrieb er Beckenbauer in einem Brief, «muß Sie enttäuscht und verärgert haben». Es hatte auch ihn geärgert, denn nichts dergleichen habe er gesagt: «Erstens gehört es nicht zu meinem Sprachgebrauch.» Zweitens stehe der Ausdruck im krassen Gegensatz zu dem Leistungsbild, das Herberger sich von Beckenbauer gemacht habe. «Und drittens paßt es so gar nicht zu der persönlichen Wertschätzung, die Sie als Mensch bei mir haben. In alter Verbundenheit und Freundschaft, Sepp Herberger.»

Wenn Herberger, als es auf die WM 1970 in Mexiko zuging – die zweite schon ohne ihn –, laut voraussagte, daß die Deutschen wieder zu den «Besten der Welt» zu zählen seien, dann rechnete er sich daran noch immer große Verdienste zu. Seinem Nachfolger weniger. Der habe jetzt, mit den 18 Vereinen der Bundesliga, eine vergleichbar leichtere Aufgabe: «Sagen Sie mir, was es noch Bequemeres gibt, als Bundestrainer zu sein», ließ sich Herberger vernehmen.

Herberger zählte zu diesem Zeitpunkt öffentlich auf, wer auf jeden Fall zum Aufgebot für Mexiko gehören müßte: Beckenbauer und Weber im Mittelfeld nämlich, dazu Schulz und Uwe Seeler. Doch nach einem Länderspiel gegen die Schweiz im April 68 nörgelte der Alte: «Bei uns war alles nur Stückwerk. Die Überlegenheit fand nicht zu einem Spiel, sie fand zu keiner Einheit.» Die Deutschen seien zu sehr auf Erfolg aus gewesen und hätten dann Fehler über Fehler gemacht. «Das kommt davon, wenn man nur an Tore denkt. (...) Sie schießen drauflos. (...) Bis zum Torschuß muß aber das Spiel im Fluß sein, die gegnerische Hintermannschaft immer wieder bewegt werden, man muß Lücken reißen. Das geht bei uns alles zu hastig und zu hektisch.»

Herberger fand auch, daß die Jungen des Zuspruchs bedürften, daß sie wissen müßten, ob sie dazugehören oder nicht: «Wenn man weiß, was in einem Spieler steckt, dann muß man dazu stehen. Er muß im Inneren die Gewißheit haben: ich bin richtig so, wie ich spiele. Die Fertigkeiten müssen aufs Höchste entwickelt werden, der Spieler muß wissen, daß er wichtig ist, daß er ein nicht wegzudenkender Teil vom Ganzen ist, zur Mannschaft gehört. Unsere Jungen sind in Ordnung, aber es muß ein Stil da sein, eine Voraussetzung.»

Es war wie vor London, nur massiver und unverhüllter. Schön, der bei der Europameisterschaft früh ausgeschieden war, wirkte angeschlagen. Und Herberger schien auf seine Unverzichtbarkeit zu pochen. Die Spannungen wurden öffentlich, und Hans Eiberle schrieb in der Süddeutschen Zeitung: «Noch eines belastet den Bundestrainer: es ist sein Verhältnis zu seinem Vorgänger Sepp Herberger, und das ist das beste nicht. In Basel eilte der Alte in den Umkleideraum zur Mannschaft und gab Interviews, währenddes Schön seinen Grimm nur mühsam unterdrückte. Auf der Fahrt ins

Hotel thronte Herberger wie einst im Mai vorne im Bus. Helmut Schön ist ein schlechter Schauspieler. Man sah ihm an, wie sehr ihn das traf, und in diesem Punkt kann man ihn verstehen.»

An den Rand dieser Geschichte hatte Herberger geschrieben: «Lassen Sie doch Herrn Schön seine Sache allein machen!»

Nach gut fünf Jahren im Amt war Helmut Schön noch immer «der Mann nach Herberger». Alles, was er tat und sagte, wurde mit seinem Vorgänger verglichen. Dann aber kam die Weltmeisterschaft in Mexiko, bei der die Deutschen nach begeisternden Spielen Dritte wurden – und Helmut Schön hatte sich durchgesetzt. Nicht zuletzt deshalb, weil Herberger – «Ich bin schon 73» – diesmal zu Hause geblieben war. Als Beobachter der potentiellen Gegner – wie 1936 – war er sich zu schade. Der DFB, der ihn eingeladen hatte, wollte ihn nicht wieder in der Nähe der deutschen Mannschaft haben. «Diesen Wunsch habe ich kommentarlos zur Kenntnis genommen und daraufhin meine Absage erteilt.» Natürlich war er gekränkt, aber ein bißchen erleichtert schien er auch.

Mit den Erfolgen und dem Auftreten seiner Truppe in Mexiko wurde Helmut Schön ein Trainer aus eigenem Verdienst. Er war nun nicht mehr der Mann Herbergers, und er wurde auch nicht mehr, wie es Willi Schulz einmal süffisant ausgedrückt hatte, von der Mannschaft durchgeschleppt. Und doch – auch nach diesen Wochen nannte ihn niemand «Muckel» oder den «Bundeshelmut». Allenfalls war er «der Lange», was er immerhin besser fand als «der Blöde», wie er spottete. Der Abstand, den der sensible Helmut Schön nach wie vor vom Fußball hatte – weswegen ihn Sepp Herberger immer einen «Unfußballer» nannte –, dieser Abstand hielt auch die Menge auf Distanz. Vor allem aber kam er selbst noch immer nicht von seinem Herberger-Komplex los, mochte er ihn auch bestreiten. Immer noch trat er seinem Vorgänger nicht nur mit Ehrerbietung, sondern geradezu mit Ehrfurcht gegenüber, und gerade seine selbstironischen Bemerkungen gaben preis, wie tief das saß. Als er in späteren Jahren einmal noch gebeugter als sonst dahertappte, fragte ihn jemand, ob das die Folge eines Bandscheibenfehlers sei. Da sagte der 1,87 m große Schön: «Seinerzeit, als ich noch

Assistent bei Sepp Herberger war, habe ich mir angewöhnt, immer etwas gebeugt zu gehen. Damit der Chef nicht zu mir aufzuschauen braucht, verstehen Sie. Und diese Art zu gehen ist mir eben geblieben.»

1974, genau zehn Jahre nach dem Ausscheiden Sepp Herbergers aus dem Amt des Bundestrainers, wurde sein Nachfolger in Deutschland Weltmeister. Herberger konnte inzwischen den Erfolg Helmut Schöns hinnehmen, ohne sich persönlich als Verlierer zu fühlen. Er war längst sicher, daß er trotz allem noch immer der Populärere war, die eigentliche Kultfigur des deutschen Fußballs, auch der Gefragtere bei öffentlichen Auftritten.

Statistisch mochten die Erfolgsvergleiche zwischen den beiden Männern den Älteren hinten sehen. Im Nachkriegsdeutschland hatte Sepp Herberger an drei Weltmeisterschaften teilgenommen, war Weltmeister geworden und einmal vierter und einmal unter die letzten acht gelangt, während Helmut Schön ebenfalls Weltmeister war sowie einen zweiten und einen dritten Platz errang. Dazu war er auch noch Europameister. In etwa der gleichen Anzahl von Spielen (97 : 102) schafften die Herberger-Schützlinge etwa genauso viele Tore (219) wie die Schön-Mannschaften (220), aber Herberger kassierte fast doppelt so viele Gegentore, 146 statt 76. Insgesamt kam die deutsche Fußballnationalmannschaft von 1950 bis zum Juli 1964 unter Sepp Herberger zu 52 Siegen bei 31 Niederlagen und 14 Unentschieden. Dessen Nachfolger Helmut Schön erzielte ab November 1964 bis zur WM 1974 genau 68 Siege bei 16 Niederlagen und 18 Unentschieden. Aber als Volksheld wie als Fachmann war Sepp Herberger der Größte.

Jürgen Werner berichtete, wie er an dem Tag, an dem die Gruppeneinteilung für die Fußballweltmeisterschaft 1974 entschieden worden war, mit Sepp Herberger, Fritz Walter, Helmut Schön und seinem Assistenten noch im kleinen Kreis zusammensaß, um ein bißchen, wie Herberger zu sagen pflegte, über den Fußball zu plauschen. Wie eigentlich fast immer in den zehn Jahren seit Ausscheiden des Altbundestrainers ging es um die Frage, ob Günter Netzer oder Wolfgang Overath als Spielgestalter in der deutschen Mannschaft stehen sollte. «Jürgen, wie oft habe ich Ihnen gesagt, ein gutes Spiel in der Nationalmannschaft beginnt mit der Deckungsaufgabe?» redete Herberger seinen Ex-Nationalspieler an, auf den er während seiner aktiven Jahre oft nicht gut zu sprechen gewesen war. Herbergers Maxime wurde auch an diesem Abend widerspruchslos akzeptiert: Ein Mittelfeldspieler müsse gleichzeitig Deckungsaufgaben übernehmen, in der Offensive gefährlich sein und dazu in der Lage, das Spiel schnell zu machen. Zwar hatte Helmut Schön zunächst noch auf das Spiel der deutschen Mannschaft in London verwiesen, wo Netzer aus der inzwischen sprichwörtlichen Tiefe des Raums gekommen war und in überzeugender Weise Regie geführt hatte. Herberger ließ sich aber nicht irremachen. Die Wangen gerötet und sich in Rage redend, sagte er: «Eine Fußballweltmeisterschaft mit sieben schweren Spielen in drei Wochen erfordert aber einen Turnierspieler wie Overath, kämpferisch besessen, mit dem Willen, den Gegner nie zur Ruhe kommen zu lassen.» Fritz Walter, so beobachtete Werner, sah den Chef gläubig an. Die Assistenten, auch Helmut Schön, schienen beeindruckt, wenn auch noch nicht ganz überzeugt. Und Herberger, Menschenkenner und Fachmann aus der Erfahrung von 28 Jahren Fußballsport, streute weiter Salz in die aufgerissenen Wunden des Zweifels. «Was spielt Netzer in Madrid? Der Günter verschleppt das Tempo und gibt den Deckungsspielern immer wieder Gelegenheit, sich neu zu formieren.»

Werner: «In jener Runde saß eben auch ein großer, alter Mann, er konnte nicht anders als das sagen, was ihm Herzenssache war: Die deutsche Fußballnationalmannschaft, der Fußball, den sie spielte, war auch nach zehn Jahren Abschied immer noch sein Leben. Alle, die damals dabei waren, haben das erkannt, respektiert und akzeptiert. Wolfgang Overath wurde 1974 als einer der besten Spieler des Turniers Weltmeister mit der deutschen Mannschaft.»

Helmut Schön hatte das Glück – und das Pech –, mit einer Mannschaft Weltmeister geworden zu sein, die so großartig war, daß sie wohl auch mit einem anderen Trainer den Titel hätte erringen können. Für die Weltmeister von 1954 aber galt das nicht, auch nicht für die Stars. Weder Fritz Walter noch Helmut Rahn überstrahlten den

Ruhm Sepp Herbergers – dieser Mann war einzigartig und unvergeßlich.

Es waren die unverwechselbaren Charakteristika seiner Persönlichkeit, nicht seine fachlichen Weisheiten, die ihn auch als Trainer unverwechselbar machten. Als persönliche «Autorität», als «Orientierungspunkt» wirke er auch da weiter, sagt DFB-Chef Egidius Braun, wo «seine Vorstellungen vom Fußball» nicht mehr mit den heutigen Vorstellungen übereinstimmten. «Er ist eben eine Legende.» Franz Beckenbauer – als ehemaliger Bundestrainer einer der Nachfolger Sepp Herbergers – hatte keine Trainingspläne des Alten gelesen. «Aber das brauchst du auch nicht», sagt er, «das weißt du einfach. Du gehst auf den Platz und sagst den Spielern, mit einem solchen Zweikampfverhalten könnt ihr kein Spiel gewinnen, das hat schon Herberger gesagt.» Das ist immer richtig, denn was hätte der zum Fußball nicht gesagt? Wenn ein Bundesligatrainer wie Otto Rehhagel heute zehn fachliche Sätze formuliert, glaubt Dettmar Cramer, «dann sind acht von Herberger, ohne daß Rehhagel das weiß».

Auch der Slogan der jüngsten Europameisterschaft – «Die Mannschaft ist der Star» – hätte von Sepp Herberger sein können, ähnliche Formulierungen finden sich dutzendfach in seinen Aufzeichnungen, und natürlich hat Bundestrainer Berti Vogts, Coach des Champions 96, nicht die geringsten Schwierigkeiten, sich als eine Art Enkel des «Alten von der Bergstraße» zu sehen. Nicht nur aus Gründen des Prestiges.

Einmal ist die Traditionslinie tatsächlich gegeben – Vogts ist Zögling des Herberger-Lieblingsschülers Hennes Weisweiler und knüpft bruchlos an die Hauptforderung beider Altvorderen an: Individuelle Geniestreiche haben sich dem Mannschaftsspiel unterzuordnen, und: Wer spielen will, muß kämpfen können. Zum anderen hat Vogts unter dem «Altbundestrainer» sogar noch persönlich gearbeitet – «eine Trainingseinheit» lang, 1963 in Barsinghausen. Auch Vogts hat Herberger «wie den Herrgott persönlich» empfunden, und zwar nicht nur, weil er selbst so ehrfürchtig war, sondern auch, weil Worte und Gesten des großen alten Mannes mit einer Art Himmelshuld daherkamen.

Herbergers Blick für die physisch-psychische Tauglichkeit der künftigen Jugendnationalspieler aber – die Sicherheit, mit der er Muskulatur und Temperament, Bewegungsablauf und Ballfertigkeit einschätzte – empfand Vogts als ganz und gar lebens- und erdnah. Er ist bis heute fasziniert davon. Vor allem aber habe die deutsche Fußballnationalmannschaft Sepp Herberger «die Ordnung» ihres Spiels zu verdanken, sagt Vogts, eine Form der inneren und äußeren Organisation, die sich über alle Nachfolger hinweg erhalten habe. «Sie hat uns auch in England zum Erfolg verholfen.»

Schon zehn Jahre nach dem Ausscheiden aus dem aktiven Trainerdienst hatte Sepp Herberger zum Fußball eine Art philosophischen Abstand gewonnen. Seine Sätze waren so rund, daß sie immer stimmten – wie der Fußball. Das große Spiel sei in seinen Grundformen fest geprägt, pflegte Herberger am Ende zu predigen. «Es mag einmal leise Schwankungen geben. Einmal liegt der Akzent mehr auf Tempo, ein anderes Mal mehr auf Kombinationsgeglitzer, dann wird um einen Hauch härter gespielt oder die individuelle Leistung mehr herausgehoben. Doch Fußball bleibt Fußball – so wie er ist. Auch das Geld kann ihn nicht verändern.»

Deshalb hatte er 1974 keine Schwierigkeiten mehr, seinem Nachfolger den Weltmeisterschaftstriumph zu gönnen. «Als 1950 der DFB in Stuttgart wieder begründet wurde, nannte ich der Presse ein Endziel der Entwicklung unserer Nationalmannschaft. Es sollte, auf einen kurzen Nenner gebracht, eine Mannschaft sein, die je nach der gegebenen Situation mit sieben Mann angreift und mit sieben Mann abwehrt, unablässig, deren Spiel vergleichbar ist mit einer Wolke, die kommt und geht.

Diesem Spiel ist unsere Nationalmannschaft heute ganz nahe. Helmut Schön kann seine Männer mit der einfachen Devise in das Meisterschaftsturnier schicken: ‹Macht euer Spiel!›»

In Wahrheit war es, daran ließ der Alte keinen Zweifel, noch immer sein Spiel.

«Bei aller Bescheidenheit: Ich hab was gekonnt»

Abschied von Josef Herberger

Nun schuldete er der Welt nur noch seine Memoiren. Gleich nach der Weltmeisterschaft 1954 hatte er sie zum ersten Male angekündigt, so in ein, zwei Jahren. Und dann immer mal wieder – seine «Erinnerungen», mehrere Bände. Dazu ein Buch über die Bundesliga, eine Geschichte der Nationalmannschaft. «Ich will lediglich erzählen, wie es wirklich war», versprach er.

Spätestens im Sommer 1974, glaubte Fritz Walter zu wissen, wollte er dann wirklich und endgültig fertig sein, zum 20. Jahrestag von Bern. Und wer immer ihn in diesen Jahren in Hohensachsen besuchte, brachte Kunde mit, wie der Chef sich quälte. «Ach, hören Sie mir doch auf damit», wehrte er um diese Zeit schon manchmal Nachfragen ab. Im blauen Trainingsanzug mit dem Bundesadler auf der Brust saß er vor der Wand seiner Aktenordner unter dem Dach und hackte mit zwei Fingern immer neue Gliederungen und Entwürfe in seine Reiseschreibmaschine. Frau Eva sah ihn manchmal den ganzen Tag über nicht, er schrieb oder diktierte. Das sei «eine schwere Arbeit», bestätigte er, und manchmal fügte er hinzu: «Ich weiß überhaupt nicht, ob ich das in meinem Leben noch schaffe.» In Wahrheit ahnte er längst, daß es ihm nicht gelingen würde.

Er wußte zuviel, das war das eine. Und zumindest für die Zeit ab 1938 mangelte es ihm nicht an Gedächtnisstützen: Notizen, Briefe, Protokolle, Presseberichte, Anekdoten, Reflexionen, Pläne und Namen, Namen, Namen. Von den Unterlagen aus den Jahren davor waren große Teile «phosphorisiert», wie er sagte – den Brandbomben in Berlin zum Opfer gefallen. Doch hatte er vieles nachträglich angehäuft oder aus dem Gedächtnis rekonstruiert.

Bald klangen seine Ankündigungen mehr wie Hilferufe. «Ich habe zuviel Stoff, nicht zuwenig. Ich komme nur langsam voran, weil mir der Aufbau, der Plan, Schwierigkeiten bereitet. Wenn ich mir überlege, wie schnell manche Sportbücher hingeschrieben werden. Aber es ist wohl so: Je weiter einer von der Sache weg ist, desto schneller ist er mit der Sache fertig.» Das war wohl wahr, aber nicht der entscheidende Grund für seine Schwierigkeiten. Erzählen, auf Anstöße reagieren, das gelang ihm immer besser. Im Rundfunk und im Fernsehen war er brillant. Aber das reichte ihm nicht. «Manchmal, dann sage ich irgend so etwas in einem Nebensatz, und nachher fällt mir ein, daß darin ja wieder eine große Geschichte gesteckt hat.» Wenigstens solche Dinge also, «in denen vielleicht eine Sensation steckte», die wollte er auf jeden Fall noch selbst fertigschreiben, das allein würde wohl ein paar Bände geben, beharrte er noch 1972.

Um Sepp Herberger herum tickten in seinem Hause fünf Weltuhren. Und dennoch hatte er ein eher feindseliges Verhältnis zur Zeit. Es widerstrebte ihm, zur Kenntnis zu nehmen, daß sie ablief, unwiderruflich. «Ich habe nie im Gestern gelebt», bekannte der alte Mann kurz vor seinem Ende. Das hieß – er dachte nicht in Prozessen, Abläufen und Entwicklungen. Ein historisch bewußter Mensch war Sepp Herberger nie: Was er Geschichte nannte, das war die kontinuierliche Anwendung und Überprüfung seiner Grundüberzeugungen und Erfahrungen im Leben. Zyklische Wiederholungen des immer Gültigen zu immer neuen Zeitpunkten. Das nächste Spiel mochte das schwerste sein, aber gespielt wurde stets dasselbe Spiel.

Immer hatte er nur nach vorne geblickt, hatte geplant, sich abgesichert, vorbereitet und vorausberechnet. Immer hatte es ihm gereicht, die Lehren zu ziehen aus Fehlern, die er gemacht hatte, und zu wissen, daß er sie mit Überzeugung begangen hatte. Fußballspiele markierten den Rhythmus seines Lebens, das eingespannt war zwischen den Weltmeisterschaften und aufgeteilt in Länderspiele. Eine Fußballsaison – das war eine Lebensrechnungseinheit. Rhythmus ja, Veränderung, nein.

Kein Wunder, daß ein Mann, der jahrzehntelang so gelebt und gedacht hatte, nicht mit seinen Memoiren zu Rande kam. Es lag ja nicht daran, daß Sepp Herberger 26 Meter Leben in 361 Aktenordnern nicht sorgfältig genug sortiert hätte, oder gar, daß er nicht genug Notizen, Mannschaftsaufstellungen, Trainingsanweisungen, theoretische Abhandlungen, Glückwünsche, Beschimpfungen, Redemanuskripte und Memoirensplitter zusammengetragen hätte. Im Gegenteil, geradezu zwanghaft hatte er versucht, mit diesen Zeugnissen der Realität habhaft zu werden. Jetzt konnte er sie aber in keine andere als eine prinzipielle Ordnung bringen, Weltmeisterschaft zu Weltmeisterschaft, Aufstellung zu Aufstellung, Taktik zu Taktik. Was sich da entwickelt hatte über die Jahre, was aus was hervorging, was in welchem historischen Kontext eine andere Beleuchtung kriegte, dieses zu bedenken widerstrebte ihm zutiefst. Und schon gar nicht wollte er wissen, was er, Sepp Herberger, mit den Zeiten zu tun hatte, die er durchlebte. Was sie ihm zufügten und wie er sich in ihnen bewegte.

Er tat so, als sei die Zeit an ihm abgeperlt. Sepp Herberger hatte ein statisches Bild von sich. Sein bewegtes Leben zerfiel ihm beim Erzählen in Anekdoten, in markante und bizarre Einzelheiten, Szenen, Ergebnisse, Ereignisse, Personen. Die versuchte er nach früh festgelegten Bewertungs- und Beobachtungsmerkmalen zu sortieren. Und weil er ein Mann war mit einem überaus feinen Gespür für Menschen, wußte er viele Einzelheiten. Aber zu einem System fügten sie sich nicht.

Was sich zu runden begann, war eine Aura – später würde man es Image nennen –, in der sich sein Ruhm und sein Glanz verdichteten. Ein Medienereignis war Sepp Herberger schon immer gewesen, nun wandelte er sich schon zu Lebzeiten zur Legende. Und er selbst wirkte kräftig mit an seiner Selbstverewigung.

Neben seinen glücklichen Gaben – seiner Erzählfreude, seinem beweglichen mimischen Faltenwurf, seinem dramaturgischen Talent –, die alle im beginnenden Medienzeitalter hervorragend zur Geltung kamen, half dem Alten auch der Zeitpunkt seines Ruhmes. Einerseits war er noch solide verwurzelt in einer erlebnisreichen persönlichen Biographie, andererseits schon geübt in der effektvollen Inszenierung der eigenen Person, wie sie künftig nicht nur über die Showqualität von öffentlichen Figuren entscheiden sollte, sondern über ihre Karrierechancen schlechthin, egal, ob in Politik, Sport oder Showgeschäft.

«Ich weiß, warum ich populär bin. Die Leute spüren genau, daß ich immer auf dem Boden geblieben bin. Mir sind die großen Siege nicht in den Kopf gestiegen», lobte er sich. Und tatsächlich gelang es ihm – der zu diesem Zeitpunkt in Wahrheit schon längst Millionär war, der mit Bundesministern und Berühmtheiten aus dem Showgeschäft verkehrte –, glaubhaft den Eindruck zu vermitteln, daß er so natürlich geblieben sei wie eh und je. Er war nicht arrogant und überheblich, hatte die nicht vergessen, aus deren Mitte er kam. Gewiß, er war ein Aufsteiger, aber keiner, der seine Herkunft verraten hatte, das glaubten sie nun nicht einmal mehr in Mannheim, seiner Geburtsstadt, die sich im Abenddunst von seinem Wohnzimmer aus in Konturen abzeichnete. «Ich bin viel in der Welt rumkumme», versicherte er 1973, als er als Mannheimer Schandschnauze mit dem «Bloomaul»-Orden ausgezeichnet wurde, «aber ich hab immer gewußt, wo ich herkumm, wo ich hingehör, es gibt bloß ä Mannem, un' fer mich war Mannem immer vorn...»

Er blieb auch für die Fußballfans der Kumpel von nebenan, hatte keine Starallüren, war eigentlich ein Paradoxon in der beginnenden Verwandlung des einst proletarischen Fußballsportes in ein Showgeschäft. Der soziale Abstand, der sich durch unterschiedliche Fähigkeiten und Talente herstellte und sich sowohl in der Lebenswelt wie auch im Bewußtsein zwischen den Zuschauern einerseits und den Spielern und ihrem Trainer andererseits ausdrückte, war natürlich auch im Falle Herberger vorhanden. Aber er gefror noch nicht in wechselseitiger Fremdheit. Wo immer Sepp Herberger sich den Leuten stellte, gelang es ihm, die Distanz durch sein Auftreten und auch durch seine Art, in den Medien zu reden, scheinbar aufzuheben. Tatsächlich war er dem Alltagsleben seiner Fans ja auch wirklich nicht entrückt. Zwar hielt er nichts von ihrem Fußballverstand, aber er liebte – und teilte – ihre Begeisterung. Und weil ihm sein einfaches Leben behagte, weil er so redete und wohnte wie die meisten seiner Fans, hatte die scheinhafte Intimität und Gemeinsamkeit mit ihnen Bestand.

Es kam ihm auch seine Stetigkeit zugute. Als Nationaltrainer, der über drei Jahrzehnte im Dienste des Deutschen Fußball-Bundes stand, geriet er nicht in Gefahr, mit der flatterhaften Mobilität der Stars neuen Typs verwechselt zu werden, obwohl er, als freier Verkäufer seiner Ware «Fußballspielen», auch wechselvoller begonnen hatte. Inzwischen wußte man aber, daß er keine Spieler liebte, die er als Wandervögel bezeichnete. Wie labil das emotionale Verhältnis der Fans zu den Stars ist, wie es immer zwischen den Polen Verehrung und Verachtung schwankt, hatte er zu seinen Amtszeiten sehr wohl zu spüren gekriegt. Doch war es Sepp Herberger gelungen, den Fans in den Stehkurven trotz allem immer nahe zu bleiben, und da er nun seinen Ruf nicht mehr durch falsche Aufstellungen oder durch Niederlagen gefährden konnte, idealisierte sich das Verhältnis zunehmend. Die Identifikationen wurden nahtlos. «Der Bundessepp» war einer wie du und ich, war oberster Trainer und Besserwisser von Millionen deutscher Trainer und Besserwisser an ihren Stammtischen.

Daß Sepp Herberger jung geblieben war, weil er Jahrzehnte seines Lebens mit jungen Leuten zu tun gehabt habe, das erzählte er immer wieder. Irgendwann einmal habe er aufgehört, älter zu werden. «Das muß vor fünfzig Jahren gewesen sein», meinte er in den Siebzigern. Mit der Entscheidung, aus seinem Hobby einen Beruf, ja, ein Leben zu machen, habe er die Beziehung zu seinem Alter völlig verloren, sagte er so, als käme er aus dem Staunen selbst nicht heraus. Der Journalist Horst Vetten hat dazu geschrieben: Man muß sich den Mann betrachten. Die Hände haben etwas Ruheloses, und das Gesicht spricht ständig, auch wenn der Mund nichts sagt, die Falten vertiefen und glätten sich, der Haaransatz ist etwas zurückgewichen, das Haar aber noch straff und unwesentlich dünner als vor zehn, zwanzig Jahren. «Gott, ist der Mann jung. Wenn er sich in Rage geredet hat, brennen zwei rote Flecken auf seinen Wangen. Er ist ein Selbstdarsteller, der keine Bühne braucht, keinen

Souffleur, nur gerade ein Stichwort, und sein Gedächtnis. Sein Gedächtnis ist phänomenal.»

Und dazu der Erfolg, die eigentliche Herberger-Saga. Der maß sich längst schon nicht mehr an den Titeln und Siegen, an der Zahl der gewonnenen Länderspiele, der Spielerkarrieren und Trainerentdeckungen, der schlug sich nieder in den Körben von Briefen und in der Fülle der Pokale und Ehrennadeln, in den Urkunden und in den Glückwunschtelegrammen, Briefen und Erinnerungen an eine grandiose Lebensleistung, die er in den Aktenordnern sammelte. Es war die Erfolgsstory selbst, die ihn zum Objekt von Neugier und Teilnahme machte.

In seiner Arbeitskleidung empfing er Fernsehteams, Schulklassen, Autogrammsammler, Freunde und vor allem seine ehemaligen Nationalspieler – immer im blauen Trainingsanzug. Und wenn es sein mußte, dann sprang er auch noch mit 75 Jahren mit beiden Beinen auf den Gartentisch, der die Höhe eines Schreibtischs hatte, um so seine Fitneß unter Beweis zu stellen. Er plauderte in seinem Mannheimer Singsang – «dehääm ist dehääm» –, dozierte Fußball und plauschte Anekdoten. Selten erlebte ihn die Öffentlichkeit im Überschwang, aber noch seltener sprachlos. Gelassen im Sieg und unberührt in der Niederlage, das war sein Image, und so hielt er es auch weiter.

Daß er manchmal als gallig, grantig oder giftig galt, selbst das wurde in seinem späten Alter irgendwie als ein nettes Attribut dieses schrathaften, alten Mannes gesehen, der eine Person der leisen Töne war, ohne daß er dabei immer verbindlich wirkte. Er setzte sich in der guten Stube seines Eigenheimes in einen der sechs altrosa Polstersessel in Positur, er telefonierte von einem seiner vier Telefonapparate im Hause mit seinen Freunden, er posierte mit seinen Blumen und er war demonstrativ freundlich zu seiner Frau. Das wirkte weder peinlich noch komisch. Von den Fotos und Filmen, die solche Szenen festhielten, geht – wie von den Berichten der Besucher – bis heute etwas anrührend Respektables aus.

Der Satz, daß sein Haus «langsam ein Wallfahrtsort geworden» sei, ging ihm über die Lippen, ohne daß er stutzte. Kamen die Leute denn nicht «aus den entferntesten Winkeln Deutschlands», um ihm guten Tag zu sagen, ein Foto zu machen oder ein Autogramm mitzunehmen? War denn nicht der Endspielball aus der Weltmeisterschaft 1954 eine Reliquie? Waren die Autogramme und Bilder der Spieler nicht Zeugen des «Wunders von Bern»?

Sepp Herberger war weder töricht genug, sich für einen Heiligen zu halten, noch zynisch genug, sich als einen zu verkaufen. Aber seine Art, sich nicht historisch zu beschreiben, das Leben nicht als eine Bewegung zu sehen, die von einem Anfang zu einem Ende läuft, sondern die Vita in ihre Bestandteile zu zerbrechen, um die dann als pädagogische Bausteine zu nutzen – diese Haltung fütterte den Prozeß der Legendenbildung. Er konnte über sich lachen, aber er konnte seine Lebenserfahrung auch bitter ernst nehmen. Doch immer diente er einer höheren Sache – dem Fußball, der Nationalmannschaft, Deutschland. Und nur er bestimmte, was dieser Sache nützte – und wer.

Entsprechend vorsichtig ging er mit Journalisten um. Zwar gab er bis zu seinem Tode unablässig Interviews, stand für Portraits zur Verfügung und war als Experte zu Diensten. Die Gespräche mit ihm waren auch für alle reizvoll. «Wissen Sie, ich konnte meine Sprüche machen», gestand er. Aufschlußreich aber waren sie für die wenigsten. Sepp Herberger blieb, was er mit wachsendem Alter geworden war: ein Weltmeister in der Kunst, sich hinter flotter Rede zu verstecken. Solange sie an dem Bild mitpinseln wollten, dessen Konturen er selbst vorgab, nur zu. Wenn nicht, wurden sie rabiat abgeblockt.

Viele Journalisten taten so, als gehörten sie zum trauten Freundeskreis der Herbergers. Tatsächlich kannten ihn nur wenige richtig. Äußerlich umgänglich, blieb er stets ein in sich gekehrter und auch verschlossener Mann. Da er nach außen so offen wirkte, merkten viele die innere Verschlossenheit oft nicht. Wenn Sepp Herberger aber jemanden wirklich ins Vertrauen zog, dann durfte der das, was er wußte, überhaupt nicht schreiben. Der «Pressekamerad» hatte das schöne Gefühl, mehr zu wissen als die anderen. Das war sein einziger Vorsprung.

Friedebert Becker, einer der Alten im Sportgewerbe, Wiederbegründer des «Kickers», schrieb, daß ihm der Reichstrainer schon in den 30er Jahren immer wieder vertraulich in seine Gedanken und Pläne eingeweiht habe, etwa bei Mannschaftsaufstellungen und taktischen Manövern. Er habe auch zu einem kleinen Kreis von höchstens einem Dutzend Personen gehört, denen Herberger lange vor der WM 54 erklärte, warum er in der Vorrunde die Ungarn bewußt durch eine bessere Reservemannschaft bluffen wolle, ja müsse. Auch als 1938 unerwartet die deutsche Mannschaft bei der Weltmeisterschaft nicht in einer der von Herberger systematisch aufgebauten Besetzung, sondern «gemischt» mit Wienern auftrat, durften nur wenige erfahren, daß der Befehl hierzu «ganz von oben» kam. Weitergeben durfte Becker sein Wissen nicht.

Nie waren es viele, die er dicht an sich heranließ, am Ende nur noch eine Handvoll. Die beiden Fernsehleute Rudi Michel und Harry Valérien gehörten dazu, die Schreiber Hans Blickensdörfer und Horst Vetten, vielleicht noch Ulfert Schröder und Gerd Seehase. Sie verband mit Herberger ein Respekt auf Gegenseitigkeit, «Pressekameraden» im Sinne des Alten waren sie nicht. Ihre Namen standen auf Zetteln und tauchten immer mal wieder auf, wenn Herberger überlegte, wer ihm bei seinen Memoiren helfen könnte. Aber keiner erklärte sich dazu wirklich bereit. Keiner war wohl auch ernsthaft gefragt worden. Herberger ahnte sehr wohl, daß er nur seine eigene Version von sich und seinem Leben würde gelten lassen.

Einsam und unruhig war er in seinen letzten Jahren. Herberger erlebte das Alter als eine Art heimtückischen Überfall. Krankheiten holten ihn ein – ohne den Fußball war das Leben nichts wert. Er brauchte das Spiel – und den Beifall der Menge.

«Wenn er mal zu Hause war», erzählte später Frau Eva, «war mit ihm kaum zu reden. Er saß hier und klemmte den Kopf zwischen die Arme, sah zur Zimmerdecke und überlegte. Er war immer weg. Und wenn ich dann etwas erzählte, zuckte er plötzlich zusammen: Ach, Schätzele, ich hab's nicht verstanden, sag's noch einmal.»

Der Journalist Ulfert Schröder hatte sich von Eva Herberger erzählen lassen, wie das ablief, wenn Herberger am Fernsehschirm einem Fußballspiel folgte, und sie, die nie zu einem Spiel mitgegangen war, saß daneben. «Die Deutschen schießen ein Tor. Sepp rührt sich nicht, schweigt. ‹War das ein Tor?› fragt Ev. ‹Ja›, sagt Sepp. ‹Für uns?› fragt Ev. ‹Ja›, sagt Sepp. Später schießen die Deutschen noch ein Tor. Bei den Herbergers löst es den gleichen Dialog aus wie das erste. Nach neunzig Minuten dreht Sepp den Apparat ab. ‹Hemmer gewonne?› fragt Ev. ‹Ja›, sagt Sepp.» Mehr sagt er nicht. «Man muß es in den inneren Schichten des Körpers spüren», pflegte er zu erklären, wenn er das Gefühl meinte, das einer bei einem Fußballspiel haben sollte. Seiner Frau traute er das nicht zu.

Gewiß, Sepp Herberger war ein geselliger Mensch. Aber wenn es ernst wurde, dann grübelte er einsam vor sich hin, und er mied sogar Vertraute. Seine Entschlüsse faßte er immer allein, und der Mann, der sich hinter den tausend Falten, hinter der breiten Stirn, hinter den listig-lustig leuchtenden Augen versteckte, war ein einsamer Mann. Quirlig, ja, das war er, unruhig, das räumte er selbst ein: «Ich komme nie zur Ruhe.» Er saß immer da, als hocke er auf einem Ameisenhaufen. Seine Finger zwirbelten nervös, doch hatte er seine Nervosität gezähmt. Er hatte sich in der Hand, der Sepp Herberger, seine Selbstdisziplin muß die Zahl der Falten in seinem Gesicht vermehrt haben. Als Mensch fühlt er sich ganz selten angesprochen. Daran war er aber auch nicht unschuldig. Meist wurde er inzwischen wie seine eigene Schallplatte angestellt, und oft klang er auch so. Gewiß, er blieb neben dem Denkmal stehen, das das Volk ihm errichtet hatte, er machte es sich nicht auf dem Podest bequem. Aber er stieß es natürlich auch nicht um. Er hatte zu allem Distanz, auch zu sich selbst.

Aber allzu genau wollte er doch lieber nicht hingucken. Nun, da er Muße gehabt hätte, über sein Leben nachzudenken, und sich eigentlich auch zur Aufgabe gesetzt hatte, darüber zu schreiben, war er nur allzu dankbar für Störungen. Er liebte es, wenn sich Schulklassen, Wandergruppen, Lehrergemeinschaften, Jugendmannschaften, natürlich auch Nationalspieler, Journalisten, Urlauber, in der Sepp-Herberger Straße Nr. 8 in Hohensachsen die Tür in die Hand gaben. Die Fans kamen zumeist in Bussen, und wehe, sie kamen nicht. Dann wurde Herberger ziemlich aufgeregt. Er ging dann nach Mannheim in die Stadt, und zwar dorthin, wo viele Menschen ihn erkannten und ihm Autogramme abforderten. Wurde er wenig angesprochen, vor allem in späteren Jahren, dann bat er Freunde, mit ihm vielleicht doch mal in ein Kaufhaus zu gehen oder zum Bahnhof. Herberger brauchte den Zuspruch.

Der Ruhm, die Verehrung, die Popularität, auch die Gegnerschaft, nichts ist ihm wirklich lästig geworden. «Innerlich gab es für mich keinen Abschied vom Fußball. Ich kann es nicht. Es ist wie mit der Zeit. Zeit habe ich immer zuwenig gehabt.»

Selbst die Krankheiten, die sich nun einstellen – wie schon früher, sobald er unfreiwillig zur Ruhe kam, etwa kurz vor Kriegsende und kurz danach –, erhöhten nur seine Popularität und wurden zu Erfolgsgeschichten. Die Sepp-Herberger-Story kriegte neue, menschliche Akzente. Zunächst mußte er 1967 wegen seiner Augen in eine Klinik. Alles ging gut. Der zuständige Professor, Dr. Hans Lothar Thiel, teilte mit: «Der Herr Herberger hatte den grauen Star am rechten Auge. Die Operation ist sehr gut verlaufen.» Als die BILD-Zeitung vermeldete, daß er nun wieder Kreuzworträtsel löste, atmeten, so stand es im Blatt, «Millionen Fußballanhänger in ganz Deutschland auf».

In den 70 Jahren davor, so behauptete der Patient, sei er nur in der Klinik gewesen, wenn er Fußballspieler oder Verwandte besuchte. Seine Ängste schwangen noch in der Erfolgsmeldung mit: «An mir ist ein Wunder geschehen. Ich bin wie neu geboren. Die Operationen haben mir meine hundertprozentige Sehkraft zurückgegeben.» Stolz und glücklich staunte er: «Ich kann wieder bis nach Mannem sehe...»

Dann, im Jahre 1973, war er wieder im Krankenhaus, diesmal nach der Operation an einem Leistenbruch. Auch davon berichtete er so aufgekratzt, als habe er sich gegen einen schwer einschätzbaren Gegner durchgesetzt: «Man hat mich prima wiederhergerichtet. (...) Es passierte am 30. Dezember 1973. Ich fuhr mit dem Zug von Mannheim nach Köln, da hob ich einer Dame den Koffer ins Gepäcknetz.» Frau Eva kommentierte: «Er wollte wie immer Kavalier sein, und jetzt muß er es büßen.» Nächstes Mal, so witzelte er, hebe er schwere Koffer nur noch, wenn er einen so breiten Gürtel umhabe wie der Gewichtheber Mang.

Dann wurde es ernst, als Herberger am 10. Juli des Jahres 1975 mit einem schweren Herzinfarkt in ein Mannheimer Krankenhaus eingeliefert wurde. Frau Eva schilderte, wie es dazu kam: «Wir saßen im Garten – mit Rad-Bundestrainer Karl Ziegler zusammen..., alles schien in bester Ordnung, als er plötzlich über starken Druck in der Herzgegend klagte. Daraufhin legte er sich etwas hin, und als es am Abend eher schlimmer als besser geworden war, da habe ich zum guten Glück gleich den Arzt angerufen, der ihn sofort ins Krankenhaus überwies.» Eine Kleinigkeit war das nicht. Erst nach einer Woche habe ihr Mann sie bei einem Besuch erkannt und gelächelt, berichtete Frau Eva erschrocken. Die Ärzte hätten ihr vorher nicht gesagt, wie ernst es um ihn gestanden habe.

Dann kam aber schon wieder Besuch. Anneliese Rothenberger war da und Professor Heinz Haber, und auf dem Schreibtisch stand ein Blumenstrauß von Außenminister Genscher. Daß es immer noch nicht gutging, merkte Frau Eva daran, «daß er vom Fußball noch nicht spricht». Nach etwa einer Woche brachte sie ihm schon mal einen Trainingsanzug, aber er blieb fünf Wochen lang im Städtischen Krankenhaus von Mannheim.

Als er heimgekehrt war, hatte er zunächst große Mühe, sich wieder einzuleben. «Es geht wieder aufwärts, ich fühle mich aber noch schlapp und brauche viel Schlaf und Ruhe.» Im Dezember saß er dann mit seinen Freunden Rudi Michel und Hans Blickensdörfer zusammen, und die bemerkten, daß nun langsam alle seine Interessen zurückkamen, plötzlich habe das Haus wieder zu leben begonnen. Er habe eine Vitalität ausgestrahlt, als ob er am nächsten Tag mit der Nationalmannschaft ins Trainingslager wollte.

Im nachhinein fand Herberger heraus, daß der Infarkt keineswegs so unvermittelt über ihn hereingebrochen war, wie er zunächst vermutet hatte. «Die Anzeichen waren da, ich habe sie nur nicht wahrnehmen wollen.» Es sei wohl wegen des Umgangs mit den jungen Leuten gewesen, daß er sein eigenes Alter nie zur Kenntnis genommen habe. «Plötzlich ist wieder ein Jahrzehnt vorbei und wieder eins, und dann ist man 78, ohne vorher gezählt zu haben. Aber man kann sagen, was man will: Ist das nicht trotz allem eine gute Art, alt zu werden?»

Sepp Herberger hatte alle Irritationen überfeiert, die Zeit mit seinen Geburtstagen überlistet. Denn als er in den Ruhestand trat, änderte er einfach nur den Rhythmus, in dem sich für ihn bedeutsame Ereignisse wiederholten. War es bis dahin alle vier Jahre eine Weltmeisterschaft gewesen, so wurde es jetzt alle fünf Jahre ein markanter Geburtstag: 65, 70, 75, 80.

Die ersten Großveranstaltungen hatten sich noch überschnitten. Dabei kam sein 60. Geburtstag, 1957, dem Bundestrainer schon wie gerufen, um gegen die Krise, in die er und seine Nationalmannschaft geraten waren, ein paar positive Akzente zu setzen. «Der 60jährige Bundestrainer, ein großer Schweiger, der lieber handelt als redet, ist ein Mann, dem der deutsche Fußballsport viel zu danken hat», meldete das Hamburger Echo.

Fünf Jahre später gab es dann im Mannheimer Hof den großen Empfang mit Bundesverdienstkreuz für den Jubilar. Weitere fünf Jahre später sangen die Mainzer Hofsänger: «So ein Tag, so wunderschön wie heute», und Frau Eva wischt sich Tränen aus den Augen. Herberger: «Bin ich wirklich schon siebzig?» Aus der Hand des baden-württembergischen Kultusministers Wilhelm Hahn erhielt er jetzt das Große Bundesverdienstkreuz. «Ich bin stolz auf diese Auszeichnung, denn ich nehme sie im Namen der Nationalmannschaft entgegen, die überall, wo sie aufgetreten ist, vorbildlicher Vertreter unseres Vaterlandes war.» Richard Stücklen brachte dem Geburtstagskind zwei Bände der Adenauer-Memoiren mit persönlicher Widmung des früheren Bundeskanzlers. Herberger: «Ich mußte in meinem Paß nachschauen, ob es wirklich stimmt, daß ich siebzig bin.» Natürlich gab es 1967 eine Fernsehsendung, mit Harry Valérien live aus dem Haus an der Bergstraße.

Den 75. Geburtstag feierte Herberger auf Einladung des Deutschen Fußball-Bundes mit einem großen Empfang im Holiday Inn,

Walldorf-Heidelberg, und im Fernsehen gab es wieder eine Sendung, diesmal mit Rudi Michel in der ARD: «Sepp Herberger wird 75, Erinnerungen, Erfahrungen und Eindrücke aus einem Leben für den Sport.» Herberger über sich selber: «Bei aller Bescheidenheit, ich hab was gekonnt.»

25 000 Autogrammwünsche im Jahr, Sepp-Herberger-Straßen, ein Sepp-Herberger-Sonderstempel, ein Sepp-Herberger-Teller bei der Staatlichen Porzellanmanufaktur Berlin, Sepp-Herberger-Ausstellungen und «Das Goldene Buch vom Fußball». «Versuchen Sie mal zu schmunzeln», riefen die Fotografen bei den vielen Fototerminen zu seinen Ehrungen, und Herberger signalisierte artig-ironisch: «Ich bin am Schmunzeln.» Herberger wurde gemalt und gezeichnet.

Je häufiger Sepp Herberger geehrt wurde, um so deutlicher kriegte neben ihm auch seine Frau Eva für die Öffentlichkeit Konturen. Spätestens seit der groß gefeierten goldenen Hochzeit des Paares 1971 war sie neben ihrem berühmten Seppl aus dem Hintergrund hervorgetreten.

Doch schon diese Einschätzung fand sie falsch. «Im Hintergrund? Das stimmt nicht. Das ist einfach nicht wahr.» Sie sei immer die Frau an seiner Seite gewesen. Sie hat sich einfach nur zurückgehalten, so sah sie ihre Rolle von vornherein, und nur so konnte sie mit dem eigenbrötlerischen und eigenwilligen, einsamen Mann 55 Jahre lang nicht nur aushalten, sondern glücklich leben.

«Ich habe mich noch nie unterdrückt gefühlt, mein Mann versteht nichts von der Küche, ich nichts vom Fußball.» So seien sie beide zurechtgekommen. Daß sie nie bei einem Länderspiel war, weil andere Männer ja auch nicht ihre Frau in die Sparkasse mitnehmen oder in ein anderes Büro, damit wurde sie immer wieder zitiert. Viele Jahre, da sie mit ihm in Berlin lebte und nachher in Köln, war sie oft allein, und nicht immer waren ihre Lebensumstände die besten. Sie hatte tapfer für ihn und mit ihm ausgehalten und viele einsame Abende verbracht. Später, als er dann im Ruhestand war, da wurde immer deutlicher, wie wichtig ihm diese Frau gewesen war, die seine Koffer packte und die das Haus in Ordnung hielt.

«Die Bereitschaft zum Verzicht, dem Partner zuliebe», sagte Sepp Herberger, sei die Art von Liebe gewesen, die Ev ihm gegeben hatte und immer noch gebe. Er hätte es gegen jede Ordnung gefunden, sie dafür nicht zu ehren. Daß er eine Heimat hatte, daran hatte Eva Herberger ihren Teil. Sie kochte ihm Tee, schickte ihren Sepp in den Keller, um Wein zu holen, und er fügte sich amüsiert und zufrieden in ihr Temperament. «Sie ist am 11. Dezember 80 geworden», sagte er in seinem letzten Lebensjahr. «Ich werde am 28. März 80, und wegen der drei Monate glaubt sie, ihr gehöre hier das Kommando.» Sie sagte: «Ich habe nur den einen Wunsch, daß unser Herrgott meinen Mann früher abruft als mich, damit ich bis zum letzten Tag für ihn sorgen kann.» Oft trug sie, wie er es wünschte, ein Dirndlkleid, und ihr graues Haar band sie zu einem Zopf um den Kopf: «Ich glaube, ohne mich würde der Sepp verhungern. Der hat noch nie einen Kochtopf angefaßt.»

In den illustrierten Zeitungen erschienen jetzt Fotos der beiden am Kaffeetisch mit der karierten Tischdecke in der Bauernecke oder unter den zartrosa getupften Blüten des Mandelbaums, die eine Ahnung davon vermittelten, was Sepp Herberger und sein Leben für die Deutschen bis heute so einprägsam macht: Das waren Philemon und Baucis der 50er Jahre, tüchtig und ordentlich und zufrieden. Vieles hatten sie gemeinsam durchgemacht, gemeinsam fuhren sie jetzt die Ernte eines reichen Lebens ein. Dankbar, auch ohne Kinder, blickten sie über die Krokusse und Gladiolen hinweg nach Westen, wo im Hintergrund die Hochhäuser und Schlote der Industriestadt Mannheim auftauchten. Dort hatten sie sich vor mehr als einem halben Jahrhundert kennengelernt, von dort hatten sie sich aus einfachsten Verhältnissen emporgearbeitet.

Das Haus war zu einem Museum ihres Lebens geworden. Und Sepp Herberger – das Gesicht in Kupfer gestanzt, sein Kopf in Bronze gegossen, seine faltige Haut in Holz geschnitzt, sein Lächeln in Karikaturen verzerrt – blickte von allen Wänden, lächelte auf Fotos zusammen mit Ludwig Erhard und Max Schmeling, triumphierte auf dem SPIEGEL-Titel als sanfter Tyrann und ritt auf den Schultern seiner Spieler bei der Weltmeisterschaft 1954.

Es war alles schon jetzt ein bißchen zu schön, um wahr zu sein. Und es wurde noch schöner: Am 28. März 1977 feierte er seinen 80. Geburtstag. Es wurde das größte und wunderbarste Fest seines Lebens. Es war auch sein letztes.

Blaß war der Jubilar, als er an der Seite seiner Frau Eva in den Rittersaal des Mannheimer Schlosses trat, wo sich dreihundertzwanzig Gäste aus aller Welt, aus Fußballhochburgen zwischen Rio und Budapest, zu seinen Ehren erhoben. Josef Herberger war aufgeregter als vor dem Endspiel 1954. Dabei hatte er sich, wie er sagte, vorbereitet wie zu seinem ersten Länderspiel vor 56 Jahren.

Es war das Fest eines ewigen Weltmeisters. Längst schon Legende, ein bißchen ein Wesen aus einer Märchenwelt, und doch ungemein lebendig und sehr präsent. Es gab Berner Kraftbrühe 54 als Vorspeise, und als Nachtisch wurde das Champagnersorbet «Schlauer Fuchs» serviert. Dazwischen wurde der Vater des Sieges von Bern gefeiert wie ein Kulturpreisträger. «Denn mit Göttern soll sich nicht messen irgendein Mensch, hebt er sich aufwärts und berührt mit dem Scheitel die Sterne, nirgends haften dann die unsicheren Sohlen, und mit ihm spielen Wolken und Winde», deklamierte Staatsschauspieler und Herberger-Freund Bernhard Minetti. Und gewaltig rollend noch einmal Goethe: «Nur allein der Mensch vermag das Unmögliche: Er unterscheidet, wählet und richtet; er kann dem Augenblick Dauer verleihen.»

Fanfaren schmetterten, der Junge aus der «Spiegel», der Arbeitersiedlung vom Waldhof, erlebte die Krönung seines Lebens im Schlosse seiner Heimatstadt. Der Mann, der nach dem Ersten Weltkrieg in der Sandgrube und dem Platz hinter den Brauereien begonnen hatte, seine kunstvollen Kreise aufzuziehen, der krummbeinige kleine Seppl, Regisseur und Torjäger zugleich, wurde jetzt gepriesen als ein Modernisierer des Weltfußballs, der mit der WM 1954 ein Meisterwerk vollbracht habe und als einer der großen Regisseure des Weltfußballs in die Geschichte eingehen werde, wie der brasilianische FIFA-Präsident João Havelange sagte. Der Jubilar, bewegt, aber sehr aufmerksam, blickte zur Decke empor, wo pralle Göttinnen und geharnischte Helden mit geflügelten Putten auf watteweißen Wolken dahersegelten, wo Lüster und Prunk ein fabulöses Firmament bildeten für diesen volkstümlichen Mann, der eigentlich immer nur ein Fußballspieler war.

Die Stadt Mannheim zeichnete ihn mit dem Ehrenring aus, die Deutsche Bundespost widmete ihm einen Sonderstempel, was sie bisher nur für zwei Kanzler getan hatte, für Konrad Adenauer und Willy Brandt. Helmut Kohl, damals schon CDU-Vorsitzender und Fraktionschef in Bonn, war da und gratulierte seinem Landsmann. Herbert Wehner hatte einen sehr persönlichen Brief geschrieben, Telegramme waren von Helmut Schmidt und Willy Brandt gekommen, von Hans-Dietrich Genscher und Franz-Josef Strauß.

Vor allem aber sah Sepp Herberger – erstaunlich frisch und in guter Kondition – mit Genugtuung sein Fußballeben noch einmal vor sich sitzen. Da waren die Recken von der Breslau-Elf, Jakob, Janes, Münzenberg, Kupfer, Gellesch und Lehner mit ergrauten Schläfen und teilweise schütterem Haar, die alle nach Mannheim gereist waren, um ihrem alten Reichstrainer die Ehre zu geben. Und dann natürlich seine «Männer» aus der Weltmeisterelf 1954, nur Kohlmeyer war gestorben und Toni Turek durch eine Querschnittslähmung am Kommen gehindert. Alle waren sie breit geworden und ausladend, aber strahlend in ihrer Begeisterung für den Chef.

«Unvergessen und unvergänglich bleibt, daß Sie der Vater dieses Sieges waren», sagte Fritz Walter, sein Lieblingsschüler und Kapitän, der hinzufügte: «So, wie ich Sie als Vater meiner eigenen Laufbahn verehre. Sie waren es, der mir Mut machte, als er abhanden gekommen schien, Sie waren es, der mir als junger Mann den Weg wies, zum Erfolg, zum Ruhm, der damals noch nicht so spektakulär aufgebauscht wurde wie heute.»

Die Trainer waren da, die Herberger ausgebildet hatte, Hennes Weisweiler und Dettmar Cramer an ihrer Spitze, und dann vor allem Helmut Schön, sein Nachfolger, dem er – bei allem Rivalitätsgezerre – doch stets ein Vorbild gewesen war. Schön, das wurde an diesem Tag noch einmal deutlich, war seinem Seppl Herberger viel näher und viel enger verbunden, als der das manchmal glaubte. «Ohne Sie wäre ich das nicht geworden, was ich bin. Ich habe nicht versucht,

Sie zu kopieren. Wer könnte Sie denn schon kopieren, aber ich habe so viel Positives mitgenommen, das mir die Arbeit erleichtert.»

Dann, bevor Herberger antwortete, sangen die Pfälzer Weinkehlchen Herbergers Lieblingslied: «Hoch auf dem gelben Wagen», und der halbe Saal fiel ein. Am liebsten, begann der Jubilar dann seine Rede, würde er jetzt seinen Text auch singen – so habe ihn dieses Lied durcheinandergebracht. 25 Minuten redete der alte Herr, wich vom Manuskript ab und erlaubte sich das auch – «mit 80 darf man schon mal den Faden verlieren» –, und jeder spürte, wie sehr er sich geschmeichelt fühlte, aber auch, wie selbstvergnügt er war. Im Grunde fand er diese Ehrung nicht nur prima, sondern fast schon angemessen. Ein Lastwagen mußte die Geschenke abtransportieren. Während seiner Abwesenheit von zu Hause waren in Hohensachsen 179 Telegramme angekommen, und dann natürlich das Übliche: Körbe voller Briefe und das traditionelle Blumenmeer. Hans Justen schrieb in der Westdeutschen Allgemeinen Zeitung: «Ein Mensch ohne Amt ist normalerweise schneller vergessen als die Zeitung von gestern.» Herberger aber sei wie ein Märchen: «Jede neue Generation labt sich an der Lektüre.»

Nur DFB-Chef Hermann Neuberger, der wohl fand, daß der Geehrte schon allzusehr eine Legende sei, bemühte sich, in einer sehr persönlichen Rede den Menschen Sepp Herberger in Erinnerung zu rufen. Er ließ noch einmal den Alltags-Herberger entstehen, den Mann, dessen Augen belustigt oder böse blitzen konnten, dessen Falten im Gesicht sich eingruben, wenn Groll in ihm aufquoll, oder sich lösten in lausbubenhaftem Schalk, der sich auf schmunzelnde Lippen übertrug. «Alles andere als ein bequemer Mann» sei dieser Sepp Herberger gewesen, sagte Neuberger, «kein Mitläufer, kein Nicker. Damit sage ich ihm im gleichen Atemzug ein rundes Lob: Bequeme werden nie mehr als Mittelmaß, obschon sie sich elegant um alle Ecken und Kanten zu winden wissen.»

Und am Ende machte der Deutsche Fußball-Bund seinem Ehrenmitglied das schönste Geschenk. Neuberger verkündete die Gründung der Sepp-Herberger-Stiftung. Die fördert bis heute den Fußballsport an Schulen, sorgt sich um die Integration von Ausländern, den Sport in Strafanstalten, kümmert sich um die Entwicklung des Fußballs in der Dritten Welt. Und das alles möglichst praxisnah. Fritz Walter, Uwe Seeler, Rudi Michel und andere erfüllen die Stiftung durch persönlichen Einsatz mit Leben.

Der DFB brachte einen Vermögensgrundstock von einer Million Deutscher Mark in die Stiftung ein. Dieses Grundkapital wurde laufend erhöht. Bei allen Länderspielen der deutschen Mannschaft kommen Neueinnahmen hinzu. Von jeder Eintrittskarte über 15 Mark wird 1 Mark, von billigeren Billetts werden 50 Pfennige abgeführt. Nach dem Tode von Frau Eva floß auch das persönliche Vermögen der Herbergers der Stiftung zu, insgesamt 1,4 Millionen Mark in Wertpapieren. Dazu wurde das Haus für 750000 Mark an einen Herberger-Fan verkauft, der sich verpflichtete, das Gebäude in seinem Bestand zu erhalten. Das Fußballmuseum, von dem der Altbundestrainer geträumt hatte, ließ sich – so der Stiftungskurator Goetz Eilers – aus wirtschaftlichen Gründen nicht realisieren. Der Endspiel-Ball von Bern wurde an das Haus der Geschichte der Bundesrepublik Deutschland ausgeliehen. Sein Auto, ein Rekord 1900 L, Baujahr 1961, mit der Mannheimer Nummer SH 50, steht nach 43 432 gefahrenen Kilometern im Automuseum von Opel.

Als Fußballmuseum hatte das Haus in der Sepp-Herberger-Straße 8 an der Bergstraße schon den Zeitgenossen gegolten. Doch war sein Flair an die Anwesenheit des Hausherrn gebunden. Ohne Herberger schrumpfte das Haus zum Vereinsheim, in dem sich Besucher fühlten, als seien sie in einen Laden geraten, in dem Wimpel und Pokale verkauft würden. Seinen Symbolwert erhielt dieses Anwesen aus der Kombination von Lebensleistung und Lebensstil Sepp Herbergers – die Person des Bundestrainers, die Sache Fußball, der Erfolg des Wirtschaftswunders und die überstandene böse Vergangenheit, dieses alles verdichtete sich in der trauten Idylle an der Bergstraße, wo sich die Alten in der Hollywoodschaukel räkelten.

Diese Sehweise hat sich seither eher verstärkt. Die vielzitierte «Pubertät der Republik» war eben die Zeit des eigenen, in der Rückschau unbeschwert erscheinenden Heranwachsens für die Nachkriegsgeneration, schrieben die Autoren des Bandes «Gestylte Geschichte», Rainer Gries, Volker Ilgen und Dirk Schindelback. Ihr Schlüsselwort heißt «Heimat» – ein eingängiges, verschieden besetzbares Symbol für intakte Beziehungen und für Signale des Vertrauten. Der Blick auf die Herbergers und mit den Herbergers auf die Welt, das weckt heute Erinnerungen an die erste Italienreise und an den ersten angeschafften Fernseher, das signalisiert Stabilität und Geborgenheit, Einfachheit und Überschaubarkeit. «Motorisiertes Biedermeier», hatte schon Zeitgenosse Erich Kästner gespottet. Aus der Unübersichtlichkeit, der Bedrohtheit und dem Tempo der globalen Medienwelt von heute soll die Aneignung der 50er Jahre als Idylle die Reinigung von dunklen und belastenden Affekten der Gegenwart bewirken, glauben die Historiker: «Die achtziger Jahre bringen die breite Durchsetzung der fünfziger Jahre als Markenartikel.»

Daß an dem, was die Alten damals angeblich gehabt haben, heute die Enkel der Alten anzuknüpfen und teilzuhaben wünschen – Helmut Kohl an das Erbe Konrad Adenauers und Berti Vogts am Vermächtnis Sepp Herbergers –, das ist unverkennbar. Und am Beifall für diese Versuche fehlt es nicht. Der Alltag von heute soll mental entsorgt werden, indem wir auf die Bild-Ikonen der 50er Jahre schauen. Wir betrachten bewundernd unser eigenes, zur Naivität verharmlostes und verniedlichtes Spiegelbild und erteilen «uns selbst die Absolution für eine mißlungene Gegenwart», heißt es in der Essaysammlung von Gries und Co.

Daß aber die 50er Jahre und die frühen 60er Jahre die gute alte Zeit gewesen wären, in der man für gutes Geld noch guten Fußball zu sehen kriegte – Sepp Herberger selbst wäre der letzte, der solche Verklärungen geschluckt hätte. Und doch ist wahr, daß der Chef an seinem Lebensabend heftig an der Realitätsentsorgung seiner Zeit und seines eigenen Lebens mitarbeitete. Die Gesellschaft der Adenauer-Zeit, die sich, so Hans-Peter Schwarz, «in ihrer großen Mehrheit ganz bewußt von der Politik abgewandt und sich in die Privatheit der Familie oder der weiteren Nachbarschaft zurückgezogen» hatte, besaß in den Herbergers außerordentlich typische Repräsentanten. «Politik bleibt da oben aus dem Haus», ließ Herberger die Nachbarn wissen. Wahr ist aber auch, daß Sepp Herberger heute, genau wie Konrad Adenauer, als Symbolfigur der fünfziger Jahre in Gefahr ist, auf Gartenzwerg-Format verniedlicht zu werden. Gewiß, Sepp Herberger gab sich als umgänglicher Mann am Ende, aber er blieb ein harter Knochen. Und wenn er denn als Symbol der 50er Jahre taugen sollte, und das tut er, dann gerade nicht, indem man ihm zum Heimat-Tor-Jäger der Nation verharmlost. Herberger, das war gerade das verkörperte Nebeneinander von starrer Kontinuität und wacher Offenheit für Neuerungen der Zeit, unverarbeitet, aber instinktsicher ausbalanciert. Es lebte noch viel 19. Jahrhundert in ihm, gepaart mit einer großen Bereitschaft, sich in Richtung 21. Jahrhundert zu öffnen – zumindest den technischen Neuerungen. Herberger begriff Vergangenheit als eine Mischung von Anekdoten und Prinzipien. Er konnte Geschichten «von früher» erzählen, bis seinen Zuhörern die Augen tränten. Aber Zusammenhänge wollte er nicht sehen und seine Beteiligung am deutschen Geschick nicht reflektieren.

Im Grunde war Herberger schon, was heute postmodern heißt. Er verfügte über ein historisches Arsenal von Versatzstücken aus Personen, Szenen, Zitaten, Anekdoten, die er zum persönlichen Gebrauch so inszenierte, wie es ihm paßte. «Ich bin kein Patriot», sagte er einmal, «aber seien wir ehrlich: bis dahin nahm kaum einer ein Stück Brot von uns. Nun waren wir wenigstens im Fußball wieder wer. Das wirkte über den Sport hinaus.» So fähig er also war, den politischen Kontext der Weltmeisterschaft von 1954 einzuschätzen, so entschieden beharrte er darauf, nicht an dem beteiligt gewesen zu sein, warum keiner ein Stück Brot mehr von uns nehmen wollte. Die Erfolge, die seine Fußballnationalmannschaft für das Nazideutschland erzielte, die waren nur dem Gedanken des Fair play geschuldet. Basta.

Für sein Überleben war es sozusagen ohne Bedeutung, daß Sepp Herberger dann tatsächlich starb, genau vier Wochen nach seinem 80. Geburtstag. Eher stimmte das Gegenteil. Der Tod – wie er kam und wie Sepp Herberger ihm begegnete – rundete die Saga dieses ungewöhnlichen kleinen Mannes ab. «Wenn der Tod da ist», hatte er gesagt, «werde ich ihn aufrecht empfangen und nicht jammern.»

So ist es gewesen. Daß der Tod nun während eines Fußballänderspieles nach ihm griff, daß Herberger noch kurz zuvor mit seinem Nachfolger telefoniert hatte, daß auch sein Ehrenspielführer und Alter ego Fritz Walter krank darniederlag, daß ihn im Grunde die Spätfolgen seines größten äußeren Triumphes ereilten – die Geburtstagsgala –, das alles erweckte den Eindruck, als hätte der Alte auch sein Ende noch selbst geplant und inszeniert.

Daran war ja auch was. Der Tod als zerstörerische Kraft – der seines Vaters, der Mutter seiner älteren Geschwister und später auch der seines ältesten Bruders – hatte ihn von früh auf und dann ein Leben lang zu vorbeugenden Sicherheitsmaßnahmen und zu einem tiefen Mißtrauen in die Verläßlichkeit menschlichen Tuns genötigt. Und so traf ihn auch jetzt sein Ende nicht unvorbereitet. Er hatte mit der Stiftung seinen Nachlaß geregelt, und er hatte – im Spiegel-Saal des Mannheimer Schlosses während seines Geburtstages – den Bürgermeister Lothar Bock von Hohensachsen heimlich zu sich gebeten: «Die Ev darf nichts merken.» Es ging ihm nicht nur darum, eine Grabstelle für sich zu kaufen, sondern er wollte auch sicherstellen, daß er auf dem nahen Friedhof in der ersten Reihe ruhen würde, ganz vorne am Eingang – «net, daß die Ev so weit laufen muß, sie wird ja auch nicht jünger».

Zwischen den beiden Alten war alles abgesprochen. «Ich bin Egoist, ich geh zuerst», hatte Sepp Herberger einmal bekannt, und das war ganz im Sinne seiner Frau. Auch die hatte mit Journalisten schon oft über den Tod geredet, so vertraut wie über einen guten Nachbarn. Eva Herberger pflegte zu sagen: «Wenn's ans Sterben geht, müßte der Seppl der erste sein. Weil er doch ohne mich nicht klarkommt...» Und der Seppl hatte genickt. Die Taktik, würde er gesagt haben, lag fest.

Am Morgen seines letzten Tages, einem Mittwoch, hatte Sepp Herberger zunächst mit Fritz Walter telefoniert, obwohl es ihm selbst nicht mehr gutgegangen war nach der Geburtstagsfeier. Fritz Walter lag in einer Klinik in Berlin, wo er an der Hüfte operiert worden war. Herberger: «Sie fahren ja morgen nach Hause, dann sehen wir uns endlich wieder.» Fritz Walter war gar nicht so aufgekratzt: «Chef, mir geht es nicht gut. Ich habe immer noch Schmerzen nach der Hüftgelenkoperation, die Wunde blutet noch, und ich muß in der nächsten Zeit am Stock gehen.» Auch Sepp Herberger bekannte, daß er nächtelang nicht hatte schlafen können, und antwortete: «Ich habe einen sehr starken Druck in der Herzgegend. Ja, ja – wir müssen wohl kürzertreten.» Am frühen Nachmittag telefonierte er noch mit seinem Nachfolger Helmut Schön im Trainingslager in Hennef, um mit ihm über das bevorstehende Länderspiel gegen Nordirland zu diskutieren. Schön später: «Er hat mir noch gesagt, daß er die Aufstellung gut und richtig finde... Seine Stimme klang da so fest und klar, daß sein Tod für mich unfaßbar ist.»

Herberger wollte es ja auch nicht wahrhaben, daß seine Kraft nachließ. Bis zuletzt hielt er daran fest, daß er sich auf die Reise zur nächsten Weltmeisterschaft nach Argentinien freue, im kommenden Jahr. Und selbst die Weltmeisterschaft 1982 in Spanien tauchte in seinen Plänen noch auf: «Vielleicht klappt es dann noch einmal.»

Bevor er sich zum letzten Spiel in seinen Sessel setzte, besuchte ihn noch einmal der Hausarzt. Er werde sich das Spiel im Fernsehen angucken und dann früh ins Bett gehen, sagte ihm Herberger. Frau Eva bügelte nebenan, als die Deutschen gegen Nordirland aufliefen. Zur Halbzeit stand es 0:0. «Das war wohl nicht viel», rief Frau Herberger ins Nebenzimmer. «Abwarten», sagte Herberger.

Sie hätte, sagte Eva Herberger hinterher, schon den ganzen Tag gespürt, daß es ihm nicht gutging, aber er wollte unbedingt das Länderspiel sehen. «Da der Abend mild war, saßen wir im Wintergarten. Ich merkte jedoch, daß er sich nicht konzentrieren konnte. Und als er plötzlich bleich wurde und über starke Herzschmerzen klagte, rief ich unseren Hausarzt an. Er kam, als das Spiel noch lief, und bestellte dann nach kurzer Untersuchung sofort einen Krankenwagen. Ich war entsetzt, aber der Seppl versuchte, mich zu beruhigen, obwohl es ihm sehr schlecht ging: ‹Gib mir den Trainingsanzug›, sagte er, ‹und das karierte Sporthemd von Uwe Seeler. Ich komm wieder, verlaß dich drauf.›» Eva Herberger wollte es ja auch nur allzu gerne glauben. Immer sei er viel lieber heimgekehrt als weggefahren, sagte sie später, und wenn sie auch nur geahnt hätte, daß seine Uhr vielleicht abgelaufen sein könnte, wäre sie gewiß mit ihm ins Krankenhaus gefahren. «Unter der Haustür hat er mir den letzten Kuß gegeben. ‹Schatzel, reg dich net uff›, hat er gesagt, ‹ich kum doch gleich wieder.› Er wollt net, daß ich was merk.»

Im Städtischen Krankenhaus Mannheim, wohin Dr. Alex Tafel ihn nach einem EKG eingeliefert hatte – ganze vier Kilometer von seinem Geburtshaus entfernt –, verstarb Sepp Herberger auf der Intensivstation. In der offiziellen Verlautbarung des Mannheimer Klinikums hieß es: «Der Hausarzt Dr. Tafel hat Seppl Herberger um 23.20 eingeliefert. Befund: Reinfarkt. Die Aufnahme erfolgte im bereits beginnenden kardiogenen Schock. Trotz intensiver Reanimationsmaßnahmen erfolgte der Tod im irreversiblen kardiogenen Schock um 1.30 Uhr.»

Eva Herberger fühlte sich so hilflos, daß sie um fünf Uhr morgens den Freund Richard Grimminger in der Backstube anrief; der Bäkker eilte noch vor dem Frühstück im dunklen Anzug von Mannheim nach Hohensachsen. Fritz Walter erlitt einen Zusammenbruch, als ihn Frau Italia am Telefon den Tod des «Chefs» mitteilte. Italia Walter: «Es hat eine halbe Stunde gedauert, ehe mein Mann einen vernünftigen Satz sprechen konnte. Er war völlig schockiert, das muß man verstehen. Der Chef war mehr als ein Vater für meinen Fritz. Bei jedem Problem hat er den Herrn Herberger um Rat gefragt, umgekehrt aber auch.»

In Hohensachsen erzählte Eva Herberger wieder und wieder die Geschichte vom letzten Abend. «Da stand er im Flur, wie ein kleiner Bub. Das Bild werde ich nie vergessen.» Sie wischte sich die Tränen ab mit einem weißen Taschentuch: «Das habe ich aus einem alten Hemd vom Seppl rausgeschnitten, ich habe ja viel schönere Taschentücher. Aber zum Heulen ist das auch gut.» Nun hatte sie einen ganzen Schrank voller weißer Hemden, die Sepp Herberger nie getragen hatte. «Immer habe ich ihm gesagt, nun zieh dir doch eins an», nörgelte die Hausfrau. «Jetzt laufen Sie mal langsam», hatte der Hausarzt zu Sepp Herberger gesagt, und der hatte erwidert: «Warum denn, wenn ich auch schnell kann?»

In der Sporthochschule Hennef rannte am nächsten Tag ein Mann mit einem dicken Autogrammalbum durch die Sportschule. «Ich will es dem Herrn Herberger schicken», sagte er dem Bundestrainer Helmut Schön bei der Bitte um einen Namenszug. «Sepp Herberger ist heute nacht gestorben», antwortete der leise.

Zur Beisetzung am 5. Mai waren noch einmal vierhundert Gäste zu Ehren Sepp Herbergers nach Weinheim an die Bergstraße gekommen. Ein großes Bild hing an der Stirnseite zwischen den Lorbeerbäumen, und den Sarg trugen die Nationalspieler aus seiner Berner Elf, rechts Max Morlock, Helmut Rahn und Werner Liebrich, links Karl Mai, Hans Schäfer und Horst Eckel. Vorneweg marschierte mit dem Ordenskissen Uwe Seeler, und hinterher hinkte, ein bißchen wie Friedrich der Große, Fritz Walter am Krückstock, von seiner Hüftoperation noch immer gehandicapt. «Ich hatt' einen guten Kameraden Seppl Herberger», das war der ganze Text der Anzeige, mit der sich Eva Herberger, geborene Müller, von ihrem Mann nach 58 Ehejahren verabschiedete.

Aus. Aus. Aus. Aus. Aus. Das Grab auf dem Friedhof in Hohensachsen liegt «ganz vorne am Eck», wie er es wünschte. Sein Namenszug zieht sich schräg über einen schwarzen Stein, «Sepp Herberger», als hätte er ein letztes Autogramm gegeben. Es würde ihm wohl recht gewesen sein, sein Ende war sozusagen nach Plan verlaufen: «Man muß auch verlieren können.»

Literatur

Badisches Statistisches Landesamt, *Die Industrie in Baden im Jahr 1925*, Karlsruhe 1926

Hans Dieter Baroth, *Als der Fußball laufen lernte*, Essen 1992; *Des deutschen Fußballs wilde Jahre,* Essen 1991; *Anpfiff in Ruinen*, Essen, 2. Auflage 1993

Berliner Geschichtswerkstatt (Hg.), *Alltagskultur, Subjektivität und Geschichte*, Münster 1994

Heinz Berns, Hermann Wiersch, *Das Buch vom deutschen Fußballmeister.* Fritz Szepan und Ernst Kuzorra, Wattenscheid 1936

Helmut Böttiger, *Kein Mann, kein Schuß, kein Tor*, München 1993

Paul Breitner, Bernd Schröder, *Kopfball*, Berlin–Frankfurt 1982

Reinhard Brings (Diplomarbeit Dt. Sporthochschule Köln), *Sepp Herberger.* Ein Leben für den Fußballsport im Abriß einer Biographie, Köln 1989

Heinz Bude, *Deutsche Karrieren*, Frankfurt 1987. Deutscher Wetterdienst Offenbach, Bericht zum 28. März 1897, Offenbach 1996

C. F. Delius, *Der Sonntag, an dem ich Weltmeister wurde*, Reinbek bei Hamburg 1994

Roland Eitel, *Fußball Fußball*, Stuttgart–Wien 1989

Elf Freunde müßt ihr sein. Einwürfe und Anstöße zur deutschen Fußballgeschichte, Freiburg 1995

Helmut Fend, *Sozialgeschichte des Aufwachsens*, Frankfurt 1988

Alfred Georg Frei, *Finale Grande*, Berlin 1994

Walter Gloede, Hans-Joachim Nesslinger (Hg.), *Fußball-Weltmeisterschaft*, Reinbek bei Hamburg 1982

Rainer Gries, Volker Ilgen, Dirk Schindelbeck, *Ins Gehirn der Masse kriechen*, Darmstadt 1995

Rainer Gries, Volker Ilgen, Dirk Schindelbeck, *Gestylte Geschichte: vom alltäglichen Umgang mit Geschichtsbildern*, 1989

Arthur Heinrich, *Tooor! Toor! Tor! Vierzig Jahre 3 : 2*, Berlin 1994

Hilmar Hoffmann, Heinrich Klotz, *Die Sechziger*, Düsseldorf 1987

Roman Horak, Wolfgang Reiter (Hg.), *Die Kanten des runden Leders*. Beiträge zur europäischen Fußballkultur, Wien 1991

Karl-Heinz Huba (Hg.), *Fußball-Weltgeschichte*, München 1994

Walter Jaide, *Generationen eines Jahrhunderts*, Opladen 1988

André Jolles, *Einfache Formen*, Tübingen, 2. Auflage, 1958

Nikolaus Jungwirth, Gerhard Kromschröder, *Die Pubertät der Republik*. Die 50er Jahre der Deutschen, Frankfurt 1978

Karl Kastler, *Fußballsport in Österreich*, von den Anfängen bis in die Gegenwart, Linz 1972

Ian Kershaw, *Hitlers Macht*. Das Profil der NS-Herrschaft, München 1992

Geschichte des deutschen Fußballsports, bearbeitet von Carl Koppehehl, mit Unterstützung des DFB, Frankfurt 1954

Werner Körbs, *Vorgeschichte und Gründung der Sporthochschule Köln (1946–1948)*, St. Augustin, 1. Auflage, 1986

Gerd Krämer, *Im Dress der elf Besten*, München 1961

Anna-Maria Lindemann, *Mannheim im Kaiserreich*, Mannheim 1986

Rolf Lindner, Heinrich Th. Breuer, *Sind doch nicht alles Beckenbauers*. Zur Sozialgeschichte des Fußballs im Ruhrgebiet, Frankfurt 1987

Rolf Lindner (Hg.), *Der Fußballfan*, Frankfurt 1980; *Der Satz «Der Ball ist rund» hat eine gewisse philosophische Tiefe*, Berlin 1983

Ludwig Maibohm, *Sepp Herberger*: Fußball – sein Leben, Frankfurt 1973

Maibohm, Maegerlein, *Sepp Herberger*: Fußball – sein Leben, 1. Auflage, 1976

Golo Mann, *Deutsche Geschichte des neunzehnten und zwanzigsten Jahrhunderts*, Frankfurt 1962

Mannheimer Geschichtsblätter, Neue Folge, Bd. 2, Sigmaringen 1995

Rudi Michel (Hg.), *Fritz Walter*, Stuttgart 1995

Bernhard Minetti, *Erinnerungen eines Schauspielers*, Stuttgart 1985
O. Rathkolb, G. Schmidt, G. Heiß, *Österreichs und Deutschlands Größe*, Salzburg 1990

Ralf Georg Renth (Hg.), *Joseph Goebbels Tagebücher in 5 Bänden*, München 1992

Reinhard Rürup (Hg.), *Der Krieg gegen die Sowjetunion 1941–1945*, Berlin 1991

Hans Dieter Schäfer (Hg.), *Berlin im Zweiten Weltkrieg*, überarbeitete Neuausgabe, München–Zürich 1991

Leo Schidrowitz, *Geschichte des Fußballsports in Österreich*, Wien 1951

Axel Schild, Andre Sywottek (Hg.), *Modernisierung im Wiederaufbau*. Die westdeutsche Gesellschaft der 50er Jahre, Bonn 1993

Helmut Schön, *Immer am Ball*, München 1972

Rolf Schörken, *Jugend 1945*. Politisches Denken und Lebensgeschichte, Frankfurt 1994

Ludger Schulze, *Trainer: Die Großen Fußballstrategen*, München 1989

Dietrich Schulze-Marmeling, *Der gezähmte Fußball*, «Werkstatt», Göttingen 1992

Hans-Peter Schwarz, *Die Ära Adenauer*. Geschichte der Bundesrepublik Deutschland, Band 2, 1949–1957, Stuttgart 1981; Band 3, 1957–1963, Stuttgart 1983

Norbert Seitz, *Bananenrepublik und Gurkentruppe*, Die nahtlose Übereinstimmung von Fußball und Politik 1954–1987, Frankfurt 1987

Heiß und kalt (Red. Eckhard Siepmann), *Die Jahre 1945–1969*, 2. Auflage, Berlin 1986

Dirk Schümer, *Gott ist rund*, Berlin 1996

Stadtarchiv Mannheim (Hg.), *Waldhof, Einst und Jetzt*. Ein Stadtteil verändert sein Gesicht, Mannheim 1986

Dieter Steinhöfer, *Hans von Tschammer und Osten*. Reichssportführer im Dritten Reich, Berlin–München–Frankfurt 1973

Stephan Stolze, *Innenansicht*. Eine bürgerliche Kindheit 1938–1945, mit einem Vorwort von Sebastian Haffner, Frankfurt 1981

Klaus Wagenbach, Winfried Stephan, Michael Krüger (Hg.), *Vaterland, Muttersprache*, Berlin 1979

Friedrich Walter, *Geschichte Mannheims vom Übergang an Baden (1802) bis zur Gründung des Deutschen Reiches*, Frankfurt

Fritz Walter, *3 : 2*, München 1954

Fritz Walter, *11 rote Jäger*, 3. Auflage, München 1959

Ernst Werner, *Die Welt des Fußballs*, Berlin 1949

E. Wörishoffer (Hg.), *Die soziale Lage der Fabrikarbeiter in Mannheim und dessen nächster Umgebung*, Karlsruhe 1891

Hans Joachim Teichler, *Internationale Sportpolitik im Dritten Reich*, Schorndorf 1991

Gerhard Vinnai, *Fußballsport als Ideologie*, Frankfurt 1970

Gerhard Zeilinger, *Die Pionierzeit des Fußballspiels in Mannheim 1894 bis 1917*, Mannheim 1992; *Die Fußballhochburg Mannheim 1920 bis 1945*, Mannheim 1994; *Triumph und Niedergang im Mannheimer Fußballsport 1945 bis 1970*, Mannheim 1995

Martin Zöller, *Fußball in Vergangenheit und Gegenwart*, Band 1 und 2, Berlin 1978

Carl Zuckmayer, *Als wär's ein Stück von mir*, Frankfurt 1969

Register

Bildnachweis

Frontispiz:	Hans-Dietrich Kaiser / Nordbild / SV-Bilderdienst
Bildtafel 3:	beide ullstein bild
Bildtafel 4:	Associated Press
Bildtafel 5:	Hanns Hubmann / Bildarchiv Preußischer Kulturbesitz
Bildtafel 6:	oben: Benno Wunshammer / Bildarchiv Preußischer Kulturbesitz
Bildtafel 7:	unten: ullstein bild
Bildtafel 8:	Hanns Hubmann / Bildarchiv Preußischer Kulturbesitz
Bildtafel 9:	ullstein bild / Schirner X
Bildtafel 10:	Hanns Hubmann / Bildarchiv Preußischer Kulturbesitz
Bildtafel 11:	oben: ullstein bild / AP unten: dpa / SV-Bilderdienst
Bildtafel 12:	ullstein bild
Bildtafel 13:	oben: Keystone
Bildtafel 15:	beide Sven Simon
Bildtafel 16:	beide Sven Simon